더 믹서
The Mixer
개정증보판

THE MIXER : REVISED EDITION
Copyright © MICHAEL COX, 2017, 2018, 2024
All rights reserved.
Korean translation copyright © 2025 by HANS MEDIA
Korean translation rights arranged with Aitken Alexander Associates Limited
through EYA Co.Ltd.

이 책의 한국어판 저작권은 EYA Co.,Ltd를 통한
Aitken Alexander Associates Limited 사와의 독점계약으로
한즈미디어(주)가 소유합니다.
저작권법에 의해 한국 내에서 보호를 받는 저작물이므로
무단 전재 및 복제를 금합니다.

프리미어리그 역사와 전술의 모든 것

더 믹서
The Mixer
개정증보판

마이클 콕스 지음
이성모·한만성 옮김 | 한준희 감수

한스미디어

감수의 글

프리미어리그 전술적 이슈 탐구의 집대성

한준희(현 쿠팡플레이 해설위원 / 전 KBS, MBC, SPOTV 해설위원)

1992년 잉글랜드 1부리그가 '프리미어리그'라는 이름으로 새 출발했을 때, 영국과 아일랜드 선수가 아닌 외국인 선수의 숫자는 22개 클럽을 통틀어 13명에 불과했다. 당시의 프리미어리그는 '축구 종가'의 리그임에도 여러모로 세계의 주목을 받는 것과는 거리가 멀었다. 하지만 오늘날 프리미어리그는 지구촌 방방곡곡으로부터 건너온 무수히 많은 선수와 지도자들, 외국인 구단주들이 즐비한 리그로 변모했다. 가장 국제화된 프로축구 리그일 뿐 아니라, 방송 중계 혁명과 더불어 최고의 재정 능력까지 갖춘 리그로서 우뚝 섰다.

이러한 국제화에 발맞춰 프리미어리그는 이제 '축구 전술의 백화점'이라 해도 좋으리만치 전술적 다양성이 충만한 리그로 거듭났다. 프리미어리그에서 시도되는 전술은 매주 전 세계 TV를 통해 전파돼 각국 지도자들과 평론가들의 탐구 소재가 된다. 소수의 '아주 옛날' 사례들을 제외하면 현대 축구에서 잉글랜드 리그가 이 정도의 전술적 주목을 받은 적은 드물었다. 현대 축구의 전술은 이탈리아와 네덜란드, 아르헨티나와 브라질, 그리고 스페인 및 일부 동유럽 팀들에 의해 세련화의 과정을 겪어왔던 까닭이다.

그러나 프리미어리그의 전술적 진화가 간단히 이뤄진 것은 아니다. '롱볼 축구', '다이렉트 풋볼' 등으로 표상되던 잉글랜드 축구는 프리미어리그 출범을 통해 '생소한 바깥세상 축구'를 하나하나 접하게 되지만, 이에 대한 고민과 논란, 적잖은 시행착오가 필연적으로 뒤따랐다. 프리미어리그 역사상 가장 위대한 감독 알렉스 퍼거슨조차 유럽 무대 정상에 오르기 위해 많은 실패와 학습을 반복했다. 1990년대 프리미어리그에 유입된 '창조적인 10번들', '벵거의 식단 관리', '첼시의 외국인 라인업' 등으로부터 오늘날의 '폴스 나인(가짜 9번)', '과르디올라식 점유', '클롭과 포체티노의 압박', '콘테의 3백' 등에 이르기까지 잉글랜드 축구는 계속 새로운 것들을 흡수하고 적응해야만 했다.

마이클 콕스의 《더 믹서: 프리미어리그 역사와 전술의 모든 것》은 4반세기 동안 진행된 프리미어리그의 전술적 진화 과정은 물론, 각각의 전술이 유발한 이슈들과 흥미로운 포인트들을 명료한 필치로 정리한 명저다. 조너선 윌슨Jonathan Wilson으로부터 영감을 얻은 마이클 콕스는 21세기 영미권 축구 마니아들에게 적지 않은 영향을 끼쳐온 전술 평론가이고, 이 책이야말로 프리미어리그에 관한 그의 전술적 탐구의 집대성이라 할 만하다. 이것만으로도 이 책은 탐독의 가치가 충분하지만, 필자가 보기에 이 책이 만족스러운 이유는 여기에 그치지 않는다.

첫째, 이 책은 잉글랜드에서 발생한 거의 모든 전술적 이슈들에 대한 해답을 망라한다. 예를 들어 이 책은 "칸토나, 베르캄프, 졸라가 팀을 성공적으로 향상시켰던 것과는 달리 왜 주니뉴, 킨클라제, 르 티시에를 보유했던 팀들은 충분히 성공적이지 못했나?"라는 질문에 대답하고 있다. 또한 이 책은 '로이 킨과 클로드 마켈렐레의 근본적 차이'에 관해 설명하며 '티에리 앙리 vs. 루드 판 니스텔로이 논쟁'에 관해서도 전술적 근거의 통찰을 제공한다. '스콜스, 제라드, 램파드의 공존에 실패한 잉글랜드 대표팀의 문제'와 같은 단골 화두를 다루는 것은 물론, '로리 델랍의 미사일 스로인', '첼시와 맨체스터 유나이티드의 결승전 승부차기에서 발생했던 두뇌 싸움' 같은 디테일도 놓치지 않는다. '무리뉴와 베니테즈가 가져온 변화들'이나 '레스터 동화를 일궈낸 전술적 비결'이 궁금한 경우에도 이 책을 읽으면 된다. 이러한 이슈들에 관한 설명은 축구 마니아를 넘어 현장의 지도자들에게도 시사점을 제공하리라 여겨진다.

둘째, 이 책이 프리미어리그 중심으로 서술되고 있기는 하더라도, 이 책은 프리미어리그를 진화시킨 '외부적 근원'들에 관한 설명 또한 포괄하고 있다. 예를 들어 이 책은 퍼거슨 감독이 각 시기별로 유럽 대륙 팀들로부터 어떠한 아이디어를 얻었는지, 무리뉴와 베니테즈 혹은 포체티노가 잉글랜드에 도착하기 이전부터 어떠한 전술적 사고를 발전시켜 왔는지, 바르셀로나와 스페인의 '점유 축구' 패러다임의 근간은 무엇인지, '포스트 점유' 패러다임의 중요한 축들인 도르트문트, 아틀레티코 마드리드가 어떠한 전술을 구사했는지 등에 관해서도 설명한다. 따라서 《더 믹서: 프리미어리그 역사와 전술의 모든 것》은 단순한 프리미어리그 서적을 넘어, 현대 축구 전반을 일별하는 전술서로도 기능할 수 있다.

셋째, 이 책은 마니아 독자들의 흥미를 자아낼 법한 세세한 에피소드들에 있어서도 인색하지 않다. 만약 어떤 이가 '블랙번의 전설적 듀오 시어러와 서튼도 맨체스터 유나이티드의 앤디 콜, 드와이트 요크처럼 친밀했을까?'라는 의문을 지닌다면 이 책을 읽어보면 된다. 또한 이 책은 "판 니스텔로이와 크리스티아누 호날두 사이에 무슨 일이 있었던 걸까?"라는 질문에도 명확한 대답을 제공하고 있다. 이 책의 독자는 '베르캄프가 가장 선호했던 파트너'라든지 '빅 샘Big Sam(앨러다이스) 감독의 놀라운 학구적 면모', '디디 하만이 챔피언스리그 결승전 직전에 놀랐던 까닭'에 관해서도 알게 될 것이다. 물론 이러한 에피소드들은 궁극적으로 전술 문제와도 관련을 맺는다.

    이 모든 종합적인 의미에서 마이클 콕스의 《더 믹서: 프리미어리그 역사와 전술의 모든 것》은 우리 시대의 가장 유익하고도 흥미로운 축구 전술서로 평가받을 법하다. 이 책이 모든 유형의 축구 팬 및 축구인들에게 매우 높은 소장 가치를 지니게 될 것을 믿어 의심치 않는다.

개정증보판 감수의 글 •────────────────•

세계 축구 전술 서적의 새로운 표준

한준희(현 쿠팡플레이 해설위원/ 전 KBS, MBC, SPOTV 해설위원)

작금의 잉글랜드 프리미어리그는 모든 면에서 세계 최고의 리그로 진화했다. 1992년 잉글랜드 1부리그가 '프리미어리그'라는 이름으로 새 출발했을 때만 해도, 잉글랜드 프로축구가 이 정도로 발전하리라 예상하기란 쉬운 일이 아니었다. 당시의 잉글랜드 리그는 다른 유럽 빅 리그들만큼 축구 잘하는 스타들을 보유하고 있지도 않았고, 무엇보다 전술적으로 매우 낙후해 있었던 까닭이다. 프리미어리그로 개명한 이후에도 그들은 한동안 '암흑기'로부터 탈출하기 위해 몸부림칠 수밖에 없었다. 그러나 21세기가 도래하면서 프리미어리그의 산업적, 상업적 성공은 점점 더 명백해졌다. 중계권료가 천정부지로 치솟았으며, 외국 거대 자본의 유입이 줄을 잇게 됐다. 해가 갈수록 프리미어리그는 재정적 차원에서 다른 모든 유럽 리그들을 압도하는 수준으로 성장했다. 결국 그들에게 남은 마지막 과제 — 사실 가장 중요한 과제 — 는 그라운드 위에서 얼마나 선진적인 축구를 펼쳐 보일 수 있느냐, 실력 면에서도 최고가 될 수 있느냐 여부였다.

마이클 콕스의 명저《더 믹서: 프리미어리그 역사와 전술의 모든 것》은 프리미어리그가 암흑기와 성장기를 거쳐 마침내 전술적 측면에서까지 가장 흥미로운 리그로 올라서는 과정을 명쾌한 필치로 기술하고 있다. 특히 《더 믹서》의 이번 개정증보판은 프리미어리그가 자타공인 유럽 랭킹 1위로 올라선 시기의 전술적 변화상을 다루고 있어 그 가치가 더욱 크다. 저자는 뛰어난 감독들의 경연장과도 같은 프리미어리그가 최근 여러 해 동안 어떠한 '전술 배틀'을 펼쳐왔는지,《더 믹서》(개정증보판)를 통해 다시 한번 탁월한 통찰과 분석을 제공한다.

우선, 이번《더 믹서》(개정증보판)는 펩 과르디올라의 축구가 잉글랜드에 도착한 이래 어떻게 환경에 적응하고 변모해갔는가에 관해 적지 않은 분량을 할애한다. 과르디올라가 다시 한번 유럽 정상에 등극하는 소망을 성취할 즈음, 그가 몇 해 전의 자신이라면 상상하기 어려운 성향의 선수들을 선호하게 됐다는 사실이 대단히 흥미롭다. 또한 이 책은 과르디올라의 '점유 기반 축구'와 위르겐 클롭의 '압박 기반 축구'를 넘어서는 '전술 발전의 다음 단계'는 무엇인가를 논하기도 한다. 이 대목에서 로베르토 데 제르비 같은 전술가의 아이디어가 다뤄진다. 물론《더 믹서》(개정증보판)가 축구 마니아들의 구미를 당길 만한 요소는 이것이 전부는 아니다. 이 책은 '역방향 풀백(인버티드 풀백)', '오버래핑 센터백', 풀백 간 이뤄지는 '전환 플레이', 널리 쓰이진 않지만 상대의 의표를 찌르는 '맨 마킹'과 '스위퍼' 등 근년의 프리미어리그에서 펼쳐진 전술의 향연을 놓치지 않는다.

마이클 콕스의《더 믹서》는 이미 우리 시대의 가장 유익하고도 흥미로운 전술서로 기능해왔다. 여기에 그치지 않고, 부지런하게도 저자는 프리미어리그의 '유럽 지배'가 현실화된 시기에 이뤄진 유의미한 전술적 변화상을 이번 개정증보판에 추가했다. 한 명의 축구 팬으로서 저자의 노고에 경의를 표하며, 이《더 믹서》(개정증보판)가 세계 축구 전술 서적에 있어 새로운 '표준'을 제시하리라 확신한다.

저자 한국어판 서문

프리미어리그 전술적 진화와 함께한 한국인 박지성

마이클 콕스

프리미어리그의 전술적인 진화 과정에서 한국의 한 선수도 아주 큰 역할을 했다.

이 책의 본문에서도 설명했듯 프리미어리그의 초기에는 전술에 관심을 두는 감독이 많지 않았다. 그들은 상대 팀의 전술에 대해 분석하기보다 자기 팀의 경기력에만 집중했다. 당시에는 상대 팀 감독에 대해 분석하는 것 자체가 스스로의 나약함을 인정하는 것처럼 여겨졌다.

그러나 프리미어리그의 가장 성공적인 감독인 알렉스 퍼거슨 감독은 (2013년에 은퇴할 때까지 21번의 프리미어리그 시즌 중 13시즌에서 우승을 차지한) 시대를 앞서간 인물이다. 맨유의 진화 과정과 유럽 진출에 대해 다룬 7장에서 소개했듯, 맨유의 발전은 퍼거슨 감독이 선수들을 전술적인 목적으로 활용하고, 상대 팀의 강점을 무력화시키는 방법을 배우면서 이뤄졌다. 13, 14장에서 소개한 무리뉴 감독, 베니테즈 감독의 경우처럼 시간이 가면서 점점 더 많은 감독들이 자신의 팀만큼이나 상대 팀에 대해 분석하기 시작했다.

퍼거슨, 무리뉴, 베니테즈 감독이 각 팀을 이끌고 프리미어리그가 챔피언스리그 4강 중 3팀을 배출해내던 시기가 있었다. 이 시기를 가장 상징적으로 보여주는 선수가 바로 박지성이다. 박지성은 PSV 아인트호벤 시절 뛰어난 기술과 개인기로 유럽 많은 클럽들의 관심을 받은 선수였지만 퍼거슨 감독은 박지성을 완벽하게 신뢰할 수 있고, 대단히 지능적인 전술적 역할을 맡기기에 완벽한 선수라고 믿었다.

박지성은 이후 퍼거슨 감독이 상대방의 강점을 제어하는 데 활용하는 핵심 선수가 됐다. 주로는 상대 팀 풀백을 막는 역할이 그랬지만 때로는 상대 팀 중앙 미드필더를 견제하기도 했는데 2011년에 AC 밀란의 안드레아 피를로를 완벽하게 막았던 경기가 바로 그 예다. 박지성은 아주 전형적인 맨유 선수였다. 그는 늘 선발 출장하는 선수는 아니었지만 언제나 신뢰할 수 있고 다재다능하면서도 규율이 잘 잡힌 선수였다. 맨유가 유럽에서 최고의 모습을 보여준 시기가 박지성이 맨유에서 보낸 시기와 일치하는 것은 결코 우연이 아니다. 박지성은 또한 프리미어리그에서 가장 역습에 능한 선수 중 한 명이었으며 이 책의 16장에서 설명한 것처럼 프리미어리그 역사상 가장 뛰어난 역습 장면을 만들어내기도 했다.

최근 손흥민이 박지성의 프리미어리그 최다골 기록을 경신했다. 그럼에도 불구하고 박지성은 분명한 프리미어리그의 위대한 상징적인 선수다. 그는 프리미어리그 역사상 가장 성공적인 클럽, 그 최전성기의 일원이었고, 퍼거슨 감독이 가장 신뢰하면서 위험한 상대 선수를 막는 역할을 맡겼던 선수였다.

프리미어리그의 전술적 진화는 본질적으로 양팀의 감독들이 상대에 따라 전술을 고안하는 과정이었고, 박지성이 맡은 역할은 그런 변화에 있어 완벽한 것이었다.

서문

"박스 안으로 붙여!"

축구계의 가장 단순한 전술을 상징하는 일곱 글자다. 페널티 박스 안으로 크로스를 날려 그 안에서 혼란스러운 상황을 유발하고 그 끝에 득점을 올리는 방법.

오늘날에는 조롱받는 전술이 됐지만 이 전술은 1980년대까지만 해도 잉글랜드 축구계의 지배적인 전술이었다. 이 잉글랜드의 전술적인 사고방식에 큰 영향을 미친 사람은 당시 축구협회 이사였던 찰스 휴즈Charles Hughes였다. 휴즈는 사실상 잉글랜드 축구계 전체의 축구 교육 커리큘럼을 완성시킨 사람으로서, 이 전술의 효과를 강조하기 위해 통계를 어설프게 활용했다. 그는 또 자신이 강조하는 전술에 대해 회의적인 시각을 갖고 있던 보비 롭슨Bobby Robson 감독 그리고 그 전술을 아주 선호했던 그래엄 테일러Graham Taylor 감독과도 함께 일했다.

휴즈는 페널티 박스 안이나 파포스트 쪽으로 볼을 투입해서 최대한 자주 '가장 득점 가능성이 높은 위치(포모POMO)'로 볼을 투입하는 데 집착했다. 물론 휴즈가 더 고급스러운 전략을 세운 적도 있었지만, 포모에 대한 그의 집착은 잉글랜드 축구를 단순한 축구를 하는 팀 그리고 1차원적이고 투박한 선수들이 넘쳐나는 축구로 변모하는 데 영향을 미쳤다.

잉글랜드의 프리미어리그가 출범한 1992년, 잉글랜드 축구는 곧 긴 '롱볼 축구', '포모' 그리고 '박스 안으로 붙이는 축구'가 주류를 이뤘다. 그러나 당시 잉글랜드 축구계는 팀들의 경기력보다는 훌리건 문제 탓에 자국 언론 및 유럽 전체로부터 빈축을 사며 어두운 시기를 보내고 있었다. 그중에서도 단연 최악의 순간은 1985년 유러피언컵 결승전이 열린 벨기에의 헤이젤 스타디움에서 리버풀 팬들이 유벤투스 팬들에게 달려드는 과정에서 경기장 한쪽 벽이 무너지며 사망자 39명을 낳은 사건이었다. 이 때문에 모든 잉글랜드 구단은 유럽클럽대항전 5년 출장 금지를 당했고, 가뜩이나 전통적으로 해외 축구의 전술적인 혁신을 수용하는 데 수동적이었던 잉글랜드 축구 문화는 더더욱 폐쇄적으로 변했다.

헤이젤 참사뿐만이 아니었다. 헤이젤 참사가 발생하기 2주 전, 브래드포드 시티의 홈구장 밸리 퍼레이드에서 일어난 화재 사건이 단 몇 분 만에 관중석 전체를 집어삼켜 56명의 목숨을 앗아갔다. 이로부터 4년 뒤, 사망자 96명을 낳은 힐스버러 참사에서는 경찰 측이 무고한 팬들의 책임을 묻기도 했다.

브래드포드 화재 사건이 터진 이후 영국 주간지 〈선데이 타임스〉는 축구를 '빈곤한 경기장에서, 빈곤한 사람이 보는, 빈곤한 스포츠'라고 표현했다. 이는 불쾌한 설명이 아닐 수 없지만, 시간이 지난 오늘날에는 잉글랜드 축구가 그 이후 얼마나 많이 발전했는지를 보여주는 일종의 참고 지표가 됐다. '빈곤한 사람들이라고?' 이후 잉글랜드 축구는 수년에 걸쳐 훌리건 문제를 상당 부분 해소했다.

'빈곤한 경기장?' 이후 프리미어리그의 문제에 대해 발표된 〈테일러 리포트〉는 관중 전원이 자리에 착석해서 축구를 관전하는 좌석제 경기장의 필요성을 피력했고, 이후 프리미어리그는 초창기부터 훌륭하게 개조된 경기장에서 축구를 했다. '빈곤한 스포츠?' 잉글랜드 축구는 프리미어리그 출범 후 자국에서 시작된 인기가 전 세계적으로 확산되며 아주 크게 변화했다.

비록 프리미어리그의 기본적인 구조는 예전과 똑같았지만, 전신인 퍼스트 디비전(1부리그)은 소위 '리브랜딩Rebranding'을 통해 이미지를 재단장하며 위에 언급된 기존 문제들을 해결할 수 있었다. 이 책의 첫 번째 장chapter에서도 설명하겠지만, 1992년은 현대 축구의 새 출발에 있어 중요한 전술 변화를 잉태한 시기이기도 하다. 프리미어리그가 받아들인 새로운 개념들은 각 1부리그 구단이 잉글랜드 축구협회Football Association, 풋볼리그Football League 등으로부터 독립되어 방송사, 스폰서 업체들과 거액의 계약을 맺을 바탕을 마련해줬다.

이 중 가장 큰 효과를 낳은 것은 프리미어리그의 방송 사업이다. 프리미어리그 중계권 경쟁이 과열되며 '스카이Sky(현재의 스카이스포츠)'가 치열한 경쟁 끝에 'ITV'를 제치고 계약권을 따냈고, 이는 적자를 거듭하던 위성방송 산업의 전면적인 변신을 가능케 했다. 당시 알렉스 퍼거슨Alex Ferguson 맨체스터 유나이티드 감독은 프리미어리그의 출범을 두고 '축구 팬들을 팔아넘기는 행위'라며 비아냥거렸다. 그러나 퍼거슨 감독은 프리미어리그가 출범한 시점부터 자신이 은퇴를 선언한 2013년까지 열린 21시즌 중 13회 우승을 차지하며 그 누구보다 프리미어리그를 대표하는 인물로 역사에 남게 됐다.

이 책은 프리미어리그의 번창한 사업 수완에 대해 다루는 책이 아니다. 그러나 프리미어리그의 TV 중계권료 수익이 놀라울 정도로 치솟은 점을 아예 언급하지 않을 수는 없다. 프리미어리그는 1992년부터 1997년까지 매 시즌 방송 중계권료로 5,100만 파운드(한화 약 944억 원)를 받았는데, 이는 그 당시로선 엄청난 금액이었다. 그 후 20여 년 동안 이 수치는 기하급수적으로 증가했고, 2025-26시즌 시작을 앞두고는 시즌당 17억 파운드(한화 약 3조 1,492억 원)에 달하게 됐다. TV 중계를 위한 엔터테인먼트 제공 목적으로 만들어진 이 리그가 그 누구도 상상하지 못했던 성공을 거둔 것이다.

이 돈이 단순한 거품에서 나온 것이 아니라는 점도 기억할 필요가 있다. 방송사들이 이렇게 어마어마한 금액을 지불할 수 있는 이유는 그만큼 많은 대중의 수요가 있었기 때문이다. 그리고 그 수요는 프리미어리그가 전 세계에서 가장 짜릿하고 흥미진진한 리그로 자리 잡으면서 더욱 커졌다. 1980년대 잉글랜드 축구계의 어두웠던 시절과 비교하면 이는 믿기 힘들 정도의 대반전이다. 마케팅 업계의 표현을 빌리자면, 프리미어리그는 하나의 '상품'으로서 어떻게 이렇게까지 성공할 수 있었을까? 이 책은 그 변화의 과정을 설명하고자 한다.

그 중심에 있는 것은 '혁명가'들이었다. 혁신적인 감독과 경기의 흐름을 바꾼 선수, 축구계에 영감을 불어넣은 팀, 새로운 전술 개념 그리고 경기 스타일에 영향을 준 경기장 밖의 변화까지 모두 포함된다. 이 책은 프리미어리그가 세계적인 리그가 되어가는 과정을 두 가지 측면에서 다룬다.

첫 번째는 전술적인 관점이다. 1990년대 초만 해도 각 포지션마다 요구되는 역할이 매우 명확했다. 수비수는 수비만, 공격수는 공격만 하는 식이었다. 하지만 시간이 흐르면서 포지션의 경계가 점점 허물어졌고, 수비수에게는 빌드업을, 공격수에게는 전방 압박을 요구하게 되었다. 선수들이 점차 전문화된 역할보다 다재다능한 전천후 역할을 수행하게 된 것이다.

두 번째는 지리적 관점이다. 잉글랜드 클럽들은 시야를 넓히면서 외국인 선수와 감독에 점점 더 의존하게 되었다. 1992년 8월, 프리미어리그 출범 주간에 22개 클럽 전체를 통틀어 외국인 선발 선수는 단 11명이었고, 외국인 감독은 단 한 명도 없었다. 그러나 2023-24시즌에는 프리미어리그 선수와 감독 대다수가 외국인이 되었고, 거의 모든 주요 축구 강국이 프리미어리그에서 뛰는 선수를 보유하게 되었다. 2023-24시즌 기준으로 FIFA 랭킹 상위 30개국 중 프리미어리그에 뛰는 선수를 배출하지 못한 나라는 오직 호주뿐이었다.

프리미어리그 팀들은 이 두 가지 변화가 맞물리며 과거의 거칠고 단순한 직선적인 축구 스타일을 버리고, 보다 세련되고 기술 중심적인 유럽 스타일을 받아들이게 되었다. 이 책은 그 놀라운 전술적 진화의 이야기, 말하자면 '파이'pie에서 빠에야paella로, '루트 원Route one식 축구에서 폴스 나인False Nine' 전술로의 변화를 담고 있다.

Contents

감수의 글 4
개정증보판 감수의 글 8
저자 한국어판 서문 10
서문 12

PART 1 프리미어리그의 태동

CHAPTER 1 슈마이켈과 완전히 새로운 볼 게임 23

CHAPTER 2 칸토나와 카운터 43

CHAPTER 3 앨런 시어러와 서튼 – 'SAS 듀오'와 엔터테이너들 62

PART 2 기술적 발전

CHAPTER 4 베르캄프와 졸라 – 미드필드와 수비 라인 사이 91

CHAPTER 5 아르센 벵거와 아스널 117

CHAPTER 6 마이클 오언과 스피드 137

PART 3 유럽 무대로의 확장

CHAPTER 7 맨유의 유럽 무대 도전과 로테이션 시스템 159

CHAPTER 8 굴리트와 외국인들의 혁신 180

CHAPTER 9 빅샘과 롱볼 197

PART 4 보편화

CHAPTER 10 앙리와 판 니스텔로이 – 원톱 스트라이커 219

CHAPTER 11 아스널의 무패우승 241

CHAPTER 12 마켈렐레 롤 261

PART 5 대응 전술

CHAPTER 13 무리뉴와 베니테즈 – 이베리아 반도의 영향 1 283

CHAPTER 14 무리뉴와 베니테즈 – 이베리아 반도의 영향 2 304

CHAPTER 15 스콜스, 램파드, 제라드 미드필드 삼인방 330

PART 6 직선적인 공격

CHAPTER 16 호날두 357

CHAPTER 17 풀리스와 델랍, 비바람이 치는 스토크의 밤 379

CHAPTER 18 가레스 베일과 인버티드 윙어 397

PART 7 점유율 축구

CHAPTER 19 안첼로티, 만치니, 카펠로 – 이탈리안잡 423

CHAPTER 20 티키타카 448

CHAPTER 21 실바, 마타, 카솔라 – '어시스터'와 폴스 나인 471

PART 8 포스트 점유율 시대

CHAPTER 22 로저스의 역주행 493

CHAPTER 23 포체티노와 토트넘 – 압박의 문제 519

CHAPTER 24 라니에리와 레스터의 기적 543

PART 9 유럽 지배

CHAPTER 25 안토니오 콘테와 첼시의 3백 569
CHAPTER 26 펩 토크 587
CHAPTER 27 역습과 비역습 608

 PART 10 재창조

CHAPTER 28 풀백 혁신 629
CHAPTER 29 아웃사이더 654
CHAPTER 30 기본으로의 회귀 674

에필로그 701
감사의 글 708
참고문헌 711
개정증보판 옮긴이의 글 716
옮긴이 소개 719

PART 1
프리미어리그의 태동

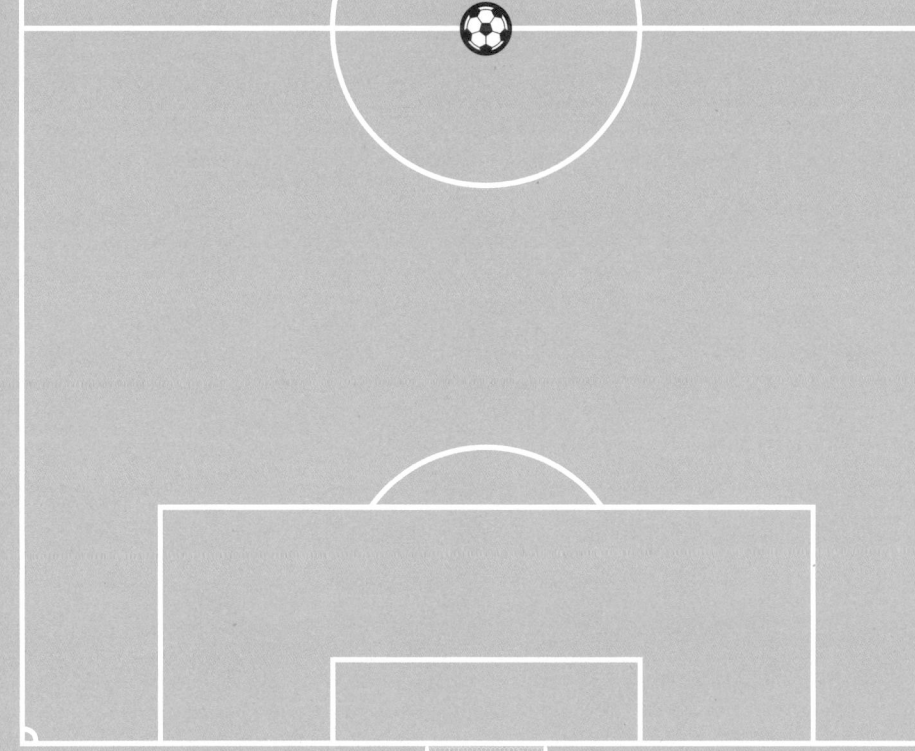

슈마이켈과
완전히 새로운 볼 게임

"새로운 백패스 룰은 축구를 완전히 바꾼 최고의 변화였다."

– 피터 슈마이켈

우리는 프리미어리그의 역사에 대해 논할 때마다 "축구는 1992년에 시작된 것이 아니다"라는 말을 듣곤 하지만, 1992년은 실제로 현대 축구의 출발점과도 같은 시기였다. 바로 이때부터 더 재미있고 새로운 축구가 시작됐고, 축구는 더 빠르고 기술적인 게임이 됐다. 그러나 이러한 변화는 1992년에 있었던 프리미어리그의 출범과는 아무런 관련이 없었다.

1992년에 도입된 '백패스 규정'은 축구계에 혁신적인 변화를 불러왔다. 골 사이드에 머무를 수 있는 수비 측 선수를 기존의 세 명이 아닌 단 두 명으로 변경했던 1925년의 오프사이드 룰 변화 이후 축구 규정의 변화가 오늘날 세계에서 가장 큰 인기를 구가하는 스포츠인 축구에 이처럼 큰 영향을 미친 것은 이때가 처음이었다. 물론 프리미어리그가 출범한 후에도 오프사이드, 태클, 킥오프 방식 등 축구 경기 규정에는 몇 가지 세세한 변화가 있었다. 그러나 1992년은 말 그대로 게임의 판도가 바뀐 시기였다.

변화된 백패스 규정은 간단했다. 기존에는 팀 동료가 발로 건넨 패스를 골키퍼가 손으로 잡을 수 있었다. 그러나 이 규정의 변화로 골키퍼들이 더 이상 그렇게 할 수 없게 된 것이다. 팀 동료들이 머리, 가슴, 무릎으로 건넨 패스는 손을 쓸 수 있고, 스로인으로 연결한 패스도 1997년까지는 손으로 잡는 게 허용됐지만, 이러한 규정의 변화는 골키퍼가 과거 어느 때보다 발을 사용해서 팀의 패스 플레이에 가담하도록 만들었다.

당시 백패스 규정을 변경해야 할 명분은 충분했다. 이때까지는 경기 도중 한 팀이 선제골을 넣으면 골을 넣은 팀들은 경기를 보는 게 화가 날 정도로 시간을 끌 수 있었다. 손으로 볼을 잡은 골키퍼가 앞으로 짧게 볼을 굴려주면 동료 수비수는 상대 선수가 압박해 올 때까지 시간을 끌다가 백패스를 연결하고, 골키퍼가 이를 다시 손으로 잡고 똑같은 플레이를 반복할 수 있었기 때문이다. 그러면서 경기는 매우 지루해졌고, 선제골을 넣은 팀이 패하는 건 상상조차 하기 어려웠다.

가장 대표적인 예는 1987년 레인저스와 디나모 키예프의 유러피언컵 1라운드 경기 종료 직전 상황이다. 당시 2-1로 앞선 레인저스는 공격 작업을 시작했고, 미드필더 그래엄 수네스 Graeme Souness는 상대 진영에서 볼을 잡은 즉시 무려 60m도 넘게 떨어진 동료 골키퍼 크리스 우즈 Chris Woods에게 긴 백패스를 연결했다. 공교롭게도 훗날 수네스는 백패스 규정의 변화 탓에 가장 고생한 선수 중 한 명이 됐다.

이러한 부정적인 플레이 방식은 특히 1990 이탈리아 월드컵에서 노골적으로 사용됐고, 결국 피파는 이에 대한 대책을 강구하고 나섰다. 그래서 그로부터 2년 후에 새로운 백패스 규정이 도입됐는데, 그 시기가 마침 프리미어리그의 출범과 맞아떨어지게 됐던 것이다.

당시 데이비드 플리트David Pleat 루튼 타운 감독 등 일부 지도자는 새로운 백패스 규정 도입에 찬성한다고 밝혔지만, 대다수의 1부리그 팀 감독들은 크게 반발했다. 그들 중에는 프리미어리그 출범을 앞둔 두 시즌 동안 우승을 차지한 감독들도 포함돼 있었다. 조지 그래엄George Graham 아스널 감독은 "새로운 백패스 규정 도입이 축구를 발전하게 할 수 있다고 전혀 생각하지 않는다"고 말했고, 리즈 유나이티드의 1991-92시즌 우승을 이끈 하워드 윌킨슨Howard Wilkinson 감독은 이 변화가 오히려 더 롱볼 축구를 부추기게 될 것이라고 예상했다. 그는 "백패스 금지 규정이 더 나은 축구를 위한 아이디어라면 이 시도는 역효과를 낳을 것이다. 이러한 변화는 감독들로 하여금 롱볼 축구를 구사하는 팀을 만들게 할 것"이라고 말했다.

윌킨슨 감독은 새로운 규정이 도입될 경우 앞으로 모든 팀이 오프사이드 위치에 상대 팀 골키퍼를 가로막는 선수 한 명을 배치하고, 전방으로 긴 패스만 연결해 복잡한 상황을 만든 후 상대 수비수와 골키퍼 사이에 연결되는 패스를 빼앗아 득점을 노리는 데만 집중할 것으로 예상했다. 그는 "피파가 의도치 않게 롱볼 축구를 더 부추기고 있다. 이것은 단순한 악몽이 아니다. 축구계의 권력자들이 전 세계의 스포츠에 이러한 일을 현실로 만들었다"고 말했다. 롱볼 축구의 시대가 도래할 전망이라는 것이 윌킨슨 감독의 시선이었고, 많은 이가 그의 주장을 지지했다.

그러나 백패스 금지 규정은 도입 초기부터 그 존재의 가치를 증명했다. 선제골을 넣은 팀들이 더는 노골적으로 시간을 끌 수 없었던 것이다. 다만 롱볼 축구의 도래를 예상한 윌킨슨 감독의 말도 완전히 틀리지는 않았다. 리즈가 1992년 여름 프리시즌 친선경기에서 만난 슈투트가르트와 삼프도리아는 모두 전방으로 긴 패스를 연결하며 상대가 실수하기만을 기다리는 축구로 일관했다. 그러나 윌킨슨 감독은 훗날 골키퍼와 수비수들이 변경된 규정에 차츰 적응하며 볼을 소유하고, 더 기술적인 축구를 하는 데 익숙해질 것이라는 점까지는 예상하지 못했다.

백패스 금지 규정과 함께 연쇄적인 현상이 일어났다. 각 팀들은 수비 진영보다 앞선 위치에서 더 적극적으로 전방 압박을 하며 상대 수비수의 실수를 유도했고, 감독은 상대를 질식시키는 투쟁적 수비수들만을 선호하기 어렵게 됐다. 패스 플레이가 일어나는 후방 공간을 안전하게 커버하려면 위험 지역에서도 패스를 연결할 줄 알아야 했기 때문이다. 그 결과 각 팀이 경기장을 넓게 쓰기 시작하며 중원에 더 많은 공간이 생겼다. 가장 큰 변화는 경기의 속도였다. 과거에는 골키퍼가 손으로 볼을 잡을 때마다 나머지 선수는 숨을 돌릴 수 있었지만, 백패스 금지 규정은 중간에 중단되는 일이 적은 '논스톱' 게임을 촉발했다.

단 하나의 규정을 바꾸며 수많은 연쇄적 변화를 일으킨 이 사건은 프리미어리그가 원했던 TV 방송에 적합한 흥미로운 축구를 구현하는 데도 큰 영향을 미쳤다. 당시 스카이스포츠는 축구 중계에 혁신을 불러왔다. 이 중 가장 대표적인 예는 지극히 단순하지만 이제는 전 세계 축구 중계에서 보편화된 화면 왼쪽 상단에 경기 스코어와 시간을 표기하는 중계 기술의 도입이다.

이외에 스카이스포츠의 다른 시도들은 그리 성공적이지 못했다. 경기 시작 전 폭죽을 터뜨리는 행사는 사우샘프턴의 홈구장 더 델에서 쏘아 올린 폭발물이 경기장 주변 주유소에 떨어지는 바람에, 또 치어리더 공연은 그들이 오프사이드 룰을 이해하지 못하는 것 같다는 지적이 일며 얼마 지나지 않아 사라졌다. 프리미어리그를 환상적인 축구 쇼로 만드는 데 가장 큰 기여를 한 것은 다른 어떤 것도 아닌 새로운 백패스 규정이었다. 또 이런 현대 축구의 세계화가 1992-93시즌에 시작됐다는 것은 이때부터 프리미어리그 중계를 시작한 스카이스포츠에도 큰 행운이었다. 축구 경기의 화려함과 엔터테인먼트적인 측면이 향상되지 않았다면 프리미어리그가 오늘날처럼 수십억 파운드를 벌어들이는 상품으로 발돋움하지는 못했을 것이다.

축구 팬들은 새로운 백패스 규정의 효과를 금세 이해했지만, 경기를 뛰는 선수들은 순식간에 위험에 노출되기도 했다. 그 효과는 프리시즌부터 일찌감치 드러났다. 맨체스터 시티 골키퍼 앤디 디블Andy Dibble은 당시 아일랜드 리그 올스타와의 프리시즌 친선경기에서 다리가 부러졌는데, 그가 부상을 당한 이유는 자신을 향해 느린 속도로 오는 패스를 처리하려다가 상대 선수와의 경합 과정에서 무리한 태클을 시도했기 때문이었다. 당시 디블은 "볼을 발로 차야 할지, 손으로 잡아야 할지 확신이 서지 않았다"고 불평하며 자신을 백패스 규정의 '첫 번째 피해자'로 자칭했다. 그러나 프리미어리그의 첫 시즌이 개막한 1992년 8월 15일 수차례 발생한 우스꽝스러운 실수에서 잘 드러났듯 골키퍼보다 더 어려움을 겪은 건 수비수들이었다.

리즈가 윔블던에 2-1로 승리했던 경기 시작 14분 만에 벌어진 일이다. 윔블던 오른쪽 측면 수비수 로저 조세프Roger Joseph는 페널티 지역에서 두 가지 선택을 두고 혼란에 빠졌다. 그는 골키퍼 한스 세거스Hans Segers에게 패스했을까, 아니면 아예 볼을 걷어냈을까? 애석하게도 그는 둘 중 하나도 제대로 하지 못하며 그로부터 볼을 빼앗은 리즈 공격수 리 채프먼Lee Chapman에게 골을 헌납했다. 이 과정을 지켜본 리즈 사령탑 윌킨슨 감독은 팀의 득점에 기뻐해야 할지, 앞선 그의 말대로 축구계의 권력자들이 전 세계의 스포츠에 만들어버린 새로운 현실에 고개를 저어야 할지 확신이 서지 않는 모습이었다.

같은 날 아스널의 홈구장 하이버리에서는 노리치Norwich가 아스널을 상대로 두 골을 먼저 실점하고도 4-2 역전승을 거뒀는데, 이 역시 백패스 규정이 초래한 결과였다. 노리치가 수비 진영에서 상대 문전을 향해 긴 패스를 연결하자 아스널 주장 토니 아담스Tony Adams는 바운드된 볼을 처리하는 데 애를 먹었다. 당황한 아담스는 골키퍼 데이비드 시먼David Seaman의 위치를 곁눈질로 확인했으나 그가 패스를 원치 않는다는 걸 파악한 후 중앙 수비수 스티브 보울드Steve Bould에게 횡패스를 시도했다. 그러나 결국 아담스는 볼을 제대로 차지 못하며 중심을 잃었고, 상대 공격수 마크 로빈스Mark Robins는 이를 잽싸게 빼앗아 시먼의 키를 넘기는 칩샷으로 결승골을 터뜨렸다.

첼시와 입스위치가 스탬포드 브리지에서 1-1 무승부를 거둔 경기의 두 골도 나란히 변경된 백패스 규정이 영향을 미친 작품이었다. 입스위치 중앙 수비수 이안 마셜Ian Marshall은 골키퍼에게 백패스를 연결하는 데 어려움을 겪었고, 긴 패스를 시도하다가 미끄러지며 믹 하포드Mick Harford에게 선제골을 내줬다. 그러나 이후 첼시 골키퍼 데이브 베선트Dave Beasant도 동료 수비수로부터 백패스를 받은 후 킥을 제대로 처리하지 못해 닉 헨리Nick Henry에게 동점골을 허용했다. 이처럼 새로운 규정은 큰 혼란을 일으켰다.

반대로 새로운 백패스 규정이 낳은 '긍정적인' 득점 장면도 있었다. 셰필드 유나이티드의 브라이언 딘Brian Deane은 맨체스터 유나이티드와의 경기에서 헤딩으로 프리미어리그 역사상 1호골을 기록했는데, 페널티킥으로 추가골까지 뽑아냈다. 페널티킥을 유도하는 과정에서 미드필더 존 개넌John Gannon은 백패스를 시도하려 했으나 상대 공격수가 이를 차단하려고 움직이는 모습을 확인하자 곧바로 돌아서서 공격적인 패스를 시도했다. 개넌의 패스를 받은 셰필드 공격수 앨런 코크Alan Cork가 개리 팰리스터Gary Pallister의 발에 걸려 넘어지며 얻어낸 페널티킥을 딘이 득점으로 연결했다. 이 모든 상황은 개넌이 백패스를 포기하고 돌아선 지 7초 만에 일어났다. 새로운 백패스 규정이 도입되지 않았다면 이때 볼은 맨체스터 유나이티드 골문이 아닌 셰필드 골키퍼의 품으로 갔을 게 분명하다.

어쩌면 백패스 규정이 가져온 변화의 가장 큰 수혜자는 매년 축구 경기에서 가장 우스꽝스러운 실수 장면을 모아놓은 비디오테이프·제작자들이었을지도 모른다. 그중에서도 가장 웃긴 장면은 9월 토트넘 원정에서 셰필드 유나이티드 골키퍼 사이먼 트레이시Simon Tracey가 퇴장을 당한 사건이었다. 트레이시는 앞서 이미 페널티 박스 밖에서 핸드볼 반칙을 범하며 경고를 받은 데 이어 후반전 자신을 향해 백패스가 오자 이러지도 저러지도 못하는 상태에 빠졌다. 그는 곧 토트넘의 폴 앨런Paul Allen이 자신을 빠르게 압박하자 볼을 옆 라인 끝까지 드리블을 해가며 결국 스로인을 내줬다. 이후 트레이시는 골문을 비운 점을 의식해 토트넘이 서둘러 스로인 공격을 하지 못하게 광고판 앞에서 볼을 주우려 했다. 그러나 볼보이가 잽싸게 이를 빼앗아 토트넘 교체 멤버 앤디 그레이Andy Gray에게 건네주자 당황한 트레이시는 럭비 경기를 연상케 하는 태클로 그레이를 쓰러뜨렸다. 그리고 그는 퇴장당했다. 데이브 바셋Dave Bassett 셰필드 감독은 경기가 끝난 후 "(트레이시는) 회전목마에 사용되는 말에게나 달린 뇌를 가진 선수라고 그에게 직접 말했다"며 분을 삭이지 못했다.

이러한 혼란을 겪은 건 잉글랜드 축구뿐만이 아니다. 유럽 전역에 걸쳐 비슷한 문제가 일어났다. 스코틀랜드에서는 레인저스가 10월 리그컵 결승전에서 애버딘 골키퍼 시오 스넬더스Theo Snelders가 팀 동료가 걷어내려던 볼을 가슴으로 처리하다가 스튜어트 맥콜Stuart McCall에게 볼을 빼앗기는 장면이 나왔다. 당시 스넬더스가 받은 패스는 의도적인 백패스가 아니었기에 그 볼을 손으로 잡았어도 아무런 문제가 되지 않을 만한 상황이었다. 그러나 새로운 규정을 제대로 이해하지 못한 스넬더스는 자신을 향해 패스가 날아오자 동료 수비수들에게 "손으로 잡을 수 없어!"라고 크게 소리치는 촌극을 연출했다.

가장 큰 변화는 이탈리아 세리에 A에서 나왔다. 세리에 A는 유럽에서 가장 수비적인 리그였는데, 4년 연속으로 경기당 평균 득점이 2.11골, 2.24골, 2.29골, 2.27골에 그쳤으나 1992-93시즌에는 이 수치가 2.8골로 치솟았다. 오히려 프리미어리그는 퍼스트 디비전의 마지막 시즌 경기당 평균 득점 2.52에서 1992-93시즌 2.65골로 소폭 상승했다. 이렇듯 새로운 백패스 규정은 모든 리그에 분명한 영향을 미쳤고, 특히 몇몇 특정 팀들은 이 때문에 더 큰 어려움을 겪어야 했다.

새로운 백패스 규정의 가장 큰 피해자는 리버풀이었다. 심지어 많은 이들은 리버풀이 1970년대와 1980년대 잉글랜드 축구를 압도하고도 프리미어리그 출범 후 우승을 한 차례도 하지 못한 이유를 변경된 백패스 제도에 적응하지 못한 이유가 컸다고 말할 정도다. 리버풀은 퍼스트 디비전의 마지막 시즌과 프리미어리그 첫 시즌 모두 6위에 머물렀지만, 선수들조차 새롭게 도입된 백패스 제도 탓에 부정적인 영향을 받은 사실을 인정했다.

당시 리버풀 수비수 닉 태너Nick Tanner 는 "과거 리버풀은 항상 경기를 잘 끝내는 데 능숙했다. 우리는 1-0 리드를 잡은 후 골키퍼 브루스 그로벨라Bruce Grobbelaar 에게 백패스했다. 그러면 그는 볼을 잡은 후 몇 번 바닥에 바운드한 뒤 후방으로 내려온 필 닐Phil Neal 에게 패스를 연결하곤 했다. 그러나 더는 이런 플레이를 할 수 없었다"고 설명했다. 묘하게도 이때 리버풀 감독은 다름 아닌 새로운 백패스 규정이 도입된 데 가장 큰 책임이 있는 그래엄 수네스였다.

아스널도 피해를 보긴 마찬가지였다. 당시 아스널은 1991-92시즌 가장 많은 득점을 하며 프리미어리그 첫 시즌 가장 강력한 우승 후보로 꼽혔다. 그러나 아스널은 이후 후방 빌드업에 어려움을 겪으며 1992-93시즌 리그 전체를 통틀어 최소 득점을 기록했다. 다만 아스널은 수비력으로 이를 극복하며 리그컵과 FA컵 우승을 차지해 단판 승부로 진행되는 대회에서는 강세를 보였다. 당시 아스널은 두 대회에서 모두 셰필드 웬즈데이를 2-1로 꺾고 결승전에서 승리를 차지했다.

그러나 백패스 제도 도입 탓에 가장 큰 패배자로 전락한 건 직선적인 축구를 구사했던 윌킨슨 감독의 리즈였다. 바로 전 시즌 우승을 차지한 리즈는 프리미어리그 첫 시즌에는 순위가 17위로 하락했고, 원정경기에서는 단 한 번도 승리하지 못했다. 윌킨슨 감독은 백패스 제도 도입 당시 롱볼 축구의 강세를 예상했지만, 아이러니하게도 정작 리즈가 그 축구를 제대로 구사하지 못해 고통을 받아야 했다.

프리미어리그에서 가장 먼저 백패스를 손으로 잡아 경고를 받은 골키퍼는 존 루키치 John Lukic였다. 루키치는 윌킨슨 감독이 리그 최고의 중앙 수비수로 꼽기도 한 동료 수비수 크리스 화이트 Chris Whyte의 백패스를 손으로 잡아 경고를 받았는데, 그는 특히 새로운 백패스 제도가 도입되며 시작된 현대 축구의 변화에 적응하는 데 애를 먹었다. 미드필더 개리 스피드 Gary Speed는 이에 대해 "새로운 백패스 규정이 특히 우리 팀에 더 큰 영향을 미쳤다. 우리 팀은 중앙 수비수가 골키퍼에게 백패스를 건네주고, 이를 루키치가 나와 리 채프먼에게 길게 연결하는 데 익숙했다. 그러나 갑자기 이런 패스 연결을 할 수 없게 돼 우리가 원하는 대로 플레이할 수 없었다"고 말했다.

스피드의 동료 미드필더 스티브 호지 Steve Hodge도 그의 말에 동의했다. 호지는 "이전까지 루키치는 볼을 소유하며 높고 길게 킥을 연결했었다. 그러나 백패스 제도가 도입되며 그는 손으로 들지 못한 채 그대로 볼을 차야 했고, 그의 패스는 예전보다 길게 날아가지 못했다. 볼이 상대 진영까지 도달하지 못하고 중원에서 왔다 갔다 하며 팀 전체가 상대에 위협을 가할 수 없게 된 것이다. 또한 상대 팀은 이때부터 루키치가 더 서둘러 볼을 차게 하려고 더 적극적으로 전방 압박을 했다"고 말했다. 이처럼 골키퍼가 얼마나 멀리 공을 찰 수 있는지가 강조된 시점도 새로운 백패스 제도가 도입됐을 때부터다. 골키퍼의 패스 방식이 처음으로 깊이 있게 논의된 시점도 바로 이때다.

노팅엄 포리스트 역시 백패스 규정이 바뀐 후 바로 최하위로 시즌을 마치며 큰 손해를 봐야 했다. 훗날 전설로 남은 브라이언 클러프Brian Clough 감독은 당시 알코올의존증으로 판단력이 흐려지는 등 다른 문제들에도 직면해 있었지만, 노팅엄 수비수였던 개리 배니스터Gary Bannister에 따르면 그들의 문제는 클러프 감독의 전술이 더는 현대 축구에 어울리지 않은 요인도 컸다. 배니스터는 "우리에게 가장 큰 어려움을 준 부분은 우리가 골키퍼 마크 크로슬리Mark Crossley에게 패스할 때마다 그가 발로 볼을 길게 차야 했다는 점이다. 이 때문에 볼은 바로 다시 우리 선수에게 왔고, 우리는 상대의 압박을 당했다. 마크가 서둘러 볼을 차게 됐다는 점이 우리에게는 전혀 도움이 되지 않았다. 이전 시즌까지 우리는 골키퍼에게 백패스를 한 후 스튜어트 피어스Stuart Pearce, 브라이언 로스Brian Laws 혹은 개리 찰스Gary Charles가 수비 진영에서 다시 볼을 받아 원활하게 공격 작업을 할 수 있었기 때문"이라고 말했다.

특히 피어스는 세트피스를 전담하는 선수치고는 놀랍게도 후방에서 패스를 연결해야 할 때 누구보다 당황한 기색이 역력했다. 실제로 그는 가장 잘 알려진 백패스 실수를 저지른 선수다. 잉글랜드 대표팀에 합류한 피어스는 1993년 11월 산마리노와의 월드컵 유럽 예선 경기 시작 8초 만에 골키퍼 데이비드 시먼에게 연결하려 한 패스에 제대로 힘을 싣지 못해 다비데 구알티에리Davide Gualtieri에게 충격적인 선제골을 헌납하는 빌미를 제공했다. 이날 피어스Pearce의 실수로 산마리노에 허무하게 리드를 내줬던 이 경기는(잉글랜드는 결국 7-1 승리를 거뒀다) 과거 피어스의 노팅엄 포리스트 시절 팀 동료 데스 워커Des Walker의 마지막 대표팀 경기가 됐다.

잉글랜드 대표팀에서 59경기를 출전한 워커는 이로부터 불과 1년 전, 잉글랜드 정론지 〈가디언Guardian〉으로부터 "그래엄 테일러 잉글랜드 감독이 선발 명단에서 절대 빼놓을 수 없는 필드 플레이어"라는 찬사를 받았었다. 그러나 그는 백패스 제도 도입 후 더는 현대 축구에 어울리지 않는 선수로 전락하며 27세에 대표팀 생활을 마무리해야 했다. 이에 대해 훗날 해리 레드냅Harry Redknapp 감독은 "1992년 백패스 제도가 도입되며 워커의 경기력에는 큰 흠집이 생겼다. 원래 그는 빠른 발을 살려 상대 공격수의 앞을 막아섰고, 볼을 빼앗아 골키퍼에게 백패스를 연결하는 데 능한 수비수였다. 이런 워커에게 갑자기 자신이 직접 볼을 처리해야 하는 상황이 왔는데, 이는 그에게 어울리는 스타일의 축구가 전혀 아니었다"고 말하기도 했다.

이렇듯 프리미어리그 출범 후 첫 시즌에 가장 잘 나타난 변화 중 하나는 수비수가 단순하게 볼을 걷어내서 상대 선수에게 스로인 공격을 내주는 모습이었다. 이에 보비 굴드Bobby Gould 코벤트리 감독은 "확실하지 않은 상황에서는 볼을 밖으로 걷어내라. 그럴듯하게 보이려고 하지 말고 관중석 맨 위쪽으로 볼을 차버리라고 주문했다"고 밝혔다. 프리미어리그 출범 후 첫 시즌에 선수들이 선정한 올해의 선수상을 양발을 자유자재로 잘 활용하는 애스턴 빌라 중앙 수비수 폴 맥그라Paul McGrath가 받은 건 우연이 아니었다. 맥그라만큼 새로운 경기 방식에 잘 적응한 선수는 없었기 때문이다. 그는 현대 축구가 요구하는 중앙 수비수의 본보기가 됐고, 시간이 흐를수록 감독들도 단순히 수비만 하는 수비수가 아닌 볼을 잘 다루는 수비수가 필요하다는 사실을 깨닫게 됐다. 만약 새로운 백패스 제도가 도입되지 않았다면 훗날 리오 퍼디난드Rio Ferdinand는 수비수가 아닌 미드필더로 성장했을 것이다.

▼▼▼

골키퍼의 역할도 필연적으로 바뀔 수밖에 없었다. 골키퍼의 역할이 바뀐 것은 1912년에 골키퍼가 페널티 박스 안에서만 손을 쓸 수 있도록 제한한 후 80년 만이었다. 가뜩이나 불만을 노골적으로 드러내기로 유명한 포지션이었던 골키퍼들은 대다수가 새로운 백패스 제도에 대해 격분했다. 전 잉글랜드 대표팀 골키퍼이자 자국 역사상 최초로 골키퍼 코치로 활동한 앨런 호지킨슨Alan Hodgkinson은 "사람들은 내가 편향적이라고 말할 수 있겠지만, 나는 골키퍼를 바보같이 보이게 만드는 제도에 가치를 느끼지 못한다. 새로 도입된 제도에 희생양이 되지 않은 골키퍼는 단 한 명도 없다. 과연 이게 축구에 좋은 일인가? 골키퍼는 20년간 볼을 잡는 방법을 배운다. 볼을 손으로 잡는 건 그들에게 지극히 자연스러운 동작이다. 새로운 제도에 적응하는 건 쉽지 않다"고 말했다. 그러나 호지킨슨에게는 안타깝게도 백패스 제도는 영구적으로 도입된 규정이었고, 이때부터 모든 골키퍼는 움직이는 볼을 발로 차는 새로운 기술을 연습하는 데 오랜 훈련 시간을 할애해야 했다. 축구에서 가장 특수한 포지션인 골키퍼조차 결국 다양한 역할을 수행할 수 있는 자원으로 성장해야 했던 것이다.

호지킨슨의 가장 큰 업적 중 하나는 알렉스 퍼거슨 맨체스터 유나이티드 감독에게 골키퍼 피터 슈마이켈Peter Schmeichel 영입을 추천한 일이었다. 이후 그는 맨유에서 슈마이켈의 골키퍼 코치로 일하기도 했다. 훗날 슈마이켈은 이 시대 골키퍼의 역할을 가장 잘 대변하는 선수로 성장했고, 프리미어리그는 물론 세계에서 가장 위대한 골키퍼가 됐다. 그는 육중한 체구를 앞세워 볼과 가까운 거리에서도 놀라운 반사 신경으로 한 차례 선방을 펼친 후 재빨리 다시 일어나 상대가 재차 시도하는 슛까지 막아내는 2차 선방 능력까지 두루 겸비한 골키퍼였다.

게다가 피터 슈마이켈의 성향은 교과서적인 골키퍼들과는 달랐다. 실제로 슈마이켈의 위치 선정은 1990년대 그의 최대 라이벌이었던 아스널 골키퍼 데이비드 시먼만큼 완벽한 수준은 아니었다. 시먼은 슈마이켈과 정반대의 골키퍼였다. 시먼은 묵묵히, 묵직하게 자신의 역할을 했으나 슈마이켈은 누구보다 목소리가 컸고, 대담했으며, 예측할 수가 없었다. 심지어 슈마이켈은 슈팅을 시도하는 상대 공격수를 향해 팔과 다리를 최대한 뻗어 달려드는 움직임으로 잉글랜드 축구계에 '스타점프 세이브starjump save'를 도입하기도 했다. 10대 시절까지 핸드볼을 즐겨 했던 그는 당시 배운 기술을 자신의 축구 능력에도 그대로 활용했다. 1960년대 맨체스터 시티 골키퍼로 활약한 말콤 앨리슨Malcolm Allison은 "골키퍼는 축구 선수가 아니라 핸드볼 선수"라고 말한 적이 있다. 이는 그 누구보다 슈마이켈에게 가장 잘 들어맞는 말이었다.

슈마이켈은 새로운 백패스 제도가 도입되기 전에도 맹활약을 펼쳤다. 덴마크 대표팀의 골문을 지킨 그는 유로 1992 우승을 차지했고, 아주 높은 기대를 받으며 프리미어리그의 첫 시즌을 시작했다. 당시 덴마크는 본선 진출에 실패했으나 내전 중이던 유고슬라비아의 출전 자격이 박탈되면서 출전 자격을 획득했다.

새로운 백패스 제도가 도입되기 전 열린 마지막 메이저 국제대회에서 덴마크는 왜 경기 규칙이 바뀌어야만 하는지를 여실히 보여줬다. 중앙 수비수 라스 올센Lars Olsen은 지속적으로 슈마이켈에게 백패스를 연결했다. 그리고 슈마이켈이 이를 손으로 잡아 공격 작업을 다시 시작하는 과정이 팀 전원에게 확산됐다. 덴마크가 독일에 2-0으로 승리한 결승 후반전에는 경기를 보는 이조차 화가 날 만한 시간 끌기가 반복됐다. 경기 종료 5분을 남겨두고는 덴마크 공격수 플레밍 포울센Flemming Povlsen이 수비 진영에서 볼을 잡은 후 드리블 돌파를 통해 공격 진영을 향해 달렸고, 중앙선 부근에서 상대 선수의 발에 걸려 넘어졌다. 이후 자리에서 일어난 그는 뒤로 무려 45m나 떨어진 위치에 서 있는 슈마이켈에게 백패스를 연결했다. 훗날 슈마이켈은 이 경기를 회고하며 "우리가 공격 진영에 진입하고도 볼을 잡은 선수가 패스할 곳을 찾지 못하면 그는 바로 뒤로 돌아 내게 백패스를 연결했고, 나는 이를 손으로 잡았다. 어떻게 이렇게 하면서도 축구 경기에서 이길 수 있나?"라고 말하기도 했다.

이처럼 새로운 백패스 규정은 골키퍼에게 더 능숙하게 볼을 처리하는 능력을 요구했는데, 슈마이켈은 이에 맞게 적응하는 데 가장 앞장선 골키퍼였다. 그는 맨체스터 유나이티드로 이적한 첫 시즌 백패스 제도 도입이 확정되기도 전부터 팀 훈련 때는 골키퍼도 경기에 더 관여하는 연습을 해야 한다고 주장했다. 팀 훈련 도중 골키퍼는 다른 선수들과 따로 나뉘어 운동한 과거와 달리 필드 플레이어와 함께 패스 훈련에 참여해야 한다는 게 슈마이켈의 생각이었고, 이러한 변화는 팀 전술과 심리 상태에 큰 변화를 가져왔다.

시즌이 개막한 후 슈마이켈은 맨유가 뒤진 경기 막판에는 코너킥 상황에서 공격에 가담하며 상대 팀을 충격에 빠뜨리곤 했다. 요즘에는 골키퍼의 이러한 움직임이 흔하지만, 이를 잉글랜드 축구 팬들에게 처음 선보인 주인공은 바로 슈마이켈이다. 그는 1994년 박싱 데이 경기에서 맨유가 종료 3분을 남겨두고 블랙번 로버스에 0-1로 끌려가자 상대 페널티 박스로 진입해 수비수 세 명을 견제하며 개리 팰리스터에게 공간을 만들어줬다. 결국 팰리스터가 골문을 향해 머리로 연결한 패스는 폴 인스Paul Ince의 동점골로 이어졌다.

슈마이켈은 덴마크 대표팀에서 활약하며 수차례 득점을 기록하기도 했다. 그는 맨유에서도 1995년 UEFA컵에서 러시아 팀 로토르 볼고그라드를 상대로 만회골을 넣었다. 그가 윔블던을 상대로 성공시킨 오버헤드킥이 오프사이드로 취소된 적도 있는데, 아마 골키퍼의 골이 오프사이드 판정으로 취소된 건 이 일이 최초였을 것이다. 결국 슈마이켈은 이후 애스턴 빌라에서 활약한 2001-02시즌 골키퍼로는 프리미어리그 최초의 골을 기록했다. 이처럼 슈마이켈은 말 그대로 혁명적인 선수였으며, 골키퍼는 단순히 수비 진영에서 페널티 박스만 보호하는 역할에 국한될 필요가 없고, 공격을 직접 시작하고 상황에 따라서는 마무리까지 할 수 있다는 사실을 몸소 증명했다.

그러나 슈마이켈은 골키퍼의 주된 활동 구역에서는 빼어난 발기술을 자랑한 선수가 아니었다. 맨유는 구단 역사상 두 번째 프리미어리그 경기에서 에버턴에 0-3으로 패했는데, 이때 슈마이켈은 볼을 자신의 발밑에 둔 상황에서 모 존스톤Mo Johnston의 태클에 걸려 볼을 빼앗기며 실점했다. 이처럼 슈마이켈이 현역 시절 저지른 실수 중 대다수는 그가 페널티 박스 밖에서 발로 볼을 처리하려는 과정에서 발생했다. 1994년 2월 웨스트햄 전에서도 그의 패스가 상대 선수 매튜 홈스Matthew Holmes에게 그대로 향했으며 그 크로스를 받은 트레버 모얼리Trevor Morley에게 실점했고, 3개월 후에는 페널티 박스 밖에서 헛발질을 하며 입스위치의 크리스 키워먀Chris Kiwomya에게 골을 내줬다. 이어 그는 FA컵 8강 찰턴전에서 페널티 박스와 약 15m나 떨어진 거리에서 핸드볼 반칙으로 퇴장당했다.

노리치의 브라이언 건Bryan Gunn처럼 새로운 백패스 제도에 잘 적응한 골키퍼도 많았다. 건은 노리치의 훌륭한 패스 축구에 일조한 골키퍼였다. 시면도 조지 그래엄 감독이 주문한 오프사이드 트랩을 적극적으로 가동하는 아스널의 수비 라인과 자신 사이에 생기는 공간에서 스위퍼 역할을 맡으며 새로운 변화에 꽤 잘 적응한 모습을 보여줬다. 그래엄 감독은 백패스 제도에 변화가 생기기 전부터 시먼이 양발로 킥을 하는 데 익숙해질 수 있도록 특별 훈련을 지시했는데, 이는 당시 골키퍼 사이에서는 매우 드문 기술이었다.

그러나 시먼 또한 처음 백패스 제도가 도입됐을 때는 어려움을 겪었다. 그는 "규칙이 처음 바뀌었을 때는 우선 안정적인 선택을 하는 데 급급했다. 누군가 내게 패스를 하면 무조건 뻥 차는 데 집중했다. 무엇보다 최대한 볼을 강하게 찼다. 그러나 이러한 기술을 더 개발하면서 자신감이 생겼고, 상황을 조절하는 데 더 노력하기 시작했다. 이런 연습을 더 많이 할수록 더 발전할 수 있었고 누구에게 패스를 하고, 어디서 동료를 찾아야 하는지를 배우기 시작했다"고 말했다. 골키퍼가 그저 볼을 차지 않고 패스를 하기 시작하면서 그들은 열한 번째 필드 플레이어로 진화했으며 후방에서 빌드업을 하는 팀들은 갈수록 늘어났다.

한편 슈마이켈은 한때 골키퍼의 킥에 대해 퍼거슨 감독과 설전을 벌인 적도 있다. 맨유는 1994년 안필드 원정에서 리버풀을 상대로 3-0으로 앞서다가 내리 세 골을 허용하며 3-3으로 비겼다. 퍼거슨 감독은 당연히 격분했고, 그는 경기 내내 경기장 중앙으로 긴 패스만을 연결한 슈마이켈을 강하게 질타했다. 슈마이켈이 긴 패스를 고집하며 닐 러독Neil Ruddock에게 제공권 싸움에서 밀렸고, 리버풀이 계속 맨유를 압박할 수 있었다는 게 퍼거슨 감독의 생각이었다.

그러나 슈마이켈은 퍼거슨 감독의 질타를 듣고만 있지 않았다. 그는 퍼거슨 감독이 자신에게 찻잔을 집어 던지려는 모습을 보이자 폭언을 쏟아내며 맞대응했다. 이후 그는 에이전트에게 전화를 걸어 이적을 요청하기까지 했다. 이에 퍼거슨 감독은 다음 날 자신의 사무실로 슈마이켈을 불러 그가 이적하기 전에 먼저 그를 방출하겠다며 으름장을 놓았다. 결국 슈마이켈이 퍼거슨 감독과 팀 동료에게 사과하며 사건은 일단락됐다. 그러자 퍼거슨 감독도 그를 방출하겠다는 방침을 철회했다. 이후 슈마이켈은 5년이나 더 맨유에 남았고, 1999년에는 챔피언스리그 결승전에 주장으로 출장해 팀의 우승을 이끌며 맨유에서의 마지막 시즌을 마감했다.

그러나 슈마이켈은 자신의 취약한 킥 능력을 끝내 완전히 개선하지는 못했다. 그는 1998년 FA컵에서 강등권에 놓인 반슬리를 상대로 두 경기 연속으로 한 차례씩 형편없는 킥 실수를 저지르며 재경기 끝에 팀이 탈락하는 데 빌미를 제공했다. 슈마이켈이 덴마크 대표팀에서 큰 성공을 경험했고 정확한 킥을 구사하는 데 어려움을 겪은 점 등을 고려할 때, 훗날 그가 남긴 "백패스 규정의 변화는 축구를 바꾼 역대 최고의 변화"라는 발언은 더 인상적으로 회자되고 있다.

다만 여기서 더 중요한 것은 슈마이켈이 골키퍼의 플레이메이커로의 변신을 유행시킨 선수라는 점이다. 단, 그는 발이 아닌 손으로 공격 작업을 펼쳤다. 슈마이켈은 손으로 믿기 어려울 정도로 긴 패스를 구사했는데, 이러한 모습은 이때만 해도 잉글랜드 축구에서 볼 수 없었던 장면이며 이후 맨유의 주된 공격 루트로 활용됐다. 퍼거슨 감독은 당시 라이언 긱스Ryan Giggs와 안드레이 칸첼스키스Andrei Kanchelskis 혹은 리 샤프Lee Sharpe를 활용해 주로 역습 축구를 구사했다. 이 세 선수는 당시 슈마이켈이 길고 정확하게 던지는 패스 덕분에 가속력이 붙은 상태에서 볼을 잡아 공격을 펼칠 수 있었다.

슈마이켈은 이에 대해 "손으로 볼을 잡으면 항상 역습 기회를 엿봤다. 항상 성공적이지는 않았지만, 이러한 전술은 공격을 하던 상대 선수가 돌아서서 수비 진영으로 물러서야 하는 상황을 만들었다. 그렇게 되면 상대 선수는 지치고 사기가 꺾이게 된다"고 설명했다. 심지어 슈마이켈은 손으로 어시스트를 기록하기도 했다. 그는 1994년 2월 퀸즈 파크 레인저스QPR 원정에서 중원으로 강하게 볼을 던져 빠르게 달리던 안드레이 칸첼스키스Andrei Kanchelskis에게 패스를 연결했다. 이를 받은 칸첼스키스는 문전에서 깔끔한 마무리로 선제골을 터뜨리며 맨유의 3-2 승리를 견인했다. 2년 후 슈마이켈은 맨유가 5-0으로 대승한 선덜랜드전(팬들에게는 에릭 칸토나 Eric Cantona 의 사각지대로 빨려드는 칩샷 골로 더 유명하다)에서 상대 선수가 머리로 띄운 공을 손쉽게 잡은 후 오프사이드 트랩을 깨고 상대 진영으로 침투하는 올레 군나르 솔샤르 Ole Gunnar Solskjaer 에게 패스를 연결해 득점을 도왔다.

이후 프리미어리그에서는 2005년 페페 레이나 Pepe Reina 가 리버풀에 입단하기 전까지 슈마이켈처럼 빠르고, 정확하고, 긴 패스를 손으로 구사하는 골키퍼를 볼 수 없었다. 레이나가 리버풀로 이적할 때 즈음에는 이미 수많은 골키퍼가 바뀐 규정에 맞게 훈련을 하며 발로 볼을 다루는 데 워낙 능숙해진 상태였다. 프리미어리그 최고의 골키퍼에게 주어지는 골든 글러브를 세 차례나 수상한 레이나는 "백패스 규정이 바뀌었을 때 나는 열 살이었다. 다행히도 나는 그때 여전히 어렸다. 내가 기술을 한창 습득하던 시기에 규정이 바뀌며 이에 적응할 수 있었다"고 말했다.

세리에 A 베테랑으로 유명한 사미르 한다노비치 Samir Handanovic 는 "슈마이켈이 손으로 구사한 긴 패스는 매우 강력했으며, 이 덕분에 그의 팀은 순식간에 반대편에서 공격을 할 수 있었다. 슈마이켈은 분명히 시대를 앞서간 골키퍼"라고 말했다. 나이지리아의 빈센트 엔예아마 Vincent Enyeama 는 이 시대의 골키퍼를 총평하며 "비록 내 롤모델은 에드윈 판 데 사르 Van der Sar 였지만, 슈마이켈은 전혀 다른 유형의 골키핑 기법을 도입했다"고 평가하기도 했다. 이처럼 슈마이켈은 전 세계에 영감을 준 첫 번째 프리미어리그 선수였다.

판 데 사르는 레이나가 리버풀에서 활약한 시기에 맨유에서 성공시대를 열어간 골키퍼다. 그가 성장한 팀은 요한 크루이프 Johan Cruyff 의 철학을 이어받은 네덜란드 명문 아약스. 크루이프는 오랜 시간 골키퍼가 열한 번째 필드 플레이어가 돼야 한다고 주장한 인물인데, 판 데 사르는 이러한 골키퍼의 롤모델로 성장했다. 오늘날 티보 쿠르투아Thibaut Courtois와 마누엘 노이어Manuel Neuer가 판 데 사르로부터 영감을 받았다고 말하는 이유도 그가 그만큼 발로 볼을 다루는 데 능숙한 골키퍼였기 때문이다. 킥 능력은 현대 축구에서 골키퍼에게 필요한 필수 조건이 됐고, 이 능력이 부족한 골키퍼들은 배척될 수밖에 없었다.

한편 슈마이켈이 프리미어리그를 개혁한 점은 이뿐만이 아니었다. 놀랍게도 프리미어리그가 출범한 1992-93시즌 열린 경기에 선발 출장한 선수 총 242명 중 외국인 선수는 11명에 불과했다. 이를 두고 많은 이들은 리그를 통틀어 11명에 불과했던 외국인 선수 중 골키퍼는 슈마이켈 한 명이라고 예상할 수도 있겠지만, 실제로 당시 외국인 골키퍼는 그 외에도 윔블던의 네덜란드 출신 골키퍼 한스 세거스Hans Segers, 캐나다에서 온 입스위치 골키퍼 크레이그 포리스트Craig Forrest, QPR의 체코인 골키퍼 얀 스테이스칼Jan Stejskal로 네 명이나 됐다. 이후 1993-94시즌에는 애스턴 빌라의 마크 보스니치March Bosnich(호주), 첼시의 드미트리 카린Dmitri Kharine(러시아), 토트넘의 에릭 토어스트베트Erik Thorstvedt(노르웨이), 리버풀의 브루스 그로벨라Bruce Grobbelaar(짐바브웨), 웨스트햄의 루덱 미클로스코Ludek Miklosko, 그리고 뉴캐슬의 파벨 스르니체크Pavel Srniek(이상 체코)가 프리미어리그에 입성했다. 당시 애스턴 빌라 골키퍼 코치였던 짐 바론Jim Barron은 잉글랜드 골키퍼보다는 외국인 골키퍼가 페널티 박스를 통솔하고 패스를 공급하는 능력이 탁월하다고 주장하기도 했다. 잉글랜드는 항상 수준급 골키퍼를 육성한다고 자부했지만, 정작 프리미어리그에서 골키퍼의 역할을 진화하게 한 이들은 외국인이었다.

프리미어리그 초창기의 골키퍼는 두 가지 의미에서 중요성을 지닌다. 첫째는 새로운 백패스 규정이 도입되면서 골키퍼에게 필요한 기술 종류가 확대되고 골키퍼가 다른 포지션 선수들처럼 다재다능한 선수가 돼야 했다는 점이다. 둘째는 프리미어리그가 시간이 지나며 직접 길러낸 자국 선수보다는 외국인 선수에게 의존하는 빈도가 높아졌는데, 골키퍼는 어느 포지션보다 빠르게 이러한 변화를 보였다. 골키퍼는 전통적으로 '아웃사이더outsider'의 이미지가 짙었지만, 이때부터 그들은 현대 축구가 진화하는 데 앞장서는 존재가 됐다.

칸토나와
카운터

"내게 프랑스인이라는 것의 의미는 무엇보다 혁명적이어야 한다는 것이었다."
- 에릭 칸토나

무려 25년 동안 리그 우승을 차지하지 못했던 맨체스터 유나이티드가 프리미어리그가 출범한 후 잉글랜드 축구를 수년간 압도했던 것은 놀랄 만한 일이다. 더 대단한 건 알렉스 퍼거슨 감독이 이끈 맨유가 프리미어리그 출범 후 열린 다섯 시즌 중 네 시즌이나 우승을 차지했다는 사실이다. 묘하게도 프리미어리그 초반의 5년은 에릭 칸토나가 맨유에서 활약한 기간이기도 하다. 또한 맨유가 이 다섯 시즌 중 유일하게 우승하지 못한 한 시즌은 칸토나가 출장정지 징계로 반 시즌을 날렸던 시즌이었다. 칸토나가 맨유에 미친 영향력은 실로 대단했다. 그의 등장과 함께 맨유가 하루아침에 그저 그런 팀에서 매년 우승하는 팀으로 변모했기 때문이다. 칸토나가 프리미어리그 전체에 미친 영향력도 다른 누구와 비교할 수 없을 정도였다. 무엇보다 그는 프리미어리그에 기술 축구를 유행시킨 선수다.

이탈리아와 스페인계 혈통의 프랑스인 칸토나는 프리미어리그에 외국인 선수가 흔치 않던 시절, 마치 자신이 잉글랜드의 모든 축구장 주인인 듯 유니폼의 깃을 세운 채 나타나곤 했다. 그는 잉글랜드에서 이전까지 단 한 번도 본 적이 없는 유형의 선수였다. 칸토나는 자신이 우러러보는 인물로 디에고 마라도나Diego Maradona, 요한 크루이프와 함께 파블로 피카소Pablo Picasso, 짐 모리슨Jim Morrison 그리고 볼프강 아마데우스 모차르트Wolfgang Amadeus Mozart를 꼽기도 했다.

또한 칸토나는 자신의 우상으로 프랑스 시인 랭보Rimbaud를 언급한 적이 있었는데, 당시 그를 인터뷰한 기자가 이를 제대로 듣지 못해 1980년대 영화 캐릭터 람보Rambo로 착각한 일화도 있었다. 칸토나는 마치 잉글랜드 축구장 드레싱룸에서 활동하는 프랑스 철학자 같은 캐릭터의 선수였다. 그에게 팀 동료의 옷을 자르는 일은 작은 '유머'에 지나지 않은 일이었다. 칸토나의 팀 동료들은 그가 영어를 능통하게 구사했다고 말했지만, 정작 그는 유독 언론과 인터뷰할 때면 영어를 하지 못했고 그런 점이 그의 아웃사이더적인 이미지를 더욱 부각시켰다. 맨유 선수들이 경기가 끝난 후 맥주를 마시러 가면 그들은 17병의 맥주와 한 잔의 샴페인(칸토나의)을 시키곤 했다.

칸토나가 흥미롭게 비춰진 이유는 단순히 그가 외국인 선수였기 때문만이 아니다. 그는 프랑스 리그 1에서도 팀을 이리저리 옮겨 다니며 주목받았다. 그 당시에도 칸토나는 팀의 규율을 자주 어기기로 유명했다. 프랑스 축구 기자 필리프 오클래르Philippe Auclair는 칸토나의 자서전을 통해 1980년대 후반을 회고하며 "그는 프랑스 역사상 최초로 연예인 같은 스타가 된 축구 선수"라고 말했다. 칸토나는 천부적인 축구 재능뿐 아니라 문화적으로도 조예가 깊은 선수였다.

칸토나는 프랑스 21세 이하 대표팀에서 펼친 활약을 바탕으로 유명세를 탔다. 당시 그의 활약상은 프랑스 케이블 TV 방송 〈카날플뤼Canal+〉의 하이라이트 쇼를 통해 자주 전파를 타기도 했다. 칸토나는 트렌드 중심의 방송을 추구한 〈카날플뤼〉에 매우 적합한 캐릭터처럼 비춰졌고, 이러한 그의 이미지는 프리미어리그를 히트 상품으로 내세운 스카이스포츠로 그대로 옮겨졌다.

칸토나가 잉글랜드 축구에 남긴 가장 유명한 장면은 1995년 1월에 발생했다. 칸토나는 크리스탈 팰리스 수비수 리차드 쇼Richard Shaw를 걷어찼다는 이유로 경고를 받은 직후 상대 팀 팬 매튜 시몬스Matthew Simmons가 자신에게 폭언을 쏟아내자 광고판을 뛰어넘어 그에게 유명한 '쿵푸킥'을 작렬시켰다. 이로 인해 그는 모든 축구 선수 활동이 8개월간 정지되는 중징계를 받았고, 그 때문에 사실상 프랑스 대표팀 경력도 마감해야 했다. 비록 팬을 향해 이단옆차기를 날린 칸토나의 행동은 불명예스러웠지만, 이 장면은 프리미어리그의 역사에 남았다. 이 장면은 호주, 뉴질랜드 같은 먼 나라들에서조차 강력한 뉴스가 됐다. 이는 잉글랜드의 새로운 1부리그가 진정한 지구촌 화제가 된 첫 사건이었다.

잉글랜드 축구가 1980년대 훌리건 문제로 이미지에 타격을 입은 점을 고려하면 칸토나 사건도 부정적으로 비춰질 수밖에 없었다. 그러나 이 사건을 다룬 언론 보도를 통해 칸토나라는 선수에 대한 자세한 배경이 공개되자 잉글랜드 축구에 흥미로운 캐릭터가 존재한다는 사실이 대중에게 알려졌다. 칸토나는 그 정도로 고정관념에서 벗어난 선수다. 그러면서 칸토나와 관련된 심층 보도가 잇따랐다. 일간지 〈더 선The Sun〉은 이틀 연속으로 1면에 칸토나 관련 기사를 실으며 '칸토나의 수치: 기사 전문은 2, 3, 4, 5, 6, 22, 43, 44, 45, 46, 47 그리고 48면에'라는 친절한 안내까지 포함시켰다. 동시에 프리미어리그가 일반 뉴스에 등장하기 시작했다. 칸토나는 항소를 통해 2주 실형 선고를 철회받을 수 있었고, 이후 공식 기자회견을 열고 "갈매기가 고기잡이배를 따라다니는 이유는 배에서 정어리가 던져질 것을 알기 때문이다"라고 말하고는 자리에서 일어나 변호사와 악수를 나눈 뒤 떠났다.

칸토나의 이미지가 다른 선수들과 달랐던 가장 큰 요인은 그가 당시 프리미어리그에서 활약하던 선수들과 그저 언행만 달랐던 게 아니라는 데 있다. 칸토나는 축구를 하는 방식도 다른 선수들과 그저 달랐다. 칸토나가 철학자, 예술가 등과 비교되는 이유도 그가 경기장에서 기교, 창의성 그리고 예측 불가능한 움직임을 발휘한 '축구 천재'였기 때문이다. 그는 상대 수비 라인 사이에서 빛나는 활약을 펼쳤고, 골을 직접 넣는 만큼 동료들에게 득점 기회를 만들어주는 데도 탁월한 능력을 발휘했다. 프리미어리그 역사상 경기당 평균 도움이 가장 높은 선수도 바로 칸토나다. 그는 골키퍼의 키를 넘기는 칩샷을 즐겨 썼고, 페널티킥을 찰 때면 침착하고 우아한 슈팅으로 득점하기도 했다. 또한 칸토나는 볼을 다루기 어려운 발 바깥쪽으로 팀 동료에게 정교한 패스를 찔러주는 데 능했다.

게다가 칸토나는 적극적으로 몸싸움까지 펼치며 거칠고 저돌적인 잉글랜드 축구에 문제없이 적응했다. 칸토나가 프랑스를 떠나기로 했을 때, 당시 프랑스 대표팀 수석코치 제라르 울리에Gerard Houllier는 그가 힘과 제공권을 겸비한 공격수라며 잉글랜드의 정상급 구단 입단을 추천했다. 키 188cm의 칸토나는 항상 가슴을 쫙 편 자세로 경기장을 누볐고, 발밑에 볼을 두고 상대 수비수를 하찮다는 듯이 유린했다. 실제로 그는 골과 도움 중 상당수를 머리로 기록했다. 칸토나의 맨유 동료 라이언 긱스는 그가 보기와는 달리 발도 빨랐다고 말하기도 했다.

칸토나가 프랑스를 떠나 바로 맨체스터로 온 것은 아니었다. 그가 처음 잉글랜드로 갔을 때는 오히려 불길한 징조가 있었다. 셰필드 웬즈데이가 가장 먼저 일주일간 입단 테스트를 통해 칸토나의 기량을 확인했다. 그러나 당시 칸토나가 입단 테스트를 받은 일은 협상 과정에서 통역이 제대로 이뤄지지 않아 발생한 해프닝이었다. 칸토나는 입단 계약을 하러 왔다고 생각했고, 기자들은 그가 입단 테스트를 받는다고 알고 있었다. 심지어 트레버 프랜시스Trevor Francis 셰필드 웬즈데이 감독은 친구의 부탁을 받아 칸토나에게 팀에서 훈련할 기회를 제공했을 뿐이라고 말해 혼란은 더 커졌다. 결국 칸토나가 셰필드 웬즈데이의 유니폼을 입고 출전한 경기는 미국 실내 축구 팀 볼티모어 블래스트를 상대로 나선 6 대 6 비공식 친선경기 뿐이었다. 불과 며칠 전 팝 그룹 심플리 레드Simply Red 콘서트를 관람하고 돌아온 프랜시스 감독이 이끈 셰필드 웬즈데이는 셰필드 아레나에서 열린 이 경기에서 3-8로 대패했다.

결국 칸토나는 1991년 셰필드로부터 북쪽으로 56km 떨어진 리즈 유나이티드에 입단하며 첫 시즌부터 리그 우승을 차지했다. 그는 리즈에서 활약한 첫 시즌에 단 15경기에 출전해 세 골을 넣는 데 그쳤으나 팬들로부터 광적인 응원을 받는 선수가 됐다. 심지어 리즈 팬들은 프랑스 국가 〈라 마르세예즈La Marseillaise〉 노랫말을 개사해 칸토나의 응원가를 불렀을 정도다. 그러나 리즈는 칸토나에게 어울리지 않았다. 하워드 윌킨슨 감독은 천재성이 있는 선수를 믿지 않았고, 외국인 공격수는 잉글랜드 축구에서 성공한 적이 없다고 공공연히 말하고 다녔다. 그는 공개적으로 "에릭(칸토나)이 잉글랜드의 삶에 적응할 수 있을까? 혹은 우리가 그에게 적응할 수 있을까? 내가 그에게 변화하라고 주문해야 할까, 아니면 내가 리즈를 프랑스 스타일로 바꿔야 할까?"라고 질문했다.

그러면서 윌킨슨 감독은 "프랑스 혁명은 일어나지 않을 것이다. 우리의 축구를 그렇게 하면 패배는 필연적"이라고 말했다. 칸토나는 1992-93시즌 초반 채리티 실드Charity Shield에서 해트트릭을, 또 프리미어리그 출범 후 최초의 해트트릭을 기록하는 등 1992-93시즌 초반 빼어난 경기력을 보여주고도 이후 리즈가 롱볼에 의존하는 축구를 하며 중용받지 못했다. 예전부터 독단적인 감독에게 반항적인 태도를 보인 칸토나는 윌킨슨 감독과의 관계 탓에 리즈 홈구장 엘런 로드에 오래 남을 가능성이 애초에 없어 보였다. 이런 그를 노린 게 퍼거슨 감독과 맨체스터 유나이티드였다.

칸토나가 맨유로 이적한 일화는 유명하다. 윌킨슨 감독이 측면 수비수 데니스 어윈Denis Irwin 영입 가능성을 타진하려고 맨유에 전화를 걸면서 퍼거슨 감독은 자연스럽게 칸토나에 대해 물어볼 기회를 잡았다. 그러나 맨유의 칸토나 영입이 그저 운 좋게 성사된 건 아니다. 퍼거슨 감독은 이미 칸토나 영입을 진지하게 고려 중이었고, 홈구장 올드 트래포드에서 리즈를 상대한 후 수비수 개리 팰리스터와 스티브 브루스Steve Bruce의 의견을 묻기도 했다. 두 선수는 위치 선정이 독특한 칸토나를 수비하는 게 어려웠다고 설명했다. 이 경기에서 칸토나는 멋진 바이시클킥을 시도했지만 맨유 골키퍼 피터 슈마이켈의 선방에 막혔고, 원정 팀 선수로는 드물게 올드 트래포드에서 박수를 받는 장면을 연출했다.

오클래르가 칸토나의 자서전에서 공개한 내용대로 퍼거슨 감독은 레인저스와 리즈의 유러피언컵 경기를 제라르 울리에 감독과 함께 관전하기도 했다. 이때 칸토나는 경기 도중 교체된 후 화가 난 모습을 보였는데, 이를 본 울리에 감독은 우려를 드러내면서 그가 팀을 옮겨야 할 것 같다고 말했다. 그러자 퍼거슨 감독은 오히려 관심을 나타내기 시작했는데, 맨유의 신예 공격수 디온 더블린Dion Dublin이 다리가 부러지는 부상을 당하자 본격적으로 움직였다.

당시 퍼거슨 감독은 다른 선수들에게도 관심을 보였었다. 그의 관심을 받은 선수는 창의적인 공격수 맷 르 티시에Matt Le Tissier와 피터 비어슬리Peter Beardsley가 대표적이었고, 정통파 공격수 데이비드 허스트David Hirst와 브라이언 딘Brian Deane도 마찬가지였다. 퍼거슨 감독은 자신이 원하는 공격수의 유형에 대해 유연한 자세로 영입 작업에 접근했다. 기존의 맨유 공격수 마크 휴즈Mark Hughes가 점점 득점력이 떨어진다는 이유로 위협적인 골잡이와 함께 뛸 필요가 있다는 지적을 받았기 때문이다. 퍼거슨 감독은 앨런 시어러Alan Shearer가 블랙번으로 이적하기 전까지 그에게도 관심을 보였다. 그러나 퍼거슨 감독이 원한 다른 공격수들이 이적시장에 나오지 않았을 때 마침 칸토나가 매물로 나왔고, 칸토나는 결국 터무니없을 정도로 낮은 이적료인 단 120만 파운드(약 17억 원)에 맨유로 이적했다. 이에 앞서 퍼거슨 감독은 허스트Hirst의 이적료로 셰필드 웬즈데이에 300만 파운드(약 43억 원)를 제안했었다.

칸토나의 영입과 함께 맨유는 단숨에 혁명적인 전술의 변화를 가져왔다. 물론 이 시기 맨유가 거둔 성공의 지분 중 상당 부분은 퍼거슨 감독의 몫이지만, 그들에겐 칸토나를 영입하기 전까지 아주 뚜렷한 스타일이 없었다. 퍼거슨 감독은 구단의 전통에 따라 측면을 활용하는 공격 축구를 구사했으나 정작 상대 위험 지역에서의 공격은 기초적인 접근법에 그치고 있었다. 이를 대변하는 대표적인 예가 바로 측면 공격수 안드레이 칸첼스키스가 팀 훈련 도중 반복되는 크로스 훈련이 지겹다는 이유로 운동장에서 나오며 "잉글랜드 축구는 저질이다"라고 투덜거린 사건이었다.

사실 이때까지만 해도 칸첼스키스의 불평은 사실과 가까웠다. 퍼거슨 감독은 축구 철학자나 전술가보다는 인재 관리자man-manager로 정평이 난 지도자였다. 훗날 칸토나의 룸메이트였던 슈마이켈이 회고한 그의 첫 번째 팀 훈련이 당시 상황을 잘 설명해준다. 슈마이켈은 "칸토나가 처음으로 팀 훈련에 합류한 날부터 맨유의 스타일이 변했다. 칸토나가 팀에 합류하며 코칭스태프는 우리 팀이 어떻게 경기를 해야 성공할 수 있을지 명확하게 알게 됐다"고 말했다. 칸토나는 맨유가 새롭게 태어나는 데 기폭제 역할을 했다. 동시에 맨유의 성공은 그들의 프리미어리그 라이벌 팀들이 전술적으로 성장할 기준을 제시했다. 이처럼 프리미어리그에서 전술적 발전의 시초는 감독의 철학이 아닌 외국인 선수의 유입으로 이뤄졌다.

칸토나는 전형적인 최전방 공격수와 플레이메이커 포지션에서의 플레이를 모두 소화할 수 있는 선수였다. 이미 그는 과거에도 두 역할을 모두 수행해본 경험을 보유하고 있었다. 그러나 맨유의 칸토나는 주로 최전방 공격수의 뒷자리에서 '10번' 역할을 하며 팀이 4-4-2에서 4-4-1-1로 포메이션을 효과적으로 변경할 수 있게 했다. 당시 프리미어리그에는 칸토나처럼 처진 공격수로 활약할 만한 선수가 극히 드물었다. 훗날 맨유가 칸토나의 대체자로 영입한 테디 셰링엄Teddy Sheringham 역시 훌륭한 처진 공격수라는 평가를 받았지만, 당시 셰링엄은 시즌 초반 세 경기가 지나 노팅엄 포리스트에서 토트넘으로 이적한 후 즉시 22골을 터뜨리며 프리미어리그 득점왕이 됐을 정도로 그 성향이 타깃맨target man에 더 가까웠다.

사우샘프턴의 맷 르 티시에는 칸토나와 유형이 매우 비슷했지만, 수비수에게 공격진으로 긴 패스를 연결하라고 주문하는 이안 브랜풋Ian Branfoot 감독 체제에서 어려움을 겪었다. 특히 이 시점까지 셰링엄과 르 티시에는 잉글랜드 대표팀에도 승선하지 못하고 있었다. 퍼거슨 감독이 영입을 노렸던 피터 비어슬리도 비슷한 유형의 공격수였으나 그는 에버턴 주전 경쟁에서 자주 밀렸다. 게다가 비어슬리에게는 칸토나의 화려함과 슈퍼스타 기질이 없었다. 그는 프리미어리그에서 가장 조용하고, 겸손한 선수였다. 반대로 칸토나는 프리미어리그에서 가장 오만한 선수였다. 물론 그에게 오만함은 어느 정도 정당한 태도였긴 했지만 말이다.

잉글랜드 축구는 전통적으로 처진 공격수, 전술적으로 말하자면 '딥라잉 포워드deep-lying forward' 롤에 대해 의구심을 품고 있었다. 이러한 태도는 긴 세월에 걸쳐 페렌츠 푸스카스Ferenc Puskas, 디에고 마라도나 등이 잉글랜드 대표팀에 고통을 안긴 후에도 변하지 않았다. 잉글랜드 축구는 톰 피니Tom Finney, 스탠리 매튜스Stanley Matthews, 조지 베스트George Best처럼 기교파 측면 공격수를 추앙하며 처진 공격수는 해외 축구에서나 볼 법한 포지션으로 여겨졌다.

심지어 당대 잉글랜드에서 가장 재능이 빼어난 선수로 꼽힌 폴 개스코인Paul Gascoigne조차 전형적인 10번 포지션보다는 중원 깊숙한 위치에서 전방으로 침투하는 8번으로 중용됐다. 개스코인이 전성기를 잉글랜드에서 구가하지 못한 건 프리미어리그의 불운이기도 했다. 폴 개스코인은 프리미어리그의 초기 6년간 이탈리아의 라치오와 스코틀랜드의 레인저스에서 활약했다. 그가 잉글랜드로 복귀해 미들즈브러와 에버턴에서 활약한 건 이미 30대에 접어든 후였다. 퍼거슨 감독 또한 1988년 토트넘과의 경쟁에서 밀려 개스코인을 영입하지 못한 건 자신의 감독 시절 가장 큰 후회 중 하나라고 밝히기도 했다. 개스코인은 칸토나가 8개월 선수 자격정지 징계를 받은 1995년 여름 퍼거슨 감독에게 직접 전화를 걸어 자신을 맨유로 영입해달라고 애원하기도 했다. 그러나 당시 퍼거슨 감독은 이미 칸토나를 팀에 잔류시키는 데 집중하고 있었다.

칸토나는 맨유에서 활약한 5년간 퍼거슨 감독과 가까운 사이였다. 퍼거슨 감독은 대부분의 선수를 학교 선생님이 학생 다루듯이 대하면서도 유독 칸토나에게는 매일 팀 훈련을 앞두고 그와 차를 마셨을 정도로 이례적인 특혜를 부여했다. 당시 누구도 칸토나를 완전히 이해하는 사람은 없었다는 말도 있었지만, 퍼거슨 감독은 그 역할을 하는 데 가장 근접한 인물이었다. 많은 감독들은 팀을 이끌면서 가장 어려운 일로 나머지 선수단의 반발을 사지 않고 스타 선수에게 특혜를 제공하는 것을 꼽는다. 그러나 퍼거슨 감독은 칸토나를 더 관대하게 다뤄야 한다는 사실을 재빨리 파악했다. 실제로 퍼거슨 감독이 경기에서 부진한 선수의 얼굴 앞에다 소리를 지르는 습관 탓에 유명해진 당시의 신조어 '헤어드라이어 the hair drier'에서 유일하게 자유로웠던 선수 또한 칸토나였다.

당시 맨유의 측면 공격수 리 샤프는 그들이 첫 번째 프리미어리그 우승을 차지하고 맨체스터 시청 앞에서 축하연을 열었을 때 벌어진 흥미로운 일화를 공개했다. 당시 맨유 선수 전원은 검은색 양복을 입고 행사에 참석해야 했지만, 샤프는 황록색 실크 정장과 녹색 넥타이를 한 채 나타났다. 이를 본 퍼거슨 감독은 당연히 샤프에게 다가가 그를 꾸짖었는데, 그 순간 칸토나는 넥타이도 하지 않고 빨간색 나이키 트레이닝 바지를 입고 행사장에 들어왔다. 이 광경을 보고 격분한 퍼거슨 감독은 화를 내며 축하연장을 떠났다.

샤프가 머리를 삭발하고 나타난 프리시즌 투어 첫날에도 비슷한 사건이 터졌다. 퍼거슨 감독이 헤어스타일을 두고 샤프를 책망하는 사이에 칸토나도 똑같은 모습으로 나타났기 때문이다. 이에 샤프는 "에릭(칸토나)만 다른 대우를 받는 모습을 보는 게 우스울 정도였을 때도 있었다. 그만을 위한 원칙과 나 같은 선수를 위한 원칙이 따로 존재했다"고 말했다. 칸토나가 문제의 '쿵푸킥'을 날린 크리스탈 팰리스 원정에서도 전반전이 끝난 후 퍼거슨 감독이 지적한 첫 번째 문제는 동점골을 실점한 수비진의 실수였다.

일반적으로 축구 선수들은 동료 중 스타 선수가 특별대우를 받는 현실을 대개 받아들인다. 특히 운동장 안에서 칸토나에게는 자신이 원하면 어느 위치에서 무엇이든 할 수 있는 자유가 주어졌다. 로이 킨 Roy Keane 은 칸토나에게 수비적인 임무가 거의 없었다고 말했다. 킨은 "우리는 에릭이 수비에 가담하지 않는다는 이유로 그에게 욕을 한 적이 많다. 그를 위해 우리가 대신 더 많이 뛰어야 했다. 이 때문에 체력이 고갈되고, 우리가 불만을 하기 시작할 때 즈음 에릭은 마법 같은 플레이로 경기의 흐름을 우리 쪽으로 가져왔다"고 설명했다. 잉글랜드 축구는 칸토나 덕분에 그와 같은 유형의 선수는 선수의 성향을 맞춰주고 수비에 가담하는 임무로부터 자유롭게 해줄 가치가 있다는 사실도 배우게 됐다. 그러면서 궂은일과 헌신을 중시하던 잉글랜드 축구 문화도 원칙을 다시 고려하기 시작했다. 당시 맨유 유소년팀 코치였던 에릭 해리슨Eric Harrison은 칸토나의 훈련을 본 후 "그를 납치해 일주일간 축구 얘기를 해보고 싶다"고 말하기도 했다.

전술적인 관점에서 볼 때, 칸토나를 상대하는 대부분의 팀은 그를 막을 만한 전술적인 대비를 하지 못한 상태였다. 기본적으로 중앙 수비수는 상대 중앙 공격수와 경합하고, 중앙 미드필더는 상대 팀에서 똑같은 포지션을 소화하는 선수보다 더 많이 뛰는 데 집중했다. 따라서 칸토나처럼 경기를 다르게 해석하며 상대 수비수와 미드필더 사이 공간에서 활동하는 선수는 볼을 가졌을 때 여유 있게 뛸 수 있었다. 퍼거슨 감독도 "프리미어리그가 아무리 빠르고 소용돌이 같더라도 에릭에게는 볼을 발에 가져다대고 패스를 성공시키는 능력이 있다. 그의 이러한 능력 자체가 곧 기적이었다"고 말했었다.

그러나 이러한 능력의 상당 부분은 칸토나의 위치 선정과 접근해 오는 상대 수비수와 경합하는 능력에서 나오는 것이었다. 과거의 맨유는 양 측면으로 공격해 중앙으로 패스를 연결하는 데 능숙했다. 그러나 칸토나는 최고의 10번답게 맨유가 경이로운 공격을 하는 데 있어 지휘자 역할을 했다. 이는 디에고 마라도나 그리고 프리미어리그에서는 데니스 베르캄프Dennis Bergkamp와 지안프랑코 졸라Gianfranco Zola가 보여준 능력이기도 하다. 칸토나는 팀 전체의 성공을 위해 자기 자신에게 주어진 개인적인 자유를 활용할 줄 아는 이타적인 선수였다.

칸토나의 영향력은 경기장에서만 팀에 보탬이 된 게 아니다. 그는 팀 훈련에서도 동료들에게 귀감이 된 존재였다. 물론 칸토나는 훈련장에서도 자율성을 요구했다. 예를 들면 그는 팀 훈련에 앞서 몸을 푸는 워밍업 시간에는 따로 개인 준비 운동을 소화한 후 동료들과 함께 운동했다. 그러나 당시 칸토나의 맨유 동료들은 모두 그가 팀 훈련에 적용된 기준을 높였다고 입을 모았다. 그의 프로 정신은 오늘날 '클래스 오브 1992'로 알려진 당시 맨유의 신예 긱스, 데이비드 베컴David Beckham, 니키 버트Nicky Butt, 폴 스콜스Paul Scholes 그리고 네빌 형제(개리Gary와 필Phil)가 잉글랜드 구단이 배출한 최고의 한 세대로 역사에 남는 데 영감으로 작용하기도 했다.

퍼거슨 감독은 자신이 직접 집필한 자서전을 통해 "나는 맨유에서 더 발전하기 위해 긴 시간을 투자하는 사람들을 많이 만나는 행운을 누렸다. 개리 네빌은 근면함 덕분에 평범한 선수에서 훌륭한 선수가 될 수 있었고, 데이비드 베컴도 마찬가지였다. 에릭이 우리 팀에 온 첫날, 그는 팀 훈련이 끝난 후 골키퍼 한 명과 유소년팀 선수 두 명을 불러달라고 했다. 에릭에게 왜 그러느냐고 물었더니 그는 연습을 하고 싶다고 답했다. 이 얘기가 입소문을 타고 팀 전체로 퍼지자 다음 날부터 단체 훈련이 끝난 후 선수 한두 명이 항상 남아 보강 훈련을 하는 문화가 생기면서 그 인원은 갈수록 늘어났다. 이 모든 게 에릭의 영향력과 근면함 덕분에 가능했다"고 서술했다. 다만 필 네빌이 해석한 칸토나의 존재감은 조금 달랐다. 필 네빌은 자신은 물론 형 개리 네빌 그리고 베컴은 원래 노력파였지 칸토나로부터 영감을 받아 예전보다 열심히 하게 된 건 아니라고 말했다. 그러나 그는 칸토나의 그런 행동이 맨유 성인 팀 나머지 선수들에게 개인 훈련 등 발전하려는 노력을 하는 것이 감독에게 잘 보이려는 행동이 아닌, 당연한 일처럼 보이게 만들었다고 말했다.

칸토나는 경기 중 가장 중요한 순간에 차이를 만들어내는 선수였다. 그가 맨유로 이적한 이후 즉시 만들어낸 충격적이고, 즉각적이었던 영향력은 종종 과소평가 받고 있다. 칸토나는 1992년 11월 말 맨유가 프리미어리그 8위에 머물러 있을 때 팀에 합류했다. 당시 16경기 17골에 그치던 맨유는 리그 선두 노리치 시티에 승점 9점 차로 뒤진 상태였다. 이 상태로 맨유가 우승을 노리는 건 생각조차 할 수 없었다. 그러나 맨유는 칸토나가 합류한 후 득점률이 두 배로 치솟으며 1월 첫 번째 경기를 치른 후 프리미어리그 선두로 등극했다.

당시 리그 우승을 차지한 맨유가 순위 경쟁을 펼치며 거둔 가장 유명한 승리는 올드 트래포드에서 셰필드 웬즈데이를 2-1로 꺾은 승부였다. 경기 종료 5분을 남겨두고 0-1로 뒤진 맨유는 중앙 수비수 스티브 브루스가 머리로 두 골을 뽑아내며 역전에 성공했다. 브루스의 역전골은 주심이 부상으로 교체되는 사건이 발생하며 길어진 추가시간에 터졌다. 프리미어리그 출범 후 맨유의 전통이 된 '퍼기 타임Fergie time(경기 종료를 앞둔 늦은 시간에 터지는 결정적인 득점)'이 시작된 것도 이때였다.

이날 맨유는 셰필드 웬즈데이를 꺾으며 프리미어리그 1위로 올라선 후 단 한 번도 선두 자리를 내주지 않았는데, 퍼거슨 감독과 브라이언 키드Brian Kidd 코치가 경기장 안으로 뛰어들어 승리를 자축한 모습은 지금까지도 유명한 장면으로 남아 있다. 그러나 전술적인 관점에서 맨유가 거둔 더 중요한 승리는 이보다 5일 일찍 열린 노리치 원정이었다. 이 경기에서 맨유의 전술은 퍼거슨 감독이 수년간 중요한 경기에서 팀 전술을 구성하는 데 지대한 영향을 미쳤다. 그리고 이는 프리미어리그 역사상 가장 영향력이 컸던 '팀 퍼포먼스'이기도 했다.

노리치는 1992-93시즌 중 상당 기간 가장 강력한 우승 후보로 꼽혔다. 노리치가 아스널을 4-2로 꺾는 이변을 연출하며 프리미어리그 최초의 1위 팀으로 올라설 때만 해도 많은 이들은 이 결과를 개막전에서 일어난 우연으로 생각했다. 더욱이 1991-92시즌 마지막 경기에서 가까스로 강등을 면한 노리치는 프리미어리그 출범을 앞두고 스타 공격수 로버트 플렉Robert Fleck을 첼시로 이적시키며 유력한 강등 후보라는 평가를 받았다.

그러나 시즌이 시작되자 선수보다는 침착한 '흰머리 웨일스인' 마이크 워커Mike Walker 감독이 노리치의 핵심으로 떠오르며 잉글랜드 축구계에서 가장 주목받는 지도자로 떠올랐다.

'롱볼 축구'가 팽배했던 이 시절, 노리치는 패스 축구를 통해 화려한 골을 터뜨린 데다 언더독underdog의 반란을 일으키는 팀으로 각인되며 중립 팬들도 가장 좋아할 만한 구단이었다. 타 팀 감독들이 인재 관리자 역할에 치중할 때, 워커 감독은 진보적이고 명확한 축구 철학을 선수들에게 설명하며 전술을 주제로 토론을 즐겼다. 노리치 사령탑으로 부임하기 전, 워커 감독은 자신이 지도자로 데뷔한 콜체스터에서 경질됐다. 콜체스터 회장은 팀이 승점 1점 차로 4부리그 우승을 놓치자 워커 감독을 경질하며 그의 패스 축구가 잉글랜드 하부리그를 감당하기는 지나치게 '연약했다'고 평가했다. 평소에도 매 경기 4-3 승리를 선호한다고 밝힌 워커 감독은 노리치에서도 몇 차례 대패를 당하며 골득실 -4를 기록하고도 프리미어리그 3위로 시즌을 마치는 희귀한 기록을 남겼다.

노리치는 기본적으로 4-4-2 포메이션을 가동했지만, 양쪽 측면 수비수 마크 보웬Mark Bowen과 이안 컬버하우스Ian Culverhouse가 적극적으로 공격에 가담하며 팀 전술을 유연하게 만들었다. 오른쪽 측면 미드필더 루엘 폭스Ruel Fox는 프리미어리그에서 가장 빠른 윙어 중 한 명으로 꼽혔고, 중앙 미드필더 이안 크룩Ian Crook이 질 높은 패스를 뿌려줬으며 최전방에서는 마크 로빈스Mark Robins가 득점을 책임졌다. 노리치는 프리미어리그 최초로 '축구를 잘하는 팀'이었으며 12월 윔블던에 2-1로 승리한 후에는 18경기를 마친 시점에 무려 승점 8점 차로 선두를 달렸다.

다만 이후 노리치는 5경기 연속으로 무득점에 그치며, 패스를 기반으로 한 대륙적인 축구는 잉글랜드에서 겨울이 되면 경기장 잔디가 늪처럼 변하는 환경에 어울리지 않는다는 지적에 설득력을 실어줬다. 이후 노리치는 경기력을 회복하며 시즌 막바지까지 프리미어리그 우승 경쟁을 펼쳤고, 4월 초까지 맨유와 애스턴 빌라에 승점 1점 차로 앞선 채 1위를 지켰다. 공교롭게도 노리치의 그다음 경기 상대는 퍼거슨 감독의 맨유였다. 당시 애스턴 빌라도 우승 후보로 꼽혔지만, 노리치와 맨유의 경기는 결승전으로 여겨졌다. 이 경기 전까지 맨유는 네 경기 연속으로 승리하지 못한 데다 공격수 휴즈가 출장정지 징계로 결장하는 불리함을 안고 있었다. 이 때문에 퍼거슨 감독이 베테랑 브라이언 롭슨Bryan Robson을 중앙 미드필더로 투입하고, 브라이언 맥클레어Brian McClair가 칸토나가 팀에 합류하기 전까지 소화한 공격수 자리로 돌아갈 것으로 예상됐다.

그러나 퍼거슨 감독은 노리치 원정에서 맥클레어를 원래대로 폴 인스 옆자리인 중앙 미드필더로 배치했고, 측면 공격수를 세 명이나 기용했다. 안드레이 칸첼스키스와 샤프Sharpe가 그대로 측면에 섰고, 긱스가 칸토나 앞에서 최전방 공격수 역할을 했다. 그 결과 맨유는 깜짝 놀랄 만한 역습 축구를 구사하며 노리치의 압도적 점유율에도 불구하고 경기 초반 21분 만에 3골을 터뜨렸다.

맨유가 터뜨린 득점은 모두 놀라울 만큼 직선적이었다. 선제골은 슈마이켈이 35m가 넘는 위치로 던진 패스를 샤프가 왼쪽 측면에서 잡아 왼발 바깥쪽으로 칸토나에게 패스를 연결하며 시작됐다. 상대 수비수와 미드필더 사이에서 패스를 기다리던 칸토나는 볼을 컨트롤하며 2선에서 침투해 들어오는 미드필더를 위해 잠시 시간을 벌었다. 이후 그는 샤프, 인스, 긱스가 침투하는 전방으로 순식간에 스루패스를 연결해 노리치의 오프사이드 트랩을 깼다. 이를 받은 긱스는 상대 골키퍼 브라이언 건Bryan Gunn을 제친 후 패스를 할 수도 있었으나 자신이 직접 골문 안으로 슈팅을 날리며 골을 기록했다. 골키퍼 슈마이켈로부터 시작돼 상대 진영에서 득점으로 마무리된 이 모든 공격 작업은 단 12초, 볼터치 횟수 8회로 이뤄졌다.

두 번째 골 상황에서는 선수들 사이의 연계가 더 뛰어났다. 슈마이켈은 페널티 지역에서 흐른 볼을 잡으려고 움직였지만, 이를 스티브 브루스가 먼저 잡아 오른쪽 측면으로 길게 차냈다. 칸첼스키스는 브루스의 롱볼을 발리킥으로 긱스에게 연결했다. 이어 긱스가 뒷방향으로 내준 패스를 맥클레어가 논스톱으로 문전을 향해 달려 들어가는 칸첼스키스에게 연결했다. 칸첼스키스는 칸토나가 뒤를 받치며 지원해주는 상황에서 그대로 직접 골키퍼를 제치고 추가골을 기록했다. 페널티 지역에서 시작해 반대쪽 문전에서 골을 기록하는 데 걸린 시간은 단 14초, 볼터치 횟수는 9회였다. 이어 1분 후 이날 미드필드와 공격수 다섯 명을 이어주는 것이 주된 역할이었던 인스가 수비수 총 세 명을 한 명씩 차례로 제치며 골키퍼와의 일대일 상황에서 오른쪽으로 침투해 들어온 칸토나에게 패스를 연결했다. 이를 받은 칸토나는 아무도 없는 골문에 골을 성공시켰다. 맨유의 중앙 수비 진영 부근에서 시작된 이 공격은 단 9초, 볼터치 6회 만에 득점으로 이어졌다.

이날 맨유의 역습은 매우 단순해 보였다. 그들은 노리치가 앞으로 전진하기를 기다렸고, 때가 되면 무서운 속도로 침투해 공격을 펼쳤다. 게다가 맨유는 선수 몇 명이 동시에 상대 수비 뒷공간으로 침투할 때마다 상대 골키퍼 건의 존재를 무의미하게 만든 후 득점을 기록했다. 브루스는 "우리는 역습을 잘하는 팀이었지만, 이날 경기력이 우리가 기대한 것보다 좋았던 게 사실이다. 움직임의 정확도와 속도, 패스의 질까지 최고 수준이었으며 노리치는 이를 감당해내지 못했다"고 말했다.

흥분한 퍼거슨 감독도 기쁨을 감추지 못했다. 그는 "오늘 우리의 축구는 숨을 멎게 할 만한, 믿을 수 없는 것이었다"고 말했다. 이보다 한술 더 뜬 칸토나는 "이 경기가 전환점이었다. 우리는 완벽한 축구를 했다"며 만족감을 나타냈다. 결국 맨유는 그대로 프리미어리그 우승을 차지했다. 노리치전 경기력은 맨유가 프리미어리그 정상에 오르는 데 시작점이 됐다. 만약 노리치가 이날 맨유를 꺾고 프리미어리그 우승을 차지했다면 언더독의 반란을 일으킨 그들의 '점유율 축구'가 잉글랜드에서 유행이 됐을 수도 있다. 그러나 대신 이 몫을 맡은 건 맨유의 '스피드'였다.

맨유의 첫 번째 프리미어리그 우승은 우연이 아닐까 싶은 생각이 들 정도로 모든 것이 그들의 뜻대로 풀리며 이뤄졌다. 그러나 그다음에 이어진 1993-94시즌의 맨유는 차원이 다른 수준에 도달했다. 선수들은 항상 한 번 우승을 차지한 팀이 정상에 머무는 게 매우 어렵다고 말한다. 성공에 대한 동기 부여가 더 크지 않고, 상대가 우승 팀을 만난다는 이유로 더 향상된 경기력을 보이기 때문이다. 그러나 퍼거슨 감독에게는 1980년대 중반 애버딘에서 연속으로 스코틀랜드 리그 우승을 차지한 경험이 있었다. 그는 영리한 관리 방식으로 선수들이 첫 우승을 차지할 때와 똑같은 의지를 유지할 수 있게 팀을 이끌었다. 퍼거슨 감독은 시즌 개막을 앞두고 자신의 사무실 책상 서랍에 2년 연속 우승에 대한 갈망이 없어 보이는 선수들의 이름을 명단에 작성해뒀다고 경고했다. 선수들은 이를 전해 듣고 위기의식을 느껴 더 열심히 뛰었고, 퍼거슨 감독의 전략은 매우 효과적으로 원하는 결과를 만들어내는 데 일조했다.

이 시절 퍼거슨 감독은 선수 영입을 추진할 때 기존 팀 내 선수들의 의견을 자주 반영했다. 그래서 퍼거슨 감독은 맨유 선수단이 노팅엄 포리스트의 로이 킨이 정상급 미드필더라는 데 동의하자 당시 영국 축구 역사상 최고 이적료 기록을 경신하며 그를 영입했다. 킨의 영입은 맨유의 중심축에 변화를 가져왔다. 맥클레어는 벤치로 밀렸고, 킨은 폴 인스와 훌륭하면서도 전투적인 미드필더 조합을 형성했다. 시즌 초반부터 팀과 함께하게 된 칸토나의 영향력은 자연스럽게 더 커졌고, 긱스는 왼쪽 측면에서 활약하면서도 더 향상된 득점력을 자랑했다. 이전 시즌 조연 역할을 하는 데 그쳤던 칸첼스키스는 오른쪽 측면에서 빼어난 활약을 펼쳤다. 이처럼 맨유가 워낙 투쟁적인 중앙 미드필더와 활기 넘치는 측면 자원으로 경기를 압도하자 몇몇 기자는 퍼거슨 감독의 4-4-1-1 포메이션이 4-2-4에 더 가깝다고 평가하기도 했다. 당시 맨유의 포메이션은 이로부터 약 10년 후 프리미어리그에서 일반적인 시스템으로 자리 잡은 4-2-3-1과 크게 다르지 않았다.

그만큼 맨유는 1993-94시즌 내내 압도적인 존재였다. 그들은 시즌 개막 후 단 2주 만에 이전 시즌 우승 경쟁을 펼친 노리치와 애스턴 빌라를 상대로 원정에서 승리하며 8월 말부터 줄곧 프리미어리그 선두를 달렸다. 맨유는 3월까지 단 2경기에서만 패했는데, 두 차례 모두 상대는 첼시였다. 그러나 맨유는 이 시즌 FA컵 결승전에서 첼시에 4-0으로 승리하며 구단 역사상 최초로 '더블'을 달성했고, 이 기간 중 퍼거슨 감독의 주전 베스트 11이 함께 나선 13경기에서는 13승을 거뒀다.

이후에도 맨유는 시간이 갈수록 세련된 팀으로 성장했다. 폴 스콜스 Paul Scholes 와 데이비드 베컴이 주전급 자원으로 성장하자 미드필드에서 패스의 질은 더 높아졌다. 그러면서 맨유는 유럽 무대에서도 발전하는 모습을 보였다. 그러나 1993-94시즌 퍼거슨 감독이 선호한 선발 라인업은 매주 잔디가 형편없는 수준의 경기장에서 거친 태클, 몸싸움을 견뎌내며 총 42경기(이후 프리미어리그는 1995-96시즌부터 22팀에서 20팀으로 규모를 축소하며 팀당 한 시즌에 4경기씩 덜 치렀다)를 치러야 하는 프리미어리그에 가장 적합한 축구를 했다. 퍼거슨 감독의 말을 빌리자면, 당시 그들은 '정말 강인한 팀'이었다. 훗날 퍼거슨 감독은 당시 이 팀이 5년 후 '트레블'을 달성한 팀만큼이나 강했다고 평가하기도 했다.

투쟁적인 중앙 미드필더와 측면에 발이 빠른 선수들을 축으로 한 맨유의 4-4-1-1 포메이션은 프리미어리그가 출범한 후 10년간 잉글랜드 축구의 전술적 기준을 제시했다. 물론 맨유의 발자취를 따르려 한 모든 팀이 어려움을 겪은 건 당연했다. 맨유를 따라 하려 한 그들에게는 그들만의 칸토나가 필요했기 때문이다.

앨런 시어러와 서튼
– 'SAS 듀오'와 엔터테이너들

"솔직히 말하겠다. 우리가 맨유를 이긴다면 정말 행복할 것이다. 정말로."

– 케빈 키건 뉴캐슬 감독

알렉스 퍼거슨 감독이 자신이 맨체스터 유나이티드에서 직면한 최대의 도전은 "리버풀을 권좌에서 끌어내리는 것"이라고 말한 것은 이미 유명한 일화다. 그는 결국 맨유를 잉글랜드 축구의 압도적인 팀으로 변모시켰으며 훗날 리버풀을 제치고 맨유를 리그 최다 우승 팀으로 올려놓았다. 그러나 1990년대 중반 맨유의 우승 경쟁자는 리버풀이 아니라 현역 시절 리버풀 공격수로 활약한 두 명의 감독이 이끈 팀들이었다. 1994-95시즌 케니 달글리시Kenny Dalglish 블랙번 로버스 감독과 1995-96시즌 케빈 키건Kevin Keegan 뉴캐슬 유나이티드 감독이 바로 그들이다.

블랙번과 뉴캐슬은 각각 이 두 감독 체제에서 1년 차이로 똑같은 성과를 냈다. 달글리시는 1991년 2부리그 팀 블랙번을 맡아 1992년 프리미어리그로 승격시켰다. 키건은 1992년 2부리그에서 뉴캐슬 감독이 돼 1993년 승격에 성공했다. 더 놀라운 점은 블랙번은 1928년, 뉴캐슬은 1927년 이후 1부리그 우승을 차지한 적이 없다는 사실이었다. 이외에도 키건과 달글리시 사이에는 비슷한 점이 많았다. 두 감독은 한 달 차이로 1951년에 태어났으며 키건이 1977년 리버풀을 떠나 함부르크로 이적했을 때, 그의 대체자로 영입된 선수가 바로 달글리시였다.

키건과 달글리시는 감독이 돼서도 나란히 측면 공격과 크로스, 장신 공격수를 앞세운 4-4-2 포메이션을 가동했다. 심지어 수비형 미드필더 데이비드 배티 David Batty 는 달글리시 감독이 이끈 블랙번이 우승을 차지한 1994-95시즌 후반기에 팀에 합류했고, 이어 1995-96시즌 후반기에는 키건 감독의 뉴캐슬로 이적했다. 더욱이 블랙번은 1994-95시즌, 뉴캐슬은 1995-96시즌 말미에 슬럼프를 겪었다. 이때 블랙번은 끝내 1994-95시즌 우승을 차지했고, 뉴캐슬은 1995-96시즌 후반기 12점 차 리드를 지키지 못하고 역전 우승을 허용했다. 그러나 블랙번이 우승을 차지한 시즌 후반기에 무너진 모습 또한 못지않게 극적이었다. 블랙번은 시즌 마지막 다섯 경기 중 세 경기에서 패했다. 이 중에는 시즌 최종전이었던 리버풀 원정 패배도 포함된다. 당시 리버풀 팬들조차 블랙번의 승리를 기원하면서 안필드의 레전드 달글리시가 우승을 차지하고 라이벌 맨유가 우승을 놓치기를 바랐다.

블랙번 왼쪽 측면 수비수 그래엄 르 소 Graeme Le Sux 는 당시 팀이 시즌 막바지에 겪은 슬럼프를 두고 선수들이 맨유에 지나치게 집착했고, 달글리시 감독이 이런 상황을 통제하는 방법을 몰랐다고 설명했다. 실제로 측면 공격수 스튜어트 리플리 Stuart Ripley 는 안필드 원정에서 열린 시즌 최종전 하프타임에 드레싱룸 의자에 앉았는데 너무 긴장돼 다리가 제대로 안 움직였다고 말했다. 이날 리버풀에 패한 블랙번은 같은 날 맨유가 웨스트햄 원정에서 승리하지 못한 덕분에 우승을 차지할 수 있었다.

즉 1994-95시즌 우승을 차지한 블랙번과 1995-96시즌 막판에 우승을 놓친 뉴캐슬 사이에는 큰 차이가 없었다. 유일한 차이는 달글리시 감독은 적어도 공개적으로는 블랙번에서 시즌 막판에 일어난 문제를 자신이 통제할 수 있다고 주장했지만, 그다음 시즌 뉴캐슬의 키건 감독은 비슷한 상황에서 TV 인터뷰를 통해 흥분한 모습으로 "맨유를 정말 이기고 싶다"고 말하며 스스로 절제력을 잃은 모습을 노출했다는 점이었다.

달글리시와 키건 역시 인재 관리자 유형의 감독들로 동기 부여에 뛰어난 감독이었지 전술가라거나 훈련을 활용해 팀을 발전하게 하는 지략가는 아니었다. 현역 시절 선수로서 레전드에 등극한 두 감독 모두 그들의 명성만으로도 선수를 수월하게 영입할 수 있었고, 선수가 스스로 경기를 풀어가게 내버려두곤 했다.

두 감독의 가장 큰 차이점은 코칭스태프 구성에 있었다. 달글리시는 블랙번 이전에 수행한 유일한 감독직이었던 리버풀 사령탑 시절에는 전임자로부터 이어받은 패스와 움직임을 기반으로 하는 축구 스타일을 그대로 유지했다. 그러나 블랙번에서는 아예 판을 새로 짰다. 달글리시 감독은 개인 기량이 제한적인 선수들로 새로운 팀을 만들면서 예전보다 단순한 축구를 구사했다. 그는 당시 잉글랜드 최고의 코치로 평가받던 레이 하포드(Ray Harford) 없이는 블랙번 감독을 맡지 않겠다고 선언하기도 했다.

하포드 코치는 감독 경력까지 보유한 지도자였다. 그는 이전까지 풀럼과 루턴, 윔블던에서 수석코치를 거쳐 감독직까지 맡았다. 이 중 루턴은 하포드 코치의 체제로 리그컵 우승까지 차지했다. 훗날 그는 달글리시 감독의 대체자로 블랙번 사령탑으로 부임하기도 했다. 하포드가 감독을 맡았던 루턴과 윔블던은 선 굵은 축구로 유명했으며, 그는 달글리시의 전문 분야가 아니었던, 단순하면서도 효과적인 크로스 축구를 블랙번에 이식했다. 달글리시 감독은 하포드 코치에 대해 지도력, 관리 능력, 깊은 축구 지식을 두루 겸비한 완벽한 수석코치라고 평가했다. 하포드 코치는 실질적으로 블랙번의 팀 훈련을 직접 이끌었으며, 패턴 플레이에 중점을 두며 팀이 패스와 움직임에 기반을 둔 축구를 더 잘 구사할 수 있도록 노력을 기울였다.

반대로 키건 감독은 과거 리버풀 동료였던 테리 맥더못Terry McDermott을 수석코치로 선임했다. 맥더못 코치는 키건 감독과 마찬가지로 지도자 경험이 없었으며, 자격증도 취득하지 못한 상태였다. 게다가 그는 뉴캐슬 수석코치로 부임하기 전 경마장에서 햄버거 장사를 하며 축구계로 복귀할 생각조차 하지 않고 있었다. 키건 감독은 "맥더못은 팀 분위기를 돕는 역할 이외의 일을 맡지 않을 것"이라고 말했다. 심지어 맥더못 코치의 연봉은 키건 자신의 연봉에서 자비로 지불됐다. 뉴캐슬에서 맥더못 코치가 맡은 역할은 팀 훈련이 끝난 후 몇몇 선수를 따로 불러 그들의 기술적인 부분에 대해 구체적인 설명을 해주며 발전을 돕는 일이었다. 즉 블랙번에는 팀 훈련을 직접 진행하는 수석코치가 있었으나 뉴캐슬은 수석코치가 팀 훈련 진행이 아닌 개개인을 지도하는 데 중점을 뒀다. 이는 궁극적으로 두 팀이 축구를 구사하는 방식이 어떻게 달라졌는지를 보여준 완벽한 지표이기도 했다.

블랙번은 잉글랜드 축구의 새로운 표상이었다. 블랙번은 잉글랜드가 자국에서 열린 1966 잉글랜드 월드컵 우승을 차지한 후 프리미어리그가 출범할 때까지 1부리그 무대를 밟지 못했으며, 1970년대에는 3부리그로 강등되기까지 했다. 블랙번의 급부상은 아버지로부터 고철업체 워커스틸Wakersteel을 물려받은 지역 출신 백만장자 잭 워커Jack Walker 구단주가 가족 사업을 주식회사로 확장한 데서 기인한다. 워커의 아낌없는 투자는 2부리그를 전전하던 블랙번이 과거 리버풀에서 선수와 지도자로 수차례 우승을 경험한 달글리시를 감독으로 선임하고, 프리미어리그 출범 시기에 맞춰 1부리그로 복귀하는 데 원동력이 됐다. 프리미어리그로 복귀한 블랙번은 첫 시즌 4위, 이듬해 2위 그리고 세 번째 시즌에 대망의 우승을 차지했다.

달글리시 감독은 블랙번의 성공이 단순히 워커 구단주로부터 받은 수백만 파운드에 달하는 투자 덕분만은 아니라고 말했다. 당시 블랙번이 영입한 공격수 앨런 시어러와 크리스 서튼Chris Sutton은 나란히 영국 축구 최고 이적료 기록을 깨며 팀에 합류했다. 정통파 최전방 공격수였던 두 선수는 크로스를 골로 연결하는 데 탁월한 능력을 선보이며 블랙번의 단순한 축구에 잘 부합했고, 나란히 문전에서 무자비한 득점력으로 수많은 골을 합작한 덕분에 'SASShearer And Sutton 파트너'라는 별명을 얻었다. 시어러와 서튼은 블랙번이 프리미어리그 우승을 차지한 1994-95시즌 둘이서만 무려 49골을 터뜨리며 프리미어리그 역사상 가장 강력한 위력을 자랑한 공격수 듀오를 형성했다. 다만 운동장 밖에서 이 두 선수의 관계는 그리 원만하지 못했다.

시어러는 블랙번으로 이적한 1992년 여름 팀이 프리시즌 투어를 떠난 스코틀랜드에서 당시 함께 공격진을 구성한 마이크 뉴웰Mike Newell과 가까워졌다. 그는 아내가 잉글랜드 서북부 지역인 랭커셔로 이사 올 때까지 기다리는 동안 뉴웰의 집에서 많은 시간을 보냈다. 시어러와 뉴웰의 우정은 전형적으로 관계가 좋은 두 축구 선수의 사이였다. 그들은 함께 골프를 쳤고, 팀 훈련을 할 때도 같이 갔다. 원정경기를 떠날 때면 두 선수는 항상 룸메이트였고, 이 둘의 관계는 경기장으로 고스란히 이어졌다. 과거 뉴웰은 정통파 공격수였지만, 블랙번이 잉글랜드에서 가장 뜨겁고 젊은 골잡이 시어러를 영입하자 처진 공격수 위치에서 동료를 지원해주는 역할을 맡았다. 시어러는 "뉴웰은 이상적인 공격 파트너였다. 그는 정말 이타적이었고, 운동장 잔디를 한 올 한 올 다 밟고 다닐 정도로 많은 활동량을 자랑했다.

가끔은 뉴웰이 직접 득점하는 것보다는 내 골을 만들어주기를 선호하는 것처럼 보이기도 했다. 그가 내 뒤에 서 있으면 상대 팀은 수비수 한 명을 그에게 붙였고, 그래서 내가 움직일 공간이 더 넓어졌다. 뉴웰은 내가 성공하는 데 큰 부분을 차지했다"고 말했다. 시어러는 블랙번 이적 후 5년 사이에 프리미어리그 득점왕을 3회나 차지했으며, 현역 은퇴를 선언할 때까지 리그에서만 260골을 기록했다.

서튼은 블랙번으로 이적한 1994년 이전에 노리치에서 공격수로 보직을 변경한 지 얼마 되지 않은 상태였다. 그가 블랙번으로 이적하면서 크게 두 가지가 달라졌는데, 가장 눈에 띄는 것은 블랙번이 우승을 차지한 시즌에 뉴웰이 단 두 차례만 선발 출장하며 가장 큰 희생양이 됐다는 사실이다. 당시 서튼은 2년 전 블랙번이 시어러를 영입하며 세운 잉글랜드 축구 역사상 최고 이적료 기록을 깬 선수였다. 그는 잠시나마 블랙번에서 가장 많은 연봉을 받은 선수가 되기도 했으나 구단 측이 나이는 더 어리지만 팀에 더 오래 있었던 선참급 선수인 시어러와 새로운 조건으로 재계약을 맺으며 고액 연봉자 순위가 다시 뒤바뀌었다. 르 소는 당시 팀 분위기를 회고하며 "갑자기 앨런(시어러)은 자신만큼이나 많은 골을 직접 넣고 싶어 하는 공격수와 같이 뛰어야 했다. 앨런은 마이크(뉴웰)와의 관계에서는 자기 자신이 중심이라는 사실을 알았다. 그러나 크리스(서튼)가 합류하며 이 관계를 이어갈 수 없게 되자 앨런과 마이크는 달갑지 않은 반응을 보였다"고 말했다.

서튼은 위협적인 공격수였지만, 예민한 성격의 소유자이기도 했다. 그는 또 때때로 자신감이 부족해 보이는 모습이었다. 실제로 서튼은 시어러에 대해 "따뜻함이 부족하다"며 그 원인으로 시어러와 뉴웰의 친구 사이를 지적하기도 했다. 서튼은 시즌 개막 후 세 번째 경기에서 코벤트리를 상대로 해트트릭을 기록했는데, 시어러가 골 세리머니를 함께하지 않자 잔뜩

화가 났다. 달글리시 감독은 언론을 통해 시어러와 서튼 사이에 아무런 문제가 없다고 말했다. 그러나 시어러는 팀 공격의 중심이 더는 자기만이 아니라는 데 불만을 품고 있었다.

그럼에도 시어러와 서튼의 호흡은 놀라울 정도로 효과적이었다. 이는 블랙번이 우승을 차지한 시즌 첫 경기였던 사우샘프턴 원정부터 잘 드러났다. 주장 팀 셔우드Tim Sherwood가 페널티 지역으로 긴 패스를 띄워주자 서튼이 이를 머리로 떨궜고, 시어러가 문전으로 달려가며 득점했다. 단순하면서도 효과적인 골이었다. 이때부터 블랙번은 굳이 중앙에서 패스를 연결해주는 뉴웰 없이 양 측면으로 공격의 폭을 벌린 후 페널티 박스로 침투하는 공격수 두 명을 향해 크로스를 올릴 수 있게 됐다.

당시 SAS만큼이나 블랙번의 축구를 대변한 두 선수는 측면의 두 윙어였다. 오른쪽의 스튜어트 리플리와 왼쪽의 제이슨 윌콕스Jason Wilcox는 터치라인을 타고 드리블 돌파를 통해 전력 질주한 후 페널티 지역으로 크로스를 올리는 정통파 '윙어'였다. 달글리시 감독은 리플리와 윌콕스를 "측면 미드필더가 아닌 제대로 된 윙어"라고 설명하기도 했다. 심지어 리플리와 윌콕스는 맨유의 양 측면 공격수 라이언 긱스와 안드레이 칸첼스키스처럼 한 시즌에 두 자릿수 득점을 기록할 만한 득점력을 가진 선수들도 아니었다. 대신 리플리와 윌콕스는 공격을 풀어주는 역할을 맡으며 도움을 기록하고, 타 팀 윙어들과는 달리 볼이 없을 때에도 지나칠 정도로 열심히 뛰었다. 당시 블랙번의 중앙 미드필더로 활약한 셔우드와 마크 앳킨스Mark Atkins는 자주 2선에서 문전으로 침투하는 움직임을 선보였는데, 이때 다른 선수들이 수비 가담을 하며 그들이 비운 공간을 메워줬다(당시 앳킨스는 배티가 부상에서 복귀해 마지막 다섯 경기에 선발 출장하기 전까지 상당 기간을 주전으로 활약했다). 셔우드는 볼을 소유했을 때 더 좋은 활약을 펼쳤고, 앳킨스는 달글리시 감독이 팀 최고의 마무리 능력을 보유한 선수로 평가했을 정도로 문전에서 침착함이 돋보였다. 다만 두 선수 모두 날카로운 스루패스보다는 측면으로 공을 연결하는 데 치중했다. 시어러의 말을 빌리자면, 당시 블랙번의 전술은 '골을 최전방 공격수가 넣게 만드는' 시스템이었다.

당시 몇몇 전문가들은 블랙번의 축구가 지나치게 예측하기 쉽다고 비판했지만, 상대 팀은 모두 그들을 막는 데 어려움을 겪었다. 그 이유 중 일부는 당시 하포드 코치가 그만큼 팀 훈련을 통해 연계 플레이가 원활하게 이뤄지는 데 집중했기 때문이다. 하포드는 가장 좋아하는 속담이 1970년대 미국인 사업가 버트 랜스Bert Lance가 유행시킨 "못 쓸 정도만 아니라면 고치지 말고 그대로 쓰라"였을 정도로 실용주의를 추구했다.

이 때문에 블랙번의 팀 훈련도 매우 단순했다. 당시 그들의 훈련장 일부는 개의 배설물로 뒤덮여 있었으며 탈의실 시설조차 없었다. 이 때문에 블랙번 선수들은 홈구장 이우드 파크로 직접 운전해 그곳에서 옷을 갈아입은 뒤 다시 훈련장으로 떠났다. 더 큰 문제는 훈련장이 묘지와 가까운 위치에 있었다는 점이다. 블랙번 선수들은 영구차가 지나갈 때마다 숙연한 마음으로 일시적으로 훈련을 중단해야 했다. 이외에 하포드 코치의 훈련은 4-4-2 포메이션을 기반으로 한 '패턴 플레이'와 빌드업 연습으로 구성됐다. 블랙번의 패스와 움직임을 연습하는 훈련은 명확히 구조가 잡혀 있었고, 모든 상황은 공격 진영에서 크로스를 올리며 마무리됐다.

블랙번이 경기를 풀어가는 방식은 크게 세 가지로 나뉘었다. 가장 이상적인 방식은 공격 진영에서 드리블 돌파를 하기 수월한 상황에 놓인 윙어에게 패스를 연결해 문전까지 전진하는 패턴이다. 이게 여의치 않으면 윙어가 더 낮은 위치까지 내려와 짧은 패스를 받으며 상대 측면 수비수가 올라오게 유도하는 움직임을 보인다. 그사이 시어러와 서튼은 상대 진영 측면으로 공간을 벌려준다. 이 과정에서 원래 시어러는 자신이 득점에 집중할 수 있도록 더 많이 움직이는 역할을 서튼에게 맡겼었는데, 시간이 지나면서 그 자신이 측면에서 올리는 크로스의 정확도 역시 매우 높아지며 이 시즌 블랙번에서 가장 많은 골은 물론 도움까지 기록하는 선수로 거듭났다.

마지막으로 달글리시 감독과 하포드 코치는 4-4-2 포메이션을 쓰는 두 팀이 만나면 볼을 잡는 빈도가 가장 높은 선수가 양 측면 수비수라고 판단했다. 이 때문에 오른쪽 측면 수비수 헤닝 베리Henning Berg가 사실상 중앙 수비수와 같은 선상에서 머무르는 대신 왼쪽 측면 수비수 르 소가 반대쪽 측면에서 전진하며 윌콕스, 시어러와 뛰어난 호흡을 보여줬다. 이 덕분에 르 소는 수많은 결정적인 도움을 기록했다. 이 중 가장 기억에 남을 만한 장면은 블랙번이 시즌 종료까지 두 경기를 남겨두고 뉴캐슬을 상대로 왼쪽 측면에서 르 소가 올린 크로스를 시어러가 머리로 받아 넣으며 1-0으로 승리한 장면이었다.

결정적으로 하포드 코치는 '매직 박스the magic box'라는 신조어를 만들어 선수들에게 그 위치에서 크로스를 올려야 한다고 적극적으로 주문했다. '매직 박스'란 양 측면에서 중앙에 그려진 페널티 지역과 동일선상에 있는 공간을 뜻한다. 즉 하포드 코치는 선수들에게 마치 페널티 지역이 측면으로 확대됐다고 가정하고, 그곳으로 침투해 크로스를 올리는 데 집중하라고 말했다. 시어러는 이러한 전술에 반대하며 더 뒤에서 올라오는 크로스도 골로 연결할 수 있다고 자신했지만(마치 훗날 잉글랜드 대표팀에서 데이비드 베컴이 깊숙한 위치에서 올린 크로스를 득점으로 연결한 것처럼), 하포드 코치는 더 높은 지역까지 올라가 시도하는 크로스가 더 좋은 득점 기회를 만든다는 주장을 굽히지 않으며 윌콕스와 리플리에게 '매직 박스' 침투를 주문했다.

블랙번이 우승을 차지한 시즌 중반이 지난 시점에 달글리시 감독은 팀 훈련 도중 리플리를 따로 불러 플랜 B를 만들려고 했다. 달글리시 감독은 머지않아 상대 팀이 블랙번의 전술을 간파하고, 측면 수비수를 활용해 리플리와 윌콕스를 측면이 아닌 중앙으로 움직이게 만들 가능성이 크다고 내다봤다. 그는 그에 대한 대응책으로 리플리와 윌콕스가 중앙으로 움직였을 때, 골문으로부터 35m 이상 떨어진 지점에서 이들이 주로 쓰는 발이 아닌 반대 발이 열린 자세로 볼을 잡게 되면 최전방 공격수 시어러나 서튼이 어느 위치에 서 있어야 패스를 연결하기가 더 편하냐고 물었다. 그러자 리플리는 멍한 표정으로 "지금 나를 놀리는 건가요?"라고 물었다. 즉시 달글리시 감독은 "장난이 아니다"라고 답했다. 리플리는 잠시 깊은 생각에 잠긴 후 "나도 잘 모르겠습니다"라고 말했다. 그는 이때까지 이러한 생각 자체를 해본 적이 없었다. 그만큼 블랙번의 윙어들이 축구를 할 줄 아는 방법은 딱 한 가지가 전부였다.

　블랙번의 이와 같은 전술적 순진함은 유럽클럽대항전에서 그대로 노출됐다. 블랙번은 구단 역사상 최초의 유럽클럽대항전 경기였던 UEFA컵 첫 경기에서 스웨덴의 파트타임 선수들로 구성된 트렐레보리를 만났다. 당연히 트렐레보리는 최약체로 평가받았다. 풀타임 선수는 단 한 명만 보유하고 있던 트렐레보리는 목수, 구멍가게 주인, 보험 세일즈맨 등이 선수로 모여 구성된 구단이었다. 게다가 그들은 블랙번전을 앞두고 스웨덴 컵대회에서 3부리그 팀에게 패했고, UEFA컵 예선에서도 페로 제도 리그 우승팀을 꺾고 본선에 오른 검증되지 않은 팀이었다. 심지어 이우드 파크에 도착한 트렐레보리는 유니폼 색깔이 블랙번과 겹친다는 사실을 그제야 파악했다. 이 때문에 블랙번은 어쩔 수 없이 빨간색 원정 유니폼 하의를 트렐레보리 선수들에게 빌려줘야 했다. 경기장에 취재를 온 기자들은 블랙번이 이날 구단 역사상 가장 많은 점수 차로 승리할 가능성이 크다고 예상하며 온갖 기록을 확인하기 시작했고, 트렐레보리 또한 0-2로만 패해도 괜찮은 결과라며 체념한 듯한 분위기였다.

그러나 정작 경기가 시작되자 트렐레보리는 공격수 프레데릭 산델Frederik Sandell이 공격 파트너 요아힘 카를손Joachim Karlsson이 내준 패스를 받아 결승골을 터뜨리며 1-0으로 승리했다. 트렐레보리는 블랙번이 프리미어리그에서 만난 어느 상대보다 더 깊숙한 위치에 수비벽을 쌓았고, 블랙번 윙어가 볼을 잡을 때마다 수비수 두 명이 그를 압박했다. 트렐레보리 주장 요나스 브로르손Jonas Brorsson은 "정리된 수비 전술만 있다면 누구라도 그들을 막을 수 있을 것"이라 말했다.

리플리도 시간이 지난 후 "우리가 경기를 치른 방식이 조금 순진했을 수도 있다. 우리는 잉글랜드에서 모든 팀을 압도적으로 꺾으며 트렐레보리를 상대로도 똑같은 방식으로 경기를 하려고 했다. 그러나 트렐레보리는 수비적인 포메이션을 들고 나와 승리를 챙겨 갔다"고 말했다. 한편 르 소는 블랙번의 스타일이 유럽클럽대항전에는 어울리지 않았다고 인정했다. 이어진 블랙번과 트렐레보리의 2차전 경기는 2-2 무승부로 끝났는데, 이 경기에서 SAS는 세트피스 공격 후 문전 경합 상황에서 득점했다. 그러나 다음 라운드 진출은 2차전을 단 10명이 치르고도 합계 3-2로 승리한 트렐레보리의 몫이었다. 이처럼 잉글랜드 팀의 유럽클럽대항전 조기 탈락은 그들의 전술적 준비가 얼마나 부족했는지를 여실히 보여줬다. 그 때문에 블랙번은 유럽 무대를 일찌감치 포기하고 자국 리그에 집중할 수 있었다.

블랙번이 우승을 차지한 1994-95시즌에 최고로 꼽을 만한 기억에 남는 승리는 없다. 당시 블랙번은 우승 경쟁을 펼친 맨유를 상대로 홈, 원정에서 차례로 패했으나 그들의 단순한 축구는 프리미어리그의 평범한 팀을 꾸준히 꺾는 데 매우 효과적이었다. 블랙번은 당시의 많은 잉글랜드 팀들과 특별히 다르지 않았다. 그저 블랙번은 다른 팀들보다 더 훌륭한 선수들을 활용해 극단적으로 조직적인 축구를 했을 뿐이다. 당시 블랙번의 스타팅 라인업에 포함된 선수 중 무려 여섯 명(골키퍼 팀 플라워스Tim Flowers, 수비 라인을 이끈 콜린 헨드리Colin Hendry와 르 소, 셔우드, 서튼 그리고 시어러)이 우승이 확정되기도 전에 PFA 올해의 팀에 이름을 올렸다.

맨유는 경쟁 상대가 미끄러진 틈을 타 프리미어리그 출범 후 2년 연속 우승을 차지했다. 그러나 1995년 5월 14일은 프리미어리그의 역사에 실로 기억에 남을 만한 날로 남아 있다. 이날 프리미어리그 출범 후 처음으로 우승 팀이 리그 마지막 날에 결정됐기 때문이다. 블랙번은 리버풀을 상대로 시어러가 리플리의 크로스를 받아 선제골을 넣었으며 이때 잡은 리드를 끝까지 지켰다면 다른 경기 결과와 관계없이 우승을 확정할 수 있었다. 그러나 리버풀은 예상치 못한 반전을 일으키며 경기 막판에 제이미 레드냅Jamie Redknapp의 훌륭한 프리킥 결승골로 블랙번에 2-1 역전승을 거뒀다.

달글리시 감독은 이날 후반전이 진행되는 내내 벤치 옆에 놓인 TV로 웨스트햄 원정에 나선 맨유 경기를 지켜봤다. 이 경기에서는 최전방 공격수를 한 명만 배치한 알렉스 퍼거슨 감독의 전술이 패착으로 이어졌고, 웨스트햄 수문장 루덱 미클로스코는 프리미어리그 역사상 골키퍼가 펼친 최고의 경기력을 선보였다. 결국 맨유가 1-1 무승부를 거두는 데 그치며 블랙번은 리버풀 원정에서 패하고도 챔피언 자리에 등극했다. 경기가 끝난 뒤 달글리시 감독은 상대 팀 리버풀 코치들이자 과거에 자신과 함께 뛴 동료들로부터 축하를 받았다. 시어러와 서튼은 포옹했고, 셔우드는 트로피를 들어 올렸다.

리그 마지막 날 우승 팀이 정해진 과정은 매우 극적이었다. 그러나 전술적으로는 앞서 에버턴 원정에 나선 블랙번의 스타일이 더 중요했다. 블랙번은 만우절에 열린 이날 경기에서 먼저 두 골을 넣으며 2-0으로 앞서갔다. 선제골은 경기 시작 13초 만에 베리의 롱볼을 서튼이 머리로 떨궜고,

이를 이어받은 시어러가 다시 연결한 패스를 서튼이 득점으로 마무리했다. 추가골은 프리킥 상황에서 서튼이 패스를 받아 내준 공을 시어러가 강력한 슛으로 골망을 갈랐다. 이때까지 블랙번은 매우 교과서적인 방법으로 승기를 잡고 있었다. 그러나 머지않아 에버턴이 그래엄 스튜어트Graham Stuart의 훌륭한 칩샷으로 만회골을 터뜨렸다. 이때부터 블랙번은 믿기 어려울 정도로 수비적인 축구를 선보이며 상대 공격을 차단하고, 시간을 끄는 데만 집중했다. 그 결과 경기는 매우 격렬하고, 정신없는 승부로 변했다. 이 중 하이라이트는 양 팀 선수를 합쳐 블랙번 골키퍼 팀 플라워스를 앞에 두고 14명이 페널티 지역 안에서 모여 문전 경합을 펼치는 모습이었다. 이 상황에서 시어러는 볼을 구디슨 파크 밖으로 내보낼 뻔했을 정도로 강력한 걷어차기를 하기도 했다. 그러나 달글리시 감독은 상대 팀 팬이 자신의 축구를 존중하는지에는 관심이 없었다. 그에게 이날 성과는 승점 3점만으로 충분했다.

반대로 케빈 키건 감독은 뉴캐슬을 이끌고 '우승을 차지할 뻔한' 1995-96시즌 중 가장 기억에 남는 장면으로, 시즌 막바지에 리즈와 노팅엄 포리스트 원정에서 경기가 끝난 후 상대 팀 팬들의 박수를 받은 상황을 꼽는다. 달글리시 감독은 1994-95시즌 우승을 차지한 자신의 블랙번을 두고 '민중의 챔피언people's champions'이라는 별명을 붙였지만, 실질적으로 중립 팬들로부터 더 많은 사랑을 받은 건 그다음 시즌 키건 감독이 이끈 뉴캐슬이었다.

당시 뉴캐슬은 보는 이들의 마음을 사로잡는 공격적인 축구를 구사했다. 이 기간 키건 감독이 행사한 영향력도 상당했다. 그는 2부리그 하위권에 머물러 있던 팀을 맡아 프리미어리그 최상위로 이끌면서 뉴캐슬이라는 도시 전체를 열광케 했다. 당시 뉴캐슬 유니폼에는 지역 출신 맥주회사 '뉴캐슬 브라운 에일Newcastle Brown Ale' 로고가 박혀 있었고, 골키퍼 유니폼에는 도시의 스카이라인을 나타내는 이미지가 새겨져 있었다. 이를 두고 키건 감독은 축구 팀 뉴캐슬이 도시 뉴캐슬에도 특별한 의미를 부여한다며 팀을 바르셀로나와 비교하기도 했다. 실제로 당시 뉴캐슬이 선보인 경기력은 바르셀로나와 비교 대상이 될 만했다. 심지어 당시 뉴캐슬의 팀 별명은 '엔터테이너The Entertainers'였다.

뉴캐슬이 '엔터테이너'라는 별명을 얻은 시기는 셰필드 웬즈데이를 4-2로 꺾은 두 시즌 전이었다. 그러나 뉴캐슬은 1995-96시즌 경기력이 차원이 다른 수준에 도달하며 당시 영국의 연예인 문화를 연상시킬 정도로 화려한 축구를 했다. 게다가 1996년은 잉글랜드 대표팀이 개최국 자격으로 출전한 유로 1996의 우승 후보로 꼽힌 시절이다. 영국 팝 음악이 여전히 전 세계 팝 문화를 지배한 이 시절 유로 1996 주제가로는 인기 코미디언 듀엣 바디엘 앤드 스키너Baddiel and Skinner가 부른 잉글랜드 대표팀 응원가 〈삼사자 군단Three Lions〉이 선정됐다. 이와 비슷한 시기에 방송인 크리스 에반스Chris Evans가 진행하며 유명해진 괴짜 TV 프로그램 〈TFI 프라이데이〉가 방영됐고, 외향적이고 시끄러운 팝그룹 스파이스 걸스가 데뷔했다.

또한 1996년은 헤로인 중독자의 감동적인 회복기를 담은 영화 〈트레인스포팅Trainspotting〉이 개봉한 시기이기도 하다. 그러나 이러한 분위기와 달리 1997년은 매우 상반되는 한 해였다. 우울감을 유발한 1997년 영화계를 강타한 작품은 〈타이타닉Titanic〉이었고, 음악은 라디오헤드Radiohead의 〈OK 컴퓨터〉가 흥행했으며, 다이애나Diana 영국 왕세자빈이 사망했다. 그러나 모두가 화려함에 매료된 시기였던 1996년 축구계에서는 '엔터테이너'라는 별명으로 불린 뉴캐슬이 두려움 없는 전원 공격 축구를 구사했다.

뉴캐슬은 바로 전 시즌 블랙번과 마찬가지로 크로스를 기반으로 한 축구로 시즌을 시작했다. 왼쪽 윙어 데이비드 지놀라David Ginola가 파리 생제르맹에서 합류하며 스피드와 양발을 자유자재로 활용해 상대 오른쪽 측면 수비수를 파괴하는 모습을 보여줬다. 당시 지놀라는 골문을 등진 채 패스를 받으면 바로 중앙으로 치고 들어가거나 측면을 돌파했다. 그는 프리미어리그에 진출하자마자 이달의 선수상을 받았다. 반대쪽에는 키스 길레스피Keith Gillespie가 전형적인 윙어의 움직임을 선보이며 항상 터치라인을 타고 빠르게 측면을 돌파했다. 키건 감독이 두 측면 공격수에게 주문한 작전은 단순했다. 당시 뉴캐슬이 영입한 최전방 공격수 레스 퍼디난드Les Ferdinand는 당대 최고의 타깃맨이었고, 계속 그에게 크로스를 공급해주라는 게 키건 감독의 요구사항이었다. 퍼디난드는 "그때 지놀라가 왼쪽, 길레스피가 오른쪽에서 뛰며 경기를 풀어간 뉴캐슬은 나처럼 뛰는 공격수에게 이상적인 팀이었다. 그때 내가 침투해 들어간 상대 페널티 지역으로는 다비드(지놀라)와 키스(길레스피)의 발을 떠난 크로스가 마치 비가 쏟아지듯이 날아들었다"고 말했다.

다만 퍼디난드는 제공권이 강력한 선수임에도 실제 키는 180cm로 그리 크지 않은 편에 속했다. 그러나 그는 선천적으로 탁월한 높은 점프 능력으로 제공권을 장악했다. 퍼디난드는 2월 중순까지 무려 21골을 넣었는데, 그의 전임자였던 앤디 콜Andy Cole의 단면적인 성향에 불만을 품었던 키건 감독은 퍼디난드에게 경기력을 더 개선해 동료를 이용하는 방법을 터득하라고 주문하기 시작했다.

이전 시즌 우승 팀 블랙번이 타깃맨 두 명을 최전방에 배치했다면, 키건은 피터 비어슬리를 처진 공격수 자리에 두며 그에게 공격의 연결고리 역할을 맡겼다. 중앙 미드필더 롭 리Rob Lee까지 2선 침투로 공격에 가담한 당시 뉴캐슬은 프리미어리그에서 가장 완벽한 공격 축구를 구사한 팀이었다. 뉴캐슬은 엄청난 속도로 매 경기를 시작해 60분 안에 경기를 끝내려고 했으며, 시즌 내내 단 한 번도 0-0 무승부로 경기를 마친 적이 없었다. 다만 '엔터테이너'라는 뉴캐슬의 별명이 당시 그들이 수비에서 노출한 약점을 가려준 것 또한 사실이다. 물론 키건 감독은 "너희가 두 골을 넣으면, 우리는 세 골을 넣겠다"는 축구 철학을 밝힌 지도자였으나 시즌의 성패를 가른 4월 리버풀 원정에서 패하며 그의 이러한 공격적인 자세는 "우리가 세 골을 넣으면, 너희는 네 골을 넣겠다"는 조롱으로 변질됐다. 뉴캐슬이 끝내 우승을 놓친 이유를 따지면 상황은 더 복잡하지만, 많은 이들은 그들이 시즌 막바지에 무너진 이유로 균열이 많은 수비진을 꼽는다.

그러나 키건 감독은 자신의 공격 성향을 애써 감추려 하지 않았다. 그는 우선적으로 '조디스Geordies(뉴캐슬의 연고지인 잉글랜드 북부 지역민을 일컫는 애칭)'의 공격 축구에 대한 갈증을 풀어주는 데 열의를 보였다. 당시의 감독들은 종종 자신의 팀 경기가 스카이스포츠를 통해 생중계되는 것을 '쇼'와 같이 인식했는데, 키건은 자신을 그러한 흐름을 주도하며 박진감 넘치는 축구를 선보이는 지도자로 간주했다.

키건 감독은 당시 "공격수 출신 감독들이 많이 지도자의 길을 택하고 있다. 브라이언 리틀Brian Little, 글렌 호들Glen Hoddle 그리고 나도 그렇다. 우리는 모두 공격수 출신이어서 수비를 어떻게 가르쳐야 하는지 잘 모른다"고 말하기도 했다. 다만 이 발언은 몇몇 공격수 출신 감독에게만 해당하는 말이었다. 실제로 이 시절 아스널을 이끈 조지 그래엄 감독은 현역 시절 공격수와 공격형 미드필더로 활약했으나 지도자가 된 후에는 잉글랜드 축구 역사상 가장 기강이 잘 잡힌 수비 축구를 구사했다.

키건 감독이 수비수로 중용한 선수는 미드필더나 공격수 출신이었다. 선수가 성장기를 거치며 보직을 변경하는 건 흔한 일이지만, 공격수를 수비수로 변신시킨 뉴캐슬의 상황은 놀라운 수준이었다. 대런 피콕Darren Peacock은 과거 브리스톨 로버스 유소년팀에서 최전방 공격수로 성장했다. 스티브 하위Steve Howey는 뉴캐슬이 직접 유소년 아카데미를 통해 공격형 미드필더로 육성하며 가끔씩 팀 훈련에서만 수비수로 활용된 선수다. 그러나 키건 감독은 부임 후 하위에게 중앙 수비수로 뛰지 않는다면 다른 팀으로 떠나야 한다고 통보했다. 벨기에 출신 필리프 알베르Philippe Albert 는 미드필더로 선수 생활을 시작해 1994 미국 월드컵에서 펼친 활약 덕분에 뉴캐슬로 이적했다. 당시 TV 해설위원으로도 활동한 키건은 알베르가 네덜란드와 독일을 상대로 득점하는 모습을 보고 뉴캐슬 감독으로 부임한 후 그를 영입했다.

양 측면 수비수 자리에서 주전으로 활약한 워렌 바튼Warren Barton 과 존 베레스포드John Beresford 는 동시에 좌우에서 전진하라는 주문을 받았으나 시즌이 끝날 무렵 뉴캐슬이 직접 육성한 스티브 왓슨Steve Watson 과 로비 엘리엇Robbie Elliott 에게 주전 자리를 헌납했다. 또 다른 뉴캐슬 출신 리 클라크Lee Clark 는 이전 시즌까지 공격형 미드필더로 활약해 등번호까지 10번을 배정받고도 수비형 미드필더로 변신했다. 키건 감독은 훗날 직접 집필한 자서전을 통해 당시 뉴캐슬이 공격수로만 만들어진 팀이었다는 사실을 인정했다. 그는 "내 측면 수비수들이 모험적이었나? 그렇다! 내 중앙 수비수들은 기술적이었고, 뒤보다는 앞으로 전진할 때가 더 많았다. 그것이 바로 우리가 만든 작품이었다"고 말했다.

그들의 축구는 실제로 그랬고, 키건 감독은 이를 바꿀 생각이 없었다. 시즌이 끝날 때 즈음 키건 감독의 수비진을 구성한 왓슨, 하위, 피콕, 그리고 베레스포드가 그를 직접 찾아가 지나친 공격 가담 탓에 체력 고갈 현상이 왔다며 조금 더 신중한 전술이 필요하다고 지적했다. 그러나 이에 대한 키건 감독의 반응은 단순했다. 그는 선수들에게 "이번 토요일 경기에 출전하고 싶나?"라고 물을 뿐이었다.

실제로 키건 감독은 수비의 필요성을 상당 부분 무시했다. 뉴캐슬은 9월 장거리 원정인 사우샘프턴전을 앞두고 흔치 않은 수비 훈련을 했는데, 정작 경기에서는 0-1로 패했다. 이후 키건 감독은 다시 수비 훈련을 하지 않았다. 그는 뉴캐슬의 프리미어리그 우승이 좌절된 후 과거 리버풀 수비수이자 영국 공영방송 BBC 해설위원 마크 로렌슨Mark Lawrenson을 수비 코치로 영입했다. 그러나 코치로 부임한 로렌슨은 그저 운동하는 선수들을 지켜보기만 했을 뿐 단 한 번도 자신이 팀 훈련을 이끈 적이 없었다. 그는 시간이 지나자 자신이 뉴캐슬로부터 돈만 받고 있을 뿐 도무지 무슨 일을 해야 할지를 모르겠다고 고백하기도 했다. 로렌슨 영입은 키건 감독이 수비를 가르치지 않는다는 비판에 대한 대응책으로 내놓은 허상이었을 뿐 문제를 해결하려는 진지한 노력은 아니었다.

그러나 놀랍게도 뉴캐슬의 1995-96시즌 수비력은 꽤 좋은 편이었다. 오히려 그들이 리버풀 원정에서 당한 유명한 3-4 패배는 수비력이 약하다는 지적을 부풀리는 역할을 했다. 뉴캐슬은 당시 38경기 37실점을 기록했는데, 이는 우승을 차지한 맨유보다 단 2실점이 많았을 뿐이며 이후 4년간 프리미어리그 정상에 오른 팀들도 차례로 44실점, 33실점, 37실점, 45실점을 허용하며 큰 차이를 보이지 않았다. 이처럼 뉴캐슬이 우승을 놓친 원인은 수비력이 약했기 때문이 아니다.

오히려 문제는 뉴캐슬이 단 66득점에 그치며 충분한 골을 넣지 못한 데 있었다. 프리미어리그 출범 후 지금까지 매 시즌 우승을 차지한 모든 팀은 66득점보다 많은 골을 넣었다. 즉 '엔터테이너'라는 뉴캐슬의 별명은 절대적인 사실이 아니었다. 뉴캐슬은 훌륭한 개인 기량을 앞세운 선수를 보유했지만, 조직력이 없었다. 그들은 단순히 팀 훈련을 하며 수비를 연습하지 않은 게 아니었다. 뉴캐슬은 전술적인 훈련 자체를 하지 않았다. 그들은 포메이션, 빌드업, 세트피스 등을 전혀 훈련하지 않았고, 모여 있는 선수들을 팀으로 만들려는 노력 자체가 아예 이뤄지지 않았다.

당시 뉴캐슬의 훈련은 놀라울 정도로 단순했고, 선수들은 이를 사랑했다. 심지어 팬들도 마찬가지였다. 뉴캐슬이 더럼대학교 시설을 훈련장으로 쓰며 팀이 한창 프리미어리그 우승 경쟁을 하던 시기에는 그들의 훈련이 수천여 명의 팬들에게 그대로 공개됐다. 선수들은 훈련장에 일찍 도착해 족구로 몸을 풀었는데, 이때 가장 날렵한 움직임으로 서로 간 호흡을 자랑한 둘은 바로 키건 감독과 맥더못 코치였다. 이후 뉴캐슬은 실전을 방불케 하는 강도 높은 미니게임으로 본격적인 훈련을 시작했다. 미니게임은 마치 길거리 축구처럼 선수들이 직접 팀을 골라 서로 맞대결을 펼치는 방식으로 진행됐다. 이어 팀 훈련은 슈팅을 비롯한 각종 기술을 연습하는 시간으로 종료됐다. 이후 몇몇 선수는 남아 개인 훈련을 했다. 그러나 뉴캐슬은 훈련할 때 단 한 번도 팀 전술을 논의하지 않았다.

키건 감독은 상대 팀에 대해서도 유사하게 느슨한 태도를 취했다. 이 시절 알렉스 퍼거슨 감독은 계속해서 상대 팀의 장단점을 분석해 선수들에게 이를 알려주고, 효과적인 역습을 펼칠 수 있도록 작은 부분에도 신경쓰는 습관을 기르고 있었다. 이 와중에 키건 감독은 팀 훈련에서 다음 경기 상대 팀에 대한 어떠한 언급도 하지 않았다. 이어 경기 당일이 되면 웜업 운동을 마친 후 키건 감독이 선수들에게 상대 팀 선발 명단을 불러준 게 전부였다. 여기에 그는 상대 팀을 언급하며 "저 팀 선수 중 우리 팀에서 뛸 만한 선수는 아무도 없다"고 말하거나 "내가 저 팀에서 원한 선수는 이미 영입했다"고 말하기 일쑤였다. 키건 감독에게는 개인 기량이 축구의 모든 것이었다. 상대 팀 전술을 고려하지 않은 그의 습관은 특히 원정경기에서 문제가 됐다. 뉴캐슬은 1995-96시즌 홈구장 세인트 제임스 파크에서 승점 52점을 획득했지만, 원정경기 승점은 이의 절반밖에 안 되는 26점에 그쳤다.

키건 감독의 작전 지시에서 상대 팀 전략과 관련한 대응책은 드물었지만, 딱 한 번의 예외가 있었다. 그는 4월 중순 애스턴 빌라와의 경기를 앞두고 상대 팀 감독 브라이언 리틀이 최전방 공격수 세 명(드와이트 요크

Dwight Yorke, 사보 밀로세비치Savo Milosevic 그리고 토미 존슨Tommy Johnson)을 중용한다는 사실을 알고 있었다. 이를 고려한 키건 감독은 왼쪽 측면 수비수 베레스포드에게 중앙으로 들어와 수비를 펼쳐 중앙 수비수 두 명을 도우라는 지시를 내렸다. 그러나 베레스포드는 키건 감독이 이러한 전술 변화가 불러올 대가를 간과하고 있다고 불평했다. 왼쪽 측면 수비수인 자신이 중앙으로 들어오면 왼쪽 윙어 지놀라가 수비 가담을 하지 않아 애스턴 빌라의 오른쪽 측면 수비수 개리 찰스Gary Charles가 자유롭게 공격 가담을 펼칠 수 있다는 게 베레스포드의 지적이었다. 그러나 키건 감독은 베레스포드의 설명을 듣는 데 관심이 없었다.

그렇게 경기가 시작되자 베레스포드의 예상대로 찰스는 매번 공간이 비어 있는 오른쪽 측면으로 침투했고, 이를 본 키건 감독은 수비에 가담하지 않은 지놀라가 아닌 베레스포드에게 작전을 지시하기 바빴다. 뻔한 문제가 일어나는 모습을 직접 확인한 베레스포드는 결국 격분했고, 그는 경기 도중 세인트 제임스 파크의 옆줄 부근에서 키건 감독과 소란스러운 말다툼을 벌였다. 이 둘의 말다툼은 베레스포드가 키건 감독에게 "꺼져"라고 외치며 종료됐다. 키건 감독이 즉시 그를 교체했기 때문이다. 키건 감독은 경기가 끝난 후 "베레스포드가 내게 한 말은 선수가 내게 해서는 안 될 말"이라며 조기 교체를 감행한 이유를 설명했다. 베레스포드는 그 시점까지 뉴캐슬이 치른 34경기 중 32경기에 선발 출장했는데, 이후 열린 네 경기에서는 한 번도 출장하지 못했다.

그러나 뉴캐슬의 침체기는 1996년으로 접어들며 구단이 새롭게 영입한 선수 두 명과 관련이 있다. 콜롬비아 출신 공격수 파우스티노 아스프리야Faustino Ausprilla는 눈이 내리는 2월의 한 금요일, 미들즈브러 원정을 하루 앞두고 뉴캐슬로 이적했다. 키건 감독은 경기가 열리는 날 아스프리야를 출장시키지 않겠다고 선언하며 점심시간에는 그에게 와인 한잔을 따라줬다. 그러나 아스프리야는 이날 경기 후반전에 교체 출장했고, 투입 직후 상대 팀 중앙 수비수 스티브 비커스Steve Vickers를 크루이프 턴으로 제친 후 정확한 크로스로 왓슨이 터뜨린 동점골을 도왔다. 득점에 성공한 왓슨은 아스프리야를 가리키며 세리머니를 펼쳤다. 이후 달려온 뉴캐슬 선수들도 골을 넣은 왓슨보다는 아스프리야를 축하해줬다. 그렇게 아스프리야는 불꽃처럼 뉴캐슬에 등장했다.

뉴캐슬의 후반기 부진은 키건 감독이 영입한 선수 탓이라는 지적이 있었지만, 어찌 됐든 아스프리야는 이 기간 팀에서 최고의 활약을 펼친 선수였다. 그는 뉴캐슬이 피터 슈마이켈의 잇따른 선방에 막히며 에릭 칸토나에게 실점해 운 없게 0-1로 패함으로써 큰 타격을 입은 맨유전에서도 환상적인 활약을 펼쳤다. 이어 그는 뉴캐슬이 웨스트햄을 3-0으로 꺾은 경기에서도 중추적인 역할을 했고, 리버풀에 3-4로 패했을 때도 1골 1도움을 기록하며 팀에서 가장 빼어난 활약을 펼쳤다. 문제는 아스프리야 영입이 뉴캐슬의 포메이션을 완전히 바꿨다는 데 기인한다. 그런데도 키건 감독은 선수들에게 새로운 포메이션에 어떻게 적응해야 하는지 설명조차 하지 않았다. 당시 비어슬리는 자신에게 익숙하지 않은 오른쪽 측면으로 자리를 옮겼는데, 아스프리야는 그와 매우 다른 유형의 선수였다. 이러한 변화에 더 큰 혼란을 겪은 건 공격수 퍼디난드였다. 갑자기 팀 공격의 중심이 아스프리야가 됐기 때문이다. 심지어 키건 감독은 당시 퍼디난드에게 노골적으로 아스프리야를 너에게 맞추려고 영입한 게 아니다. 너를 아스프리야에게 맞추려고 그를 영입했다고 말하기까지 했다. 키건 감독은 팀 훈련에서도 퍼디난드와 파우스티노 아스프리야의 호흡을 향상시키려는 어떠한 노력도 하지 않았다. 키건은 단지 퍼디난드에게 "예측 불가능한 것까지 예측하라"고 말할 뿐이었다. 이는 키건 감독의 지도 성향을 잘 설명하는 말이지만, 선수에게는 전혀 도움이 안 되는 조언이기도 했다. 퍼디난드는 아스프리야를 영입하기 전까지 경기당 평균 한 골씩을 터뜨렸지만, 이후에는 이 수치가 약 0.3골로 떨어졌다.

뉴캐슬은 아스프리야를 영입하며 기존 4-4-2 포메이션을 포기하고 3-5-2 포메이션을 썼다. 그러나 뉴캐슬은 그가 처음으로 선발 출장한 웨스트햄전에서 0-2로 패했고, 맨시티와는 3-3으로 비겼다. 그러나 당시 가장 큰 수혜자는 알베르였다. 중앙 수비수로 나선 그는 스위퍼 역할을 맡으며 드디어 공격에 가담할 기회를 잡았다. 이 덕분에 알베르는 맨시티전에서 한 골은 자신이 직접 득점했고, 이어 아스프리야의 골을 돕기도 했다. 그는 말 그대로 시대를 앞서간, 축구를 할 줄 아는 중앙 수비수였다. 아스프리야는 웨스트햄전에 이어 맨시티전에서도 맹활약했다. 그러나 그는 맨시티전에서 상대 수비수 키스 컬Keith Curle을 팔꿈치로 가격한 후 박치기한 대가로 한 경기 출장정지 처분을 받았다. 이에 키건 감독은 "아스프리야는 남미 출신이다. 그들은 원래 그런 사람들"이라며 논란의 여지를 남길 만한 발언을 했다. 이후 그의 발언이 헤드라인을 장식했고, 이와 함께 뉴캐슬의 전술 부재도 더 심각해졌다. 아스프리야 없이 승률 75%를 기록한 뉴캐슬은 그가 출장한 경기에서 승률이 43%로 급락했다.

뉴캐슬은 이어 0-1로 패한 맨유전에서는 4-4-2 포메이션으로 복귀했는데, 이 경기에는 또 다른 영입생 데이비드 배티가 출전했다. 배티는 영입 과정 자체가 이상했던 선수였다. 존 홀John Hall 뉴캐슬 회장은 팀의 수비력을 향상시켜야 한다며 중앙 수비수 영입을 추진했다. 그러나 키건 감독은 이에 결사반대했고, 결국 이 둘은 절충안으로 수비형 미드필더를 영입하기로 합의했다. 이러한 합의 내용 자체가 상식적이지 않았고, 심지어 배티도 놀란 모습이었다. 그는 "뉴캐슬은 프리미어리그 1위를 달리던 팀이었고, 왜 변화를 주려고 했는지 이해가 안 됐다"고 말했다.

뉴캐슬은 전형적인 수비형 미드필더 배티가 진보적인 축구를 구사하는 클라크를 대체하며 중요한 포지션에 전혀 다른 성향의 선수를 배치한 채 예전과 똑같은 방식으로 경기를 하려 했다. 당연히 문제는 개개인의 기량이 아닌 시스템이었다. 배티는 뉴캐슬의 패스 속도를 죽이는 원흉이 됐고, 수비형 미드필더로서 해야 할 역할도 제대로 하지 못했다. 그는 시즌 막판 뉴캐슬이 1-1로 비긴 노팅엄 포리스트전에서 이안 워안Ian Woan에게 너무도 쉽게 드리블 돌파를 허용하며 중거리 슛으로 실점을 허용했다. 키건 감독은 장기적으로는 배티가 중앙 수비수 위치에서 볼을 앞으로 공급해주는 공격적인 축구를 할 수 있게 해줄 훌륭한 영입으로 여겼다. 미래에 배티를 수비진으로 내리며 미드필드에 공격적인 선수를 한 명 더 추가하는 게 그의 계획이었다.

뉴캐슬의 전원 공격은 1996년 4월 초 안필드에서 치른 리버풀 원정에서 팀이 3-4로 패하며 가장 잘 드러났다. 이 경기는 프리미어리그 역사상 최고의 경기로 꼽힌다. 양 팀은 이날 화려한 플레이로 가득 찬, 공수를 오가는 스릴러를 연출했으며 경기 시작 2분 만에 처음으로 들어간 골은 92분까지 그칠 줄 모르고 터졌다. 뉴캐슬은 2-1, 3-2로 앞서며 경기 중 상당 시간 리드를 잡고 있었으나 어찌 됐든 종료를 앞두고 스탠 콜리모어Stan Collymore에게 역전골을 허용했다. 이를 지켜본 키건 감독은 광고판을 붙잡은 채 고개를 떨굴 수밖에 없었다.

뉴캐슬은 형편없는 경기력으로 리버풀전을 시작했다. 리버풀 원정을 앞두고 뉴캐슬의 당시 여섯 경기 성적은 승점 7점에 불과했다. 리버풀전 선발 명단에서 오른쪽 측면 수비수 바튼을 왓슨으로 교체한 게 키건 감독이 준 유일한 변화였다. 이는 아마 왓슨이 리버풀을 상대로 앞선 프리미어리그 경기와 리그컵 경기에서 차례로 결승골을 넣었기 때문인 것으로 추정된다.

이 경기에서 지놀라의 위치는 양 팀이 얼마나 공격적인 축구를 했는지 잘 보여준다. 뉴캐슬은 4-4-2 포메이션을 가동했고, 로이 에반스Roy Evans 감독이 이끈 리버풀은 3-5-2 포메이션을 들고 나왔다. 그러면서 자연스럽게 지놀라가 수비에 가담해 리버풀의 오른쪽 윙백 제이슨 맥카티어Jason McAteer의 공격을 막을 수 있을지 의문이 제기됐다. 이 의문에 대한 답은 간단했다. 지놀라는 수비에 가담하지 않았다. 그가 수비에 가담하지 않은 건 이날 경기에 긍정적인 영향과 부정적인 영향을 동시에 미쳤다. 지놀라는 경기 초반 로비 파울러Robbie Fowler가 선제골을 넣고 레스 퍼디난드가 동점골을 터뜨릴 때까지 주로 맥카티어의 뒷자리에 서 있었을 정도로 전진한 상태였다. 이 덕분에 그는 역습 상황에서 자유롭게 전진할 수 있었다. 리버풀의 중앙 수비진은 이날 매우 폭이 좁게 수비를 펼쳤고, 지놀라는 왼쪽 측면을 혼자 누비며 깔끔한 득점까지 선보였다.

그러나 리버풀은 후반전부터 지놀라의 뒷공간을 적극적으로 노렸다. 스티브 맥마나만Steve Mcmanaman이 계속 그 공간을 파고들었다. 결국 맥마나만이 올린 크로스를 파울러가 동점골로 연결했다. 이어 맥마나만은 또 위협적인 크로스로 뉴캐슬을 위협했다. 뉴캐슬은 이후 다시 공격에 나서 상대 수비수 존 스케일스John Scales가 지놀라의 위치를 의식해 지나치게 뒤로 물러선 틈을 타 오프사이드 위험에서 자유로워진 아스프리야가 득점에 성공하며 리드를 잡았다. 그러나 리버풀은 즉시 오른쪽 측면에서 맥카티어가 올려준 아름다운 크로스를 통해 3-3 동점을 이뤘다. 뉴캐슬은 세 골을 내준 이 시점까지 맥카티어로부터 시작된 득점 상황에서도 전혀 수비에 가담하지 않은 지놀라 탓에 이미 두 차례나 실점했다. 경기의 마지막 5분은 더 공격적으로 진행됐다. 에반스 감독은 베테랑 공격수 이안 러시Ian Rush를 투입하고 왼쪽 윙백 롭 존스Rob Jones를 교체하며 콜리모어를 왼쪽 측면으로 이동시켰다. 이후 중앙에서 러시와 존 반스John Barnes가 주고받은 패스는 왼쪽 측면으로 옮겨 간 콜리모어에게 연결됐고, 그는 이를 받아

기어코 결승골을 뽑아냈다. 리버풀이 뉴캐슬을 상대로 키건 감독이 가장 이상적으로 여기는 공격 축구를 구사해 승점 3점을 챙긴 것이다.

키건 감독은 경기 후 "우리는 앞으로도 계속 우리 방식대로 남들이 하는 생각과 관계없이 경기에 나설 것이다. 만약 이렇게 해서 우승할 수 없다면 어쩔 수 없는 일"이라고 말했다. 이후 뉴캐슬 선수들은 팀이 중요한 시기에 침체기를 겪은 데에 대해 다양한 방식으로 전술적인 문제를 지적했다. 퍼디난드는 갑작스럽게 아스프리야가 중심이 된 팀 공격에 불만을 품었다. 길레스피는 자신이 선발 명단에서 제외되며 팀이 전술적 유연성을 잃었다고 말했고, 리는 이에 동의했으며, 비어슬리는 새로운 포지션인 오른쪽 측면에서 불편함을 겪었다. 골키퍼 파벨 스르니체크는 배티 영입이 팀의 리듬에 균열을 일으켰다고 지적했고, 프리미어리그 팀들이 후반기 들어 뉴캐슬을 간파했다는 사실을 인정했다. 한편 알베르를 3-5-2 포메이션의 스위퍼로 기용한 실험은 단 두 경기 만에 뉴캐슬에 승점 1점만을 안기며 끝났다. 시즌 후반기 지놀라의 하향세는 눈에 띌 정도였고, 그럴수록 그는 수비 가담을 하지 않는다는 이유로 더 큰 비판을 받았다. 그러나 만약 지놀라가 시즌 초반에 그랬던 것처럼 후반기에도 공격적으로 팀에 보탬이 됐다면 수비로 비판을 받을 일은 없었을 것이다.

무엇보다 뉴캐슬의 가장 큰 문제는 팀 완성도를 높이는 훈련을 하지 않은 결과로 발생한 조직력 부재였다. 키건 감독은 재능이 뛰어난 선수를 한 팀에 모아 그들에게 자유를 줬고, 이는 전통적인, 또 누구나 소화할 만한 4-4-2 포메이션에서 상당 부분 통했다. 그러나 키건 감독은 이마저도 새로운 공격수와 전혀 다른 유형의 수비형 미드필더를 영입하며 갑자기 바꿨고, 이러한 통제 없는 자유분방함은 결국 문제를 일으켰다. 뉴캐슬에는 아무런 전술도 없었고, 그들이 경기에 접근한 방식은 키건 감독이 경기 당일에 임의적으로 선정한 선수 11명이 전부였다.

다만 뉴캐슬은 프리미어리그 우승을 놓치고도 누구도 부인할 수 없는 '영광스러운 실패'를 한 팀으로 역사에 남게 됐다. 당시 뉴캐슬에서 활약한 선수들은 여전히 팬들에게 영웅 대접을 받고 있으며 잉글랜드 전역에서 인정받는다. 또한 2부리그 팀을 프리미어리그 우승권으로 이끈 키건 감독의 업적도 평가절하해서는 안 된다. 그의 순진함은 뉴캐슬이 우승을 차지하지 못한 이유일 수도 있지만, 더 의미 있는 것은 이 정도로 기본적인 전술과 단순한 접근 방식으로도 그들이 프리미어리그 우승에 근접했던 스토리다.

대신 당시 우승 트로피는 잉글랜드 북동부 지역 뉴캐슬의 이웃 도시 미들즈브러에서 주인을 만났다. 맨유가 시즌 최종전에서 미들즈브러를 3-0으로 꺾으며 우승을 차지했기 때문이다. 우승에 실패한 키건 감독은 관대한 반응을 보였다. 그는 맨유에 축하를 건네며 "그들은 다음 시즌 챔피언스리그에서 프리미어리그를 대표할 환상적인 팀"이라고 말했다. 또한 키건 감독은 시즌 후반기에 영입한 아스피리야를 가리키며 "프리미어리그의 자산"이라고 칭찬했다. 그의 발언은 시즌이 끝난 후 애써 의미를 부여하려는 노력에서 나온 말일 수도 있지만, 맨유를 이끌고 세상과 맞서 싸우겠다는 패기를 보이던 퍼거슨 감독이라면 자신의 팀이 아닌 프리미어리그 전체를 생각하는 듯한 말은 하지 않았을 공산이 크다.

뉴캐슬은 1996-97시즌을 앞두고 전 세계 이적료 기록을 갈아치우며 지역 출신 시어러를 블랙번으로부터 영입했다. 키건 감독은 시즌 중반 돌연 은퇴를 선언하며 팀을 떠났고, 공교롭게도 달글리시 감독이 그의 대체자로 뉴캐슬 사령탑이 됐다. 배티, 시어러에 이어 달글리시 감독이 온 뉴캐슬은 2년 전 우승 팀 블랙번이 되려고 했으나 프리미어리그의 전술적 패러다임은 전혀 다른 방향으로 흘러가고 있었다.

PART 2
기술적 발전

베르캄프와 졸라
– 미드필드와 수비 라인 사이

"칸토나의 팬들은 그를 사랑했고, 언론도 마찬가지였다. 외국에서 온 이 녀석은 뭔가 달랐다. 모두가 칸토나 같은 선수를 원했다. 그러나 그런 선수는 가물에 콩 나듯 나오는 게 현실이다."

– 로이 에반스

에릭 칸토나는 맨체스터 유나이티드를 프리미어리그에서 압도적인 존재로 만들었다. 그러면서 다른 팀들도 칸토나에 대응할 만한 선수를 찾기 시작했다. 이후 1990년대 중반에는 재능 있고 화려한 플레이를 하는, 그러나 꾸준하지 못한 10번 역할을 해주는 선수들이 프리미어리그로 물밀듯이 들어왔으나 그들이 남긴 성적은 제각각 달랐다. 잉글랜드에서는 그런 유형의 선수가 제대로 육성되지 않고 있었던 만큼 프리미어리그 구단들은 해외, 특히 축구로는 잘 알려지지 않은 나라들로 눈을 돌렸다. 프리미어리그 중위권 팀을 응원하는 팬들도 이때부터는 외국의 딥라잉 포워드들이 자신들이 응원하는 팀에 와서 그들이 재미있는 축구를 구사할 수 있을 것이라는 기대감을 품게 됐다.

예를 들면 입스위치 타운에는 불가리아에서 합류한 본초 겐체프Boncho Genchev가 있었다. 그는 블랙번전에서 환상적인 바이시클킥으로 데뷔골을 터뜨렸다. 겐체프는 항상 상대 수비와 미드필드 사이에 발생하는 공간을 선점하며 패스를 기반으로 한 축구를 구사했다. 그러나 그는 동시에 프리미어리그에서 꾸준하게 강한 인상을 남기지는 못했다. 결국 겐체프는 선수 생활 말년에 하부리그 헨던에서 활약하며 경기가 없을 때는 켄싱턴에서 '스트라이커스Strikers'라는 불가리아식 카페를 직접 운영했다. 겐체프는 공격수가 아니었다. 그러나 그는 공격수 역할도 문제없이 소화하고는 했다.

사우샘프턴은 체구가 작지만 특출한 재능을 보유한 이스라엘 선수 에얄 베르코비치Eyal Berkovic를 영입했다. 그는 1996년 자신의 두 번째 프리미어리그 경기였던 맨유전에서 사우샘프턴이 기억에 남을 만한 6-3 승리를 거두는 데 결정적인 역할을 했다. 베르코비치는 이후에도 프리미어리그에서 성공을 이어갔다. 그러나 그를 대중에 가장 잘 알려지게 한 사건은 웨스트햄에서 팀 훈련 도중 동료 존 하트슨John Hartson에게 발로 머리를 얻어맞은 일화다.

더비 카운티는 크로아티아의 유로 1996 8강, 1998 프랑스 월드컵 4강 진출에 크게 일조한 왼발잡이 플레이메이커 알리요사 아사노비치Alijosa Asanovic를 영입했다. 어쩌면 아사노비치는 프리미어리그 역사상 가장 과소평가된 선수일 수도 있다. 그는 더비로 이적한 후 등번호 10번을 강하게 요구했다. 코벤트리 시티가 모로코에서 영입한 무스타파 하지Mustapha Hadji는 직선적인 드리블 돌파와 패스 능력이 훌륭했다. 웨스트햄에서는 해리 레드냅 감독이 프리미어리그 역사상 처음으로 포르투갈 선수를 영입했다. 레드냅 감독이 동시에 영입한 포르투갈 선수 두 명은 다니Dani와 파울로 푸트레Paulo Futre. 이 중 푸트레는 등번호 10번이 자신에게 주어지지 않은 데에 불만을 품기도 했다.

웨스트햄 장비 담당자였던 에디 길럼Eddie Gillam은 아스널전을 앞두고 데뷔전을 준비하던 푸트레에게 등번호 16번이 달린 유니폼을 건넸다. 그러자 푸트레는 이를 바로 길럼의 얼굴에 집어 던졌다. 이때 프리미어리그는 등번호를 한 시즌 동안 변경할 수 없다는 규정을 막 도입했지만, 푸트레는 이를 이해하지 못했다. 이미 웨스트햄의 등번호 10번은 존 몬커John Moncur에게 배정된 상태였다.

그러나 푸트레는 아랑곳하지 않고 레드냅 감독을 향해 "푸트레는 16번이 아니라 10번이야! 에우제비우Eusébio도 10번! 마라도나도 10번, 펠레Pele도 10번! 푸트레도 10번이라고! 빌어먹을 16번이 아니야!"라고 외쳤다. 레드냅 감독이 푸트레에게 16번 유니폼을 그대로 입지 않을 거면 집으로 돌아가라고 말하자 푸트레는 정말로 집으로 갔다.

이후 푸트레는 등번호 10번 배정을 계약서에 의무사항으로 넣어달라고 요구했다. 당황한 레드냅 감독은 웨스트햄 공식 스토어 역시 푸트레가 팀에 합류한 후 등번호 16번이 달린 유니폼을 이미 제작해놓은 상태라며 그를 말렸다. 그러자 푸트레는 자비 10만 파운드(약 1억 5000만 원)를 써서라도 이를 직접 자신이 환불해주겠다는 파격적인 제안을 하며 맞섰다. 결국 웨스트햄은 프리미어리그 사무국을 설득해 몬커의 등번호 10번을 푸트레에게 배정해줄 수 있었다. 푸트레는 몬커에게 고마움의 표시로 포르투갈 해안도시 알가르베Algarve에 있는 자신의 집에서 2주간 휴가를 보낼 수 있게 해줬다.

한 가지 의외인 점은 몇 년 후 셰필드 웬즈데이로 이적한 이탈리아 선수 두 명 사이에서는 그와 비슷한 사건이 발생하지 않았다는 사실이다. 당시 셰필드 웬즈데이는 베니토 카르보네Benito Carbone와 파올로 디 카니오Paolo

Di Canio를 영입했고, 두 선수 모두 등번호 10번에 욕심을 드러냈다. 그러나 카르보네는 8번, 디 카니오는 11번을 배정받으며 10번은 이들보다 덜 화려한 플레이를 했던 앤디 부스Andy Booth에게 주어졌다.

이때만 해도 TV로 생중계되는 경기는 제한적이었으며 〈매치 오브 더 데이Match of the Day〉는 매주 몇몇 빅매치의 득점과 주요 장면만 보여준 게 전부였다. 이 때문에 위에 언급된 선수들의 세련된 기량이 일반 팬들에게는 확실히 전달되지 못했다. 축구 팬들에게는 개인 기량으로 경기의 수준을 높이는 선수들이 펼친 활약상을 더 쉽게 볼 만한 매체가 필요했다.

1996년 11월부터 1997년 8월까지 BBC가 선정하는 이달의 골Goal of the Month 주인공으로는 데니스 베르캄프, 에릭 칸토나, 트레버 싱클레어Trevor Sinclair, 지안프랑코 졸라, 주니뉴Juninho, 다시 졸라, 다시 주니뉴 그리고 또다시 베르캄프가 차례로 선정됐다(베르캄프는 1997년 8월 이달의 골 최종 후보 1, 2, 3위를 독식했다). 싱클레어의 유명한 바이시클킥을 제외하면 프리미어리그에서 나온 거의 모든 훌륭한 골 장면은 칸토나, 베르캄프, 졸라, 주니뉴처럼 마법 같은 활약을 펼친 외국인 플레이메이커가 만들어냈다.

그들은 혼자 힘으로 각자 소속된 프리미어리그 팀이 구사하는 축구 스타일을 바꿨지만, 동시에 팀 전체가 자신들을 중심으로 만들어져야 제 몫을 했다. 그러면서 문제도 발생했다. 잉글랜드 축구를 경험한 적이 없는 선수에게 지나치게 의존하는 건 위험 부담이 따르는 일이기 때문이다. 게다가 당시 유행처럼 번지기 시작한 프리미어리그 구단의 외국인 선수 영입은 아직 보편화된 선수 유입 방식이 아니었다. 이 때문에 외국인 선수가 프리미어리그로 오더라도 그들의 적응을 도울 만한 환경이 아직 마련되지 못한 상황이었다.

칸토나가 프리미어리그 외국인 선수들의 선구자였다면, 베르캄프와 졸라는 그 흐름을 잘 이어간 선수들이었다. 그러나 두 선수 모두 프리미어리그 우승 후보로 꼽히는 팀에 합류한 것은 아니었다. 아스널은 1995년 여름 데니스 베르캄프가 합류하기 바로 전 시즌 하위권에서 허덕였다. 졸라를 영입하기 전의 첼시도 마찬가지였다. 그러나 베르캄프와 졸라는 칸토나가 그랬던 것처럼 이적 초기부터 각자 팀에 긍정적인 영향을 미치기 시작했다. 그러므로 프리미어리그 출범 후 가장 가파른 성장을 거듭한 세 구단으로 꼽힐 만한 맨유, 아스널, 첼시의 성공시대는 위에 언급된 외국인 딥라잉 포워드들을 영입하며 시작됐다고 봐도 큰 무리는 아닐 것이다.

베르캄프와 졸라는 의심의 여지가 없는 최정상급의 선수들이었다. 베르캄프는 1993년 발롱도르 투표에서 당대 최고의 10번으로 꼽히는 로베르토 바조Roberto Baggio에 밀려 2위에 올랐는데, 당시 3위가 바로 칸토나였다. 졸라는 1995년 발롱도르 투표에서 6위에 올랐다. 유럽 전역의 팬들이 두 선수의 창의력, 이타적인 플레이 그리고 라인 사이를 파고드는 공간 활용 능력을 추앙했다. 게다가 베르캄프와 졸라는 나란히 이탈리아 세리에 A를 떠나 프리미어리그에 안착했다.

훗날 아스널에서 지대한 영향력을 발휘한 베르캄프는 프리미어리그가 왜 자신에게 어울리는 무대인지 정확하게 설명했다. 그는 "잉글랜드에서는 상대 팀 수비진이 항상 일자로 백포back four 라인을 구성했다. 그래서 그들은 항상 뒷공간을 막아야 했다. 이탈리아 축구에는 (동료 수비수들보다 한발 내려선 스위퍼) 리베로가 있지만, 잉글랜드는 중앙 수비수 두 명으로 상대 공격수 두 명을 막으며 서로 커버를 해줄 수 없었다. 이는 공격수의 관점에서 보면 이상적인 상황이다. 상대 라인 사이의 공간에서 활동할 수 있기 때문이다. 잉글랜드 수비수들은 자신들의 라인에서 벗어나지 못했다. 그래서 나는 이를 활용하기로 했다"고 말했다.

졸라도 프리미어리그 진출 후 비슷한 경험을 했다. 그는 "공간이 많은 잉글랜드 축구는 내게 정말 도움이 됐다. 나는 이전까지 세리에 A에서 밀착 마크를 당했었다"고 말했다. 졸라는 당시 감독이 4-4-2 포메이션에 변화를 줄 생각을 하지 않는다는 이유로 이적을 택했다. 놀라운 사실은 그 감독이 바로 카를로 안첼로티Carlo Ancelotti였다는 점이다. 훗날 안첼로티 감독은 수많은 스타 선수를 거느리며 첼시를 포함한 유럽의 수많은 구단에서 우승을 차지했다. 그러나 이 시절 안첼로티 감독에게는 스타 선수 한 명을 위해 팀의 구조를 바꿀 만한 유연함이 없었다. 안첼로티 감독은 이탈리아 대표팀에서 4-4-2 포메이션을 기반으로 한 압박 축구로 전설이 된 아리고 사키Arrigo Sacchi 감독의 코치로도 활동했었다. 그러면서 안첼로티 감독은 당시 10번 역할을 맡은 한 명을 위해 팀 전체를 희생시킬 수는 없다며 바조 영입을 거절했고, 졸라를 측면에 배치했다. 이에 졸라는 첼시 이적이 확정된 후 "잉글랜드에서는 제대로 내 역할을 할 수 있을 것"이라며 새로운 도전에 나선 이유를 설명했다.

이에 앞서 졸라는 나폴리 시절 최적의 멘토를 만나며 성장했다. 그 자신이 직접 "나는 디에고 마라도나에게 모든 걸 배웠다"고 말했을 정도다. 평소 마라도나는 자존심이 강한 선수로 유명했지만, 그는 나폴리에서 팀 동료들을 극단적으로 칭찬하는 리더로도 잘 알려져 있었다. 마라도나는 자신을 멘토로 삼은 졸라를 너무 사랑한 나머지 피사와의 코파 이탈리아Coppa Italia 경기에서 자신을 상징하는 등번호인 10번을 그에게 양보하고 9번을 달고 뛴 적도 있었다.

이후 첼시로 이적한 졸라는 등번호 10번이 마크 휴즈Mark Hughes의 몫이었던 탓에 25번을 택했다. 그러나 졸라는 25번을 잉글랜드에서 자신을 상징하는 등번호로 만들었다. 졸라가 은퇴한 후 첼시는 등번호 25번을 영구결번으로 처리하지 않았지만, 그가 팀을 떠난 2003년부터 그 누구도 그의 등번호를 달 엄두조차 내지 못했다.

졸라의 기술적인 능력은 탁월했다. 첼시에서 그가 터뜨린 첫 골은

2-2로 비긴 에버턴전에서 프리킥으로 기록한 득점이었다. 프리미어리그에서 그보다 프리킥으로 더 많은 골을 넣은 선수는 여전히 데이비드 베컴이 유일하다. 졸라는 팀 훈련장에서 데니스 와이즈Dennis Wise와 프리킥 대결을 펼치면서 자신이 첼시의 진정한 데드볼 스페셜리스트dead-ball specialist라는 점을 증명했다. 졸라와 와이즈는 양말을 크로스바에 묶고, 페널티 박스 밖에서 감아차기 프리킥으로 이를 맞히는 대결을 했다. 두 선수의 키가 나란히 약 168cm인 점을 고려할 때, 아마 이 둘 중 누군가 한 명이 다른 한 명의 어깨를 밟고 올라가 크로스바에 양말을 묶었을 것이다. 아무튼 졸라는 이 대결에서 10-1로 와이즈를 손쉽게 꺾으며 첼시의 프리킥을 전담하는 선수가 됐다. 이후에도 그는 히드로 국제공항Heathrow Airport 근처에 있던 과거 첼시 구단 훈련장에 장비가 부족하다고 불평하며 자비로 모형 수비벽을 구입해 매일 몇 시간씩 프리킥 연습을 했다.

칸토나는 키가 크고 체구가 육중했지만, 졸라는 작고 가벼웠으며 신발 사이즈가 240mm 정도에 불과했다. 그러나 졸라는 체구가 작은 선수치고는 힘이 셌고, 몸을 잘 활용할 줄 알았다. 졸라의 첼시 팀 동료 그래엄 르 소는 케니 달글리시 이후로 졸라만큼 수비수로부터 볼을 지키는 기술을 미학적으로 잘 구사하는 선수를 본 적이 없다고 밝히기도 했다. 졸라의 진가는 공간이 생겼을 때 가장 잘 드러났다. 대표적인 예는 그가 1997년 FA컵 4강이 열린 하이버리Highbury에서 윔블던을 상대로 터뜨린 결승골이다. 전방에서 수비 라인과 동일선상에 서 있던 졸라는 팀 동료 로베르토 디 마테오Roberto Di Matteo가 수비와 미드필드 사이 공간으로 침투하며 상대 중앙 수비수 크리스 페리Chris Perry를 움직이도록 하는 모습을 확인했다. 그러자 졸라는 재빨리 페리가 디 마테오를 저지하려고 움직이며 비워둔 공간으로 침투하며 윔블던의 또 다른 중앙 수비수 딘 블랙웰Dean Blackwell이 커버 플레이를 펼치도록 유도했다. 디 마테오는 그대로 졸라의 발밑으로 패스를 연결했다.

그러자 졸라는 블랙웰이 자신을 막으려고 비운 공간을 향해 발꿈치를 이용한 백힐킥으로 볼의 방향을 돌려놓은 뒤 아무도 없는 빈자리에서 자신이 직접 마무리까지 하며 득점에 성공했다. 졸라는 단 몇 초 만에 비어 있는 공간을 확인하고는 이를 활용하며 더 많은 공간을 창출했고, 그 공간을 활용하며 골을 넣었다. 이는 그와 같은 선수가 넣을 수 있는 가장 완벽한 골이었다.

첼시는 졸라의 능력을 극대화하기 위해 그에게 최전방 공격수 밑에서 마음껏 원하는 대로 움직일 수 있는 '프리롤free role'을 부여했다. 당시 첼시 중앙 수비수 스티브 클라크Steve Clarke는 팀 미팅 때 "볼을 졸라에게 주면 된다"는 간단한 주문을 받았다며 이 시절을 회고했고, 와이즈는 졸라를 '경주마'라고 부르면서 자기 자신은 '당나귀'라고 표현하기도 했다. 와이즈의 말을 빌리면, 여기서 당나귀의 역할은 단순하게 궂은일을 하며 경주마에게 패스하는 것이었다. 졸라는 은퇴 후 인터뷰에서 "역사적으로 잉글랜드 팀들은 힘이 센 공격수 두 명과 정적인 중앙 미드필더 두 명 그리고 두 윙어를 두고 경기를 풀어갔다. 그들은 절대 중앙을 경로로 패스를 연결하지 않았다. 대신 그들은 측면으로 패스를 연결해 키가 큰 공격수에게 크로스를 올렸다"고 말했다. 졸라는 칸토나, 베르캄프와 마찬가지로 그런 패러다임이 바뀌도록 도왔다.

알렉스 퍼거슨 감독은 졸라가 맨유를 상대로 단 2분 만에 오른쪽 측면에서 드리블 돌파로 중앙까지 치고 들어와 왼발로 선제골을 터뜨린 경기가 끝난 후 "작고 재치 있는 녀석이다. 내가 생각했던 것보다 좋은 선수"라고 말했다. 그는 또 "측면 수비수 두 명을 전진 배치해도 괜찮다고 생각했는데, 졸라에게는 그들이 비워둔 측면을 활용할 영리함이 있었다. 그는 머리가 좋다"고 칭찬했다. 훗날 라이언 긱스는 맨체스터 유나이티드가 대인 마크를 붙인 유일한 프리미어리그 선수가 졸라였다고 회고했는데, 졸라의 공간 활용 능력이 워낙 뛰어나 대인 마크는 종종 실패로 돌아가곤 했다. 퍼거슨 감독은 첼시가 맨유를 5-0으로 꺾은 1999년 10월 경기에 결장한 긱스 대신 필 네빌을 그 자리에 배치했지만, 중앙으로 들어와 졸라를 전담 마크하라고 지시했다. 맨유는 이날 상당 시간 졸라를 잘 막아냈지만, 네빌이 중앙에서 활동하며 왼쪽 측면에 빈 공간이 발생했다. 이 덕분에 첼시는 오른쪽 측면에 배치한 알베르트 페레르Albert Ferrer와 단 페트레스쿠Dan Petrescu가 정확한 크로스로 선제골과 두 번째 골을 만들 수 있었다.

당시 프리미어리그를 본 이들은 외국에서 온 위풍당당하고 경기의 흐름을 바꿀 줄 아는 10번 선수들의 활약을 지켜보며 경이로워했다. 그러나 이런 선수들이 잉글랜드 외에는 딱히 갈 곳이 마땅치 않아 프리미어리그로 왔다는 시선도 동시에 존재했다. 칸토나는 프랑스에서 사실상 쫓겨났고, 인터 밀란에서 뛴 베르캄프는 이탈리아에서 부진했으며, 졸라는 당시 공격수치고는 많은 나이로 여겨진 30세가 된 후에야 프리미어리그를 찾았다. 더욱이 졸라는 첼시로 이적하면서도 은퇴까지는 약 두 시즌 정도가 더 남은 것 같다고 밝히기도 했다. 이 때문에 프리미어리그가 하향세를 겪기 시작하는 정상급 선수들을 영입하고 있다는 분위기도 존재했다. 그래서 더 중요해진 다른 외국인 10번이 바로 주니뉴였다. 왜소한 브라질 선수 주니뉴는 1995년 프리미어리그로 승격한 미들즈브러로 이적했다. 당시 그는 분명히 하향세가 아닌 오름세에 있던 선수였다.

주니뉴는 미들즈브러 입단에 앞선 여름 브라질 대표팀 일원으로 잉글랜드가 개최한 엄브로컵Umbro Cup에 출전해 인상적인 활약을 펼쳤다. 당시 월드컵 우승 팀이었던 브라질은 유로 1996의 리허설 격으로 열렸던 이 대회에서 잉글랜드, 스웨덴, 일본을 상대했다. 주니뉴는 당시 전 세계 축구에서 가장 상징적이었던 브라질의 10번 유니폼을 입고 엄브로컵에 출전해 4-3-1-2 포메이션의 중심으로 팀이 잉글랜드를 3-1로 제압하는 데 결정적인 역할을 했다. 이 경기에서 그는 포르투갈어로는 '폴랴 세카folha seca'라고 불리는, 볼이 톱스핀topspin을 먹고 골대 앞에서 뚝 떨어지는 프리킥으로 잉글랜드 골키퍼 팀 플라워스를 놀라게 하며 선제골을 터뜨렸다. 당시 브라질 대표팀에서 호베르투 카를로스Roberto Carlos를 제치고 프리킥을 전담한다는 것 그 자체만으로도 대단한 일이었다.

그러나 주니뉴의 플레이메이커 기질을 가장 잘 보여준 장면은 이날 브라질이 넣은 두 번째 골이었다. 그는 수비와 미드필드 사이 공간에서 패스를 받아 발 안쪽으로 때린 침투 패스를 자신만큼이나 촉망받는 신예였던 브라질의 9번 호나우두Ronaldo에게 연결했다. 호나우두는 자신감 있게 플라워스를 제치고 빈 그물로 볼을 밀어 넣었다. 이 골은 호나우두가 훗날 브라질 대표팀에서 기록할 62골 기록의 첫 번째 득점이었다. 그러나 이날 모두의 입에 오르내린 선수는 주니뉴였다.

당시 맨유 레전드 브라이언 롭슨Bryan Robson은 웸블리에서 열린 이 경기를 벤치에서 지켜봤다. 그는 테리 베너블스Terry Venables 잉글랜드 감독의 수석코치직을 역임하며 미들즈브러에서 선수 겸 감독으로 활약 중이었다. 상대 팀 10번의 경기력에 매료된 롭슨은 미들즈브러 구단을 설득해 아스널, 인터 밀란, 포르투를 제치고 주니뉴를 영입하는 데 성공했다. 키스 램Keith Lamb 미들즈브러 대표이사는 당시 주니뉴를 영입하며 "세계에서 가장 많은 구애를 받은 선수"라고 표현했다. 이는 물론 과장이 섞인 표현이었다. 심지어 미들즈브러가 같은 시기에 영입한 닉 밤비Nick Barmby는 주니뉴보다 이적료가 더 높았다. 그러나 주니뉴는 훗날 미들즈브러의 기념비적인 영입이 됐다. 그는 한마디로 떠오르는 리그의 떠오르는 팀으로 이적한 이제 막 떠오른 선수였다.

주니뉴 입단식은 미들즈브러의 큰 행사였다. 팬들은 공항에서 브라질

국기를 들고 주니뉴를 반겼고, 그가 새롭게 지어진 리버사이드 스타디움 Riverside Stadium에 도착하자 마치 교황이 방문한 것처럼 환호성을 보냈다. 입단식에서 롭슨 감독과 저글링을 하는 주니뉴를 지켜본 관중만 무려 6000여 명이었다. 잉글랜드에서 열린 그의 첫 기자회견에서는 절대 빠질 수 없는 질문이 나왔다. 한 기자가 주니뉴에게 "미들즈브러가 1월에 얼마나 추운지 아느냐?"고 물어본 것이다. 그러자 주니뉴는 통역사를 통해 괜찮다는 뜻을 전했지만, 이후 장갑을 끼고 경기에 나선다는 이유로 비판을 받았으며 잉글랜드에서 맞은 첫 겨울에는 발을 따뜻하게 하려고 축구화 안에 신문지를 끼워 넣기도 했다. 롭슨 감독은 당시 기자의 질문에 주니뉴는 "강인한 성품을 가진 선수"라고 말했다.

브라질에 대한 가장 상투적인 고정관념 중 하나는 그들이 항상 삼바 축구만 구사하며 리우 데 자네이루Rio de Janeiro 해변가 코파카바나Copacabana에서 배운 기술로만 경기를 풀어가려 한다는 것이다. 그러나 브라질 리그는 매우 거칠다. 브라질 리그에서는 수비수가 공격수를 발로 차기만 하는 게 아니라, 이러한 행동을 주심들이 방치한다. 그래서 주니뉴가 브라질을 떠나 잉글랜드 축구에 적응하는 건 많은 이의 예상과 달리 그렇게 어렵지 않았다.

롭슨 감독은 주니뉴를 영입한 즉시 그에게 프리롤을 부여했다. 주니뉴는 리즈를 상대한 데뷔전부터 자신에게 주어진 자유로운 역할을 톡톡히 해냈다. 그는 경기 초반 오른쪽 측면에서 활동하다가 시간이 지나서는 왼쪽 측면으로 자리를 옮겼다. 주니뉴는 전반에만 두 차례나 킬패스killer pass를 연결하며 얀 아게 피오르토프트Jan Age Fjortoft의 선제골을 도왔다. 리즈는 결국 그 대응책으로 주니뉴를 걷어차기 시작했다. 이 때문에 칼튼 파머Carlton Palmar와 존 펨버튼John Pemberton은 경고를 받기도 했다. 잉글랜드 일간지 〈인디펜던트Independent〉는 이날 경기 관련 기사에 주니뉴를 언급하며 그가 "의외로 용기 있었다"고 설명하며 "어쩌면 어느 누가 생각한 것보다 더 강인한 선수일지도 모르겠다"고 썼다. 실제로 주니뉴가 교체되기 직전 보여준 마지막 플레이는 프리미어리그에서 힘이 가장 센 선수로 알려진 토니 예보아Tony Yeboah를 향한 벼락같은 태클이었고, 이 때문에 그는 경고를 받았다. 주니뉴가 잉글랜드에서 강한 선수들과 직접 부딪치는 모습을 보고 싶어 한 팬들로서는 첫 경기부터 그를 직접 확인한 셈이었다.

'작은 주니어Little Junior'라는 의미의 이름을 가지고 있던 주니뉴는 실제로도 앳돼 보였고 호리호리한 몸으로 경기장에서 플레이를 만들어냈다. 그는 잉글랜드의 환경에서 잘 해내리라는 기대를 받지 못했으나 정작 자기 자신은 잉글랜드의 축구와 북동부 지역을 사랑했다. 미들즈브러 구단은 주니뉴에게 대규모 거주 지역인 잉글비 바위크Ingleby Barwick에 집을 마련해줬고, 그는 가족 전원을 데리고 와 잉글랜드 적응에 매진했다. 이후 주니뉴의 자택은 사인을 받으려는 어린아이들이 모이는 지역의 랜드마크가 됐다. 주니뉴의 어머니는 아이들을 위해 쿠키를 만들어줬다. 그리고 주니뉴는 가끔씩 집 앞 길거리에서 아이들과 공놀이를 하는 데 전혀 거리낌이 없어 보였다.

주니뉴는 기교를 잘 부렸으나 볼을 소유했을 때는 기술을 과시하기보다는 직선적이고 효율적인 플레이를 보여줬다. 그는 프리미어리그에서 즉시 '히트'를 쳤고, 2002 한일 월드컵에서 브라질이 우승하는 데도 중요한 몫을 담당하며 의심의 여지 없이 전설적인 10번 중 한 명이 됐다. 주니뉴는 프리미어리그에서 맞은 두 번째 시즌 알렉스 퍼거슨 감독으로부터 프리미어리그 최고의 선수라는 찬사까지 들었다. 실제로 퍼거슨 감독은 훗날 주니뉴 영입을 시도하기도 했다.

주니뉴가 잉글랜드에서 가장 빼어난 활약을 펼친 경기인 첼시전 1-0 승리도 이 시즌 3월에 열렸다. 그는 졸라와의 맞대결에서 더 빛나는 경기력을 선보이며 수많은 득점 기회를 만들었지만, 크레이그 히그넷Craig Hignett 과 미켈 벡Mikkel Beck이 이를 살리지 못했다. 그러자 결국 주니뉴는 자신이 직접 해결사로 나섰다. 왼쪽 측면에서 볼을 잡은 그는 와이즈와 디 마테오 사이를 빠져나간 후, 필사적으로 달려드는 크레이그 벌리Craig Burley를 제치고서 공격 진영 왼쪽으로 침투한 벡에게 패스를 연결했다. 순간 멈춰 선 벡은 재차 페널티 지역 안으로 크로스를 올렸고, 이를 다이빙 헤더로 골문에 꽂아 넣은 건 다름 아닌 키 168cm의 주니뉴였다. 이처럼 '브라질의 마법사' 주니뉴는 '브라질의 10번'이 할 만한 플레이만 보여주는 선수가 아니었다. 그는 상대 미드필더 전원의 허를 찌를 줄 알면서도 첼시 중앙 수비수 두 명보다 앞서 머리로 득점하는 잉글랜드의 전형적인 9번 역할까지 해냈다. 롭슨 감독은 경기가 끝나고 "요즘 주니뉴가 무엇을 먹는지는 잘 모르겠다. 그는 피곤해 보이지도 않는다. 그는 경기의 속도를 그대로 따라가면서 태클까지 하고 있다"며 놀라움을 드러냈다. 주니뉴는 잉글랜드의 수비형 미드필더가 보여줄 만한 능력까지 겸비한 선수였던 셈이다.

이적 후 등번호 25번을 달고 활약한 주니뉴는 미들즈브러로 이적한 두 번째 시즌부터 10번을 배정받았다. 이어 그는 이 시즌에 프리미어리그 측이 선정한 올해의 선수에 선정됐다. 이 상은 잉글랜드에서 선수들이 선정한 올해의 선수상이나 기자들이 선정한 올해의 선수상만큼 위상이 높지는 않지만, 대단한 영향력을 발휘한 선수에게만 주어진다. 그러나 이토록 높이 평가받은 주니뉴는 미들즈브러의 2부리그 강등이 확정된 자신의 두 번째 시즌 마지막 경기에서 눈물을 평평 쏟아야 했다.

미들즈브러가 팀을 주니뉴 중심으로 만든 투자가 효과를 내지 못한 게 화근이 됐다. 미들즈브러는 주니뉴가 데뷔전을 치른 1995년 11월 우승 후보 맨유와 뉴캐슬에만 패하며 프리미어리그 6위를 달리고 있었다. 주니뉴의 임팩트에도 불구하고, 그를 영입한 후 미들즈브러의 성적은 극단적으로 떨어졌다. 미들즈브러의 시즌 후반기는 19경기에서 단 2승에 그쳤을 정도로 끔찍했다. 미들즈브러는 12위로 시즌을 마쳤고 승점을 따져보면 11위보다 강등권에 더 가까웠다.

끝내 미들즈브러가 강등을 당한 1996-97시즌은 이상하게 흘러갔다. 당시 미들즈브러는 리그컵과 FA컵에서 나란히 결승전에 진출했으나 각각 레스터 시티와 첼시에 패하며 단 한 번도 메이저 대회 우승을 차지하지 못한 이중고를 겪었다(주니뉴는 7년 후 미들즈브러를 리그컵 우승으로 이끌었는데, 당시 그는 두 차례나 팀을 떠나고도 다시 돌아왔다. 그만큼 주니뉴는 미들즈브러와 떨어질 수 없는 관계를 가진 선수였다). 미들즈브러가 리그에서 강등을 당한 이유 중 하나는 12월 블랙번 원정을 앞두고 선수단 절반이 독감에 걸려 경기를 포기해 승점 3점 삭감 징계를 받았기 때문이었다.

그러나 미들즈브러가 당시 프리미어리그에서 최다 실점을 헌납했다는 점을 간과해서는 안 된다. 당시 그들은 선수단의 내분을 겪고 있었는데, 그 이유는 스타 공격수 파브리치오 라바넬리Fabrizio Ravanelli 때문이었다. 어느 날 라바넬리는 팀 미팅 도중 이탈리아어로 미들즈브러를 떠나고 싶다며 불만을 늘어놓았다. 그는 FA컵 결승전을 앞두고도 자신이 경기에 출전할 몸 상태가 안 됐다고 지적한 오른쪽 측면 수비수 닐 콕스Neil Cox와 싸움을 벌이기도 했다. 이를 두고 히그넷은 "선수 중 절반은 라바넬리를 사랑했지만, 남은 절반은 그를 혐오했다. 그는 내가 본 최고의 마무리 능력을 가진 공격수 중 한 명이었지만, 인간관계를 잘못된 방법으로 접근했다. 그가 하는 모든 행동은 이기적이었다"고 설명했다.

한편 주니뉴는 개인 기량도 훌륭했고, 팀 동료 사이에서 인기 있는 선수로 꼽혔으나 미들즈브러에는 문제가 되기도 했다. 칸토나, 베르캄프, 졸라와 마찬가지로 주니뉴 또한 상대 수비와 미드필드 사이 공간에서는 빼어난 활약을 펼쳤지만, 그는 다른 유형의 선수였다. 처진 공격수보다는 전진 배치된 미드필더에 가까웠던 주니뉴는 패스를 받기 위해 아래 위치로 내려오는 빈도가 높았다. 이 때문에 그는 위에 언급된 세 선수처럼 4-4-1-1 포메이션에서 처진 공격수 역할을 맡기에는 적합하지 않았다. 롭슨 감독도 주니뉴와 밤비가 공존할 수 있게 하려고 첫 시즌부터 4-3-2-1, 3-4-2-1 등 잦은 포메이션 변화를 시도했다. 그러면서 상대 수비수와 미드필드 사이 공간에서 움직이는 두 선수의 능력을 동시에 극대화하는 건 갈수록 어려워졌고, 팀 수비력에도 문제가 생겼다. 주니뉴와 밤비는 모두 능력이 저평가된 히그넷과 호흡을 맞출 때 더 좋은 활약을 펼쳤다. 결국 밤비가 미들즈브러 이적 18개월 만에 에버턴으로 떠나면서 주니뉴는 혼자 팀의 창조자 역할을 하게 됐다. 그러면서 주니뉴의 경기력도 발전했고, 미들즈브러는 더비를 6-1로 대파하며 가능성을 입증했다. 주니뉴도 "내게 가장 이상적인 포지션을 소화하게 되며 브라질에서 보여준 최고의 활약을 지금 여기서도 펼쳐 보이고 있다"며 만족감을 내비쳤다. 즉 미들즈브러의 시스템은 주니뉴를 중심으로 돌아가게 된 것이다.

주니뉴는 미들즈브러가 강등된 자신의 두 번째 시즌 체력 고갈 증상을 보였다. 미들즈브러가 두 컵대회에서 결승전까지 오르고, 브라질 대표팀에 차출되며 시즌 도중 수차례 남미로 여행했던 것이 그에게는 일정 부분 악재로 작용한 것이다. 당시만 해도 선수가 대표팀 차출 탓에 시즌 도중 장시간 비행을 해서 발생하는 문제는 프리미어리그에서 익숙하지 않은 일이었다.

그러나 주니뉴의 가장 큰 문제는 상대의 전담 마크였다. 미들즈브러는 주니뉴가 봉쇄되면 플랜 B를 제시하지 못했다. 단적인 예는 미들즈브러가 레스터 시티에 패한 1998년 리그컵 결승전이다. 주니뉴는 이 경기를 2주 앞두고 프리미어리그에서 만난 레스터를 완전히 무너뜨리며 미들즈브러에 3-1 완승을 선사했었다. 그러자 마틴 오닐 Martin O'Neill 레스터 감독은 웸블리에서 열린 리그컵 결승전을 맞아 폰투스 코마크Pontus Kamark에게 경기 내내 주니뉴가 가는 곳은 어디든 따라다니라고 지시했다. 오닐 감독은 지난 2011년 인터뷰를 통해 25년간 지도자 생활을 하며 항상 공격적인 축구를 주문했지만, 딱 한 경기에서 예외를 뒀다고 인정했다. 그 경기가 바로 레스터가 주니뉴를 막는 데 집중한 리그컵 결승전이었다. 오닐 감독은 "리그컵 결승전이 열리기 2주 전 주니뉴가 필버트 스트리트Filbert Street에서 제멋대로 날뛰는 모습을 보고도 그를 전담 마크하지 않는 사람은 바보라고 밖에 할 말이 없다"고 말했다. 수많은 다른 감독들도 비슷한 생각이었다. 주니뉴를 막으면 미들즈브러를 막을 수 있었다. 이는 궁극적으로 미들즈브러의 강등으로 이어졌다.

▼ ▼ ▼

프리미어리그에서 훌륭한 개인 기량을 소유한 선수가 자기 자신의 재능을 팀의 성공으로 이어가지 못하는 현상은 하위권 팀들에게 자주 일어나기 시작했다. 볼턴은 당시 구단 역사상 최고 이적료인 150만 파운드(약 22억 원)에 유고슬라비아 출신 플레이메이커 사샤 추르치치Sasa Curcici를 영입했다. 이후 추르치치는 첼시를 상대로 마치 유령처럼 태클을 시도해 오는 수비수 다섯 명을 피해 앨런 톰슨Alan Thompson과 2 대 1 패스를 주고받은 후 1995-96시즌 최고의 골이 될 만한 득점을 기록했다. 그러나 추르치치는 훗날 스스로를 평가하며 "나는 관중을 흥분시키는 선수였다. 어디를 가도 팬들은 나를 사랑했다. 그러나 팀 플레이어가 아니었던 나는 팀을 위해서는 그렇게 좋은 선수가 아니었다"고 인정했다.

같은 시즌 기억에 남을 만한 골을 넣은 또 다른 선수는 바로 맨체스터 시티에서 뛴 지오르지 킨클라제Georgi Kinkladze였다. 전형적으로 다루기 어려운 천재였던 그는 10번을 중심으로 팀을 만들면 어떤 위험이 있는지를 보여준 선수이기도 하다. 킨클라제는 주니뉴처럼 프리미어리그 구단 스카우트 대다수가 외국인 선수를 찾지 않던 시절 영국 팀을 상대로 놀랄 만한 활약을 펼친 덕분에 잉글랜드로 향했다. 그는 1994년 11월 조지아가 웨일스를 상대로 거둔 5-0 대승의 중심에 있었다. 이는 당시 조지아가 독립국가가 된 지 단 3년 만에 공식 경기에서 거둔 최초의 승리였다. 킨클라제는 조지아의 4-3-1-2 포메이션에서 최전방 공격수 테무리 케츠바이아 Temuri Ketsbaia와 쇼타 아르벨라제 Shota Arveladze를 받치는 '1' 역할을 맡았다. 이날 그는 경기를 주도하며 개인 통산 처음으로 대표팀에서 골을 넣었다. 당시 웨일스 골키퍼로 활약한 네빌 사우스올 Neville Southall은 "그들은 우리를 거의 죽여놓았다. 킨클라제는 급이 다른 선수였고, 그와 그날 경기에 뛴 나머지 선수 사이의 수준 차이는 컸다"고 말했다. 그는 1년 후 웨일스와의 재대결에서 또 압도적인 경기력을 선보였다. 이 경기에서 그는 약 20m 거리를 두고 사우스올의 키를 넘기는 왼발 칩샷으로 결승골을 터뜨렸다. 우연치 않게도 이 경기는 주니뉴가 브라질 대표팀을 이끌고 잉글랜드를 격침하기 나흘 전에 열렸다.

당시 킨클라제 영입을 추진한 팀은 맨시티 외에도 많았다. 그는 레알 마드리드와 아틀레티코 마드리드에서 입단 테스트를 받았으나 끝내 계약을 맺지 못했고, 전 세계 어느 구단보다 10번을 칭송하는 아르헨티나 명문 보카 주니어스에서 한 달 임대로 활약했다. 그곳에서 킨클라제는 자신의 아이돌인 마라도나를 만났다. 그러나 보카 주니어스도 킨클라제와 장기 계약을 맺지는 않았고, 결국 그는 앨런 볼 Alan Ball 감독이 맨시티에 부임한 후 영입한 첫 번째 선수가 됐다.

그러나 볼 감독과 킨클라제의 맨시티 시절 초기는 재앙 같았다. 맨시티는 초반 11경기에서 단 승점 2점, 3득점을 기록하는 데 그쳤고, 킨클라제도 부진했다. 영어를 할 줄 몰라 향수병에 시달린 그는 당시 맨체스터의 한 호텔에서 3개월간 생활했다. 그러나 미들즈브러의 주니뉴가 부모님과 함께 잉글랜드로 이사하며 행복한 삶을 살게 된 것처럼 킨클라제는 자신의 적응을 도울 친구 두 명 그리고 어머니 카투나Khatuna와 함께 생활한 시점부터 발전된 모습을 보였다. 그들은 조지아산 코냑과 호두 그리고 양념을 챙겨와 킨클라제가 가장 좋아하는 음식을 만들어줬다.

결국 킨클라제는 11월에 데뷔골을 터뜨렸다. 그는 메인 로드Maine Road에서 열린 애스턴 빌라와의 경기 막바지에 결승골을 뽑아내며 팀에 승리를 안겼다. 볼 감독은 경기가 끝난 후 "킨클라제는 이적 초기에 갈피를 잡지 못했다. 그는 영어를 아주 조금밖에 할 줄 몰랐고, 잉글랜드에서 축구를 할 때 필요한 태클과 싸움에 익숙하지 않았다. 그러나 그에게는 대단한 재능이 있다"고 말했다. 킨클라제의 프리미어리그 경력은 그가 두 차례 터뜨린 참으로 아름다운 골로 기억되곤 한다. 이 중 첫 번째 골은 1995년 12월 미들즈브러를 상대로 나왔다. 킨클라제는 오른쪽 측면에서 공을 잡아 왼쪽으로 드리블 돌파하며 중앙을 파고들었다. 이후 그는 갑자기 방향을 틀어 필 스탬프Phil Stamp를 제친 뒤 발 안쪽으로 공을 반대편 사각지대에 꽂아 넣었다. 그러나 결과는 마지막 득점을 주니뉴가 장식한 미들즈브러의 4-1 승리였다.

킨클라제가 터뜨린 기억에 남을 만한 또 다른 득점은 3월 이달의 골로 선정됐다. 사우샘프턴전에 나선 킨클라제는 앞서 문전에서 간단한 마무리로 선제골을 터뜨린 뒤 중거리 슛으로 크로스바를 한 차례 맞히기도 했다. 이어 그는 오른쪽 측면에서 볼을 잡은 후 골문을 향해 드리블 돌파하며 자신을 막으려고 안간힘을 쓰는 상대 네 명을 손쉽게 제쳤다. 이후 킨클라제는 상대 골키퍼 데이브 베선트Dave Beasant의 다리 사이로 볼을 통과시켜 그를 넘어뜨렸다. 다시 일어선 베선트가 끝까지 따라붙었지만, 킨클라제는 그의 머리를 넘기는 슛으로 골망을 흔들었다. 볼 감독은 "마라도나의 잉글랜드전 골에 가장 근접한 득점을 봤다"며 "마라도나가 손으로 넣은 골이 아니라 그가 상대 선수 전원을 제치고 마무리한 그 골 말이다. 몇몇 사람은 우리가 왜 킨클라제 같은 선수를 잉글랜드로 데려오느냐고 묻는다. 오늘 이 골이 그 질문에 대한 답"이라고 불필요한 추가 설명까지 덧붙였다.

맨시티 팬들은 지역 라이벌 맨유가 광적인 추앙을 받던 칸토나를 앞세워 프리미어리그를 압도하는 모습을 지켜보는 데 지겨움을 느끼던 순간에 이제 킨클라제를 숭배할 수 있게 됐다. 그리고 킨클라제는 팬들로부터 받은 사랑을 되돌려줬다. 그는 이적 초기에 현지 생활에 적응하지 못했으나 시간이 지나며 맨체스터를 사랑하게 됐고, 결국 맨큐니안(맨체스터 출신자를 가리키는 단어) 여자와 결혼까지 했다. 당시 맨시티 공격수로 활약한 나이얼 퀸Niall Quinn은 "만약 성공한 구단에서 뛰었다면 킨클라제는 올해의 선수로 선정됐을 것이다. 그 정도로 그는 잉글랜드 축구계에서 숨이 멎을 만한 활약을 펼쳤다. 킨클라제는 매력적인 친구이기도 했다. 어쩌면 그가 영어를 잘 못해서 그랬을지도 모르겠다. 그런데 그는 매우 착해 보였다"고 말했다.

이때는 한창 영국 팝 문화의 인기가 정점을 찍은 시기였다. 그래서 맨시티 팬은 지역 출신 록밴드 오아시스Oasia의 히트곡 〈원더월Wonderwall〉의 멜로디를 따라 킨클라제 응원가를 제작해 불렀다. 이 응원가는 "킨키Kinky(킨클라제의 애칭)의 움직임은 눈을 멀게 만들지"라는 가사로 시작해 "그리고 결국 우리한테는 앨런 볼이 있어"로 끝이 났다. 〈원더월〉을 작곡한 노엘 갤러거Noel Gallagher는 맨시티 팬이었으며 킨클라제에 대해 "그는 내가 본 가장 무서운 것이거나, 내가 본 최고의 것"이라며 자신이 만든 원곡만큼이나 훌륭한 찬사를 남겼다. 그러면서 갤러거는 킨클라제가 맨시티를 유러피언컵으로 이끌거나, 4부리그로 강등시킬 것으로 예상했다. 그리고 시간이 지나 그의 예측은 거의 맞아떨어졌다. 킨클라제가 맨시티를 떠난 1998년, 그들은 3부리그 팀이 돼 있었다.

당시 맨시티 측면 공격수 니키 섬머비Nicky Summerbee는 볼 감독이 킨클라제만을 중심으로 팀을 만든 게 강등된 원인이라고 말했다. 섬머비는 "볼리Bally(볼 감독의 애칭)는 지오르지(킨클라제)를 사랑했다. 그가 있는 한 지오르지는 어떠한 잘못도 할 수 없었다. 물론 나는 그와 매우 잘 어울렸고, 나머지 선수들이 그를 질투한 건 아니었다. 그가 얼마나 재능 있는 선수였는지 우리가 직접 봤기 때문이다. 그러나 몇몇 선수는 그를 중심으로만 팀을 만든 앨런 볼 감독을 증오했다. 물론 지오르지는 그렇게 생각하지 않았다. 그는 칭찬받는 걸 매우 좋아했기 때문이다. 지오르지의 문제는 그가 있는 한 팀이 4-4-2 포메이션을 가동할 수 없었다는 점이다. 지오르지가 전형적인 미드필더처럼 뛰어다니면 그의 재능을 극대화할 수 없었기 때문이다. 그래서 4-4-2를 쓰면 중앙 미드필더는 한 명밖에 되지 않았다. 볼 감독은 계속 포메이션을 바꿨고, 이런 점은 그가 자기 자신이 무엇을 하는지 모른다는 사실을 보여줬다"고 말했다.

훗날 맨시티 주장 키스 컬은 볼 감독이 킨클라제에게 부여한 프리롤에 대해 설명하며 "그 시즌 아스널 원정에서 패한 경기가 생각난다. 그날 우리가 실점한 한 골은 지오르지가 막아야 할 선수를 놓치면서 나왔다. 선수들은 이에 불만을 제기했고, 이를 경기가 끝난 후 감독에게 전달했다. 그러나 볼 감독은 불만을 드러낸 선수들에게 그들이 지오르지처럼 재능이 있었다면 그와 마찬가지로 수비 가담을 하지 않아도 된다고 대답했다"고 밝혔다.

맨시티가 강등된 후 볼 감독은 그다음 시즌 단 세 경기 만에 경질되며 프랑크 클라크Frank Clark 감독이 후임으로 부임했다. 클라크 감독도 처음에는 볼 감독과 비슷한 방식으로 팀 구성에 접근했다. 그는 "킨클라제를 중심으로 팀을 만들고 싶었다. 그래야 그를 극대화할 수 있었기 때문이다. 그는 대단한 재능이 있었다. 그러나 그는 볼이 발밑에 없을 때는 뛰는 걸 좋아하지 않았고, 선수단 일부에서 그를 보며 억울해한다는 생각도 들었다"고 말했다. 볼 감독처럼 클라크 감독도 결국 킨클라제의 역할에 변화를 주려고 포메이션을 바꿔야 했다. 클라크 감독은 킨클라제를 처진 공격수로 배치하는 4-4-2 포메이션을 시작으로 그를 공격수 두 명 뒤에 두는 4-3-1-2도 써봤다. 그러나 클라크 감독은 "우리는 킨클라제에게 팀을 맞추려고 나머지 선수들을 마치 매듭을 지어놓은 것처럼 서로 묶어버렸다. 4-3-1-2 포메이션은 프리롤이 필요한 킨클라제에게 완벽했지만, 나머지 선수들에게는 어울리지 않았다. 그래서 이마저도 성공하지 못했다"고 말했다. 우연찮게 7번을 달고 뛴 킨클라제는 팀이 강등된 후 등번호를 10번으로 바꿨다.

결국 조 로일 Joe Royle 감독이 클라크 감독을 대체했다. 로일 감독은 두 전임 감독보다는 로맨티시스트 성향이 덜한 지도자였으며, 그가 부임 후 가장 먼저 구단에 전달한 요구사항은 "킨클라제를 팔아야 한다"였다. 실제로 로일 감독은 킨클라제를 활용해야 한다는 유혹에 빠져들지 않았다. 그는 "킨클라제는 팀 플레이어가 아니었다. 그에게는 경기 도중 오랜 시간 사라져버리면서 팀에 방해가 되는 습관이 있었다. 팬들에게는 그가 그동안의 유일한 위안거리였지만, 내게 그는 큰 부정적인 요인이었다"고 말했다.

머지않아 킨클라제는 당시 유럽의 강호 아약스로 이적했다. 아약스는 그처럼 기술적인 선수를 사랑하는 구단이지만, 4-3-3 포메이션을 활용했다. 그래서 얀 바우터스 Jan Wouters 아약스 감독에게는 10번을 중용할 자리가 없었다. 이에 킨클라제는 "내가 마라도나였어도 바우터스 감독은 나를 쓰려고 포메이션을 바꾸지 않았을 것"이라고 불만을 드러냈다. 킨클라제에게는 볼 감독처럼 자신을 중심으로 만들어줄 지도자가 필요했지만, 때는 이미 대다수 감독이 그를 위해 전술을 구성하는 데 싫증을 느끼는 시대가 도래한 후였다.

앨런 볼은 톤이 높은 목소리, 빨간 머리카락, 납작한 모자와 현역 시절 1966 잉글랜드 월드컵 결승전에서 펼친 눈에 띄는 활약으로 잘 알려진 인물이다. 현역 시절 잉글랜드에서 가장 처음 흰색 축구화를 신었던 그는 천재성을 발휘하는 선수였다. 이후 볼은 감독이 돼서도 현역 시절 자신과 비슷한 선수들을 선호했다. 킨클라제가 오기 전 볼 감독은 당대 잉글랜드 선수로는 최고의 10번으로 꼽힌 사우샘프턴 공격수 맷 르 티시에Matt Le Tissier를 아주 좋아했다.

사우샘프턴에서 활약한 르 티시에는 우승 후보인 팀에서 뛰면 대중의 공격 대상이 되는 현상에서 자유로운 선수였다. 그는 잉글랜드에서 가장 인기가 많은 선수였으며 이달의 골을 수차례 받았다. 그는 여러 방법으로 골을 넣을 줄 알았다. 단적인 예로는 윔블던을 상대로 얻은 프리킥 상황에서 칩으로 볼을 띄워 발리슛으로 넣은 골을 시작으로 뉴캐슬전에서 볼을 발꿈치로 자신의 머리 위로 넘기는 리프팅 기술을 선보인 뒤, 이를 또다시 위로 띄우며 수비수 두 명을 한 명씩 차례로 제친 후 발리슛으로 연결해 터뜨린 골을 꼽을 수 있다. 또한 르 티시에는 약 30m 거리에서 블랙번 골키퍼 팀 플라워스를 넘겼고, 맨유 골키퍼 피터 슈마이켈에게는 약 20m 거리에서 머리를 넘기는 칩샷으로 득점을 기록하기도 했다.

르 티시에에게는 잉글랜드 대표팀 주전으로 활약할 선천적인 재능이 있었지만, 그는 섬동네 건시Guernsey에서 온 선수답게 잉글랜드인 기질이 부족했다. 심지어 칸토나 같은 선수를 좋아한 제라르 울리에 프랑스 대표팀 수석코치는 르 티시에의 독특한 외국인 같은 이름 탓에 그의 아버지에게 프랑스인 친척이 있냐고 물어보기도 했다.

볼 감독은 사우샘프턴 사령탑으로 부임한 즉시 르 티시에와 사랑에 빠지다시피 했다. 사우샘프턴이 강등권에서 허덕이고 있었는데도 말이다. 사우샘프턴을 맡은 후 볼 감독과 로리 맥메네미Lawrie McMenemy 수석코치는 첫 팀 훈련부터 선수 10명을 불러 수비 진용을 구성했다. 이를 지켜보던 르 티시에는 자신이 훈련에서 제외된 건 아닌가 하는 의심을 품기 시작했다. 실제로 그는 전임 사령탑 이안 브란풋Ian Branfoot의 훈련에서 자주 제외된 적이 있었기 때문이다. 그러나 볼 감독은 선수 10명으로 수비 진용을 꾸린 후 르 티시에를 불러 선수들이 그를 에워싸게 했다. 그러더니 볼 감독은 "이 친구가 너희 팀 최고의 선수다. 최대한 많이 그에게 볼을 주면 그는 너희를 위해 경기에서 승리할 것"이라고 말했다. 겸손한 성격의 소유자인 르 티시에는 자신을 이 정도로 치켜세우는 감독의 말을 듣고 작은 불편함을 느꼈지만, 동시에 큰 자신감을 얻으며 볼이 부임한 후 치른 초반 4경기에서 6골을 터뜨렸다.

퍼거슨 감독이 운동장 밖에서 칸토나를 자유롭게 풀어놓았듯이 르 티시에에게 주어진 프리롤도 평상시 생활까지 이어졌다. 사우샘프턴 선수단은 북아일랜드로 떠난 프리시즌 전지훈련 일정을 절반가량 소화한 시점에서 일일휴가를 맞아 골프를 치기로 했다. 그러나 볼 감독은 선수들을 골프장이 아닌 펍으로 데리고 갔는데, 이는 좋은 생각이 아니었다. 사우샘프턴 선수들은 볼 감독이 호텔로 돌아간 후 온종일 술을 들이켰고, 이날 밤의 마지막을 나이트클럽에서 장식했다. 그들은 앞도 제대로 안 보일 정도로 술에 취한 채 다음 날 아침 훈련이 있는데도 새벽 2시가 돼서야 호텔로 돌아갔다. 격분한 볼 감독은 베선트, 이안 도위Iain Dowie, 짐 매질턴Jim Magilton에게 소리를 질러댔다. 이후 그는 르 티시에를 따로 불러 "선참급 선수들이 나쁜 본보기를 세우고 있다. 그러나 너처럼 뛸 수 있으면 무엇이든 해도 좋다"고 말했다.

실제로도 르 티시에는 독특한 술버릇으로 팀 동료들의 조롱을 받는 선수였다. 그는 맥주를 마시지 않았다. 대신 그는 코코넛 마티니 말리부Malibu와 콜라를 섞어 마셨다. 또한 르 티시에는 팀 훈련에 앞서 소시지와 맥머핀을 먹었고, 경기 전에는 피시 앤 칩스Fish and chips(튀긴 생선과 감자튀김)를 즐겼다. 르 티시에는 체력이 가장 좋거나 열심히 뛰는 선수는 아니었으며, 훗날 사우샘프턴을 이끈 고든 스트라칸Gordon Strachan 감독은 그가 공격 후 서둘러 수비에 가담하지 않고 빈둥거리며 걷자 "맷(르 티시에)! 준비해! 곧 너를 교체할 거니까!"라고 소리친 적도 있다.

훗날 르 티시에는 "볼 감독과 함께한 18개월이 내 선수 경력 중 최고의 시기였다"고 말했다. 그는 "볼 감독은 나를 경기에 맞추려고 하지 않고, 나를 중심으로 팀을 만들었다"고 덧붙였다. 볼 감독 체제에서 르 티시에는 공격수가 아닌 공격형 미드필더로 활약하고도 64경기에서 45골을 터뜨렸고, 그의 득점 장면 대부분은 매우 화려했다. 사우샘프턴은 볼 감독이 팀을 이끈 첫 시즌 가까스로 강등을 면했고, 그의 두 번째 시즌에는 중상위권에 진입했다.

그러나 불행하게도 잉글랜드 대표팀을 맡은 감독들은 볼 감독처럼 르 티시에에게 열광하지 않았다. 르 티시에와 같은 유형의 10번은 여전히 의심을 받았고, 천재성 있는 선수를 선호한 테리 베너블스 감독과 글렌 호들 감독조차 그를 외면했다. 잉글랜드 축구는 외국인 10번에게는 열광했지만, 자국 출신 10번은 불신했다. 이에 르 티시에는 1990년대 잉글랜드인 10번에 대한 선입견을 두고 "내 생각에 잉글랜드 대표팀 감독들은 포메이션을 바꾸면서까지 팀을 나한테 맞추는 걸 두려워했던 것 같다"고 말하기도 했다. 그러나 르 티시에가 어린 시절 우러러본 호들은 잉글랜드 감독이 된 후 1997년 이탈리아전에서 그와 리버풀의 스티브 맥마나만을 최전방 공격수 앨런 시어러 뒤에 배치하는 유동적인 3-4-2-1 포메이션을 활용하고도 0-1로 패했다. 이 경기는 잉글랜드가 홈구장 웸블리에서 열린 월드컵 예선전에서 당한 첫 번째 패배였다.

당시 르 티시에의 경기력은 자신이 수수께끼 같은 존재라는 사실을 그대로 보여줬다. 그는 경기 내내 흘러나오는 볼을 먼저 달려가 잡는 모습이 없었고, 볼을 빼앗기는 빈도가 높았으며, 상대 팀에서 자신과 똑같은 역할을 맡은 졸라와는 대조적으로 플레이에 활기가 없었다. 이날 경기에서 결승골을 넣은 졸라는 득점 상황에서도 다른 선수보다 먼저 뛰며 골을 넣을 수 있었다. 다만 르 티시에는 이날 잉글랜드에서 그나마 골을 넣는 데 가장 근접한 선수였다.

호들 감독은 경기가 끝난 후 "르 티시에를 중용하는 건 도박이 아니다. 팽팽한 경기에서 상대 수비의 문을 열 선수가 필요하다면 더욱 그렇다. 르 티시에는 자신의 재능으로 그렇게 할 수 있기 때문"이라고 말했다. 그러나 곧 호들 감독도 자신이 보유한 가장 창의적인 선수를 신임하지 않았고, 1998 프랑스 월드컵 최종 명단에서 르 티시에를 제외했다. 이를 두고 르 티시에는 여전히 당시 받은 충격으로부터 완전히 회복하지 못했다고 말했다. 프리미어리그의 1990년대를 대표한 그는 시대와 어울리는 방식으로 자신이 월드컵 명단에 포함되지 않았다는 소식을 접했다. 르 티시에가 잉글랜드 대표팀 제외 소식을 확인한 건 TV 뉴스 자막을 통해서였다.

당시 잉글랜드 축구는 경기의 수준을 높여주는 10번을 환대하면서도 4-4-2 포메이션을 벗어나지는 못했다. 전반적으로 10번은 공격수도 미드필더도 아닌 이 둘의 중간 정도로 여겨졌으며, 현실적으로 거의 모든 10번은 그 둘 중 하나가 돼야 했다.

칸토나, 베르캄프 그리고 졸라처럼 처진 공격수로 활약하며 팀의 포메이션을 4-4-1-1로 바꾸며 맹활약한 이들도 있었지만, 공격형 미드필더가 되려고 한 주니뉴, 킨클라제, 르 티시에는 오히려 문제를 일으켰다. 그들의 잉글랜드인 동료들이 4-4-2가 아닌 다른 포메이션에 적응하는 방법을 몰랐기 때문이다. 이때까지 프리미어리그는 선수 수준이 계속 진화했지만, 전술은 여전히 발전이 더뎠다.

아르센 벵거와 아스널

"벵거는 잉글랜드 축구에 대해 아무것도 모른다. 물론 그는 빅클럽에 있다. 그러나 아스널은 과거의 빅클럽이었을 뿐이다. 벵거는 초짜에 불과하며 의견을 내고 싶다면 일본 축구에 대해서나 그렇게 하길 바란다."

- 알렉스 퍼거슨

프리미어리그가 일으킨 혁신을 가장 잘 대변하는 구단이 바로 아스널이다. 아스널은 잉글랜드 축구계에서도 가장 전통적이고, 보수적인 구단이었다. 당시 아스널 회장은 크리켓을 즐긴 가정에서 자란 이튼 스쿨 출신이었고, 홈구장 하이버리 복도에 대리석으로 깔린 바닥은 오래됐으면서도 웅장한 구단의 본성을 그대로 보여주는 것이었다. 당시 아스널의 축구 또한 전통적인 영국식이었으며 수많은 경기에서 오프사이드 트랩을 앞세운 수비로 1-0으로 이긴 그들은 상대 팀 팬들로부터 '지루하고, 지루한 아스널 Boring, boring Arsenal'이라는 별명으로 불리며 야유를 받기 일쑤였다.

그러나 아스널은 프리미어리그 출범 6년 만에 가장 미래지향적인 축구를 하는 팀으로 변모했다. 아스널은 프리미어리그에서 가장 매력적인 구단이 됐고, 선수들의 몸관리를 하는 데 가장 진보적으로 접근했으며 온 유럽을 뒤지며 미개척 시장으로 여겨진 국가에서 선수를 영입했다. 이후 아스널은 프리미어리그 역사상 최초로 외국인 감독 체제로 우승을 차지한 팀이 됐다. 그러나 아스널의 혁신은 아르센 벵거Arsene Wenger 감독 혼자 이룬 업적이 아니다.

아스널은 앞서 조지 그래엄 감독 체제에서도 여덟 시즌 동안 큰 성공을 거뒀다. 그래엄 감독은 이 기간에 아스널에 메이저 대회 우승 트로피만 여섯 차례나 안겼다. 이 중에는 리그 우승 2회와 구단 역사상 최초의 유럽클럽대항전 트로피도 포함돼 있다. 아스널이 에이전트로부터 뒷돈을 챙기는 불법 행위를 저지른 그래엄 감독을 전격 경질한 1994-95시즌 중반에 데이비드 딘David Dein 부회장이 즉시 노린 후임은 AS 모나코를 이끌던 아르센 벵거 감독이었다. 딘 부회장은 6년 전 하이버리에서 우연히 벵거 감독과 마주쳤다. 딘 부회장은 타 구단 운영진들이 서로 비슷비슷한 생각을 하는 사람들로 구성되어 있던 이 시기부터 아스널에 혁신이 필요하다는 사실을 깨달았다.

당시 딘은 잉글랜드 축구협회Football Association에서도 비중 있는 역할을 맡고 있었던 탓에 해외 출장을 떠날 일이 많았다. 이 덕분에 그는 당시 국제적인 경험을 쌓으며 잉글랜드 축구가 얼마나 구시대적인지를 파악하게 됐다. 그러나 딘 부회장은 그래엄 감독의 후임으로 바로 벵거 감독을 선임하지 못했다. 벵거 감독이 이미 일본으로 떠난 상태였기 때문이다. 당시 일본은 월드컵에도 진출한 적이 없는 완전한 변방이었지만, 벵거 감독은 나고야 그램퍼스 8 사령탑을 맡았다. 이 시절 일본 축구는 2092년 월드컵 우승을 최종 목표로 100년 대계를 세우는 작업을 진행 중이었고, 장기적

안목을 가진 벵거 감독은 여기에 깊게 관여하게 됐다.

그래서 아스널은 벵거 감독 대신 브루스 리옥Bruce Rioch 감독을 선임했다. 리옥 감독은 그래엄 감독을 연상케 하는 안정적인 선택이었다. 두 감독 모두 현역 시절 스코틀랜드 대표팀 미드필더로 활약한 데다 팀 내 규율을 중시하는 지도자였다. 그러나 리옥 감독의 아스널 시절은 순탄치 않았다. 특히 그는 선참급 선수들을 외면했다.

그러나 아스널은 리옥 감독이 유일하게 팀을 이끈 1995-96시즌 나쁘지 않은 성적인 5위를 기록했다. 특히 그는 그래엄 감독 체제에서 아스널이 오랜 기간 구사한 선이 굵은 축구를 완전히 달라진 패스 위주 축구로 탈바꿈시키며 벵거 감독의 혁신이 원활히 시작될 만한 가교 역할을 했다. 리옥 감독에게는 두 가지 목표가 있었다. 수비 진영에서 패스로 공격을 풀어가는 것과 팀이 이안 라이트Ian Wright의 득점력에 덜 의존하는 것이 그의 목표였다. 당시 골키퍼 데이비드 시먼은 "브루스(리옥)는 우리가 미드필드를 거치는 패스를 하라고 독려했다. 만약 그가 더 오래 팀에 남았다면, 그는 점진적으로 우리가 경기를 풀어가는 방식을 완전히 바꿨을 것으로 확신한다. 물론 이후 아르센 벵거가 오면서 이러한 현상이 어차피 일어났지만 말이다"라고 말했다.

잉글랜드 대표팀 주장 데이비드 플랫David Platt은 베르캄프에 이어 아스널에 합류했다. 이전까지 그는 지오반니 트라파토니Giovanni Trapattoni, 스벤 요란 에릭손Sven Goran Eriksson처럼 추앙받는 감독들의 지도를 받으며 이탈리아 세리에 A에서 활약했는데도 리옥에 대해 "그가 경기를 어떻게 해야 하는지를 보는 비전은 내게 깊은 인상을 남겼다"고 말하기도 했다. 마틴 키언Martin Keown도 그래엄과 리옥의 차이점을 설명하며 "조지(그래엄)는 공을 빼앗고, 조직적으로 압박하면서 상대에게 공간을 주지 않으면서 오프사이드를 유도하는 데 중점을 뒀다. 브루스는 시작부터 패스 축구를 주문했다. 그가 온 후 우리는 볼을 소유하는 훈련을 했지만, 조지는 볼을 빼앗는 훈련을 시켰다"고 말했다. 리옥 감독은 천재성 있는 선수를 매우 좋아했고, 구단은 이런 그를 위해 아스널이 절박하게 필요로 한 변혁적인 선수를 영입했다. 그 선수가 바로 데니스 베르캄프였다.

선수 한 명이 스타일만으로 프리미어리그에 미친 영향을 따져보면 베르캄프를 능가할 선수는 칸토나뿐이다. 공교롭게도 두 선수는 팀이 뒤바뀔 수도 있었다. 알렉스 퍼거슨 감독은 칸토나를 영입하기 전 베르캄프 영입 가능성을 타진했었다. 반대로 칸토나는 리즈를 떠나면서 자신이 가고 싶은 팀으로 맨유, 리버풀 또는 아스널을 꼽았다. 칸토나가 1993년 발롱도르 투표에서 3위에 오른 뒤, 그는 최종 수상자 로베르토 바조에 이은 2위 베르캄프를 공개적으로 칭찬하기도 했다. 칸토나 또한 자신과 비슷한 성향을 가진 선수를 알아봤기 때문이다.

그해 아약스에서 베르캄프를 영입한 인터 밀란은 기존의 수비적이고 재미없는 축구를 한 팀을 더 매력적인 팀으로 바꾸려고 했다. 인터 밀란은 라이벌 AC 밀란이 아리고 사키 감독의 혁신적인 전술을 등에 업고 네덜란드 삼인방 마르코 판 바스텐Marco van Basten, 프랑크 레이카르트Frank Rijkaard, 루드 굴리트Ruud Gullit를 앞세워 유럽에서 가장 화려한 팀으로 칭송받는 데 진절머리가 난 상태였다. 인터 밀란은 위르겐 클린스만Jurgen Klinsmann, 안드레아스 브레메Andreas Brehme, 로타어 마테우스Lothar Matthaus로 이어지는 독일 삼인방으로 팀을 구축했지만, 당시 대중이 네덜란드(영리하고, 창의적이고, 역동적인) 축구와 독일(효율적이고, 무자비하고, 지루한) 축구를 보는 시선은 확연히 달랐다. 이 때문에 인터 밀란은 더 세련된 축구를 구사하겠다는 목표를 세우고 아약스에서 베르캄프와 빔 용크Wim Jonk를 영입했다.

그러나 인터 밀란의 혁신은 현실로 이어지지 않았다. 시즌 초반부터 부진한 인터 밀란은 갈수록 더 수비적인 팀이 됐으며 결국 감독 교체까지 감행했다. 이 때문에 베르캄프도 공격의 연결고리가 아닌 선 굵은 축구를 할 수밖에 없었다. 그는 세리에 A에서 활약한 두 시즌에 11골을 넣는 데 그쳤다. 이런 어려움을 겪은 베르캄프가 기술 축구를 구사하는 데 구심점을 필요로 한 아스널로 이적한 건 매우 흥미로운 일이었다. 베르캄프는 현역 은퇴 후 스스로 혁신적인 선수가 되고자 하는 의지가 있었다는 점을 설명하며 "AC 밀란과 바르셀로나 대신 인터 밀란을 선택했던 것처럼 아스널에는 나처럼 뛰는 선수가 없어서 그곳이라면 사람들에게 '나는 이런 축구를 한다'고 말할 수 있을 것 같았다"고 말했다.

아스널은 프리미어리그 출범 후 3년간 선수 영입에 큰돈을 투자하는 데 머뭇거리는 모습을 보이며 정상급 선수를 놓치곤 했다. 그러나 아스널은 구단 역사상 최고 이적료를 투자해 베르캄프를 영입했고, 폴 머슨Paul Merson의 등번호 10번을 바로 그에게 배정했다. 잉글랜드 일간지 〈인디펜던트〉는 "리옥 감독이 베르캄프를 영입하며 새로운 시대를 알리는 신호탄을 쏘아 올렸다"는 헤드라인을 게재했다. 이는 훗날 정확한 표현이라는 사실이 증명됐지만, 처음에는 의구심을 나타내는 이들이 많았다. 잉글랜드 대표팀 왼쪽 측면 수비수 스튜어트 피어스Stuart Pearce는 아스널이 "엄청난 도박을 했다"며 의문을 제기했고, 대다수 전문가는 베르캄프가 초반 7경기에서 골을 넣지 못하자 그의 가치를 의심하기 시작했다. 앨런 슈가Alan Sugar 토트넘 회장은 아스널의 베르캄프 영입은 '성형수술'에 지나지 않는다며 비아냥댔다. 그러나 실제로 아스널의 베르캄프 영입은 성형수술보다는 뇌 이식수술에 가까웠다. 레이 팔러Ray Parlour는 "첫날부터 베르캄프가 어떻게 행동하는지를 보는 건 내게 눈을 뜨게 하는 경험과 같았다. 그를 보면 '잠깐, 나도 더 노력해야겠다'는 생각이 절로 들었다"고 말했다.

리옥 감독은 이적 초기에 쏟아진 베르캄프에 대한 비판에 대해 적극적으로 나서서 그를 옹호했다. 그러면서 그는 아스널 선수들에게 베르캄프가 상대 수비와 미드필드 사이 공간에 있을 때 더 많이 패스를 공급해줘야 한다고 주문했다. 당시 아스널은 베르캄프와 데이비드 플랫, 폴 머슨이 그 지역에서 활동해 많은 공간을 창출하지 못했지만, 리옥 감독의 주문은 한결같았다. 이는 라이트에게 무조건 긴 패스를 연결하던 아스널의 기존 축구와는 분명히 다른 점이었다. 베르캄프의 첫 시즌은 그를 향한 기대를 고려하면 순탄치 못했다. 그러나 그는 결국 아스널의 경기 흐름을 바꾸는 선수로 성장했고, 나머지 선수들의 능력을 극대화하는 기술적 리더가 됐다. 베르캄프는 프리미어리그에 진출하며 자신이 맡은 역할에도 변화가 생겼다고 설명했다. 득점보다는 도움을 올리는 데 더 집중한 그는 프리미어리그에서 개인 통산 87골을 넣는 동안 도움은 무려 93개를 기록했다. 프리미어리그 역사상 개인 통산 도움이 50개가 넘는 선수는 라이언 긱스, 데이비드 베컴, 데이미언 더프Damien Duff, 가레스 배리Gareth Barry, 대니 머피Danny Murphy로 모두 미드필더다.

　베르캄프는 여러모로 칸토나와 비슷한 점이 많았다. 그는 팀 훈련이 끝난 후에도 개인 훈련을 통해 단순해 보이는 패스를 지칠 줄 모르고 반복하며 기량을 갈고닦는 완벽주의자였다. 이러한 베르캄프의 태도는 아스널 선수들에게 새로운 기준을 제시했다. 팬들도 베르캄프의 기량을 즉시 알아봤지만, 오히려 팀 동료들은 패스의 세기, 볼의 회전 등 관중석에서는 볼 수 없는 요인을 들어 그를 칭찬했다.

　그러나 많은 이들은 칸토나에게 그랬던 것처럼 베르캄프의 빠른 발을 간과했다. 베르캄프는 33세가 된 2003-04시즌을 앞두고 60m 달리기를 했는데 아스널에서 티에리 앙리Thierry Henry, 저메인 페넌트Jermaine Pennant에 이어 세 번째로 빨리 뛰었다. 그는 애슐리 콜Ashley Cole, 로베르 피레스Robert Pires, 가엘 클리시Gael Clichy 그리고 실뱅 윌토르Sylvain Wiltord보다 60m 달리기가 빨랐다. 베르캄프를 상대해본 선수들은 창의성을 기반으로 플레이하는 선수치고는 그가 힘이 매우 좋아 적극적으로 몸싸움을 하는 중앙 수비수와도 충분히 맞설 수 있다며 칭찬하기도 했는데, 이는 칸토나와 졸라에게도 해당되는 찬사였다. 훗날 아스널에서 베르캄프와 함께 뛴 수비수 솔 캠벨Sol Campbell은 "사람들은 데니스(베르캄프)가 힘이 센 선수가 아니라고 생각한다. 그러나 그는 내가 상대해본 선수, 같이 뛴 선수를 통틀어 가장 힘이 센 선수 중 한 명"이라고 말했다.

실제로 베르캄프는 1997-98시즌 초반 사우샘프턴 왼쪽 측면 수비수이자 프리미어리그에서 더티 플레이로 가장 유명했던 프란시스 베날리Francis Benali를 몸싸움으로 완전히 제압한 후 훌륭한 중거리 슛으로 골을 뽑아낸 적이 있다. 그는 기술적인 능력만큼이나 성격이 다혈질이었다. 베르캄프는 아스널에서 활약하는 동안 네 차례 퇴장을 당했는데, 이는 모두 경고 2회에 따른 퇴장이 아닌 즉시 퇴장 지시가 내려진 결과였다. 팔꿈치로 상대 가격, 수비수를 밀치는 행위 그리고 두 차례의 거친 태클이 그가 네 차례 퇴장을 당했던 이유다. 이 때문에 베르캄프에게 '냉정한 남자'를 뜻하는 '아이스맨Iceman'이라는 별명이 붙었다. 그렇지만 비행기 공포증 탓에 생긴 또 다른 별명인 '논플라잉 더치맨Non-Flying Dutchman'이 그 어떤 수식어보다 그에게 더 잘 어울렸다.

베르캄프는 예술적인 플레이의 관점에서 볼 때 프리미어리그 역대 가장 훌륭한 선수 중 한 명이며, 아스널에서 활약한 11년간 수차례 아름다운 골을 터뜨렸다. 그의 전매특허 득점 패턴은 왼쪽으로 살짝 치우친 페널티 박스 바깥쪽 위치에서 볼을 잡아 오른쪽으로 몸을 열고 반대쪽 포스트를 향해 쏘는 감아차기였다. 베르캄프는 이 방식으로 18개월 사이에 선덜랜드, 레스터 그리고 1997-98시즌 홈과 원정에서 번슬리를 상대로 한 골씩을 터뜨리며 총 네 차례나 득점했다. 이 중 첫 번째 골은 1997년 레스터전에서 그가 길게 넘어온 패스를 훌륭하게 받은 뒤 안쪽으로 돌아서며 침착한 마무리로 기록한 득점이다. 이 골은 그가 시즌이 끝난 후 1998 프랑스 월드컵에서 아르헨티나를 상대로 터뜨린 득점의 예고편이기도 했다.

베르캄프가 2002년 뉴캐슬전에서 넣은 놀라울 정도로 화려한 선제골도 빼놓을 수 없다. 그는 상대 수비수 니코스 다비자스Nikos Dabizas를 등진 채 굴러오는 패스를 왼쪽으로 띄운 뒤 자신은 오른쪽으로 빙글 돌아서며 다비자스를 피해 문전에서 다시 공을 잡아 오른발 슛으로 깔끔하게 마무리했다. 이후 과연 베르캄프의 이 골이 의도된 기술이었는지, 아니면 우연으로 맞아떨어진 작품이었는지에 대해 열띤 토론이 이어졌다. 심지어 이후 아스널은 홈구장 에미리츠 스타디움 밖에 뉴캐슬전 득점 상황에서 베르캄프가 선보인 동작을 그리는 동상을 세우기로 했지만, 작업을 맡은 조각가는 당시 그 장면을 작품으로 묘사하는 건 불가능하다고 했다.

베르캄프는 자신을 아스널로 영입한 감독 밑에서 단 1년밖에 뛰지 않았다. 리옥 감독이 아스널을 떠나는 과정에는 이상한 점이 있었다. 그는 재계약을 맺은 후 2주가 지난 뒤 1996-97시즌 개막을 얼마 남기지 않은 채 경질됐다. 그러나 피터 힐우드Peter Hill-Wood 아스널 회장은 그 시점에 자신은 물론 딘 부회장이 이미 벵거 감독과 대화를 나눈 상태였다고 인정했다. 즉 리옥 감독은 아스널의 임시 사령탑 역할을 맡았던 셈이다. 궁극적으로 그는 아스널이 한 시대를 마친 후 전혀 다른 그다음 시대를 맞이하기 전 임시방편으로 가교 역할을 했다. 그러나 리옥 감독은 아스널의 혁신을 시작한 공로를 인정받을 자격이 분명히 있다.

1996년은 잉글랜드 구단이 외국인 감독을 영입하는 것 자체가 매우 위험한 결정으로 여겨진 시절이었다. 당시 벵거 감독 외에 프리미어리그 구단을 이끈 외국인 감독은 첼시의 선수 겸 감독 루드 굴리트뿐이었다. 그러나 굴리트는 이미 프리미어리그에서 선수로 활약한 경력이 있는 데다 세계적인 선수로 인지도가 높은 인물이었다. 반대로 벵거 감독의 존재는 당연히 전혀 알려지지 않았고, 인터넷이 보편화되지 않은 이 시절 잉글랜드에서 해외 축구를 접할 유일한 방법은 채널4가 방송한 〈풋볼 이탈리아 Football Italia〉밖에 없었다.

잉글랜드 1부리그 팀이 최초로 선임한 외국인 감독은 이로부터 6년 전 애스턴 빌라가 영입한 미스테리의 인물 요제프 벤글로시 Jozef Venglos였다. 그러나 애스턴 빌라의 벤글로시 감독 선임은 재앙과 같은 결과를 남겼다. 바로 전 시즌에 리그 2위에 오른 애스턴 빌라는 슬로바키아(당시 체코슬로바키아) 출신 벤글로시 감독을 선임한 다음 시즌 강등권보다 단 두 계단 윗자리에 불과했다. 당시 벤글로시 감독은 잉글랜드 축구와 맞지 않는 지도자였지만, 체육학 박사 학위를 받은 그는 벵거 감독보다 앞선 선구자이기도 했다. 이는 벤글로시 감독이 외국인이었기 때문이 아니다. 그는 잉글랜드 축구의 프로화를 시도한 선구적인 인물이었다. 벤글로시는 애스턴 빌라 감독 부임 후 "잉글랜드에 오기 전까지 인간이라는 존재가 이렇게 맥주를 많이 마실 수 있는지 몰랐다"며 문화적 이질감을 나타내기도 했다. 이후 그는 몇 년이 더 지난 후 "중유럽 축구와는 다른 부분이 몇 가지 있다. 훈련 방법, 식단 분석법, 경기 후 회복 과정, 축구에 대한 생리적인 접근이 다르다"고 말했다. 이후 프리미어리그에는 벵거 감독처럼 현대 축구를 이식할 외국인 감독이 절실하게 필요했다. 이에 딘 부회장도 "아르센(벵거)과 데니스(베르캄프) 조합이 아스널의 문화를 바꿨다"고 말하기도 했다.

벵거 감독은 프리미어리그의 그 어느 지도자와 비교해도 전혀 달랐다. 그는 축구 감독보다는 선생님처럼 보인다는 이야기를 자주 들었고, 무려 5개 국어를 구사했으며, 경제학을 전공한 데다 짧게나마 의학을 공부한 학구파 감독이었다. 무엇보다 벵거 감독은 지나칠 정도로 침착했다(최근 몇 년 사이에는 몇 차례 그런 모습을 잃는 사례를 남기기도 했다). 그가 오기 전까지 잉글랜드에서 축구 감독은 고함을 치고, 광기 부리는 걸 좋아하는 항상 화가 난 사람들로 비춰졌다. 심지어 알렉스 퍼거슨 감독조차 선수들에게 '헤어드라이기'를 사용하는 습관으로 유명했기 때문이다.

벵거 감독이 아스널로 오기 1년 전 존 시튼John Sitton 레이튼 오리엔트 감독이 드레싱룸에서 선수들과 다툼이 벌어지자 그들에게 싸우자고 제안하는 모습이 채널4가 방송한 다큐멘터리를 통해 대중에게 그대로 전해졌다. 그는 "내가 시키는 게 있으면 그냥 해! 만약 네가 나한테 대들면 우리는 여기서 XX 문제를 처리할 거야"라고 두 선수를 향해 소리쳤다. 이어 그는 "알아듣겠어? 원한다면 둘이 같이 덤벼도 돼. 다른 사람한테 도와달라고 해도 된다고. 그러는 김에 저녁 식사까지 여기로 가지고 와도 괜찮다. 내가 너희를 끝내버리면 그게 XX 필요할 테니까!"라고 위협의 강도를 높였다. 이게 바로 1990년대 잉글랜드 축구 감독의 모습이었다. 그러나 벵거 감독은 정반대였다. 그는 하프타임에도 드레싱룸에서 한동안 침묵을 지키자고 주문해 선수들을 놀라게 했다.

벵거 감독이 가장 강력하게 영향을 미친 부분은 선수들의 식습관을 개혁한 점이다. 그가 부임하기 전, 아스널 선수단은 여느 프리미어리그 팀과 마찬가지로 술집에서 운영하는 동네 축구 팀과 별반 다를 게 없는 식습관을 유지했다. 그들은 훈련을 앞두고 잉글랜드식 아침 식사를 했고, 경기에 나서기 전에는 피시 앤 칩스, 스테이크, 에그 스크램블, 토스트 등을 먹었다. 경기가 끝난 후 그들의 식사는 더 끔찍했다. 예를 들어 장시간 버스로 이동해야 하는 뉴캐슬 원정이 끝나면 선수들은 돌아오는 길에 '먹기 대회'를 열기도 했다. 이럴 때 항상 승자로 등극한 주인공은 아홉 번이나 저녁을 먹고도 멀쩡했던 중앙 수비수 스티브 보울드였다.

한번은 토니 아담스와 레이 팔러가 토트넘 팬들을 향해 소화기를 발사해 경찰이 출동한 사건이 있었는데, 그보다 놀라운 사실은 그들이 피자헛에서 이런 일을 벌였다는 게 아니었다. 사건을 조사하려고 아담스의 집으로 경찰이 도착했을 때 두 선수는 이미 피자헛에서 식사를 한 후 돌아가는 길에 동네 식당에 들러 중국 음식을 잔뜩 사온 상태였다고 한다.

그 시절 벵거 감독은 일본의 현지 음식이 워낙 건강식이다 보니 나라 전체의 비만율이 현저히 낮다는 데 강한 인상을 받았다. 여기서 영감을 받은 그는 아스널 감독으로 부임한 후 설탕이 추가된 모든 음식과 음료를 금지했다. 초콜릿, 콜라 등은 철저히 금지됐고, 선수들은 어패류, 삶은 닭고기, 파스타 그리고 야채 위주의 식단을 먹어야 했다. 원정경기가 있을 때면 벵거 감독은 선수단이 숙소로 삼은 호텔과 미리 접촉해 룸서비스 금지령을 내렸고, 냉장고를 완전히 비워달라고 요구했다. 아울러 벵거 감독은 영양사를 구단으로 초대해 선수들이 영양 섭취의 중요성을 배울 수 있게 했으며 음식을 제대로 소화하려면 식사를 할 때 천천히 씹어 먹어야 한다고 재차 강조했다. 그는 부임 초기부터 철저한 식단 관리에 대해 반발이 일어날 것으로 예상한 후 일찌감치 선수들에게 앞으로 제공될 식사는 의도적으로 싱겁고 아무 맛도 느낄 수 없게끔 준비할 계획이라고 경고했다. 이후 벵거 감독은 예상대로 선수들의 불만이 이어지자 케첩을 곁들여도 좋다는 절충안을 제시했다. 그러면서 그는 선수들이 먹는 음식으로 자신도 함께 식사하며 스스로 본보기가 됐다.

이에 앞서 식습관과 관련해 잉글랜드 축구계에서 혁신가 역할을 한 인물은 호주 출신 크레이그 존스턴Craig Johnston이었다. 1980년대 리버풀에서 활약한 그는 축구계에서 가장 영리하고 혁신적인 성격의 소유자로 꼽혔다. 실제로 존스턴은 은퇴 후 아디다스의 프레데터 축구화를 디자인하기도 했다. 그는 로버트 하스Robert Haas가 펴낸 저서 《승리하기 위한 식습관》을 읽고 큰 영감을 받은 후 리버풀이 제공한 스테이크 대신 쌀밥과 콩으로 만든 베이컨 그리고 계란으로 식사했다. 처음 존스턴이 식사하는 모습을 본 팀 동료들은 그를 놀렸지만, 이후 경기장에서 엄청난 체력을 자랑하는 그를 보고는 놀라움을 금치 못했다. 그러면서 리버풀 선수들도 존스턴을 따라 식단 관리를 하는 문화가 정착됐다. 흥미롭게도 아담스는 자신과 몇몇 아스널 선수들도 벵거 감독이 부임하기 10년 전인 1987년에 이 책을 읽었다고 말했는데, 피자와 중국 음식을 즐긴 점을 고려할 때 그들에게는 독서도 큰 효과가 없었던 모양이다.

벵거 감독이 부른 변화는 식단 조절이 전부가 아니었다. 그가 선수들에게 권한 영양제 섭취는 이 시절 매우 특이한 요구사항으로 비춰졌다. 어찌 됐든 아스널은 팀 훈련을 앞두고 테이블 위에 선수단을 위해 알약으로 된 비타민을 제공했고, 대다수 선수들은 근육 발달과 체력 보강을 위해 크레아틴을 섭취하기 시작했다. 이 과정에서도 벵거 감독은 전문가를 초빙해 이러한 습관이 필요한 이유를 선수들에게 일일이 설명해줬고, 식단에 따른 식사는 필수조건으로 하면서도 영양제 섭취는 선수 개개인의 선택에 맡겼다. 베르캄프는 끝까지 영양제를 섭취하지 않았고, 데이비드 시먼은 처음에는 이를 거절했으나 팀 동료들이 체력적으로 발전하는 모습을 보고는 마음을 바꿨다. 반면 레이 팔러는 별 생각 없이 주어진 약을 감독이 권하는 대로 복용했다고 말했다. 이 덕분에 아스널 선수단의 체력은 당연히 상승했다. 이를 본 타 팀 선수들은 잉글랜드 대표팀에서 아스널 선수를 만나 비결을 물었고, 그들의 식단 관리와 영양제 섭취 등을 따라 하기 시작했다. 벵거 감독은 자신이 주문한 내용이 다른 팀 선수들에게 흘러나간 데에 불만을 품었다. 그는 자신만의 노하우가 아스널을 유리한 고지에 올려놓기를 원했기 때문이다. 그러나 벵거 감독은 의도치 않게 아스널뿐만이 아니라 프리미어리그 전체를 혁신하게 됐다.

벵거 감독은 어린 시절 프랑스 스트라스부르Strasbourg에서 펍을 운영한 부모님 밑에서 자랐다. 아이러니하게도 아스널은 그를 선임하며 구단의 음주 문화와도 작별하게 됐다. 당시만 해도 프리미어리그 구단의 음주 문화는 유명했지만, 유독 아스널은 이런 관행이 특히 더 심했다. 주장 아담스가 '튜즈데이 클럽Tuesday club'이라는 모임을 만들어 격한 훈련을 소화한 매주 화요일에는 저녁 때 팀 동료들을 불러 모아 훈련이 없는 수요일을 앞두고 격한 술 마시기를 즐겼다. 그 당시에는 다음 날 훈련이 있는 저녁에도 술을 마시는 문화가 흔했다. 숙취 상태로 팀 훈련에 도착한 선수를 질타하는 동료는 사실상 없었다. 베르캄프가 아스널 이적 후 스웨덴으로 떠난 프리시즌에서 훈련이 끝난 후 아내와 산책을 하던 중 나머지 선수들이 동네 펍에서 술을 마시는 모습을 보고 큰 충격에 빠진 적도 있다.

그러나 벵거 감독이 부임하기 2주 전부터 모든 것이 변했다. 아담스가 자신이 알코올의존증이라는 사실을 발표하며 팀 동료들을 충격에 빠뜨렸기 때문이다. 그와 함께 술을 즐긴 선수들은 스스로 알코올의존증 증상이 생긴 건 아닌지 의심하기 시작했다. 이는 머지않아 부임한 벵거 감독에게 완벽한 시나리오이기도 했다. 만약 그가 혼자 아스널의 음주 문화를 바꾸려고 했다면 심각한 문제에 직면했을 수도 있다. 실제로 당시 퍼거슨 감독은 맨유에서 비슷한 문제를 해결하기 위해 선수단은 물론 팬들에게 가장 많은 인기를 구가하던 폴 맥그라와 노먼 화이트사이드Norman Whiteside를 이적시키며 분위기를 수습하는 데 어려움을 겪었다. 그러나 벵거 감독은 운 좋게도 자신이 부임하기 직전 주장이 나서 문제를 해결해줬다. 실제로 팔러는 아담스가 알코올의존증을 공개적으로 인정한 사건이 자신에게도 큰 도움이 됐다고 밝혔다.

벵거 감독에게 주어진 또 다른 행운은 아스널이 그가 부임하기 1년 전 베르캄프에 앞서 플랫을 영입한 점이다. 이탈리아에서 4년간 활약한 후 아스널에 합류한 플랫은 드레싱룸에 새로운 문화를 이식했다. 가장 큰 예를 들면 마사지사의 등장이다. 잉글랜드 19세 이하 대표팀 주장 출신인 플랫의 제안은 아스널 선수들이 쉽게 받아들일 수 있었다. 적어도 그는 일본에서 일한 프랑스인 벵거보다는 잉글랜드 축구계에서 더 신용 있는 인물이었기 때문이다. 베르캄프의 프로 정신, 아담스의 새로운 생활 습관 그리고 플랫의 이탈리아식 혁신은 우연찮게 아스널이 벵거 감독의 시대를 준비하는 데 도움이 됐다. 그러나 벵거 감독이 아스널로 가져온 문화 중 플랫마저 싫어한 게 한 가지 있었다. 이는 바로 스트레칭 훈련이었다. 벵거 감독은 자신의 공식 경기 데뷔전이었던 블랙번 원정을 앞두고 호텔 연회장으로 선수단을 소집했다. 이어 그는 선수들에게 요가와 필라테스 동작이 결합된 운동을 지시했다. 이 스트레칭은 훗날 팀 훈련 일부로 자리매김했고, 선참급 수비수들은 이 덕분에 더 오래 현역 생활을 이어갈 수 있었다고 인정하기도 했다.

이 모든 생리적 혁신은 축구 전술에도 매우 중요한 역할을 했다. 벵거 감독의 아스널은 시간이 갈수록 기술 축구를 구사하는 팀으로 인정받았기 때문이다. 벵거 감독이 아스널을 이끌고 더블을 달성한 1997-98시즌만 해도 그는 중원에서 신체적인 힘으로 상대를 제압하는 축구를 한다는 평가를 받았다. 리옹 감독이 중용한 공격진과 수비진은 그대로 유지됐지만, 벵거 감독은 미드필드 구성을 완전히 바꿨다. 그는 프랑스에서 수비형 미드필더 엠마누엘 프티Emmanuel Petit와 파트리크 비에이라Patrick Vieira를 한꺼번에 영입했고, 아약스에서 왼쪽 측면 공격수 마크 오베르마스Marc Overmars를 데려왔다. 기량이 발전한 팔러는 오른쪽 측면에서 일취월장했다. 이 시절 벵거 감독이 구성한 허리진은 그의 아스널을 대변하는 존재가 됐다. 기술적 수준이 높아졌지만, 그들 가운데에는 전형적인 플레이메이커는 없었다. 플레이메이커는 베르캄프의 역할이었다. 반대로 비에이라와 프티는 강인함으로 승부했고, 오베르마스는 빠른 발이 장점이었으며 팔러는 에너지가 넘치는 선수였다. 이 시절 아스널의 축구는 힘, 스피드, 그리고 체력으로 대변됐다.

비에이라는 벵거 감독이 일본에서 생활을 정리하던 시기에 아스널에 합류했다. 훗날 그는 1998년 프리미어리그 우승을 차지한 아스널에 대해 "기술적인 선수나 공격 전술을 기반으로 한 팀이 아니었다. 그때 우리는 베르캄프, 오베르마스 등 선수 개개인에 의존했다"고 말했다. 그러나 비에이라는 2001-02시즌 프리미어리그를 우승한 아스널에 대해서는 "1998년 우승했던 팀과는 매우 달랐다. 롱볼 축구가 사라졌고, 발밑으로 빠르고 정확한 패스를 추구했다"며 상반된 평가를 내놓았다. 비에이라의 설명에는 과장된 면이 있다. 1997-98시즌의 아스널은 당시 다른 프리미어리그 팀들보다는 짧은 패스로 경기를 풀어가는 빈도가 높은 팀이었다. 그러나 아스널이 진정한 아름다운 축구를 하는 팀이 되기까지 시간을 두고 준비를 거친 것 또한 사실이다.

눈에 띄는 점은 아스널이 벵거 감독 부임 초기 경고와 퇴장이 많은 팀이라는 거센 비판을 받았다는 사실이다. 비에이라와 프티는 주심과 자주 문제를 겪었다. 1997-98시즌에도 아스널보다 더 많은 경고를 받은 팀은 세 팀밖에 없었다. 게다가 아스널 선수가 퇴장을 당할 때마다 현지 언론은 이를 대서특필했다. 실제로도 아스널이 몸싸움 위주의 축구에서 벗어나 기술적인 축구를 구사하게 된 변화는 주심을 향한 벵거 감독의 생각이 큰 원인으로 작용했다. 부임 초기 벵거 감독은 프리미어리그 주심이 파울을 선언하는 기준이 지나치게 엄격하다고 불평했지만, 시간이 흐르면서 그는 정반대로 판정 기준이 너무 관대하다고 지적했다. 아스널의 팔러와 리 딕슨Lee Dixon은 물론, 수차례 그들을 상대한 라이벌 맨유에서 활약한 개리 네빌과 라이언 긱스는 1997-98시즌 아스널이 벵거의 팀을 가장 잘 대변하는 팀이었다는 데 동의한다. 그 이유로 그들은 당시 아스널이 신체적으로 강력했으며 상대로부터 절대 괴롭힘을 당하는 팀이 아니었기 때문이라고 입을 모았다.

　벵거 감독은 예리한 전술가였던 적이 없다. 그는 경기 도중 예상치 못한 전술 변화로 흐름을 바꾸려는 노력을 거의 하지 않는다. 특히 그는 아스널 부임 초기에 4-4-2 포메이션을 선호했는데, 공식적으로 감독이 되기 전부터 팀의 전술 구성에 관여해 몇몇 선수들을 화나게 하기도 했다. 벵거 감독은 공식 부임을 일주일 앞두고 아스널이 보루시아 묀헨글라드바흐를 상대한 UEFA컵 원정경기에 동행했다. 애초부터 그는 아스널 선수단과 같은 버스로 이동해 경기를 지켜보기만 한 후 다음 주부터 팀을 맡는 조건에 합의한 상태였다. 그러나 벵거 감독은 아스널이 전반전을 1-1로 마치자 드레싱룸에서 3-5-2 포메이션을 4-4-2로 바꾸라고 지시했다. 그러나 그의 지시는 상황을 더 악화시켰다. 아스널은 2-3으로 패했고, 주장 아담스는 아직 감독으로 부임하지 않은 벵거의 갑작스러운 월권 행위에 분노를 표출했다. 아담스는 아스널은 3백 전술에 익숙하다며 벵거 감독을 설득했다. 결국 아스널은 1996-97시즌 상당 부분을 3-5-2 포메이션으로 소화했다.

　당시 아스널이 3백 수비 전술에 더 어울린 이유는 걸출한 중앙 수비수 세 명이 버티고 있었기 때문이다. 아담스를 중심으로 보울드와 마틴 키언Martin Keown은 정상급 중앙 수비수였다. 실제로 3-5-2 포메이션은 1990년대 중반 유행처럼 번졌다. 리버풀, 뉴캐슬, 토트넘, 애스턴 빌라, 레스터, 그리고 코벤트리가 나란히 3-5-2 포메이션을 썼고, 일정 부분 성공을 거둔 팀도 있었다. 특히 3-5-2 포메이션은 4-4-2를 쓰는 팀을 상대로 효과적이었다. 그때만 해도 프리미어리그 팀들은 여전히 4-4-2를 쓰는 팀이 많았다. 그러나 3-5-2는 4-4-2와 만났을 때 공격수 두 명을 상대로 수적 우위를 점할 수 있었고, 미드필드 싸움을 펼치기에도 더 유리했다. 게다가 3-5-2 포메이션의 양 측면 윙백은 왕성한 활동량을 자랑하며 공격 시 넓이를 제공하면서도 수비를 할 때는 재빨리 5인 수비 라인을 구축할 수 있었다. 이 경우 4-4-2를 쓰는 상대 팀 측면 수비수들에게 자유로움이 주어졌지만, 이 시절에는 이러한 부분이 큰 문제가 되지 않았다. 1990년대 중반 대다수 측면 수비수들은 빠른 발을 앞세운 공격적인 자원이 아니었기 때문이다.

그러나 동시에 3-5-2를 쓰는 두 팀이 만난 경기는 대부분 아주 지루했다. 양 팀이 나란히 여분으로 중앙 수비수 한 명씩을 더 둔 데다 미드필드에는 공간이 생기지 않았고, 측면에서는 윙백이 서로를 쫓기에 급급했다. 아스널이 1997년 2월 두 경기 연속 0-0 무승부에 그친 리즈전과 토트넘전은 양 팀이 모두 3-5-2 포메이션으로 맞선 대결이었다. 벵거 감독은 당시 "꽤 아이러니하다. 유럽 국가는 1자로 구성된 4백 수비 라인을 구성하는데, 유독 잉글랜드만 갈수록 오래된 포지션인 스위퍼, 윙백 포지션을 더 많이 쓰고 있다"고 설명했다. 언제나 그랬듯이 잉글랜드 축구는 전술적으로 후진적이었고, 아스널 역시 4-4-2 포메이션으로 전술 변화를 꾀한 후에야 1997-98시즌의 우승 후보로 거듭났다.

벵거 감독은 시즌 초반부터 선수들에게 적극적인 전방 압박을 주문했다. 그러나 그의 주문은 이렇다 할 효과를 내지 못했고, 더 흥미로운 점은 이후 전술 변화를 요구한 건 감독이 아닌 선수들이었다는 사실이다. 아스널은 시즌 전반기 내내 예전과는 달리 수비력이 헐거워졌고, 결국 홈에서 리버풀에 0-1로 패한 후 팀 미팅이 소집됐다. 여기서 벵거 감독은 문제의 원인은 선수들이 의지가 없으며 열심히 뛰지 않기 때문이라고 주장했다. 그러나 아담스, 보울드 그리고 플랫은 벵거 감독보다 더 구체적인 설명을 바탕으로 새로운 제안을 했다. 그들은 프티와 비에이라가 수비 진영과 가까운 더 깊숙한 위치에서 움직이며 수비 라인을 보호해주는 역할을 해줬으면 한다고 제안했다. 이후 아스널이 홈에서 블랙번에 1-3으로 완패한 경기에서 드러났듯 선수들의 제안도 바로 효과를 내지는 못했다.

그러나 아스널의 후반기 수비력은 훌륭했다. 당시 아스널은 여섯 경기를 치르는 동안 무려 13시간 연속으로 1-0, 0-0, 1-0, 1-0, 1-0, 1-0으로 승리하거나 비기면서 무실점을 기록하기도 했다. 이어 아스널은 그다음 치른 세 경기에서 무려 12골을 터뜨리며 공격력까지 상승했고, 팬들은 과거 '지루하고, 지루한 아스널'이라는 상대 팀 팬들의 응원가를 바꿔 부르기 시작했다. 그러면서 아스널은 프리미어리그 출범 후 최초로 10연승 행진을 기록한 팀이 됐다.

비에이라와 프티도 아스널이 우승을 차지한 1997-98시즌 후반기에 빼어난 활약을 펼쳤다. 이 둘은 중원에서 단단한 조합을 구성하며 볼 소유권을 쟁취하는 데 탁월한 능력을 선보였다. 거기다 비에이라는 간헐적으로 전진해 공격에 가담했고, 프티는 왼발을 활용해 훌륭한 패스로 경기를 풀어주는 역할까지 했다. 후반기 들어 베르캄프와 라이트가 부상으로 결장이 잦아졌지만, 아스널은 어린 백업 공격수 크리스토퍼 레_{Christopher Wreh}와 니콜라 아넬카_{Nicolas Anelka}에게 의존할 수 있었다. 특히 이 중 아넬카는 훗날 프리미어리그의 전술적 진화에 지대한 영향을 미친 인물로 역사에 남는다. 그러나 당시 우승 경쟁을 펼친 아스널의 공격에서 가장 중요한 역할을 맡은 선수는 오베르마스였다. 아스널은 4-4-2 포메이션을 썼지만, 오베르마스는 왼쪽 미드필더 자리에서 자유롭게 전진할 수 있었다. 반대편에 배치된 팔러는 측면보다는 중앙으로 좁혀 들어와 활동했다. 시간이 지나 당시 아스널의 포메이션은 4-2-3-1로 재평가됐고, 공격 시에는 프티가 오른쪽 측면에서 중앙으로 들어오는 팔러가 비우는 공간을 메워주며 비대칭 4-3-3으로 바뀌었다. 양발을 자유자재로 쓴 오베르마스는 주로 오른발로 득점을 노리며 플레이메이커보다는 골잡이에 가까운 역할을 소화했다.

오베르마스의 공격적인 위치 선정은 아스널이 3월 중순에 진정 놀라운 경기력으로 맨유를 1-0으로 꺾고 우승 경쟁에서 우위를 점하는 데 큰 도움을 줬다. 이 경기에서 아스널이 펼친 모든 공격은 오베르마스를 통해 이뤄졌다. 오베르마스는 당시 맨유의 촉망받는 신예로 꼽힌 오른쪽 측면 수비수 존 커티스John Curtis의 자신감을 완전히 무너뜨렸다. 실제로 커티스는 이 경기 이후 하향세가 시작되며 심리적으로 회복하지 못하는 모습을 노출했다.

오베르마스는 경기 초반 베르캄프가 찔러준 스루패스를 받아 피터 슈마이켈을 제치고 어려운 각도에서 슈팅까지 연결했다. 얼마 지나지 않아 그는 또 뒷공간으로 침투해 커티스가 뻗은 발에 명백히 걸려 넘어졌으나 페널티킥은 선언되지 않았다. 이후 오베르마스가 커티스와 개리 네빌을 차례로 제치고 때린 회심의 슛은 옆 그물을 때렸다. 경기 시작 약 10분 만에 가장 결정적인 장면을 만든 주인공도 오베르마스였다. 길에 넘어 들어온 패스가 베르캄프와 아넬카를 거쳐 뒷공간으로 침투하는 오베르마스에게 연결됐다. 이를 받은 오베르마스는 슈마이켈의 다리 사이로 득점을 터뜨렸다.

이 경기 결과가 아스널이 프리미어리그 우승을 차지하는 데 결정적인 영향을 미친 점을 고려할 때, 오베르마스의 이날 경기력은 프리미어리그 역사상 선수 한 명이 선보인 최고의 활약 중 하나로 기억될 만한 가치가 충분하다. 이어 오베르마스는 아스널이 우승을 확정한 에버턴과의 홈경기에서도 두 골을 터뜨리며 팀을 4-0 대승으로 견인했고, 뉴캐슬을 상대로 2-0 승리를 거둔 FA컵 결승전에서도 선제골을 뽑아내 '더블(2관왕)' 달성의 주역이 됐다.

특히 웸블리에서 치른 FA컵 결승전은 벵거 감독이 상대 팀의 전술에 대응하는 감독이 아니라는 점을 보여줬다. 그는 경기를 앞두고 단 한 번도 상대와 관련된 언급을 하지 않았는데, 이는 그가 프리미어리그 출범 이후 줄곧 유지해온 자세이기도 하다.

그러나 이런 벵거 감독의 전술적 단순함은 이후 아스널이 유럽클럽대항전에서 수년간 고전한 원인이 됐다. 아스널은 챔피언스리그에 진출한 첫 두 시즌 연속으로 조별 리그를 통과하지 못했다. 시간이 지난 후 벵거 감독의 아스널은 프리미어리그에서도 전술적으로 기민한 팀을 만나면 어려움을 겪었다. 이외에 프리미어리그에서 일어난 수많은 혁신의 사례가 보여줬듯이 벵거 감독은 자신이 만든 성공 안에서 희생양이 됐다. 타 팀 감독들이 그의 지도 방식을 따라 하기 시작했다. 다른 팀들도 벵거 감독이 아스널 부임 후 3년간 팀에 이식한 체력 훈련, 해외 선수 스카우팅 및 영입, 기술 축구에 중점을 둔 경기력을 그대로 가져다 쓰게 됐다. 그러면서 벵거 감독은 자신만의 독특함을 잃었다. 물론 그가 프리미어리그에 미친 영향력은 막대했다. 벵거 감독은 "프리미어리그가 세계로 가는 문을 열어준 역할을 내가 했다고 생각한다"고 말하기도 했다.

이것이 프리미어리그가 세계에서 가장 국제적인 프로축구리그가 된 출발점이었다.

마이클 오언과
스피드

> "나는 오언의 활약을 보면서 '만약 다른 선수였다면 저 상황에서 저렇게 할 수 있었을까?'라고 생각한 적이 있었다. 그 질문에 대한 내 답은 '아니, 그게 누구라도 그에게는 오언 같은 스피드가 없다'였다."
>
> - 글렌 호들

프리미어리그가 성장기를 거치던 시절 9번 역할(정통파 최전방 공격수)을 맡는 선수들은 대개 키가 크고 힘이 센 '타깃맨'이었다. 그들은 페널티 지역 안에서 움직이며 크로스를 받을 때 최고의 활약을 펼쳤다. 디온 더블린Dion Dublin, 던컨 퍼거슨Duncan Ferguson 그리고 크리스 서튼 등이 대표적인 예다. 그들은 상대 중앙 수비수보다 힘이 더 셌으며 점프도 더 높게 했지만, 더 빨리 뛰지는 못했다.

프리미어리그가 전술적인 축구를 받아들이기 시작하며 딥라잉 포워드, 창의력 있는 공격수들이 유입되자 새로운 유형의 스트라이커가 탄생하기 시작했다. 많은 감독이 전속력으로 달려 상대 수비 뒷공간으로 침투해 2선에서 찔러주는 스루패스를 처리해줄 공격수를 원했다. 갈수록 제공권보다 스피드가 더 중요해졌고, 최전방 공격수에게 필요한 능력으로 자리 잡게 됐다.

1997년 프리미어리그에서 터진 가장 기억에 남는 골은 발 빠른 공격수가 드리블 돌파로 맨유의 수비진을 헤집고 다니며 만들어낸 장면이다. 더비 카운티의 파울로 완초페 Paulo Wanchope 는 4월, 코벤트리의 대런 허커비 Darren Huckerby 는 12월에 각각 팀이 프리미어리그 챔피언을 상대로 3-2로 의외의 승리를 거둔 경기에서 비슷한 방식으로 득점에 성공했다. 이 두 골 장면은 프리미어리그에서 최전방 공격수의 유형이 어떻게 변했는지를 상징적으로 보여줬다. 그러나 가장 혁신적인 역할을 한 선수는 두 명의 10대 공격수였다. 아스널의 니콜라 아넬카와 리버풀의 마이클 오언 Michael Owen 이 바로 그들이다.

아넬카와 오언은 성향이 매우 비슷했다. 두 선수 모두 1979년생이었으며 1996-97시즌 후반기에 데뷔전을 치른 후 1997-98시즌부터 본격적인 활약을 펼쳤다. 이때 아넬카는 아스널과 프리미어리그 우승을 차지했으며, 오언은 득점왕과 선수들이 선정한 '올해의 영플레이어상'을 받았다. 그 다음 시즌 오언은 2시즌 연속으로 득점왕을 차지했고, 그보다 한 골을 덜 기록했던 아넬카는 올해의 영플레이어상을 받았다. 당시 아넬카는 시상식에 참석하지 않고 나이트클럽에 있었다는 소식이 전해지며 논란이 일기도 했다.

게다가 두 선수는 훗날 프리미어리그를 떠나 레알 마드리드로 이적한 점까지 똑같다. 아넬카는 1999년, 오언은 이로부터 5년이 지나 레알로 갔으나 단 한 시즌 만에 다시 이적한 후 현역 시절 대부분을 잉글랜드에서 활약하게 됐다. 아넬카는 결국 프리미어리그에서만 개인 통산 125골, 오언은 150골을 기록했다. 두 선수 모두 이룬 업적이 많은데도 다른 이들에게 거리감을 두는 냉담한 성격의 소유자였으며 어느 구단에서도 '레전드'로 남지 않았다.

아넬카와 마이클 오언Michael Owen의 가장 닮은 부분은 둘 다 충격적으로 민첩하다는 점이었다. 물론 주력은 공격수에게 늘 매우 중요한 능력이었다. 앤디 콜과 이안 라이트는 각각 프리미어리그에서 개인 통산 187골, 113골을 기록했는데, 두 선수 모두 전형적인 타깃맨은 아니었다. 그들은 스피드가 매우 빠르며 탁월한 마무리 능력까지 자랑했다. 아넬카와 오언은 대다수 중앙 수비수가 제공권 경합에 비중을 두고 활약하던 시절 상대의 느린 발을 활용해 손쉽게 득점을 하는 '스프린터'였다.

▼▼▼

아넬카에게는 훌륭한 재능이 있었다. 그는 스피드, 기술 그리고 골키퍼와의 일대일 상황에서 침착함을 두루 소유하고 있었다. 프리미어리그에서 그는 티에리 앙리보다 앞서 선구자 역할을 한 인물이며 훗날 시오 월콧Theo Walcott, 다니엘 스터리지Daniel Sturridge, 대니 웰벡Danny Welbeck, 앙토니 마샬Anthony Martial에게 영감을 준 선수였다. 아넬카처럼 운동신경이 빼어나고 번개처럼 빠른 공격수는 당시 아스널에 엄청난 힘이 됐다.

아넬카는 1997-98시즌을 이안 라이트의 백업 공격수로 시작했으나 아스널이 '더블'을 달성하는 데 지대한 영향을 미쳤다. 그의 첫 골은 1997년 11월 라이벌 맨유전에서 터졌고, 아스널은 이날 우승 경쟁 팀을 상대로 3-2로 승리했다. 이후 아넬카는 승승장구하며 시즌 마지막 경기였던 뉴캐슬과의 FA컵 결승전에서도 득점했다. 이 중 가장 아넬카다운 골은 부활절에 열린 블랙번 로버스 원정경기에서 아스널의 4-1 대승을 이끈 득점이었다. 그는 나이젤 윈터번Nigel Winterburn이 길게 띄워준 패스를 받아 하프라인 부근에서부터 질주, 골키퍼 앨런 페티스Alan Fattis를 가볍게 속여 넘어뜨린 후 골문을 막아서는 수비수를 무력화하는 슈팅으로 득점했다. 아넬카의 골은 전반전이 끝나기도 전에 아스널에 4-0 리드를 안겼는데, 당시 그들은 경기 시작부터 무차별적 공격으로 상대를 제압하는 데 능했다. 이에 블랙번 홈팬들은 박수를 보내면서 경의를 표했다.

아넬카는 벵거 감독이 프랑스 어린 선수의 프로 계약 시스템을 잘 이용한 덕분에 파리 생제르맹으로부터 이적료 단 50만 파운드(약 7억 3000만 원)에 아스널로 이적했다. 아넬카는 아스널 이적 후 경기장 안에서는 인상적인 활약을 펼쳤지만, 밖에서는 친구가 없었다. 그는 특출한 스피드만큼이나 뛰는 폼이 특이했다. 아넬카는 머리를 푹 숙이고 어깨는 처진 채 주변에 아무도 없는 것처럼 뛰었다. 이러한 뛰는 폼은 그의 성격과도 닮은 점이 있었고, 그는 실제로도 팀 동료들과의 의사소통에 어려움을 겪었다. 게다가 아넬카는 팬들에 대해 신경 쓰지 않았고, 텅 빈 경기장에서도 행복하게 뛸 수 있다고 공개적으로 말하기도 했다. 과거 그는 "나는 런던에서 지루함을 느꼈다. 나는 여기서 아는 사람이 아무도 없고, 누구도 알고 싶지 않았다"고 말했다. 아넬카는 골을 넣거나 우승 트로피를 들어 올리면서도 웃지 않았고, 아스널에서 두 시즌을 뛴 후 벵거 감독이 그에게 투자한 돈과 비교하면 엄청난 액수인 이적료 2300만 파운드(약 337억 원)를 구단에 안기고 팀을 떠났다.

아스널은 아넬카의 이적료를 앙리의 영입과 훈련장을 새로 짓는 데 활용했다. 아넬카의 이적은 여름 내내 관심거리였고 라치오, 유벤투스, 레알 마드리드 등으로의 이적 여부를 두고 다양한 사건을 일으켰다. 이 중에는 터무니없는 사건도 있었다. 당시 아넬카는 친형이 에이전트 역할을 했는데, 그의 형은 동생이 라치오에 관심을 가진 이유가 유니폼 색이 프랑스 대표팀의 파란색과 언젠가 이적을 꿈꾸는 레알 마드리드의 흰색을 합쳐놓은 것 같기 때문이라고 말하기도 했다. 훗날 아넬카는 진짜로 레알 마드리드로 이적했는데, 그를 놓친 라치오는 오언 영입을 시도했었다. 이 정도로 당시 축구계는 아넬카와 오언을 비슷한 유형의 선수로 여겼다.

한편 아넬카의 형은 에이전트 수수료로 수익을 올리려고 동생을 이 팀 저 팀으로 자주 이적하게 해 공공의 적으로 전락했다. 현역 시절 무려 열두 차례나 팀을 옮긴 그는 프랑스, 스페인, 이탈리아, 터키, 중국 그리고 인도에서 뛴 경력을 보유하고 있다. 아넬카는 아스널 시절 잉글랜드 생활에 거부감을 느낀다고 말하고도 시간이 지나 다시 돌아왔다. 그러면서 그는 리버풀, 맨시티, 볼턴, 첼시 그리고 웨스트 브로미치 알비온에서 활약했다. 그가 개인 통산 프리미어리그에서 넣은 첫 골과 마지막 골은 무려 16년이라는 세월을 두고 터졌을 정도다. 특히 그는 골을 넣을 때마다 선보인 나치 경례의 반대격 동작인 '크넬quenelle 세리머니'로도 유명했다. 아넬카는 프리미어리그 시절 막바지에 FA로부터 다섯 경기 출장정지 징계를 받자 즉각적으로 팀을 떠나겠다고 선언했다. 어차피 웨스트 브롬은 그를 방출했지만 말이다. 어쩌면 이상했던 그의 프리미어리그 경력에는 이러한 마지막이 어울리는 것이었을지도 모르겠다.

아넬카가 현역 시절 초기에 터뜨린 가장 인상적인 골은 프랑스가 웸블리에서 잉글랜드에 2-0으로 승리한 1999년 2월 경기에서 나왔다. 아넬카는 이날 두 골을 모두 넣었는데, 한 차례 크로스바를 맞힌 슛은 골라인을 넘어섰으나 선심은 득점을 인정하지 않았다. 더 이상한 점은 매우 추웠던 이날 밤 아넬카가 골키퍼 장갑을 끼고 뛰었다는 사실이다. 그는 세계 올해의 선수상을 받은 지네딘 지단Zinedine Zidane이 뿌려주는 스루패스를 수비 뒷공간을 침투하는 움직임으로 받아내며 맹활약을 펼쳤다.

더 주목할 점은 아넬카가 압도한 잉글랜드 수비진은 아스널의 수비진이었던 리 딕슨Lee Dixon, 토니 아담스, 마틴 키언으로 구성됐으며 골문 역시 데이비드 시먼이 지켰다는 점이었다. 이날 수비진에서 아스널 선수가 아니었던 건 첼시의 그래엄 르 소가 유일했다. 아넬카를 가장 잘 알고 있는 수비진도 결국 그를 막지 못한 셈이다. 프랑스 주장 디디에 데샹Didier Deschamps은 경기가 끝난 후 "우리의 호나우두를 찾았다"며 기뻐했다. 이는 매우 의미 있는 칭찬이었다. 불과 1년 전 프랑스가 월드컵을 우승할 때 꼽힌 약점은 최전방 공격수 부재였으며, 프랑스가 결승전에서 브라질을 꺾기 전 세계 최고의 선수로 꼽힌 호나우두가 간질성 발작을 일으켜 몸 상태가 정상이 아닌 점이 알려지며 전 세계 축구 팬들이 절망에 빠진 일도 있었다.

아스널의 아넬카는 데니스 베르캄프의 이상적인 파트너였다. 베르캄프는 라이트 또는 앙리와의 호흡도 일품이었지만, 유독 아넬카와 형성한 시너지 효과에 애착을 드러냈다. 한때 베르캄프는 앙리와 조합을 이룬 시절에도 "나와 서로를 잘 이해한 공격 파트너로는 아마 니콜라(아넬카)가 최고였을 것이다. 니콜라가 뛰는 방식은 내게 완벽하게 어울렸다. 그는 항상 골문을 향해 달리며 공간으로 침투하려고 했기 때문이다. 그래서 나는 그가 무엇을 원하는지 더 쉽게 이해할 수 있었고, 본능적으로 그가 어디에 있을지 예측하기도 수월했다. 그의 직선적인 움직임은 내게 딱 어울렸다. 티에리(앙리)는 자신이 서 있는 자리로 볼이 오기를 기다리거나 측면으로 넓게 움직일 때가 많다. 그러나 니콜라는 언제나 골문을 향해 움직이며 골을 넣는 데 집중했다. 그는 자신이 뛰는 방향으로 들어오는 패스를 받아 상대 골키퍼와 일대일로 맞서는 상황을 좋아했다"고 말하기도 했다.

아넬카와 베르캄프의 조합이 가장 빛난 경기는 1999년 2월 아스널이 레스터 시티에 거둔 5-0 승리였다. 이날 아넬카는 전반이 끝나기도 전에 해트트릭을 작성했다. 당시 레스터 수비진의 중심이자 장신 중앙 수비수 맷 엘리엇Matt Elliott은 아넬카의 스피드에 전혀 대응하지 못했다. 마틴 오닐 감독은 전반전이 끝난 후 엘리엇을 최전방 공격수로 올리며 그가 수비적으로 얼마나 부진했는지와 여전히 프리미어리그가 최전방 공격수의 큰 키와 제공권에 얼마나 의존하고 있었는지를 동시에 보여줬다.

베르캄프는 하이버리에서 열린 이날 경기에서 어시스트를 네 개나 기록했다. 아넬카가 터뜨린 세 골 중 두 골과 2선 침투로 두 차례 득점한 레이 팔러의 골은 모두 베르캄프의 발끝에서 나왔다. 특히 아넬카가 터뜨린 선제골은 당시 그가 베르캄프와 조합을 이루며 촘촘한 상대 수비진을 상대로 다양한 방향으로 움직이면서 공간을 만드는 능력이 얼마나 뛰어난지를 보여줬다. 베르캄프는 수비 진영에서 볼을 잡은 후 어깨너머로 아넬카가 오른쪽 공간으로 침투하는 모습을 확인했다. 이후 그는 너무나도 쉬워 보이는 35m 로빙 패스를 아넬카의 발끝으로 연결했다. 아넬카는 폭발적인 스피드로 레스터 수비진을 단숨에 무너뜨린 데 이어 가슴으로 패스를 받아 오른발 앞으로 볼을 떨어뜨린 후 반대쪽 골포스트를 향해 깔끔한 마무리로 득점에 성공했다.

그 모든 것이 참 단순해 보였다. 이때까지 대다수 팀의 수비 전술은 상대 공격수를 최대한 골대로부터 멀리 떨어지게 만들어 문전에서 공중볼 다툼을 하지 못하게 하는 데 집중했다. 발이 빠른 공격수를 막기 위해 더 깊숙한 위치에서 수비가 이뤄지고, 골키퍼가 적극적으로 수비 뒷공간을 메워주며 상대 패스를 차단하는 전략이 보편화된 건 수년이 지난 후의 이야기다. 특히 아스널이 상대 수비 뒷공간을 완벽하게 공략한 레스터전은 아넬카가 바라던 가장 이상적인 공격 패턴이었다. 이날 그의 두 번째 골도 비슷한 상황을 통해 만들어졌다. 베르캄프가 찔러준 스루패스를 아넬카가 발끝으로 찔러 넣은 것. 그는 득점에 성공한 후 팔을 들어 베르캄프를 가리키며 도움을 기록한 동료와 기쁨을 함께했다. 그러나 아넬카는 해트트릭을 작성한 세 번째 골을 넣은 후에는 도움을 기록한 오베르마스와 함께 득점을 축하하지 않았다. 이 둘은 원래 서로를 인정해주는 법이 별로 없었다. 이날 오베르마스의 패스를 받은 아넬카가 해트트릭을 기록한 후에도 팀 전원이 서로를 얼싸안는 세리머니만 있었고, 서먹한 두 선수 사이에서 분위기를 띄워준 건 베르캄프였다. 이처럼 오베르마스와 아넬카의 관계는 원만하지 않았다.

시즌 초반 아넬카가 팀 동료들이 패스를 해주지 않는다고 불평한 게 사건의 발단이 됐다. 아넬카는 오베르마스가 같은 네덜란드 선수인 베르캄프에게만 패스를 한다고 믿었다. 그는 프랑스 언론을 통해 "내가 만족해할 만큼 볼을 받지 못하고 있다. 오베르마스가 너무 이기적이어서 곧 감독과 만나 대화를 나눌 것"이라고 말했다. 이에 벵거 감독은 매우 영리하면서도 훌륭하게 대처했다. 그는 두 선수를 한꺼번에 자신의 사무실로 불러 삼자대면을 주선했다. 문제는 아넬카가 영어를 거의 할 줄 몰랐고, 오베르마스는 프랑스어를 알아듣지 못했다는 점이다. 그래서 벵거 감독은 이 둘을 불러 중재자 역할뿐만이 아니라 통역까지 해야 했다. 그러면서 그는 실로 '아름답게' 이 문제를 해결했다.

벵거 감독은 두 선수에게 무엇이 불만인지 구체적으로 털어놓으라고 주문했다. 그러자 아넬카는 프랑스어로 불만을 늘어놓았고, 오베르마스는 영어로 자신은 항상 아넬카의 움직임을 예의주시하고 있다며 도대체 무엇이 문제인지 이해할 수 없다고 설명했다. 통역사 역할을 맡은 벵거 감독은 이 둘이 뱉은 말을 그대로 서로에게 전해주는 대신 오베르마스에게는 아넬카가 더는 불만이 없다고 말했다고 알려줬고, 반대로 아넬카에게는 오베르마스가 그에게 더 패스를 하겠다는 약속을 했다고 말해줬다. 이처럼 벵거 감독은 두 선수에게 거짓말을 했지만, 적어도 임시적으로는 문제의 사건을 봉합할 수 있었다.

그러나 아넬카의 불만은 여기서 끝이 아니었다. 그는 아스널의 팀 전술까지 문제 삼기 시작했다. 아넬카는 훗날 자신의 포지션에 불만이 있었다며 "아스널에서 최전방 공격수로 많은 골을 넣으니 사람들은 그곳이 내게 가장 적합한 포지션이라고 생각한다. 그러나 그것은 사실이 아니다. 나는 베르캄프처럼 처진 공격수 자리에서 뛰는 게 더 편하다"고 말하기도 했다. 이후에도 아넬카는 레이몽 도메네크Raymond Domenech 프랑스 감독이 자신을 정통파 최전방 공격수처럼 기용하자 그의 결정을 '실수'라고 표현하며 "나는 좋은 경기력을 우선시한다. 그래서 나는 '진짜' 공격수들과는 다르다"고 말했다. 여기서 아넬카가 말하는 진짜 공격수는 콜이나 라이트처럼 골을 넣는 데 초점을 맞추는 선수라는 뜻으로 해석된다.

아넬카가 자기 자신을 진짜 공격수로 여기지 않았듯이 오언 또한 당시 잉글랜드 대표팀 수장 호들 감독으로부터 "선천적인 골잡이는 아니다"라는 평가를 받았다. 호들 감독의 이 발언은 잉글랜드 전역을 놀라게 했다. 호들 감독은 이 발언을 통해 오언을 칭찬하려는 의도였지만, 그는 언제나 그렇듯 말하는 게 서툴렀다. 이 때문에 호들 감독은 오해를 풀려고 오언에게 전화를 걸어 자신이 말하는 선천적인 골잡이는 페널티 지역 안에 서서 볼만 기다리는 선수를 뜻한다고 해명까지 했다. 실제로 오언은 처진 위치에서 침투를 시작해 단숨에 상대 수비 뒷공간으로 파고들어 스루패스를 받아 득점으로 연결하는 능력이 있었다. 호들 감독의 발언은 사실이었다. 오웬은 우선적으로 '스프린터'였고, 마무리는 그의 2순위 능력이었다.

1997년 5월 초, 영국에서는 혁신의 공기가 느껴졌다. 토니 블레어Tony Blair가 18년 만에 영국의 노동당 출신 총리로 당선되며 다우닝가 10번지10 Downing Street 관저에 입성했다. 이로부터 3일 뒤 잉글랜드 축구 팬들은 자국 대표팀에서 훗날 10번이 될 오언이 프로 데뷔전에서 팀이 윔블던에 1-2로 패한 경기에서 골을 터뜨리는 것을 목격했다.

오언은 데뷔전부터 전형적으로 본인다운 골을 넣었다. 그는 스티그 잉게 비외르네비에Stig Inge Bjornebye가 문전 왼쪽으로 연결한 스루패스를 받아 어깨를 열고 반대쪽 골포스트로 날린 정교한 슛으로 득점을 뽑아냈다. 이날 오언의 득점 방식은 그가 이로부터 수년간 수없이 많은 골을 넣은 시작이었다. 로이 에반스 리버풀 감독은 파울러가 출장정지 징계를 받아 최전방 공격수 스탠 콜리모어Stan Collymore 뒤에 패트릭 베르거Patrik Berger를 배치했던 이날 경기가 끝난 후 교체 투입된 오언의 활약에 대해 "동료의 패스를 활용하는 적절한 침투로 수비 뒷공간을 공략했다"고 평가했다.

오언은 프로 데뷔전을 치른 후 단 18개월 만에 지네딘 지단, 다보르 수케르Davor Suker, 호나우두에 이어 세계 올해의 선수 4위에 오르는 놀라운 업적을 달성했다. 그가 이처럼 고평가를 받은 데는 1998 프랑스 월드컵 아르헨티나전에서 쾌속 드리블로 수비수 두 명을 제친 후 골대 반대쪽에 꽂아 넣은 상징적인 득점의 몫이 컸다. 당시만 해도 TV로 해외 축구를 꾸준히 볼 기회는 드물었고, 큰 국제대회에서 선보이는 단 한 번의 중요한 장면이 선수 이미지에 큰 영향을 미쳤다.

오언은 마치 11세 이하 리그에서 활약하듯이 프리미어리그 무대를 누비며 혈기왕성한 젊음의 패기를 팬들 앞에서 선보였다. 실제로도 그는 자신의 유소년 선수 시절을 떠올리며 "나는 사실상 모든 골을 똑같은 방식으로 넣었다. 상대 수비를 넘기는 패스가 들어오면 내가 뒷공간으로 뛰어 들어가 마무리했다. 나는 그때 누구보다 발이 빨랐기 때문에 항상 상대 골키퍼와 일대일 상황을 맞아 마무리할 수 있었다. 11세 이하 축구에서는 크로스를 머리로 받는 상황이 많이 나오지 않는다. 그때 나는 항상 스루패스에 대비했다"고 말했다. 그러나 이러한 성향은 오언이 리버풀 1군 선수로 성장해서도 크게 달라지지 않았다.

그가 자신의 무서운 속도를 가장 잘 보여준 장면은 1997-98시즌

1-1로 비긴 맨유 원정에서였다. 그는 이날 리버풀이 0-1로 뒤진 상황에서 갑자기 뒷공간으로 날아 들어온 긴 패스를 받아 피터 슈마이켈을 비켜가는 슛으로 동점골을 뽑아냈다. 이 상황에서 그는 슈마이켈과 상대 중앙 수비수 개리 팰리스터(알렉스 퍼거슨 감독은 그를 맨유에서 자신이 지도한 가장 발이 빠른 선수라고 말한 적이 있다)보다 공에서 멀리 떨어져 있었다. 그러나 오언은 충격적으로 빨랐다. 다만 그는 이 경기에서 득점 후 얼마 지나지 않아 로니 욘센Ronny Johnsen을 상대로 시도한 끔찍한 태클로 퇴장을 당했다. 오언은 선수 시절 초기 규율을 준수하지 못하는 모습을 보여줬다. 한때 그는 잉글랜드 18세 이하 대표팀에서 유고슬라비아 수비수에게 박치기를 해 퇴장을 당하기도 했다.

오언은 데뷔 후 처음으로 한 시즌을 모두 소화한 1997-98시즌 개막전에서 페널티킥으로 넣은 골을 시작으로 총 18골을 기록하며 디온 더블린Dion Dublin, 크리스 서튼과 공동 득점왕을 수상한다. 그러나 오언은 노리치에서 중앙 수비수로 현역 생활을 시작해 시간이 지나면서 공격수로 보직을 변경한 더블린, 서튼과는 전혀 다른 유형의 선수였다. 더블린과 서튼은 워낙 제공권이 빼어나 수비수와 공격수를 두루 소화할 수 있었다. 그러나 오언은 모든 걸 스피드로 해결했다. 실제로 1997-98시즌 그는 페널티킥으로 넣은 득점을 제외하고 기록한 모든 골 중 절반을 상대 수비 뒷공간을 공략한 후 이어진 마무리로 뽑아냈다.

아직 단 17세에 불과했던 오언의 기술적인 능력은 단순한 수준이었다. 훗날 알렉스 퍼거슨 감독은 자서전을 통해 맨유와 리버풀의 라이벌 관계를 언급하며 오언이 어린 나이부터 지나치게 많은 프로 경기를 소화하기 시작한 건 그의 몸 상태에만 지장을 준 게 아니라 기술적인 성장에도 영향을 미쳤다고 설명했다. 퍼거슨 감독은 "그 당시 누군가 오언을 따로 불러 기술적인 부분을 훈련시킬 기회조차 없었다"고 말했다.

실제로 1997-98시즌 오언이 왼발로 넣은 골은 단 한 차례에 불과했다. 이마저도 그가 코벤트리를 상대로 아무도 없는 골대를 향해 슬라이딩하며 왼발로 밀어 넣은 골이었다. 또한 오언이 당시 머리로 넣은 골 역시 사우샘프턴전에서 상대 골키퍼를 맞고 뜬 공을 단 1m 거리에서 헤딩으로 밀어 넣은 단 한 차례에 그쳤다. 즉 오언은 자신이 넣은 18골 중 16골을 오른발로 넣었다. 눈에 띄는 점은 그는 항상 볼을 잡으며 자신이 선호하는 오른발로 슈팅 각도를 만들려고 노력했다. 심지어 오언은 상대 수비가 왼쪽으로 자신을 몰아가도 오른발 슈팅만을 고집했다. 그는 개인 통산 최초로 해트트릭을 기록한 1998년 발렌타인데이에 열린 셰필드 웬즈데이 원정에서 두 골을 오른발 바깥쪽으로 터뜨렸다. 상대 수비는 갈수록 오언의 약점을 간파했다. 맨유 수비수 야프 스탐Jaap Stam 은 오언을 만날 때마다 그의 움직임을 왼쪽으로 몰아가는 게 주된 수비 방식이었다고 공개적으로 밝히기도 했다. 이 때문에 오언은 강제로라도 더 다재다능한 선수로 성장해야 했다.

이후 오언은 수년간 왼발과 머리로 득점하는 능력을 향상하는 데 많은 시간을 할애했다. 그 성과는 확실했다. 2000-01시즌이 되자 오언은 비로소 전천후 공격수로 성장했고, 이 사실을 세리머니로 당당히 밝혔다. 그는 8월 리버풀이 3-3으로 비긴 사우샘프턴 원정에서 왼발로만 두 골을 넣었다. 오언은 이날 두 번째 득점에 성공한 후 한 손으로는 손가락 두 개를 펴고 두 골을 넣었다는 사실을 알렸고, 다른 한 손으로는 자신의 왼발을 가리켰다. 바로 한 달 후 그는 선덜랜드를 상대로 크리스티안 지게Christian Ziege가 올린 프리킥을 193cm 장신 나이얼 퀸을 넘어 강력한 헤딩슛으로 연결해 득점을 기록했다. 그러자 오언은 이번에는 자신의 머리를 손바닥으로 치며 골을 자축했다. 또한 그는 리버풀이 아스널에 압도당했던 FA컵에서 두 골을 터뜨리며 거의 혼자 힘으로 2-1 팀의 역전승과 우승을 이끌었다. 자신의 전매특허인 빠른 발로 상대 수비 뒷공간을 파고든 그는 반대쪽 포스트를 향한 강력한 왼발 슛으로 승부를 뒤집었다.

이외에도 리버풀은 리그컵과 UEFA컵 우승까지 차지했다. 이어 리버풀은 2001-02시즌 초반 채리티 실드Charity Shield와 유러피언 슈퍼컵European Super Cup 우승 트로피도 들어 올렸다. 오언은 리버풀의 잇따른 성공에 이어 잉글랜드 대표팀에 합류해 라이벌 독일을 상대로 해트트릭을 작성하며 팀에 5-1 대승을 이끈 덕분에 2001년 발롱도르 수상이라는 최고의 영예를 안았다. 역사상 프리미어리그에서 활약 중인 선수가 발롱도르를 수상한 건 오언을 제외하면 2008년 크리스티아누 호날두Cristiano Ronaldo가 유일하다. 그런데도 오언은 자신이 현역 시절 최고의 활약을 펼친 시기는 2001년보다 몇 년 더 이른 시점이라고 말한다.

오언의 실질적인 성향이 9번에 더 가까웠는데도 등번호 10번을 달고 리버풀과 잉글랜드 대표팀에서 활약한 건 분명히 특이한 부분이다. 그러나 오언이 함께 호흡을 맞춘 공격수의 성향을 고려하면 등번호 10번을 선택한 그의 결정은 어쩌면 당연했을지도 모른다. 그는 파울러가 압도적인 모습을 보인 시절 리버풀의 신성으로 떠올랐다. 오언이 리버풀 유소년팀을 거치던 시절 그는 파울러를 자신의 우상으로 여겼다. 그러나 이 둘이 함께 호흡을 맞추기에는 성향이 너무 비슷했다.

시간이 지나 오언은 아넬카가 아스널에서 그랬던 것처럼 리버풀의 플레이메이커 스티브 맥마나만이 항상 친한 친구 파울러에게만 패스를 한다며 불만을 내비쳤다. 잉글랜드 대표팀에서는 앨런 시어러가 주장을 맡고 있었다. 그는 잉글랜드의 간판 선수였고, 전형적인 9번이었다. 블랙번 로버스 시절 서튼과 한 차례 그랬듯 시어러는 자신 외에 또 다른 9번과 호흡을 맞추는 걸 좋아하지 않았으며 연결고리 역할을 해줄 파트너를 선호했다. 그래서 시어러는 테디 셰링엄Teddy Sheringham과 훌륭한 조합을 형성했다.

이 때문에 호들 감독은 1998 프랑스 월드컵에서 오언을 외면하고 시어러와 셰링엄으로 선발 공격진을 구성했다.

호들 감독의 잉글랜드 사령탑 후임 케빈 키건은 시어러의 능력을 매우 높게 평가했다. 세계 기록을 세운 이적료를 투자해 시어러를 뉴캐슬로 영입한 인물도 바로 키건 감독이었다. 이 때문에 키건 감독은 시어러를 상대 팀 최종 수비수와 경합할 최전방 공격수로 낙점하고, 오언에게 처진 공격수 역할을 주문했다. 오언에게 이러한 역할은 어울리지 않았다. 오언은 훗날 키건 감독 시절의 잉글랜드 대표팀을 언급하며 "이때가 처음으로 내 능력을 의심하게 된 시기"라고도 말했다. 실제로 그는 2000년 이후 시어러가 대표팀 은퇴를 선언하고, 키건 감독의 사임 후 스벤 요란 에릭손 감독이 부임하며 잉글랜드 대표팀에서도 꾸준한 활약을 펼치기 시작했다.

같은 해 리버풀은 에밀 헤스키Emile Heskey를 영입했고, 그는 장차 오언과 함께 유명한 '빅 앤 스몰' 공격진 조합을 이룬다. 오언은 헤스키에 대해 "그는 기세가 오르면 정말 특별해지는 존재다. 우리 둘이 함께 사기가 올랐을 때면 우린 정말 강력한 공격 조합을 형성했다. 그러나 에밀(에스키)은 경기력에 기복이 있는 편이었고, 나는 그와 함께하는 동안 부상이 있었다. 그래서 나와 그의 조합이 엄청나게 성공적이었다거나 꾸준했다고 말할 수는 없다"고 설명했다. 흥미로운 점은 오언이 처진 공격수보다는 정통파 공격수와 호흡을 맞추는 게 더 편하다고 밝힌 사실이다. 아스널의 아넬카와 달리 오언에게는 베르캄프와 같이 자신을 지원사격해줄 천재형 처진 공격수가 없었다. 이 때문에 오언의 리버풀 동료들은 당시 팀에 플레이메이커가 없다는 데 불만을 드러내기도 했다.

오언보다 앞서 리버풀을 대표하는 공격수로 활약한 파울러 역시 창조적인 파트너와 호흡을 맞출 기회가 없었다는 데 불만을 드러낸 적이 있다. 더 구체적으로 그는 1990년대 후반 리버풀이 적극적으로 셰링엄 영입을 추진하지 않은 점과 자기 자신을 리버풀 팬이라고 밝힌 아약스의 야리 리트마넨Jari Litmanen에게 더 좋은 조건을 제시하지 않아 그를 바르셀로나에 빼앗긴 데 아쉬움을 나타냈다. 리트마넨은 2001년이 돼서야 리버풀에 입단하며 꿈을 이뤘다.

당시 리버풀 수비수 제이미 캐러거Jamie Carragher는 "야리(리트마넨)는 우리가 그토록 필요하다고 아우성을 친 유형의 선수였다. 그는 최전방 공격수 뒷자리에서 활동했고, 모든 정상급 팀에는 이러한 선수가 한 명씩 있었다. 맨유는 에릭 칸토나를 영입한 후 수차례 우승을 차지하기 시작했고, 아스널에는 데니스 베르캄프가 있었다. 나는 매년 여름 리버풀이 이적시장에서 그들과 비슷한 선수를 영입했으면 하는 바람이 있었다"고 말했다. 그러나 30세에 리버풀로 이적한 리트마넨은 잦은 부상에 시달리며 강한 인상을 남기지 못했다. 그가 4년만 더 일찍 리버풀로 이적했더라면 아마 상황은 많이 달라졌을 것이다.

오언과 호흡이 가장 잘 맞은 선수는 스티븐 제라드Steven Gerrard였다. 그가 미드필드 깊숙한 위치에서 정확한 스루패스로 오언에게 득점 기회를 만들어주는 역할을 했기 때문이다. 오언이 리버풀을 떠나기 전 마지막으로 기록한 골은 뉴캐슬과의 2003-04시즌 최종전이었다. 이날 리버풀의 유일한 골을 넣은 오언은 훌륭한 감아차기 패스로 도움을 기록한 제라드와 함께 골을 자축했다. 다만 당시 제라드의 위치는 워낙 미드필드 깊숙한 곳이었던 만큼 그는 오언과 직접적인 파트너 관계를 맺지는 못했다. 그가 공격수와 더 가까운 위치에서 뛴 건 이로부터 몇 년이 지난 후였다. 만약 오언이 리버풀에 계속 남았거나 제라드가 전술적으로 전진 배치된 시점이 조금만 더 일찍 앞당겨졌다면 이 둘은 완벽한 호흡을 자랑하는 파트너가 될 수도 있었다. 오언은 짧은 시간이나마 잉글랜드 대표팀에서 웨인 루니Wayne Rooney와 효과적인 호흡을 선보였다. 그러나 당시에도 오언보다는 더 직선적인 유형의 공격수였던 루니가 더 위협적인 골잡이였다.

그러나 오언이 리버풀에서 호흡을 맞춰본 공격수 중 가장 흥미로운 조합을 구성했던 선수는 다름 아닌 아넬카였다. 이 둘은 거의 같은 시기에 등장해 비슷한 역할을 해온 선수들이었지만, 위에 언급된 것처럼 아넬카는 최전방 공격수로 뛰는 데 만족감을 느끼지 못한 선수였다. 결국 그는 2001-02시즌 도중 약 반 시즌 정도 리버풀로 임대 이적해 자신이 원하는 자리에서 활약할 기회를 잡았다. 아넬카는 "나는 리버풀에서 내 최고의 축구를 했다. 리버풀에서 내게 최고로 잘 맞는 포지션에서 뛰었기 때문이다. 오언이 핵심 공격수였으며 그는 어떤 상황에서도 골을 넣는 방법을 알았다. 그는 내가 최고의 활약을 할 수 있게 해줬다"고 설명했다.

오언도 아넬카를 좋게 기억하고 있다. 오언은 "아넬카는 우리 팀에서 많은 골을 넣지는 않았다. 그러나 그가 대단한 능력을 지닌 클래스 있는 선수임을 알아채기란 어렵지 않다. 팀 훈련에서도 그는 훌륭한 터치를 보여줬고, 2선으로 내려가 동료들과 연계할 줄도 알았다. 게다가 그는 스피드까지 있었다"고 말했다. 아넬카 또한 오언에게 스피드가 특출한 선수였다는 인정을 받은 데는 만족할 것이 분명하다. 그러나 리버풀은 아넬카와의 임대가 끝난 후 완전 영입을 하지 않았다. 대신 제라르 울리에 감독은 엘-하지 디우프El-Hadji Diouf를 아넬카의 대체자로 영입했다. 디우프는 아넬카의 모든 단점은 그대로 닮았으나 장점은 별로 없었다. 이어 2004년 오언의 대체자로 영입한 지브릴 시세Djibril Cisse도 스피드는 엄청났으나 디우프와 비슷한 평가를 받을 만한 영입이었다.

오언이 레알 마드리드로 이적한 시기는 그가 이미 정점을 찍은 후였다. 그는 레알 마드리드에서 상당 시간을 벤치에서 보내야 했다. 오언은 앞선 1999년 4월 리즈와의 경기에서 상대 수비 뒷공간으로 침투하는 과정에서 달리다가 심각한 햄스트링 부상을 당한 뒤, 계속 크고 작은 부상에 시달렸다. 리버풀 피지컬 트레이너 마크 레더Mark Leather의 바람과는 달리, 오언이 부상으로부터 너무 일찍 복귀한 데에는 울리에 감독의 고집도 부분적으로 작용했다.

오언은 2013년 현역 은퇴를 선언하며 "부상이 내 최대 장점이었던 스피드를 빼앗아가지 않았다면 어떻게 됐을까?'라는 의문이 여전히 내 안에 존재한다. 내 하이라이트 영상을 보면 대부분이 커리어 초기에 나온 상황이다. 이제는 만약 내 몸이 더 오랜 시간 내가 감당해야 했던 부담을 견뎠다면 무엇을 더 이룰 수 있었을지 상상밖에 할 수 없다. 어찌 보면 나는 필요 이상으로 빨랐던 것 같다. 난 19세 때 리즈에서 햄스트링이 망가졌고, 결국 이 부상 탓에 내 선수 생활의 타협점을 찾아야 했다. 만약 내 스피드에 지장을 준 부상만 아니었다면 나는 의심의 여지가 없이 지금 이 자리에서 수많은 상과 기록을 가지고 있었을 것"이라는 슬픈 발언을 남겼다.

시간이 지나 스피드를 잃은 오언은 처진 공격수 자리로 내려가 활약했다. 그는 공격수를 깊은 위치에 배치하는 데 아무런 거리낌이 없는 키건 감독이 복귀한 뉴캐슬에서 마크 비두카Mark Viduka와 오바페미 마틴스Obafemi Martins를 받쳐주면서 2007-08시즌 인상적인 활약을 펼치기도 했다. 그러나 오언은 다시는 전성기 때의 모습을 보여주지는 못했다. 오언이 뉴캐슬을 떠나 자유계약 신분이 되자 그의 매니지먼트 회사는 34페이지에 달하는 홍보물을 제작해 그를 영입하는 데 관심을 보일 만한 구단에 보냈다. 이 문서는 오언이 부상 위험이 큰 선수가 아니라는 점과 그동안 언론을 통해 보도된 소문이 사실이 아니라는 내용을 담고 있었다. 여기서 오언의 '브랜드 가치'를 소개한 한 페이지에는 그를 가장 잘 설명하는 단어 21개가 나열됐는데, 이 중에는 '멋있다', '열망이 있다', '카리스마 있다', '깔끔하다', '신선하다' 등 다소 우스꽝스러운 표현도 포함돼 있었다.

이 광고물이 얼마나 도움이 됐는지는 모르겠지만, 어찌 됐든 오언은 이후 프리미어리그 챔피언 맨유로 이적해 앞서 떠난 크리스티아누 호날두의 등번호 7번을 배정받았다. 그는 2010-11시즌 프리미어리그 우승을 차지했지만, 당시 "조금 공허하다"는 소감을 밝히기도 했다. 실질적으로 그가 팀에 큰 보탬이 되지는 못했기 때문이다. 이후 오언은 스토크로 이적해 한 시즌 동안 출전한 경기에서 단 한 번도 승리하지 못했고, 득점은 1-3 완패를 당한 스완지 원정에서 넣은 한 골에 그쳤다. 현역 시절 마지막 골로는 분명 어울릴 만한 득점이 아니었다.

문제는 오언의 발이 느려진 게 다가 아니었다. 시간이 지나며 강등권 싸움을 해야 하는 하위권 팀들도 후방에 촘촘한 수비진을 구성하기 시작했다. 1990년대 축구는 대다수 프리미어리그 팀이 수비진을 끌어 올려 상대 공격수를 문전에서 최대한 멀리 떨어지게 하는 동시에 뒷공간을 노출하는 빈도가 높았다. 그러나 2000년대 들어서는 스피드가 빠른 공격수 두 명으로 공격진을 구성하는 팀들이 점점 많아졌다. 앙리 옆에 실뱅 윌토르Sylvain Wiltord를 세운 아스널, 오언 옆에 디우프Diouf를 세운 리버풀이 대표적인 예다.

제공권을 중시한 1990년대에 이러한 현상은 매우 드물었다. 그러나 이후 수비수들의 위치가 낮아짐에 따라 빠른 공격수 듀오는 보편적이지 않게 됐다. 게다가 수비 라인을 전진 배치하는 팀에서 활약하는 수비수들조차 차츰 발이 빠른 선수들이 많아졌고, 오언에게 이는 곧 재앙이었다. 오언은 "최고의 수비수와의 맞대결에서 내가 활용한 핵심 무기는 스피드였다. 민첩한 수비수를 상대하는 게 가장 어려웠다. 수비수의 체격은 내게 문제가 되지 않았다. 나는 스피드를 앞세운 선수였기 때문에 내게 껄끄러운 상대는 나와 비슷한 장점을 보유한 수비수였다"고 말했다.

시대가 변하며 수비수들이 빨라진 이유는 바로 오언과 같은 공격수의 존재 때문이기도 했다. 훗날 아르센 벵거 감독은 "축구는 항상 진보한다.

공격이 문제를 제기하면 수비가 대응책을 마련하는 식이다. 지난 10년간 공격수들이 갈수록 빨라졌다. 그래서 어떻게 됐나? 수비 또한 갈수록 빨라지는 수비수를 배출하며 이에 대응한 것"이라고 말했다. 이 관점에서 보면 오언 또한 자신이 만든 성공 안에서 희생양이 된 사례라고 볼 수 있을 것이다.

PART 3
유럽 무대로의 확장

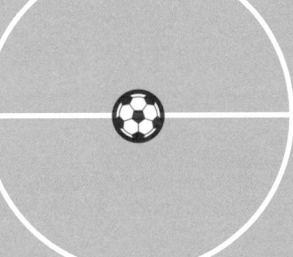

맨유의 유럽 무대 도전과 로테이션 시스템

"그의 경기 전 팀 미팅은 시즌이 갈수록 길어진다. 그는 우리가 유럽 무대 경기에 나서기 전에는 항상 무더기로 쌓인 자료를 연구했다."

- 앤디 콜

맨체스터 유나이티드의 1998-99시즌은 여전히 잉글랜드 축구 역사에 가장 위대한 업적으로 남아 있다. 맨유를 제외한 어떤 잉글랜드 팀도 지금까지 트레블을 달성하지 못했다. 당시 맨유는 연달아 열린 프리미어리그, FA컵 그리고 챔피언스리그 최종전에서 모두 승리하며 역사를 새로 썼다. 이로부터 한 달이 지난 뒤 알렉스 퍼거슨은 '알렉스 퍼거슨 경Sir Alex Ferguson'이 됐다.

맨유는 당시 상상하기 힘든 상황에서도 승리를 거뒀다. 프리미어리그 최종전에서 토트넘을 상대로 역전승을 거뒀고, FA컵 4강에서는 아스널을 상대로 대회 역사상 최고의 경기로 남을 만한 명승부를 연출하며 라이언 긱스의 전설적인 골 덕분에 승리했다. 그중에서도 가장 기억에 남을 만한 경기는 챔피언스리그 결승전이었다. 그 경기에서 맨유는 바이에른 뮌헨에 후반전 추가시간까지 0-1로 끌려갔지만, 갑작스럽게 두 골을 몰아치며 상대를 충격에 빠뜨리는 역전승을 완성해냈다. 수많은 전문가가 맨유가 보여준 불굴의 투지를 칭찬했고, 이때부터 퍼거슨 감독은 전술적으로 진화하며 프리미어리그 내 경쟁 상대보다 훨씬 더 수준 높은 축구를 구사하기 시작했다.

이 중에서도 챔피언스리그 우승은 매우 중요했다. 맨유가 프리미어리그를 대표해 유럽의 강호로 떠오르는 계기가 됐기 때문이다. 당시 대다수 잉글랜드 팀들이 1990년대에 유럽 무대에서 펼쳐 보인 경기력은 창피한 수준이었다. 맨유는 로토르 볼고그라드, 블랙번은 트렐레보리, 아스널은 PAOK 살로니카에 패해 탈락한 시기도 있었다. 그러나 맨유는 1998-99시즌 바이에른 뮌헨, 바르셀로나, 인터 밀란, 유벤투스를 차례로 넘으며 결승전에 올랐다. 결국 맨유는 결승전에서 성사된 바이에른 뮌헨과의 재대결에서 또 승리하며 우승 트로피를 차지했다. 퍼거슨 감독은 훗날 "개인적으로 유럽 무대를 십자군 전쟁처럼 여기기 시작했다. 나는 챔피언스리그 우승 없이는 내가 위대한 감독으로 평가받을 수 없다는 사실을 알았다"고 말했다. 퍼거슨 감독은 1990년대를 통해 길고도 점진적인 발전을 이뤄냈다.

맨유는 1990년대 후반에도 전술적으로 큰 변화를 주지는 않았다. 퍼거슨 감독은 계속 4-4-2 포메이션을 썼다. 아마 이때 쓴 그의 4-4-2 포메이션은 에릭 칸토나가 활약했던 시절보다 더 전형적인 4-4-2에 가까웠을 것이다. 칸토나의 존재는 4-4-2를 실질적으로 4-4-1-1로 만들었기 때문이다. 그러나 칸토나는 1997년 현역 은퇴를 선언했고, 테디 셰링엄만으로는 그를 대체하기 어렵다는 평가가 잇따르자 드와이트 요크가 영입됐다. 이로써 맨유는 콜, 요크, 셰링엄, 솔샤르라는 최정상급 공격진을 구축하게 됐다. 전문가들은 퍼거슨 감독이 공격수 네 명을 한꺼번에 만족시킬 만한 선수단 운영을 할 수 있을지 의구심을 드러내기도 했다. 실제로 솔샤르는 1996-97시즌, 콜은 1997-98시즌 각각 팀 내 최다 득점자로 활약했으며 셰링엄은 토트넘 시절 한 시즌 팀 내 최다 득점자를 4회, 요크는 애스턴 빌라에서 3회씩 차지했다. 이처럼 이 넷 중 누구도 백업 역할에 만족할 선수는 없었다.

요크는 상대 수비와 미드필드 사이 공간을 파고드는 처진 공격수 역할을 했지만, 칸토나보다는 전형적인 공격수에 더 가까웠다. 더 중요한 건 그가 앤디 콜과 기가 막힌 파트너십을 구축했다는 점이다. 이는 요크의 합류가 콜의 입지에 영향을 줄 수밖에 없다던 시즌 전 예상을 빗나가게 하는 의외의 현상이었다. 요크가 맨유로 이적하자 콜이 그가 떠난 애스턴 빌라로 돌아갈 수도 있다는 루머까지 있던 터였다.

퍼거슨 감독 역시 요크를 영입할 때까지만 해도 그를 콜과 함께 기용할 계획을 세우지는 않았다고 말했다. 게다가 요크는 맨유 이적 후 첫 경기에서 콜과 함께 선발 출장했으나 팀은 웨스트햄 원정에서 0-0 무승부에 그쳤다. 그러나 이후 콜과 요크는 돈독한 관계를 맺게 됐다. 심지어 콜은 맨유가 당시 구단 최고 이적료를 들여 영입한 요크를 집으로 초대해 저녁 식사를 대접하며 그에게 맨체스터에 적응할 수 있도록 돕겠다고 약속했다. 이 둘은 떨어질 수 없는 사이로 발전했고, 나중에는 똑같은 보라색 벤츠 자동차를 사서 운전하고 다니기도 했다. 콜은 "과거 내가 혼자 고립돼 생활하던 시절을 기억하고 있었다. 당시 나는 은둔 생활을 했다. 다른 누구도 나처럼 고통받기를 바라지 않았다. 그가 적응하는 데 내가 도움을 줄 수 있다는 걸 알았다"고 말했다.

앨런 시어러와 크리스 서튼의 경우처럼 굳이 개인적으로 친하지 않아도 경기장 안에서는 훌륭한 조합을 구축할 수 있다. 실제로 콜은 수년간 셰링엄과 대화도 하지 않는 서로를 증오하는 관계였지만, 그와 함께 뛸 때 꽤 좋은 활약을 펼쳤다. 그러나 요크와 콜이 맺은 가까운 관계는 전술적으로 발전한 맨유의 모습을 그대로 비춰주는 요인이 됐다. 이전까지 콜은 감정 기복이 심하고, 은둔 생활을 즐기는 상대하기 어려운 성격의 소유자라는 시선을 받았다. 케빈 키건 감독도 콜을 팀 동료와 연계하는 능력은 없는 골만 넣는 선수로 여겨 이적시켰다. 그러나 콜은 자신과 반대로 성격이 활발한 요크와 친구 사이로 발전한 후 맨유의 핵심 선수로 성장했다. 이에 요크와 콜은 단 한 번도 서로 호흡을 맞추려고 특별히 훈련을 한 적은 없다며 모든 것이 텔레파시만으로 통했다고 말했다.

이 둘이 만든 가장 기억에 남는 작품은 바르셀로나의 홈구장 캄프 누에서 완성됐다. 요크는 자신에게 오는 패스를 다리 사이로 흘려보냈고, 콜은 이를 잡아 다시 요크와 빠르게 2 대 1 패스를 주고받으며 바르셀로나 수비진을 무너뜨린 후 영리한 마무리로 결정지었다. 이 두 선수의 공격 조합은 맨유의 1998-99시즌을 대표하는 조합이었다. 4-4-2 포메이션은 많은 조합으로 구성되는 포메이션이며 당시 맨유에는 골키퍼 피터 슈마이켈 앞에 무려 다섯 쌍의 믿을 만하고 균형 잡힌 조합이 버티고 있었다.

후방에서는 야프 스탐Jaap Stam과 로니 욘센Ronny Johnsen이 호흡을 맞췄다. 스탐은 잉글랜드 진출 후 빠른 경기 템포에 고전한 시기도 있었지만, 이 둘은 훌륭한 중앙 수비 조합을 형성했다. 스탐은 강인함으로, 욘센은 침착함과 영리함으로 서로를 보완해주는 관계를 맺었다. 둘 다 움직임이 민첩했고, 퍼거슨 감독은 일대일 수비에 능한 두 수비수를 신뢰했다.

데이비드 베컴과 개리 네빌 또한 좋은 친구 사이였다. 심지어 네빌은 베컴의 결혼식에 신랑 들러리로 참석하기까지 했다. 이 둘의 관계는 경기장 오른쪽 측면에서 이어졌다. 베컴은 자신이 대체한 안드레이 칸첼스키스처럼 발이 빠른 윙어는 아니었지만, 측면 미드필더로 활약하며 깊숙한 위치에서 자주 안쪽으로 들어오며 네빌이 오버래핑 후 크로스를 올릴 수 있게 공간을 창출했다. 그러나 둘 중 스타 플레이어는 분명히 베컴이었다. 베컴은 1998 프랑스 월드컵 아르헨티나전에서 퇴장을 당해 잉글랜드가 탈락하는 데 주범으로 내몰린 직후 열린 1998-99시즌 누구보다 더 많은 도움을 기록했다.

왼쪽에서는 라이언 긱스와 데니스 어윈Denis Irwin이 오랜 관계만큼이나 경기장 안에서도 훌륭한 조합을 이뤘다. 긱스가 베컴보다 훨씬 더 드리블 돌파를 많이 하는 스타일이었기 때문에 어윈은 자연스럽게 네빌보다 공격 가담 횟수가 적었다. 게다가 어윈은 오른발잡이였기 때문에 왼쪽 측면으로 공격에 가담하는 데 적극적이지 않았다. 또한 당시 그는 33세였던 만큼 더 보수적인 역할을 자처했다. 마지막으로 중앙 미드필드에는 로이 킨과 폴 스콜스가 있었다. 킨이 더 깊숙한 위치에서 수비적인 역할을 맡으며 스콜스는 앞으로 전진해 긱스와 베컴에게 패스를 뿌려준 후 자신이 직접 문전으로 침투해 득점을 노렸다. 당시 맨유는 훌륭한 균형을 자랑하는 베컴, 킨, 스콜스, 긱스 4인방이 팀을 이끌었다. 그 네 명은 곧 뛰어난 크로스, 태클, 패스, 드리블을 구사하는 선수들의 조합이었다.

킨과 긱스는 1993-94시즌부터 퍼거슨 감독의 신임을 얻으며 많은 경기에 출전했지만, 이때까지 베컴과 스콜스는 주전급으로 성장하지 못했다. 베컴과 스콜스는 전형적인 4-4-2 포메이션의 미드필더 네 자리에 요구되는 성향과는 다른 기교파 선수들이었다. 스콜스는 볼을 쟁취하는 선수가 아닌(오히려 태클은 그의 최대 단점이었다) 플레이메이커였고, 베컴은 스피드를 앞세운 윙어가 아니라 볼을 잘 다루는 미드필더였다. 이 둘의 이러한 장점은 프리미어리그보다 볼을 소유하는 게 중요한 유럽 무대에서 효과를 발휘했다. 퍼거슨 감독의 말대로 유럽 무대에서는 한 번 볼을 잃으면 이를 되찾아오는 데 오랜 시간이 걸렸다.

맨유의 '클래스 오브 92'는 칸토나로부터 프로 정신을 배웠지만, 베컴과 스콜스는 오히려 그가 은퇴하며 남긴 빈자리를 메우면서 더 큰 성장을 했다. 퍼거슨 감독은 스콜스를 '칸토나와 비슷한 유형'의 처진 공격수라고 평가하며 오랜 기간 그를 칸토나의 후계자로 낙점하고 있었다고 설명했다. 한편 베컴은 칸토나의 상징적인 등번호 7번을 물려받으며 맨유의 '도움왕'으로 성장했다. 물론 그가 기록한 도움의 유형은 칸토나와 매우 달랐다. 게다가 칸토나에게는 챔피언스리그에 출전하면 영향력이 급감하는 약점이 있었다. 유럽 무대에서 맨유를 상대하는 상대 팀은 칸토나 같은 유형의 처진 공격수를 막는 데 익숙했기 때문이다. 킨 또한 "칸토나가 유럽 무대에서 흐름을 바꾼 경기를 단 한 차례도 기억할 수 없다"고 말하기도 했다.

맨유가 트레블을 차지한 1998-99시즌 중반에도 중요한 변화가 한 차례 있었다. 브라이언 키드Brian Kidd 수석코치가 시즌 도중 블랙번 감독을 맡게 됐기 때문이다. 퍼거슨 감독은 키드를 스티브 맥클라렌Steve McClaren으로 대체했다. 당시 맥클라렌은 더비 카운티에서 잉글랜드의 가장 촉망받는 젊은 지도자로 평가받던 재목이다. 맥클라렌은 키드와 마찬가지로 맨유 팀 훈련을 대부분 직접 진행했고, 선수들도 그의 혁신적인 훈련 방식에 호감을 드러냈다. 맥클라렌은 노트북 컴퓨터를 들고 다녔는데, 이는 당시 잉글랜드 축구계에서는 보기 어려운 광경이었다. 그는 축구 분석도구인 프로존ProZone을 활용해 촬영된 경기 영상과 특정 상황이 편집된 자료를 기반으로 훈련 프로그램을 구성했다. 킨, 베컴, 긱스는 맥클라렌에 대해 똑같은 평가를 내놓았다. 그가 혁신가였으며 항상 무언가 새로운 걸 시도했다는 게 그들의 평가다. 맥클라렌은 맨유가 경기를 준비하는 과정을 현대화하는 데 매우 큰 도움을 준 인물이다.

퍼거슨 감독이 유럽 무대에서 경험을 쌓으면서 맨유도 프리미어리그에서 가장 전술적으로 영리한 팀으로 성장했다. 이 시절에도 잉글랜드 축구계에는 수많은 외국인 선수가 유입됐으나 잉글랜드는 여전히 나머지 유럽 국가들과 동떨어진 축구를 하고 있었다. TV로 중계되는 해외 축구 경기는 적었고, 프리미어리그에는 외국인 감독도 적었으며 유럽 무대에서 강세를 보인 팀도 적은 편이었다. 맨유가 챔피언스리그 출범 후 출전한 다섯 번째 대회에서 우승을 차지한 1999년 당시 나머지 프리미어리그 팀 중 어떠한 팀도 한 차례 이상의 출전 경력을 보유하지 못했다.

유럽 무대에서 강세를 보인 팀들은 전술적으로 대다수 프리미어리그 팀과 차원이 다른 축구를 구사했다. 이 덕분에 꾸준히 유럽 무대에 진출한 퍼거슨 감독은 프리미어리그에서 경쟁한 타 팀들보다 전술적으로 발전하는 데 유리한 고지를 점령했다. 퍼거슨 감독은 1990년대 중반 스위퍼를 중용한 아약스, AC 밀란의 콤팩트 축구, 바르셀로나의 점유율 축구를 보며 "유럽 무대에서 수많은 전술 시스템을 직접 보는 건 정말 흥미로웠다"고 말하기도 했다. 실제로 퍼거슨 감독은 이때부터 자주 해외로 유럽 무대에서 만날 상대 팀을 점검하러 스카우팅 출장을 나섰다.

몇몇 맨유 팬들은 퍼거슨 감독이 중요한 경기를 앞두고 선발 명단에 불필요할 정도로 많은 변화를 주는 습관을 보인 1990년대 초중반 그에게 '팅커벨Tinkerbel'이라는 별명을 붙여줬다. 그가 웨스트햄을 상대한 1994-95시즌 최종전에서 갑자기 4-5-1 포메이션을 쓰며 무승부에 그쳐 우승을 놓치며 팬들을 분노케 한 적도 있다. 그러나 이런 과정을 거쳐 진화한 맨유의 전술적 변화는 챔피언스리그에서 전력이 더 강한 상대를 만났을 때 빛을 발휘했다. 퍼거슨 감독은 항상 유럽 무대에서 교훈을 얻었다. 그는 1994년 바르셀로나 원정에서 0-4로 대패한 후 팀이 뒤처졌다는 사실을 인지했다.

그는 "전술적으로 졌을 때는 두 손 들고 패배를 인정해야 한다. 문제는 잉글랜드에는 전술적인 축구가 없다는 점이다. 맨유에서도 많은 선수가 스스로 자기만의 축구를 하려고 한다. 이는 우리가 이미 경험한 대로 유럽에서 통하지 않는다. 전술적으로 규율을 잡아야 한다. 선수들이 따로따로 경기를 해서는 안 된다"고 말했다.

프리미어리그에서도 상대 팀에 따라 팀 전술을 조정해야 한다는 사실이 중요하게 여겨지기 시작한 때가 바로 이때다. 맨유는 퍼거슨 감독이 프리미어리그에서 최대 라이벌로 여긴 뉴캐슬을 2-0으로 완파한 지 단 4일 후 바르셀로나 원정에서 대패를 당했다. 뉴캐슬전 맨유의 경기력은 훌륭했다. 그러나 그들이 짧은 기간에 뉴캐슬과 바르셀로나를 상대로 전혀 다른 경기력을 보여줬다는 건 당시 잉글랜드와 유럽 축구의 격차를 고스란히 보여주는 결과였다. 뉴캐슬전은 양 팀이 자유롭게 공수를 넘나드는 형태로 진행됐다. 그러나 퍼거슨 감독은 4일 후 바르셀로나 원정에서 맨유가 너무도 쉽게 볼을 빼앗기는 모습을 보면서 큰 충격을 받았다. 반대로 맨유는 바르셀로나가 볼을 잡았을 때 이를 다시 찾아오지 못했다. 그래서 퍼거슨 감독은 이 시점부터 점유율을 높이는 축구를 하는 데 집중했다.

퍼거슨 감독은 오늘날에는 너무도 단순한 설명으로 들리는 내용을 마치 큰 깨달음을 얻은 것처럼 말했다. "유럽 무대에서는 미드필드에서 서로 패스를 주고받는다. 그들은 삼각형 형태로 패스를 돌리며 볼을 소유하고, 상대를 2 대 1 패스로 무너뜨린다. 반면 우리는 미드필더가 측면으로 공을 운반하거나 측면 수비수, 최전방 공격수에게 패스한다"고 말했다. 이는 단순하면서도 중요한 내용이다. 이로부터 10년 이상 점유율 축구를 위한 싸움이 유럽을 지배했기 때문이다. 그 와중에 프리미어리그에서 미드필드는 전쟁 지역으로 여겨졌고, 강한 태클로 볼을 쟁취하고 다른 곳으로 운반해야만 하는 공간이었다. 이때까지 미드필드에서의 창의성은 여전히 잉글랜드 축구에 이질적인 개념이었다.

퍼거슨 감독은 다양한 수비 전술의 중요성도 깨달았다. 특히 그는 유럽 무대에서 많은 팀이 중앙 수비수를 한 명 더 배치하는 전술에 주목했다. 그러면서 퍼거슨 감독은 1996-97시즌 가끔씩 프리미어리그 경기를 주중 챔피언스리그 경기를 대비하는 용도로 활용했다. 실제로 그는 더비 카운티를 상대로 중앙 수비수 세 명을 배치하며 유벤투스전에 대비하기도 했다. 당시 맨유는 베이스볼 그라운드Baseball Ground에서 열린 더비전에서 1-1로 비기며 좋은 경기력을 보여주지는 못했고, 결국 퍼거슨 감독은 3백 전술을 포기했다. 그러나 퍼거슨 감독은 이처럼 유럽 무대에 나서며 전술적 실험을 했고, 4백 전술을 쓰고도 0-1로 패한 유벤투스전이 끝난 후 "선수들이 전술에 내포된 의미를 더 잘 인식해야 한다"고 지적했다.

맨유는 계속 발전을 거듭했다. 퍼거슨 감독은 지안프랑코 졸라, 주니뉴, 스티브 맥마나만 같은 상대 팀의 10번을 전담 마크해야 한다는 사실을 깨달았다. 챔피언스리그에 출전하는 거의 모든 팀은 이런 선수들을 최소 한 명씩 보유하고 있었다. 1996-97시즌 킨이 라피드 비엔나전에서 상대 10번 디트마르 퀴바우어Dietmar Kuehbauer를 훌륭하게 막았고, 수비수 로니 욘센은 페네르바체Fenerbahce를 상대로 미드필더로 활용돼 제이-제이 오코차Jay-Jay Okocha를 봉쇄했다.

퍼거슨 감독은 최전방 공격수를 한 명으로 제한해 미드필더를 늘리며 일정 부분 성공을 거뒀다. 그러나 3백 수비 전술은 맨유에 성공을 가져다줄 때가 매우 드물었다. 심지어 퍼거슨 감독은 1997년 1월 토트넘 원정에서 3백을 쓰며 2-1로 이기고도 경기 내용에 만족하지 못해 유럽 무대에서는 이 전술을 쓰려던 계획을 아예 철회했다. 가장 만족스러운 승리는 이로부터 2개월이 지나 챔피언스리그 8강 1차전에서 다이아몬드형 미드필드를 앞세워 포르투를 4-0으로 대파한 경기였다. 평소와는 달리 안쪽으로 들어와 활동한 라이언 긱스는 스스로 자신의 경기력이 데뷔 후 최고였다고 평가했다. 맨유는 전술적으로 더 유연한 팀이 됐고, 결국 4강에서 보루시아 도르트문트에 합계 0-2로 패했으나 1, 2차전 경기를 모두 지배하며 상대보다 많은 득점 기회를 만들었다.

맨유는 1997-98시즌 챔피언스리그도 8강에서 모나코에 패하며 시시하게 마감했지만, 조별 리그에서 이탈리아 챔피언 유벤투스를 상대로 인상적인 경기력을 보여주며 3-2로 승리했다. 당시 이 결과는 매우 중요했다. 불과 한 시즌 전 바르셀로나, 유벤투스, 도르트문트에 차례로 패한 맨유가 퍼거슨 감독 부임 후 처음으로 유럽의 강호를 상대로 승리했기 때문이다. 게다가 그들이 꺾은 팀은 유럽의 강호 중에서도 마르첼로 리피Marcello Lippi 감독이 이끈 유벤투스였다. 당시 유벤투스는 맨유가 가장 우러러보는 구단이자 훗날 가장 닮아가는 모습을 보인 팀이었다. 유벤투스는 아약스, AC 밀란 또는 바르셀로나처럼 로맨틱한 축구를 구사하지는 않았지만, 극단적으로 효율적이고 프로다운 데다 전술적인 적응력까지 자랑했다. 개리 네빌은 이 시절을 회상하며 "1990년대 중반 우리는 팀으로 성장하며 챔피언스리그에서 어떻게 성공해야 할지를 배웠다. 유벤투스는 우리가 지향한 기준점이었다"고 말했다. 퍼거슨 감독도 "유벤투스는 내가 우리 팀이 가졌으면 하는 모든 걸 보유한 팀이었다. 나는 유벤투스를 아주 존중하게 됐다. 그들은 위부터 아래까지 모든 부분이 다 일류였다. 리피는 정말 인상적인 남자"라고 밝혔다.

당시 유벤투스는 유럽에서 전술적으로 가장 인상적인 팀이었다. 그들은 언제나 다재다능하고, 규율을 잘 지키면서도 전술적으로 영리하고 성실한 선수를 다수 보유하고 있었다. 유벤투스의 1997-98시즌 선수단에는 미드필드와 수비진에서 좌우 측면을 두루 소화할 수 있는 선수가 네 명이나 됐다. 모레노 토리첼리Moreno Torricelli, 안젤로 디 리비오Angelo Di Livio, 지안루카 페소토Gianluca Pessotto 그리고 알레산드로 비린델리Alessandro Birindelli가 바로 이들이었으며 훗날 첼시 감독으로 잉글랜드에서도 유명해진 안토니오 콘테Antonio Conte 또한 여러 포지션을 소화할 줄 알았다. 이 선수들이 출전 명단에 포함되면 그들이 어느 포지션에서 뛸지를 예측하는 게 매우 어려울 정도였다.

킨은 "지네딘 지단이나 알레산드로 델 피에로Alessandro Del Piero처럼 모두의 관심을 받은 선수들이 과시한 기량이 유벤투스가 보여준 전부가 아니었다. 한 번도 들어본 적 없는 강인한 수비수들이 공간을 압박했고, 완벽한 타이밍으로 태클을 했다. 그들은 본능적으로 적합한 위치로 이동해 수비를 했으며 경기를 훌륭하게 읽었다"고 말했다. 이처럼 유벤투스 선수들은 전반적으로 기능적이었고, 기술은 제한적이었으나 리피 감독이 지시하는 작전을 수행하는 능력은 완벽했다. 바로 이런 점이 당시 이탈리아 축구 선수들의 습성을 설명하는 데 결정적인 요인으로 작용했다.

이탈리아와 잉글랜드 축구를 비교분석한 저서 《이탈리안 잡Italian Job》에서 저자 지안루카 비알리Gianluca Vialli는 "이탈리아 축구 선수에게 축구는 직업이지만, 잉글랜드 축구 선수에게 축구는 게임"이라고 말하기도 했다. 이 시절 퍼거슨 감독도 이탈리아 축구에 매료됐다. 그는 이탈리아 선수들이 잉글랜드보다 직업 정신이 투철하다고 지적했다. 퍼거슨 감독은 유벤투스를 추격하려면 맨유 선수들도 더 규율이 잡혀야 하며 때로는 즐거움을 느끼지 못하는 역할을 맡아야 한다는 사실을 깨달았다.

결국 맨유가 유벤투스를 3-2로 꺾은 1997년 경기는 퍼거슨 감독의 바람을 대변해주는 완벽한 예가 됐다. 퍼거슨 감독은 중앙 수비수 욘센을 수비형 미드필더로 활용했다. 그 결과 욘센은 유럽에서 가장 추앙받던 플레이메이커 지네딘 지단을 훌륭하게 전담 마크했다. 이 경기에서 욘센이 지킨 전술적 규율은 당시 맨유를 그대로 대변했다. 퍼거슨 감독은 점점 다재다능하고, 규율이 잡힌 성실하면서도 전술적으로 예리한 선수를 선호하기 시작했다. 심지어 그는 칸토나가 활약한 시절에도 중요한 경기에서 패할 때마다 자신이 직접 '똑똑한 선수'라고 설명한 브라이언 맥클레어를 중용하지 않은 점을 후회했다. 실제로 맥클레어는 미드필드나 공격 어느 자리도 소화할 수 있는 선수였다. 퍼거슨 감독은 1994-95시즌 초반 마크 휴즈와 맥클레어 중 누구를 기용할지를 두고 고심을 거듭했다. 맥클레어는 리버풀의 주요 선수 존 반스를 막을 수 있는 자원이었기 때문이다. 퍼거슨 감독은 끝내 휴즈를 선택했고, 맨유는 전술적인 틀이 무너지며 반스에게 지나치게 넓은 공간을 허용했다. 맨유는 시종일관 밀리는 경기를 하다가 0-0이었던 후반 초반 맥클레어를 교체 투입했다. 이후 맥클레어는 반스를 원천봉쇄했고, 직접 전진해 공격에도 가담하며 역동성이 부족한 상대 수비수 얀 몰비Jan Molby를 공략했다. 이 때문에 리버풀은 몰비를 교체해야 했으며 맨유는 결국 2-0으로 승리했다. 경기의 흐름을 바꾼 맥클레어는 두 번째 골을 직접 터뜨렸다. 그가 전술적으로 상대의 장점을 무력화한 동시에 약점까지 공략한 셈이다. 퍼거슨 감독에게는 맥클레어처럼 전술적으로 영리한 선수가 더 필요했다.

이후 퍼거슨 감독은 폴 인스가 전술 지시를 따르지 않는 것에 대로했고, 개리 팰리스터와 폴 파커Paul Parker가 자신이 주문한 작전을 무시한 데에 더 격분했다. 특히 그는 파커가 바르셀로나전에서 주문받은 대로 호마리우Romario를 전담 마크하지 않고, 수비 라인 전체가 통상적인 지역방어를 펼친 데에 분노했다. 그러나 킨만큼은 퍼거슨 감독의 사랑을 한 몸에 받은 선수였다. 그만큼 그는 미드필드에서 어느 역할을 맡아도 전술적으로 제 몫을 훌륭하게 해냈다. 퍼거슨 감독은 "킨은 주문받은 건 무엇이든 할 수 있는 규율이 잘 잡힌 선수다. 그에게 누군가를 전담 마크하라고 지시하면 그는 이를 그대로 해낸다. 중앙 수비수 역할을 지시해도 문제가 되지 않는다. 오른쪽 측면 수비수도 소화할 수 있다"고 말했다. 그러나 킨은 여러 포지션보다는 갈수록 맨유의 중원에 너무 중요한 선수로 성장했다. 퍼거슨 감독 또한 1999년이 되자 작전 수행에 집중할 다른 자원이 생겼다. 필 네빌은 좌우 측면 수비수와 미드필더를 두루 소화했고, 욘센은 중앙 수비수와 미드필더로 뛸 수 있었다. 니키 버트 역시 전천후 미드필더였으며 예스퍼 블롬퀴스트Jesper Blomqvist와 요르디 크루이프Jordi Cruyft도 4-4-2 포메이션에만 고착화된 선수들이 아니었다.

맨유가 토트넘을 상대로 2-2로 비긴 12월 경기는 특히 흥미로운 점이 많았다. 솔샤르의 연속골로 먼저 2-0 리드를 잡은 맨유는 전반 종료 직전 개리 네빌이 토트넘 측면 공격수 다비드 지놀라(그는 이 시즌 선수들이 선정한 올해의 선수로 선정됐는데, 당시 그를 제외한 수상 후보 다섯 명은 모두 맨유 선수였다)와 벌인 몸싸움 탓에 퇴장을 당하며 위기를 맞았다. 지놀라는 이날 파울을 당할 때마다 과장된 동작으로 주심의 이목을 끌었다. 이 때문에 맨유 선수들은 경고를 무려 8회나 받았다.

그러자 퍼거슨 감독은 수적 열세 속에서도 킨, 욘센, 헤닝 베리 그리고 필 네빌에게 돌아가면서 지놀라를 전담 마크하라고 주문했다. 즉 90분간 지놀라를 전담 마크한 선수가 무려 다섯 명이었던 셈이다. 당시 프리미어리그에 이처럼 전술적인 경기 운영을 할 수 있는 팀이 또 있었을까? 그러면서 지놀라는 위험 지역에서 벗어난 위치로 밀려났다. 다만 맨유는 이날 솔 캠벨에게 두 골을 허용하며 무승부에 그쳤다. 그러나 당시 프리미어리그 최대 라이벌로 여겨진 맨유와 아스널의 차이점은 바로 여기에 있었다. 아스널에도 맨유의 주요 선수들과 견줄 만한 자원은 충분했다. 데니스 베르캄프는 칸토나, 데이비드 시먼은 슈마이켈, 파트리크 비에이라는 킨, 토니 아담스는 스탐, 마크 오베르마스는 긱스와 직접적인 비교 대상이었다. 그러나 맨유에는 전술적으로 승리를 따낼 줄 아는 후보 자원까지 있었다. 반면 아스널은 플랜 A를 만드는 데 지나치게 집중해 후보 자원도 주전급 선수들과 비슷한 스타일의 축구를 구사했다. 아스널에는 '작전 수행 능력'이 뛰어난 선수가 아무도 없었다.

퍼거슨 감독은 1998-99시즌 챔피언스리그 우승으로 가는 과정에서도 인터 밀란과 유벤투스를 꺾으며 자신의 전술적인 능력을 유감없이 선보였다. 미르체아 루체스쿠Mircea Lucescu 감독이 이끈 인터 밀란은 3-4-2-1 포메이션을 들고 16강 1차전 맨유 원정에 나섰다. 인터 밀란은 공격진에서 로베르토 바조와 유리 조르카에프Youri Djorkaeff가 최전방 공격수 이반 사모라노Ivan Zamorano를 지원사격했다. 이는 맨유가 4-4-2 포메이션으로 대응하기 버거운 전술이었다. 인터 밀란은 상대 수비와 미드필드 사이 공간에 선수 두 명을 배치했고, 중앙 지역에 최대한 많은 선수를 밀집시켰다. 그래서 퍼거슨 감독은 복잡하면서도 혼합적인 작전을 지시했다. 그는 "우리는 중앙 지역에서 수비를 하면서도 공격할 때는 크로스를 올려야 했다. 우리는 인터 밀란 경기를 몇 차례 봤고, 그들을 상대로 중앙 지역에서 골을 넣을 수 있다고 생각했다"고 말했다.

실제로 이날 퍼거슨 감독의 전술적인 선택은 훌륭했다. 양 측면 수비수 네빌과 어윈은 평소보다 더 안쪽에서 활동하며 인터 밀란의 공격형 미드필더 두 명을 밀착 마크했다. 이어 맨유는 3백을 세운 인터 밀란 수비의 측면을 가차 없이 공략했다. 베컴은 상대 왼쪽 윙백 아론 빈터Aron Winter와 왼쪽 중앙 수비수 프란체스코 콜로네세Francesco Colonnese 사이에 발생하는 공간을 파고들었다. 그리고 인터 밀란을 크로스로 공략하겠다던 퍼거슨 감독의 의지는 승부처에서 빛이 났다. 요크가 두 차례나 베컴의 크로스를 받아 득점에 성공하며 맨유를 2-0 승리로 이끌었다. 요크에게는 이날 똑같은 방식으로 해트트릭까지 기록할 기회도 있었다.

탈락 위기에 직면한 루체스쿠 감독은 2차전 홈경기에서 왼쪽 수비를 맡은 두 선수를 모두 선발 명단에서 제외했고, 부상에서 회복한 공격수 호나우두를 최전방에 배치했다. 그런데도 인터 밀란은 1차전과 유사한 포메이션을 들고 나왔지만, 퍼거슨 감독은 2차전에서 접근 방식을 달리하며 공격보다는 수비에 치중했다. 그는 스콜스를 선발에서 제외하고 욘센을 미드필더로 올려 배치하며 킨과 조합을 이루게 해 인터 밀란의 공격형 미드필더 두 명을 막았다. 그러면서 좌우 측면 수비수는 비좁은 형태로 배치된 1차전과 달리 더 넓게 배치되며 측면 공격에 가담할 수 있었다. 퍼거슨 감독은 이후 "전술의 열쇠는 측면 수비수 두 명에게 볼을 연결하는 데 있었다. 그래서 개리 네빌과 데니스 어윈이 경기를 주도하게 만드는 게 우리의 목표였다"고 말했다. 실제로 네빌과 어윈은 인터 밀란의 공격진이 거의 수비에 가담하지 않은 덕분에 볼을 잡을 때마다 충분한 시간을 두고 공격을 할 수 있었다. 인터 밀란의 양 측면 윙백 역시 1차전 원정에서 당한 탓에 전진하지 못했다. 맨유는 끝까지 인터 밀란을 견제하며 교체 출장한 스콜스의 동점골에 힘입어 1-1로 비겼다. 경기 템포를 조절한 건 맨유였고, 퍼거슨 감독은 8강 진출을 확정한 후 팀이 "내가 부임한 후 가장 큰 발걸음을 내디뎠다"며 기뻐했다.

맨유는 유벤투스와의 4강 1차전 경기 미드필드 싸움에서 허점을 노출했다. 베컴과 긱스가 양 측면으로 공격하며 킨과 스콜스는 유벤투스의 중원을 구성한 수비형 미드필더 디디에 데샹Didier Deschamps, 좌우에서 공수를 연결한 콘테와 에드가 다비즈Edgar Davids 그리고 '10번' 지네딘 지단에게 수적 열세를 보였다. 결국 다비즈의 패스를 받은 콘테가 선제골을 터뜨렸다. 그러나 퍼거슨 감독은 전반전이 끝난 후 팀 전술을 재정비하며 베컴에게 안쪽으로 들어와 킨, 스콜스와 3인 미드필드를 구성하라고 주문했다. 또한 개리 네빌은 오른쪽 측면에서 더 적극적으로 오버래핑을 시도해 팀 공격에 넓이를 더했다. 그러자 맨유는 경기를 휘어잡기 시작했다. 슬슬 유벤투스를 압박하기 시작한 그들은 후반전 시작 후 더 전진해서 맹활약을 펼치던 긱스가 동점골을 터뜨리며 1차전 경기를 마쳤다. 그러나 골을 넣은 이후에도 맨유에서 기쁨을 표출하는 이는 많지 않았다. 긱스는 바로 동료들에게 볼을 하프라인으로 가져다놓자는 제스처를 보이며 승리에 대한 욕심을 드러냈다. 당시 맨유의 이러한 태도는 결국 챔피언스리그 우승을 차지하는 데 결정적 요인이 됐다.

2차전 원정경기에 나선 맨유는 조심스럽게 전반전을 시작했다. 부상을 당한 긱스 대신 출전한 블롬퀴스트 그리고 베컴은 측면보다는 안쪽으로 들어와 활동했다. 점유율이 더 높은 건 맨유였지만, 하프타임에 2-0 리드를 잡은 팀은 필리포 인자기Pilippo Inzaghi가 두 골을 넣은 유벤투스였다. 인자기는 탁월한 위치 선정을 앞세운 간단한 마무리로 선제골을 뽑아냈고, 추가골은 터무니없게 굴절된 슛이 골문으로 그대로 들어가며 기록할 수 있었다.

그러나 이후 맨유의 경기력은 말 그대로 환상적이었다. 퍼거슨 감독은 프리미어리그에서 보여준 전술 스타일을 그대로 구현하는 데 성공하며 이 날 후반전 경기력을 "내가 부임한 후 최고"라고 평가했다. 킨은 경고를 받으며 결승전 출전이 좌절된 상황에서도 팀을 이끌었다. 머리로 만회골을 터뜨린 주인공도 바로 킨이었다. 게다가 그는 퍼거슨 감독이 스콜스 대신 더 수비적인 버트를 기용한 덕분에 더 많이 공격에 가담할 수 있었다. 이어 요크가 머리로 동점골을 넣었고, 콜이 역전골을 밀어 넣었다. 이처럼 맨유는 미리 준비해둔 전술로 상대를 제압할 수 있었다.

대망의 결승전, 사실 맨유는 시작부터 바이에른 뮌헨한테 압도당했다. 퍼거슨 감독의 전술도 의문점을 남겼다. 스콜스와 킨이 빠지며 베컴이 중앙 미드필더로 나섰고, 그는 중원에서 경기 템포를 잘 조절했으나 정작 맨유에 필요한 건 그의 크로스였다. 실제로 바이에른 또한 맨유의 측면 공격을 우려해 유럽축구연맹UEFA 측에 결승전이 열린 캄프 누 운동장 좌우 넓이를 약 3.6m가량 좁혀달라고 요청하기까지 했다. 그러나 오른쪽에 배치된 긱스는 미하엘 타르낫Michael Tarnat에게 막혀 힘을 발휘하지 못했고, 블롬퀴스트는 왼쪽 측면에서 영향력을 행사하는 데 실패했다. 결국 바이에른이 1-0 리드를 잡았고, 이후 골대를 두 번이나 맞히지 않았다면 더 일찍 승부에 쐐기를 박을 수 있었을 것이다.

그러나 맨유는 기적적인 막판 뒤집기를 연출했다. 베컴이 오른쪽 측면으로 돌아가며 그와 네빌의 호흡이 살아났다. 선제골과 역전골은 교체로 투입된 셰링엄과 솔샤르가 터뜨렸다. 셰링엄은 긱스의 슛이 경합 상황에서 흘러나오자 이를 재차 골문으로 차 넣었다. 이어 솔샤르는 베컴의 코너킥을 셰링엄이 내주자 깔끔한 마무리로 역전골을 터뜨렸다. 그러면서 퍼거슨 감독이 최전방 공격수 네 명으로 공격진을 구성했던 판단이 성공적이었음을 입증했다. 1998-99시즌의 맨유는 바로 이런 모습으로 기억된다. 주전급 선수로 분류되지 않은 이들이 팀에 중요한 보탬이 되며 우승에 도움을 줬기 때문이다.

솔샤르는 어느덧 주전 공격수보다는 '슈퍼 서브'로 더 유명해졌다. 그는 시즌 초반 노팅엄 포리스트를 상대로 교체 출장해 네 골을 몰아치는 괴력을 보여주기도 했다. 솔샤르 본인은 자신이 '슈퍼 서브'로 비쳐지는 데 거부감을 드러냈지만, 그는 영리하고 학구적인 선수답게 벤치에서 상대 팀을 자세히 분석한 후 후반에 교체 투입돼 그들의 약점을 집요하게 파고들었다. 이 시즌 맨유가 거둔 중요한 승리는 후반에 교체 투입된 선수 혹은 로테이션으로 선발 출장 기회를 잡은 선수의 활약 덕분일 때가 많았다. 퍼거슨 감독은 2-1로 승리한 아스널과의 FA컵 4강 재경기에서도 요크와 콜을 선발에서 제외하는 충격적인 결정을 내리며 셰링엄과 솔샤르를 중용했다. 긱스도 이날 경기에서는 선발 명단에서 빠진 후 아스널 수비진이 지칠 무렵인 후반에 교체 투입됐다. 당시 체력이 남아 있던 긱스는 결국 데뷔

후 최고의 골을 터뜨렸다.

이어 퍼거슨 감독은 토트넘을 꺾은 프리미어리그 최종전에서는 셰링엄을 주전으로 기용했고, 콜을 후반전 시작과 함께 교체로 투입했다. 그는 콜에게 스피드를 최대한 활용해 이제 막 부상에서 복귀해 움직임이 무거운 상대 수비수 존 스케일스를 집중적으로 공략하라고 주문했다. 맨유는 선제골을 헌납하며 0-1로 뒤졌으나 머지않아 베컴이 강력한 슛으로 동점골을 터뜨렸고, 콜이 역전골을 넣으며 승리를 따냈다.

FA컵 결승전 초반에는 킨이 부상으로 교체되며 맨유의 계획이 틀어졌다. 퍼거슨 감독은 미드필더 킨을 빼고 공격수 셰링엄을 투입했지만, 이는 이론적으로 충분히 설득력 있는 결정이었다. 그는 킨과 스콜스가 징계로 출전할 수 없는 4일 후 열릴 챔피언스리그 결승전에 그 둘을 대신해 반드시 선발 출장해야 하는 미드필더 버트를 FA컵 결승전에는 오랜 시간 출전시키지 않겠다는 생각을 굳혔다. 그래서 그는 킨이 빠지자 셰링엄을 투입하며 최전방 공격수로 활약하던 솔샤르를 오른쪽 측면 미드필더로 재배치하고, 베컴을 중앙으로 이동시켰다. 셰링엄은 교체 투입 후 첫 터치로 득점에 성공했고, 스콜스가 넣은 추가골을 도왔다. 퍼거슨 감독의 선수 교체가 또 빛난 순간이었다.

더 놀라운 건 퍼거슨 감독이 이날 경기에서 스탐과 요크마저 제외했다는 사실이다. 당시 스탐은 맨유 최고의 수비수, 요크는 최고의 공격수였지만, 퍼거슨 감독은 챔피언스리그 결승전에 대비해 두 선수에게 나란히 휴식을 부여했다. 이 둘은 후반전 짧은 시간 동안 교체 투입돼 활약하며 단지 감각을 유지하는 데만 집중했다. 퍼거슨 감독은 "구단 이사진도 매 경기 내 선수 구성을 이해하려다가 포기했다. 그들의 얼굴에서는 '도대체 뭐 하는 거지?'라는 의심스러운 표정이 역력했다"고 말하기도 했다. 감독이 자국 무대에서 한 시즌 성패를 좌우하는 경기 출장 명단에서 핵심 선수를 두 명이나 제외한다는 건 놀라운 결정이었다. 그러나 퍼거슨 감독은 항상 한발 앞서갔다. 이로부터 몇 년 전 이미 그는 잉글랜드에서 처음으로 리그컵을 어린 선수들에게 기회를 주고 주전급 선수들에게는 휴식을 주는 기회로 삼는 감독이었다. 퍼거슨 감독이 시작한 이러한 풍토는 이후 프리미어리그 전체로 퍼졌다.

잉글랜드에서 본격적으로 로테이션 시스템을 가동한 지도자는 클라우디오 라니에리Claudio Ranieri 첼시 감독, 라파엘 베니테즈Rafael Benitez 리버풀 감독과 같은 외국인이었다. 잉글랜드 내부에는 여전히 감독이 '안정적인 팀'을 운영해야 한다는 목소리가 남아 있었다. 애스턴 빌라가 1980-81시즌 선수 단 14명으로 리그 우승을 차지한 후 "이기는 팀에 절대 변화를 주지 말라"는 격언은 더 설득력을 얻었다. 그러나 1998-99시즌 프리미어리그에서 단 한 번도 연속으로 똑같은 선발 명단을 구성하지 않은 지도자는 바로 퍼거슨 감독이었다. 그는 매번 주전급 선수 중 일부에게 휴식을 부여하고 후보 자원을 적극적으로 기용하며 모든 선수의 참여도를 높였다. 이 덕분에 프리미어리그 우승 후보로 꼽힌 다른 팀이 시즌 마지막에 가까워질수록 전력이 약해진 반면, 맨유는 꾸준한 성적을 이어갈 수 있었다. 당시 그들의 이러한 끈기는 잉글랜드에서 정신력으로 평가됐지만, 사실 이는 단순히 체력 관리가 더 잘됐기 때문이기도 했다. 맨유 선수단에 포함된 모든 선수는 비유하자면 '업무량'을 잘 나눠서 해결했고, 퍼거슨 감독은 주전급 선수와의 기량 차이가 크지 않은 후보 자원을 신뢰할 수 있었다. 그는 "똑같은 선수 구성으로 많은 경기를 치르기를 기대해서는 안 된다. 적어도 계속 이기고 싶다면 그렇게 해서는 안 된다"고 말했다.

로테이션이 중시된 문화는 맨유가 처음으로 프리미어리그에서 우승한 1992-93시즌과 비교하면 더 뚜렷하게 확인할 수 있다. 1992-93시즌 당시 맨유 선수 8명은 팀이 치른 프리미어리그 42경기 중 40경기에 출전했다. 그러나 1998-99시즌에는 경기수가 38경기로 줄어들었으나 34경기 이상 출전한 선수가 아무도 없었다. 퍼거슨 감독의 선수단 활용법은 훌륭했다. 필 네빌, 버트 그리고 블롬퀴스트는 주전급이 아니었지만, 팀이 치른 모든 프리미어리그 경기의 절반 이상을 소화했다. 중앙 수비수 데이비드 메이David May는 이 시즌 단 7경기에만 선발 출장하고도 팀이 챔피언스리그 우승을 차지한 후 누구보다 격렬하게 자축하는 모습으로 웃음거리가 되기도 했지만, 실질적으로 당시 맨유는 그만큼 주전급 선수만큼이나 후보 자원들도 중요한 역할을 맡은 팀이었다.

그러면서 프리미어리그의 타 팀들도 서서히 로테이션 시스템을 도입하기 시작했다. 맨유처럼 공격수 네 명으로 선수단을 운영하는 팀도 늘어났다. 아스널이 더블을 달성한 1997-98시즌만 해도 당시 그들의 후보 공격수는 상대적으로 덜 알려진 니콜라 아넬카와 크리스토퍼 레Christopher Wreh였지만, 이들마저 맨유가 트레블의 위업을 세운 후에는 경험 많은 국가대표급 자원인 은완코 카누Nwankwo Kanu, 다보르 수케르를 영입해 티에리 앙리와 데니스 베르캄프의 백업 역할을 맡겼다.

심지어 아스널이 다시 프리미어리그 정상에 오른 2001-02시즌, 벵거 감독은 우승을 확정한 맨유 원정에서 백업 공격수 카누와 실뱅 윌토르를 선발로 중용했다. 그러나 당시 카누는 아프리카 올해의 선수상 2회 수상자였으며 윌토르는 유로 2000 결승전에서 결승골을 득점한 검증된 자원이었다. 이때부터 프리미어리그의 빅클럽은 정상급 선수로 선수단 전체를 채우기 시작했고, 그러면서 상위권과 하위권 팀들의 격차는 더 벌어졌다. 문제는 이미 주전급으로 자리매김한 선수들은 로테이션을 좋아하지 않았다는 점이다. 심지어 베르캄프는 로테이션이라는 개념을 '헛소리'라고 표현하기도 했다.

그러나 중요한 건 퍼거슨 감독은 로테이션을 위한 로테이션을 가동한 적이 없다는 점이다. 그는 특정 상대를 만날 때 특정 역할을 특정 선수에게 부여하는 데 능숙한 모습을 보여줬다. 거기다 맨유가 유럽 무대에서 강세를 보이며 선수들 또한 로테이션의 중요성을 깨닫게 됐다. 즉 퍼거슨 감독의 로테이션 시스템이 성공적으로 정착한 이유는 그의 전술이 성공적으로 효과를 냈기 때문이다.

굴리트와
외국인들의 혁신

"프리미어리그에서 일어난 혁신 중 99%는 해외에서 유입된 것이다."

– 마이클 오언

프리미어리그 출범 후 처음으로 경기가 열린 1992년 8월 15일, 외국인 선수는 단 11명에 불과했다. 그러나 이로부터 단 7년이 지난 1999년 연말 박싱데이 기간에는 한 팀에서 외국인 선수 11명이 선발 출장했다.

첼시는 크리스 서튼과 데니스 와이즈가 나란히 부상으로 빠진 경기에서 사우샘프턴을 2-1로 꺾었는데, 이 경기 첼시 선발 명단은 에드 데 고이Ed de Goey(네덜란드), 알베르토 페레르Albert Ferrer(스페인), 프랑크 르뵈프Frank Leboeuf(프랑스), 에메르송 토미Emerson Thome(브라질), 셀레스틴 바바야로Celestine Babayaro(나이지리아), 단 페트레스쿠Dan Petrescu(루마니아), 디디에 데샹(프랑스), 로베르토 디 마테오Roberto Di Matteo(이탈리아), 가브리엘레 암브로세티Gabriele Ambrosetti(이탈리아), 거스 포옛Gus Poyet(우루과이) 그리고 토레 안드레 플로Tore Andre Flo(노르웨이)로 구성했다. 이날 첼시의 두 골을 넣은 주인공은 플로였으며 감독은 이탈리아인 지안루카 비알리였다.

그러나 비알리 감독과 그의 선수들에게 이러한 현상은 매우 자연스러웠다. 첼시 선수 중 누구도 팀 구성이 특이하다고 느끼지 않았다. 그들은 드레싱룸에서 나와 터널을 거쳐 경기장 안으로 입장하며 수많은 사진 기자들이 기다리는 광경을 보고서야 이 상황이 특별하다는 사실을 깨달았다. 비알리 감독도 경기가 끝난 후 "선수 구성에 특이한 점이 있다고는 전혀 생각하지 못했다. 경기장 안에서 공용어를 쓴다면 전혀 다를 게 없다. 몇몇 선수가 부상으로 빠졌는데, 불행하게도 그들이 잉글랜드인이었다. 그러나 선수의 국적은 내게 전혀 중요하지 않다"고 말했다.

그러나 영국 언론에 있어 이날 첼시의 선수 구성은 중대한 사건이었다. 심지어 이 소식은 신문의 스포츠 면이 아닌 전체 1면에 실렸다. 정론지 〈가디언〉은 이날 첼시의 선발 명단을 두고 큰 의미를 부여하며 이는 문화적인 변화를 대변하는 사건이라고 대서특필했다. 이 기사는 "첼시가 외국인 공포증이 있어 보일 정도로 팬들이 경기장에 들어오는 상대 팀 외국인 선수에게 야유를 보내고, 가끔은 첼시가 영입한 외국인 선수에게도 야유를 보낸 게 불과 몇 년 전 얘기다. 스스로를 유럽으로부터 차별화하는 영국이 유독 축구에서는 타 유럽 국가 선수와 비유럽인을 받아들이는 건 기이한 현상"이라고 설명했다.

첼시가 3개월 후 라치오를 상대로 영국인 선수를 단 한 명도 포함하지 않은 선발 명단으로 1-2로 패하자 〈인디펜던트〉는 선발 출장한 11명의 단체 사진과 함께 "잉글랜드 축구를 망신시킨 사진"이라는 설명을 붙였다. 이는 매우 극단적인 말로 들리지만, 불과 몇 년을 더 거슬러 올라가면 프리미어리그 팀이 외국인 선수를 네 명까지 선발 출장시키는 것은 단순히 기분 나쁜 것을 넘어 아예 규정 위반이었다.

실제로 잉글랜드 축구의 뿌리 깊이 자리 잡은 외국 축구 전술에 대한 불신은 악명 높은 수준이었다. 허버트 채프먼Herbert Chapman 감독의 아스널이 1930년 네덜란드 골키퍼 개리트 카이저Gerrit Keizer를 영입하자 잉글랜드 축구협회는 이에 대한 대응책으로 외국인 선수 영입을 사실상 금지했다. 더 놀라운 건 이러한 규정이 1970년대까지 이어졌다는 사실이다. 실제로 영국이 유럽 경제 공동체EEC에 가입한 후 외국인 선수 영입을 금지하는 규정이 폐지될 수 있었다. 그러나 잉글랜드 축구협회는 자유로운 외국인 선수 영입이 다시 허용된 1976년까지 강경한 자세를 유지했다. 당시 리그 총재로 활동한 앨런 하대커Alan Hardaker는 "감독의 외국인 선수 영입을 막을 수는 없다. 그러나 그의 팀을 우리 리그에서 제외할 수는 있다"고 말하기도 했다. 다만 EEC는 이로부터 2년 후 로마조약에 의거해 단체에 가입된 국가의 선수 영입을 금지하는 건 엄연한 차별 행위라고 규정했다. 그러나 당시에도 잉글랜드 리그는 여전히 외국인 선수 인원을 제한할 수 있었다. 프리미어리그가 출범한 1992년에는 구단이 자유롭게 외국인 선수를 영입할 수 있었지만, 한 경기에 출전이 가능한 외국인 선수 숫자는 세 명으로 제한됐다.

그러나 잉글랜드, 더 정확히 말해 영국의 복잡한 정치적 이유와 축구와 관련된 규정 탓에 문제는 더 복잡해졌다. 프리미어리그가 출범하며 웨일스, 스코틀랜드, 북아일랜드 선수는 더는 잉글랜드 축구협회로부터 외국인으로 구분되지 않았다. 이들도 모두 영국 국적을 보유하고 있었기 때문이다. 또한 아일랜드 역시 영국 정부와 오랜 기간 맺어온 합의 덕분에 프리미어리그에 선수를 진출시킬 시 해당 선수는 외국인으로 분류되지 않았다. (이 때문에 영국 축구에서 '외국인'이란 영국과 아일랜드 밖에서 온 선수를 의미한다. 아일랜드는 영국의 일부가 아닌데도 말이다.)

그러나 유럽축구연맹UEFA의 규정은 달랐다. UEFA의 입장에서 볼 때 웨일스, 스코틀랜드, 북아일랜드 그리고 아일랜드는 엄연히 잉글랜드와 다른 국가였다. 실제로 이 다섯 국가는 국가대항전에서 나설 때 따로 대표팀을 출전시키고 있었다. 당시 유럽클럽대항전에 나서는 각 팀은 경기당 출전할 수 있는 외국인 선수 인원을 세 명, 그에 더해서 해당 국가 영주권을 취득한 외국인 선수 두 명으로 제한했다. 이는 맨유가 처음 챔피언스리그에 모습을 드러내기 시작한 초반 몇 년간 악영향을 미치기도 했다. 알렉스 퍼거슨 감독은 갑작스럽게 웨일스와 아일랜드 선수까지 외국인 선수로 분류된 탓에 골키퍼 피터 슈마이켈을 1994년 바르셀로나 원정에서 중용할 수 없었고, 선발 출장한 백업 골키퍼 개리 월시Gary Walsh는 4점이나 허용했다.

잉글랜드 축구협회 또한 UEFA의 규정에 따라 자국 리그에서도 경기당 출전하는 외국인 선수 인원을 팀당 세 명으로 제한하는 방안을 고려하기 시작했다. 그러면서 그래엄 켈리Graham Kelly 잉글랜드 축구협회 대표이사는 잉글랜드인이 아닌 국적의 선수는 모두 외국인으로 분류할 계획이라고 밝혔다. 그는 "무엇이 잉글랜드 축구에 이로운 요인이 될지 검토해볼 필요가 있다고 믿는다. 스스로 선수를 육성해 나머지 유럽 국가와 비슷한 선수단 운영을 해볼 필요가 있다"고 말했다. 이에 퍼거슨 감독은 분통을 터뜨렸다. 그는 "훌륭한 재능을 유입할 창구를 막는 방침이다. 조지 베스트George Best, 대니 블랜치플라워Danny Blanchflower, 데니스 로Denis Law가 없었다면 지금 잉글랜드 축구는 어디에 있었을까?"라며 잉글랜드 축구협회가 고려한 방침에 의문을 제기했다.

그러나 결론적으로 퍼거슨 감독의 우려는 기우에 불과했다. 1995년부터 유럽 각국 리그와 유럽클럽대항전에서 외국인 선수 출전을 제한하는 방침은 불법이라는 판정이 내려졌기 때문이다. 이러한 변화를 일으킨 주인공은 벨기에 출신 '저니맨' 장-마르크 보스만Jean-Marc Bosman. 벨기에 1부리그 구단 RFC 리에주 미드필더 보스만은 1990년 계약이 만료된 후 프랑스 팀 덩케르크 입단을 추진했다. 그러나 이 시절 선수에게는 자유계약으로 풀렸다고 해서 마음대로 팀을 옮길 절대적 권리가 없었다. 게다가 덩케르크는 리에주가 요구한 보스만의 터무니없는 이적료를 지급할 생각이 없었다. 결국 리에주는 보스만의 이적을 허락하지 않았다.

당시 유럽은 국가별로 선수 이적에 대한 규정이 조금씩 달랐다. 만약 보스만이 잉글랜드 구단에서 활약하다가 리그 내 타 구단으로 이적하려고 했다면, 그는 재판소에서 책정한 이적료에 충분히 팀을 옮길 수 있었다. 그러나 벨기에 구단에는 스스로 책정한 이적료를 받지 못하면 자유계약 선수를 붙잡을 권리가 있었다. 그 규정으로 인해 보스만은 곤란한 상황에 처했고, 결국 그를 잔류시킨 리에주는 보스만을 1군 명단에서 제외하며 삭감된 주급을 지급했다.

따라서 유럽 재판소 European Court of Justice 가 이를 불법 행위로 판결한 건 크게 놀랍지 않았다. 유럽 국가의 국적을 소유한 근로자는 누구나 대륙 내로 옮겨 다니며 원하는 삶을 추구할 수 있었기 때문이다. 이 판결이 남긴 효과는 크게 두 가지로 나뉜다. 첫째는 자유계약으로 풀린 선수는 이적료 없이 팀을 옮길 수 있게 됐다. 둘째는 유럽연합 EU 에 속한 모든 국가의 리그가 더는 팀당 보유할 수 있는 외국인 선수 인원을 제한할 수 없게 됐다(그러나 여전히 리그별로 규정에 따라 비유럽연합 국적의 선수 인원을 제한할 권리는 그대로 남았다). 잉글랜드 축구계 권위자들은 이에 불만을 드러냈고, 그래엄 켈리 잉글랜드 축구협회 대표는 "한 팀이 선발 11명을 모두 비영국인 선수로 구성하는 날이 올지는 지켜봐야 알 수 있다"고 말했다. 결국 그의 우려는 4년 후 첼시가 일으킨 '사건'을 통해 현실이 됐다.

어떻게 보면 상식적이고 당연하게 보인 새로운 규정이 도입되기까지 이처럼 오랜 시간이 걸린 점은 분명히 놀라운 일이다. 각국 축구협회는 법 위에 군림하려고 하면서도 그렇게 하려는 이유를 제대로 설명하지는 못했다. 오늘날 '보스만 룰'이라고 불리는 이 규정이 도입된 후 축구계에는 엄청난 변화가 생겼고, 이적시장의 근간이 흔들렸다. 각종 신문에서는 "축구계가 난국에 빠졌다"며 위기의식을 조성했고, 핵심 선수를 상위 리그 구단으로 팔아 이윤을 창출해오던 하부리그 구단의 생존 여부도 불투명해졌다. 모든 구단이 선수들이 이적료를 발생시키고 계약 만료일에 앞서 타 구단으로 이적할지, 아니면 계약 만료일까지 기다렸다가 이적료가 발생하지 않는 대신 자신이 더 높은 주급을 받는 조건으로 팀을 옮길지 더 이상 확신할 수 없었다. 이적시장의 권력이 극적으로 구단에서 선수에게 옮겨졌다.

그러나 '보스만 룰'의 가장 훌륭한 효과는 계약 그 자체가 아닌 움직임의 자유였다. 구단도 매 경기 외국인 선수 제한을 걱정할 필요 없이 마음껏 원하는 선수를 출전시킬 수 있었다. 유럽 재판소의 판결이 12월 내려졌는데, 그 즉시 효과가 나타났다. 그러면서 국가별 리그도 시즌 도중 규정을 변경하며 필연적인 논란이 생기기도 했다. 이 때문에 독일 분데스리가는 구단 간 신사협정을 통해 진행 중인 시즌이 끝나기 전까지는 구단별 외국인 선수 인원 제한을 세 명으로 유지하는 데 합의했다. 그러나 잉글랜드에서는 모든 게 급변했다.

판결이 내려진 후 2주가 채 되지 않아 맨시티는 잉글랜드 구단으로는 최초로 한 경기에 외국인 선수 네 명을 기용했다. 미드필더 지오르지 킨클라제(조지아)와 로니 에켈룬Ronnie Ekelund(덴마크), 독일인 골키퍼 아이케 임멜Eike Immel과 공격수 우베 뢰슬러Uwe Rosler가 팀이 0-2로 패한 12월 26일 '디펜딩 챔피언' 블랙번 로버스 원정에 나란히 출전했다. 이처럼 박싱데이는 프리미어리그의 외국인 선수와 관련해서는 역사적인 날이기도 하다. 영국인들은 전통적으로 박싱데이를 하루 앞둔 크리스마스에 칠면조 고기를 먹는데(이 때문에 과식한 자국 선수들이 결장한 것인지) 처음으로 외국인 선수 네 명이 출전한 1995년 박싱데이로부터 정확히 4년이 지난 1999년 박싱데이에는 주전 11명을 모두 외국인으로 구성한 팀까지 등장했다.

그러나 새로운 규정에 모두가 완벽히 적응한 건 아니었다. 프랑크 클라크 노팅엄 포리스트 감독은 리옹과의 UEFA컵 경기를 앞두고 주장 스튜어트 피어스가 열변을 토하며 팀 동료들의 사기를 북돋으려 한 모습을 여전히 기억하고 있다. 피어스는 선수들을 향해 "우리는 이길 것이다. 우리는 잉글랜드인이기 때문이다!"라며 주먹을 불끈 쥐어 보였다. 이에 클라크 감독은 훗날 "스튜어트(피어스)는 자신이 전달하려는 정보에 오류가 있었다는 사실을 전혀 눈치채지 못하고 있었다. 그때 우리 팀에 있던 노르웨이, 네덜란드, 이탈리아, 스코틀랜드, 웨일스, 아일랜드 선수들도 이를 눈치챘는지는 잘 모르겠다. 누구도 스튜어트의 실수를 지적하지 않았다"고 밝혔다.

그러나 외국인 선수 유입은 그 어떤 것보다 잉글랜드 축구를 변화하게 한 요인이 됐다. 특히 이탈리아, 프랑스, 네덜란드 선수들은 1990년대 잉글랜드 축구가 다양한 역할, 포지션과 스타일, 감독이 4-4-2 포메이션 외에 다른 전술적인 틀을 활용할 기회를 제공했다. 대륙적인 10번의 유입도 팀 공격력에 천재성을 더해줬으나 이제는 팀 전체가 본격적으로 '스타일 진화'를 이루기 시작했다.

나라별로 특정 포지션에 특화된 자원을 배출하는 현상도 일어났다. 예를 들면 브라질은 공격적인 측면 수비수를 유독 잘 배출했다. 가장 대표적으로는 역동적인 오버래핑의 달인 실비뉴Silvinho가 아스널에서 터프하고 전통적인 왼쪽 측면 수비수 나이젤 윈터번을 대체했다. 실비뉴는 짧은 시간이나마 환상적인 활약을 펼치며 선수들이 선정한 올해의 팀에 선정되기도 했지만, 불미스러운 불법 여권 소지 의혹을 받으며 잉글랜드를 떠났다. 그러나 그는 이후에도 스페인에서 자신의 능력을 입증하며 바르셀로나에서 성공적인 행보를 걸었다.

1990년대 우아한 중앙 수비수로 정평이 난 대표적인 선수들도 외국인이었다. 뉴캐슬의 1995-96시즌 프리미어리그 우승 경쟁에 일조한 벨기에 출신 필리프 알베르는 1996년 맨유전에서 여전히 회자되는 엄청난 칩샷으로 슈마이켈의 키를 넘기는 골을 터뜨리며 팀에 5-0 승리를 안겼다. 토트넘에서 한 시즌간 맹활약한 게오르게 포페스쿠 Gheorghe Popescu 도 빼놓을 수 없다. 중앙 수비수였던 그는 미드필더까지 소화할 수 있는 전천후 자원이었다. 그는 상황에 따라 공격 진영으로 전진하며 아스널과의 북런던 더비에서는 순간적으로 공격수 자리에 배치돼 결승골을 기록했다. 포페스쿠는 뉴캐슬을 상대로도 멋진 골을 터뜨렸다. 볼을 잡은 그는 특유의 침착성을 보여주며 상대의 태클을 피해 2 대 1 패스를 주고받은 후 깨끗한 마무리로 득점했다. 그는 잉글랜드에서 단 1년 활약한 후 실비뉴와 마찬가지로 바르셀로나로 떠났다.

프리미어리그로 처음 유입된 딥라잉 플레이메이커는 에메르송 Emerson 이었다. 그는 주니뉴와 같은 시절 미들즈브러에서 활약했다. 대단한 재능의 소유자였던 에메르송은 볼을 잡았을 때 지배력이 돋보였고, 양 측면을 향해 찔러주는 대각선 패스를 뿌려주는 역할을 즐겼다. 그러나 에메르송은 잉글랜드에서 축구 외적인 이유로 어려움을 겪었다. 에메르송의 아내가 브라질로 떠난 후 잉글랜드로 돌아오지 않겠다고 말했고, 이에 충격을 받은 그는 시즌 도중 리우 데 자네이루로 건너가 아내와 함께할 수만 있다면 축구를 그만두겠다고 선언했다. 이후 에메르송은 잉글랜드로 돌아왔는데, 그 역시 바르셀로나의 관심을 받았다. 보비 롭슨 바르셀로나 감독은 앞서 포르투에서 지도한 에메르송 영입을 희망했다. 그러나 결국 테네리페로 이적한 에메르송은 이후 스페인 프리메라리가 우승 팀 데포르티보 라 코루냐에서도 활약하며 2001-02시즌 코파 델 레이 정상에 올랐다. 에메르송은 미들즈브러에서 단 41경기에 출전하며 큰 유산을 남기지는 못했지만,

당시 그가 선보인 패스 범위는 잉글랜드의 누구와도 비견되기 어려운 것이었다.

그러나 잉글랜드 축구에 완전한 새로움을 불러온 가장 대표적인 외국인 선수는 네덜란드인 루드 굴리트였다. 당시 그는 1987년 발롱도르를 수상한 후 이듬해 유로 88 우승을 차지한 네덜란드의 주장으로 활약한 당대 최고의 선수 중 한 명이었다. 굴리트는 앞서 1년간 토트넘에서 활약한 위르겐 클린스만에 이어 이미 슈퍼스타로 발돋움한 후 프리미어리그에 진출한 두 번째 선수였다. 굴리트는 매우 다재다능한 선수였으며 수비, 미드필드, 공격 어느 곳에 배치되어도 제 몫을 해냈다. 굴리트가 선수의 전술적 의무를 재정립한 '토털 풋볼'을 선호해온 네덜란드 선수임을 고려하더라도, 굴리트만큼 모든 포지션의 마스터였던 선수는 흔치 않았다.

굴리트는 10대 시절 네덜란드 수도 암스테르담 서부 지역의 소규모 구단 DWS에서 수비수로 활약했다. 스위퍼 역할을 맡은 그는 후방에서 볼을 잡고 혼자 드리블로 전진하며 수비 상황을 재빨리 공격 작업으로 전환시켰다. 이는 당시 아약스의 영향에 따라 암스테르담 지역 모든 유소년 축구팀으로 퍼진 짧은 패스를 바탕으로 한 경기 방식과 상반됐다. 이처럼 굴리트는 언제나 '아웃사이더' 성향이 강했다. 이는 그가 암스테르담 출신이면서도 단 한번도 아약스에서 뛴 적이 없었다는 이유도 있지만, 그것이 전부는 아니었다. 큰 키와 레게머리를 한 수리남 혈통의 굴리트는 현역 시절 내내 인종차별을 견뎌야 했고, 발롱도르를 받을 때 수상 소감에서 그 영광을 당시 수감돼 있던 넬슨 만델라Nelson Mandela에게 돌리기도 했다.

굴리트는 1979년 할렘Haarlem에서 프로 데뷔전을 치렀고, 첫 시즌에는 중앙 수비수로 활약한 후 두 번째 시즌부터 최전방 공격수로 활약했다. 그는 1992년 페예노르트로 이적한 후부터는 대개 오른쪽 윙어 자리를 소화했다. 당시 굴리트는 페예노르트에서 짧게나마 원대한 혜안의 소유자 요한 크루이프의 팀 동료로 뛰었다. 당시 크루이프는 정식 감독은 아니었지만, 사실상 팀 전술과 팀 동료를 훈련시키는 역할을 하고 있었다. 페예노르트가 원정을 떠난 하룻밤, 굴리트는 크루이프와 함께 축구 얘기를 하면서 호텔 엘리베이터를 타고 방으로 향하고 있었다. 이 둘의 대화는 밤새 이어졌다. 크루이프는 자신의 '제자' 굴리트에게 훗날 더 큰 구단으로 이적하거든 믿을 수 없을 정도의 유니크한 자신의 재능을 최대한 살리려면 팀 전체를 지배하는 존재가 되어 모든 것을 자기 중심으로 만들어지게 하라고 조언했다. 굴리트는 "크루이프는 코칭 및 축구에 대해 대화하는 방식을 통해 내게 전술에 대한 새로운 통찰을 제시했다"고 말하기도 했다. 훗날 굴리트는 크루이프의 조카와 결혼했다.

이 덕분에 굴리트는 PSV 아인트호벤으로 이적한 1985년 팀 내부에서 크루이프처럼 영향력을 발휘할 수 있었다. 그는 구단을 설득해 팀 유니폼의 빨간색 상의가 검은색 하의, 빨간색 양말과 함께 배치되면 시시해 보인다며 하의와 양말을 흰색으로 바꾸게 했다. 그는 축구장 안에서도 오른쪽 측면 수비수 에릭 게레츠Eric Gerets와 오른쪽 윙어 레네 판 더 하이프Rene van der Gijp의 조합이 기대 이하라고 판단해 감독이 없는 자리에서 훈련을 통해 이 둘의 호흡을 향상시키는 데 집중했다. 무엇보다 굴리트는 자기 자신에게 가장 잘 어울리는 포지션이 공격적인 스위퍼라고 판단했다. 자신이 공격 진영으로 전진하면 경험이 풍부한 미드필더 빌리 판 데 케르코프Willy van de Kerkhof가 빈자리를 메울 수 있다는 게 굴리트의 판단이었다. 굴리트는 "중앙 수비수였던 나는 미드필드로 전진한 후 그 자리에서 더 공격적인 자리로 파고들 수 있었다"고 말했다. PSV는 굴리트가 활약한 두 시즌 모두 네덜란드 리그 우승을 차지했고, 굴리트는 2년간 공격에 자주 가담한 선수였던 점을 고려하더라도 후방에 배치된 선수치고는 놀라울 정도로 많은 득점인 46골을 기록했다.

굴리트는 전성기라고 할 만한 25~33세 기간을 이탈리아 세리에 A에서 보냈다. 이 중 대다수를 차지한 그의 AC 밀란 시절은 리그 우승 3회, 유러피언컵 우승 2회로 크게 성공적이었다. 당시 아리고 사키 AC 밀란 감독은 마우로 타소티Mauro Tassotti, 프랑코 바레시Franco Baresi, 알레산드로 코스타쿠르타Alessandro Costacurta 그리고 파올로 말디니Paolo Maldini로 이어지는 역대 최강 4인 수비진을 구성했다. 여기서 자리가 없었던 굴리트는 세계적인 공격형 미드필더 혹은 공격수로 변신해 네덜란드 대표팀에서와 똑같은 역할을 맡았다. 그러나 굴리트에게는 항상 자신의 원래 자리인 스위퍼로 돌아가고 싶은 바람이 있었다.

그러던 1995년, 글렌 호들이 굴리트 영입에 나섰다. 당시 2년째 첼시의 선수겸 감독으로 활약한 호들은 자기 자신을 스위퍼로 중용했으나 아예 현역 은퇴를 선언하고 감독직에 전념하고 싶어 했다. 호들은 잉글랜드 외부의 힘을 빌려 혁신을 일으키려 한 진보적인 감독이었다. 호들은 PSV에서 스위퍼로 활약한 굴리트의 활약상을 여전히 기억하고 있었고, 그에게 첼시에서 그가 맡은 역할을 그대로 부여하겠다는 제안으로 그를 첼시로 오도록 설득하는 데 성공했다.

굴리트는 첼시 입단을 발표하는 공식 기자회견에서 "스위퍼로 뛸 때 내 능력이 가장 잘 드러난다"며 자신이 공격형 미드필더로 온 유럽을 압도한 모습을 지켜본 잉글랜드 기자들에게 설명했다. 당시만 해도 잉글랜드 축구 기자들은 중앙 수비수를 제한적인 기술로써 상대 공격수와 전투를 벌이는 존재로 여겼기에 놀라지 않을 수 없었다. 당시 프리미어리그 공식 스티커 앨범에는 모든 선수가 정해진 포지션에 따라 골키퍼, 수비수, 미드필더 또는 공격수로 표기됐다. 그러나 유독 굴리트만이 '리베로'로 표기됐다. 그는 그만큼 독특했다.

굴리트는 계획대로 스위퍼 역할을 맡으며 프리미어리그에서 첫 시즌을 시작했지만, 기술과 전술 이해도가 제한적인 첼시 선수들은 그의 공격적인 움직임을 이해하지 못했다. 굴리트 또한 자신이 수비 진영 페널티 지역 공중볼 경합에서 볼을 따낸 후 이를 가슴으로 받아 측면에 서 있던 마이클 두베리Michael Duberry에게 연결한 순간을 여전히 기억하고 있다. 그의 패스를 보고 깜짝 놀란 첼시 팬들은 탄식을 자아냈고, 패스를 받은 두베리는 그에게 "지금 뭐하는 거야?"라며 볼을 바로 관중석으로 강력히 차버렸다.

그러나 굴리트는 이런 난장판 속의 유일한 천재였다. 그는 프리미어리그의 타 팀 중앙 수비수와 비교할 때 볼을 다루는 솜씨가 한 단계 높았고, 전통적으로 상대 공격을 차단하는 데만 집중한 포지션에서 뛰면서도 세계적인 '테크니션'으로 자리매김한 선수였다. 굴리트는 후방에서 볼을 받은 후 드리블 돌파로 전진한 뒤 미드필더와 2 대 1 패스를 주고받으며 상대 수비와 미드필드 사이 공간에서 '10번' 역할을 수행했다. 이를 두고 호들 감독은 "마치 18세 선수가 12세 선수를 상대로 뛰는 모습을 보는 것 같다"고 말했다. 당시 프리미어리그 팀들은 수시로 공격 가담을 하는 상대의 중앙 수비수를 막을 준비가 되지 않은 상태였다. 이 덕분에 굴리트는 항상 볼을 잡을 때마다 충분한 시간을 두고 공격을 전개할 수 있었다. 당시 첼시 미드필더 나이젤 스팩맨Nigel Spackman은 수비 진영으로 후진해 PSV에서 굴리트가 비운 공간을 커버해준 판 데 케르코프 역할을 재현했다.

굴리트가 첼시 선수로 데뷔한 에버턴전이 0-0으로 끝난 후 언론이 기사를 통해 설명한 그의 활약은 당시 잉글랜드 축구가 받은 신선한 충격을 잘 설명했다. 〈가디언〉의 데이비드 레이시David Lacey가 기고한 매치 리포트는 "수차례 굴리트가 내준 패스를 받은 그의 첼시 동료들은 이때까지 이러한 각도의 패스가 존재했다는 사실조차 모르는 것 같았다. (중략) 굴리트는 스위퍼로 잉글랜드에 왔지만, 이는 그의 실체와 거리가 멀다"라고 보도했다.

〈옵저버Observer〉의 프랑크 맥기Frank McGhee는 한발 더 나아가 굴리트의 포지션을 설명했다. 그는 "굴리트는 대중이 생각하는 스위퍼의 이미지를 영원히 바꿔놓았다. 그동안 잉글랜드 축구에서는 볼을 강하게 차고 태클만 할 줄 알면 스위퍼로 뛸 수 있었다. 굴리트는 스위퍼 포지션이 팀에서 가장 기량이 뛰어난 선수가 맡아야 한다는 사실을 증명했다"고 설명했다.

다만 첼시는 1995-96시즌 눈에 띄는 성공을 거두지 못했다. 첼시는 FA컵 4강에 올랐지만, 프리미어리그에서는 11위로 시즌을 마쳤다. 굴리트는 잦은 부상 탓에 모든 대회를 통틀어 21경기 출전에 그쳤고, 이적 후 3개월이 지나자 미드필더로 경기에 나서야 했다. 팀 동료들이 도저히 굴리트의 움직임을 이해하지 못했기 때문이다. 굴리트는 시간이 지나 "나는 받기 어려운 볼이 오면 이를 받은 후 공간을 만든 다음 오른쪽 측면 수비수 앞 공간으로 좋은 패스를 찔러줬다. 그러나 그는 이런 내 패스를 받고 싶어 하지 않았다. 글렌(호들 감독)이 결국 내게 '루드(굴리트), 차라리 미드필드에서 그렇게 하는 게 좋겠다'고 말해줬다"고 밝혔다.

호들 감독은 유로 1996이 끝난 후 잉글랜드 대표팀 사령탑으로 부임하며 첼시를 떠났다. 켄 베이츠Ken Bates 첼시 회장은 그를 굴리트로 대체했다. 그러면서 굴리트는 불과 몇 개월 차이로 벵거 감독을 앞질러 당시 프리미어리그의 유일한 외국인 감독이 됐다. 그는 호들 감독의 발자취를 따라 선수 겸 감독으로 활동했다. 감독직을 물려받은 굴리트의 첫 번째 영입은 프랑스 수비수 프랑크 르뵈프. 굴리트가 당시 이탈리아 일간지 〈라 가제타 델로 스포르트La Gazzetta dello Sport〉로부터 '올해의 리베로'로 선정된 르뵈프를 영입한 이유는 후방 빌드업을 중시하는 축구를 이어가기 위해서였다.

굴리트는 첼시를 이끈 18개월간 1997년 FA컵 정상에 오르며 잉글랜드 축구 역사상 외국인 감독으로는 최초로 메이저 대회 우승을 차지했다. 당시 굴리트가 FA컵에서 보여준 전술적인 능력은 매우 인상적이었다. 그는 리버풀과의 4라운드 경기 전반전이 끝난 후 첼시가 0-2로 뒤처지자 왼쪽 측면 수비수 스콧 민토Scott Minto를 빼고 공격수 마크 휴즈를 교체 투입해 당시만 해도 매우 급진적인 포메이션이었던 3-3-1-3 포메이션으로 대역전극을 연출하며 4-2 승리를 이끌었다. 이어 굴리트는 윔블던과의 4강에서도 매우 적극적인 오프사이드 트랩으로 상대의 롱볼 패스를 차단하는 전술로 결승 진출에 성공했다.

그러나 굴리트는 이듬해 2월 베이츠 회장과의 다툼으로 발생한 혼란스러운 상황 속에서 경질됐다. 그러나 이 둘이 충돌한 이유는 성적 부진 때문이 아니었다. 당시 첼시는 프리미어리그 2위에 올라 있었고, 리그컵과 컵위너스컵에서도 우승 가능성이 남아 있었다. 결국 첼시는 굴리트의 후임으로 선임된 지안루카 비알리 감독 체제로 두 대회에서 나란히 우승을 차지했다. 비알리 감독은 논란의 대상이 된 외국인 선발 11명을 구성한 주인공이기도 하다. 현역 시절 비알리는 굴리트가 직접 영입한 이탈리아 선수 세 명 중 한 명이었으며 그는 세리에 A에 대한 해박한 지식을 보유하고 있었다. 나머지 두 선수는 첼시가 기술적인 팀으로 발전하는 데 지대한 영향력을 행사한 지안프랑코 졸라 그리고 1997년과 2000년 FA컵 결승전에서 골을 넣은 데다 훗날 감독이 돼 첼시의 2012년 FA컵과 챔피언스리그 우승을 이끈 로베르토 디 마테오였다.

감독이 된 굴리트는 프리미어리그의 그 어느 감독보다 외국인 선수 제한이 없어진 새로운 규정이 도입된 후 이에 재빨리 대응했다. 실제로 굴리트가 첼시에서 영입한 선수 14명 중 영국인은 단 두 명에 불과했고, 이후 그가 뉴캐슬 사령탑으로 부임해 영입한 선수 23명 중에도 영국인은 단 다섯 명뿐이었다. 일각에서는 굴리트가 지나치게 외국인 선수에게 의존한다는 비난이 있었지만, 그는 이에 전혀 다른 개념을 설명하며 강경하게 대응했다. 굴리트는 "잉글랜드는 여전히 유럽의 방식과는 다른 생각을 하고 있다. 프랑스에서 온 선수가 외국인으로 여겨지는 시대는 지났다. 이 섬나라도 이런 현상에 빨리 적응해야 한다"고 말했다. 이는 매우 용감한 발언이었다. 이처럼 얼마 후 첼시가 외국인 11명으로 출전 명단을 구성한 건 비알리 감독만큼이나 굴리트의 영향도 컸다. 당시 첼시의 선발로 나선 11명 중 여섯 명은 굴리트가 감독 시절 영입한 이들이었다. 이외에 페트레스쿠는 호들 감독이 영입한 선수였고, 나머지 네 선수만이 비알리 감독의 영입이었다.

그러나 첼시의 국제화가 이뤄지는 동안에도 굴리트는 벵거와 마찬가지로 프리미어리그 예찬자가 됐다. 그는 프리미어리그의 다양성을 사랑했고, 패스 축구의 중요성을 전파하면서도 윔블던이 구사하는 전통적인 잉글랜드식 효율적 롱볼 축구를 칭찬하기도 했다. 심지어 그는 "잉글랜드 축구가 해선 안 되는 건 유럽식 축구를 하는 것이다. 그러나 첼시에서 변화가 생긴다는 느낌이 든다. 이는 전반적인 잉글랜드 축구 전체에도 변화를 일으킬 것"이라고 말했다.

굴리트는 주장 데니스 와이즈를 자주 칭찬했다. 와이즈는 굴리트가 감독으로 부임한 초기 의구심을 드러내기도 했지만, 곧 그의 체제를 받아들이면서도 여전히 '잉글랜드 정신'은 필요하다는 목소리를 냈다. 와이즈는 첼시에 새로 영입된 선수에게 구단의 연고지 런던 지역 운율의 은어들을 소개하는 책을 선물하기도 했다. 디 마테오는 훗날 "첼시 드레싱룸에는 외국인 선수가 많은데도 잉글랜드의 느낌이 강렬했다. 이는 모두 데니스(와이즈) 덕분이었다. 누구도 그보다 더 잉글랜드적일 수는 없었다. 데니스는 팀의 리더였으며 프리미어리그에서 뛰는 게 어떤 의미를 지니는지 모든 선수에게 알려주는 역할을 했다"고 말했다.

그러나 이 시절 첼시 구단 훈련장의 드레싱룸 구조는 희한했다. 당시 첼시의 훈련장 드레싱룸은 작은 방이 여럿 모인 구조로 방 하나당 최대 여섯 명밖에 수용하지 못했다. 이 때문에 당시 첼시의 훈련장 드레싱룸은 잉글랜드인 방, 이탈리아인 방, 프랑스인 방 그리고 '나머지 국적을 소유한 선수 방'으로 나뉘었다. 시간이 지나 당시 첼시 선수들은 이러한 구조가 팀 사기에 끔찍한 악영향을 미쳤다는 데 모두 동의했다.

흥미로운 점은 프리미어리그 출범 후 처음으로 외국인 감독으로 메이저 대회 우승을 차지했고, 잉글랜드 축구가 외국인 선수를 받아들이는 데 선구자 역할을 한 굴리트와 벵거가 시간이 지나면서 갈수록 활성화되는 국제화에 의구심을 드러냈다는 사실이다. 굴리트는 "(보스만 룰이 도입되기 전에는) 정상급 선수만 해외로 진출했다. 그러나 그 이후 모두가 아무 데나 갈 수 있게 됐다. 그 결과 평범한 선수들이 포화되는 현상이 일어났다. (중략) 그러나 보스만 룰을 철회할 수는 없다. 그렇게 하려면 유럽 전역의 법률을 전부 다시 써야 하기 때문"이라고 말했다.

벵거 감독의 생각도 비슷했다. 그는 1996년 아스널 감독으로 부임하기 전 구단 운영진에게 외국인 선수 두 명을 한꺼번에 기용하면 팬들이 어떻게 반응할 것 같냐고 묻기도 했다. 그러나 그는 2001년 에버턴 공격수 프란시스 제퍼스Francis Jeffers, 입스위치 골키퍼 리차드 라이트Richard Wright, 토트넘 수비수 솔 캠벨을 한꺼번에 영입하며 대중을 놀라게 했다. 물론 당시 캠벨은 유럽 최고의 수비수로 평가받았지만, 제퍼스나 라이트는 기량을 입증하지 못했다. 이들은 아스널에서 두 선수를 합쳐도 16경기에 출장하는 데 그쳤다.

왜 잘 알려지지 않은 유럽 내 타 리그에서 어리고 재능 있는 선수를 영입하는 데 최고의 능력을 발휘했던 그가 수준 이하의 잉글랜드 선수를 영입했을까? 이에 벵거 감독은 "아스널을 다시 잉글랜드화re-anglicise"하고 싶었기 때문이라고 직접 답했다. 그는 "드레싱룸에서 구사하는 팀의 공용어는 영어가 유일할 수 있게 하고 싶었다"고 설명했다. 즉 어느 순간부터는 외국인 감독들마저 프리미어리그가 잉글랜드만의 정체성을 잃어간다는 우려를 나타내기 시작한 셈이다.

빅샘과
롱볼

"1980년대 TV로 본 윔블던 경기가 생각난다. 그래서 이런 방식의 축구가 놀랍다고 말할 수는 없다. 나는 잉글랜드 축구에는 롱볼 축구가 많다는 사실을 이미 알고 있었다."

- 라파엘 베니테즈

잉글랜드 축구는 프리미어리그 출범에 앞서 약 10년 동안 아주 직선적인 축구를 구사했다. 1980년대 가장 큰 성공을 거둔 리버풀은 패스 축구를 발전시켜 온 유럽의 존중을 받았지만, 나머지 잉글랜드 팀들은 이런 방식의 축구를 멀리하고 '롱볼 축구'를 하는 데 집중했다. 골키퍼와 수비수는 무조건 공중볼 경합에 능한 덩치 큰 최전방 공격수를 향해 롱볼을 때렸고, 그 사이 나머지 공격수 한 명과 미드필더들은 흘러나오는 '세컨드 볼'을 쟁취하기 위해 싸웠다. 빌드업을 위한 인내심은 곧 시간 낭비로 여겨졌다.

잉글랜드는 1980년대 축구협회 지도자 교육을 총괄했던 찰스 휴즈

Charles Hughes의 영향으로 롱볼 축구를 대대적으로 구사하게 됐다. 휴즈는 과거 영국 공군 중령이었던 찰스 리프Charles Reep와도 함께 일했다. 리프는 최초로 축구 통계분석을 시작한 인물이다. 그러나 리프는 축구 통계분석관으로 일하는 동안 대다수 시간을 비논리적이고 선별적인 정보를 바탕으로 축구에서 가장 공격적으로 경기에 접근하는 방식은 롱볼을 최대한 많이 구사하는 직선적인 축구라는 점을 증명하는 데 투자했다. 실제로 휴즈가 발행한 축구 코칭 매뉴얼 '승리의 공식The Winning Forumla'은 점유율 축구의 효력에 일침을 가하며 모든 축구 경기에서 터진 골 중 85%는 패스가 다섯 차례 이하로 이뤄진다며 공을 잡은 팀은 최대한 빨리 '득점 확률이 가장 높은 위치POMO'로 옮기는 것이 유리하다고 주장했다.

휴즈의 아이디어를 전적으로 납득한 감독이 많지 않았던 것은 물론, 오히려 많은 감독이 그를 최대한 멀리하려고 했다. 그러나 1980년대 롱볼 축구가 잉글랜드에서 매우 보편화된 전술이라는 점과 전력상 한 수 아래로 여겨진 팀이 이러한 축구를 구사해 큰 성공을 거둔 사례가 많았던 건 사실이다. 윔블던과 왓포드는 단 다섯 시즌 사이에 4부리그에서 1부리그로 승격했고, 각각 리그와 FA컵 준우승을 차지했다. 두 팀 모두 간단하면서도 타협하지 않는 롱볼 축구를 구사했다. 그래엄 테일러 왓포드 감독은 시간이 지나 잉글랜드 대표팀 사령탑으로 부임하며 프리미어리그의 성장기에도 영향을 미쳤다.

그러나 프리미어리그는 출범 초기부터 롱볼 축구의 유행이 점점 줄어드는 모습을 보여줬다. 대신 경기 규정이 변하며 패스 축구의 생존력이 점점 더 강해졌다. 특히 백패스 규정의 변화가 이러한 흐름에 큰 요인으로 작용했고, 태클을 규제하는 규칙은 더 엄격해졌다. 과격한 백태클이 전면적으로 금지되면서 공격수가 발밑에 볼을 두면 즉시 태클을 당하는 상황을 피할 수 있었다. 경기장 잔디 사정이 좋아진 점도 간과할 수 없다. 진흙탕보다는 고른 잔디밭에서 패스를 하는 게 더 쉬운 건 당연하기 때문이다.

그러나 윔블던은 1990년대에도 롱볼 축구를 대표하는 팀이었다. 아마 추어스러울 정도로 마초적 성향이 짙었던 윔블던 선수들은 '미친 갱Crazy Gang'이라는 별명으로 유명했고, 조 키니어Joe Kinnear 감독 체제에서 끊임없이 롱볼을 구사하며 종종 그들보다 더 수준 높은 상대를 잡았다. 이후 윔블던은 에길 올센Egil Olsen 감독을 선임한 후에도 똑같은 축구 철학을 유지했다. 올센 감독은 특유의 직선적인 축구를 구사한 노르웨이를 FIFA 랭킹 2위까지 이끈 실력파 지도자로 평가받았다. 윔블던 감독으로 부임한 그는 95세가 된 리프와 긴밀한 관계를 맺었다. 그러면서 리프는 올센 감독의 통계 분석가 역할을 자처하며 윔블던 경기 분석 자료를 제공했다. 그러나 그들이 추구한 축구는 현대적이지도, 진보적이지도 않았다. 이어 윔블던은 2001년 강등(이는 테일러 감독이 왓포드에서 맞은 두 번째 시즌에 강등된 시기와 동일하다)되며 적어도 최상위 리그에서는 직선적인 축구의 종말을 알리는 듯했다. 그러던 와중에 샘 앨러다이스Sam Allardyce 감독의 볼턴 원더러스가 등장했다.

볼턴은 프리미어리그로 승격한 첫 시즌 별 관심을 받지 못한 팀이었다. 볼턴은 함께 승격한 과거 프리미어리그 챔피언 블랙번, 모하마드 알-파예드Mohamed Al-Fayed 회장의 과감한 투자로 프리미어리그 진입에 성공하며 '남부 지역의 맨유'라 불린 풀럼과 비교할 때 기대를 덜 받았기 때문이다. 앞서 볼턴은 두 차례 프리미어리그에 승격했지만, 두 차례 모두 한 시즌 만에 강등되며 현실의 벽을 넘지 못했다. 이 때문에 볼턴은 세 번째로 프리미어리그에 복귀한 시즌에도 최하위로 강등당할 1순위 팀으로 꼽혔다. 그러나 당시 승격한 이 세 팀은 역사를 장식한 주인공이 됐다. 프리미어리그 출범 후 최초로 승격한 세 팀이 전부 강등을 피했기 때문이다. 이 중 볼턴은 가장 돋보이는 인상을 남겼다.

볼턴의 2001-02시즌 첫 경기는 레스터 시티 원정이었다. 이 경기에서 볼턴은 4-0으로 앞선 채 전반을 마쳤고, 결국 5-0으로 승리했다. 이어 볼턴은 미들즈브러와 리버풀까지 차례로 꺾으며 연승행진을 달렸고, 세 경기를 마친 시점에서 1891년 이후 처음으로 1부리그 선두 자리를 꿰찼다. 물론 볼턴은 이후 연승행진을 이어가지 못하며 선두 자리에서 내려왔지만, 이를 시작으로 6년간 프리미어리그에서 가장 인상적인 소규모 구단으로 자리매김하며 챔피언스리그 진출을 호시탐탐 노리는 팀이 됐다. 실제로 볼턴은 소위 '빅클럽'을 상대로 자주 승리했고, 프리미어리그에서 직선적인 축구가 여전히 통한다는 사실을 직접 보여줬다.

앨러다이스 감독은 학구파 외국인 감독들이 늘어나는 프리미어리그에서 전통적인 잉글랜드 감독의 기질을 보이면서 경쟁력을 입증했다. 그는 현역 시절에도 볼턴에서 유소년팀을 거쳐 프로 데뷔전을 치른 후 무려 9년간 몸싸움을 즐기는, 한 발밖에 사용할 줄 모르는 중앙 수비수로 활약했다. 현역 시절 앨러다이스는 39세까지 활약하며 잉글랜드 1~4부리그를 두루 누비며 강력한 제공권을 자랑했다. 약 20년에 걸쳐 공중볼 경합을 지배한 그는 현역 시절 말년에는 아스피린 두 알을 복용하고 매 경기를 소화했고, 은퇴 후에는 줄곧 목 부상으로 고생했다.

앨러다이스의 리더십은 어린 시절부터 분명했다. 이 덕분에 그는 단 28세의 나이에 소속 팀 밀월로부터 감독직을 제안받기도 했다. 그러나 당시 앨러다이스는 아직 너무 어리다는 이유로 밀월의 제안을 거절했다. 밀월은 앨러다이스 대신 조지 그래엄 감독을 선임했다. 이후 이 둘은 얼마 지나지 않아 관계가 틀어졌지만, 그래엄 감독이 진행한 수비 훈련은 앨러다이스에게 배움의 기회를 제공했다. 흥미롭게도 앨러다이스는 지도자 초기 시절 프레스턴 유소년팀 코치로 일하던 시절 1군 사령탑 존 벡John Beck 감독과 함께 일했다. 벡 감독은 누구보다 찰스 휴즈의 지도 방식을 노골적으로 따른 인물이다. 그는 통계 전문가를 초빙해 선수들에게 패스를 더 적게 해야 한다고 교육시켰다. 또한 벡 감독은 후방에서 공격 진영의 양 측면으로 때리는 패스가 넘어가지 않도록 홈구장 관리인에게 코너 플래그 부분 잔디를 깎지 말라고 주문했다.

선수들은 특정 구역으로 롱볼을 연결하라는 엄격한 전술을 고집한 벡 감독에게 불만을 품기도 했다. 그러나 그는 이에 앞서 4부리그 팀 캠브리지를 2부리그에서 프리미어리그 승격 플레이오프까지 진출시키며 왓포드와 윔블던의 급부상을 재현하는 데 근접했던 감독이다. 그러나 벡 감독은 프레스턴에서는 이와 같은 성공을 거두지 못했고, 앨러다이스는 그와 함께 일하는 걸 증오했다. 벡 감독이 '뇌사 상태에 빠진 축구'를 구사한다는 게 앨러다이스의 생각이었다. 이처럼 앨러다이스 감독의 팀은 더 세련된 축구를 구사했지만, 동시에 그는 여전히 현대 축구의 '프리미어리그판 벡 감독'이라는 평가를 받았다.

앨러다이스 감독은 시작부터 프리미어리그의 '아웃사이더'처럼 행동했다. 그는 유럽 타 지역의 팀들이 만들어놓은 판을 따르는 데 거부감을 드러냈다. 앨러다이스 감독은 볼턴이 승격하기 1년 전인 2000년 인터뷰에서 "내 명성이 높지 않은 데다 내 말투에는 외국인 액센트가 없으니 프리미어리그 빅클럽이 내게 감독직을 제안할 일은 없다고 본다"고 불평하기도 했다. 당시 프리미어리그에서 활동한 외국인 감독은 단 네 명밖에 안 됐지만, 이 중 세 명은 상위 다섯 팀 중 세 팀을 이끌었다. 앨러다이스 감독은 빅클럽의 외국인 사령탑을 적대시하는 악당 역할을 자처하면서 이러한 현실을 몹시 성가시게 여기는 모습을 보였다.

그는 시간이 지난 후 "요즘 대다수 직업은 당신이 어떤지를 직접 보여주는 대신 당신이 스스로 어떻게 자기 자신을 드러내려고 하는지, 다른 사람이 당신을 어떻게 보는지에 초점이 맞춰졌다. 불행하게도 나는 내가 태어나 자란 방식과 내 생김새를 바꿀 수 없다"고 말하기까지 했다. 심각한 난독증 환자인 앨러다이스 감독은 글을 쓰는 데 어려움을 겪는다는 사실을 직접 인정했고, 글을 읽는 능력도 매우 느리다고 밝힌 적이 있다. 그러나 그는 이러한 자신의 약점을 육성으로 듣는 내용을 누구보다 잘 기억하고, 경청하는 능력으로 보완할 수 있다고 믿었다.

그런 강해 보이는 모습과는 반대로 앨러다이스 감독은 자신만만한 모습 외에도 혁신적인 습성을 지닌 지도자였다. 프리미어리그가 출범 후 약 10년간 진화하는 데 있어 앨러다이스 감독 이상으로 그 변화에 보탬이 된 감독은 아르센 벵거 정도가 유일하다. 벵거 감독은 너무 진보적인 나머지 축구의 불모지였던 일본까지 간 인물이다. 이와 비슷하게 앨러다이스 감독은 완전히 예상 밖의 대상인 미식축구로부터 영감을 얻어 이를 축구에 접목했다.

현역 시절 앨러다이스는 1983년 여름 북미프로축구_NASL: North American Soccer League_에서 짧게 활약한 적이 있다. 그는 탬파베이 라우디스에서 11경기를 소화했다. 당시 미국 무대의 축구 수준은 낮은 편이었지만, 구단이 선수의 체력 관리를 해주는 체계는 잉글랜드보다 훨씬 더 앞서 있었다. 당시 라우디스는 프로미식축구_NFL_ 팀 탬파베이 버카니어스와 구단 시설 그리고 스태프를 공유했기 때문이다. 이 때문에 NASL 선수들은 NFL 선수들과 같은 시설을 쓰며 그들의 훈련장과 홈구장을 그대로 활용했고, 스포츠 과학이 훨씬 더 발달된 미식축구와 협업한 덕분에 선수들의 신체적 능력이 우수했다. 앨러다이스는 "그들이 일주일간 경기에 대비하는 방식은 내 시선을 트이게 했다. 내 인생을 바꾼 경험이었다. 잉글랜드에서 한 체력 관리보다 배울 게 훨씬 더 많다는 사실을 깨달았다. 모든 선수를 대상으로 작은 디테일에 신경 쓰는 그들의 관리 체계는 놀라웠다"고 말했다.

앨러다이스는 미국에서 모바일 스캐너로 선수의 부상 부위를 바로 점검하고, 마사지사, 영양사, 정신과 의사는 물론 통계 전문가와 분석가까지 팀을 지원하는 모습을 보고 깊은 인상을 받았다. 특히 이러한 문화는 잉글랜드 축구에 너무도 이질적이었고, 이로부터 몇 년이 지나 감독이 된 앨러다이스에게 미국 무대 경험은 결정적인 요인으로 작용했다. 앨러다이스 감독은 노츠 카운티를 이끈 1990년대 후반 자신에게 가장 중요한 영입은 새로운 물리 치료사라고 말하기도 했다. 무엇보다 미국 진출은 축구인 앨러다이스의 지평을 넓혀주며 타 종목을 통해 혁신을 이룰 수 있다는 사실을 깨닫게 해줬다. 실제로 그는 볼턴에서 럭비 선수 조니 윌킨슨Jonny Wilkinson을 육성한 데이브 알레드Dave Alred를 영입했다. 알레드 코치가 키운 럭비 스타 윌킨슨은 이후 사실상 혼자 힘으로 2003년 잉글랜드의 럭비 월드컵 우승을 이끈 최정상급 선수였다. 알레드 코치는 자신만의 훈련 방식으로 윌킨슨을 양발잡이로 성장시켰는데, 럭비에서 양발잡이는 매우 드문 자원이다. 또한 앨러다이스는 미국프로야구에서 '머니볼'이라는 통계 분석 기법으로 혁신을 일으킨 빌리 빈Billy Beane, 영국 사이클계를 변형시킨 주인공 데이브 브레일스포드Dave Brailsford를 만나기도 했다.

볼턴은 앨러다이스 감독의 장기적인 안목을 최대한 활용하기 위해 그와 10년 계약을 맺었다. 이후 그는 팀 지원 스태프를 대대적으로 확대했다. 나중에는 볼턴의 코칭스태프 규모가 선수단보다 커졌을 정도다. 당시만 해도 이러한 현상은 특히 볼턴이라는 구단의 규모를 고려할 때 흔치 않았다. 결국 앨러다이스 감독은 난독증 탓에 학업에 충실하지 못해 쌓인 설움을 이후 볼턴대학교로부터 명예 박사학위를 받으며 어느 정도 해소할 수 있었다. 당시 그는 "우리가 볼턴에서 이룬 모든 건 내가 팀 뒤에 또 다른 팀을 구성한 덕분"이라며 자부심을 드러냈다.

앨러다이스 감독은 식단 조절을 시작한 것은 물론 생리학적으로도 팀을 발전시켰다. 그는 영양사와 생리학자를 초빙해 선수들에게 에너지 음료, 전해액을 더 많이 섭취하라고 주문했다. 특히 앨러다이스 감독은 선수들이 체력을 회복하는 기간과 관련된 통계자료를 중요하게 여겼다. 그는 2003년 박싱데이에 볼턴이 리버풀 원정에서 47분 만에 0-2로 뒤처지자 팀 내 최고의 선수로 평가받는 선수 세 명인 유리 조르카에프Youri Djorkaeff, 제이-제이 오코차 그리고 이반 캄포Ivan Campo를 한꺼번에 교체했다. 앨러다이스 감독이 이들을 모두 뺀 이유는 단 이틀 후 레스터와의 경기에 일찌감치 대비하기 위해서였다. 그는 나이가 많은 편에 속하는 세 선수가 풀타임을 소화한 후 단 이틀 만에 다시 경기에 나서 정상적인 활약을 하는 건 사실상 불가능하다고 판단, 냉정하게 0-2로 뒤지기 시작한 리버풀 원정경기를 포기했다. 볼턴은 이후 레스터전에서 2-2로 비기긴 했지만, 이처럼 앨러다이스 감독은 '이길 수 있는 경기'를 이기는 데 집중했다.

사실 축구를 과학적으로 분석하기 시작한 진정한 혁신가는 벵거였지만, 앨러다이스는 축구계에 더 많은 '축구 혁신'을 불러온 지도자였다. 그는 말 그대로 축구를 다른 시선으로 봤다. 앨러다이스 감독은 다른 감독이 받아들인 테크니컬 에어리어에서 경기를 지켜보는 대신 관중석으로 올라가 높은 위치에서 양 팀의 전술을 읽는 데 집중하며 벤치에 앉은 코칭스태프와의 의사소통을 무전기로 한 적도 있다. 더 많은 감독들이 이 방식을 따르지 않은 건 사실 기이한 현상이다. 물론 이후에는 앨러다이스 감독도 벤치에 자신의 존재가 필요하다는 점, 또 대기심과의 의사소통을 위해 다시 경기 중 자리를 벤치로 옮겼다.

알렉스 퍼거슨 감독은 볼턴 원정경기가 끝난 후 항상 그렇듯 상대 팀 감독의 사무실에서 함께 와인을 즐겼는데, 이때 그는 컴퓨터 뒤에 앉은 수많은 통계 분석관을 보고는 놀라움을 금치 못했다는 후문이다. 앨러다이스 감독에게 숫자 분석은 매우 중요했다. 그는 축구 선수 및 경기 분석 소프트웨어 프로존을 활용해 모든 자료를 수치화하며 매 경기를 앞두고 선수들에게 경기장의 위치별로 어느 구역에서 어떤 활약을 펼쳐야 무실점을 기록하고, 승리할 확률이 높은지를 설명했다. 앨러다이스 감독은 하프타임에도 영상 자료를 틀어놓고 전반전 경기 내용을 분석해 작전을 지시했다.

앨러다이스 감독의 분석 스태프는 볼턴의 팀 전술에 따라 모든 포지션에서 요구되는 조건을 통계자료로 전환해 프로필을 작성했다. 그러면서 그는 선수의 포지션에 따라 그에게 정확히 어떤 활약을 요구하는지를 설명했다. 이후 앨러다이스 감독은 선수의 통계자료를 분석해 활약 성향을 파악한 후 그에게 가장 잘 어울리는 역할을 맡기는 데 집중했다. 그는 이러한 능력을 전문화했다. 앨러다이스 감독은 공격수 헨리크 페데르센Henrik Pedersen과 케빈 데이비스Kevin Davies를 각각 왼쪽 측면 수비수와 오른쪽 측면 미드필더로 변신시켰고, 리카르도 가드너Ricardo Gardner를 왼쪽 윙어에서 왼쪽 측면 수비수로 전환했다. 중앙 수비수 이반 캄포와 페르난도 이에로Fernando Hierro는 패스 연결을 전담하는 미드필더로 전진 배치됐다. 또한 앨러다이스 감독은 각종 세트피스 상황을 분석해 상대 세트피스 수비 시 선수들이 자리 선점을 어떻게 해야 하는지 지시하기도 했다. 이처럼 그는 '확률 축구'라는 개념에 새로운 접근 방식을 더했다.

그렇다고 앨러다이스 감독이 통계자료를 맹신한 건 아니다. 그의 분석 스태프는 캄포 영입을 반대했지만, 이를 감행한 결정은 끝내 성공했다. 또한 앨러다이스 감독은 2003-04시즌 경기에서 승리하면 선수들에게 4일 휴가를 제공하겠다는 방침을 세우며 그의 스포츠 과학 팀을 분노케 했으나 이후에도 볼턴은 5연승 행진을 달렸다. 앨러다이스 감독은 통계자료를 분석했지만, 통계자료의 노예가 되지는 않았다.

그중에서도 가장 흥미로웠던 것은 앨러다이스 감독이 볼턴 구단 훈련장에 만든 '전쟁의 방War Room'이었다. 그와 볼턴 코칭스태프는 이 방 안에 수많은 플라즈마 스크린을 설치해 모든 선수의 체력 상태와 그들의 패스 성공률, 활동량, 전력질주 횟수, 태클 횟수, 가로채기 횟수 등을 점검했다. 이 덕분에 앨러다이스 감독은 전술과 체력 훈련 효과를 극대화할 수 있었고, 부상 위험에 놓인 선수에게 휴식을 부여해 몸 상태를 회복하게 하는 데 탁월한 능력을 선보였다. 프리미어리그의 타 구단도 비슷한 방식으로 선수단을 운영했지만, 앨러다이스 감독은 볼턴이 유럽에서 가장 발달된 구조를 갖추고 있다고 믿었다. 이를 가능케 한 핵심 인물은 앨러다이스 감독의 퍼포먼스 디렉터 마이크 포드Mike Forde. 그는 볼턴에서 큰 인정을 받은 후에 결국 첼시로 떠났다. 포드는 축구 외에도 사이클링, 미국프로농구NBA 그리고 NFL에서 고문으로 활동했다. 과거에는 앨러다이스 감독이 NFL로부터 영감을 얻었지만, 시간이 지나서는 NFL이 그의 퍼포먼스 디렉터를 영입하는 데 이르렀다.

그러나 팬들은 '전쟁의 방'이나 앨러다이스 감독이 활용한 통계자료 모델을 직접 눈으로 확인할 수 없었다. 그들이 본 전부는 경기장에서 드러난 볼턴의 경기력이다. 게다가 앨러다이스 감독은 일정 부분 혁신가가 분명했지만, 그가 지향한 축구 철학은 매우 전통적이었다. 실제로 후방 빌드업이란 볼턴에겐 매우 이질적인 경기 방식이었다. 골키퍼 유시 야스켈라이넨Jussi Jaaskelainen은 전방을 향해 롱볼을 올렸고, 모든 프리킥은 상대 문전으로 길게 날아갔다. 스로인이 공격 진영으로 길게 연결되는 빈도 또한 높았다. 앨러다이스 감독은 볼튼 홈구장 규격을 규정이 허용하는 범위 안에서 최대한 축소하며 스로인으로 더 위협적인 공격을 할 만한 환경을 만드는 동시에 상대가 패스 축구를 구사하기 어렵게 만들었다.

이 시절 볼턴의 스타일을 가장 잘 대변한 선수는 케빈 놀란Kevin Nolan이었다. 과거 볼턴 유소년 아카데미에서 평범한 중앙 수비수로 성장한 그는 원래 앨러다이스 감독으로부터 프로 선수로 정착하기는 어렵다는 평가를 받았다. 앨러다이스 감독은 놀란이 헤딩이나 태클을 하지 못한다고 판단했다. 그러나 놀란은 미드필더로 보직을 변경한 후 득점력을 장착하며 경합 후 흘러나온 세컨드 볼을 따내는 데 탁월한 능력을 선보였다. 동료가 문전으로 내주거나 떨궈주는 패스를 골로 연결하는 게 그의 주된 득점 루트였다. 이러한 축구가 바로 볼턴의 팀 스타일이었다. 볼턴은 앨러다이스 감독 체제에서 프리미어리그로 승격한 후 몇 시즌간 단순한, 조기 축구에서나 통할 법한 '세컨드 볼'을 노리는 축구를 훌륭하게 구사했다.

볼턴은 프리미어리그 승격 후 첫 시즌 초반 무서운 상승세를 탔으나 시간이 갈수록 어려움을 겪었다. 끝내 볼턴은 줄곧 강등권 경쟁을 펼치다가 봄이 돼서야 다시금 상승세를 타며 프리미어리그 잔류에 성공했다. 당시 볼턴이 영입한 외국인 공격수 두 명의 역할은 매우 컸다. 독일 출신 공격수 프레디 보비치Fredi Bobic는 임대로 볼턴에 합류해 4월 입스위치전에서 해트트릭을 기록했다. 또한 앨러다이스 감독이 자신의 경력에서 역대 최고 영입으로 꼽은 유리 조르카에프도 빼놓을 수 없다. 훌륭한 창의성을 자랑한 조르카에프는 프랑스가 월드컵과 유럽선수권대회에서 거둔 성공에 큰 보탬이 된 공격수이기도 하다. 그는 전 소속 팀 카이저슬라우테른에서 규율을 잘 지키지 못하는 버릇을 보이기도 했지만, 앨러다이스 감독은 이를 심각하게 여기지 않았다. 앨러다이스 감독은 "독일에서 활약한 유리(조르카에프)의 태도나 평판에 대한 우려는 하지 않는다. 오히려 나는 평판이 나쁘거나 분위기에 악영향을 주는 선수를 영입하는 걸 항상 즐겨왔다. 그들을 지도하는 건 곧 내게 도전이기 때문이다. 나는 성품을 판단하는 능력이 좋다"고 말했다. 조르카에프는 앨러다이스 감독이 영입한 수많은 유형의 선수 중 첫 번째였다. 그처럼 외국에서 온 기술적이고, 경험이 풍부하면서도 위험 부담이 있는 선수가 이후에도 볼턴에 차례로 합류했기 때문이다.

앨러다이스 감독은 프로존으로 분석한 데이터가 방대할수록 선수의 활용 가치와 능력을 판단하기가 더 수월하다는 흥미로운 이유를 들어 경험이 많은 선수 영입을 선호했다. 축구계에서는 전통적으로 선수의 경험을 보고 그들에 대해 판단했다. 그러나 앨러다이스 감독은 그들이 보유한 선수에 대한 정보를 기준으로 선수에 대해 평가했다. 그는 볼턴을 축구계에 알린 결정적인 인물이 된 조르카에프를 구단의 '국제 홍보대사'라는 우스갯소리로 부르기도 했으며, 시간이 지나며 당대 최고의 재능을 보유한 아프리카 선수이자 화려한 발재간을 자랑하는 제이-제이 오코차, 센스가 돋보이는 이에로와 캄포를 영입했다.

특히 이에로와 캄포는 스페인 선수 특유의 패스 능력을 자랑했는데, 앨러다이스 감독은 훗날 온 유럽이 스페인 축구의 이러한 장점을 칭송하기 한참 전에 두 선수를 영입했다. 앨러다이스 감독은 리버풀에서 불성실한 태도로 수많은 문제를 일으킨 발빠른 측면 공격수 엘-하지 디우프를 영입해 그에게 신뢰를 보냈다. 그 결과 디우프는 자신을 신임한 앨러다이스 감독을 '아버지'라고 부를 정도로 잘 따르며 수차례 훌륭한 경기력을 선보였다. 앨러다이스 감독은 비슷한 방식으로 터키에서 아넬카를 영입해 침체기를 겪던 선수를 살려낸 후 두 배의 이적료를 받고 그를 첼시로 팔았다. 이후 아넬카는 첼시에서 프리미어리그 득점왕이 됐다.

그러나 볼턴의 영입 중에는 기대에 미치지 못한 선수도 있었다. 포르투갈에서 폭발적인 득점력을 자랑한 마리우 자르델Mario Jardel은 몸 관리를 제대로 하지 못하며 팀을 떠났고, 일본의 사상 첫 '빅네임' 선수로 불렸던 나카타 히데토시Nakata Hidetoshi는 29세의 젊은 나이에 은퇴하기 직전 볼턴에서 단 한 시즌만 활약하며 실속보다는 스타일에 치중하는 모습을 보였다. 그러나 이 선수들조차 대다수는 단기 계약으로 볼턴에 합류했고, 실질적으로는 성공한 선수가 실패한 선수보다 많았다. 앨러다이스는 새로 영입한 선수의 장점을 최대한 활용하는 데 초점을 맞췄고, 이를 꾸준히 선보일 만한 상황을 만드는 데 집중했다. 이는 단순한 접근 방식이었다. 그러나 앨러다이스 감독은 다른 감독들이 수비수에게 공격, 공격수에게 수비라는 부수적인 능력을 요구하기 시작한 이 시절 기본에 충실하는 축구를 강조했다. 앨러다이스 감독의 이러한 습성은 빅클럽에서 익숙하지 않은 역할을 해야 했던 베테랑 선수들에게 특히 주효했다.

볼턴은 프리미어리그 승격 후 두 시즌간 16위, 17위에 오르며 생존이라는 목표를 달성했으나 이후 차례로 8위, 6위, 8위, 7위를 기록하며 당시 프리미어리그 '빅 4'로 평가된 아스널, 첼시, 리버풀, 맨유를 제외하면 유일하게 4년 연속으로 10위권에 진입한 팀이 됐다. 이는 볼턴이 승격 당시 아무런 기대를 받지 않은 점을 고려하면 대단한 업적이었다. 볼턴은 2004-05시즌 챔피언스리그 우승을 차지한 리버풀과 프리미어리그에서 동일 승점을 기록하며 구단 역사상 최초로 유럽클럽대항전 진출에 성공했다. 이어 볼턴은 2년이 지난 2006-07시즌에는 프리미어리그 3위로 새해를 맞이하며 챔피언스리그 진출권이 주어지는 4위권 진입에 도전할 만한 전력을 과시했다.

볼턴은 기술적인 선수를 계속 영입하면서도 동시에 전매특허인 직선적인 축구의 완성도를 높였다. 이를 가능케 한 원동력의 일부는 4-5-1 포메이션이다. 앨러다이스 감독은 원래 4-4-2 포메이션을 골자로 하며 4-5-1을 플랜 B로 활용했다. 그러나 그는 2003-04시즌 초반부터 4-5-1 포메이션을 최우선시했다. 앨러다이스 감독은 평소에 처진 공격수로 기용한 선수를 측면에 배치하며 테일러와 올센을 연상케 하는 '뻥 축구'를 구현하기 더 수월한 포메이션을 완성했다. 이 포메이션으로는 후방에서 올리는 롱볼을 받을 선수를 두 명 확보하면서도 미드필드에서 수적 우위를 점할 수 있었다. 당시 프리미어리그에서 최전방 공격수를 한 명만 배치한 팀은 많지 않았다. 미드필드에서 점유율 경쟁을 펼치는 데는 별 관심이 없었던 볼턴이 일찌감치 4-5-1 포메이션을 쓴 건 분명히 아이러니한 일이다.

앨러다이스 감독은 프리미어리그 승격 후 생존 경쟁을 펼친 두 시즌간 자신이 지향한 롱볼 축구를 구현하는 데 필요한 타깃맨을 찾지 못해 어려움을 겪기도 했다. 마이클 리케츠Michael Ricketts는 볼턴이 프리미어리그로 승격한 첫 시즌 맹활약을 펼쳤고, 타깃맨 역할을 할 신체적 조건을 보유하고 있었으나 공간 침투를 더 선호했다. 그는 프로 정신이 부족하다는 이유로 앨러다이스 감독을 분노케 하기도 했으며 헨리크 페데르센은 열심히는 뛰었으나 공중볼을 효과적으로 따내지 못했다. 그래서 앨러다이스 감독은 2003년 케빈 데이비스를 자유계약으로 영입한 후 그를 주축 선수로 활용했다. 이전까지는 케빈 놀란이 세컨드 볼을 공략하는 능력으로 볼턴을 대표하는 선수로 활약했다면, 데이비스는 뒤에서 이어지는 롱패스를 경합 끝에(퍼스트 볼) 따내며 구단의 간판 스타가 됐다. 데이비스는 전형적인 앨러다이스 감독의 영입생이었다. 그는 한때 블랙번이 구단 역사상 최고 이적료를 투자해 영입한 기대받는 공격수였지만, 이후 줄곧 부진을 겪으며 볼턴행을 앞둔 마지막 시즌에는 사우샘프턴에서 단 한 경기에 선발 출장하는 데 그쳤다.

데이비스가 볼턴에 처음 도착했을 때, 그는 과체중 판정을 받았다. 이에 따라 앨러다이스 감독은 그에게 철저한 몸 관리와 고단백질 음식만을 섭취하는 앳킨스 다이어트Atkins diet를 주문했다. 훗날 데이비스는 앨러다이스 감독이 자신을 호텔방으로 부른 날을 여전히 기억하고 있었다. 당시 앨러다이스 감독은 침대 위에 앉아 시가를 피우고 와인을 마시면서 데이비스의 몸 상태가 걱정스럽다고 말하며 그가 워낙 자기관리를 하지 못한다는 평판 탓에 '버드와이저 킹'이라는 별명이 생겼다고 꾸짖었다. 이뿐만 아니라 앨러다이스 감독은 데이비스를 비롯해 몸 상태 조절에 실패한 몇몇 선수를 싸잡아 '뚱보 클럽Fat Club'이라고 부르며 그들에게 매일 아침

70km씩 산악자전거를 타라고 지시했다. 자전거를 타고 돌아온 '뚱보 클럽' 선수들은 항상 푸짐한 잉글랜드식 아침 식사를 즐기는 앨러다이스 감독을 발견했다. 벵거 감독은 선수들에게 주문한 식단을 자기 자신도 먹으면서 기준을 세우는 데 앞장섰지만, 앨러다이스 감독은 이처럼 자기 자신은 예외로 삼았다.

그러나 앨러다이스 감독이 주문한 체력 훈련은 효과를 나타냈다. 데이비스는 볼턴에서 맞은 첫 번째 시즌에 38경기에 모두 선발 출장하며 최전방 공격수와 오른쪽 측면 미드필더 역할을 모두 소화했다. 이를 시작으로 그는 볼턴에서 10년간 활약했다. 그는 시즌당 평균 8골씩 터뜨리며 폭발적인 득점력을 자랑하지는 못했지만, 프리미어리그의 타깃맨치고는 작은 편인 183cm의 키로도 공중볼 획득에 탁월한 능력을 자랑했다. 데이비스는 프리미어리그에서 가장 많은 파울을 범하고, 유도한 선수로 시즌을 마칠 때가 잦았다. 그가 범하거나 유도한 파울 중 대다수는 공중볼 경합 과정에서 나왔다. 그는 이렇듯 자주 경기를 세트피스 대결로 만들며 볼턴이 추구하는 축구에 가장 적합한 선수로 자리 잡았다.

또 앨러다이스 감독은 점유율이 아닌 볼의 위치가 어디에 있느냐에 신경을 기울였다. 롱볼로 데이비스에게 연결하는 패스는 투박해 보였지만, 그가 떨군 볼을 잡은 조르카에프나 오코차(시간이 지나 디우프와 아넬카가 이 둘을 대체했다)가 팬들을 흥분하게 할 만한 장면을 연출했다. 여기에 볼턴은 베테랑 개리 스피드Gary Speed가 믿음직스러운 미드필더 사령관으로 활약했고, 유로 2004 우승을 차지한 스텔리오스 지아나코풀로스Stelios Giannakopoulos는 2선 침투로 무방비 상태인 상대 수비를 공략했다. 그들은 직선적인 축구를 구사하면서도 종종 기술적인 선수들이 간헐적으로 만들어내는 마법 같은 플레이로 빅클럽의 발목을 잡았다.

앨러다이스 감독은 항상 경기에 나설 때 유리한 고지를 점령하려고 노력했다. 2003-04시즌부터 오프사이드 규정은 해당 플레이에 관여하지 않는 선수를 배제하기 시작했다. 그러면서 새 규정에 따르면 오프사이드 위치에 서 있던 선수가 이후 온사이드 자리로 돌아오면 다시 플레이에 관여할 수 있었다. 그러자 앨러다이스 감독은 팀의 프리킥 전술을 개정했다. 그는 프리킥 공격 시 선수 두 명을 의도적으로 오프사이드 위치에 배치해 공이 처음 넘어왔을 때는 플레이에 관여하지 말라고 주문했고, 이후 수비수가 붙지 않는 사이를 틈타 잠시 온사이드 위치로 돌아온 후 경합 과정에서 흐르는 세컨드 볼을 득점으로 연결하는 전술을 자주 활용했다. 이를 두고 앨러다이스 감독은 이 방식대로라면 프리킥 상황에서 선수 두 명이 상대 수비수가 막을 수 없는 위치에 서 있다가 더 수월하게 득점을 노릴 수 있다고 설명했다. 이러한 그의 전술이 효과를 가장 잘 드러낸 경기는 레스터 원정이었다. 프리킥 상황에서 의도적으로 오프사이드 위치에 서 있다가 온사이드 위치로 복귀한 놀란은 세컨드 볼을 슈팅으로 연결했으나 이는 골대를 맞고 나왔고, 이를 두고 상대 골키퍼 이안 워커Ian Walker가 혼란에 빠진 사이에 데이비스가 밀어 넣은 슛이 골라인을 넘어 득점으로 연결됐다.

공교롭게도 앨러다이스 감독은 마음속으로는 이러한 오프사이드 규칙의 개정을 달갑게 생각하지 않았다. 그는 "잘못된 규정이라고 생각한다. 그러나 내가 할 수 있는 건 우리한테 유리할 수 있도록 새로운 규정을 활용하는 것이다. 개인적으로는 규정이 마음에 들지 않는다. 축구에 보탬이 될 만한 규정이 전혀 아니라고 생각한다. (중략) 그러나 이러한 규정이 혼란을 만들면서 궁극적으로 우리한테는 좋은 기회를 제공했다"고 말했다. 미키 아담스Micky Adams 레스터 감독도 비슷한 의견을 밝혔다. 그는 "골키퍼의 눈앞에서 돌아다니는 선수들이 어떻게 플레이에 관여하지 않는다고 간주할 수 있나?"라며 불만을 내비쳤다.

앨러다이스 감독은 한발 더 나아갔다. 그는 오프사이드 위치에 선수를 배치해도 규정을 어기는 게 아니라는 사실을 파악한 후에는 프리킥 상황에서 의도적으로 상대 골키퍼의 시야를 가리는 작전을 펼쳤다. 심지어 앨러다이스 감독은 2005-06시즌에는 에버턴에 0-1로 패한 홈 개막전부터 프리킥 상황에서 놀란을 상대 골키퍼 바로 앞에 배치해 그의 시야를 가렸다. 상대 골키퍼가 시야 확보를 위해 위치를 옮기면 놀란도 그를 따라갔다. 앨러다이스 감독은 "내가 지시한 작전이 나 또한 마음에 들지 않는다. 새로운 오프사이드 규정이 좋지 않다고 생각한다. 오프사이드를 해석하는 방식이 잘못됐다고 생각한다. 비록 우리는 오늘 새 규정을 파고들어 이득을 취했지만, 나는 이 작전으로 새 규정이 잘못됐다는 사실을 증명했다. 지금 이 규정이 바뀌지 않는 한, 이를 활용할 수 있도록 노력하겠다"고 말했다.

앨러다이스는 그런 감독이었다. 그는 항상 경쟁 상대보다 유리한 고지를 점하려고 노력했다. 앨러다이스 감독이 라파엘 베니테즈 감독과 오랜 시간 설전을 벌인 건 유명한 얘기다. 베니테즈는 한때 농담 삼아 "앨러다이스 감독이 지향하는 축구와 그의 행동은 전 세계 모든 감독이 따를 만한 롤모델이다. 전 세계에서 축구를 하는 모든 아이들의 부모님조차 자녀들에게 이런 축구를 지시하리라고 확신한다. 내 생각에는 바르셀로나도 이런 스타일의 축구를 따라 하는 방법을 생각해봐야 한다"며 볼턴을 조롱했다.

그러나 볼턴의 축구에 희생된 가장 대표적인 팀은 프리미어리그에서 기술 축구의 상징으로 자리 잡은 아스널이었다. 앨러다이스 감독과 벵거 감독은 혁신가라는 점에서 공통점이 많지만, 추구하는 축구 철학은 정반대였다. 볼턴이 프리미어리그에서 가장 직선적인 축구를 한다는 평가도 아스널과의 맞대결을 통해 더 널리 알려졌다. 아스널은 2003년 4월 볼턴 원정에서 경기 종료 20분을 남겨두고 2-0으로 앞섰지만, 오코차의 기술과 나머지 볼턴 선수들의 제공권 능력을 견디지 못하고 무너졌다. 실제로 이는 직선적인 축구를 바탕으로 간헐적으로 기술 축구를 구사한 볼턴의 축구를 가장 잘 대변한 상황이기도 했다. 조르카에프가 볼턴의 만회골을 터뜨린 뒤 아스널은 크로스를 방어하는 데 어려움을 겪으며 결국 마틴 키언이 자책골을 헌납했다. 그러면서 당시 아스널의 우승 도전도 사실상 끝났다.

이후 아스널은 2005년 1월부터 2006년 11월까지 FA컵 우승과 챔피언스리그 결승 진출을 일궈낸 기간에 볼턴 원정을 네 차례나 치렀다. 볼턴은 이 네 경기에서 모두 아스널을 꺾었고, 매 경기 선제골을 머리로 넣었다. 이 중 첫 번째 경기에서 아스널 골키퍼 마누엘 알무니아Manuel Almunia는 본인이 문전으로 띄운 공중볼을 전혀 처리할 준비가 되지 않은 것처럼 보였고, 아르센 벵거 감독은 경기가 끝난 후 그를 질책했다. 당시 볼턴은 야스켈라이넨이 긴 패스를 올렸고, 흘러나온 세컨드 볼을 디우프가 크로스로 연결하자 지아나코풀로스가 이를 마무리해 득점에 성공했다. 또한 볼턴은 이런 방식으로 효과적인 공격을 펼치면서도 안정적인 수비력을 선보였다. 앨러다이스 감독은 이날 경기가 끝난 후 "우리는 아스널의 포메이션을 이해하고 있었고, 그들이 기본적인 실수를 하게 만들었다"고 말했다.

벵거 감독은 훗날 볼턴의 거친 축구에 대해 불만을 표출했지만, 이날만큼은 자신이 전술적으로 간파당한 점을 인정했다. 그는 "우리는 볼턴이 원하는 경기를 펼치게 했다. 우리는 그들에게 딱 맞는 상황을 제시하며 그들이 원하는 대로 하게 내버려뒀다. 그들은 롱볼을 띄웠다. 이게 볼턴이 경기를 풀어가는 방식"이라고 말했다. 아스널은 전통적인 전술을 구사한 볼턴의 축구에 당황한 기색이 역력했다.

볼턴은 아스널을 2-0으로 꺾은 2005년 12월 경기에서 앨러다이스 감독으로부터 능력이 의심되는 아스널 수비수 파스칼 시강Pascal Cygan을 집중 공략하라는 지시를 받았다. 벵거 감독은 이날 경기가 끝난 후에도 아스널이 볼턴의 축구에 대응하는 데 실패했다는 점을 인정했다. 그는 "우리는 머뭇거렸고, 허약한 경기를 했다. 그들이 경기를 풀어가는 방식이 우리를 꺾었다. 이는 볼턴이 칭찬받아야 할 부분이고, 우리의 약점이 드러났다는 뜻이기도 하다. (중략) 볼턴은 우리에게 승리하려면 어떤 축구를 해야 하는지를 보여줬다"고 말했다. 그러나 벵거 감독은 볼턴의 경기 방식에 대한 불평도 덧붙였다. 그러나 볼턴 미드필더 놀란은 이에 대해 "그들이 우리를 걷어찬 만큼 우리도 그들을 걷어찼을 뿐이다. 이에 대해 그들이 불평하고 싶다면 이는 모든 이들에게 아스널을 꺾는 방법을 공개적으로 알려주는 것이나 다름없는 거 아닌가?"라고 반문했다.

그러나 볼턴보다 아스널을 꺾는 방법을 잘 아는 팀은 없었다. 볼턴은 이로부터 단 한 달 후 FA컵에서 아스널을 1-0으로 꺾었다. 이 경기에서는 볼턴이 원래 자리인 중앙 수비수가 아닌 왼쪽 측면 수비수로 나선 필리프 센데로스Philippe Senderos를 공략했다. 지아나코풀로스가 터뜨린 결승골도 센데로스의 구역에서 터졌다. 이어 볼턴이 아스널을 3-1로 꺾은 2006년 11월 경기에서는 운까지 따라줬다. 아스널은 이날 골대만 세 번이나 맞히는 불운을 겪으며 볼턴 원정 4연패라는 처참한 성적표를 받아들었다. 아스널이 몸싸움에 취약하다는 약점은 예전에 잘 알려지지 않았었지만, 앨러다이스 감독은 이를 잘 파고들었다.

앨러다이스 감독은 "벵거 감독은 아스널이 원하는 대로 경기 규정이 바뀌기를 바라는 것 같다. 우리가 그들을 상대로 태클을 하지 못하게 되기를 바라는 것처럼 보인다. 언론도 우리가 일주일 내내 아스널의 기술적인 선수들을 어떻게 무력화하기 위해 연구했는지 칭찬을 하지 않았다. 아스널의 약점을 찾아 이를 공략하는 것 또한 기술"이라고 말했다. 이는 앨러다이스 감독이 경기를 준비하는 방식을 매우 잘 보여주는 예다. 그는 상대 팀을 깊이 있게 분석한 자료를 토대로 볼턴이 구사할 전략을 만드는 학구파 지도자였다. 또한 그는 프리미어리그에서 상대의 성향에 따라 이에 적응하는 전술을 구성하는 데 가장 능한 감독 중 한 명이기도 했다. 특히 앨러다이스 감독은 유독 명확하고, 유연하지 못한 축구 철학을 고집하는 팀을 상대하는 걸 좋아했다. 그런 팀을 상대로는 그가 더 수월하게 경기를 준비할 수 있었기 때문이다. 그는 2014년 인터뷰를 통해서도 이런 생각을 솔직하게 밝혔다.

앨러다이스 감독은 "감독은 두 가지 종류로 나뉜다. 나처럼 상대를 분석해 이에 대응하는 감독이 있다. 퍼기(퍼거슨 감독의 애칭)도 비슷하다. 조세(무리뉴)도 비슷하다. 그러나 아르센(벵거)은 대응법을 세우지 않는다. 브렌던(로저스)도 대응법을 세우지 않는 것처럼 보인다. 마누엘 펠레그리니Manuel Pellegrini도 대응법을 세우지 않는다. (중략) 그들의 철학은 우리와 다르다. 우리는 누구를 상대하느냐에 초점을 맞춘다. 그러나 그들의 철학은 '우리는 언제나 우리 방식대로 한다'는 생각에 집중돼 있으며 절대 변하지 않는다. 그들은 계속 똑같은 방식을 고집한다. 그래서 그들을 이길 수 있는 것"이라고 말했다.

앨러다이스 감독은 몸싸움을 앞세운 축구와 천재성을 발휘하는 축구, 전통적인 축구와 혁신적인 팀 운영 방침, 일관된 경기 방식과 상대에 따라 주는 전술적인 변화 사이에서 중심을 잡는 능력이 빼어난 '장인'이었다. 앨러다이스 감독의 볼턴이 나선 경기를 즐긴 중립 팬들은 많지 않았지만, 그가 이끈 볼턴에는 항상 재능 넘치는 선수들이 포함돼 있었다. 또한 앨러다이스 감독은 전술적인 다양함과 빅클럽을 위협하는 전혀 다른 방식의 축구를 선보였다. 언제나 아웃사이더였던 앨러다이스 감독은 점점 대륙적으로 변해가는 프리미어리그에서 전통적인 잉글랜드식 축구를 부활시켰다.

앙리와 판 니스텔로이
– 원톱 스트라이커

"티에리 앙리는 아름다운 플레이를 한다. 나는 전형적인 공격수가 아니다."

- 루드 판 니스텔로이

프리미어리그 초창기 시절 포메이션의 변화는 선수들의 진화에 따라 선수 주도적으로 이뤄진 것이 대부분이었다. 대다수 팀들이 4-4-2 포메이션을 사용하다가 특이한 유형의 외국인 선수가 영입되면 팀 전체가 그에게 맞추는 성향과 선수 배치를 보였다. 그러나 21세기부터는 기존 최전방 공격수를 두 명에서 한명으로 줄이는 전술이 대세를 이뤘다. 중요한 점은 이 트렌드를 주도한 인물이 알렉스 퍼거슨 감독이라는 사실과 그가 자신이 먼저 짜놓은 포메이션에 맞는 선수를 찾아 기용하는 방식으로 팀을 구성했다는 것이었다. 퍼거슨 감독이 선수를 기준으로 포메이션을 고려했던 이전과 달리 시스템을 우선시하기 시작했다는 것은 갈수록 전술이 더 중요하게 여겨지고 있다는 것을 보여주는 일이었다.

퍼거슨 감독은 1990년대에도 그랬던 것처럼 유럽 무대에서 영감을 받아 전술적으로 계속 발전했다. 퍼거슨 감독이 4-4-2 포메이션을 포기하게 된 계기는 대개 2000년 레알 마드리드에 2-3으로 패한 챔피언스리그 8강 경기로 잘 알려졌지만, 사실 이날 맨유의 경기력은 인상적이었다. 두 골을 넣은 맨유는 더 많은 득점 기회를 만들고도 레알 마드리드의 어린 골키퍼 이케르 카시야스Iker Casillas의 선방에 막혔다. 게다가 결국 대회 우승을 차지한 레알 마드리드에 패한 건 부끄러워할 만한 결과가 아니었다.

오히려 맨유가 이 다음 시즌 PSV와 안더레흐트에 연이어 당한 패배가 퍼거슨 감독이 생각을 바꾸는 데 더 큰 영향을 미쳤다. 네덜란드 명문 PSV는 전통적인 네덜란드식 4-3-3 포메이션을 보수적인 방식으로 구사하며 맨유를 3-1로 꺾었고, 벨기에 챔피언 안더레흐트는 유연한 다이아몬드형 미드필드를 구성하며 2-1로 승리했다.

맨유는 이 두 경기에서 볼을 오랜 시간 점유하는 데 어려움을 겪었고, 상대의 역습에 허점을 노출했다. 그나마 맨유가 기록한 유일한 득점도 페널티킥으로 뽑아낸 골이었다. 퍼거슨 감독은 당시에 당한 두 차례 패배에 대해 "우리는 완전히 무너졌다. 우리는 4-4-2를 앞세운 전통적인 맨유의 방식대로 플레이했고 그 결과 상대에게 당하고 말았다. 나는 코칭스태프와 선수들에게 볼을 소유하지 못하고 중원에서 단단하지 않으면 고통받을 수 있다고 경고했다. 상대가 우리를 워낙 지배했기 때문에 우리는 중앙 미드필더 세 명을 배치해야 했다"고 말했다. 여기서 윙어 두 명을 세우면 자연스럽게 최전방 공격수는 한 명으로 줄게 된다. 이처럼 퍼거슨 감독은 2000-01시즌 내내 4-5-1을 실험했고, 처음에는 선수들의 잇따른 부상 탓에 쓰게 된 이 포메이션은 시간이 갈수록 맨유의 기본 포메이션으로 자리 잡게 됐다.

퍼거슨 감독은 미드필드에서 수적 우위를 점하기 위해 의도적으로 공격수를 한 명 줄이며 경기를 압도하는 데 집중했다. 이를 두고 맨유 팬들 사이에서는 논란이 일었다. 팬들은 팀이 오랜 기간 활용해온 4-4-2 포메이션을 구단의 전통으로 여겼다. 실제로 맨유는 트레블에 일조한 드와이트 요크, 앤디 콜, 테디 셰링엄 그리고 올레 군나르 솔샤르를 로테이션으로 골고루 활용한 4-4-2로 1999-2000시즌, 2000-01시즌 프리미어리그 우승을 편안하게 거머쥐었다.

그러면서 스타로 발돋움한 주인공은 2000-01시즌 팀 내 최다 득점을 기록하며 선수들이 선정한 올해의 선수상을 받은 셰링엄이었다. 그러나 퍼거슨 감독은 놀랍게도 그 이후 바로 셰링엄을 친정팀 토트넘으로 이적시켰다. 그가 셰링엄을 내보낸 공식적인 이유는 35세가 된 선수 본인은 2년 계약 연장을 원했으나 구단은 1년 재계약을 제시했기 때문이었다. 그러나 맨유가 당시 프리미어리그 최고의 선수로 꼽힌 그를 계약 기간을 이유로 잃는다는 건 쉽게 이해가 되지 않는 대목이다. 게다가 셰링엄은 속도에 의존하지 않는 축구를 한 선수였던 만큼 30대 후반까지 활약을 이어가는 것이 충분히 가능해 보였다. 퍼거슨 감독이 4-5-1 포메이션으로 변환할 계획을 세웠던 점이 셰링엄의 이적에 어느 정도 영향을 미친 건 자명했다.

4-5-1 포메이션은 4-4-2 포메이션에서 기용된 선수와는 다른 자원을 필요로 한다. 그래서 퍼거슨 감독은 매우 중요한 선수 두 명을 영입했다. 그는 영국 축구 최고 이적료 기록을 경신한 PSV 최전방 공격수 루드 판 니스텔로이Ruud van Nistelrooy를 영입한 데 이어 불과 얼마 후 또다시 이 기록을 깨면서 라치오 공격형 미드필더 후안 세바스티안 베론Juan Sebastian Veron을 영입했다. 퍼거슨 감독은 베론을 영입한 후 "내가 선수 한 명을 데려오려고 이렇게 많은 돈을 쓰게 될 줄은 생각도 못 했다. 그러나 맨유는 이 영입을 해야만 했다"고 설명했다.

퍼거슨 감독의 의중은 명확했다. 판 니스텔로이는 혼자서도 최전방 공격수 역할을 할 수 있는 선수였으며 베론은 로이 킨, 폴 스콜스와 함께 중원을 구축할 정상급 중앙 미드필더였다. 그러면서 퍼거슨 감독은 2001-02시즌이 끝난 후 은퇴를 하겠다고 선언했다. 이 시즌 챔피언스리그 결승전 장소로는 퍼거슨 감독의 고향인 스코틀랜드 글래스고가 선정됐다. 퍼거슨 감독은 고향 글래스고를 자신이 축구계를 떠날 완벽한 고별 무대 장소로 여겼고, 두 번째 챔피언스리그 우승을 차지할 완벽한 시스템이 4-5-1 포메이션이라고 믿었다.

그러나 맨유는 4-5-1을 기본 포메이션으로 활용한 초반에는 출발이 좋지 않았다. 물론 몇 가지 요소가 원인이 되기는 했다. 야프 스탐Jaap Stam이 퍼거슨 감독과의 불화 끝에 충격적인 이적을 감행했고, 그의 대체자 로랑 블랑Laurent Blanc이 고전하며 팀에 큰 보탬이 되지 못했다. 퍼거슨 감독은 시간이 지나 당시 은퇴 계획을 미리 발표한 게 선수들에게 악영향으로 작용한 큰 실수였다고 인정했다. 그러나 당시 가장 큰 비판의 대상이 된 것은 4-5-1 포메이션이었다. 새로운 포메이션이 팀 전체의 빌드업 속도를 늦추고 있다는 지적이 나왔다. 그러면서 새로운 리그에서 적응 중이던 베론은 다소 부당한 이유로 희생양이 됐다. 프리미어리그 경험이 풍부한 나머지 선수들도 포메이션 변화 탓에 경기력이 저하됐다.

베론의 능력을 극대화할 역할을 두고도 혼란이 있었다. 그는 아르헨티나의 전통적인 10번도, 후방 플레이메이커도 아니었으며 공수를 오가는 박스-투-박스box-to-box 미드필더 역할을 하기에는 활동량이 부족했다. 라이언 긱스도 "베론과 함께 뛰어봤으나 그에게 어울리는 최적의 포지션이 어디일지 나도 잘 모르겠다"고 말했다. 베론은 표류하는 와중에도 가끔씩 훌륭한 장거리 패스를 선보였지만, 이러한 패스가 결정적인 득점 기회로 이어진 횟수는 적었다. 베론의 팀 동료들은 그가 훈련에서 보여준 기량을 극찬했고, 퍼거슨 감독은 그를 "아주 훌륭한 선수"라고 칭송했다.

심지어 퍼거슨 감독은 기자회견 도중 베론을 비판한 기자들을 가리키며 "멍청이들"이라고 부르기도 했다. 그러나 베론은 이적료 기록을 경신하며 합류한 선수치고는 활약이 기대 이하에 그쳤다. 실제로 당시 그는 프리미어리그에서 가장 많은 주급을 받는 선수이기도 했다. 어쩌면 베론은 잉글랜드 축구가 자신처럼 부드러운 기술을 보유한 미드필더를 활용하는 법을 터득하기 전 프리미어리그에 진출한 희생양일지도 모른다. 그러나 에릭 칸토나 같은 외국인 선수가 그보다 더 일찍 잉글랜드에 진출해 당시 흐름을 거스르면서 팬들에게 색다른 축구의 매력을 가르쳐준 사례도 있었다. 베론은 이탈리아와 아르헨티나에서 템포가 느린 축구에 익숙해진 나머지 자신보다 앞서 프리미어리그에 영향을 미친 선수들의 활약을 재현하지 못했다.

시즌 초반 프리미어리그 9위까지 추락한 맨유의 반등은 2001년 12월 초부터 열린 16경기에서 14승을 기록하며 시작됐다. 그사이 퍼거슨 감독은 은퇴 계획을 번복했고, 결국 맨유는 프리미어리그 1위 자리를 탈환했다. 퍼거슨 감독은 유럽 무대에서는 그대로 4-5-1 포메이션을 활용했지만, 프리미어리그에서는 다시 4-4-2 포메이션을 쓰기 시작했다. 그만큼 프리미어리그에서는 4-4-2 포메이션을 쓰는 게 팀의 전통적인 성향을 살리고, 시즌 중반부터 경기력이 발전하는 데 원동력이 됐기 때문이다. 그러나 맨유는 3월 홈에서 전 수석코치 스티브 맥클라렌이 감독을 맡은 미들즈브러에 0-1로 패했다. 당시 실점 상황은 베론이 수비진 바로 앞에서 불필요한 동작을 시도하다가 볼을 빼앗긴 상황이 알렌 복시치Alen Bokšić의 득점으로 이어지며 발생했다. 맨유는 이 경기에서 패하며 아스널에 선두 자리를 내줬다. 결국 아스널은 이후 단 한 번도 1위 자리를 놓치지 않으며 그대로 우승을 차지했다.

그러나 베론의 경기력보다 더 눈에 띈 건 판 니스텔로이의 활약이었다. 당시 프리미어리그는 여전히 최전방 공격수 한 명을 사용하는 전술에 적응하는 중이었다. 과거에는 최전방 공격수를 한 명만 쓰는 건 약팀이 원정 경기에서 수비적인 경기를 하기 위한 전술적 변화로 여겨졌다. 그러나 이 때부터는 더 경쟁력 있는 공격 전술을 위해 최전방에 공격수를 한 명만 두는 전술이 활용됐다.

판 니스텔로이는 네덜란드 2부리그 팀 덴 보쉬에서 공격형 미드필더로 성장한 후 1부리그 에레디비지로 자신을 영입한 헤렌벤의 포페 데 한 Foppe de Haan 감독을 만나면서 최전방 공격수로 변신했다. 데 한 감독은 판 니스텔로이가 맨유로 이적한 후 그를 기억하며 "진정한 팀 플레이어는 아니었고, 기술적으로 축구하는 방법을 전혀 몰랐다"고 말하기도 했다. 처음부터 판 니스텔로이의 한계를 파악하고 있던 데 한 감독은 헤렌벤에서 그를 영입하며 의도적으로 최전방 공격수 자리를 권유했다. 그러면서 그는 판 니스텔로이에게 볼을 기다리지 말고 쫓아다니라고 주문했다. 프리미어리그 역사상 가장 뛰어난 순수한 의미의 골잡이는 이렇게 데 한 감독의 조련을 받으며 탄생했다.

퍼거슨 감독은 앞서 2000년 여름에도 판 니스텔로이 영입을 눈앞에 둔 적이 있었다. 그러나 구단이 메디컬 테스트 도중 판 니스텔로이의 무릎 인대에 이상이 있다는 점을 발견했다. 이에 그의 소속 팀 PSV는 부상이 경미한 수준이라며 이후 팀 훈련에 복귀한 판 니스텔로이가 운동하는 모습을 촬영했다. 그 과정에서 판 니스텔로이는 훈련을 절반가량 소화한 후 무릎을 부여잡고 비명을 지르며 쓰러졌다. 맨유의 우려대로 그는 무릎 인대가 파열됐다. 퍼거슨 감독은 직접 네덜란드를 방문해 판 니스텔로이에게 회복만 제대로 하면 이듬해 여름 그를 영입하겠다고 말했고, 그는 이 약속을 지켰다.

맨유로 이적한 판 니스텔로이는 그 즉시 프리미어리그에서 골을 터뜨리며 퍼거슨 감독의 신뢰에 보답했다. 그는 풀럼을 상대한 홈 데뷔전에서 두 골을 터뜨렸고, 첫 시즌부터 프리미어리그에서 23골을 기록하며 선수들이 선정한 올해의 선수상을 받았다. 판 니스텔로이는 잉글랜드 무대에서 활약한 5년간 폭발적인 득점력을 선보였는데, 그의 득점 분포도는 더 인상적이었다. 그는 홈에서 48골, 원정에서 47골을 기록했다. 게다가 판 니스텔로이는 전반전에 48골, 후반전에 47골을 넣었다. 대다수의 공격수는 대개 팀이 상대를 압도하는 홈경기에서 상대 수비진이 허점을 노출하는 후반전에 더 많은 골을 기록한다. 그러나 판 니스텔로이는 언제, 어디서나 골을 터뜨리며 맨유 팬들 사이에서 그의 이름을 길게 늘려 '루우우드$_{Ruud}$'라고 외치는 구호를 유행시켰다.

판 니스텔로이가 맨유에서 맡은 역할의 중요성을 보여주는 기록은 이뿐만이 아니었다. 그는 프리미어리그에서 터뜨린 95골 중 단 한 골만을 페널티 지역 밖에서 기록했다. 판 니스텔로이가 맨유에서 모든 대회를 통틀어 뽑아낸 150골 중에서도 페널티 지역 밖에서 득점한 건 그가 마지막 시즌 찰턴 원정에서 넣은 단 한 골이다. 이는 판 니스텔로이가 문전에서 득점하는 데 특화된 선수라는 점을 고려해도 매우 놀라운 기록이다. 순수 타깃맨으로 알려진 에밀 헤스키도 프리미어리그에서 넣은 111골 중 11골을, 크리스 서튼은 83골 중 9골을, 케빈 데이비스 또한 83골 중 7골을 페널티 박스 밖에서 기록했다.

웨인 루니는 맨유 데뷔전이었던 2004년 페네르바체전에서 페널티 박스 밖에서 시도한 슛으로 세 골을 넣으며 해트트릭을 기록했다. 그는 54분 만에 중거리 슛으로만 세 골을 넣었는데, 판 니스텔로이는 이와 같은 방식으로 다섯 시즌 동안 단 한 골을 넣은 것이다. 그러나 판 니스텔로이는 분명히 환상적인 골잡이였다. 그는 크로스를 골로 연결하거나 상대 골키퍼가 막은 공이 어디로 향할지를 예측하는 능력이 탁월했고, 골키퍼의 움직임을 확인하고 그를 제치는 방법까지 알고 있었다.

판 니스텔로이가 터뜨린 골은 거의 다 문전에서 나왔지만, 이 중에는 매우 화려한 득점 장면도 있었다. 특히 그는 애매한 높이로 날아오는 패스를 받아내는 능력이 훌륭했다. 판 니스텔로이는 마치 쿠션을 활용하는 것처럼 볼을 안정적으로 받은 후 슈팅 자세를 잡아 강력한 슛으로 마무리했다. 축구 경기에서 궁극적인 목적은 볼을 상대 골문 안으로 넣는 것이다. 그동안 프리미어리그에서 활약한 선수 수천 명 중 누구도 판 니스텔로이처럼 단순하게 득점을 잘한 이는 없었다.

▼ ▼ ▼

판 니스텔로이는 동시에 문제도 드러냈다. 맨유는 그를 영입하기 전까지 3년 연속으로 프리미어리그 우승을 차지했다. 그러나 맨유는 판 니스텔로이가 팀에서 활약한 다섯 시즌 동안 단 한 차례밖에 우승을 차지하지 못했다. 공교롭게도 그가 떠나자 맨유는 다시 3년 연속으로 프리미어리그 정상에 올랐다. 물론 이는 전적으로 판 니스텔로이만의 책임이 아니다. 갑자기 거액 자본이 생긴 첼시, 아스널의 발전 그리고 많은 의문을 남긴 퍼거슨 감독의 몇몇 영입 또한 적지 않은 비중을 차지한다. 그러나 판 니스텔로이는 팀 플레이어가 아닌 개인으로 빛난 선수였다.

판 니스텔로이의 팀 동료들은 그가 지금까지 함께 활약한 선수 중 마무리 능력이 가장 빼어났다고 평가했다. 그러나 그의 단점 또한 뚜렷했다. 라이언 긱스는 "판 니스텔로이는 우리가 3-0으로 이겨도 자신이 좋은 기회를 살리지 못하면 경기 후 드레싱룸 구석에 비참한 모습으로 앉아 있곤 했다"고 말하기도 했다. 긱스는 4-0으로 승리한 볼턴 원정에서 솔샤르가 해트트릭을 기록한 경기를 여전히 기억하고 있다. 판 니스텔로이는 이미 승부가 결정된 상태에서 경기 종료를 단 몇 분 남겨두고 긱스의 패스를 받아 쉬운 득점 기회를 살려 골을 넣은 후 그에게 "고마워, 고마워!"라고 소리쳤다. 이 정도로 그는 무득점으로 경기를 끝내지 않게 된 점을 기뻐했다.

판 니스텔로이는 솔샤르와 효과적인 조합을 형성했지만, 동료 공격수와 호흡을 맞추는 데 능한 선수는 아니었다. 이 때문에 판 니스텔로이의 동료 공격수들은 그와 함께 뛰며 불만을 드러내기도 했다. 심지어 네덜란드 대표팀에서 판 니스텔로이는 파트릭 클루이베르트Patrick Kluivert와 서로를 싫어하는 사이가 됐다. 이 둘은 경기장 밖에서는 물론 안에서도 효과적인 조합을 이루지 못했다. 유럽 주요 리그를 통틀어 최다골 주인공에게 주어지는 유러피언 골든붓European Golden Boot 수상자 디에고 포를란Diego Forlan이 맨유 입단 후 27경기 만에 골을 넣으며 어려움을 겪은 이유도 판 니스텔로이의 존재와 연결돼 있다. 퍼거슨 감독도 "루드(판 니스텔로이)의 레이더가 디에고(포를란)를 포착하지 못했다"고 말했다.

그러나 그에 대한 가장 눈에 띄는 지적은 2004년 맨유로 이적한 공격수 루이 사아Louis Saha의 입에서 나왔다. 누군가 그에게 프랑스 대표팀에서 호흡을 맞춰본 티에리 앙리와 맨유에서 함께 뛴 판 니스텔로이를 비교해달라고 질문했다. 사아는 공격 파트너로 앙리를 선호한다는 점을 분명히 하며 "루드(판 니스텔로이)는 페널티 박스를 벗어나지 않고 프리킥을 전담하지도 않는다. 팀의 협력 플레이에 참여하지도 않는다. 그의 활약은 슈팅이 거의 전부다"라고 말했다. 이후 사아는 전형적인 프랑스식 표현을 사용해서 "앙리와 함께 뛰는 건 마치 옐로 저지(매년 프랑스 전역과 인접 국가를 일주하는 자전거 경주 대회 투르 드 프랑스에서 종합 선두에게 주어지는 유니폼)를 입은 선수와 함께하는 기분"이었다고 말했다.

판 니스텔로이의 무엇보다 큰 문제는 앙리였다. 만약 판 니스텔로이가 활약한 시대가 1990년대였다면 누구도 그가 전천후 공격수로서의 성향이 부족하다는 이유로 비판하지 않았을 것이다. 그러나 판 니스텔로이는 동시대 활약한 프리미어리그의 또 다른 정상급 골잡이와의 비교를 피할 수 없었다. 앙리가 중앙 공격수로 활약하면서 전혀 다른 성향을 보였기 때문이다. 이 시절 라이벌 관계를 맺은 두 선수를 비교하는 건 이로부터 몇 년 후에 시작된 크리스티아누 호날두와 리오넬 메시Lionel Messi 경쟁 구도의 '프리미어리그 버전'이나 다름없었다. 앙리는 판 니스텔로이보다 많은 골을 넣었을 뿐만 아니라 득점 외에도 수많은 능력을 보여줬다. 앙리가 메시를 떠올리게 한다면, 판 니스텔로이는 호날두에 가까웠다. 이 두 선수가 훗날 각각 메시, 호날두와 같이 뛴 건 적절한 일이었다고 볼 수도 있겠다.

이에 폴 스콜스는 판 니스텔로이가 스스로 앙리와의 라이벌 관계를 지나치게 의식했다고 말했다. 그는 "판 니스텔로이는 우리가 경기에서 이겨도 자신이 득점하지 못했을 때는 팀 버스 맨 뒷자리에 앉아 삐죽거렸다. 그러면서 그는 타 팀 경기 결과를 확인한 후 앙리가 골을 넣었다는 소식을 접하면 더 끓어올랐다. 그는 앙리를 자신의 라이벌로 봤으며 그보다 더 많은 골을 넣겠다고 항상 다짐했다"고 밝혔다.

실제로 판 니스텔로이가 프리미어리그에서 활약한 5년간 득점왕은 매년 그가 아니면 앙리의 차지였다. 그러나 앙리는 4회, 판 니스텔로이는 단 한 차례 득점왕을 차지한 게 그에게는 흠으로 남았다. 앙리는 5년 동안 판 니스텔로이와의 득점왕 대결에서 24골-23골, 24골-25골, 30골-20골, 25골-6골, 27골-21골로 우위를 점했다. 판 니스텔로이가 유일하게 앙리를 넘고 득점왕에 오른 2002-03시즌에는 소속 팀 맨유가 프리미어리그 우승을 차지했음에도 개인 경쟁에서는 선수들, 기자들이 선정한 올해의 선수상을 앙리에게 내주고 말았다.

그 시즌 마지막 날에 맨유는 이미 우승을 확정 지은 상태였다. 그러면서 관심은 앙리와 판 니스텔로이의 득점왕 경쟁에 초점이 맞춰졌다. 앙리는 선덜랜드 원정에서 경기 시작 7분 만에 득점하며 시즌 24호골로 판 니스텔로이와 동률을 이뤘다. 그러나 판 니스텔로이가 에버턴 원정 막바지에 페널티킥으로 25호골을 터뜨리며 득점왕을 차지했다. 이후 그는 페널티킥을 차려는 순간까지 득점왕만을 생각했다는 사실을 인정하기도 했다. 반면 앙리는 개인 기록에는 별 관심이 없었다. 심지어 그는 선덜랜드전 후반전 골이 아닌 3도움을 추가하며 프레디 융베리Freddie Ljungberg의 해트트릭을 도왔다. 오늘날까지 프리미어리그에서 해트트릭을 기록한 동료의 세 골을 모두 도운 기록을 수립한 선수는 앙리를 포함해 단 세 명에 불과하다. 당시 앙리는 무려 20도움으로 시즌을 마쳤는데, 이는 프리미어리그 역사상 한 시즌 최다 도움 기록이다. 앙리는 "최종 패스를 넣어주는 동료가 없는 골잡이의 존재는 무의미하다. 게다가 나는 골을 넣지 못한다고 고통을 받는 선수가 아니다"라고 말했다.

가장 대표적인 예로 판 니스텔로이는 아주 단순하게 문전에서 마무리하며 골을 넣고도 격하게 좋아한 반면 앙리는 자신의 영웅인 농구 선수 마이클 조던Michael Jordan처럼 득점 후 차분한 모습을 보였다. 심지어 앙리는 아스널이 패한 경기에서 자신이 넣은 골은 득점 기록에서 제외돼야 한다고 주장하기도 했다. 그에게 팀이 패한 경기에서 넣은 골은 가치가 없었다. 앙리는 진정한 팀 플레이어였으며 팀 동료가 자신을 향해 찔러준 패스가 너무 강하거나 부정확해도 그의 패스에 박수를 보냈다. 그는 아스널이 무패우승을 차지한 2003-04시즌 한 경기에서 상대 선수에게 공을 빼앗기자 무서운 의지를 보이며 끝까지 볼을 쫓으며 혼자 상대 선수 두세 명을 압박하기도 했다. 이는 대단하면서도 흔치 않은 광경이었다. 프리미어리그에서 가장 운동신경이 빼어난 선수가 경기장 반대편으로 뛰어가며 수비에 가담하는 모습은 그의 팀 동료들에게도 기준점을 제시했다. 앙리가 이렇게 열심히 뛰는데, 그들도 그렇게 하지 않을 이유가 없었기 때문이다.

앙리는 골로만 프리미어리그를 압도한 게 아니었다. 그는 잉글랜드 축구의 한 시대를 대변하는 선수다. 그의 활약에는 예술적 미학과 운동 능력이 결합돼 있었다. 조지 베스트George Best의 말을 빌리자면, 앙리는 판 니스텔로이와 달리 엔터테이너였으며 관중을 흥분하게 만드는 '쇼맨' 기질도 있었다. 실제로 앙리의 골모음 영상을 보면 그는 다양한 방법으로 골을 넣었다. 이 영상에는 번개처럼 날아가는 중거리 슛부터 상대를 유린하는 드리블 돌파에 이은 득점, 아스널의 팀 플레이를 마무리하는 능력이 모두 포함돼 있다. 앙리에게는 기교까지 있었다. 그는 발뒤꿈치로 골을 넣기도 했으며 때로는 파넨카로 페널티킥을 찼고, 상대 골키퍼가 벽을 세우는 도중에 프리킥을 차는 예측불허의 플레이를 보여준 선수였다.

프리미어리그에서 앙리처럼 널리 인정을 받은 선수는 없었다. 그는 2004년 포츠머스 원정에서 열린 FA컵 경기에서 빛나는 활약을 펼치며 아스널의 5-1 대승을 이끌었다. 당시 프래튼 파크를 메운 포츠머스 팬들은 팀이 대패했으나 아스널의 공격 축구에 박수를 보냈다. 앙리는 "이런 장면은 태어나서 처음 본다"며 놀라움을 드러냈다. 벵거 감독 또한 "환상적인 결과다. 그러나 더 우리를 즐겁게 만든 건 상대 팀 팬들의 응원을 받았다는 사실"이라며 기뻐했다. 아스널이 시즌 후반기에 이미 프리미어리그 우승을 확정 짓고 다시 찾은 포츠머스 원정에서 팬들은 후반전부터 앙리 응원가를 부르기도 했다. 이에 앙리는 경기 후 상대 선수와 유니폼을 교환한 후 포츠머스 유니폼을 입고 경기장을 한 바퀴 돌며 박수로 자신을 응원해준 상대 팀 팬들의 환대에 보답했다. 이처럼 앙리는 아스널만의 전유물이 아닌 프리미어리그 전체를 위한 선수나 마찬가지였다.

판 니스텔로이가 처음부터 순수한 골잡이었다면, 앙리는 전통적인 공격수와는 거리가 멀었다. 벵거 감독이 앙리를 측면 공격수에서 중앙 공격수로 변신하게 한 것은 널리 알려진 사실이지만, 사실 이는 4-4-2 포메이션을 고집한 당시 아스널의 상황을 볼 때 당연한 과정이기도 했다. 게다가 앙리는 유소년팀 시절 공격수로 활약하기도 했다. 앙리의 중앙 공격수 변신을 두고 나온 대부분의 말들은 4-4-2 외의 포메이션에는 익숙하지 않은 잉글랜드 축구 팬들로부터 나온 지적이었다.

벵거 감독은 1994년 8월 모나코에서 앙리에게 프로 데뷔 기회를 줬지만, 한 달 후 경질됐다. 이후 앙리는 4-3-3 포메이션에서 측면 공격수 역할을 맡는 데 익숙해졌다. 그는 프랑스가 우승을 차지한 1998 프랑스 월드컵에서도 이 역할을 맡았다. 이는 엄청난 스피드라는 선천적인 재능을 보유했으나 크로스를 마무리하는 능력은 부족했던 그에게 가장 자연스러운 역할이기도 했다. 이후 그가 유벤투스에서 반 시즌 동안 짧게 펼친 활약은 기이했다. 유벤투스는 측면 공격수가 없는 전술을 활용했고, 때로는 3-5-2 포메이션을 구사했다. 앙리는 최전방 공격수로도 활약했지만, 3-5-2 포메이션에서는 팀이 공을 소유하지 못할 시 사실상 측면 수비수나 다름없는 윙백으로도 뛰어야 했다. 실제로 윙백 기용은 앙리의 재능을 완전히 낭비하는 처사였지만, 그는 세리에 A에서 활약한 시절이 실패라는 지적에 동의하지 않는다고 말했다. 다만 앙리가 아스널로 이적한 이유는 그가 잉글랜드로 가는 게 자신의 커리어에 더 도움이 될 것으로 판단했기 때문이었다.

아스널의 4-4-2 포메이션에서 앙리가 맡을 수 있는 역할은 왼쪽 측면 미드필더 또는 최전방 공격수였다. 여기서 많은 이가 간과하는 사실은 그가 아스널 이적 초기에는 최전방 공격수보다 측면에서 더 많이 활약했다는 점이다. 앙리는 1999-2000시즌 초반 아스널이 치른 15경기 중 5경기에서 왼쪽 측면 미드필더로 활약했으며 최전방 공격수로는 단 3경기에 나섰고, 나머지 7경기에서는 아예 선발 명단에서 제외됐다. 실제로 그는 최전방 공격수로는 벵거 감독의 네 번째 옵션이었다. 이 기간 베르캄프는 12경기, 은완코 카누는 10경기, 다보르 수케르는 5경기에 최전방 공격수로 출전했다. 앙리는 벵거 감독의 높은 기대를 받으면서도 시간을 두고 팀에 적응해야 했고, 최전방 공격수로 보직을 변경할 조짐이 처음부터 있었던 건 아니었다.

오히려 앙리는 마르크 오베르마스가 부상에서 회복해 왼쪽 측면 미드필더 자리를 되찾은 후 우연치 않게 최전방 공격수 자리를 소화하는 빈도가 높아졌다. 게다가 앙리 또한 이에 대해 벵거 감독을 언급하면서 "내가 항상 뛰던 자리에서 뛸 수 있다는 믿음을 줬다"며 그가 완전히 새로운 포지션과 역할을 준 것은 아니었다고 말한 바 있다.

앙리는 1999년 9월 사우샘프턴 원정에서 교체로 출전해 결승골을 터뜨리며 프리미어리그 첫 득점을 기록했다. 그러나 훗날 아스널의 역대 최다득점 기록을 세운 그가 본격적으로 골잡이 기질을 발휘한 건 두 골을 넣은 11월 더비전(두 차례 오베르마스의 도움을 받은 앙리가 펼친 활약 덕분에 0-1로 뒤진 아스널은 2-1로 승부를 뒤집었다)부터다. 이 경기 이후 그는 말 그대로 폭발했다. 그는 시즌 초반 프리미어리그 8경기에서 단 한 골을 넣는 데 그쳤지만, 이후 19경기에서 16골을 기록했다. 이 기간에 그는 윙어로는 단 45분간 뛴 게 전부였다. 즉 앙리는 이 순간부터 진정한 의미에서의 공격수였다.

그러나 앙리는 여전히 특이한 유형의 공격수였다. 과거 왼쪽 측면에서 활약한 그는 아스널에서 뛰는 내내 상대 오른쪽 측면 수비수와 맞서는 위치에서 볼을 받은 후 안쪽으로 치고 들어가 오른발로 반대쪽 포스트를 향해 감아차기로 득점을 노리는 패턴을 보였다. 이러한 패턴은 결국 앙리의 전매특허 움직임으로 자리 잡았는데, 이는 그가 10대 시절부터 반복적으로 훈련을 통해 연마한 상황이기도 했다. 그는 어린 시절 왼쪽 터치라인 부근에서 볼을 잡아 마네킹을 제치고 오른발 안쪽으로 골대 반대쪽을 향해 슈팅을 날리는 상황을 훈련했다.

앙리는 2006 독일 월드컵 유럽 예선 아일랜드 원정경기에서도 이 방식으로 골을 넣은 후 모나코 유소년팀에서 자신을 지도한 클로드 퓌엘Claude Puel 감독에게 고마움을 표시하기도 했다. 팀 훈련이 끝나면 그에게 이러한 움직임을 훈련하라고 특별 주문한 인물이 바로 퓌엘 감독이었기 때문이다. 훗날 앙리는 "내게는 골을 넣는 선천적인 재능이 없었다. 나는 빨랐다. 그러나 한 골을 넣으려면 열 번의 기회가 필요했다. 그러나 나는 기회를 만들 줄 아는 선수였다. 그래서 나는 나 자신에게 '계속 기회를 만들기만 할 수는 없다. 기회가 왔을 때 직접 골망을 가르기도 해야 한다'고 말하곤 했다"고 밝혔다.

앙리는 뛰어난 위치 선정으로 상대를 어렵게 만들었다. 퍼거슨 감독도 아스널을 만날 때마다 오른쪽 측면 수비수 개리 네빌에게 위치를 벗어나지 말라고 특별 주문을 해야 했다. 앙리는 어린 시절부터 세 명으로부터 영감을 얻었다. 이 중 첫 번째 인물은 모나코에서 벵거 감독의 지도를 받은 조지 웨아George Weah였고, 나머지 두 명은 호마리우와 호나우두였다. 앙리는 이 세 선수를 언급하며 "그들이 최전방 공격수 포지션을 재창조했다. 그들은 페널티 지역에서 내려와 미드필드에서 볼을 받고, 측면으로 자리를 옮겨 질주와 가속, 드리블 돌파로 상대 중앙 수비수의 위치를 흐트러뜨렸다"고 말한 적도 있다.

그러나 앙리는 스스로 이 세 명의 장점을 더 진화시켰다. 그가 언급한 세 선수는 분명히 역동적이면서도 기본 유형은 정통파 9번에 가까웠다. 그러나 앙리는 자신이 근본적으로는 공격수가 아니라고 믿었다. 실제로 아스널을 상대하는 중앙 수비수들에게는 베르캄프가 미드필드 진영으로 움직일 때면 딱히 막을 선수가 없어졌다. '폴스 나인(가짜 9번)'으로 상대 수비를 유인하는 전술은 이로부터 몇 년이 지난 후에 유행처럼 번졌지만, 아스널은 이 시절에 실질적으로 '가짜 9번' 포메이션을 활용한 팀이었다. 아스널의 최전방 공격진을 10번과 왼쪽 측면 공격수가 형성했기 때문이다. 이 시절 퍼거슨 감독이 의도적으로 최전방 공격수를 한 명만 두는 포메이션으로 바꿨다면, 아스널은 4-4-2라는 틀 안에서 정통파 공격수를 쓰지 않는 자연스러운 접근 방식을 택했다.

앙리는 판 니스텔로이보다 많은 골을 넣을 정도로 득점력이 폭발적이었지만, 아스널의 팀 공격은 그에게만 의존하지 않았다. 프레디 융베리는 아스널이 프리미어리그 우승을 차지한 2001-02시즌 25경기에만 출전하고도 12골을 넣었고, 반대쪽 측면 미드필더 로베르 피레스는 심각한 무릎 부상 탓에 시즌 막바지 2개월간 결장하고도 선수들이 선정한 올해의 선수상을 받았으며 그다음 시즌 복귀 후 2002-03시즌부터 2004-05시즌까지 총 세 시즌 연속으로 측면 미드필더로는 빼어난 기록인 14골을 넣었다. 이처럼 아스널은 공격진을 구성한 선수끼리 역할을 바꿀 때가 많았다. 아스널의 공격은 최전방 공격수 두 명이 창조성을 발휘하고, 측면 미드필더가 많은 득점을 올리는 방식으로 진행됐다.

베르캄프와 앙리가 구성한 공격진은 여전히 매우 훌륭했던 예로 기억되고 있다. 실제로도 이 둘은 훌륭한 재능을 소유한 공격수가 만든 훌륭한 조합이었다. 그러나 아스널의 기이한 공격 패턴에서 앙리가 가장 효과적으로 호흡을 맞춘 선수는 피레스였다. 앙리와 피레스는 빛의 속도를 연상케 하는 빠른 2 대 1 패스로 왼쪽 측면에서 상대 수비수를 줄줄이 무너뜨렸고, 베르캄프는 오른쪽의 융베리와 최고의 호흡을 자랑하며 전방으로 침투하는 그에게 스루패스를 찔러줬다. 앙리는 "가장 아름다운 순간은 내가 득점할 위치에 서 있으면서도 패스를 할 때다. 이때 나는 스스로 득점할 능력이 있다는 사실을 알지만 패스를 하곤 했다. 나눔이 필요하기 때문이다. 그러면 동료의 눈에 즐거움이 꽃피는 모습을 볼 수 있다. 이 즐거움이 얼마나 큰지는 나도 알고, 득점한 동료도 알고, 모두가 안다"고 말했다. 이러한 개념은 판 니스텔로이의 생각과는 매우 멀다. 스콜스는 애스턴 빌라를 상대로 페널티 지역 안에서 골을 넣은 후 뒤에서 득점 기회를 노리고 있던 판 니스텔로이에게 사과해야 했다.

앙리는 벵거 감독의 아스널 사령탑 20주년 기념행사가 열린 2016년 그와 TV 인터뷰를 진행했다. 벵거 감독은 앙리와 전술에 관련한 대화를 나누며 "우리는 베르캄프를 앞세운 4-4-2 포메이션을 썼다. 그런데 그가 너(앙리)와 뛰면 사실상 포메이션은 4-2-3-1로 변했다. 당시 우리 팀에는 프레디 융베리처럼 깊숙한 위치에서 전방으로 침투할 줄 아는 선수도 있었다. 이 덕분에 우리는 상황에 따라 공격수 숫자를 수시로 두세 명으로 바꿀 수도 있었다"고 말했다. 이는 최전방 공격수를 두 명이 아닌 한 명만 두는 포메이션을 쓴다고 해서 이 한 명에게만 득점이 쏠리는 건 아니라는 뜻이다. 공격수를 한 명으로 줄이며 더 다양한 선수가 골을 넣을 환경이 마련됐기 때문이다.

퍼거슨 감독은 맨유가 이와 같은 전술을 제대로 활용하지 못한다는 사실을 인지하기 시작했다. 그러면서 그는 판 니스텔로이가 팀에서 맞은 두 번째 시즌에 그를 공개적으로 비판하기도 했다. 퍼거슨 감독은 현지 언론을 통해 "가끔은 루드(판 니스텔로이)가 지나치게 이기적일 때가 있다. 물론 이기심이 아니었다면 그가 지난 시즌 36골을 넣지는 못했겠지만, 나는 이미 그에게 패스를 하는 게 더 좋은 선택일 때도 있다는 조언을 해줬다. 루드는 골을 넣지 못하면 팀에 도움을 줄 수 없다고 생각한다. 이에 대해서도 그와 대화를 했다. 그는 골을 넣지 못하면 자기 자신에게 화를 내며 망연자실한다. 루드는 여전히 어리다. 그가 이런 부분을 개선한다면 진정으로 훌륭한 선수가 될 수 있다"고 말했다.

판 니스텔로이는 이 시즌에 폴 스콜스 앞에 배치된 팀의 최전방 공격수로 활약하며 득점왕을 차지했다. 중앙 미드필더 스콜스는 전진 배치된 위치 덕분에 개인 통산 한 시즌 최다골을 터뜨렸지만, 판 니스텔로이는 여전히 그를 자신의 골을 돕는 '도우미'로 여겼다. 그러나 판 니스텔로이 본인도 자신의 전천후 능력이 부족하다는 데 계속 우려를 나타냈다. 그는 2003년 하반기에 "게르트 뮐러Gerd Muller를 보면 그는 그저 골잡이였다. 그는 정말 많은 골을 넣었지만, 나는 그런 유형의 선수를 좋아하지 않는다. 나는 항상 더 완성도 높은 활약을 하려고 노력한다. 내 야망은 9번과 10번의 최고를 섞는 것이다. 팀 플레이어이자 플레이메이커 역할을 하는 공격수가 내 지향점"이라고 말했다.

그러나 판 니스텔로이의 활약상을 보면 그에게는 등번호를 제외하면 10번처럼 움직이는 모습을 전혀 볼 수 없었다. 그는 5년간 잉글랜드에서 활약하며 시즌당 평균 3도움을 기록했지만, 앙리는 평균 10도움 이상을 올렸다. 이 때문에 판 니스텔로이를 최전방에 둔 맨유는 예측하기 쉬운 팀이 됐고, 이러한 점은 4-5-1 포메이션을 추구한 퍼거슨 감독의 목적과는 정반대였다. 퍼거슨 감독은 훗날 "루드가 보여준 장점이 내가 처음 그를 영입했을 때 기대한 것만큼 방대하지 못했다"고 말하기도 했다. 판 니스텔로이는 1990년대 로비 파울러, 앤디 콜과 비슷한 공격수였다. 그는 순수하게 골 사냥에 능한 공격수였지만, 2000년대 들어 감독들은 공격수에게 더 방대한 역할을 요구했다.

한 가지 기억해야 할 점은 앙리가 남긴 유산의 위대함은 시간이 지나면서 재평가됐다는 것이다. 그가 활약한 시절만 해도 많은 전문가는 판 니스텔로이를 더 좋은 공격수로 평가했다. 당시 공격수는 여전히 전통적인 의미를 기준으로 평가됐다. 이 때문에 앙리보다 제공권이 강력했던 판 니스텔로이는 더 위협적인 골잡이로 평가됐다. 과거 아스널에서 활약한 공격수 앨런 스미스Alan Smith는 〈텔레그래프〉에 기고한 칼럼을 통해 "전반적인 능력을 평가하면 판 니스텔로이가 근소한 차이로 우세할 수 있다"고 평가했다.

패스 능력이 중시되는 오늘날에는 스미스의 평가가 터무니없다고 말할 수 있다. 그러나 당시만 해도 앙리가 머리로 골을 넣지 못하는 점은 그의 최대 약점으로 꼽혔다. 앙리가 코너킥 상황에서 직접 득점을 노리지 않고 전담 키커로 나서는 모습이나 자신이 직접 얻어낸 페널티킥을 동료에게 양보하는 장면을 두고 논란이 일기도 했다.

판 니스텔로이는 맨유에서 주인공 역할을 맡는 데 익숙해지며 퍼거슨 감독이 자신의 입지를 위협할 만한 선수를 영입하자 불만을 드러냈다. 퍼거슨 감독은 2003년 데이비드 베컴을 이적시켰다. 그는 판 니스텔로이가 좋아하는 크로스를 올린 측면 미드필더 베컴의 자리에 개인 성향이 짙은 크리스티아누 호날두를 영입했다. 이후 판 니스텔로이는 크로스를 올리지 않는 호날두에게 불만을 품었다.

1년 후 웨인 루니가 팀에 합류하자 맨유는 오히려 판 니스텔로이가 없을 때 더 좋은 경기를 했다. 이어 판 니스텔로이는 2004-05시즌 초반 9경기에서 페널티킥 골을 제외하면 단 한 골밖에 넣지 못할 정도로 출발이 더뎠다. 이후 맨유는 그가 부상을 당해 결장한 11월부터 2월 중순까지 시즌 최고의 경기력을 선보이면서 리버풀 원정, 아스널 원정에서도 승리를 거두며 최대 획득 가능했던 승점 36점 중 무려 32점을 따냈다. 이때부터 맨유는 루니와 호날두를 중심으로 경기를 풀어갔다.

루니, 호날두와의 충돌은 결국 맨유에서 판 니스텔로이의 하락세로 이어졌다. 특히 루니는 판 니스텔로이와 호흡이 원활하지 못했다. 심지어 루니는 그가 팀을 떠나자 "루드(판 니스텔로이)가 우리가 구사하는 축구 스타일이 자신과 맞지 않는다는 사실을 알고 있다고 생각한다. 그는 여전히 홀류한 골잡이다. 그러나 감독이 영입한 호날두, 루이(사아) 그리고 나는 빠르고 역습을 하는 데 능한 선수들이다. 우리는 속도 있는 경기를 하지만, 루드는 경기 속도를 느리게 만든다. (중략) 내가 팀에 합류한 시점부터 그가 행복하지 않았다는 생각이 든다. (중략) 경기장 밖에서 나는 루드와 어울렸지만, 그와 로니(호날두의 애칭)는 친하지 않은 것 같다. 이 둘은 한두 차례 훈련 도중 다툼을 벌인 적도 있고, 루드는 자신이 원하는 대로 로니가 빨리 패스를 주지 않으면 신경질을 냈다"고 비판했다.

실제로도 판 니스텔로이는 공개적으로 호날두의 활약에 대해 불만을 드러냈다. 그는 호날두가 지나치게 긴 시간 볼을 소유하며 크로스를 하지 않는다고 불평했다. 이때까지만 해도 판 니스텔로이의 이러한 불만은 충분히 이해할 만한 대목이기도 했다.

그러나 이 둘의 불화는 갈수록 심각해졌다. 판 니스텔로이는 당시 포르투갈 출신 카를로스 케이로스Carlos Queiroz 맨유 수석코치에게 호날두에 대해 불평했다. 그러나 케이로스 코치는 자신과 국적이 같은 어린 선수 호날두를 옹호하며 판 니스텔로이의 불만을 흘려보냈다. 그러자 판 니스텔로이는 더 격하게 불만을 나타냈다. 그러면서 그는 훈련 도중 돌이킬 수 없는 사건을 일으켰다. 판 니스텔로이는 호날두에게 파울을 범했고, 그가 쓰러진 채 일어나지 않자 케이로스 코치를 가리키며 "어쩌려고? 아빠한테 불평하려고?"라고 외쳤다. 그러나 당시 호날두는 오랜 시간 알코올의존증에 시달린 부친이 사망한 후 충격에 잠겨 있던 상태였다. 당연히 그는 판 니스텔로이의 폭언에 불만을 품었다.

이처럼 판 니스텔로이는 매번 운동장 안팎에서 동료 공격수들과 원만한 관계를 유지하지 못했다. 결국 그는 2005년 퍼거슨 감독과의 대화를 통해 구단을 떠나고 싶다는 의사를 내비쳤다. 판 니스텔로이는 호날두와 루니가 챔피언스리그 우승을 차지할 만한 선수로 성장할 때까지 기다릴 수 없기 때문이라며 이적을 요청했다. 이 말을 들은 퍼거슨 감독은 큰 충격을 받았다. 그러면서 그는 오히려 판 니스텔로이에게 루니와 호날두의 리더 역할을 해줘야 한다고 제안했다.

그다음 시즌에는 상황이 더 안 좋아졌다. 맨유는 여전히 판 니스텔로이가 출전하지 않을 때 더 좋은 경기를 했다. 그는 2006년 리그컵 결승전에서 팀이 위건을 상대로 4-0으로 손쉽게 승리하는 데도 교체 출장조차 하지 못하자 퍼거슨 감독을 향해 욕설을 쏟아냈고, 이 사건은 언론을 통해 고스란히 세상에 알려졌다. 이어 판 니스텔로이는 찰턴과의 2005-06시즌 최종전을 앞두고 훈련 도중 호날두를 걷어찼다. 이를 지켜본 리오 퍼디난드는 보복성 행위로 판 니스텔로이를 걷어찼다. 그러자 판 니스텔로이는 퍼디난드를 향해 주먹을 휘둘렀다. 비록 그의 주먹은 근소한 차이로 퍼디난드를 비켜 간 데다 이러한 다툼은 사실 축구 팀 훈련 도중 자주 일어날 수 있는 사건이지만, 퍼거슨 감독은 더는 이 문제를 방치할 수 없었다. 결국 퍼거슨 감독은 찰턴전을 앞두고 경기장에 도착한 판 니스텔로이에게 집으로 돌아가라고 명령했으며 그는 이후 여름 이적시장에서 레알 마드리드로 떠났다.

판 니스텔로이는 맨유와 계약하며 이적 시 레알 마드리드행을 우선적으로 요구할 수 있다는 조항까지 포함했을 정도로 스페인행을 원했다. 그러나 이와 관계없이 맨유에서 그의 끝은 프리미어리그 역사상 가장 폭발적인 골잡이의 마지막치고는 품위가 없어 보인 게 사실이다. 판 니스텔로이는 마드리드에서 옛 친구 베컴과 재결합하며 효과적인 조합을 형성했지만, 2009년 호날두가 자신을 따라오자 그와 화해를 하고도 단 한 경기만 더 치른 후 팀을 떠났다. 그러나 판 니스텔로이는 훗날 놀라울 정도로 기량이 발전한 호날두를 진심으로 칭찬했고, 퍼거슨 감독에게도 직접 전화를 걸어 맨유에서 보낸 마지막 시즌에 자신이 보인 행동에 대해 사과했다.

결국 판 니스텔로이를 이적시킨 퍼거슨 감독의 결정은 옳았다. 그를 떠나보낸 맨유는 2006년부터 프리미어리그 강자의 모습을 되찾으며 3년 연속으로 프리미어리그 우승을 차지했고 챔피언스리그 정상에도 올랐다. 판 니스텔로이의 등번호 10번은 루니가 물려받았고, 호날두는 팀의 핵심 골잡이가 됐다. 게다가 퍼거슨 감독은 판 니스텔로이가 떠난 자리에 대체자를 영입하지도 않았다. 그는 판 니스텔로이를 이적시킨 후 2년간 최전방 공격수를 영입하지 않았다. 그는 이미 골만 넣는 선수로는 충분하지 않다는 교훈을 얻었기 때문이다.

아스널의
무패우승

"처음에는 누구나 최전방 공격수가 되고 싶어 한다. 그러나 그중 일부는 결국 수비를 하게 된다."

– 마틴 키언

2003-04시즌 역사적인 업적을 차지한 아스널의 무패우승 팀은 프리미어리그에서 가장 화려한 팀으로 기억된다. 그러나 이 시즌은 아스널 시대의 마지막을 장식한 시기이기도 하다.

   아스널은 이보다 2년이 앞선 시점에도 비슷한 모습으로 프리미어리그 우승을 차지했다. 이때 아스널은 잉글랜드 축구 역사상 처음으로 원정경기에서 무패를 기록한 1부리그 우승 팀이 됐다. 당시 아스널의 홈구장 하이버리는 경기장 규격이 프리미어리그에서 가장 작았다. 이 때문에 아스널은 오히려 원정경기에 나서면 더 많은 공간을 활용할 수 있었고, 반대로 상대 팀은 공격을 할수록 수비 진영에서 공간을 허용하며 역습에 취약한 모습을 보였다. 또한 아스널은 매 경기 득점에 성공하며 1부리그 우승을 차지한 역사상 최초의 팀이 됐다. 이 두 기록 모두 2년 후 아스널이 무패우승을 기록하며 그 후광에 가려졌다. 그러나 당시 아스널의 꾸준한 공격력은 이 시기에 가장 잘 드러났다.

아르센 벵거 감독은 2002-03시즌을 앞두고 놀라울 정도로 대담한 예상을 내놓았다. 그는 취재진을 향해 "누구도 리그에서 우리보다 높은 순위에 오르지 못할 것이다. 우리가 무패로 시즌을 끝내도 나는 크게 놀라지 않을 것"이라고 말했다. 그의 발언을 접한 이들의 반응 중 대부분은 벵거 감독의 오만함에 대한 의구심과 놀라움이었다. 그러나 벵거 감독은 여기서 그치지 않았다. 그는 2002년 9월 초 리즈를 4-1로 대파한 후 "나는 여전히 우리의 무패우승 가능성을 희망적으로 본다"고 말했다. 무패우승은 1888-89시즌 프레스턴 노스 엔드 이후 잉글랜드에서 누구도 이루지 못한 아주 어려운 목표였다. 그러나 벵거 감독은 약 한 달 후 에버턴 원정에서 프리미어리그 데뷔골을 터뜨린 웨인 루니에게 90분 크로스바를 맞고 들어간 약 20m 중거리 슛 결승골을 헌납하며 망신을 당했다. 그는 경기가 끝난 후 "저 선수가 16세가 맞나"라는 반응을 드러내며 무패우승의 꿈이 좌절된 것에 대한 허무함을 드러냈다.

오랜만에 패배를 당한 아스널은 그 후유증에서 벗어나지 못하며 1983년 이후 처음으로 4연패의 늪에 빠졌다. 4월 들어 맨유가 강력한 우승후보로 떠오르자 시즌 초반까지 무패우승을 장담한 벵거 감독의 예상은 조롱을 당하기 시작했다. 퍼거슨 감독은 "아스널은 6개월 전으로 시간을 돌리기를 간절히 원할 것이다. (벵거 감독의 발언이) 그들의 덜미를 잡았을 수도 있다"고 말했다. 결국 아스널은 고전 끝에 2위에 머물렀다. 맨유의 우승은 아스널이 홈에서 리즈에 2-3 충격패를 당하며 확정됐다. 아스널의 베테랑 수비수 마틴 키언은 우승에 실패한 책임을 벵거 감독에게 물었고,

시즌을 앞두고 무패우승을 장담한 그의 발언이 선수들에게 부담으로 작용했다고 밝혔다.

그러나 이날 아스널은 리즈한테 당한 패배 이후 또다시 놀라운 무패 행진을 거듭했다. 아스널은 이후 49경기 무패행진을 이어가며 실제로 2003-04시즌을 무패로 마쳤다. 벵거 감독의 터무니없는 예상이 1년이 지난 후 현실이 된 셈이다.

아스널의 2003-04시즌 선수 구성은 2001-02시즌과 매우 비슷했다. 벵거 감독이 변화를 준 포지션은 단 두 자리에 불과했다. 그는 미드필드에서 파트리크 비에이라와 조합을 이룰 선수로 지우베르투 실바_{Gilberto Silva}를 중용했고, 레이 팔러와 에두_{Edu}를 백업 자원으로 썼다. 또한 벵거 감독은 콜로 투레_{Kolo Toure}를 마틴 키언 대신 주전 중앙 수비수로 기용했다. 실제로 아스널의 2003-04시즌 팀은 벵거 감독이 처음으로 프리미어리그 우승을 차지한 1997-98시즌과도 비슷한 구조로 구성됐다. 그는 홀딩 미드필더 두 명 그리고 처진 공격수가 배치된 4-4-2 포메이션을 유지하면서도 시간이 지나면서 4-2-3-1로 여겨질 만한 틀로 선수를 배치했다. 최전방에는 이안 라이트와 니콜라 아넬카의 진화된 버전 격이었던 앙리가 버티고 있었고, 로베르 피레스는 마르크 오베르마스와 비슷한 유형의 득점력 있는 왼쪽 측면 미드필더였으며 프레디 융베리는 근면하면서도 전방 침투 능력을 보유한 팔러의 대체 자원이었다. 게다가 질베르투_{Gilberto}는 엠마누엘 프티와 비슷했다. 그는 단단한 중원 장악 능력으로 월드컵 우승 경험까지 보유하고 있었고, 비에이라가 공격 진영으로 침투할 수 있도록 도왔다. 아스널의 무패우승 팀은 공격진과 중원에서 혁신을 일으킨 팀이라기보다는 벵거 감독이 구성해온 팀의 연장선상에 더 가까웠다.

그러나 수비적으로는 모든 것이 변했다. 벵거 감독은 1997-98시즌 조지 그래엄, 리 딕슨, 키언(혹은 스티브 보울드), 토니 아담스 그리고 나이젤 윈터번을 수비진에 배치했다. 이들은 모두 태클과 맨마킹에 능한 데다 오랫동안 함께 뛰며 다진 조직력 덕분에 오프사이드를 잘 유도해낸 전통적인 수비수들이었다. 물론 이들도 좋은 축구를 구사할 줄 알았다. 실제로 아스널의 1997-98시즌 우승을 확정한 골은 보울드가 상대 수비진을 넘기는 패스를 찔러주자 아담스가 중앙 수비수 자리에서 전방까지 침투해 자신의 주발도 아닌 왼발로 강력한 슛으로 결정지은 골이었다. 벵거 감독은 수비수들에게도 공격 가담을 요구했다. 그러나 무패우승 당시의 수비진은 벵거 감독이 수비수 역할을 맡도록 설득한 공격수들이었다.

제이미 캐러거가 언젠가 말했던 것처럼 측면 수비수는 크게 두 가지 유형으로 나눌 수 있다. 실패한 중앙 수비수 혹은 실패한 윙어가 측면 수비수가 된 두 가지 경우다. 그중 후자는 꽤 현대적인 유행에 따른 결과물이다. 21세기 들어 공격적인 측면 수비수를 중용하는 게 유행으로 번졌다. 이때까지는 4-4-2가 압도적으로 많이 사용된 포메이션이었고, 자신의 앞에 가장 많은 공간을 두고 플레이할 수 있는 선수는 바로 측면 수비수였다. 그러면서 측면 수비수는 점점 앞으로 전진하며 중요한 공격적인 역할을 할 수 있었다.

그 가장 완벽한 예는 애슐리 콜이다. 아스널 유소년팀에서 촉망받는 공격수로 성장한 콜은 10대 후반부터 수비적인 포지션을 소화하기 시작했다. 그러면서 그는 훌륭한 왼쪽 측면 수비수로 성장했지만, 프로로 데뷔한 후 초반 몇 시즌간은 서툰 위치 선정으로 실수를 자주 보여주기도 했다. 그러나 벵거 감독은 콜의 빠른 스피드와 왕성한 체력 그리고 볼을 소유했을 때 그가 보여준 기량을 총애했다. 그는 콜이 수비적인 능력을 개선할 만한 태도까지 갖추고 있다고 믿었다. 콜은 세계 최고의 측면 수비수로 자기 자신을 각인시켰던 유로 2004가 끝난 후 "수비수가 되고 싶지 않았다. 나는 수비수를 좋아하지도, 수비하는 것을 좋아하지도 않았다. 나는 공격과 골을 넣는 것을 항상 좋아했다. 아스널 유소년팀에서 왼쪽 측면 수비수를 맡아달라는 주문을 어쩔 수 없이 받아들여야 했다. 그러나 이제는 내가 공격수로 성공하지 못했을 가능성이 크다는 사실을 안다. 왼쪽 측면 수비수가 된 점을 후회하지 않는다. 예전에는 이를 후회했던 것 같다. 원래는 팀을 위해 골을 넣는 선수의 영광은 항상 내가 차지하고 싶었다"고 말하기도 했다.

아스널의 오른쪽 측면 수비수 로랑 코시엘니 Laurent Koscielny 또한 원래는 수비수가 아니었다. 그 역시 처음에는 포지션을 변경하는 데 의구심을 품고 있었다. 그는 "원래 나는 오른쪽 윙어였다. 벵거 감독은 내가 오른쪽 측면 수비수로도 뛸 수 있다고 생각했지만, 나는 여기에 확신이 없었다. 이런 변화는 매우 진보적인 생각이다. 처음에는 수비수로 뛰는 게 조금 어려웠다. 그러나 아르센(벵거)으로부터 자신감을 얻으며 내가 새로운 포지션을 찾았다는 사실을 깨달았다"고 말했다.

더 놀라운 점은 벵거 감독이 중앙 수비수 자리까지 타 포지션을 소화하는 선수로 채웠다는 점이다. 콜로 투레는 원래 움직임이 다소 어설픈 미드필더였고, 측면 수비수로 위치를 변경한 후에도 불안한 모습을 보였다. 심지어 그는 2002년 아스널이 0-0으로 비긴 PSV와의 챔피언스리그 경기에서는 전반전 종료를 앞두고 퇴장을 당하기도 했다. 게다가 투레는 2003-04시즌 프리시즌 이전까지 단 한 번도 중앙 수비수를 소화해본 적이 없었다. 그러나 벵거 감독은 오스트리아에서 열린 베식타스와의 평가전을 투레와 솔 캠벨을 중앙 수비수로 기용해 1-0 승리로 장식했다. 미르체아 루체스쿠 베식타스 감독은 경기가 끝난 후 아스널의 강력한 중앙 수비수 조합을 칭찬하며 투레의 포지션을 옮긴 벵거 감독의 결정에 설득력을 더했다.

아스널에서 가장 강인한 수비수였던 캠벨 역시 현역 시절 초기에는 더 높은 포지션에서 활동한 선수였다. 그는 10대 시절 잉글랜드 축구협회가 우수한 유망주 육성을 목적으로 운영한 릴셜 축구학교 School of Excellence at Lilleshall에서 오른쪽 측면 미드필더로 성장했고, 전 소속 팀 토트넘에서는 최전방 공격수로 성장할 재목으로 평가됐다. 그러나 그는 시간이 지나며 수비수가 됐고, 프로 시절 초반에는 제공권에 문제가 있었다는 점을 인정하기도 했다. 더 놀라운 점은 공중볼 경합에 어려움을 겪은 그가 토트넘을 떠나 지역 라이벌 아스널로 이적한 2001년에는 이미 압도적인 제공권을 자랑하는 수비수로 성장해 있었다는 사실이다. 이처럼 당시 아스널의 수비진은 공격적인 성향을 기본적으로 갖춘 선수들을 중심으로 구성됐다.

벵거 감독은 훗날 그의 수비진에 대해 "나는 모든 선수를 더 기술적인 선수로 발전하게 했다. 우선 기존 선수의 기량을 향상시켰고, 그다음에는 더 공격적인 성향을 지닌 선수들로 그들을 대체했다. 투레, 로랑, 콜을 수비진에 배치하면서 빌드업 축구를 구사할 수 있었다"고 말했다. 벵거 감독은 앞서 모나코에서도 유망주 릴리앙 튀랑 Lillian Thuram을 오른쪽 윙어에서 오른쪽 측면 수비수로 변신하게 했다. 그 결과 튀랑은 한때 유럽 최고의 오른쪽 측면 수비수로 활약했다.

어쩌면 벵거 감독의 이러한 노력은 그 개인적인 목표를 충족하기 위한 과정이었는지도 모른다. 벵거 감독은 미드필더로 현역 시절을 시작했는데, 이후 수비수로 더 오랜 시간 활약했다. 그러나 그는 그래엄처럼 수비에 특화된 감독은 아니었다. 심지어 아스널에서도 수비수로 변신한 선수들은 기존의 수비수들로부터 많은 지도를 받았다. 콜은 아담스의 가르침을 받았고, 투레는 자신을 보살펴준 키언 덕분에 발전했으며 로랑은 딕슨을 롤모델로 여겼다. 벵거 감독의 아스널과 케빈 키건 감독의 뉴캐슬의 가장 큰 차이점도 바로 여기에 있다. 뉴캐슬에서 수비수가 된 공격수들과는 달리 아스널에서 수비수로 변신한 선수들은 수비하는 방법을 제대로 배울 기회가 있었다.

벵거 감독은 지난 2013년 "사람들은 내가 처음 아스널로 왔을 때 내게 주어진 수비진에 대해 자주 이야기한다. 물론 당시 우리 수비진은 특출했다. 그러나 많은 사람들은 무패우승을 기록한 수비진에 대해서는 잊고 있는 것 같다. 그들은 단 한 번도 당시 수비진에 관해서는 얘기하지 않는다. 이때 우리 수비진이 칭찬을 받지 못하는 건 믿기 어려운 일이다. 로랑, 투레, 캠벨, 애슐리 콜은 완전히 특별한 수비진이었다. 그들은 한 경기도 패하지 않았으나 누구도 그들에 대해 얘기하지 않는다. (중략) 콜로(투레)와 솔(캠벨)은 각각 매우 빠른 발과 강인한 신체 능력을 보유하고 있었다. 상대 팀 공격수가 그들을 제치더라도 그들은 다시 따라붙을 수 있었다. 그들은 계산적인 수비를 하기보다는 훨씬 더 강한 플레이를 보여준 선수들이었다. 두 측면에도 우리에겐 축구를 할 줄 아는 선수들이 있었다. 로랑은 미드필더였고, 콜 또한 수비수로 보직을 변경한 후 환상적인 선수 생활을 했다"고 말했다.

수비수가 빠른 발을 바탕으로 상대 공격수를 따라가는 방식의 수비를 펼친다는 건 과거 아스널 수비진의 분통을 터뜨리게 할 만한 발상이었다. 그러나 그들도 2001년 FA컵 결승전에서 아스널에게 패배를 안긴 마이클 오언을 쫓아갈 만한 스피드를 가진 수비수가 있다면 그 수비수를 마다할 이유는 없었을 것이다. 벵거 감독이 인정했듯이 공격수의 발이 갈수록 빨라지면서 수비수도 더 빨라져야 했다. 2000년대 들어 각각 맨유와 첼시에서 활약한 프랑스 출신 수비수 미카엘 실베스트르_Mikael Silvestre 와 윌리엄 갈라스_William Gallas 또한 키는 각자 182cm, 180cm로 압도적인 제공권을 자랑하지는 못했지만, 놀라울 정도로 빠른 발을 자랑했다. 그리고 벵거 감독은 훗날 두 선수를 모두 아스널로 영입했다.

그러는 사이에 스피드가 현저히 떨어지는 로랑 블랑은 맨유에서 고전했다. 월드컵 우승을 경험한 중앙 수비수인 블랑은 공격형 미드필더로 현역 시절을 시작한 후 몽펠리에 시절 한 시즌에 무려 18골을 터뜨린 적도 있었다. 그는 매우 영리하면서도 재능 있는 테크니션이었지만, 35세의 나이로 맨유로 이적한 후에는 야프 스탐의 대체자가 될 만한 역량을 발휘하지 못했다. 그러면서 맨유는 2001-02시즌 초반 위기를 맞으며 크리스마스 기간이 되자 중위권으로 추락했다. 볼턴, 리버풀, 아스널, 뉴캐슬, 첼시가 나란히 맨유에 승리를 거뒀다. 그러자 퍼거슨 감독은 이듬해 여름 극적인 해결책을 찾았다. 그는 영국 축구 역사상 최고 이적료를 들여 리즈의 리오 퍼디난드를 영입했다.

퍼디난드는 웨스트햄 유소년 아카데미 시절부터 자신과 함께 미드필더로 활약한 프랑크 램파드Frank Lampard와 함께 세계적인 선수로 성장할 재목으로 평가받았다. 이 둘은 웨스트햄의 1996년 FA 유스컵 결승 진출을 이끌었지만, 마이클 오언과 제이미 캐러거가 버티고 있는 리버풀에 패해 준우승에 만족해야 했다. 그러나 퍼디난드는 이 경기에서 최우수 선수로 선정될 정도로 두각을 나타냈다. 이어 그해 여름에는 잉글랜드 유망주 몇 명이 유로 1996을 준비 중인 자국 성인 대표팀과 훈련할 기회를 잡았다. 테리 베너블스 당시 잉글랜드 감독은 훌륭한 안목을 활용해 퍼디난드와 램파드를 가장 기대할 만한 유망주로 지목했다. 웨스트햄 유소년팀에서 미드필드 조합을 이룬 퍼디난드와 램파드는 훗날 둘을 통틀어 잉글랜드 대표팀에서 247경기에 출전했고, 프리미어리그 우승 9회 그리고 각자 소속 팀의 주장 완장을 차고 챔피언스리그 우승을 차지했다.

퍼디난드는 도전적인 드리블 돌파와 볼을 소유했을 때 위험을 감수하는 플레이로 유명했다. 1986 멕시코 월드컵에서 디에고 마라도나의 활약에 매료된 그는 웨스트햄 유소년팀에 팀 동료 중 수비수 한 명이 불참했던 날 처음으로 수비수로 뛰었다. 그러나 퍼디난드는 이 역할을 인상적으로 해냈고, 코칭스태프마저 장기적으로는 그가 수비수로 성장해야 한다고 믿게 됐다. 그는 훗날 "수비력은 내가 자연스럽게 보유하게 된 능력이지만, 이를 활용하는 게 즐겁지는 않았다. 경기가 끝나면 우리가 이겼어도 이상하게 부족한 느낌이 들었다. 나는 종종 '그런데 나는 아무것도 안 했잖아'라는 생각을 하곤 했다. 솔직하게 말해 상대 공격수를 쫓아 스피드로 제압하는 것은 즐거운 일이었다. 그러나 수비 자체에 대한 내 태도는 냉담했다. 잉글랜드 대표팀에 선발됐을 때도 수비하는 걸 즐기지 않았다"고 말했다. 퍼디난드는 당시 수많은 선수와 마찬가지로 수비력보다는 스피드와 볼을 다루는 능력을 소유했다는 이유로 포지션을 변경했다.

이후 미드필더가 그보다 한 포지션 아래로 내려가 중앙 수비수로 보직을 변경하는 건 잉글랜드 축구에서 유행처럼 번졌다. 토트넘에서 1999년 데뷔해 훗날 주장직을 역임한 레들리 킹Ledley King도 퍼디난드와 비슷한 경로를 거쳤다. 그 역시 10대 시절을 회고하며 "나 자신을 수비수라고 부르는 기분이 유쾌하지 않았다. 나는 후방에 고정되어 뛰는 걸 증오했다. 그렇게 하기에는 내가 가진 능력이 너무 많았다. 나는 미드필드에서 뛸 때 경기에 더 큰 영향력을 행사할 수 있다고 믿었다. (중략) 나는 수비수를 보거나 공부하지도 않았다. 나는 공격적인, 천재성 있는 선수들을 사랑했다"고 말했다.

킹은 어린 시절 존 테리John Terry가 몸담기도 한 런던 동부 지역 유소년팀 센랍에서 성장했다. 훗날 첼시 중앙 수비수로 명성을 떨친 테리도 당시 더 전진된 위치에서 활약했다. 킹은 "테리는 그때 미드필더로 활약했으며 키가 작았으나 점프력이 있었고, 제공권이 훌륭했다. 그는 미드필드에서 경기의 차이를 만드는 선수였다"고 말했다. 테리는 킹이나 퍼디난드처럼 완숙한 기술을 자랑하지는 않았지만, 실제로 그의 빼어난 패스 능력은 매우 저평가된 게 사실이다. 다만 테리는 퍼디난드나 킹처럼 빠르지 않았고,

더 깊은 수비 지역에서 활동하는 걸 선호했다.

퍼디난드는 100m를 12초에 주파할 정도로 스피드가 탁월했다. 이 때문에 그는 상대 공격수를 '쫓는' 수비수의 시대에 가장 완벽하게 어울리는 선수였다. 그러나 퍼디난드는 '집중력이 흐트러지는 습관이 있다'는 지적을 받기도 했는데, 이는 중앙 수비수에게는 치명적인 단점이었다. 그는 잉글랜드 축구에서 처음으로 수비력이 약점으로 꼽힌 중앙 수비수였다. 그러나 시간이 지나며 이러한 문제가 더는 드물다고 볼 수 없는 시대가 왔다. 예를 들어 존 스톤스 John Stones도 비슷한 배경에서 자란 선수였으며 그의 롤모델은 퍼디난드였다. '온 더 볼 능력'을 갖춘 수비수를 뜻하는 '볼 플레잉 센터백Ball Playing centre back'인 퍼디난드는 사실 볼을 끌고 다니며 드리블하는 선수에 더 가까웠다. 그는 "내가 전진해 우리 팀의 미드필더 인원을 순간적으로 한 명 더 늘리면 상대는 마치 '쟤는 어디서 온 거야?'라는 듯이 나를 쳐다봤다. 이미 기존 미드필더들이 전담 마크되는 상황에서 내가 올라가면 나를 막을 상대 팀 선수는 없었다"고 말했다. 그러나 퍼디난드의 패스 능력 자체가 특출할 정도로 빼어난 건 아니었다. 다만 그는 패스의 정밀함보다는 볼을 가졌을 때 특유의 침착함으로 볼을 다루는 데 능했다.

퍼디난드는 항상 자신의 과거에 대해 자부심 있게 이야기한다. 그러나 그는 페컴 주택 단지Peckham council estate에서 자란 소년답지 않은 취미를 가지고 있었다. 실제로 퍼디난드는 자신이 우아한 기술을 자랑하는 축구 선수로 성장한 원동력을 과거 자신이 일주일에 네 번씩 발레 수업을 듣고 유연성, 움직임, 신체 조정력 그리고 중심력을 키운 데서 찾았다. 또한 그는 드라마를 매우 좋아했으며 13세 때 학교에서 뮤지컬 〈벅시 말론Bugsy Malone〉에서 주류밀매점 청소부 피지Fizzy 역을 맡기도 했다. 어쩌면 이때 빗자루를 쓰는 '스위퍼' 역할을 한 그에게 축구의 '스위퍼' 포지션은 운명이었는지도 모르겠다.

 잉글랜드 축구계에는 1990년대 중반부터 후반까지 자국 출신 중앙 수비수 중 3-5-2 포메이션에서 볼을 잘 다루는 영리하고, 기술적인 선수가 절실하게 필요했다. 당시 3-5-2는 4-4-2의 '대안' 포메이션으로 여겨졌다. 이때 4-4-2의 '대안' 포메이션을 제대로 가동하려면 수비수 세 명 중 한 명이 전진해 미드필더처럼 활약해야 했다. 독일에서는 유로 1996 최우수 선수로 선정된 마티아스 잠머 Matthias Sammer가 완숙한 기량을 선보이며 이 역할의 중요성을 더 부각시켰다. 당시 퍼디난드는 3-5-2 포메이션의 수비수로 한 축을 담당할 재목으로 꼽혔다. 그가 전담 마크 능력을 필요로 하는 4-4-2 포메이션에서 수비수를 맡을 만한 강인함과 수비력을 보유했는지는 여전히 확실하지 않았기 때문이다.

 글렌 호들 잉글랜드 감독은 리버풀 미드필더 제이미 레드냅이 한 번도 소화해본 적이 없는 스위퍼 역할을 그에게 맡겼다. 호들 감독은 첼시에서도 루드 굴리트에게 비슷한 역할을 주문했던 적이 있으며 "진짜 스위퍼를 쓰려면 독일의 잠머처럼 볼을 가지고 앞으로 나올 선수가 필요하다"고 말하기도 했다. 이 때문에 퍼디난드의 등장은 잉글랜드 축구계를 매우 흥분시킬 만한 일이었다. 호들 감독은 "퍼디난드는 오른쪽에서 왼쪽으로 50m짜리 패스를 연결할 수 있지만, 그가 왼쪽에서 오른쪽으로 그렇게 할 수 있을지는 잘 모르겠다"고 말한 적이 있다. 그에게 퍼디난드의 수비력은 그다지 큰 고려 대상이 아니었다는 뜻이다. 호들 감독은 너무도 자연스럽게 퍼디난드의 볼을 다루는 능력을 생각하고 있었다.

 호들 감독의 전임 테리 베너블스 감독도 퍼디난드와 솔 캠벨을 '현대판 중앙 수비수'라고 평가했다. 그는 "리오(퍼디난드)와 솔(캠벨)을 보면 새로운 유형의 잉글랜드 수비수가 보인다. 어린 수비수에게 기회를 줘서 축구를 발전시키려는 우리의 태도를 증명하는 좋은 예다. 우리는 오랜 시간 수비 진영에서 볼을 가지고 나오는 수비수를 어린 시절부터 육성하는 데 실패했다. 리오와 솔은 한때 공격수로 활약한 선수들이다. 이런 점이 큰 도움이 된다"고 말했다. 그러나 호들 감독의 후임자였던 키건 감독은 놀랍게도 생각이 달랐다. 심지어 그는 유로 2000 대표팀 명단에서 퍼디난드를 제외했고, 심지어 그에게 직접 프랑스인이나 브라질인 혹은 네덜란드인으로 태어났으면 대표팀에서 더 많은 경기에 출전했을 가능성이 크다고 말하기까지 했다. 이처럼 퍼디난드는 현역 시절 내내 잉글랜드인답지 못하다는 지적을 받았는데, 이는 그가 평생을 영국인 감독 밑에서만 운동했다는 점을 고려하면 분명히 기이한 현상이다.

몇 개월 뒤 퍼디난드는 이때까지만 해도 놀라운 액수였던 이적료 약 1800만 파운드(약 264억 원)에 리즈로 이적하며 세계에서 가장 비싼 수비수이자 영국인 축구 선수가 됐다. 당시까지 그런 기록은 통상적으로 미드필더나 공격수가 세우곤 했다. 심지어는 데이비드 오리어리 David O'Leary 리즈 감독도 퍼디난드의 이적료에 놀란 듯한 눈치였다. 그가 처음 예상했던 퍼디난드의 이적료는 약 1200만 파운드(약 176억 원)에서 1500만 파운드(약 220억 원) 수준이었다. 오리어리 감독은 역사상 최대 이적료를 투자해 선수를 영입한 구단을 이끄는 수장답지 않게 퍼디난드의 입단식에서 자신의 아내가 이적료 액수를 두고 "터무니없다"고 말했다는 비화를 공개하기도 했다. 이러한 선수 영입은 리즈 구단의 상황을 고려해도 대담한 수준이었다. 당시 유럽연합은 축구계의 이적시장이 불법이라며 거래를 제한하려고 했다. 만약 이대로 유럽연합의 주장에 따라 선수 이적 규정이 뒤엎어졌다면, 이는 '보스만 룰'보다 더 혁신적인 판결이 될 수도 있었다. 이렇게 됐다면 선수들이 이적료 없이 소속 팀을 옮기게 되며 이적료에 대한 개념이 하루아침에 없어질 수도 있었기 때문이다. 그러나 리즈는 재정적 도박을 감수하면서 퍼디난드를 영입했다. 이러한 위험 부담을 수반한 선수 영입은 이 시절 리즈의 구단 운영 방침이기도 했다.

당시 리즈는 프리미어리그 우승 후보로 꼽히는 팀이었다. 퍼디난드 영입에 앞선 시즌 3위에 오른 리즈는 그를 영입한 후 챔피언스리그 4강에 올랐다. 리즈는 1990년대 하워드 윌킨슨 감독이 상당 부분 만들어낸 뛰어난 유소년 육성 시스템으로 해리 키웰Harry Kewell, 조너선 우드게이트Jonathan Woodgate, 이안 하트Ian Harte, 앨런 스미스, 폴 로빈슨Paul Robinson 등을 배출하며 큰 효과를 냈다. 오리어리 감독은 구단이 육성한 선수들을 때로는 듣기 거북한 '나의 아기들'이라는 애칭으로 불렀다. 그러나 오리어리 감독이 붙인 이 애칭은 당시 리즈에 매우 잘 어울린 게 사실이다. 1999-2000시즌 리즈가 가장 자주 중용한 선발 명단에 포함된 11명의 평균나이는 24세 162일에 불과했는데, 이는 여전히 프리미어리그 역사상 가장 어린 팀으로 꼽힌다.

돈 레비Don Revie 리즈 감독은 1960년대 레알 마드리드를 모방하겠다고 결정하며 유니폼 색을 노란색에서 흰색으로 변경했다. 이어 리즈는 2000년대 초반이 되자 레알의 '갈락티코' 정책을 작은 규모로 따라 하려는 듯했다. 리즈의 급부상은 선수를 영입하는 데 무리한 투자가 이뤄졌기에 가능했던 결과였고, 결국 구단은 재정난에 빠지게 됐다. 한때 오리어리 감독은 마크 비두카, 로비 파울러, 로비 킨Robert Keane, 마이클 브리지스Michael Bridges, 해리 키웰 그리고 앨런 스미스를 두고 공격진 구성을 고민해야 했을 정도였다. 그러나 레알은 공격수만 영입하며 수비적인 문제를 고려하지 않은 갈락티코 정책을 고집한 반면 리즈의 자멸은 기존 수비수들의 이적과 새로운 수비수 영입에 더 원인을 두고 있다.

퍼디난드 영입 또한 리즈에게 반드시 필요한 것은 아니었다. 그러나 당시 리즈는 우드게이트와의 결별 가능성에 대비해 퍼디난드를 영입했다. 우드게이트 또한 유소년팀 시절 상당 기간 미드필더로 활약했는데, 그는 팀 동료 리 보이어Lee Bowyer와 늦은 밤 리즈 시내 한복판에서 어느 학생을 폭행한 혐의로 재판을 받고 있었다. 이후 보이어는 무죄가 인정됐으나 우드게이트는 끝내 소란 행위 혐의로 유죄 판결을 받았다. 또 다른 중앙 수비수 마이클 두베리Michael Duberry도 사건에 연루됐으나 무죄 판결을 받았다. 당시 보이어는 데뷔 이후 최고의 활약을 펼치고 있었으나 우드게이트의 경기력은 이 사건 탓에 치명적인 타격을 입었고, 결국 리즈는 대안으로 수비수를 영입해야 했다.

퍼디난드는 선수 등록이 늦어진 탓에 아스널과의 홈경기부터 출전할 수는 없었다. 그러나 그는 리즈의 홈구장 앨런 로드에서 팬들에게 인사할 기회를 부여받았고, 이날 우드게이트와 주장 루카스 라데베Lucas Radebe가 매우 인상적인 수비 조합을 이루며 팀이 1-0으로 승리하는 경기를 직접 관전했다. 이어 그는 레스터 원정에서 데뷔전을 치렀는데, 오리어리 감독은 그를 위해 4-4-2 포메이션을 포기하고 3-5-2를 썼다. 여기서 퍼디난드의 포지션은 우드게이트와 라데베 사이에 위치한 스위퍼였다. 그러나 이러한 오리어리 감독의 결정은 처참한 역효과를 냈다. 리즈는 경기 시작 30분 만에 헤딩으로만 세 골을 실점했고, 결국 전반전이 끝난 후 우드게이트를 교체하며 포메이션도 4-4-2로 바꿨다. 그러나 이후 라데베가 퇴장당했고, 리즈는 결국 1-3으로 패했다. 리즈의 그다음 경기는 라치오와의 챔피언스리그 원정경기였다. 미등록 선수였던 퍼디난드는 이 경기에 출전할 수 없었고, 수비 조합을 형성한 우드게이트와 라데베는 또다시 훌륭한 호흡을 선보이며 리즈의 1-0 승리를 이끌었다. 그렇다면 퍼디난드의 자리는 도대체 어디였을까?

오리어리 감독은 리즈의 구단 영입 기록을 갈아치운 퍼디난드를 아예 쓰지 않을 수는 없었다. 퍼디난드는 붙박이 주전 수비수로 활약하며 라데베, 우드게이트, 또는 도미닉 마테오Dominic Matteo와 번갈아가며 호흡을 맞쳤다. 오리어리 감독의 지도를 받으며 그의 위치 선정 역시 크게 발전했다. 현역 시절 훌륭한 중앙 수비수였던 오리어리 감독은 은퇴 후 지도자가 되며 최고의 수비적인 지도자로 꼽힌 조지 그래엄 감독의 수석코치로도 활동했다. 그는 퍼디난드가 공중볼 경합 능력을 기를 수 있도록 부단한 노력을 하게 했다.

또한 퍼디난드는 당시 상담치료사 키스 파워Keith Power가 자신이 집중력을 키우고 다양한 수비 상황을 시각적으로 상상하며 경기에 준비하는 데 큰 도움을 줬다고 말했다. 퍼디난드는 결국 완성도 높은 수비수로 성장했고, 잉글랜드 대표팀에서 만난 스벤 요란 에릭손 감독으로부터 드리블 돌파를 하지 말라는 주문을 받으며 맹활약을 펼친 2002 한일 월드컵 이후로 더는 공격적인 성향을 눈에 띄게 드러내지 않았다. 이 틈을 타 맨유는 영국 축구 최고 이적료 기록을 경신하는 3000만 파운드(약 440억 원)에 퍼디난드를 영입했다. 그가 맨유로 이적한 시점보다 1년 앞서 유벤투스로 이적한 릴리앙 튀랑의 기록을 갈아치운 이적료였다.

퍼디난드가 이적하며 리즈의 추락도 시작됐다. 다만 퍼디난드는 리즈가 영입한 후 재판매한 선수 중 흑자를 낸 몇 안 되는 자원이었다. 퍼디난드의 주장직을 물려받은 마테오는 "그가 이적한 건 중요한 순간이었다. 그 이유는 우리한테 리오(퍼디난드)를 대체할 자원이 없었기 때문이 아니라, 그가 떠나면서 당시 우리 팀에 있던 정상급 선수들에게 리즈가 약해지고 있다는 인식이 전달됐기 때문"이라고 말했다. 리즈는 이른바 '셀링 클럽'으로 전락했다. 오리어리 감독은 피터 리즈데일Peter Ridsdale 리즈 회장과의 재계약 협상 도중 이적을 앞둔 퍼디난드를 두고 충돌했고, 결국 경질됐다. 이어 오리어리 감독의 대체자로 테리 베너블스 감독이 부임했다.

리즈데일 회장은 퍼디난드의 이적이 큰 타격을 주지는 않는다며 그는 단지 리즈가 더 높게 평가한 우드게이트를 임시적으로 대체할 자원에 불과했다고 주장했다. 그러면서 우드게이트는 리즈의 '위대한 희망'으로 떠올랐지만, 단 6개월 후에는 그마저도 자금 확보를 이유로 뉴캐슬로 팔렸다. 리즈에 우드게이트는 최후의 보루나 다름없었다. 심지어 리즈데일 회장은 우드게이트의 이적 가능성이 커지자 리버풀에 접근해 그 대신 당시 리즈에서 훌륭한 활약을 펼치던 해리 키웰을 이적시키려고 했었다. 그러나 리버풀이 여름 이적시장까지 영입을 보류하겠다고 밝히며 결국 우드게이트가 떠나야 했다.

베너블스 감독은 우드게이트마저 이적해서는 안 된다며 그가 팀을 떠나면 자신도 사임하겠다고 강경한 자세를 취했다. 그는 리즈데일 회장의 만류로 몇 개월 더 남았으나 결국 그마저도 어쩔 수 없이 구단을 떠났다. 리즈데일 회장이 우드게이트의 이적을 발표하는 공식 기자회견에 참석한 베너블스 감독은 화가 단단히 난 모습이었다. 리즈데일 회장은 이 자리에서 "우리가 앞서 지나친 투자를 했어야만 했을까? 아마도 그렇게 하지 말았어야 했을 것이다. 그러나 우리는 꿈 속에서 살 수 있었다"고 말했다. 리즈가 가장 큰 가치를 부여한 선수의 이적을 발표한 그 순간의 분위기는 마치 사망 선고를 연상케 했다. 이후 리즈는 프리미어리그에 한 시즌 더 머문 후 강등됐고, 아직도 돌아오지 못하고 있다. 그러나 당시 리즈가 보인 하락세의 또 다른 해석은 수비수가 차츰 상품화되고 있다는 점이기도 했다.

퍼디난드는 맨유로 이적한 후 유럽 최고의 수비수 중 한 명으로 거듭났다. 그가 3-5-2 포메이션에서만 활용돼야 하는 선수라는 편견은 더 이상 없었지만, 그는 여전히 정통파 스토퍼 옆에서 뛸 때 빼어난 활약을 펼쳤다. 잉글랜드 대표팀에서는 캠벨과 존 테리, 맨유에서는 특히 네마냐 비디치Nemanja Vidic가 퍼디난드와 훌륭한 조합을 이뤘다. 비디치Vidic와 퍼디난드는 프리미어리그 역사상 최고의 수비 조합으로 꼽힌다. 퍼디난드는 여전히 냉정하고, 평정심 있는 모습으로 볼을 쟁취했으며 섣불리 태클을 하지 않았다. 게다가 그는 주심과 충돌한 사례가 극히 드물었다. 훗날 그는 수비 수치고는 경고나 파울 횟수가 적은 선수로 역사에 남기도 했다. 한때 그는 프리미어리그에서 28경기 연속으로 경고를 받기는커녕 파울조차 범하지 않는 기록을 세웠다. 지미 플로이드 하셀바잉크Jimmy Floyd Hasselbaink는 프리미어리그에서 상대하기 가장 어려운 수비수로 마틴 키언과 퍼디난드를 꼽았다. 그러면서 하셀바잉크는 키언을 상대로는 거친 몸싸움 탓에 멍이 든 기억이 많다고 말하면서도 퍼디난드는 그의 존재조차 느끼지 못하는 사이에 나타나는 그로 인해 고전을 면치 못했다고 설명했다.

그러나 퍼디난드는 현역 시절 후반부터 스피드가 저하되며 문제를 노출하기 시작했는데, 이는 그가 영리함으로 경기를 풀어간 선수였다는 점을 고려할 때 의외인 게 사실이다. 퍼디난드는 맨유가 맨시티를 상대로 스릴러를 연상케 하는 4-3 승리를 거둔 2009년 9월 경기에서 부주의한 실수로 위기를 자초했다. 그는 하프라인 부근에서 불필요한 띄워주기 패스를 시도하다가 크레이그 벨라미Craig Bellamy에게 볼을 빼앗긴 후 실점을 헌납했다. 퍼디난드는 이 장면에서 스피드로 벨라미를 쫓지 못했다. 당시 프리미어리그에서 벨라미와의 속도전에서 이길 만한 중앙 수비수는 사실상 없었지만, 퍼디난드가 이 정도로 고전하는 모습을 보는 건 놀라웠다.

알렉스 퍼거슨 감독은 2011년 "리오(퍼디난드)는 우리 팀에 온 순간부터 꾸준히 뛰어났고, 정상급 수비수였다. 그는 여전히 볼을 다루는 데 있어서는 잉글랜드에서 최고의 선수 중 한 명이다. 그는 여전히 태클, 제공권, 존재감으로 실력을 발휘할 수 있다. 그러나 그가 몇 년 전까지 보유하고 있었던 빠른 스피드를 잃었다는 점이 예전과 비교해 가장 많이 변한 점이었다. 그래서 그는 자신의 성향에 약간 변화를 줄 필요가 있다. 그는 이제 거의 33세가 됐다. 선수가 30대에 접어들면 다른 방식으로 경기를 하는 데 적응해야 한다. 선수라면 누구나 예전에 하던 대로 똑같이 할 수 없다는 사실을 깨닫는 순간이 갑자기 온다. 그때가 바로 변화가 필요한 시점이다. 나 또한 현역 시절 날카로움을 잃었을 때 똑같이 변화를 줘야 했고, 이 팀에서 활약해온 수많은 선수들도 그랬다. 리오도 똑같이 그래야 할 것"이라고 말했다.

퍼거슨 감독은 맨유가 1-3으로 완패한 2011년 챔피언스리그 결승전에서 바르셀로나의 리오넬 메시를 상대로 퍼디난드와 비디치가 뒤로 물러서서 뒷공간을 막느라 앞으로 전진해 메시를 미리 막지 않았던 것에 격분했다. 물론 당시 펩 과르디올라Pep Guardiola 감독이 이끈 막강한 바르셀로나를 막는 확실한 해결책이란 없었지만, 퍼거슨 감독은 수비진의 스피드가 떨어지는 점이 심각한 문제라고 생각했다. 이로부터 몇 개월 후 퍼디난드는 우려스러울 정도로 부진한 모습을 보이며 팀이 뉴캐슬 원정에서 0-3으로 완패하는 빌미를 제공했다. 그는 현저히 떨어진 스피드 탓에 나머지 수비수들보다 훨씬 뒤처진 위치에 머무르며 발이 빠른 공격수를 상대로 고전을 면치 못했다. 이후 퍼디난드는 잉글랜드 대표팀에서도 단 한 경기에 더 출전하는 데 그쳤다. 물론 퍼디난드가 대표팀에서 제외된 건 절묘하게도 존 테리가 그의 친동생 안톤 퍼디난드Anton Ferdinand를 상대로 경기 도중 인종차별 행위를 했다는 의혹이 제기되며 잉글랜드 축구협회로부터 제명과 벌금 징계를 받은 사건과 맞물렸다. 이 때문에 그가 대표팀에 더는 발탁되지 못한 점을 실력만으로 연관 짓는 건 부당한 처사일 수도 있다. 게다가 퍼디난드는 2012-13시즌 부활에 성공하며 비디치보다는 조니 에반스Jonny Evans, 크리스 스몰링Chris Smalling과 같이 젊고 빠른 파트너와 조합을 이루며 빼어난 활약을 펼쳤다.

이런 상황에 도달하자 퍼디난드의 볼 다루는 솜씨는 더는 눈에 띌 만한 수준이 아니었다. 제이미 캐러거 또한 한때 "지난 10년간 리오 퍼디난드가 얼마나 우아한 패스를 구사하는 선수이며 후방에서 공격을 전개하는 능력이 뛰어난지를 수없이 들었다. 아무래도 그는 17세였을 때 멋진 50m 패스를 수없이 연결했던 모양이다. 왜냐하면 그 이후 그가 패스를 잘한다고 말할 만한 장면을 본 적이 없기 때문"이라고 불만을 표출하기도 했다. 그러나 이와 같은 현상은 시간이 갈수록 잉글랜드 축구계에서 중앙 수비수의 스타일이 그만큼 변했기 때문이기도 했다. 최근에 세계에서 가장 비싼 수비수가 된 주인공은 존 스톤스와 다비드 루이스David Luiz다. 두 선수는 모두 수비력이 약한 수비수다. 그러나 잉글랜드에서 최정상급 수비수가 평가받는 기준을 처음으로 바꾼 인물이 바로 퍼디난드였다. 이처럼 이제는 전천후 선수가 성장을 거듭하며 다양한 기술을 보유한 중앙 수비수로 정착하는 패턴이 주를 이루고 있다.

퍼디난드는 2014년 맨유를 떠난 후 현역 은퇴를 고려했으나 QPR에서 한 시즌간 더 활약했다. QPR은 그가 10세 때 축구를 배운 팀이기도 했다. 당시 QPR 사령탑은 퍼디난드를 웨스트햄에서 처음으로 지도한 해리 레드냅 감독이었다. 이어 그는 과거 퍼디난드의 첫 번째 잉글랜드 대표팀 감독이었던 호들을 QPR 1군 코치로 영입해 팀 훈련을 맡겼다. 또한 레드냅 감독은 퍼디난드를 스위퍼로 기용한 3-5-2 포메이션으로 시즌을 시작했다. 그러나 퍼디난드는 시즌 후반기에 아내 레베카가 사망하며 많은 경기를 소화하지 못했고, QPR은 결국 2부리그로 강등당했다. 한 달 뒤 퍼디난드는 조용히 현역 은퇴를 선언했고, 아내를 잃어 슬픔에 빠진 그의 은퇴는 많은 조명을 받지 못했다. 결국 퍼디난드는 그에 합당한 인정을 제대로 받지 못하고 선수 생활을 마감했다.

그러나 퍼디난드가 중앙 수비수에 대한 잉글랜드의 생각을 바꿔놓았다는 사실을 잊어서는 안 된다. 중앙 수비수는 더 이상 조용하고, 태클과 헤딩만 하는 선수가 아니었다. 중앙 수비수도 빠르고 영리하며 볼을 소유했을 때 여유 있는 움직임으로 잉글랜드에서 가장 높은 가치를 받는 선수가 될 수 있었다. 프리미어리그는 그동안 유입된 수많은 외국인 선수들로 대변되는 무대지만, 퍼디난드는 리그 역사상 가장 큰 영향력을 발휘한 잉글랜드인으로 꼽힌다.

마켈렐레 롤

"나는 아무것도 창조하지 않았다. 나는 그저 좀 더 완성도 높은 선수였을 뿐이다."

- 클로드 마켈렐레

2000년을 사이에 둔 7년간 프리미어리그를 주도한 건 아스널과 맨체스터 유나이티드였다. 두 팀 간 경쟁 구도는 프리미어리그 출범 후 가장 오랜 기간 이어진 라이벌 관계다. 매 시즌 우승 경쟁 또한 이 두 팀간 대결이었으며 프리미어리그는 양강 구도가 됐다. 두 팀의 라이벌 관계는 상당 부분은 적대감 그리고 서로를 약간은 존중하는 듯한 기미로 완벽한 조화를 이뤘다.

그러나 2003년 로만 아브라모비치Roman Abramovich가 첼시를 인수하며 상황이 변했다. 이전까지 중상위권에서 우승권 진입을 노리던 첼시는 아브라모비치의 재력 덕분에 적극적인 선수 영입을 하며 하루아침에 강력한 우승 후보로 떠올랐다. 아스널과 맨유는 이전까지 1, 2위를 벗어나지 않았으며 이 두 팀이 프리미어리그를 압도한 시절은 잉글랜드에서 가장 칭송받은 두 수비형 미드필더의 활약으로 대변된다.

아스널과 맨유의 라이벌 관계는 각각 양 팀 주장을 맡은 투쟁적이고, 신체적으로 강인한 파트리크 비에이라와 로이 킨이 잦은 충돌을 일으키며 더 가중됐다. 팀이 아닌 선수끼리 이 정도로 주목을 받는 라이벌 관계가 맺어진 건 이때가 처음이었다. 비에이라와 킨의 싸움은 전설 그 자체였으며 리그 선두 경쟁에도 큰 영향을 미쳤다. 더욱이 두 선수 모두 서로 맞대결을 펼치는 데 아무런 거리낌이 없었다. 아일랜드 출신 미드필더 킨은 비에이라를 자신이 '가장 좋아하는 적수'라고 부르며 "아스널은 나를 더 좋은 선수로 만들었다"고 말하기도 했다. 이 와중에 첼시는 두 선수와는 다른 유형의 수비형 미드필더 클로드 마켈렐레Claude Makelele를 영입했다. 훗날 마켈렐레는 프리미어리그 역사상 가장 칭송받는 수비형 미드필더가 됐고, 그것은 곧 그 포지션을 수행하는 선수의 변화를 상징하는 일이었다.

비에이라와 킨이 수차례 일으킨 충돌 중 가장 유명한 사건이 일어난 곳은 축구장이 아니었다. 두 선수가 2005년 2월 맨유가 아스널을 4-2로 꺾은 경기 시작 전 하이버리의 운동장과 드레싱룸을 연결하는 터널에서 다툼을 벌인 장면이 TV 중계 화면에 그대로 잡혔다. 이 때문에 정작 경기장 관중석을 메운 팬들은 이 광경을 볼 수 없었지만, 비에이라와 킨의 흥미진진한 충돌은 TV를 통해 잉글랜드 전역에 중계됐다. 이에 앞서 비에이라는 개리 네빌과 설전을 벌였다. 이후 네빌은 이를 주장 킨에게 알렸다. 그러자 킨은 비에이라가 자신이 아닌 네빌에게 시비를 걸었다며 격분했고, 하이버리 터널 안에서 비에이라를 향해 돌진했다. 그러면서 그는 비에이라가 사람들의 생각과는 달리 '착한 남자nice guy'가 아니라는 다소 이상한 불만을 드러냈다. 이처럼 두 선수의 말싸움은 대부분 우스울 정도로 유치했다. 킨이 비에이라에게 왜 그가 세네갈을 조국이라고 여긴다면서도 프랑스 대표팀에서 뛰냐고 따지자 비에이라는 킨에게 2002 한일 월드컵을 사실상 파업하지 않았느냐며 응수했다. 훗날 킨은 비에이라와의 충돌을 떠올리며 "성인이 된 남자끼리 벌인 멍청한 싸움"이었다고 회상했다.

그렇게 이미 두 선수 간 라이벌 관계는 세간의 관심을 받고 있었다. 언론은 아스널과 맨유가 아닌 비에이라와 킨의 라이벌 관계에 주목했다. 그러면서 2005년 2월 경기에서 킨이 경기 전부터 비에이라와 벌인 신경전이 이날 맨유가 승리하는 데 결정적인 역할을 했다는 보도도 나왔다. 그러나 정작 이날 경기에서 비에이라가 선제골을 터뜨리며 아스널이 전반전을 압도한 채 2-1로 하프타임을 맞은 점을 고려할 때 이러한 보도의 설득력은 떨어진다고 볼 수 있다. 만약 두 선수의 경기 전 충돌이 경기에 영향을 미쳤다면, 그 효과는 60분 이후에나 드러나기 시작했다. 이날 경기에 대해 진실을 말하자면 맨유가 기술적으로나 전술적으로 아스널을 능가하는 모습을 보여줬다.

이 시점의 비에이라와 킨은 모두 전성기를 지나 황혼기에 접어든 상태였다. 실제로 이날 경기는 두 선수가 벌인 마지막 맞대결이기도 했다. 아스널은 그해 여름 비에이라를 이적시켰고, 킨 또한 이로부터 몇 달 지나지 않아 맨유에서 방출됐다. 두 선수가 각자 팀을 떠난 이유도 비슷했다. 비에이라와 킨 모두 포지션은 수비형 미드필더였지만, 두 선수 모두 전성기 때는 실질적으로 수비형 미드필더와 박스-투-박스 미드필더의 역할이 혼합된 듯한 활약을 펼쳤으며 자신보다 더 수비적인 팀 동료와 조합을 이루면서 더 자유롭게 공격할 수 있는 포지션을 선호했다. 비에이라는 엠마누엘 프티Emmanuel Petit와 조합을 형성한 1997년부터 2000년까지 그리고 지우베르투 실바와 호흡을 맞춘 2002년부터 2005년까지 최고의 활약을 펼쳤다. 또한 그는 이 사이에 발생한 2년의 공백기간 동안에는 공격적인 성향을 지닌 에두나 레이 팔러보다는 기술은 제한적이었으나 확실한 미드필더 역할을 맡은 질레스 그리망디Gilles Grimandi와 함께 뛸 때 더 좋은 경기력을 선보였다. 킨은 스스로 폴 인스를 자신이 맨유에서 활약하며 호흡을 맞춘 최고의 미드필더 파트너로 지목했다. 그는 인스가 떠난 후에도 알렉스 퍼거슨 감독이 창조적인 미드필더 폴 스콜스가 아닌 니키 버트를 옆에 배치해줬을 때 더 빼어난 활약을 펼쳤다. 실제로 킨이 맹활약한 1999년 유벤투스와의 경기에서도 그는 버트와 미드필드 조합을 형성하며 맨유에 3-2 승리를 안겼다.

시간이 지나며 비에이라와 킨은 신체적 능력이 감퇴하기 시작했다. 그런데도 두 선수 모두 순수 수비형 미드필더로 보직을 변경하지는 못했다. 이후 아르센 벵거 감독은 2005년 여름 공격적인 성향을 바탕으로 가능성을 보여준 미드필더 한 명을 찾은 후 비에이라를 유벤투스로 이적시켰다. 벵거 감독은 "세스크 파브레가스Cesc Fabregas를 4-4-2 포메이션에서 비에이라와 함께 중용했으나 이 실험은 효과를 내지 못했다. 지우베르투와 비에이라의 호흡은 좋았고, 지우베르투와 파브레가스의 호흡도 좋았다. 그래서 비에이라를 내보내기로 했다. 그와 파브레가스를 동시에 기용하는 게 어렵다고 판단했기 때문"이라고 밝혔다. 아스널의 미래로 떠오른 파브레가스에게는 수비적인 기여를 더 해줄 수비형 미드필더가 필요했고, 비에이라는 이 역할을 해줄 만한 적임자가 아니었다.

이와 비슷하게 퍼거슨 감독 또한 자신과 킨 사이의 불화가 그에게 더 제한적인 역할을 맡아달라는 주문을 한 데서 비롯됐다고 믿었다. 퍼거슨 감독은 "우리는 킨의 역할을 바꾸려고 했다. 이 결정은 킨이 부상과 노쇠화가 겹치며 예전부터 보여준 장점 중 상당 부분을 잃었다는 확신이 있었기 때문이다. 그래서 그의 활동량과 전방 침투를 줄이며 역할에 변화를 줬다. 우리가 제시한 해결책은 킨이 중앙 미드필드 위치에 머무르며 그 자리에서 경기를 주도해주는 것이었다. 나는 킨이 마음 깊은 곳에서는 자신도 이를 잘 이해했다고 믿는다. 그러나 그는 자신이 예전부터 해온 역동성을 기반으로 한 역할을 포기하지 못했다"고 말했다. 킨도 공개적으로는 활동량을 줄이는 건 자신에게 안도감을 줄 만한 전술적 결정이라고 밝혔지만, 퍼거슨 감독의 말대로 킨의 말과 실질적인 경기력 사이에는 차이가 있었던 게 사실이다.

프리미어리그에서도 감독들이 서서히 중앙 미드필더 세 명을 배치하기 시작하며 최전방 공격수는 한 명으로 줄었고, 그러자 가장 후진 배치되는 미드필더의 역할도 자연스럽게 변했다. 그러면서 가장 후방에 배치되는 미드필더의 활동 구역에도 변화가 생겼다. 이 시점부터 더 많은 감독들은 수비진 앞 공간을 벗어나지 않는 홀딩 미드필더를 원했다. 이에 킨은 자서전을 통해 "나는 절대 클로드 마켈렐레처럼 한 자리에만 머무르는 정통파 수비형 미드필더가 되지 않았을 것"이라며 특유의 자존심을 내비쳤다. 비에이라 역시 팀 동료 지우베르투를 가리키며 "그는 마켈렐레와 같은 홀딩 미드필더였다. 이 덕분에 나는 더 앞으로 전진할 수 있었다"고 말했다. 비에이라와 킨은 마켈렐레처럼 수비적인 미드필더가 아니었다.

그러나 '수비형 미드필더'라는 단순한 이름으로 마켈렐레의 역할을 평가하는 건 부당한 처사다. 실제로 그는 '홀딩 미드필더'나 '주저앉은 미드필더sitting midfielder' 또는 '스크리닝 미드필더screening midfielder' 역할을 맡았다는 평가를 받는데, 이는 모두 그의 역할이 정확한 위치 선정을 통해 수비진을 보호해주는 포지션을 일컫는 용어다. 그러나 훗날 그의 역할은 말 그대로 '마켈렐레 롤The Makelele Role'로 불리게 됐다. 마켈렐레 그 자체가 포지션의 명칭이 되어버린 셈이다. 이는 선수에게 내려질 수 있는 극히 드문 영광이다. 더 놀라운 점은 마켈렐레가 중앙 미드필더 세 명이나 다이아몬드 구성 중 한 명으로 출전해 홀로 수비형 미드필더 자리를 소화하며 맡은 이 '마켈렐레 롤'을 소화하기 시작한 시점이 그가 프로 데뷔한 한참 후였다는 사실이다. 수비형 미드필더 역할은 그에게 자연스럽게 찾아온 게 아니었다. 그러나 그는 팀을 위해 희생한다는 생각으로 현역 시절 후반기부터 수비 위치로 더 깊숙하게 내려가기 시작했다. 비에이라와 킨이 하지 못한 역할 변경을 마켈렐레는 훌륭하게 해낸 셈이다.

▼▼▼

낭트에서 데뷔한 마켈렐레는 1995년 프랑스 리그 1 우승을 차지했다. 윙어로 활약한 그는 태클을 걸어오는 상대 수비수를 피해 드리블 돌파를 하는 데 탁월한 능력을 자랑했고, 시간이 지난 후 다이아몬드형 미드필드에서 오른쪽 중앙 미드필더로 활약하며 부지런하게 움직이는 역할을 맡았다. 당시 마켈렐레의 역할은 훗날 첼시에서 활약한 하미레스Ramires를 연상케 할 정도로 힘을 중시했으나 그때만 해도 그는 규율이 잡힌 위치 선정을 바탕으로 한 수비형 미드필더는 아니었다. 마켈렐레는 이 자리에서 폭발적인 득점력을 자랑하지는 않았지만, 169경기에서 9골을 터뜨렸다. 그가 기록한 득점 중 대다수는 각도가 나오지 않는 애매한 위치에서 터진 강력한 슛이 만들어낸 골이었다. 그러나 오른쪽 측면 수비수 크리스티앙 카랑뵈Christian Karembeu의 공격 가담 빈도가 높아지며 마켈렐레는 후진하면서 수비 진영의 빈자리를 메우는 방법을 터득해야 했다.

마켈렐레는 마르세유에서도 한 시즌간 비슷한 역할을 소화한 후 1998년 셀타 비고로 이적하며 스페인 무대에 진출했다. 셀타 비고에서 그는 중앙 미드필더로 활약하며 브라질의 월드컵 우승을 이끈 마지뉴Mazinho와 미드필드 조합을 이뤘다. 마켈렐레는 마지뉴의 위치 선정이 워낙 탁월했던 덕분에 더 전진할 수 있었다. 그러나 이와 동시에 그는 마지뉴로부터 홀딩 미드필더 역할을 배우기도 했다. 마켈렐레는 시간이 지난 후 "새로운 역할의 활로를 열어준 건 마지뉴였다. 나는 몇 시간 동안 마지뉴와 훈련했다. 그는 내게 어느 위치에 서 있어야 하고, 언제 원터치로 패스를 연결할지, 투터치로 연결할지를 알려줬다"고 밝혔다.

그러나 이때 마지뉴는 이미 황혼기에 접어든 선수였던 탓에 마켈렐레는 셀타 비고에서 활약한 두 번째 시즌부터는 알베르트 셀라데스Albert Celades와 조합을 이룰 때가 더 많았다. 당시 셀타는 UEFA컵에서 몇 차례 놀라운 경기력을 보여줬다. 셀타는 벤피카를 7-0으로 대파했고, 유벤투스까지 4-0으로 꺾었다. 더 인상적인 점은 셀타가 꺾은 벤피카와 유벤투스가 각각 챔피언스리그 우승 경험을 보유한 유프 하인케스Jupp Heynckes 감독과 마르첼로 리피 감독이 이끈 팀이었다는 사실이다. 마켈렐레는 이 두 경기에서 나란히 득점을 기록했는데, 특히 유벤투스전에서는 경기 시작 27초 만에 골망을 흔들었다. 이처럼 그는 이때까지만 해도 정통파 홀딩 미드필더가 아니었다.

레알 마드리드는 2000년 페르난도 레돈도Fernando Redondo를 이적시키는 놀라운 결정을 내렸다. 빼어난 수비형 미드필더였던 레돈도는 AC 밀란으로 이적했고, 레알은 그의 대체 자원으로 셀타 미드필드 조합을 이룬 마켈렐레와 셀라데스를 동시에 영입했다. 아울러 레알은 데포르티보 미드필더 플라비우 콘세이상Flavio Conceicao까지 영입했다. 그러나 이후 3년간 레알에서 맹활약을 펼치며 팀의 가장 중요한 선수가 된 주인공은 마켈렐레였다. 당시 지네딘 지단, 루이스 피구Luis Figo, 호나우두, 라울Raul로 이어지는 갈락티코 정책을 편 레알에서 가장 전술적으로 중요한 역할을 맡은 선수가 다름 아닌 수비형 미드필더 마켈렐레였다. 당시 레알을 이끈 비센테 델 보스케Vicente del Bosque 감독은 마켈렐레를 두고 '첫 번째 수비수와 첫 번째 공격형 미드필더' 역할을 동시에 소화할 완벽한 능력을 보유하고 있다며 찬사를 보냈다.

그러나 널리 알려진 것과 달리 마켈렐레는 혼자서 수비형 미드필더 역할을 하지 않았다. 한때 레알이 경기 도중 7명이 공격에 가담하려고 전방으로 전진하는 사이 마켈렐레 혼자 중앙 수비수 두 명 앞에서 위치를 지키는 사진이 돌며 화제가 되기도 했지만, 이는 편집된 허위 자료로 판명이 났다. 실제로 레알 미드필더 중 마켈렐레밖에 수비할 선수가 없었다는 건 전혀 사실이 아니다. 그는 레알로 이적한 후 라 리가에서 출전한 95경기 중 76경기에 이반 엘게라Ivan Helguera(36경기), 콘세이상(19경기), 에스테반 캄비아소Esteban Cambiasso(12경기), 셀라데스Celades(7경기), 또는 페르난도 이에로(2경기)와 미드필드 조합을 이뤘다. 즉 마켈렐레가 라리가에서 혼자 수비형 미드필더 역할을 한 횟수는 단 17경기밖에 안 된다. 레알은 마켈렐레 한 명만 수비형 미드필더로 나선 경기에서 대개 약팀을 상대했고, 그의 파트너로는 창조적 미드필더인 구티 또는 스티브 맥마나만을 출전시켰다.

마켈렐레가 엘게라를 레알에서 함께 뛴 선수 중 가장 좋아하는 동료로 지목한 점도 눈에 띈다. 전형적인 수비형 미드필더였던 엘게라는 가끔 중앙 수비수로 기용되기까지 했다. 마켈렐레는 "엘게라는 경기 도중 내가 어디로 움직일지 알고 있었고, 나 또한 언제 그가 전진해서 골을 넣으려고 하는지를 알았다. 우리는 서로 얘기할 필요조차 없었다. 쳐다보기만 해도 서로가 무엇을 하려고 하는지 파악할 수 있었다"고 말했다. 이처럼 마켈렐레는 자신과 비슷한 유형의 선수와 미드필드에서 호흡을 맞추는 일을 즐겼다. 그러나 그는 갈수록 더 깊숙한 위치로 내려가 수비진 앞에 배치됐다. 때로 마켈렐레는 왼쪽 측면 미드필더 역할에 더 익숙한 산티 솔라리Santi Solari와 중앙 조합을 이뤘다. 솔라리는 왼쪽 측면 수비수 호베르투 카를로스가 공격에 가담할 때 그의 자리를 메우는 역할을 맡았고, 이때마다 마켈렐레는 혼자 중앙 지역을 책임져야 했다. 그러나 이때까지만 해도 마켈렐레는 아직 자신만의 역할을 완벽히 연마하지 못한 상태였다.

레알이 슈퍼스타급 선수를 영입하는 데 지나치게 집착하며 결국 마켈렐레는 2003년 첼시로 이적했다. 마켈렐레는 일부 선수들이 자신과 포지션이 다른 더 화려한 역할을 맡는다는 이유로 더 많은 주급을 받는 데 불만을 내비쳤지만, 플로렌티노 페레스Florentino Perez 레알 회장은 그를 붙잡을 생각이 없었다. 심지어 페레스 회장은 마켈렐레를 떠나보낸 후 현지 언론을 통해 "우리는 그를 그리워하지 않을 것이다. 그의 기술은 평균적인 수준이다. 그는 빠르지 않은 데다 상대 선수를 제치는 능력이 부족하고, 그의 패스 중 90%는 옆이나 뒤로 간다. 그는 헤딩을 하지 못했으며 3m 이상 패스를 구사하지 못했다"며 3년간 팀의 핵심으로 활약한 선수를 폄하했다. 그러나 문제가 된 페레스 감독의 이 발언은 그가 마켈렐레가 보유한 능력이 아닌 그가 팀을 위해 희생했던 탓에 맡을 수밖에 없었던 역할을 간과한 데서 나왔던 발언이었다. 실제로 낭트에서 마켈렐레가 펼친 활약을 본 이들은 그의 능력을 이미 잘 알고 있었다. 게다가 레알에서 마켈렐레와 활약한 팀 동료들조차 구단이 그를 내보내고 데이비드 베컴을 영입한 데 의아함을 드러냈다. 지단은 "왜 엔진을 잃은 벤틀리에 금색 페인트를 칠하는가?"라며 마켈렐레의 빈자리에 대해 우려를 나타냈다.

레알은 마켈렐레가 팀에서 활약한 마지막 시즌에 라리가 우승을 차지했지만, 그가 떠난 후 4위로 추락했다. 레알의 가장 큰 문제는 2002-03시즌 전까지는 마켈렐레와 함께 플라비우 콘세이상, 캄비아소 등으로 수비형 미드필더를 두 명씩 배치한 팀이 그가 떠난 2003-04시즌에는 베컴과 구티가 중앙 미드필더 조합을 이루며 정통파 수비형 미드필더가 아예 없이 경기를 치렀다는 데서 비롯됐다. 만약 레알이 캄비아소의 능력만 알아봤더라도 문제가 이처럼 심각해지지는 않았을 것이다. 레알은 마켈렐레가 떠난 후 2004년에는 비에이라, 2005년에는 킨 영입을 추진했을 정도로 미드필더 보강이 필요했다. 결국 마켈렐레 대체에 실패한 레알은 투쟁적이면서도 힘이 넘치는 미드필더 영입이 지나치게 절실해진 나머지 에버턴 미드필더 토마스 그라베센Thomas Gravesen을 영입하기에 이르렀다. 레알의 그라베센 영입이 의심스러웠던 이유는 크게 두 가지로 나뉜다. 첫째는 그라베센이 레알에서 뛰기에는 능력이 현저히 부족했다는 점이다. 그리고 둘째는 그가 홀딩 미드필더가 아니었으며 더 전진된 위치에서 뛰는 데 익숙했던 선수라는 사실이다. 레알 이적 후 갑작스럽게 후방 미드필더로 배치된 그라베센은 "에버턴에서와는 완전히 다른 역할을 맡게 됐다. 에버턴에서 리 카슬리Lee Carsley가 선 자리에 레알에서는 내가 서게 됐다"고 말했다. 어쩌면 레알이 에버턴의 두 대머리 미드필더를 착각했을지도 모르겠다는 의심이 들 정도였다.

레알의 실은 첼시의 득이 됐다. 그러나 첼시로 이적한 마켈렐레는 이미 30세였다. 그는 프로 데뷔 후 1부리그에서 무려 11시즌을 소화한 베테랑 미드필더로 첼시에 합류했다. 그동안 그는 힘을 바탕으로 많이 뛰는 미드필더로 명성을 떨쳤다. 그러나 30대에 접어든 그는 첼시로 이적하며 더 명확하고, 단단하면서도 수비적인 미드필더 역할을 하는 데 집중해야 했다. 아브라모비치 회장은 구단 인수 후 맞은 첫 번째 여름 이적시장에서 공격형 미드필더 데이미언 더프, 조 콜Joe Cole 그리고 후안 세바스티안 베론, 공격수 아드리안 무투와 에르난 크레스포Hernan Crespo를 한꺼번에 영입했다. 첼시가 영입한 선수 중에는 글렌 존슨Glen Johnson, 제레미Jeremi, 웨인 브리지Wayne Bridge처럼 수비수도 있었지만, 홀딩 미드필더는 없었다. 이를 두고 브라이언 클러프는 명쾌한 설명을 내놓았다. 그는 "볼은커녕 저녁 식사도 태클하지 못할 수많은 선수를 지나치게 비싸게 영입한 이 팀에서 모두가 전진만 하려고 할 때 누가 궂은일을 맡고 팀을 이끌어줄지 정말 궁금하다. 베론, 조 콜, 더프는 절대 궂은일을 할 만한 선수들이 아니다"라고 말했다.

물론 클러프의 이 발언은 마켈렐레 영입이 발표되기 전에 나왔다. 마켈렐레는 첼시로 이적하며 팀이 직면한 문제를 하루아침에 해결해줬다. 클라우디오 라니에리 첼시 감독은 "내게는 훌륭한 시계가 있고, 클로드(마켈렐레)는 내 건전지가 돼줄 것"이라고 말하면서도 마켈렐레에 대해 "그는 세계 최고의 플레이메이커 중 한 명"이라고 설명했다. 즉 처음에는 라니에리 감독 또한 마켈렐레는 순수 수비형 미드필더로 여기지 않은 셈이다.

첼시는 마켈렐레가 처음으로 프리미어리그에서 선발 출장한 울버햄프턴 원정에서 5-0으로 승리했다. 마켈렐레는 프랑크 램파드와 미드필드 조합을 이뤘고, 양 측면에는 에스퍼 그론캬르Jesper Gronkjar와 데이미언 더프가 배치됐다. 그러면서 마켈렐레는 자연스럽게 수비적인 위치 선정을 해야 했다. 이후 첼시는 가까스로 2-1로 이긴 미들즈브러전에서도 똑같은 4인 미드필드를 구성했는데, 당시 일부 언론은 이 포메이션을 마켈렐레가 수비진 앞에 배치되며 램파드의 전진을 가능케 한 4-1-1-2-2로 설명하기도 했다. 그러나 마켈렐레는 미드필더 네 명이 일자로 서는 진용에 적응하는 데 어려움을 겪었고, 그러자 램파드도 중원에서 버거움을 느꼈다. 마켈렐레는 라니에리 감독이 다이아몬드형 미드필드를 구축할 때 수비진 앞에서 제 몫을 하며 램파드의 파트너로 더 적합한 활약을 펼쳤다. 첼시가 2004년 1월 영입한 찰턴의 투쟁적인 미드필더 스콧 파커Scott Parker는 다이아몬드형 미드필드의 오른쪽 자리를 맡으며 마켈렐레, 램파드와 효과적인 3인 중앙 미드필드를 형성했다. 이러한 비대칭 포메이션은 훨씬 더 효과적인 경기력으로 이어졌고, 마켈렐레 또한 후방 깊숙한 위치에서 활동하게 됐다.

1년 후 라니에리 감독을 대체한 조세 무리뉴Jose Mourinho 감독은 휴가 중인 마켈렐레에게 전화를 걸어 자신이 구상하는 팀 계획에서 그의 비중이 얼마나 큰지를 설명해줬다. 이어 무리뉴 감독은 첼시에서 과거 포르투에서 활약한 두 가지 전술을 주로 활용했다. 그는 다이아몬드형 미드필드, 또는 4-3-3 포메이션을 가동했다. 두 전술 모두 전형적인 홀딩 미드필더를 필요로 했다. 실제로 시즌이 시작되자 첼시의 상대 팀은 마켈렐레의 위치 선정에 대응하는 방법을 찾아내지 못하며 어려움을 겪었다. 첼시의 전진 배치된 미드필더에게 공간을 허용하지 않고 마켈렐레를 막을 방법이 없었기 때문이다. 이처럼 마켈렐레는 개인 기량보다는 위치 선정 덕분에 팀의 핵심 선수로 발돋움했다.

마켈렐레는 프리미어리그에서 출전한 144경기에서 단 두 골을 넣는 데 그쳤다. 이 중 한 골은 자신이 직접 찬 페널티킥이 상대 골키퍼의 선방에 막히자 리바운드를 득점으로 연결한 것이었다. 또한 마켈렐레는 도움도 단 네 개만 기록했다. 그러나 그가 팀 공격의 물꼬를 터주는 역할을 하는 데 핵심적인 역할을 했다는 사실은 절대 부인할 수 없다. 마켈렐레는 레알에서 순수 수비형 미드필더 역할을 소화하며 미드필드로 침투하는 상대 선수를 막고, 수비진을 보호하는 역할을 했다. 그러나 팀 성향 자체가 수비적이었던 첼시는 볼보다 뒤에서 촘촘한 진영을 유지해 마켈렐레의 역할도 달라졌다. 이에 따라 마켈렐레는 첼시가 볼을 소유하고 있을 때 더 중요한 역할을 맡았다. 물론 이는 그가 화려하지 않은 데다 보수적인 패스를 구사한다는 점을 고려할 때 의외의 현상이기도 했다. 그러나 마켈렐레는 공격 진영으로 드리블 돌파를 하거나 롱패스, 킬러패스를 시도하지 않았다. 그는 단순하게 자기 자리를 지키면서 빗자루처럼 수비 진영을 쓸어주는 역할을 했고, 횡패스로 공간을 활용했다. 무리뉴 감독은 이러한 마켈렐레의 성향이 팀에 매우 중요한 부분을 차지했다고 말했다.

무리뉴 감독은 "삼각형 형태의 미드필드를 세운다면 마켈렐레를 두 미드필더 뒤에 배치하겠다. 그렇게 하면 우리 팀은 4-4-2 포메이션을 쓰는 팀을 상대로 항상 중앙에서 수적 우위를 점할 수 있을 것이다. 이는 마켈렐레가 수비와 미드필드 사이에 배치되기 때문에 가능한 상황이다. 만약 누구도 마켈렐레의 영역으로 들어오지 않는다면 그는 시간을 두고 더 여유 있게 경기의 흐름을 읽을 수 있다. 만약 상대 선수가 그를 압박하면 우리 팀의 나머지 중앙 미드필더 두 명 중 한 명이 자유로워진다. 상대가 양 측면 공격수를 안쪽으로 들어오게 해 우리 팀의 중앙 미드필더까지 압박하면 우리는 측면에 생기는 공간을 활용할 수 있다. 그렇다면 우리 팀 측면 공격수나 수비수가 그 공간을 활용하면 된다. 기본적인 4-4-2 포메이션으로 우리 팀한테 할 수 있는 건 아무것도 없다"며 자신감을 내비쳤다. 무리뉴 감독의 말만큼이나 마켈렐레의 존재만으로 첼시는 단순하면서도 효과적인 경기를 할 수 있었다. 마켈렐레 그 자신보다는 그의 역할만으로 팀이 완성도가 한층 높아진 셈이다.

그러나 마켈렐레는 과거 공격형 미드필더로 활약하며 장착한 기술적인 능력이 자신을 다른 유형의 후방 미드필더로 만들어줬다고 말했다. 그는 "과거 측면 공격수로 뛰면서 무엇이 공격수의 자신감을 올려주는지를 알게 됐다"고 밝혔다. 그러면서 마켈렐레는 자기 자신과 과거 홀딩 미드필더의 가장 큰 차이점은 볼을 소유했을 때 보이는 능력의 수준이라고 설명했다. 그는 "사람들은 '마켈렐레 롤'을 논하며 현대 축구에서 볼을 쟁취하는 선수를 떠올린다. 그러나 사실 나는 아무것도 창조하지 않았다. 다만 어쩌면 내가 그저 1980년대와 1990년대 활약한 수비형 미드필더인 루이스 페르난데스Luis Fernández, 프랑크 소제Franck Sauzée 또는 디디에 데샹보다 기술적으로, 전술적으로 더 뛰어났을 뿐일지도 모른다. 나는 그들과 근본적으로 다른 선수가 아니었다. 나는 그저 더 완성도 높은 축구 선수였을 뿐이다. 오히려 나는 선수가 아니라 축구 자체가 바뀌었다고 생각한다. 어느 포지션이든 정상급 선수가 되려면 이제는 볼을 소유하고 정확한 패스를 연결해 팀의 모든 움직임에 도움을 줄 수 있어야 한다. 이제는 그저 제공권이 강력하거나 태클만 잘한다고 해서 정상급 미드필더가 될 수 없다. 이제는 모든 선수가 다재다능한 선수가 돼야 한다"고 말했다.

많은 이가 여전히 마켈렐레를 다재다능형 선수의 정반대로 여기는 점을 고려할 때, 그의 발언은 매우 흥미롭다. AC 밀란의 전설적인 사령탑 아리고 사키 감독은 다양한 기술을 보유한 선수를 수없이 탄생시킨 인물인데, 그 또한 마켈렐레를 그런 선수들의 정반대라고 설명했다. 사키 감독은 "내 축구에서 플레이메이커는 볼을 가진 선수였다. 그러나 마켈렐레는 그런 역할을 할 수 없다. 그에게는 그런 역할을 하는 데 필요한 생각하는 능력이 없다. 물론 그는 볼을 쟁취하는 데는 훌륭한 능력을 보유하고 있다. 이제는 선수들이 전문적인 능력 몇 가지에만 집중하는 것 같다"고 말했다. 사키 감독은 마켈렐레가 맡은 역할을 크게 저평가하고 있었다. 마켈렐레는 안드레아 피를로Andrea Pirlo나 사비 알론소Xabier Alonso처럼 대각선으로 긴 패스를 연결해 공격의 활로를 뚫는 역할을 하지는 않았지만, 그는 상대 미드필드와 공격진 사이에서 활동하며 날카로우면서도 효율적인 짧은 패스로 공격수에게 볼을 배급하면서 경기를 풀어갔다.

상대 미드필드와 공격진 사이에서 활동한 마켈렐레는 수비형 미드필더의 역할을 과거 에릭 칸토나가 상대 미드필드와 수비진 사이에서 활동하며 최전방 공격수의 역할을 바꿔놓은 방식과 비슷한 혁신을 일으켰다. 물론 두 선수의 기술적 수준에는 큰 차이가 존재한다. 그러나 첼시를 상대하는 팀은 이러한 위치에 서 있던 마켈렐레를 상대할 대응책을 찾아야 했다. 대개 수비형 미드필더는 상대의 공격형 미드필더를 막는다. 그러나 마켈렐레의 영향력이 워낙 커진 나머지 첼시를 상대하는 감독들은 공격형 미드필더에게 수비형 미드필더인 그를 전담 마크하라고 지시해야 했다.

가장 대표적인 예는 2006년 3월 풀럼과 첼시의 경기였다. 크리스 콜먼Chris Coleman 풀럼 감독은 완벽한 선수 배치로 이날 첼시를 1-0으로 꺾었는데, 당시 플레이메이커 스티드 말브랑크Steed Malbranque는 다이아몬드형 미드필드의 꼭짓점에 배치된 공격형 미드필더로 활약하면서도 마켈렐레를 막는 역할을 맡았다. 콜먼 감독은 "매번 첼시를 상대하거나 그들의 경기를 볼 때마다 모든 공격이 마켈렐레를 거친다는 사실을 파악했다. 우리는 말브랑크에게 마켈렐레가 볼을 잡기 좋아하는 위치를 설명해줬다. 그러면서 그에게 볼을 소유하지 않았을 때는 항상 마켈렐레에게 붙어 있어야 한다고 지시했다. 우리는 (첼시 골키퍼) 페트르 체흐Petr Cech가 짧은 패스보다는 길게 공을 차주기를 원했다. 이러한 우리의 작전은 매우 효과적이었다"고 설명했다.

풀럼은 루이스 보아 모르테Luis Boa Morte가 선제골을 터뜨리며 일찌감치 앞서갔다. 풀럼이 첼시를 워낙 압도한 나머지 무리뉴 감독은 경기 시작 25분 만에 두 선수를 교체했다. 이는 프리미어리그 출범 후 가장 이른 시간에 나온 두 선수 교체 기록이기도 했다. 무리뉴 감독은 측면 공격수 조 콜과 숀 라이트 필립스Shaun Wright Phillips를 제외하고 데이미언 더프와 디디에 드록바Didier Drogba를 투입해 풀럼을 상대했다. 콜먼 감독은 "조세(무리뉴)는 4-3-3 포메이션으로 경기를 시작했으나 매우 이른 시점에 이를 변경했다. 그는 드록바를 투입하며 크레스포를 지원했고, 더프를 투입해 우리 미드필더들과 허리 싸움을 붙였다. 이는 우리의 전술에 대한 칭찬이었다. 첼시와 달리 우리는 전술적으로 경기를 잘 풀어가고 있었기 때문에 변화를 줄 필요가 없었다"고 말했다. 이어 첼시는 후반전 들어 포메이션을 3-5-2로 변경하며 반격을 노렸다. 이처럼 무리뉴 감독이 극단적인 전술 변화를 줘야 했던 이유는 전적으로 풀럼이 마켈렐레를 봉쇄했기 때문이었다.

경기가 끝나고 화제가 된 건 이날 풀럼의 홈구장 크레이븐 코티지 관중석에서 양 팀 팬들이 충돌하며 물의를 일으킨 장면이었다. 그러나 이 그림자에 가린 건 풀럼이 1979년 이후 처음으로 지역 라이벌 첼시를 꺾으며 기념비적인 승리를 거뒀다는 사실이다. 특히 이날 공격 자원의 위치에 선 스티드 말브랑크Steed Malbranque가 수비적인 역할을 맡으며 수비형 미드필더 마켈렐레를 전담 마크해 팀 승리에 보탬이 된 점은 모든 선수가 다양한 역할을 소화할 수 있는 능력을 길러야 할 필요성이 다시 한 번 강조된 계기이기도 하다.

과거 칸토나가 명성을 떨치며 그와 비슷한 선수를 중용하려 한 팀들이 늘어났듯 마켈렐레 효과를 확인한 팀들도 비슷한 변화를 시도했다. 그러나 마켈렐레는 특유의 위치 선정 덕분에 볼을 소유했을 때 큰 시간적 여유를 두고 플레이할 수 있었다. 이 때문에 타 팀들은 공격형 미드필더를 후진 배치해 마켈렐레 역할을 맡겼다. 실제로 2000년대 후반 프리미어리그의 '빅 4'로 꼽힌 네 팀은 모두 비슷한 시기에 젊은 공격형 미드필더를 영입해 그들을 수비형 미드필더로 변신시켰다.

가장 대표적인 예는 루카스 레이바Lucas Leiva를 영입한 리버풀이다. 루카스는 브라질 명문 그레미우에서 리버풀로 이적한 2007년까지 득점력을 보유한 전천후 미드필더로 평가받았다. 그는 브라질 리그에서 매 시즌 최우수 선수에게 주어지는 볼라 데 오우로Bola de Ouro의 최연소 수상자가 됐으며 남미 20세 이하 선수권 대회에서 9경기 4골을 기록하며 브라질을 우승으로 이끌었다. 라파엘 베니테즈 리버풀 감독은 "루카스는 홀딩 미드필더로 뛸 수 있지만, 박스-투-박스 미드필더 역할도 소화하는 선수다. 이 때문에 나는 그가 앞으로 리버풀에서 골을 넣어줄 것으로 기대한다"고 말했다. 그러나 이후 루카스는 프리미어리그에서 200경기 이상 출전하면서도 단 한 골을 넣는 데 그쳤을 정도로 수비적인 역할을 맡았다.

남미 축구는 늦은 템포로 진행된다. 이 때문에 루카스는 리버풀 이적 후 프리미어리그에서 공격형 미드필더로 활약하기에는 스피드가 부족한 약점을 드러냈다. 그는 "수비적인 역할을 맡은 이유는 내가 스스로 더 편안하게 활약하기 위해서였다. 내 성향을 볼 때 프리미어리그에서 적합한 활약을 펼치려면 이러한 변화가 필요했다. 당연히 공격 진영과 더 가까운 위치에서 뛰는 게 더 멋진 일이지만, 팀을 위해서는 내가 수비적인 역할을 맡는 게 낫다"고 말했다. 그러나 이후 루카스는 수년간 볼을 소유했을 때 더 공격적인 성향을 보이지 않는다는 이유로 거센 비판을 받았다. 게다가 그는 원래 공격 성향이 강한 선수였던 만큼 패스를 받은 공간을 찾는 데 탁월한 능력을 보여줬지만, 홀딩 미드필더로 변신하며 과거에 보유했던 창조성의 상당 부분을 잃은 것 또한 사실이다.

아스널과 맨유도 비슷한 시행착오를 겪었다. 두 팀 모두 2005년 남미 17세 이하 선수권 대회 브라질 우승을 이끌고, 같은 해 17세 이하 월드컵 우승을 차지한 선수를 영입했다. 아스널은 당시 브라질 주장 데닐손Denilson을 영입했는데, 당시 그는 아르센 벵거 감독으로부터 '지우베르투와 토마스 로시츠키의 결합체'라는 극찬을 받으며 팀에 입단했다. 그러나 정작 그는 아스널에서 정통파 수비형 미드필더에 가까운 성향을 보이며 패스의 질이 더 공격적이지 못하다는 이유로 팬들의 원성을 샀다. 게다가 그는 수비력까지 부실하다는 평가를 받기도 했다.

반면 맨유는 데닐손과 브라질 17세 이하 대표팀 미드필더 조합을 구성한 안데르손Anderson을 영입했다. 넘치는 자신감만큼 탄탄한 체구를 앞세운 그는 미드필드 깊숙한 위치에서부터 전방으로 침투하는 능력이 빼어났다. FIFA 보고서는 17세 이하 월드컵에서 활약한 안데르손을 "무한한 재간을 보유한 플레이메이커"라고 평가했다. 이어 FIFA 테크니컬 스터디 그룹은 안데르손에 대해 "그는 특출한 개인 기량을 보유했으며, 빠르고 경기를 주도할 줄도 아는 데다 기술적으로 동료들과의 연계 플레이를 통해 역습 상황을 만들 수 있다"고 설명했다. 그러나 안데르손 또한 맨유 이적 후 수비형 미드필더에 가까운 역할을 맡았다. 이를 두고 영국 공영방송 BBC

의 남미 축구 특파원 팀 비커리Tim Vickery는 기사를 통해 "안데르손은 브라질에서는 어느 감독도 그에게 맡길 생각조차 하지 않은 역할을 해야 했다. 안데르손이 팀을 위해 지나친 희생을 하며 자신의 진짜 장점을 제대로 살리지 못하게 된 건 아닐까?"라며 의문을 드러내기도 했다.

그러나 이러한 역효과의 가장 대표적인 예는 첼시가 마켈렐레의 대체자로 여긴 존 오비 미켈John Obi Mikel이다. 첼시에서 그의 상황도 앞서 언급된 선수들과 매우 비슷했다. 미켈은 어린 시절 엄청난 재능을 보유한 공격형 미드필더로 성장하며 나이지리아를 2005년 20세 이하 월드컵 결승 진출로 이끌었다. 비록 나이지리아는 결승전에서 리오넬 메시를 앞세운 아르헨티나에 패했지만, 미켈은 대회가 끝난 후 맨유와 첼시의 구애를 받았다. 미켈은 맨유와 먼저 계약을 하고도 이미 그를 영입하는 데 합의를 마쳤다고 주장한 첼시로 이적하게 됐다. 첼시는 위약금으로 먼저 미켈과 계약한 맨유 측에 이적료 1200만 파운드(약 176억 원)를 지급했다.

미켈은 첼시 입단 직후 '뉴 마켈렐레'라고 불리며 큰 기대를 받았다. 그러면서 그는 마켈렐레가 휴식을 취한 경기에서는 자신이 직접 홀딩 미드필더로 활약했다. 결국 마켈렐레가 2008년 프랑스로 복귀하자 그의 대체자로 지목을 받은 선수 또한 당연히 미켈이었다. 그러나 풍부한 재능의 공격형 미드필더였던 미켈 또한 지나치게 적극적인 수비형 미드필더로 전락하며 수준 이하의 태클로 주심과 잦은 문제를 일으켰고, 더 공격적이지 못한 패스 탓에 팬들의 비판을 받아야 했다. 프리미어리그에서 무려 250경기 이상을 소화한 그의 득점 기록 역시 단 한 골로 루카스만큼이나 저조했다. 과거 미켈을 지도한 샘슨 시아시아Samson Siasia 나이지리아 20세 이하 대표팀 및 성인 대표팀 감독은 "그는 자기 자신을 세계 무대에 진출시키는 데 큰 역할을 한 창조성을 잃었다. 첼시는 한때 훌륭한 재능이었던 미켈이라는 선수를 무너뜨렸다"고 말했다. 미켈 또한 이러한 지적을 인정했다. 그는 첼시 이적 10주년을 맞은 시점에 "나는 첼시에서 활약하는 동안 항상 나 자신을 팀플레이어라고 생각했다. 나는 자진해서 내 평소 활약 성향에 제한을 두면서 팀의 성공을 위해 희생했다"고 밝혔다.

이처럼 많은 프리미어리그 팀 감독들은 창조성이 있는 선수에게 마켈렐레 역할을 맡기며 시너지 효과를 기대했지만, 오히려 공격적인 선수에게 수비적인 성향을 요구하며 한때 기대를 받은 플레이메이커를 순수 싸움꾼으로 바꿔놓는 역효과를 낳았다.

시간이 흐른 뒤 레스 퍼디난드Les Ferdinand 토트넘 코치는 마켈렐레가 잉글랜드 축구에 악영향을 미쳤다고 주장했다. 그는 2014년 인터뷰를 통해 "윌리엄 갈라스William Gallas가 잉글랜드에 있을 때, 나는 그에게 프리미어리그에서 일어난 일 중 최악의 사건이 클로드 마켈렐레의 등장이라고 말했다. 그는 잉글랜드에 오기 전까지 홀딩 미드필더가 아니었다. 그러나 매우 영리한 선수였던 마켈렐레는 '프랑크(램파드), 너는 나보다 골을 더 많이 넣을 수 있으니 내가 네 뒤를 지킬게. 너는 계속 앞으로 전진해도 돼'라고 말할 수 있었다. 이를 본 모든 팀은 '우리한테도 홀딩 미드필더가 있어야 한다'며 수비진 앞에 서서 하프라인을 절대 넘지 않는 미드필더를 육성하기 시작했다"고 말했다.

이후 퍼디난드 코치는 이 발언에 대해 강한 비판을 받았다. 그러나 마켈렐레의 유산에 대한 그의 평가는 어느 정도 사실이기도 하다. 마켈렐레는 완벽한 효율성을 추구하는 선수였다. 물론 그가 문제였다고 볼 수는 없지만, 그가 첼시의 4-3-3 포메이션에서 보여준 모습은 잉글랜드 축구에 큰 충격을 줬다. 무리뉴 감독의 말대로 그는 매우 기본적인 패스를 구사하는 역할을 맡으면서도 4-4-2 포메이션을 쓰는 팀을 매우 잘 공략했다. 이 때문에 많은 팀은 4-4-2에서 4-3-3, 혹은 4-2-3-1로 포메이션을 변경하며 자신들만의 마켈렐레를 중용했으나 이들은 상대를 공략하지 않고 단순히 볼을 지키는 기본적 패스 플레이에만 그치고 있었다. 이처럼 프리미어리그에 가장 큰 영향을 미친 수비형 미드필더는 가뜩이나 대다수 팀이 어느 때보다 조심스러운 경기 운영을 추구하던 시기에 더 극단적인 수비 전술을 쓰게 하는 효과를 남겼다.

PART 5

대응 전술

무리뉴와 베니테즈
- 이베리아 반도의 영향 1

"당신에게는 페라리가 있는데 나한테는 작은 차가 있다면, 내가 경주에서 이기는 방법은 당신의 차바퀴를 고장 내거나 연료 탱크에 설탕을 넣는 것뿐이다."

- 조세 무리뉴

시간이 흐르고 난 후 역사적인 순간을 되짚어보는 건 결과론적인 일이다. 그러나 그런 점을 고려해도 2004년은 분명히 현대 축구계의 분수령이 된 해였다.

21세기에 접어든 후 4년 동안은 공격 축구가 대세를 이뤘다. 유로 2000에서 창의적이고, 기술적인 축구가 두각을 나타낸 데 이어 2002 한일 월드컵에서는 호나우두, 호나우지뉴Ronaldinho, 히바우두Rivaldo로 이어진 브라질의 공격 삼인방이 공포의 대상이 됐다. 아스널은 공격 축구를 앞세워 프리미어리그에서 맨유의 우승 경쟁 팀이 됐고, 레알 마드리드는 '갈락티코' 정책을 바탕으로 2000년과 2002년 챔피언스리그 우승을 차지했다. 전통적으로 수비 축구를 구사해온 세리에 A는 하향세를 타기 시작했다. 이처럼 21세기 초반은 공격 축구가 축구계를 압도한 시기였다.

그런 분위기속에 도래한 2004년은 클럽과 대표팀 축구계에서 모두 충격적인 일이 벌어진 한 해였다. 당시 잘 조련된 '언더독'의 반란이 돋보였던 챔피언스리그에서는 조세 무리뉴 감독의 포르투가 놀라운 승리를 거듭하며 결승전에서 모나코를 3-0으로 꺾었다. 이로부터 39일 뒤 포르투만큼이나 불가능한 업적을 이룬 팀이 등장했다. 유로 2004 개막을 앞두고 우승 배당률이 80 대 1에 불과했던 그리스는 끝내 대회 정상에 오르며 유럽을 충격에 빠뜨렸다.

포르투와 그리스는 매우 인상적인 경기를 했지만, 이들이 수비적인 축구를 구사했다는 사실에는 의심의 여지가 없다. 수비 진영이 확고한 게 가장 눈에 띄는 포르투의 장점이었다. 무리뉴 감독은 포르투갈 리그에서 구단 역사상 9년 만에 최소 득점과 실점 기록을 동시에 갈아치웠다. 그는 포르투가 유럽 무대에서 성공하려면 조심스러운 경기 운영이 중요하다고 판단했다. 한편 그리스는 현대 축구에서는 보기 드물었던 수비 시 대인방어를 활용하며 상대의 공격에 대응하는 전술을 활용했고, 세트피스를 통해 득점하는 데 의존했다. 그리스는 유로 2004 조별 리그를 통과한 후 토너먼트에서 '디펜딩 챔피언' 프랑스, 대회 최다득점 팀 체코 그리고 개최국 포르투갈을 상대로 차례로 1-0으로 이겼고, 매 경기 결승골은 헤더를 통해 나왔다. 포르투와 그리스는 수비적인 축구를 하면서도 성공할 수 있다는 사실을 증명했다.

유럽의 또 다른 클럽대항전 UEFA컵에서도 중대한 사건이 있었다. 같은 시즌 스페인 라리가 우승을 차지한 발렌시아가 UEFA컵에서도 정상에 오른 것이다. 발렌시아가 UEFA컵 우승을 차지한 것 자체는 큰 이변이라고 볼 수 없었지만, 그들은 공격으로 뿜어대는 화력보다는 구조가 명확히 잡힌 수비 전술을 앞세워 우승 트로피를 거머쥐었다. 당시 발렌시아 사령탑 라파엘 베니테즈 감독은 조직적인 축구를 구사하는 데 훌륭한 능력을 보여줬다. 그의 2003-04시즌 발렌시아는 때때로 팬들을 흥분시킬 만한 매력적인 공격력을 보여주기도 했지만, 그의 2001-02시즌 발렌시아는 굳이 표현하자면 '인색한 축구'를 구사했다. 실제로 당시 발렌시아는 라리가 38경기에서 단 51골을 넣는 데 그쳤는데, 이는 그들이 우승 팀이라는 점을 고려할 때 매우 저조한 득점 기록이다. 그러나 발렌시아는 동시에 38경기 27실점으로 수비 기록이 단연 최고였다.

그해 여름 첼시와 리버풀은 감독직이 공석이 됐다. 그러면서 두 팀은 나란히 무리뉴 감독과 베니테즈 감독에게 관심을 보였다. 무리뉴 감독에게 당시 리버풀은 동경의 대상이었다. 심지어 그의 에이전트는 앞선 3월 제라르 울리에 감독이 이끌던 리버풀과 직접 접촉해 일찌감치 협상을 시도하기도 했다. 그러나 리버풀은 울리에 감독의 뒤에서 사령탑 교체를 추진하는 데 거부감을 나타냈다. 다만 첼시는 달랐다. 심지어 당시 클라우디오 라니에리Claudio Ranieri 첼시 감독마저 현실적으로 상황을 꿰뚫었다. 그는 찰턴전에서 상대 팀 팬들이 자신을 향해 "올 여름 당신은 경질될 거야"라는 가사가 담긴 응원가를 부르자 그들을 향해 돌아서서 "아니야, 나는 5월에 경질될 거야!"라고 말하며 체념한 듯한 모습을 보이기도 했다. 결국 라니에리 감독의 예상이 맞았다. 그는 베니테즈 감독의 대체자로 발렌시아로 갔고, 이후 11년 동안 프리미어리그에서 다시 모습을 드러내지 않았다.

만약 리버풀이 일찌감치 더 적극적으로 무리뉴 감독 선임을 추진했다면 베니테즈 감독을 선임한 팀은 첼시가 됐을 것이다. 물론 수년이 지난 뒤 베니테즈 감독은 첼시를 이끌고 2013년 유로파 리그 우승을 차지했다. 그러나 이 당시 뒤바뀐 운명과는 관계없이 2004년 나란히 잉글랜드에 도착한 무리뉴 감독과 베니테즈 감독의 등장은 의미가 깊다. 나란히 수비 축구를 구사하며 유럽클럽대항전 우승을 차지한 두 감독은 잉글랜드 축구계까지 변모하게 만들었다. 이 둘의 등장과 함께 프리미어리그는 그 즉시 더 신중한 축구를 구사하기 시작하며 전술적으로 더 영리해졌고, 유럽 무대에 더 어울리는 팀을 배출했다. 실제로 프리미어리그는 2004-05시즌 경기당 평균 골이 전 시즌 2.66골에서 2.57골로 줄었고, 2005-06시즌에는 2.48로 떨어진 데 이어 2006-07시즌에는 프리미어리그 출범 후 최저치인 2.45골로 하락했다. 프리미어리그 역사상 3년 연속으로 경기당 평균 득점 기록이 하락한 건 무리뉴 감독과 베니테즈 감독이 동시에 등장한 이 시기가 유일하다. 이처럼 이 둘의 영향력은 간과할 수 없다.

그 두 팀 중에서도 더 눈에 띄는 움직임을 보여줬던 것은 분명히 무리뉴 감독을 택한 첼시였다. 잉글랜드 축구가 처음 무리뉴 감독을 직접 본 건 이전 시즌 그가 이끈 포르투가 맨유를 상대한 챔피언스리그 8강 원정경기였다. 당시 41세의 젊은 지도자였던 무리뉴 감독은 코스티냐Costinha가 올드 트래포드에서 늦은 시점에 동점골을 터뜨리며 포르투의 4강행을 확정짓자 전속력으로 사이드라인을 타고 달려가 선수들과 함께 득점을 축하했다. 그는 이전까지 프리미어리그에서 절대 볼 수 없었던 유형의 감독이었다. 무리뉴 감독은 젊었고, 미남이었던 데다 지나칠 정도로 타인과의 대립을 일삼는 성격을 드러내면서도 매력적인 부분이 있었다. 그는 첼시 감독 부임식에서도 자기 자신을 '스페셜 원'이라고 부르며 수년간 헤드라인을 장식한 주인공이 됐다. 무리뉴 감독은 첼시 부임 초기부터 공식 기자회견 때마다 센세이션을 일으켰지만, 정작 경기장 안에서는 재미있는 경기를 하지 않았다.

무리뉴 감독의 지도자 경력은 미약해보였다. 그는 짧은 시간 벤피카 감독을 역임한 뒤 우니앙 데 레이리아Uniao de Leiria를 반 시즌 동안 이끌었다. 이후 그는 포르투를 이끌고 성공시대를 열었다. 그러나 가장 흥미로운 건 감독이 되기 전의 무리뉴였다. 그는 축구 지도자 자격증을 취득하려고 열심히 공부하며 포르투갈의 수많은 소규모 구단을 오갔다. 그러나 무리뉴가 두각을 나타낼 절호의 기회는 예상치 못한 방식으로 그를 찾아왔다. 잉글랜드 출신 보비 롭슨이 스포르팅 리스본 감독으로 부임했는데, 그에게는 통역사가 필요했다. 무리뉴는 롭슨 감독의 통역사가 됐고, 그를 따라 1994년 포르투에서 시작해 1996년에는 바르셀로나에서 일할 수 있었다. 처음 무리뉴는 말 그대로 통역사 역할을 담당했다. 롭슨 감독이 내리는 지시 사항을 통역하는 게 그의 업무였다. 그러나 무리뉴의 축구 지식에 강한 인상을 받은 롭슨 감독은 갈수록 그에게 더 중요한 역할을 맡겼다. 결국 무리뉴는 롭슨 감독에 이어 바르셀로나에서 그의 후임으로 부임한 루이 판 할Louis van Gaal 감독의 코치 역할을 맡게 됐다.

롭슨 감독 체제의 무리뉴는 팀 훈련을 계획하는 일을 맡았다. 특히 그는 롭슨 감독이 신경 쓰지 못한 부분을 보강해주는 역할을 했는데, 이는 대개 수비력 향상이었다. 무리뉴는 훗날 "축구 경기를 세 부분으로 나눈다면 보비 롭슨 감독은 대부분 마지막 부분에 집중했다. 마지막 부분이란 공격의 마무리와 득점이었다. 나는 이보다 한발 물러서서 팀이 그의 공격 축구 기조를 유지하면서도 더 조직적인 축구를 할 수 있도록 했다. 수비를 기반으로 더 조직적으로 팀을 구성하려고 했다"고 설명했다.

그러나 무리뉴가 롭슨 감독과 판 할 감독 체제에서 가장 두각을 나타낸 분야는 상대 팀 분석이었다. 롭슨 감독은 "무리뉴는 매번 내게 최고의 분석 자료를 제공했다. 그의 분석은 말 그대로 최상의 수준이었다. 내가 받아본 분석 중 최고였기 때문이다. 선수나 지도자 경험이 없었던 30대 초반인 그는 프로로 활동하며 월드컵에서 나와 함께한 이들보다 더 훌륭한 보고서를 작성했다. 그는 우리의 지시를 받고 찾은 경기에서 양 팀이 어떻게 플레이했고, 공격력과 수비력이 어떤지를 명확하게 분석했다. 그는 두 팀의 플레이 패턴을 도표와 다양한 색깔을 활용해 깔끔하게 그렸다. 내가 그에게 자주 '잘했어'라고 말하던 게 아직도 기억난다"고 밝혔다.

무리뉴는 포르투 시절보다 훨씬 더 수준이 높은 선수들과 함께한 바르셀로나에서 훌륭한 성과를 냈다. 바르셀로나의 몇몇 선수들은 무리뉴에게 별 관심을 보이지 않았지만, 유독 로랑 블랑과 펩 과르디올라는 그와 밀접한 관계를 유지했다. 흥미롭게도 블랑과 과르디올라는 현역 은퇴 후 나란히 최정상급 무대에서 활동하는 감독으로 성장했다. 이 중 과르디올라는 훗날 감독이 돼 무리뉴의 최대 라이벌로 부상했다. 롭슨 감독은 바르셀로나에서 감독 1년 만에 단장직으로 승진했는데, 후임으로 온 판 할 감독에게 무리뉴 코치의 유임을 추천하기도 했다. 판 할 감독은 "무리뉴를 딱 1년만 통역사 자격으로 잔류시킬 계획이었다. 그러나 그는 점차 나의 다른 코치들만큼 중요한 인물이 됐다. 그가 경기를 읽고, 상대를 분석하는 능력이 워낙 뛰어났기에 우리가 라리가와 컵대회 우승을 차지한 뒤, 나는 기쁜 마음으로 그에게 3년간 더 잔류해달라고 요청했다"고 말했다. 롭슨 감독과 마찬가지로 판 할 감독 또한 자기 자신이 경험 있는 지도자인데도 '새내기' 무리뉴의 상대 팀 분석 능력에 강한 인상을 받았다.

상대에 따라 전술을 구성하는 무리뉴의 장점은 그가 감독이 된 후에도 큰 위력을 발휘했다. 무리뉴 감독은 아르센 벵거 감독처럼 아름다운 축구와 일관성 있는 전략을 중시하는 철학자가 아니었다. 그러나 그는 매주 새로운 접근 방식으로 상대 팀을 막는 데 집중하는 진정한 전술가였다. 그는 첫 감독직이었던 벤피카 부임 후 보아비스타를 상대로 데뷔전을 앞두고 상대 팀 분석을 요청했다. 그러나 그는 벤피카 스카우팅 부서에서 제공한 아마추어 수준의 보고서를 받아보고는 크게 실망했다. 실제로 당시 무리뉴 감독이 받은 보고서에 담긴 도표에는 보아비스타에서 매우 큰 영향력을 행사한 에르윈 산체스Erwin Sanchez가 제외된 채 선수 10명만 포함돼 있었다. 게다가 보아비스타는 결국 이 시즌 포르투갈 리그 우승을 차지한 강팀이었다. 형편 없는 스카우팅 보고서에 실망한 무리뉴 감독은 사비를 들여 과거 대학 시절 인연을 맺은 동료에게 상대 팀 분석 업무를 맡겼다.

무리뉴 감독은 계속해서 상대 팀에 따라 맞춤형 전술을 짜는 데 집중했다. 훗날 포르투 사령탑이 된 그는 벤피카와의 맞대결을 앞두고 상대 팀 훈련장으로 스파이를 파견하기도 했다. 무리뉴 감독이 당시 이러한 극단적인 방법까지 쓴 이유는 벤피카가 장신 공격수 에드가라스 얀카우스카스Edgaras Jankauskas(무리뉴 감독은 나중에 그를 직접 영입했다)와 발이 빠른 만토라스Mantorras 중 누구를 주전으로 기용할지 확신할 수 없었기 때문이다. 그는 상대가 두 공격수 중 누구를 기용하느냐에 따라 포르투의 중앙 수비 조합에도 변화를 줘야 한다며 벤피카의 훈련장으로 스파이를 파견했다. 무리뉴 감독의 상대 팀 분석 스카우트 팀은 수단과 방법을 가리지 않고 지시를 따랐다. 포르투가 챔피언스리그 결승전까지 오른 시점이 되자 상대 팀 분석 작업은 더 철저해졌다. 무리뉴 감독의 스카우팅 부서는 포르투의 모든 선수에게 개별로 제작된 맞춤형 DVD를 전달해 상대에 대응할 전략을 지시했다. 이어 무리뉴 감독은 모든 선수가 각자 DVD 영상을 본 후에는 팀 미팅을 열고 모나코의 습성에 대해 토론하는 시간을 가졌다. 그러면서 그는 선수들이 각자 상대를 분석한 내용을 함께 공유하며 서로 이해력을 높일 수 있게 했다. 첼시 주장 존 테리는 무리뉴 감독이 부임한 후 몇 주 뒤 "내가 지금까지 본 누구보다 상대 팀을 자세하게 분석한다"고 말했다. 무리뉴 감독의 과거를 안다면, 이는 별로 놀랍지 않은 얘기다.

당시만 해도 아스널의 벵거 감독은 선수들에게 상대 팀과 관련된 얘기를 거의 하지 않았고, 맨유의 알렉스 퍼거슨 감독마저 강팀을 상대하는 중요한 경기를 앞두고 있을 때만 상대를 철저히 분석했다. 그러나 무리뉴 감독은 달랐다. 첼시 선수들은 매 경기가 열리기 약 이틀 전부터 드레싱룸에 들어서면 각자 의자 위에 약 6~7장짜리 개별 스카우팅 보고서가 놓인 모습을 발견할 수 있었다. 이 보고서는 매번 전적으로 상대 팀을 분석한 내용으로 구성됐고, 상대가 어떤 진영으로 경기에 나서고, 세트피스를 어떤 식으로 구사하는지 그리고 상대 팀 모든 선수의 습성을 한 문단으로 요약한 자료를 담고 있었다. 또한 이 보고서는 상대 팀에서 가장 경계해야 하는 몇몇 선수의 성향을 도표를 통해 보기 쉽게 설명했다. 실제로 보고서에 담긴 내용은 특정 선수가 코너킥 상황에서는 어떻게 움직이는지, 상대 팀 플레이메이커가 어떤 유형의 패스를 주로 시도하는지까지 매우 자세한 내용까지 포함했다. 결정적으로 무리뉴 감독은 상대 팀 분석을 자신의 코칭스태프에서 가장 촉망받는 인물로 꼽힌 안드레 빌라스-보아스Andre Villas-Boas에게 맡겼다. 빌라스-보아스는 이후 직접 감독이 돼 포르투를 이끌고 유로파 리그 우승을 차지했고, 첼시와 토트넘 사령탑을 역임하기도 했다. 그 또한 무리뉴 감독처럼 수준 높은 스카우팅 업무 능력으로 명성을 떨쳤다.

이러한 접근 방식은 첼시의 팀 훈련에서도 그대로 드러났다. 전임 라니에리 감독 체제에서는 프리시즌 기간 중 상당 부분이 체력 훈련으로 구성됐지만, 무리뉴 감독은 수비 조직력과 전반적인 팀 진영을 구축하는 데 상당한 시간을 할애했다. 이어 그는 시즌이 시작되면 상대 팀에 따라 전술에 변화를 주는 방식으로 훈련을 진행했다. 라니에리 감독 또한 상대 팀의 '강점'을 짚어주는 방식으로 비슷한 훈련을 하기는 했지만, 첼시 선수단은 이에 불만을 품었다. 클로드 마켈렐레는 "내가 레알 마드리드에서 뛴 3년간 우리는 단 한 번도 상대 팀에 대해 궁금해할 필요가 없었다. 그래서 (라니에리 감독의 지도 방식은) 내게 매우 이상했다"고 설명하기도 했다. 그러나 무리뉴 감독은 이와 달리 상대의 '약점'을 파고드는 방법을 지시하는 데 집중했다.

첼시 역시 당시 많은 구단이 했던 것처럼 프로존을 활용해 통계자료를 분석했다. 그러나 테리는 "상대 팀에 대한 정보를 제공받으며 우리가 매 경기 집중해야 할 부분에 집중했다"고 말했다. 실제로 첼시는 경기가 열리기 하루 전 팀 미팅을 통해 무리뉴 감독이 보여주는 상대 팀 영상 자료를 통해 분석에 나섰고, 경기 전 마지막 팀 훈련은 경기에서 집중해야 할 부분에 초점을 맞췄다. 테리는 "마지막 훈련에서는 마치 우리가 다음 날 만날 팀을 상대로 경기에 나선다고 믿어야 했다. 훈련에서 하는 모든 것이 상대 팀을 염두에 둔 상태로 진행됐다. 한 주를 통째로 이 시점을 위한 준비가 이뤄졌기 때문이다. 모든 선수가 준비 기간을 거치며 감독이 준비한 스카우팅 보고서를 읽고, 그가 팀 미팅에서 제공한 지시 사항을 숙지하면 금요일 오후에는 완전히 준비가 됐다는 기분이 들었다"고 설명했다. 당시에도 상대 팀을 분석하는 업무 자체가 혁신적이지는 않았지만, 이는 경기에서 상대보다 한 수 아래로 여겨진 '언더독'이 주로 사용하는 준비 방식이었다. 그러나 첼시는 언더독이 아니었다. 무리뉴 감독 부임 첫 시즌에 첼시는 무려 승점 95점을 획득해 프리미어리그 역사상 한 시즌 최다 승점 기록을 세우며 우승을 차지했다.

첼시는 수비적인 팀이었다. 첼시는 무게중심을 뒤로 뺀 채 테리를 중심으로 과거 무리뉴 감독 체제의 포르투에서 호흡을 맞춘 중앙 수비수 히카르두 카르발류Ricardo Carvalho, 오른쪽 측면 수비수 파울루 페레이라Paulo Ferreira 수비 조합을 형성했다. 왼쪽 측면 수비수 자리에는 로테이션 시스템을 적용했지만, 가장 자주 선발로 출전한 건 오른발잡이로 원래는 중앙 수비수 자리에 더 익숙한 윌리엄 갈라스William Gallas였다. 갈라스는 일반 측면 수비수와는 달리 더 수비적으로 뛰었다. 이렇게 만들어진 수비진 앞에는 마켈렐레가 배치됐고, 수비를 가장 먼저 시작하는 역할은 최전방 공격수에게 주어졌다. 무리뉴 감독이 첼시 시절 가장 좋아한 훈련은 볼을 소유한 채 경기를 풀어가는 패턴 연습이었는데, 그는 이때마저도 최소한 선수

다섯 명은 항상 볼의 위치보다 뒤에 서 있어야 한다고 주문했다.

프리미어리그 역사상 당시 첼시만큼 훌륭한 수비 기록을 세운 팀은 없었다. 첼시가 한 시즌을 통틀어 15실점만 헌납한 건 실로 놀라운 성적이다. 게다가 첼시는 골키퍼 페트르 체흐를 앞세워 38경기 중 25경기에서 무실점을 기록했는데, 12월 중순부터 3월 초까지 1025분 연속으로 단 한 골도 실점하지 않았다. 첼시의 무실점 기록은 노리치 원정에서 상대 공격수 리온 맥켄지Leon McKenzie(훗날 그는 축구 선수로 은퇴를 선언한 후 프로 복서가 됐다)에게 실점할 때까지 이어졌다. 아마 당시 맥켄지의 골은 당시 첼시가 처음으로 허용한 '막을 만한 필드골'이었을 것이다.

첼시는 무리뉴 감독의 부임 첫 시즌에 단 8회의 필드골을 실점했고, 이 중 다섯 골은 사우샘프턴의 제임스 비티James Beattie, 웨스트 브롬의 졸탄 게라Zoltan Gera, 풀럼의 파파 부바 디오프Papa Bouba Diop 그리고 아스널의 티에리 앙리에게 허용한 두 차례의 도저히 막을 수 없는 중거리 슛이었다. 첼시가 처음이자 유일하게 패한 경기에서는 맨시티의 니콜라 아넬카가 페널티킥으로 득점했으며 볼턴전 허용한 2실점은 프리킥 상황에서 케빈 데이비스가 한 차례는 자신이 직접 헤더로 득점했고, 나머지 한 골은 머리로 떨궈주는 패스로 라디 자이디Rahdi Jaidi의 골을 도우면서 터졌다. 무리뉴 감독은 세트피스 실점을 불쾌해했지만, 어찌 됐든 첼시는 오픈 플레이 상황에서 수비 골격을 유지하며 3월까지는 아주 작은 틈조차 허용하지 않았다. 이러한 첼시의 수비적 강점은 그들이 상대를 막기 위해 아주 작은 디테일에도 심혈을 기울인 덕분에 이뤄질 수 있었다.

그러나 당시 첼시가 거둔 성공과 무리뉴 감독의 접근 방식을 논할 때 빼놓을 수 없는 점은 바로 양 측면 공격수다. 무리뉴 감독이 시즌 초반에는 다이아몬드형 미드필드를 구축하며 측면 공격수를 배제한 포메이션을 쓴 점을 고려하면, 이는 분명히 놀라운 사실이다. 그는 프리미어리그 데뷔전에서 맨유를 상대로 1-0으로 승리했는데, 이날 경기 내용은 첼시가 훗날 나아간 방향을 매우 잘 보여줬다. 첼시는 볼 점유율을 상대에게 내준 채 역습으로 넣은 한 골을 지키며 무실점으로 승리했다. 이날 첼시의 다이아몬드형 미드필드는 매우 수비적이었다. 중원에 마켈렐레를 축으로 근면하게 뛰어다니는 제레미Geremi와 알렉세이 스메르틴Alexey Smertin이 양옆에 배치됐고, 꼭짓점에는 프랑크 램파드가 섰다. 이후 포르투갈 출신 티아고Tiago가 유려한 패스 능력으로 팀의 기술적인 수준을 높였고, 조 콜이 수비 지원을 받으며 공격 재능을 뽐내기도 했다. 그러나 첼시의 시즌 초반 다이아몬드 미드필드는 오래가지 못했다. 게다가 불과 한 시즌 전 공격 축구를 구사하며 무패우승을 차지한 아스널과의 잇따른 비교도 첼시에게는 반갑지 않았다. 첼시는 맨시티전에서 시즌 첫 패배를 당한 시점에 9경기에서 단 8골을 넣었고, 실점은 이보다 더 적은 2골에 불과했다. 반면 아스널은 같은 기간 무려 29골을 몰아치는 막강한 화력을 자랑했다.

그러나 그다음 라운드에서 두 가지 이유로 큰 변화가 생겼다. 첫째로는 아스널이 50경기 연속 무패 기록을 눈앞에 두고 맨유 원정에서 패했다. 맨유는 이전 시즌 아스널의 무패행진을 깰 기회를 앞두고 페널티킥을 실축했던 루드 판 니스텔로이와 과거 에버턴 시절 프로 데뷔골을 아스널을 상대로 기록한 웨인 루니의 연속골로 승리했다. 또한 무리뉴 감독은 네덜란드에서 영입한 측면 공격수 아르연 로번Arjen Robben을 프리미어리그에 데뷔시켰다. 프리미어리그에서 외국인 선수는 대개 정착하는 데 시간이 걸렸지만, 로번은 초반부터 눈에 띄는 활약을 펼쳤다.

이전까지 무리뉴 감독이 다이아몬드형 미드필드를 고집한 이유는 로번과 데이미언 더프Damien Duff가 경기에 나설 수 없었던 요인이 크다. 실제로 그는 더프와 콜을 다이아몬드형 미드필드의 꼭짓점에 차례로 배치해 보기도 했지만, 로번은 이 자리를 소화할 유형의 선수가 아니었다. 그는 마크 오베르마스와 비슷한 유형의 전형적인 네덜란드식 측면 공격수로 4-3-3, 혹은 4-4-2에서 가장 효과적인 활약을 펼쳤다. 이 시점까지 첼시는 총 10득점 중 8득점을 코너킥, 프리킥 혹은 페널티킥으로 넣었을 정도로 세트피스 골에 지나치게 의존했다. 그러나 첼시는 갑작스럽게 오픈 플레이 상황에서도 훨씬 더 위협적인 공격을 펼치기 시작했다.

로번이 두 번째로 출전한 경기에서 그는 후반전 시작과 함께 교체 요원으로 투입돼 첼시의 웨스트 브롬 원정 4-1 승리에 일조했다. 첼시는 갈라스가 세트피스 상황에서 넣은 골에 힘입어 1-0으로 앞선 채 전반전을 마쳤지만, 무리뉴 감독은 팀의 경기력이 기대에 미치지 못한다며 분노했다. 이후 그는 브리지를 빼고 카르발류를, 콜 대신 로번을 투입했다. 그러자 첼시의 후반전 경기력은 폭발적이었고, 이를 가능케 한 주인공은 바로 로번이었다. 무리뉴 감독은 "전반전 경기력은 내가 감독이 된 이후 최악이었다. 그러나 후반전은 최고의 경기력 중 하나였다. 후반전은 아름다웠다. 전반전 경기력에 너무 실망한 나머지 5명 혹은 6명을 교체하고 싶었다. 그러나 후반에 투입된 로번은 환상적이었다. 그는 우리에게 특별한 무언가를 가져다줬다"고 말했다.

이로부터 3일 뒤 로번은 CSKA 모스크바와의 챔피언스리그 경기에서 첼시 이적 후 처음으로 선발 출장하며 팀에 1-0 승리를 안겼다. 결승골의 주인공은 날아오는 롱볼을 띄워준 구드욘센의 패스를 오른쪽 측면을 침투하며 받은 로번이었다. 아이두르 구드욘센Eidur Gudjohnsen의 패스를 받은 로번은 더프에게 패스를 연결한 후 계속 문전으로 침투해 들어갔고, 리턴 패스를 받아 왼발로 마무리했다. 이 장면은 단순한 롱볼 하나로 만들어졌고, 첼시 중앙 공격수의 역할을 매우 잘 보여줬다. 구드욘센은 타깃맨 역할을 맡았고, 측면 공격수는 뒷공간으로 침투하는 데 집중했다. 그다음 경기는 프리미어리그를 기준으로는 로번이 처음으로 선발 출장하며 데뷔골까지 터뜨리며 성공한 에버턴전이었다. 첼시는 이 경기에서도 1-0으로 승리했다. 구드욘센이 2선 깊숙한 위치로 내려와 오른쪽 측면을 타고 침투해 들어가는 로번에게 패스를 찔러줬다. 이를 받은 로번은 중앙에서 기다리던 더프에게 패스를 연결하지 않고, 자신이 직접 슈팅을 시도해 득점까지 뽑아냈다. 이번에도 '연결고리' 역할을 한 건 구드욘센이었고, 뒷공간을 파고든 건 로번과 더프였다. 이어 로번은 풀럼을 상대로는 놀라운 수준의 득점을 기록했다. 그는 특유의 발재간을 이용한 드리블 돌파로 수비수 세 명을 바닥에 나뒹굴게 한 후 득점을 기록하며 이날 4-1로 승리한 첼시에 결승골을 선사했다. 로번은 첼시로 이적한 2004-05시즌 자신이 출전한 초반 18경기(선발 14경기, 교체 4경기)에서 7골 9도움을 기록했다.

▼ ▼ ▼

이후 첼시의 경기력은 로번과 더프의 빠르면서도 직선적인 드리블 돌파로 대변됐다. 로번이 부상으로 빠지면 그의 자리를 콜이 메우는 식이었다. 프리미어리그는 예전부터 측면에서 발빠른 선수가 즐비했던 무대였지만, 로번과 더프가 4-4-2나 4-4-1-1이 아닌 4-3-3 포메이션에서 이러한 활약을 펼친 점이 모든 걸 바꿨다. 전형적인 윙어인 이 둘은 첼시가 공을 소유했을 때 4-4-2나 4-4-1-1 포메이션의 측면 자원보다는 더 전진된 자리에 배치돼 상대 수비진의 폭을 최대한 좌우로 벌렸다. 게다가 당시 첼시에는 처진 공격수가 없었던 탓에 윙어는 잦은 패스 연계를 하지 않았다. 대신 그들은 밑으로 내려와 공을 받은 후 전속력으로 상대 골문을 향해 달리는 훨씬 더 단순하고, 간단한 역할을 맡았다.

그러면서 차츰 역습 축구를 향한 부정적인 시선이 강해졌다. 과거 맨유와 아스널의 축구를 논할 때는 '역습'이라는 개념이 칭찬으로 여겨졌다. 갑작스럽지만, 폭발적으로 후방에서 전방으로 순식간에 전진하며 상대를 무너뜨리는 모습은 매우 매력적이었기 때문이다. 첼시의 역습도 이와 크게 다르지 않았다. 그러나 첼시는 과거 팀들과는 달리 역습을 위해 노골적으로 볼 점유율을 상대에게 내주는 성향이 짙었고, 그러므로 경기 중 오랜 시간 수비에만 치중해야 했다. 감독이 역습을 만드는 데 능한 선수를 주로 '수비 기여도' 면에서 평가하곤 했던 습관도 부정적으로 비춰지기 시작한 팀 이미지에 도움이 되지 않았다.

갈수록 공수 전환transition이 주요 전술 콘셉트로 자리 잡기 시작했다. 여기서 말하는 '공수 전환'이란 팀이 경기 도중 공을 소유하고 있다가 소유하지 않은 상태로 전환하는 상황이나 이와의 정반대를 뜻한다. 무리뉴 감독은 프리미어리그를 거친 그 어느 감독보다 공수 전환에 큰 비중을 두며 선수들에게 상대로부터 공을 빼앗았을 때는 최대한 빨리 전진하고, 반대로 공을 빼앗겼을 때는 최대한 빨리 물러서라고 주문했다. 더프는 무리뉴 감독이 잉글랜드 축구에 남긴 영향을 논하며 "그는 공수 전환을 매우 중요하게 여겼다. 내가 공수 전환이라는 말을 들은 건 아마 이때가 처음이었을 것이다. 볼을 잃었을 때는 공격 진영에서 수비 진영으로 재빨리 돌아와야 했고, 반대로 볼을 빼앗으면 폭발적인 속도로 전진하는 게 공수 전환이다. 우리가 볼을 빼앗았을 때가 상대는 아직 수비 진영을 구축하지 못한 순간이므로 수비가 헐거웠다. 그 시즌에 우리는 이러한 공격 작업을 완벽하게 연마했다. 지금 내가 기억하는 우리가 이 방식으로 넣은 골만 30~40골이 되는 것 같다. 볼을 빼앗아 바로 전진해서 4~5초 안에 마무리하는 방식이었다"고 말했다.

무리뉴 감독에게는 공격에서 수비로 전환하는 전술이 아주 중요했다. 당시는 측면 수비수가 공격 옵션으로 활용되기 시작한 시점이었는데, 무리뉴 감독은 오히려 윙어들에게도 수비 가담을 요구했다. 그가 박싱데이 경기에서 로번의 도움을 받은 더프가 득점에 성공해 애스턴 빌라를 1-0으로 꺾은 경기 후 늘어놓은 칭찬을 보면 이와 같은 성향이 잘 드러난다. 그는 "(로번과 더프는) 왼쪽과 오른쪽, 중앙과 측면을 두루 소화할 수 있으며 슛, 크로스 등 모든 능력을 보유하고 있다. 그들은 이러한 능력을 환상적으로 잘 보여주고 있지만, 이러한 점만큼이나 환상적인 건 그들의 수비적 능력이다. 데이미언(더프)을 교체한 이유도 그는 뛸 시간을 15분만 더 주면 약 2마일을 더 뛰는 선수이기 때문"이라고 말했다. 무리뉴 감독은 무엇보다 더프의 활동량을 좋아했다.

한편 콜은 다른 방식으로 발전을 이뤘다. 이전까지 그는 훌륭한 기술을 보유하고도 이를 효율적으로 활용하는 방법을 찾지 못해 고전했고, 특정하게 정해진 포지션조차 없었다. 그러나 무리뉴 감독은 기술만 빼어난 콜을 활용도와 역할이 분명한 측면 미드필더로 변신시켰다. 콜에게도 초점은 수비에 맞춰졌다. 첼시는 10월 스탬포드 브리지에서 열린 지루한 경기 끝에 리버풀을 1-0으로 꺾었는데, 이날 차이점을 만든 건 교체 출장해 발리슛으로 결승골을 터뜨린 콜이었다. 이후 잉글랜드 언론은 자국 축구를 짊어질 콜의 기술적인 능력에 집중했지만, 정작 무리뉴 감독은 그가 선보인 경기력에 불만을 내비쳤다. 무리뉴 감독은 "조(콜)는 자신이 골만 넣으면 경기가 끝났다고 생각한다. 내게는 수비 조직을 다지는 데 선수 11명이 필요하다. 오늘 내게 주어진 선수는 10명뿐이었다"고 불평했다.

콜의 수비 가담 능력은 나날이 발전했지만, 무리뉴 감독은 더 밀도 있는 수비 조직력을 원했다. 이후 무리뉴 감독은 첼시가 FA컵 3라운드에서 스컨소프를 3-1로 꺾은 후 콜을 언급하며 "그는 환상적이었다. 이제 그는 자기 자신을 개인이 아니라 11명 중 한 명으로 생각한다. 그는 팀이 무엇을 원하는지, 우리에게 볼이 없을 때 무엇을 해야 하는지를 이해하고 있다. 그는 많이 발전했으며, 이제 완전히 다른 선수가 됐다"고 말했다. 혹자는 콜이 플레이메이커에서 수비적인 '일꾼'으로 변한 데에 아쉬움을 드러내기도 했지만, 그는 첼시에서 여전히 이따금씩 번뜩이는 모습을 보여줬다. 이어 콜은 그다음 시즌 맨유를 상대로 훌륭한 골을 터뜨리며 첼시의 3-0 대승을 이끌기도 했다. 무리뉴 감독은 첼시 사령탑으로 부임한 후 두 시즌 연속 프리미어리그 우승을 차지하는 과정에서 알렉스 퍼거슨 감독을 번번이 무너뜨렸다.

디디에 드록바는 첼시로 이적한 첫 시즌에 부진한 모습을 보여줬지만, 대신 첼시는 팀 득점이 다양한 선수에게 분포되며 효율적인 공격을 이어갔다. 다만 드록바는 들쭉날쭉한 경기력 탓에 붙박이 주전으로 활약하지 못하며 프리미어리그에서 선발 출장한 횟수가 전체 경기수의 절반 수준인 18경기에 그쳤다. 그는 4-3-3 포메이션의 최전방 공격수 자리를 좋아하지 않았고, 너무 쉽게 넘어진다는 비판을 받기도 했다. 그러나 첫 시즌 10골을 기록한 그는 신체 능력을 바탕으로 공격 1선을 잘 이끌었으며 활발한 수비 가담으로 무리뉴 감독의 칭찬을 받았다.

이 시즌 첼시의 최다 득점자는 램파드였다. 그는 4-3-3 포메이션의 왼쪽 중앙 미드필더로 활약하면서도 탁월한 득점력을 자랑했고, 당대 미드필더 중 가장 이 시대를 잘 반영한 선수로 역사에 남았다. 실제로 그는 놀라운 득점력을 선보였다. 주로 램파드는 페널티 지역 외곽에서 동료가 내주는 패스를 받아 날린 강슛으로 득점을 올렸다. 그는 자신이 맡은 팀 내 역할의 비중을 그대로 보여주기라도 하듯 첼시가 프리미어리그 우승을 확정한 2005년 4월 볼턴전에서 두 골을 직접 터뜨리며 첼시에 2-0 완승을 안겼다.

무리뉴 감독은 시즌 내내 마켈렐레, 램파드와 함께 중원을 구축할 선수로 기능성 있는 미드필더를 선호했지만, 시즌이 막바지로 흘러갈수록 더 과감한 전술을 구사하며 공격수 자리에 더 익숙한 아이더 구드욘센을 미드필더로 중용하기 시작했다. 구드욘셴은 이전까지 드록바와 호흡을 맞추거나 자신이 직접 최전방 공격수로 활약했다. 그러나 무리뉴 감독은 후반기 들어 그를 오른쪽 중앙 미드필더 자리에 배치했다. 구드욘셴은 이 자리에서 탁월한 영리함을 뽐냈다. 무리뉴 감독이 이러한 모험을 감수한 건 놀라운 일이다. 그러나 그는 마켈렐레가 중심으로 자리매김한 첼시 중원진의 수비력을 워낙 신뢰한 나머지 후반기부터는 콜, 램파드, 구드욘셴을 동시에 투입해 최전방 공격수 드록바를 지원 사격할 수 있도록 했다. 무리뉴 감독은 특히 로번이 부상으로 빠지자 이러한 2선 공격진을 구성하는 빈도가 더 늘어났고, '디펜딩 챔피언' 아스널을 상대로도 똑같은 선수 구성을 택했다.

첼시는 상대를 추격할 때는 말 그대로 전원 공격을 구사하기도 했다. 게다가 무리뉴 감독은 필요에 따라 포메이션을 극단적으로 변경했다. 그는 첼시가 0-1로 뒤진 뉴캐슬과의 FA컵 경기에서 하프타임에 제레미, 콜, 티아고를 빼고 구드욘셴, 램파드, 더프를 투입했다. 그러나 교체 카드 세 장을 한꺼번에 써버린 무리뉴 감독의 결정은 결국 화를 불렀다. 이후 첼시는 웨인 브리지가 다리가 부러지는 부상을 당해 수적 열세를 안고 후반전을 소화해야 했고, 결국 득점하지 못했다. 그러나 무리뉴 감독이 이런 상황에서 시도한 모험은 성공할 때가 더 많았다. 그는 첼시가 리버풀과의 리그컵 결승전에서 0-1로 끌려가자 미드필더 이리 야로식Jiri Jarosik과 왼쪽 측면 수비수 갈라스를 빼고 공격수 구드욘셴과 마테야 케즈만Mateja Kezman을 동시에 투입하며 포메이션을 3-1-4-2로 변경했다. 이날 첼시는 연장전 끝에 3-2로 승리했다. 이어 무리뉴 감독은 첼시가 4월 풀럼과의 프리미어리그 경기에서 1-1로 하프타임을 맞이하자 수비수를 빼고 미드필더를 투입하며 더프를 왼쪽 측면 수비수로 내렸다. 결국 첼시는 이날 3-1로 승리했다.

첼시는 무리뉴 감독이 경기 도중 이처럼 극단적인 변화를 줬는데도 단

한 번도 조직력이 저하되지 않았다. 첼시는 변화가 발생했을 때 어떻게 이에 적응하고 조직력을 유지할지를 명확히 파악하고 있었다. 그만큼 무리뉴 감독이 팀 훈련을 통해 선수들에게 다양한 전술을 연마시키며 팀이 이기고 있으면 경기를 그대로 끝내는 방법, 상대를 추격해야 할 때 경기를 풀어가는 방법을 준비시켰기 때문이다. 실제로 첼시는 무리뉴 감독이 여러 명의 공격수를 동시에 투입했을 때조차 전방에서 선수들의 동선이 겹치지 않았다. 대신 그들은 다양한 지역으로 흩어져 각자의 역할을 해냈다. 물론 감독이 혼자 모든 상황을 통제할 수 있는 건 아니다. 무리뉴 감독은 때로는 작은 종이에 지시 사항을 적어 자신이 투입하는 교체 선수에게 이를 특정 선수한테 전달하라고 주문하기도 했다. 그가 이러한 방법을 쓴 이유는 단순히 말로 작전을 전달받는 것보다 특정 내용이 종이에 적혀 있는 것을 볼 때 이해력이 더 높은 선수가 있다는 사실을 파악했기 때문이다. 무리뉴 감독이 경기 도중 전달한 노트에는 대개 세트피스 시 역할 등 자세한 전술적 주문이 적혀 있었지만, 가끔씩은 그도 단순히 "무조건 이겨라!"라는 메시지를 적어 선수가 집중력을 유지할 수 있게 하기도 했다.

이처럼 무리뉴 감독은 프리미어리그에서 팀이 전술적으로 경기에 접근하는 방식을 새로운 차원으로 끌어올린 인물이다. 특히 그가 남긴 가장 위대한 유산은 4-3-3 포메이션의 보편화다. 무리뉴 감독의 첼시가 성공을 거듭하며 더 많은 팀이 4-3-3 포메이션을 활용했다. 그러나 이를 완벽하게 모방하지 못한 타 팀들의 4-3-3은 주로 4-5-1로 변할 때가 많았다. 마틴 오닐 애스턴 빌라 감독은 중앙 미드필더 가레스 배리를 왼쪽 측면에 배치해 이러한 시스템을 활용했다. 그러나 배리의 성향을 고려할 때, 그는 절대 4-3-3 포메이션에서 왼쪽 윙어 역할을 할 수 있는 선수는 아니었다. 다른 팀들한테는 불행한 일이었지만 로번이나 더프처럼 득점력까지 겸비한 윙어는 많지 않았다. 지안루카 비알리 전 첼시 감독은 2006년 인터뷰를 통해 "잉글랜드 축구에서 4-5-1 포메이션은 대다수가 최전방 공격수를 한 명으로 줄이고 중앙 미드필더를 한 명 더 늘리는 데 불과하다"고 말하기도 했다. 따라서 4-3-3이나 4-5-1 자체는 수비적일 필요가 없었지만, 잉글랜드에서는 이와 같은 포메이션이 일반적으로 수비적인 전술을 쓰는 팀들의 전유물이 되기 시작했다.

그러나 각종 기록을 파괴하며 첼시를 프리미어리그 정상에 올려놓은 무리뉴 감독의 업적은 그 당시에는 라파엘 베니테즈 감독이 이끈 리버풀의 그림자에 가려진 면이 있다. 첼시는 당시 잉글랜드 챔피언 자리에 등극했지만, 같은 시즌 리버풀은 유럽 챔피언이 됐기 때문이다.

리버풀과 첼시는 무리뉴 감독과 베니테즈 감독이 프리미어리그에 데뷔한 시즌에 무려 다섯 차례나 맞붙었다. 첼시는 프리미어리그에서 리버풀을 만난 두 경기에서 나란히 조 콜이 결승골을 뽑아내며 1-0으로 승리했고, 리그컵 결승전에서는 전후반을 1-1로 마친 후 연장전 끝에 3-2로 이겼다. 그러나 리버풀과 첼시는 챔피언스리그 4강에서 만나 1, 2차전을 통틀어 총 180분간 단 한 골밖에 나오지 않은 전형적으로 빡빡하고, 전술적인 혈투를 펼쳤다. 게다가 이 한 골마저도 골라인을 넘었느냐, 안 넘었느냐는 의견이 분분했다. 양팀의 경기가 이런 방식으로 진행된 이유는 전적으로 무리뉴 감독과 베니테즈 감독의 전술 때문이었다.

당시 무리뉴 감독과 베니테즈 감독이 맞붙은 다섯 경기 중 첫 번째 경기부터 잉글랜드 축구가 얼마나 수비적으로 변하고 있는지를 예고했다. 두 감독의 첫 맞대결이었던 2004년 10월 경기에서 첼시가 1-0으로 승리하자 많은 이가 프리미어리그가 이제는 수비적인 축구를 구사하고 있다고 지적했다. 〈가디언〉의 케빈 맥카라Kevin McCarra 기자는 경기가 지루했다는 점을 지적하며 "무리뉴 감독과 베니테즈 감독의 잉글랜드 입성 그리고 자크 상티니Jacques Santini 토트넘 감독이 잉글랜드에 미칠 영향을 고민해볼 필요가 있다. 그들이 프리미어리그가 보유한 국제적인 TV 중계권 계약의 가치를 떨어뜨리려고 잉글랜드에 온 건 아닐까?"라고 질문했다. 물론 맥카라 기자가 기고한 글은 농담이 섞인 칼럼이었지만, 이 시점의 프리미어리그는 분명히 자신감에 타격을 입었다. 프리미어리그는 출범 당시 TV를 통해 볼거리를 제공할 만한 콘텐츠 제공을 꿈꿨다. 그러면서 프리미어리그는 팬들을 가장 흥분시킬 만한 축구 리그가 되는 걸 목표로 삼았지만, 무리뉴 감독과 베니테즈 감독이 동시에 등장하며 대다수 팀들이 극단적으로 수비적인 축구를 구사하기 시작했다.

상티니 감독 또한 당시 유명세를 타던 외국인 감독이었다. 그는 프랑스 대표팀을 떠나 토트넘 감독을 맡았다. 상티니 감독은 부임 후 단 3개월 만에 경질되며 이렇다 할 족적을 남기지는 못했지만, 그 또한 수비적인 축구를 추구한 감독 중 한 명이었다. 실제로 그가 토트넘을 지휘한 11경기 결과는 각각 1-1, 1-0, 1-1, 1-0, 0-0, 0-0, 0-1, 1-0, 0-1, 1-2 그리고 0-2였다. 이 중 한 경기는 그가 무리뉴 감독의 첼시를 만나 거둔 무승부였다. 이날 경기는 프리미어리그 역사상 가장 기억에 남을 만한 무승부 중 하나였다. 무리뉴 감독은 경기가 끝난 후 "이런 경기를 두고 포르투갈에서는 상대 팀이 버스를 몰고 와 골대 앞에 세워뒀다고 말한다"며 상티니 감독의 토트넘이 펼친 수비 축구에 대해 불평했다. 그러면서 수비적인 축구를 하는 팀을 두고 "버스를 세운다parking the bus"는 표현이 유행처럼 번지기 시작했다. 스스로 수비 축구를 구사하던 무리뉴 감독이 오히려 상대 팀에게 역으로 당한 후 이 표현을 처음 쓴 점은 매우 아이러니하다. 이처럼 잉글랜드 축구는 오랜 시간 달리는 축구에 의존하다가 순식간에 '버스를 주차하는 감독'을 한꺼번에 세 명이나 맞이했다.

이후 상티니 감독을 대체한 건 그의 수석코치 마르틴 욜Maarten Jol이었다. 욜은 감독으로 부임한 후 찰턴에 2-3, 아스널에 4-5로 패했다. 토트넘이 상티니 감독 체제에서 치른 11경기에서는 총 14골이 나왔는데, 욜 감독이 부임한 후에는 두 경기 만에 14골이 터졌다. 이 중 토트넘이 아스널에 4-5로 패한 북런던 더비는 프리미어리그 역사상 유일하게 아홉 명이 득점을 기록한 경기로 남아 있다. 또한 이 경기는 프리미어리그 역사상 가장 매혹적인 승부였을 것이다. 그러나 무리뉴 감독은 이 경기를 탐탁지 않게 봤다.

무리뉴 감독은 이 경기에 대해 "5-4는 하키 경기 스코어지 축구 경기 스코어가 아니다. 팀 훈련 도중 3 대 3 경기에서도 5-4 경기가 나온다면, 나는 그들이 수비를 제대로 하지 않았다는 이유로 드레싱룸으로 돌려보낸다. 11 대 11 경기에서 이런 결과가 나온다는 건 수치스러운 일"이라고 말했다. 무리뉴 감독과 베니테즈 감독의 등장과 함께 도래한 시대는 이렇게 시작됐다. 이때부터 많은 골이 터지는 경기는 찬사가 아닌 비아냥을 들어야 했다.

무리뉴와 베니테즈
- 이베리아 반도의 영향 2

"우리는 모든 걸 완벽하게 준비했다. DVD 영상을 토대로 세트피스를 연습했고, 상대를 분석해 선수들에게 내용을 전달했다. 매 경기는 며칠간 준비한 과정의 결과물이었고, 그 과정은 수십 년간 쌓인 연구의 결과물이다."

- 라파엘 베니테즈

베니테즈 감독은 무리뉴 감독보다는 적은 관심을 받으며 잉글랜드에 입성했다. 그는 성격 또한 친근하지 않았고, 언론을 상대할 때도 더 신중한 편이었다. 그러나 학구파 기질이 강하고, 빼어난 전술적 감각으로 잉글랜드 축구를 바꿔놓았다는 점은 여러모로 무리뉴 감독과 비슷했다. 잉글랜드 클럽들이 2000년대 중반 챔피언스리그에서 강세를 보인 데는 베니테즈 감독이 크게 일조했다. 프리미어리그는 2008년 유럽축구연맹 리그 랭킹에서 1위에 올랐는데, 이는 유럽 무대 경험이 풍부한 무리뉴 감독과 베니테즈 감독이 잉글랜드에 입성한 데서 적지 않은 영향을 받은 결과였다.

많은 리버풀 팬들은 베니테즈 감독이 부임하자 큰 기대감을 드러냈다. 리버풀이 2년 전 베니테즈 감독의 발렌시아를 상대로 당한 완패를 여전히 기억하고 있었기 때문이다. 당시 발렌시아는 리버풀을 2-0으로 꺾었는데, 경기 내용은 그들이 점수 차를 더 크게 벌렸어도 이상할 게 없을 정도로 일방적이었다. 당시 가장 눈에 띈 장면은 발렌시아의 중앙 미드필드 조합을 이룬 루벤 바라하Ruben Baraja와 다비드 알벨다David Albelda가 중원에서 주고받은 훌륭한 패스 연계 후 내준 공을 왜소한 아르헨티나 출신 '10번' 파블로 아이마르Pablo Aimar가 마무리한 골이었다. 챔피언스리그 역사상 가장 멋진 '팀 골' 중 하나로 기억될 만한 이 장면은 리버풀 팬들의 뇌리에 강력히 남아 있었다. 당시 리버풀을 이끈 제라르 울리에 감독은 "유럽 무대에서 우리가 이 정도로 밀린 경기를 한 적이 있었는지 기억조차 나지 않는다"고 말하기도 했다. 리버풀 선수들도 베니테즈 감독의 지도를 받은 발렌시아가 보여준 조직력에 혀를 내둘렀다.

그러나 베니테즈 감독은 리버풀 사령탑으로 부임한 자리에서 궁극적인 목표는 우승이라는 점을 강조하면서도 재미있는 경기를 하겠다거나 천재성이 돋보이는 선수를 활용하겠다는 공언은 하지 않았다. 그는 말 그대로 전략이 그 자체였다.

베니테즈 감독은 10대 시절부터 체스를 즐겼는데, 그가 축구를 보는 방식도 비슷했다. 그는 "축구는 체스처럼 앞으로 벌어질 일을 생각하고 분석해야 한다. 플랜 A, 플랜 B, 플랜 C가 준비돼 있어야 한다. 침착하게 상황을 판단해서 계획을 실천으로 옮겨야 하고, 항상 준비된 상태로 상대의 움직임을 예측할 수 있어야 한다"고 말했다. 물론 이는 어떠한 스포츠에도 적용되는 개념이지만, 베니테즈 감독이 본 체스와 축구의 유사성은 분명히 남달랐다. 그는 체스를 설명하며 "공격을 전개할 적절한 순간을 기다리며 중원을 통제해야 한다. 매우 적극적으로, 매우 공격적으로 체스를 두는 사람도 있지만, 이는 수비를 잘하는 상대에게는 매우 위험한 접근 방식이다. 상대의 역습에 당할 수 있기 때문"이라고 설명했다.

신기하게도 베니테즈 감독은 리버풀에서 이와 똑같은 방식의 축구를 구사했다. 특히 그는 무리뉴 감독의 첼시를 상대할 때는 더 눈에 띄게 이러한 방식으로 경기를 풀어갔다. 베니테즈 감독은 무리뉴 감독이 이끄는 첼시가 공격으로 전환하는 속도가 매우 빠르다는 점을 의식해 더 조심스럽게 경기를 하며 상대의 흐름에 휘말리는 상황을 철저히 예방했다. 베니테즈 감독 체제에서 뛰어본 경험이 있는 선수들도 그가 체스를 두듯이 작전을 지시했다고 설명했다. 그는 선수 개개인을 존재의 목적이 뚜렷한 사물로 여겼고, 사기 진작을 위한 지지와 격려는 가끔씩 해주는 것만으로 충분하다고 생각했다. 당시 리버풀 주장 스티븐 제라드는 베니테즈 감독의 지도 방식에 대해 "선수가 어떤 사람인지를 이해하는 데 그가 관심이 있었는지 의문"이라고 말하기도 했다.

베니테즈는 선수 시절 스페인 대표로 출전한 세계 대학 선수권 대회 도중 당한 무릎 부상으로 고생하다가 끝내 어린 나이에 현역 은퇴를 선언해야 했다. 그러나 그는 스페인 대학생 대표로 선발됐을 정도로 젊은 시절부터 학구열이 강했다. 이후 베니테즈는 레알 마드리드에서 지도자로 성장하며 짧게나마 훗날 챔피언스리그와 월드컵을 모두 석권한 비센테 델 보스케 감독의 코치로도 활약했다. 그러나 베니테즈는 델 보스케 감독이 1994년 레알을 떠나고 '로맨티시스트' 성향이 짙은 호르헤 발다노Jorge Valdano가 감독으로 부임하자 B팀(2군) 감독으로 강등됐다. 발다노와 베니테즈는 어리지만 창조적이고 전형적인 스페인식 플레이메이커였던 산드로Sandro를 기용하는 방안을 두고 충돌했다. 발다노 감독은 산드로가 B팀에서 더 자유로운 역할을 맡아야 한다고 주장했다. 그러나 베니테즈 감독은 산드로의 전술 이해력이 떨어진다며 그를 자주 선발 명단에서 제외했다. 이처럼 베니테즈 감독의 생각은 명확했다. 그에게는 전술이 재능보다 우선이었다.

　베니테즈는 현역 시절 스스로 경기력을 분석하기 위해 자신이 출전한 경기를 촬영하는 습관이 있었다. 그러면서 그는 자기만의 축구 영상 자료집을 만드는 데 집착했다. 그는 지도자가 된 후에도 분석팀을 구성하기 전까지는 두 대의 카메라가 촬영하는 두 영상을 TV로 연결해 자신이 직접 분석 작업을 했다. 당시 베니테즈 감독이 카메라 두 대를 사용한 이유는 한 대로는 경기장 전체를 촬영하며 흐름을 읽고, 다른 한 대는 구체적인 상황을 포착하는 용도로 쓰기 위해서였다. 그러면서 베니테즈 감독이 만든 축구 영상 자료는 점차 규모가 커졌다. 이후 그는 경기를 앞두고 선수들을 불러 영상 분석을 선보이며 작전을 지시했는데, 당시만 해도 이러한 지도 방식은 매우 혁신적이었다. 심지어 베니테즈 감독이 바야돌리드 시절 가벼운 차 사고가 난 후 문제를 수습하고 돌아와 드레싱룸에 들어서자 한 선수는 "무사해서 다행이다. 비디오 재생기가 당신을 그리워할 뻔했다"고 농담을 하기도 했다.

　베니테즈 감독은 선수와 함께 호흡하기보다는 영상을 보며 분석하는 것을 더 편하게 여긴 감독이었다. 그는 당시 가정용 컴퓨터 ZX 스펙트럼ZX Spectrum과 오락용 컴퓨터 아타리Atari 등을 활용해 다양한 정보를 보관한 몇 안 되는 축구 감독 중 한 명이었다. 심지어 베니테즈 감독은 자기 자신을 "노트북 컴퓨터를 든 외톨이"라고 부른 적도 있다. 리버풀 사령탑으로 부임한 그는 사무실 벽 한 쪽을 축구 영상이 담긴 DVD로 가득 채웠고, 이 중 몇몇 자료를 제이미 캐러거에게 빌려주기도 했다. 그가 캐러거에게 빌려준 영상에는 자신이 지도한 발렌시아의 수비 장면과 AC 밀란 중앙 수비수 프랑코 바레시의 활약상 등이 포함됐다.

　과거 바레시가 수비진을 지키고 아리고 사키 감독이 이끈 AC 밀란은 젊은 베니테즈에게 큰 영감을 남긴 팀이다. 베니테즈 감독이 직접 당시 AC 밀란을 가리켜 "수준 높고, 규율이 잘 잡힌 데다 강도 높은 축구를 한다"고 표현했을 정도다. 사키 감독은 AC 밀란을 이끌고 가차 없는 공격력을 보여줬지만, 그가 무엇보다 강조한 건 적극적인 오프사이드 트랩 활용과 4-4-2 포메이션을 기반으로 한 경이로울 정도로 탄탄한 수비 조직력이었다. 당시 AC 밀란은 최전방 공격수와 최후방 수비수가 최대한 촘촘하게 진영을 만들어 라인 사이에 공간이 발생하지 않도록 했다. 사키는 "최종 수비수와 최전방 공격수 사이 공간을 25m로 줄일 수 있으면 선수들의 능력을 고려할 때 우리를 이길 만한 팀은 없다. 그래서 팀은 위아래, 좌우로 움직일 때 항상 조직적이어야 한다"고 말했다.

베니테즈 감독이 지휘봉을 잡은 리버풀도 비슷한 성향을 보여줬다. 전임 제라르 울리에 감독은 무엇보다 팀이 양옆으로 좁은 진영을 구축하는 게 중요하다며 때로는 윙어 대신에 중앙 미드필더를 중용하거나 중앙 수비수 네 명으로 수비 라인을 구성하기도 했는데, 이러한 팀을 물려받은 건 베니테즈 감독에게 행운이었다. 여기에 베니테즈 감독은 앞뒤로도 좁은 진영을 구축하는 데 집중했다. 경기 도중 그가 테크니컬 에어리어에서 긴장한 표정으로 마치 판토마임으로 아코디언을 연주하는 듯한 동작을 보여주며 수비 라인, 미드필드, 공격 라인의 간격을 좁히라고 지시하는 모습은 꽤 자주 볼 수 있었다. 캐러거는 "만나는 팀마다 우리를 상대하는 걸 증오했다. 우리가 그들에게 숨쉴 공간조차 허용하지 않았기 때문이다. 경기는 물론 훈련에서도 내가 가장 많이 들어야 했던 말은 '콤팩트!'다. 라파(베니테즈의 애칭)와 1년간 함께하자 우리는 마치 로봇이 된 기분이었다. 우리는 그가 원하는 게 무엇인지 정확히 알고 있었다. 우리는 그가 만족해할 때까지 똑같은 훈련을 계속 반복했다"고 말했다.

베니테즈 감독이나 그의 코치 중 한 명은 경기를 앞둔 훈련에서 선발로 출전할 11명을 각자 자리에 세워두고 그 사이사이로 자신이 볼을 잡고 움직이며 주변 선수에게 압박을 주문했다. 이 상황에서 볼에서 가장 가까운 위치에 서 있던 선수가 압박을 가하면, 나머지 10명은 그 방향에 따라 각자 위치를 선정하는 식이었다. 그러면서 리버풀은 라인 사이 공간을 최대한 줄이는 방법을 연마할 수 있었다. 이 훈련은 베니테즈 감독이 사키 감독으로부터 직접 배운 방식이었다. 그는 사키 감독이 AC 밀란과 이탈리아를 이끈 시절 직접 팀 훈련을 관전할 기회가 있었다. 이 때문에 훗날 사키 감독이 리버풀을 두고 한 칭찬은 아마 베니테즈 감독에게 큰 의미가 있었을 것이다. 사키 감독은 베니테즈 감독의 리버풀을 가리켜 "두 가지 방식으로 좋은 본보기가 된 팀이다. 그들은 투혼과 전술적인 조직력이 모두 돋보이는 팀이다. 베니테즈 감독은 자신이 무엇을 어떻게 해야 하는지를 알고 있다. 그의 리버풀은 재능이 부족하지만, 진정한 의미의 '팀'이다. 그들은 콤팩트한 축구를 구사하고 또 현대적"이라고 평가했다.

 리버풀의 경기력이 최고조에 달했을 때는 무게중심을 뒤로 빼고 깊숙한 위치에서 수비를 펼치면서도 매우 적극적인 오프사이드 트랩을 활용하는 유연성을 선보였다. 그러나 한 가지 변하지 않은 점은 리버풀은 골키퍼까지 포함해 11명을 모두 좁은 간격으로 세우는 팀이었다는 사실이다. 골키퍼 예르지 두덱Jerzy Dudek은 베니테즈 감독의 부임 초기에 수비 라인과 가까운 위치에 서야 한다는 주문을 받고 놀랐다는 심정을 밝히기도 했다. 그는 "적응하는 데 거의 한 시즌 전체가 걸렸다"며 어려움을 호소했다. 이 와중에 베니테즈 감독은 두덱보다는 '스위퍼 키퍼sweeper-keeper' 역할에 능한 페페 레이나Pepe Reina 영입을 준비하고 있었다.

 리버풀 선수들은 베니테즈 감독이 부임한 후 맞은 프리시즌 기간 중 팀이 전술 훈련에 상당한 시간을 할애하게 된 데에 큰 충격을 받았다고 말했다. 반대로 베니테즈 감독은 리버풀 선수들이 전술 이해력이 현저히 떨어진다며 놀라움을 금치 못했다. 그는 리버풀이 지나치게 즉흥적으로 플레이한다고 믿었고, 더 체계적인 경기 운영이 필요하다며 스티븐 제라드에게 활동량이 너무 많다고 지적했다. 베니테즈 감독은 패스 연계에 관여하지 않는 공격진의 제한적인 능력에도 놀라움을 드러냈다. 그러나 베니테즈 감독은 끝내 리버풀을 훨씬 더 조직적이고, 구조가 명확히 잡힌 팀으로 바꿔놓았다.

베니테즈 감독은 리버풀만큼이나 상대 팀을 분석하는 데도 신경 썼다. 때때로 그는 무려 30장짜리 분석 자료를 작성해 이를 최대한 간추려 15~20분간 팀 미팅에서 선수들과 내용을 공유했다. 그는 매 경기 팀의 전술을 최대한 숨기는 데 집착했고, 주전 11명도 경기를 앞두고 발표했다. 몇몇 선수들은 베니테즈 감독이 지나치게 신중하다며 불만을 나타내기도 했다. 베니테즈 감독이 보안에 집착한 나머지 선수들이 정신적으로 경기에 준비할 여유가 없었다는 게 그들이 불만을 품은 이유였다. 그러나 베니테즈 감독은 상대 팀에게 먼저 정보를 흘려서는 안 된다며 자신이 세운 방침을 끝까지 바꾸지 않았다. 이처럼 베니테즈 감독은 리버풀 선수들의 심리 상태보다는 상대 팀이 자신이 세운 전략에 대응할 가능성을 더 우려하는 감독이었다. 이 부분 또한 베니테즈라는 감독의 성향을 아주 잘 보여주는 부분이다.

베니테즈 감독은 홈구장 안필드에서 치른 첫 경기에서 맨시티를 2-1로 꺾었다. 그러나 정작 그는 양 팀 벤치 사이 거리가 지나치게 가까워서 작전을 지시하면 상대 감독이 이를 엿들을 수 있다며 우려를 드러냈다. 이를 의식한 베니테즈 감독은 스페인에서 온 리버풀 선수 호세미에게 스페인어로 작전을 지시한 뒤, 그가 나머지 선수들에게 영어로 개별적인 작전을 설명하게 했다. 여기서 아이러니한 점은 이 경기에서 베니테즈 감독을 상대한 맨시티 사령탑이 케빈 키건 감독이었다는 사실이다. 키건 감독은 뉴캐슬 시절 보여줬듯이 상대 팀 전술에는 별 관심이 없는 인물이다.

　리버풀 선수들은 베니테즈 감독의 부임 초기에 그가 세트피스 수비 시 지역방어를 지시한 데에 거부감을 드러냈다. 실제로 베니테즈 감독은 세트피스를 수비할 때 상대 선수를 한 명씩 막는 게 아닌 특정 구역마다 선수를 배치해 상대의 침투를 차단해야 한다고 주문했다. 그러나 리버풀은 이러한 작전을 지시받은 직후에는 색다른 수비 전술에 적응하지 못해 어려움을 겪었고, 조롱의 대상이 되기도 했다. 그러나 리버풀은 베니테즈 감독이 지휘한 첫 시즌에 세트피스로 12골을 실점했는데, 이는 프리미어리그 전체를 통틀어 네 번째 낮은 세트피스 실점률이었다. 이어 리버풀은 2005-06시즌, 2006-07시즌 연속 단 6골로 프리미어리그에서 최소 세트피스 실점을 기록했다. 베니테즈 감독은 부임 초기에 세트피스 수비 시 지역방어를 주문한 자신의 지시 사항에 선수들이 강하게 반대했으나 끝까지 뜻을 굽히지 않았고, 결국 그의 결정은 장기적으로 팀을 올바른 길로 이끌었다.

　캐러거는 "우리는 베니테즈 감독의 주문대로 지역방어 수비를 펼치면서 실점을 줄일 수 있었다. 세트피스를 수비할 때 지역방어를 하다가 실점하면 수비 전술 자체가 모든 비난을 받게 돼 체감상으로는 우리가 더 많은 실점을 한 것처럼 느껴질 뿐이다. 그러나 반대로 대인방어로 세트피스 수비를 펼치다가 실점하면 팀이 아닌 선수 개인이 책임을 져야 한다"고 설명했다. 그러나 베니테즈 감독이 유지한 세트피스 시의 지역방어가 잉글랜드에서 마치 해외로부터 흘러들어온 영향처럼 여겨진 것은 분명히 이상한 현상이다. 조지 그래엄 감독이 이끈 아스널은 1990년대 잉글랜드 축구에서 가장 추앙받는 수비력을 선보였고, 그들도 당시 세트피스를 수비할 때는 지역방어를 펼쳤다. 어찌 됐든 베니테즈 감독은 선수들의 의구심에도 불구하고 리버풀에서 자신이 세운 전술과 팀 내 규율을 굳건히 믿으면서 결과를 만들어냈다. 조직력과 구조를 구축하는 것을 선수 개개인의 재능보다 더 중요하게 여긴 당시 리버풀의 수비 전술도 베니테즈 감독에게 매우 잘 어울리는 수비 전술이었다. 이외에도 베니테즈 감독은 잦은 로테이션 시스템을 가동했는데, 이를 두고도 비합리적일 정도로 많은 비판을 받아야 했다.

리버풀은 베니테즈 감독을 선임한 후 맞은 첫 시즌에 프리미어리그에서는 5위를 기록하며 실망스러운 모습을 보였다. 그러나 리버풀은 챔피언스리그에서는 16강 이후 토너먼트 단계에 돌입하며 인상적인 경기력을 선보이기 시작했다. 리버풀이 객관적인 전력에서 앞서는 팀을 상대로 수비적인 경기를 펼쳐야 했던 단판전은 베니테즈 감독의 성향에 딱 들어맞는 경기들이었다. 당시 리버풀이 챔피언스리그에서 거둔 성공은 맨유가 1999년 유럽 정상에 오른 방식과 매우 비슷했다. 리버풀은 토너먼트 단계에 접어든 후 전술적으로 매우 성숙한 모습을 보이며 결승전에 진출했다. 이어 리버풀은 결승전에서 완전히 압도당하고도 도저히 상상조차 할 수 없었던 방식으로 승부를 뒤집는 데 성공했다.

그러나 이 시즌 리버풀의 챔피언스리그 맹활약은 조별 리그 마지막 경기에서 시작됐다. 리버풀은 조별 리그 최종전을 앞두고 다섯 경기에서 단 승점 7점을 획득하는 데 그치며 마지막으로 남은 올림피아코스와의 홈경기에서 반드시 이겨야 16강 진출을 내다볼 수 있었다. 이미 리버풀은 앞선 올림피아코스 원정에서 0-1로 패했고, 승자승 원칙에 따라 홈에서 열린 최종전에서 1실점이라도 한다면 무조건 최소 세 골은 넣고 이겨야 16강에 오를 수 있었다. 이 때문에 올림피아코스가 히바우두의 프리킥으로 선제 득점에 성공하자 리버풀은 기적을 일으켜야 하는 상황에 직면했다.

베니테즈 감독은 하프타임에 승부수를 띄웠다. 그는 왼쪽 측면 공격수 지미 트라오레Djimi Traore를 빼고 프랑스 출신 공격수 플로랑 시나마 퐁골

Florent Sinama Pongolle을 교체 투입하며 수비진을 3백으로 전환했다. 시나마 퐁골은 교체 투입된 지 2분 만에 득점에 성공했다. 그러자 베니테즈 감독은 78분 밀란 바로시Milan Baroš를 빼고 '신예' 닐 멜러Neil Mellor를 투입했다. 이어 멜러마저 2분 만에 득점하며 리버풀이 한 골만 더 넣으면 16강 진출을 이룰 발판을 마련했다. 결국 이날의 영웅이 된 건 제라드였다. 제라드는 멜러가 지능적으로 떨궈준 패스를 강력한 하프 발리슛으로 연결해 골망을 흔들었다. 이는 물론 제라드의 훌륭한 개인 기량이 만들어낸 전설적인 순간이었지만, 그 뒷면에는 더 중요한 요인이 숨어 있었다. 전반전이 끝난 후 베니테즈 감독이 포메이션을 바꾼 데 이어 차례로 투입한 교체 요원들의 활약 덕분에 나올 수 있었던 상황이었기 때문이다. 리버풀은 이날 후반에만 세 골을 터뜨리며 승부를 뒤집었는데, 그들은 머지않아 비슷한 상황을 또 연출했다.

리버풀은 16강에서 바이엘 레버쿠젠을 만났다. 레버쿠젠은 상대하기가 버거울 정도로 전력이 강한 팀은 아니었지만, 불과 2년 전 리버풀에 고통을 안긴 상대였다. 당시 제라르 울리에 감독이 이끈 리버풀은 8강 1차전에서 레버쿠젠을 1-0으로 꺾었다. 이어 리버풀은 독일에서 열린 2차전 경기에서 60분까지 1-1 동점으로 균형을 이루며 4강 진출을 눈앞에 두고 있었다. 그러나 울리에 감독은 이 시점에서 수비형 미드필더 디트마르 하만Dietmar Hamann을 빼고 공격 성향이 강한 블라디미르 스미체르Vladimir Smicer를 투입하는 이해하기 어려운 결정을 했다. 그러면서 리버풀은 무너지기 시작했고, 단 30분 사이에 무려 세 골을 실점하며 2-4로 패했다. 리버풀이 어이없게 8강에서 탈락한 뒤, 울리에 감독은 그날 밤 호텔에서 팀 미팅을 열고 선수들에게 자신의 교체에 대해 언론에 얘기하지 말라고 경고했다. 울리에 감독은 스스로 실수를 했다는 사실을 알고 있었고, 이 시점이 그가 리버풀에서 하락세를 타기 시작한 순간이기도 했다.

그러나 리버풀 미드필더 하만은 2005년 다시 만난 레버쿠젠을 상대로 1, 2차전 경기에서 핵심적인 역할을 하며 팀이 합계 6-2로 승리하는 데 일조했다. 1, 2차전을 나란히 1-3으로 패한 레버쿠젠이 기록한 두 골 또한 느지막한 시점에 터진 만회골에 불과했다. 리버풀은 좁고 촘촘한 진영을 구축했고, 공격진은 전방에서 강한 압박을 가하며 레버쿠젠의 빌드업을 방해했다. 하만은 사비 알론소가 빠진 자리를 메운 이고르 비스찬$_{Igor\ Biscan}$과 미드필드 조합을 이루며 수비진을 훌륭하게 보호했다. 재미있는 점은 베니테즈 감독이 60분경에 2년 전 울리에 감독과 마찬가지로 하만을 빼고 스미체르를 투입하는 선수 교체를 했다는 사실이다. 그러나 울리에 감독과 달리 베니테즈 감독이 하만을 교체한 시점에 레버쿠젠은 6골을 넣어야 승부를 뒤집을 수 있었다. 사실상 승부는 이미 끝난 상태였으며 베니테즈 감독이 하만을 교체한 이유는 그에게 휴식을 부여하기 위해서였다.

리버풀의 다음 상대는 유벤투스였다. 베니테즈 감독은 홈경기에서 4-4-2 포메이션을 썼다. 리버풀의 프랑스 출신 신예 공격수 안소니 르 탈렉$_{Anthony\ Le\ Tallec}$은 바로시와 호흡을 맞추며 최고의 활약을 펼쳤다. 리버풀은 팀 훈련을 통해 연마한 세트피스 공격을 통해 사미 히피아$_{Sami\ Hyypia}$가 루이스 가르시아$_{Luis\ Garcia}$의 도움을 받아 득점에 성공하며 선제골을 넣었다. 선제골을 도운 가르시아는 추가골을 자신이 직접 넣으며 점수 차를 벌렸다. 리버풀은 이 경기에서도 좁은 진영을 구축하며 유벤투스 플레이메이커 파벨 네드베드$_{Pavel\ Nedved}$에게 공간을 허용하지 않았다. 이후 파비오 칸나바로$_{Fabio\ Cannavaro}$가 만회골을 넣긴 했지만, 리버풀은 계속 경기를 주도했다.

리버풀은 이어진 2차전 원정경기에서 가장 베니테즈다운 축구를 구현했다. 리버풀은 90분간 단 한 개의 유효 슈팅을 기록하지 못하고도 0-0

무승부를 거두며 4강 진출에 성공했다. 또한 베니테즈 감독은 상대를 혼란시키기 위한 노림수로 리드를 지켜냈다. 그는 유벤투스가 좁은 진영을 구축한 채 최전방 공격수 두 명을 배치할 것으로 전망하며 2차전을 앞두고 일주일 내내 단 한 번도 시도해본 적이 없는 3-5-1-1 포메이션을 바탕으로 팀 훈련을 진행했다. 이어 베니테즈 감독은 경기를 하루 앞두고 열린 공식 기자회견에 참석한 두덱에게 리버풀이 4-4-2 포메이션으로 경기에 나설 계획이라고 말하라고 시키며 파비오 카펠로Fabio Capello 유벤투스 감독을 혼란스럽게 만들었다. 실제로 베니테즈 감독은 경기 시작 전 킥오프 상황에서 4-4-2 포메이션을 연상시키는 진영으로 경기장에 선수를 배치했다. 그러나 리버풀은 경기 시작과 함께 몇 분 지나지 않아 미리 계획해둔 3-5-1-1 포메이션을 가동하며 유벤투스를 골탕 먹였다. 카펠로 감독은 파벨 네드베드Pavel Nedved, 알레산드로 델 피에로Alessandro Del Piero, 즐라탄 이브라히모비치Zlatan Ibrahimovic를 앞세워 중원을 활용하려고 했지만, 리버풀의 3백과 중앙 미드필더 세 명이 이 구역을 장악했다.

그렇게 성사된 경기가 바로 지금까지도 유명한 대결로 기억되는 당시 챔피언스리그 4강전이었다. 무리뉴 감독의 첼시와 베니테즈 감독의 리버풀이 챔피언스리그 4강에서 격돌하며 드디어 프리미어리그 구단도 유럽 무대에서 실력을 발휘할 수 있다는 점을 증명했다. 또한 이는 불과 1년 전 해외에서 활동하며 유럽 무대에서 성공한 외국인 감독의 영향이 있었기에 가능한 성과였다. 아마 당시 이 맞대결은 잉글랜드 구단끼리 격돌한 경기 중 가장 전술적인 승부였을 것이다. 무리뉴 감독과 베니테즈 감독은 서로를 막는 데 더 집중하는 지도자였기 때문이다.

두 팀의 대결은 마치 결승전 같은 분위기 속에서 진행됐지만, 이론적으로는 첼시의 압도적인 우세가 예상됐다. 실제로 당시 첼시는 프리미어리그에서 리버풀에 승점 37점 차로 앞선 상태였다. 오히려 리버풀은 당시 첼시보다는 리그 최하위 사우샘프턴과의 승점 차가 더 적었다. 베니테즈 감독은 시간이 지난 후 당시 첼시와의 격차를 인정하며 "기량 차이를 극복하는 유일한 방법은 집중력이었다. 우리가 구성한 선발 라인업은 단단함을 추구하기 위한 선수로 짜였다. (중략) 그날 밤에는 아름다움보다는 끈질김이 더 중요했다"고 말하기도 했다. 베니테즈 감독은 첼시와의 챔피언스리그 경기를 앞둔 어느 하루에는 경기 전술을 짜고 상대를 연구하는 데 무려 22시간을 썼다.

1차전은 따분한 0-0 무승부로 끝났다. 두 팀 모두 상대의 역습을 막는 데만 집중하며 노골적인 수비 축구를 구사했다. 존 테리는 경기가 끝난 후 "솔직히 말해 경기의 결말이 실망스럽다. 경기에 생기가 돌지 않았다. 양 팀이 다 조심스러운 경기를 했다. 심지어 경기가 시작도 하지 않은 느낌이 든다"고 말했다. 이와 반대로 리버풀은 0-0 무승부에 큰 만족감을 나타냈다. 베니테즈 감독의 수석코치 파코 아예스타란Pako Ayestaran은 "일주일간 우리가 일한 결과물을 만들었다. 우리는 첼시를 분석하는 데 엄청난 시간을 투자했고, 수많은 영상 자료를 검토했다. 우리의 분석 작업은 정상적이지 않은 범위까지 도달했다. 아름다운 경기는 아니었지만, 우리의 완벽한 준비와 실행 능력이 그대로 드러난 만큼 이 경기는 보고 또 볼 수 있을 것"이라고 말했다.

결정적으로 리버풀은 팀 내 가장 창조성이 빼어난 미드필더 알론소가 1차전 구드욘센의 과장된 파울 유도 탓에 경고 누적으로 2차전에 출전할 수 없게 됐다. 이후 일부 언론은 구드욘센이 알론소에게 그의 경고 횟수를 일찍감치 파악하고 파울을 유도해 경고 누적을 유도했다고 직접 말해줬다고 보도하기도 했다. 이는 이 경기의 성질로 미루어볼 때 충분히 일어날 만한 일이었다. 구드욘센처럼 화려한 축구를 구사할 줄 아는 선수도 수비 전략을 지시받았을 때는 스스로 잘하는 경기를 하기보다는 냉소가 나올 정도로 상대를 막는 데만 급급했다. 스탬포드 브리지에서 1차전 경기를 마친 알론소는 드레싱룸에 들어선 후 눈물을 흘렸다.

그러나 리버풀은 2차전 홈경기에서 1-0으로 승리했다. 열광적인 관중 앞에서 치러진 이 경기는 예상대로 빡빡하고, 밀도 높은 전술적인 승부였다. 또 빼어난 활약을 펼친 건 하만이었다. 테리마저 경기가 끝난 후 "하만은 훌륭했다"고 말했다. 독일인 미드필더 하만이 중원을 장악하며 첼시는 단순한 롱볼 위주로 경기를 풀어가야 했다. 그러나 무리뉴 감독은 리그컵 결승전에서 리버풀을 상대로 비슷한 방식으로 경기를 풀어가며 제라드의 자책골을 유도했다. 첼시 중앙 수비수 로베르트 후트Robert Huth는 막강한 제공권을 앞세워 최전방 공격수 자리로 올라서며 노골적인 '뻥 축구'를 구사하기도 했다.

이 맞대결에서 가장 논란이 된 건 루이스 가르시아의 결승골이었다. 윌리엄 갈라스William Gallas는 골라인 부근에서 가르시아의 슈팅을 걷어냈다. 그러나 그가 골라인을 넘어서 공을 걷어냈는지, 아니면 앞서 걷어냈는지를 100% 확인할 방법이 없었다. 그대로 득점이 인정되며 리버풀은 승리할 수 있었지만, 무리뉴 감독은 이후 수년간 당시 판정에 대해 불평했다. 그러나 무리뉴 감독은 만약 골이 인정되지 않았다면 골키퍼 페트르 체흐가 바로시에게 범한 파울이 선언돼 퇴장과 함께 페널티킥을 헌납했을 수도 있다는 점을 간과했다. 게다가 가르시아는 결승골을 넣기에 매우 적합한 선수였다. 리버풀이 구축한 구조적이고, 조직적인 데다 많은 체력 소모가 요구되는 전술적 틀 안에서 차이점을 만들어낼 만한 유일한 선수는 체격이 왜소하지만 예측하기 어려운 플레이와 좁은 공간에서 발재간을 부리며 슈팅을 시도할 수 있는 가르시아였다.

리버풀이 결승전에서 AC 밀란을 상대로 거둔 역전승은 실로 역사적이었다. 리버풀은 AC 밀란의 역습 축구에 철저히 당하며 0-3으로 뒤진 채 전반전을 마쳤다. 그러나 리버풀은 전술을 바꾸고, 하만을 교체 투입하며 단 15분 만에 3-3으로 승부를 원점으로 돌려놓았다. 단순히 말하자면, 베니테즈 감독은 축구 역사상 가장 효과적이고, 결정적인 전술 변화를 이뤄냈지만 현실은 훨씬 더 복잡했다.

애초에 베니테즈 감독이 하만을 선발 명단에서 제외한 것 자체가 놀라운 결정이었다. 그는 프리미어리그에서 알론소와 제라드만으로 미드필드 조합을 구성한 적이 있지만, 챔피언스리그에서는 매번 수비형 미드필더를 한 명씩 배치해왔다. 크로아티아 출신 수비형 미드필더 비스찬은 리버풀이 토너먼트 단계에 돌입한 후 치른 여섯 경기에 모두 선발 출장했고, 이 중 세 경기에서는 하만과 함께 조합을 이루며 매우 수비적인 모습을 보여줬다. 게다가 베니테즈 감독은 상대에 따라 맞춤형 전술을 쓰는 데 집착하는 지도자였다. 카를로 안첼로티 감독이 이끈 AC 밀란은 안드레아 피를로, 클라렌스 세도르프Clarence Seedorf, 카카Kaka로 이어지는 플레이메이커 삼인방을 앞세우고 수비형 미드필더 젠나로 가투소Gennaro Gattuso가 균형을 잡아주는 다이아몬드형 미드필드를 구성했다. 때로 카를로 안첼로티 감독은 여기에 공격수 대신 후이 코스타가 추가된 4-3-2-1 포메이션을 썼다. 이처럼 AC 밀란은 유럽 내 어느 팀보다 중원에서 창의성을 발휘할 수 있는 미드필더를 많이 보유하고 있었다.

이번 경기에서도 베니테즈 감독은 킥오프를 앞두기 전까지 선수들에게 선발 라인업을 공개하지 않았지만, 그는 제라드에게만 따로 4-4-2 포메이션을 활용할 계획이라고 귀띔해줬다. 베니테즈 감독은 제라드에게 알론소와 둘이서만 미드필드 조합을 이뤄야 한다는 점을 숙지시키며 해리 키웰을 공격수 밀란 바로시 뒷자리에 배치하겠다고 전했다. 제라드로부터 이를 전해 들은 캐러거는 어안이 벙벙했다. 그는 "나는 디디(하만의 애칭)가 카카가 가할 만한 위협을 봉쇄할 수 있다는 점을 의심하지 않았다. 나는 물론 디디에게도 그가 결승전에서 선발로 출전하지 않는 건 전혀 예상하지 못했던 일이다. (중략) 물론 나는 베니테즈 감독이 선발 라인업을 우리에게 공개하기 전까지 이를 알고 있다는 사실을 알려서는 안 됐다. 그러나 내 마음속 한편에서는 감독에게 그가 틀렸다는 말을 해주고 싶은 욕구가 강하게 있었다"고 말했다.

하만 역시 적지 않은 충격을 받았다. 그는 베니테즈 감독이 킥오프를 앞두고 선발 라인업을 공개했을 때, 설마 자신이 포함되지 않았으리라고는 전혀 예상하지 못했다. 실제로 하만은 제라드가 수비형 미드필더로 낮은 지역에 배치된다는 것을 듣고 처음에는 '알론소를 출전시키지 않다니'라고 생각할 정도였다.

그렇다고 해서 베니테즈 감독이 카카의 존재를 간과한 건 아니었다. 그는 AC 밀란이 치른 수많은 경기를 연구하며 영상 분석을 통해 카카의 움직임을 분석했다. 그러나 정작 경기가 시작되자 알론소와 제라드는 버텨내지 못했다. 제라드는 경기가 끝난 후 "볼을 발밑에 두고 저렇게 빠른 선수를 본 건 처음이었다. 카카는 정말 빛의 속도로 달렸다"며 놀라움을 드러냈다. AC 밀란은 파올로 말디니Paolo Maldini가 세트피스를 통해 터뜨린 골로 앞서갔다. 이후 리버풀은 점유율을 높이며 공격을 펼치려고 했지만, AC 밀란의 역습은 훌륭했다. 카카는 안드레이 셰브첸코Andrei Shevchenko와 에르난 크레스포가 리버풀 중앙 수비진을 형성한 캐러거Carragher와 히피아의 위치를 좌우 측면으로 벌려놓으며 창출한 공간을 집요하게 파고들었다. 이어 크레스포는 연속으로 두 골을 터뜨렸는데, 그의 두 번째 골은 경이로운 수준이었다. 카카는 볼을 잡아 돌아서며 제라드를 멋지게 제친 뒤, 상대 수비 뒷공간으로 완벽한 패스를 찔러줬다. 공간으로 침투한 크레스포는 첫 번째 터치로 오른발 슛을 연결해 점수 차를 3-0으로 벌렸다. 사실상 승부는 이대로 결정되는 분위기였다. 실제로 리버풀 수비수 캐러거도 하프타임에 동료들에게 참패는 피해야 한다며 패배를 받아들이는 듯한 모습을 보였다.

그러나 리버풀은 변했다. 베니테즈 감독은 수비 라인을 3백으로 전환하며 지미 트라오레를 교체시키려고 했다. 그래서 트라오레는 몸을 씻기 위해 샤워실로 들어갔다. 그러면서 베니테즈 감독은 하만을 불러 칠판에 도표를 그려가며 카카를 막을 작전을 지시했다. 이후 그는 하만에게 서둘러 운동장으로 나가 일찌감치 몸을 풀라고 주문했다. 이외에도 베니테즈 감독은 공격수 지브릴 시세마저 교체 투입할 생각이었지만, 코칭스태프로부터 전반전 도중 해리 키웰이 부상을 당해 이미 한 차례 교체를 했다는 지적을 받고는 후반전 시작과 함께 교체 카드를 전부 다 쓰는 건 위험하다고 판단했다. 그러나 리버풀 의료진이 베니테즈 감독에게 오른쪽 측면 수비수 스티브 피넌Steve Finnan이 90분을 전부 소화할 상태가 아니라고 경고하자 그는 샤워실로 들어간 트라오레를 다시 불러냈다. 베니테즈 감독은 다시 유니폼을 입고 경기에 나설 준비를 하는 트라오레가 이미 벗어 던진 양말을 찾는 동안 그에게 전술 변화를 설명하는 촌극을 연출하기도 했다.

베니테즈 감독이 작전을 지시하는 데 활용하는 칠판은 난장판이 됐다. 몇몇 리버풀 선수는 당시 베니테즈 감독이 후반전 포메이션을 설명하며 선수 12명을 배치했다고 말하기도 했다. 그러나 오히려 베니테즈 감독은 12명이 아닌 10명을 그렸다며 그 이유는 루이스 가르시아를 기존 오른쪽 측면 위치에서 지운 후 최전방에 그려 넣는 걸 잊었기 때문이라고 설명했다. 하프타임 팀 미팅을 마친 리버풀 선수들은 이미 하만이 기다리던 운동장으로 다시 나섰다. 하만은 불과 몇 분 전에 옷을 벗고 샤워실로 들어간 트라오레가 경기장으로 걸어 나오는 모습을 보고 적지 않은 충격을 받았다.

그러나 베니테즈 감독은 혼란스러운 상황 속에서 누구보다 자신 있고,

침착한 모습을 보였다. 더 중요한 점은 그가 AC 밀란에 대적할 만한 3-4-2-1 포메이션을 들고 나왔다는 데 있다. 그러면서 리버풀에는 최후방 수비수가 한 명 더 생겼고, 셰브첸코와 크레스포가 뒷공간으로 침투하며 일으키는 문제를 방지할 수 있었다. 또한 리버풀은 전반전에 열세를 보인 중원에서 4 대 4 대결을 펼칠 수 있었고, 두 윙백 중 한 명은 수비수 욘 아르네 리세_{John Arne Riise}를 왼쪽에 배치해 공격 성향이 짙은 카푸_{Cafu}를 막게 했고, 오른쪽에는 공격수 스미체르_{Smicer}를 넣고 말디니를 공략하게 했다. 리버풀이 유벤투스 원정에서 비슷한 전술을 쓴 점을 고려할 때, 베니테즈 감독은 분명히 AC 밀란과의 결승전을 준비하면서도 이 포메이션을 미리 구상했을 가능성이 크다.

리버풀의 새로운 전술은 AC 밀란이 펼치려는 공격을 상당 부분 무력화했지만, 그들이 세 골을 넣을 수 있었던 이유는 전적으로 제라드 덕분이었다. 제라드는 하만이 뒤에서 수비를 해주자 마음껏 전진하며 리버풀의 공격진을 이끌었다. 그는 머리로 리버풀의 첫 골을 넣은 뒤, 순간적으로 오른쪽 측면에서 활약하며 스미체르가 중앙으로 침투해 중거리 슛으로 두 번째 골을 터뜨릴 수 있게 도왔다. 이어 제라드는 상대 페널티 지역으로 침투해 가투소의 파울을 유도했고, 알론소는 그가 얻어낸 페널티킥을 실축했으나 골키퍼를 맞고 흐른 공을 그대로 득점으로 연결하며 동점을 만들었다. 상식적으로는 도저히 이해가 안 되는 상황이었다. 리버풀은 카푸, 야프 스탐, 알레산드로 네스타_{Alessandro Nesta}, 말디니가 버틴 AC 밀란의 챔피언스리그 역사상 가장 공포스러운 수비진을 상대로 단 7분 사이에 세 골을 넣은 것이다.

이후 연장전을 포함해 이어진 30분간의 경기는 긴장감은 유지됐으나 이렇다 할 장면이 많이 나오지는 않았다. 가장 눈에 띈 변화는 안첼로티 감독이 셰도르프_{Seedorf}를 제외하고 발빠른 왼쪽 측면 공격수 세르지뉴

Serginho를 교체 투입한 점이었다. 그러자 제라드가 오른쪽 윙백으로 전환했지만, 그는 이미 지친 상태였다. 그러면서 세르지뉴는 이 시점부터 가장 위협적인 선수가 돼 줄기차게 크로스를 올렸다. 리버풀은 셰브첸코가 세르지뉴의 크로스를 받아 골대 바로 앞에서 연결한 슈팅을 골키퍼 두덱이 두 차례나 연달아 막아내며 겨우 승부를 이어갈 수 있었다. 이어 두덱은 승부차기에서도 영웅으로 떠오르며 피를로와 셰브첸코의 페널티킥을 막아냈다. 도저히 이해하기 어려운 상황이었지만, 어찌 됐든 리버풀은 이렇게 유럽 챔피언이 됐다.

베니테즈 감독은 당시 이스탄불에서 일으킨 챔피언스리그 결승전의 기적을 다른 대회에서도 재현하며 우승 트로피를 차지했다. 리버풀은 이듬해 FA컵 결승전에서 웨스트햄을 상대로 초반에는 고전을 면치 못하며 0-2로 끌려갔다. 이후 추격전을 펼친 리버풀은 2-3까지 따라붙은 뒤, 후반전 추가시간에 터진 제라드의 30m 중거리 슛으로 승부를 원점으로 돌렸다. 이어 리버풀은 또 승부차기 끝에 승리하며 우승을 차지했다. 베니테즈 감독이 연구, 준비, 통제에 집착하는 지도자인 점을 고려할 때, 리버풀에서 차지한 두 차례의 우승이 이렇게 정신없는 방식으로 이뤄졌다는 건 분명히 그에게 어울리지 않는 부분이 있다. 2004-05시즌 리버풀에서 수차례 중요한 득점을 기록한 닐 멜러가 이러한 상황을 가장 잘 설명했다. 그는 "라파(베니테즈 감독의 애칭)의 전술은 당연히 중요했다. 그러나 그가 만들어낸 최고의 결과는 혼돈의 상황에서 나왔다"고 말했다.

베니테즈 감독이 팀을 이끈 7년간 리버풀은 항상 중앙에서 단단한 모습을 보였지만, 그의 전술적인 요구 탓에 측면 자원은 활약하는 데 어려움을 겪었다. 베니테즈 감독의 측면 수비수는 중앙으로 좁혀 들어와 플레이해야 할 때가 많았고, 그러면서 리버풀은 전력상 한 수 아래인 상대를 원활히 공략하지 못했다. 게다가 그의 측면 미드필더 또한 터치라인을 타고 위아래로 달리며 수비에 가담해야 했던 탓에 공격 작업을 하는 데 필요한 자유를 부여받을 수 없었다. 심지어 베니테즈 감독은 리버풀 부임 후 약 3개월간 팀 골격의 균형을 강조하며 측면 수비수인 피넌이나 리세를 측면 미드필더로 중용하기도 했다. 이후 베니테즈 감독은 점진적으로 더 공격적인 측면 자원을 이 자리에 배치했지만, 큰 틀에서는 별반 달라진 게 없었다.

이를 설명할 만한 가장 대표적인 예는 바로 더크 카이트Dirk Kuyt다. 그는 2006년까지 페예노르트에서 활약하며 네 시즌간 무려 91골을 터뜨린 폭발적인 공격수였다. 그러나 베니테즈 감독은 카이트를 기능적이고, 근면한 측면 미드필더로 변신하게 만들었다. 이후 카이트는 상대 측면 공격수를 끈질기게 따라다니는 역할에 특화된 선수로 명성을 떨쳤다. 이처럼 베니테즈 감독과 무리뉴 감독은 나란히 측면 미드필더에게 근면한 수비 가담을 요구하기로 유명했다. 이것이 바로 공격적인 측면 수비수의 등장에 대한 그들의 대답이었던 셈이다. 심지어 베니테즈 감독은 다니엘 알베스Daniel Alves 영입을 타진한 적이 있었는데, 그 이유는 그를 오른쪽 측면 미드필더로 기용하기 위해서였다. 그러나 알베스는 결국 바르셀로나로 이적했고, 그곳에서 세계 최고의 오른쪽 측면 수비수로 성장했다.

이후 리버풀은 알베르트 리에라Albert Riera, 저메인 페넌트Jermaine Pennant 그리고 마크 곤살레스Mark Gonzalez를 영입했다. 그러나 이 세 선수는 프리미어리그 우승을 노리는 팀에서 활약하기에는 기량이 부족했다. 그럼에도 그들이 리버풀에 입단했던 이유는 그들이 전형적으로 베니테즈 감독이 원하는 유형의 측면 미드필더였기 때문이다. 세 선수 모두 위아래를 오르락내리락하며 팀의 전체적인 진영을 유지해주는 선수들이었다. 리에라는 리버풀이 레알 마드리드를 1-0으로 꺾은 2009년 챔피언스리그 경기에서 베니테즈 감독으로부터 받은 지시 사항을 여전히 기억하고 있었다.

베니테즈 감독은 레알 측면 공격수 아르연 로번이 경기에 크게 관여하지 않으면 리버풀이 무실점으로 경기를 마칠 수 있다고 판단했다. 그래서 그는 리에라에게 왼쪽 측면 수비수 파비오 아우렐리오Fabio Aurelio의 바로 앞에 서서 상대 측면 수비수 세르히오 라모스Sergio Ramos가 로번에게 연결하는 패스를 차단하라고 주문했다. 따라서 리에라는 왼쪽 측면을 벗어날 수 없었고, 중앙으로 들어와 팀 공격에 관여할 수도 없었다. 그러나 결과적으로 베니테즈 감독은 자신이 어린 시절부터 동경한 레알을 상대로 원하는 결과를 얻었다. 게다가 그가 유럽 무대에서 이룬 업적에 의심을 품는 이는 많지 않을 것이다. 다만 베니테즈 감독이 측면 자원에게 경직된 플레이를 요구한 게 리버풀이 당시 전력이 한 수 아래인 팀을 상대로는 공략법을 찾지 못한 이유인 것 또한 사실이다.

라이언 바벨은 리버풀에 입단한 2007년까지 '차세대 티에리 앙리'라는 평가를 받을 정도로 공격력이 돋보인 발 빠른 측면 공격수였다. 그러나 베니테즈 감독은 측면에서 중앙으로 치고 들어오는 플레이를 즐긴 그의 습관을 두고 수차례 격분했다. 오른발을 주로 쓰면서도 왼쪽 측면 미드필더나 공격수로 활약한 바벨에게 이러한 움직임은 어쩌면 당연했다. 그런데도 베니테즈 감독은 일대일 개인 교습을 통해 두 발 중 어느 발로 패스를 받느냐에 따라 중앙으로 드리블할지, 아니면 터치라인을 따라 그대로 측면 돌파를 시도할지를 결정해야 한다고 주문했다. 즉 바벨은 상대 수비의 위치와 움직임에 따라 자신이 스스로 공략법을 찾을 만한 자유를 부여받지 못했다.

크레이그 벨라미Craig Bellamy는 측면과 최전방을 두루 소화할 줄 아는 선수였다. 그러나 그 또한 리버풀에서는 비슷한 경험을 해야 했다. 벨라미는 훗날 "라파의 전술적인 능력은 매우, 매우 좋았다. 나는 전술적인 부분에서 그에게 많은 걸 배웠다. 그러나 라파는 모든 선수에게 일정 부분 자유로움이 필요하고, 우리가 제각각 다른 방식으로 경기를 풀어갈 수 있다는 사실을 이해하지 못했다. 라파는 수비적으로 빼어난 감독이었다. 그는 상대의 위협을 무력화하고 그들의 공격진을 봉쇄하는 방법을 잘 알고 있었다. 그는 영상 분석으로 상대의 장단점을 명확히 짚어냈고, 어떤 일도 우연으로 벌어지게 놔두지 않았다. (중략) 그러나 그의 전술에는 자연스러움이 없었다. 이런 부분이 전혀 없었다. 내가 지금까지 함께한 모든 감독 중 그는 선수를 가장 못 믿는 감독이었다"고 말했다. 더 혼란스러운 점은 베니테즈 감독이 이토록 모든 상황에 대해 지시를 내리는 데 집착했으면서도 리버풀은 공격을 펼칠 때 정체성이 불분명했다. 그들은 볼이 없을 때는 촘촘하고 조직적인 진영을 앞세운 명확한 방법을 제시했지만, 볼을 잡았을 때는 뚜렷한 철학이 없는 모습이었다.

　베니테즈 감독이 리버풀에서 프리미어리그 우승에 가장 근접했던 건 그의 다섯 번째 시즌이었던 2008-09시즌이다. 그러나 리버풀은 결국 맨유에 밀려 2위로 시즌을 마쳤다. 당시 리버풀은 골키퍼 레이나부터 중앙 수비수 캐러거 옆에 다니엘 아게르Daniel Agger, 마르틴 스크르텔Martin Skrtel 또는 히피아가 섰고, 하비에르 마스체라노Javier Mascherano, 알론소, 제라드가 3인 중앙 미드필드를 구축했으며 최전방에는 페르난도 토레스Fernando Torres가 팀의 척추를 구성했다. 이 시절 리버풀의 이 척추는 프리미어리그 역사상 최강으로 꼽힐 만한 조합이었다. 게다가 리버풀은 우승을 차지한 맨유와 3위 첼시를 상대한 네 경기에서 모두 승리하며 승점 12점을 싹쓸이했다. 그러나 시즌 전체를 볼 때 리버풀의 공격에는 다양성이 부족했다. 실제로 리버풀은 이 시즌 프리미어리그에서 가장 많은 득점을 기록했지만, 상대가 한 수 아래로 여겨진 스토크, 풀럼, 웨스트햄과의 홈경기, 그리고 애스턴 빌라와 스토크 원정을 포함해 무려 다섯 번이나 무득점 무승부를 거뒀다.

당시 프리미어리그의 순위표를 보면 상황을 더 명확히 파악할 수 있다. 리버풀은 상위 7위권 팀을 상대로는 단 한 차례도 패하지 않았으며 상위권 팀과의 경기에서 획득한 승점이 맨유보다 무려 14점이나 더 많았다. 조심스럽게 상대에 대응하는 전술을 선호한 베니테즈 감독의 성향은 강팀을 상대로 가장 효과적인 모습을 보였다. 그러나 프리미어리그 우승을 하려면 약팀을 꺾는 게 강팀과의 경기만큼이나 중요하다. 리버풀은 이 부분에서 부족함을 노출했다. 스티븐 제라드는 이로부터 몇 년이 지난 후 "우리는 강한 팀을 상대로는 항상 좋은 경기를 했다. 그러나 우리는 풀럼과의 홈경기, 웨스트 브롬 원정처럼 상대가 골대 앞에 버스를 주차하는 경기에서는 순간적으로 번뜩이는 공격을 해서 그들을 공략할 만한 방법을 찾지 못했다"고 말했다.

베니테즈 감독의 자서전만 봐도 그가 '빅매치'에만 지나치게 집중한 사실을 확인할 수 있다. 그가 세트피스에 접근한 방식만 봐도 그렇다. 베니테즈 감독은 "(다가오는 '빅매치'에서) 상대 팀이 세트피스 수비 시 니어포스트 부근에서 약점을 노출하면, 이에 앞선 두 경기 정도에서는 절대 세트피스 공격 시 니어포스트를 공략해서는 안 된다. 오히려 무조건 반대쪽 포스트를 공략하면 했지 니어포스트로 가서는 안 된다"고 말했다. 물론 베니테즈 감독의 이러한 설명에는 일리가 있다. 리버풀은 빅매치에 대비한 세트피스 전술로 재미를 톡톡히 본 적이 수차례 있다. 그러면서 예상치 못한 선수가 득점을 기록하며 상대의 허를 찌르곤 했다. 예를 들면 아게르는 2007년 첼시를 상대로, 요시 베나윤Yossi Benayoun 은 2009년 레알 마드리드와의 경기에서 각각 득점했다. 그러나 베니테즈 감독은 강팀과의 경기에 대비하는 데 지나치게 집중한 나머지 그 중간중간에 약팀과 맞붙은 경기에서는 대개 예측 가능한 경기로 일관했다.

흥미로운 점은 리버풀 구단 운영진이 2004년 베니테즈 감독을 선임하며 3년간 팀을 '리빌딩'할 시간을 보장해준 사실이다. 이처럼 리버풀은 구단 운영진까지 팀이 프리미어리그 우승을 차지할 만한 팀이 되려면 많은 변화가 필요하다는 사실을 알고 있었다. 리버풀 운영진은 이 기간이 지나면 팀이 프리미어리그 우승을 노리는 팀이 돼 있기를 기대했다. 그러나 베니테즈 감독은 2005년 챔피언스리그, 2006년 FA컵 우승을 차례로 차지한 데 이어 2007년 챔피언스리그에서 준우승(당시 리버풀은 AC 밀란과의 리매치에서 2년 전 결승전보다 훨씬 더 좋은 경기력을 선보이고도 피포 인자기에게 두 골을 허용하며 불운하게 패했다)에 오르며 프리미어리그보다는 컵대회에서 강세를 보였다.

이 시절 무리뉴 감독과 베니테즈 감독은 3년간 동시대에 프리미어리그 상위권 구단을 이끌며 서로 15회나 맞대결을 펼쳤다(무리뉴가 7승 3무 5패로 우세했다). 이 중 무려 아홉 차례는 양 팀을 통틀어 단 한 골을 넣었거나 아예 무득점으로 경기가 끝났다. 두 팀은 유럽 무대에서도 꾸준히 격돌하며 갈수록 수비적이고, 거칠고, 시스템화된 축구를 구사했다. 레알 마드리드 사령탑 시절 베니테즈와 충돌했던 발다노Valdano는 이 둘의 15번째 맞대결을 관전한 후 전례 없는 강도 높은 비난을 서슴지 않았다.

발다노는 "열정적이고, 열광적인 경기장(안필드) 중앙에 쓰레기가 걸려 있는 작대기를 던져놓으면 누군가는 이를 예술이라고 부를 수도 있다. 그러나 사실은 그렇지 않다. 이는 그냥 쓰레기가 매달린 막대기일 뿐이다. 첼시와 리버풀은 현대 축구가 흘러가는 방향을 가장 명확하면서도 과장된 모습으로 보여주는 팀이다. 그들의 경기는 매우 강도 높고, 매우 조직적이고, 매우 전술적이고, 매우 거칠고, 매우 직선적이다. 그러나 짧은 패스는? 없다. 상대를 속이는 페인트 동작은? 없다. 속도 전환은? 없다. 2 대 1 패스? 개인기? 이런 건 아무것도 없다. 극단적으로 감독이 모든 상황을 통제해서 심각하기만 한 축구가 4강에서 펼쳐지며 선수들에게는 창의성이나 기술을 발휘할 어떠한 자유도 주어지지 않았다"고 말했다.

이어 발다노는 "이 경기에서 최고의 선수는 디디에 드록바였다. 그러나 드록바가 최고였던 이유는 그가 누구보다 빨리 달렸고, 더 높게 점프했으며 상대와 강하게 부딪쳤기 때문이다. 이렇게 극단적으로 강도가 높은 경기는 선수의 재능을 지워버린다. 심지어 조 콜과 같은 선수의 능력조차 어딘가 고장이 난 모습이었다. 만약 축구가 첼시와 리버풀의 경기처럼 흘러간다면 우리가 한 세기가 넘게 열광한 선수의 영리함, 재능과는 이제 작별 인사를 해야 할 것"이라고 덧붙였다.

발다노는 "(무리뉴와 베니테즈에게는) 두 가지 공통점이 있다. 그들은 과거 거부를 당해본 경험 탓에 성공에 대한 굶주림이 있고, 모든 걸 통제하려는 의지를 가지고 있다. 두 사람에게 이 두 가지 습성이 생긴 이유는 결정적으로 한 가지 원인에서 비롯된다. 둘 다 선수로 성공하지 못한 게 바로 그 이유다. 그러면서 이 둘은 자신의 모든 힘을 지도자가 되는 데 쏟았다. 재능이 없어서 선수로 성공하지 못한 감독은 지도하는 선수의 재능도 믿지 않는다. 그들은 새로운 방법을 응용해 경기에서 승리할 수 있다고도 생각하지 않는다. 짧게 말해 무리뉴와 베니테즈는 현역 시절 자기 자신들 같은 감독을 만났어야 성공할 수 있었을 것"이라고 말했다.

발다노의 비판은 지나칠 정도로 강력하지만, 그가 남긴 마지막 한마디는 분명히 흥미롭다. 무리뉴 감독과 베니테즈 감독이 나란히 천재성을 보유한 선수를 불신한 게 사실이기 때문이다. 더 흥미로운 점은 발다노는 레알 마드리드 이사로 부임했다가 감독과 마찰을 빚으며 2011년 자리를 떠났다. 당시 레알의 감독은 다름 아닌 무리뉴였다. 당시 발다노는 "무리뉴는 허풍과 얄팍함이 요즘 시대에 완벽하게 어울리는 인물이다. 그가 축구와 관련해 남긴 말 중 내 기억에 남는 건 아무것도 없다. 이는 공식적인 자리와 사적인 자리를 다 포함해서다"라고 불평했다. 프리미어리그의 역사에 한 획을 그은 무리뉴와 베니테즈 중 누구도 '축구 로맨티시스트' 발다노를 만족시킬 수 없었다.

그러나 프리미어리그의 전반적인 전술적 흐름이 더 수비적으로 변한 책임을 전적으로 무리뉴 감독과 베니테즈 감독에게만 묻는 건 그들이 잉글랜드 축구에 남긴 전술적인 발전을 간과하는 일이다. 두 감독 모두 상대 팀을 매우 깊이 있게 연구했고, 수비 구조를 구축하며 볼을 소유하지 않았을 때도 스타일이 명확한 축구를 구사할 수 있다는 점을 증명했다. 그들은 4-3-3이나 4-2-3-1 포메이션으로 중원을 장악하며 전형적인 잉글랜드식 4-4-2를 공략하는 방법을 제시했다. 촘촘한 진영을 유지하며 빠른 공수 전환을 하는 게 중요하다는 점을 보여준 인물도 바로 이 두 감독이다.

무리뉴 감독과 베니테즈 감독은 전형적으로 감독이 팀을 강하게 통제하는 관리 방법으로 매 경기 진영을 꾸렸다. 앞서 맨유와 아스널은 1990년대부터 선수 개개인의 특성을 살려 성공을 거뒀지만, 2000년대 중반 첼시와 리버풀은 감독의 전략적 비전에 따라 성패가 갈렸다. 프리미어리그 역사상 최초로 감독의 철학이 선수 개개인의 스타일보다 중요해지기 시작한 순간도 바로 이때부터였다.

스콜스, 램파드, 제라드
미드필드 삼인방

"제라드와 램파드는 모두 영리한 축구 선수였다. 둘 중 한 명이 전진하면 다른 한 명은 뒤에 머물러 있어야 했다. 그것은 그다지 어려운 일이 아니었다."

- 스벤 요란 에릭손

21세기에 접어든 후 초반 몇 년간 프리미어리그에서 일어난 가장 눈에 띄는 전술적 변화는 최전방 공격수를 한 명만 두는 포메이션이 주를 이뤘다는 것이었다. 특히 알렉스 퍼거슨 감독은 2001년부터 본격적으로 4-4-2가 아닌 4-5-1 포메이션을 사용하기 시작했다. 처음에는 관심이 중앙 수비수 두 명을 혼자 상대하게 된 최전방 공격수에게 집중됐지만, 미드필드 지역에도 이에 못지 않은 개혁이 일어났다.

최전방 공격수를 한 명으로 줄인 팀 중 대부분은 중원에 미드필더를 한 명 더 배치하기 위해 그런 변화를 추구했다. 갈수록 잉글랜드 팀들도 중원에서 점유율을 유지하는 게 중요하다는 점을 깨달았기 때문이다. 더 자세히 설명하자면, 중앙 미드필더 숫자를 세 명으로 늘리며 중원에서 상대에게 밀리지 않고자 하는 것이 많은 팀이 최전방 공격수를 한 명 줄여가면서까지 포메이션을 변경한 이유라고 할 수 있다. 그런 의미에서 알렉스 퍼거슨 감독이 1990년대 남긴 발언을 다시 곱씹어볼 필요가 있다. 그는 "유럽 무대의 팀들은 미드필드에서 선수들이 서로 패스를 주고받는다. 그들은 미드필드에서 작은 삼각형을 이뤄 패스를 연결하고, 그 구역에서 볼을 소유하며 상대를 피해 2 대 1 패스를 한다. 그러나 우리 중앙 미드필더들은 측면 미드필더나 측면 수비수 혹은 최전방 공격수에게 패스를 연결하는 데 급급하다"고 말했다. 실제로 1990년대 잉글랜드 축구는 중원에서 최대한 빨리 볼을 외곽으로 내보내는 데 더 익숙했다. 그러나 2000년대부터는 볼을 중원에서 지키는 축구가 주를 이뤘다.

그러나 시간이 가면서 잉글랜드 축구도 외국인 선수들이 유입되고, 태클을 더 엄격히 규제하기 시작한 규정 등의 이유로 점점 유럽식 축구를 따라가기 시작했다. 이러한 분위기는 기술적인 재능이 탁월한 선수들에게 이득이 됐고, 경기장 잔디 상태 역시 점점 좋아지는 결과를 낳았다. 사실 1990년대까지만 해도 겨울에는 진흙탕에서 경기가 열릴 때가 많았고, 이런 환경에서 좋은 축구를 하는 건 거의 불가능했다. 그러나 2000년대부터는 잉글랜드 전역의 경기장에 매끈한 잔디가 깔린 덕분에 많은 팀이 자유롭게 패스 축구를 구사할 수 있었다.

중앙 미드필더를 두 명만 두는 전술이 주를 이룬 시절에는 크게 모든 팀의 미드필드 조합이 세 가지 유형으로 나뉘었다. 맨유의 로이 킨과 폴 인스처럼 박스-투-박스 미드필더 두 명이 함께 서는 조합이 있었고, 뉴캐슬의 리 클라크와 로버트 리Robert Lee는 한 명이 수비진 앞을 지키면 나머지 한 명은 전진해서 공격을 하며 호흡을 맞췄다. 아스널은 파트리크 비에이라와 엠마누엘 프티라는 수비형 미드필더 두 명을 동시에 기용했다.

중앙 미드필더 세 명을 배치하는 전술은 모든 걸 더 복잡하게 만들었다. 일단 중앙 미드필더 숫자가 늘어나며 이들이 배치된 구조도 다양해졌다. 중앙 미드필더가 세 명이면 항상 삼각형을 이루긴 했지만, 팀마다 이를 구성하는 모양이 제각각이었다. 무리뉴 감독이 유행시킨 4-3-3 포메이션에서는 수비형 미드필더가 뒤를 받치고, 박스-투-박스 미드필더 두 명이 그 앞에 섰다. 그러나 라파엘 베니테즈 감독이 사용한 4-2-3-1 포메이션에서는 두 명이 수비형 미드필더 자리를 맡으면 나머지 한 명이 더 자유롭게 공격적인 위치로 올라가 전형적인 '10번'의 역할을 했다. 그러나 이는 선수들의 다양한 위치에 국한된 이야기다. 선수 개개인의 성향은 더 다양했다. 후방에 배치된 미드필더 중에는 하비에르 마스체라노처럼 볼을 쟁취하는 선수도 있었지만, 마이클 캐릭Michael Carrick처럼 후방 플레이메이커 역할을 하는 선수도 있었다. 두 번째 후방 미드필더로는 패스 능력이 출중한 사비 알론소, 혹은 에너지 넘치는 올라운드 미드필더 마이클 에시엔Michael Essien이 있었다. 그리고 가장 공격적인 미드필더 자리에는 파워와 역동성을 지닌 스티븐 제라드 혹은 토마스 로시츠키Tomas Rosicky 같은 플레이메이커도 있었다. 따라서 조화롭고 조직적인 미드필드 조합을 만드는 건 더 어려워졌으며 전통적인 미드필더의 역할은 근본적인 변화를 맞이했다.

그러나 이 시절에도 잉글랜드 축구를 지켜보는 이들은 수많은 미드필더가 각자 다른 역할을 맡는 데에 우호적이지 않았다. 잉글랜드의 축구 용어 또한 다양한 전술을 설명하기에는 지나치게 단순한 감이 있다. 예를 들어 이탈리아어로는 이미 보편화된 단어만으로도 중앙 미드필더의 다양한 역할을 설명할 수 있다. '레지스타'는 안드레아 피를로와 같은 후방 플레이메이커를 뜻하고, '트레콰르티스타'는 프란체스코 토티Francesco Totti처럼 공격진 바로 뒤에 배치되는 공격형 미드필더를 일컫는 단어다. 그러나 잉글랜드에서는 그저 '미드필더'라는 단어 하나만으로 이 모든 역할이 정리됐다. 여기에 '수비형' 혹은 '공격형'이라는 설명을 덧붙이긴 했지만, 이것만 으로는 4-4-2와 4-3-3, 4-2-3-1에서 활약하는 모든 미드필더의 다양한 역할을 구분 지을 수 없었다. 시간이 흐르며 후방에 배치된 미드필더도 창의적인 역할을 할 수 있었고, 전진 배치된 미드필더도 수비를 하는 모습을 보였다.

▼ ▼ ▼

이와 같은 전술적 발전은 이 시절 잉글랜드 축구를 풍미한 미드필더 세 명으로 설명할 수 있다. 바로 맨유의 폴 스콜스, 첼시의 프랑크 램파드, 그리고 리버풀의 스티븐 제라드가 그 세 명이다. 이 삼인방은 당시 잉글랜드에서 가장 칭송받는 선수들이었으며 2000년대 중반을 주도한 세 팀에서 나란히 핵심으로 활약했다. 더 눈에 띄는 점은 이 세 명 모두 3인 미드필드에서 활약하는 데 익숙해지기 전, 4-4-2 포메이션을 통해 성장했다는 사실이다. 이 셋은 잉글랜드 대표팀에서 서로 호흡을 맞춘 적도 있지만, 그럴 때마다 발생하는 팀 전체의 전술적 불균형은 끝내 해결되지 못했다. 실제로 잉글랜드 대표팀의 전술적 결함은 2000년대 들어 점점 전술이 고급스러워진 프리미어리그 팀들과는 대조적이었다.

▼ ▼ ▼

이들 중 가장 먼저 등장한 건 스콜스였다. 그는 두 차례에 걸쳐 '황금세대'의 일원으로 활약했다. 잉글랜드 대표팀의 스콜스는 램파드, 제라드와 호흡을 맞췄다. 그는 램파드보다는 네 살, 제라드보다 여섯 살이 더 많았다. 또한 스콜스는 소속 팀 맨유에서도 '클래스 오브 92 class of 92'의 일원이었다. 다만 그는 함께 성장한 니키 버트, 데이비드 베컴, 개리 네빌 그리고 라이언 긱스와는 달리 맨유가 우승을 차지한 유스컵에서 단 1분도 활약하지 않았고, 1군 데뷔도 동료들보다 늦었다.

스콜스는 천부적인 재능을 보유했다는 평가를 받았지만, 신체적 강인함이 부족하다는 평가 역시 항상 그를 따라다녔다. 그는 맨유 유소년 아카데미에 입단하기 전 잉글랜드를 압도하던 유소년 구단 바운더리 파크에서 버트, 네빌과 함께 활약하며 축구를 시작했다. 네빌 또한 스콜스와 함께 뛴 시절을 회상하며 "축구 선수의 재능을 알아채는 능력이 있는 이들에게는 그가 눈에 띄었을 수도 있겠지만, 당시 15세였던 내게는 그의 지나치게 작은 체구가 무엇보다 더 많이 눈에 들어왔다"고 말했었다. 당시 바운더리 파크를 이끈 마이크 월시Mike Walsh 감독은 스콜스를 가리켜 '아기 같다'고 표현하며 그를 몸싸움에 강한 상대로부터 보호하기 위해 때로는 오른쪽 측면에 배치하기까지 했다. 그러나 스콜스는 당시에도 오른쪽 측면에 배치되어도 항상 중앙 지역으로 침투해 최전방 공격수처럼 뛰고 싶어 했다.

스콜스는 맨유에 입단한 후 무릎 부상과 기관지염으로 고생했다. 구단 유소년 아카데미에서 '클래스 오브 92' 선수들을 지도한 에릭 해리슨Eric Harrison 감독은 스콜스에게는 스피드나 힘이 없었다고 평가했다. 심지어 퍼거슨 감독 역시 스콜스의 신체적 능력을 두고 의구심을 나타내기도 했다. 하루는 팀 훈련 도중 짐 라이언Jim Ryan 코치를 쳐다보며 스콜스를 가리켜 "안 되겠다. 쟤는 난쟁이야!"라고 말하기도 했었다. 그러나 퍼거슨 감독은 스콜스를 보면 볼수록 그의 기술적인 능력에 매료됐다.

스콜스는 미드필더보다는 처진 공격수로 성인 무대에 모습을 드러냈다. 해리슨 감독은 스콜스가 케니 달글리시와 비슷한 선수라고 평가했고, 퍼거슨 감독은 그가 칸토나와 성향이 지나치게 비슷하다는 이유로 둘을 동시에 중용하는 데 거리낌을 나타냈다. 퍼거슨 감독은 "에릭(칸토나)이 떠나면 스콜스는 우리 팀의 진짜 핵심으로 떠오를 수 있다. 이 둘은 포지션이 매우 비슷하다. 나는 스콜스를 에릭의 후계자로 지목했다"고 말했다. 스콜스는 1994년 포트 베일을 상대한 리그컵 경기에서 성인 무대 데뷔전을 치를 때도 공격수로 활약했다. 당시 그는 등번호 10번을 달고 두 골을 터뜨렸다. 스콜스는 침착하게 골키퍼의 키를 넘기는 슛으로 골망을 갈랐고, 다른 한 골은 니어포스트 부근에서 연결한 강력한 헤딩슛이었다. 그러나 그의 신체적인 부족함에 대한 지적은 계속 이어졌다. 퍼거슨 감독은 훗날 "폴(스콜스)이 최전방 공격수로 뛰기에는 체구가 너무 작았던 게 사실이다. 게다가 그에게는 그 역할을 맡는 데 필요한 스피드도 없었다"고 설명했다.

퍼거슨 감독은 계속 스콜스를 다양한 포지션에 배치하며 실험을 거듭했다. 그러나 그는 1997년 칸토나가 은퇴를 선언하자 약속한 대로 그의 자리를 그대로 스콜스에게 물려줬다. 스콜스는 전형적인 10번이었다. 그는 1997-98시즌 초반 여섯 경기 연속으로 최전방 공격수 테디 셰링엄 혹은 앤디 콜의 뒤에서 활약하며 수비형 미드필더 버트와 로이 킨의 보호를 받았다. 그러나 9월 킨이 장기 부상을 당해 시즌 아웃 판정을 받자 중앙 미드필더 자리에 공백에 생겼고, 결국에는 스콜스가 버트의 파트너가 되면서 양 측면에는 베컴과 긱스가 배치됐다. 그러면서 중앙 미드필더는 적어도 맨유에서 스콜스의 가장 기본적인 포지션으로 자리 잡았다.

스콜스는 같은 해 여름 남아공을 상대로 잉글랜드 대표팀 데뷔전을 치렀다. 그는 셰링엄을 대신해 교체 출장하며 이안 라이트와 호흡을 맞췄다. 이후 그는 단 10분 만에 머리로 떨궈주는 패스를 라이트에게 연결해 이날 잉글랜드의 결승골을 도왔다. 당시 잉글랜드를 이끈 글렌 호들 감독은 고급스러운 기술을 구사하는, 잉글랜드 선수답지 않은 스콜스에게 딱 맞는 지도자였다. 스콜스는 신체적 능력보다는 기술적 능력을 앞세운 선수였고, 월드컵 전초전 성격으로 열린 투르누아 드 프랑스Tournoi de France에 출전해 라이트와 훌륭한 호흡을 선보였다. 이 두 선수는 당시 잉글랜드가 이탈리아를 2-0으로 꺾은 경기에서 서로 1골 1도움씩을 기록했다.

그러면서 스콜스는 빠르게 잉글랜드 대표팀의 주전급 선수로 성장했는데, 이는 폴 개스코인이 급격한 하락세를 겪기 시작했기 때문이기도 하다. 결국 스콜스는 대표팀 데뷔 1년 만인 1998 프랑스 월드컵부터 3-4-1-2 포메이션에서 앨런 시어러와 마이클 오언의 뒤를 받치는 10번 역할을 맡았다. 당시 이 팀은 상당 부분 스콜스를 중심으로 만들어졌다. 그러면서 스콜스는 잉글랜드 대표팀 데뷔전을 포함해 출전한 초반 16경기에서 7골을 기록했는데, 이 중에는 그가 1999년 케빈 키건 감독의 데뷔전이었던 폴란드전에서 작성한 해트트릭도 포함돼 있다. 이어 그는 유로 2000 예선 플레이오프에서 스코틀랜드를 상대로 매우 중요한 두 골을 터뜨렸다.

스콜스는 폴란드와의 플레이오프 1, 2차전을 앞두고 열린 벨기에와의 평가전에 체력 안배 차원에서 출전하지 않았다. 이 경기에서 그의 자리에 나선 건 이날 데뷔전을 치른 프랑크 램파드다. 그러면서 잉글랜드 대표팀의 공격형 미드필더 자리를 둔 치열한 주전 경쟁도 자연스럽게 시작됐다.

램파드는 스콜스와 전혀 다른 유형의 선수였다. 그는 축구 선수로는 완벽한 환경에서 자랐다. 동명이인이었던 그의 아버지 프랑크는 웨스트햄에서 왼쪽 측면 수비수로 660경기에 나선 레전드였고, 잉글랜드 대표팀에서도 두 경기에 출전했다. 그의 아버지는 1990년대 중반까지 웨스트햄에서 해리 레드냅 감독을 보좌하는 코치직을 역임했다. 게다가 레드냅 감독은 램파드 아버지 프랑크의 동서이기도 했다. 따라서 당연히 레드냅 감독의 아들 제이미 레드냅은 램파드와 사촌 관계였다. 또한 램파드는 어린 시절 보비 무어Bobby Moore가 자주 집에 들러 차를 마시며 아버지와 웨스트햄에 대해 나누는 대화를 들으며 자랄 수 있었다. 이처럼 그는 어린 시절부터 축구에 몰두한 삶을 살았다.

램파드에게는 스콜스처럼 천부적인 재능은 없었고, 그 또한 함께 웨스트햄 유소년 아카데미에서 성장한 조 콜, 리오 퍼디난드, 마이클 캐릭이 자신보다 기술이 뛰어났다는 점을 인정했다. 대신 램파드를 가장 잘 대변한 그의 능력은 바로 '헌신'이었다. 그는 어린 시절 체구가 통통한 탓에 많은 놀림을 받자 매일 집 뒷마당에서 몇 시간씩 달리기를 하며 체중을 감량했다. 램파드는 웨스트햄 유소년팀 훈련이 끝난 후에도 혼자 남아 경기장의 두 페널티 박스 사이에서 달리기를 했다. 어느 날 램파드의 팀 동료는 그가 물에 젖은 운동장에서 콘을 세워두고 달리기를 하며 슬라이딩 태클을 연습하는 장면을 목격했다. 당시 램파드는 볼도 없이 이러한 훈련을 하며 온전히 축구 선수에게 필요한 신체적인 능력을 향상하는 데 집중하는 연습도 마다하지 않았다. 결국 그는 1996년 말 예상보다 일찍 웨스트햄에서 존 몬커John Moncur가 감기에 걸린 틈을 타 스톡포트와의 리그컵 경기에서 프로 무대 데뷔전을 치렀다. 램파드는 데뷔전 출전 소식을 아버지의 전화를 받고 알았는데, 이때 그는 공원에서 전속력으로 달리기 훈련을 하고 있었다.

그러나 램파드는 웨스트햄 시절 초반에는 코치인 아버지와 감독인 삼촌 덕분에 경기에 나선다는 의혹을 끊임없이 받았다. 실제로 그는 여전히 이에 대해 웨스트햄 팬들을 향한 반감을 품고 있다. 램파드는 1996년 열린 웨스트햄 팬 포럼에 레드냅 감독, 팀 코칭스태프와 함께 참석한 적이 있다. 이 자리에서 한 팬은 레드냅 감독에게 왜 더 재능이 있는 데다 프리미어리그 경험이 출중한 미드필더인 맷 홀랜드Matt Holland, 잉글랜드 하부리그에서 잔뼈가 굵은 스콧 컨엄Scott Canham과 같은 선수가 아닌 '조카' 램파드를 더 선호하느냐고 질문했다. 그러자 레드냅 감독은 "램파드는 최정상에 오를 것이다. 그는 최정상급 미드필더에게 필요한 모든 걸 갖추고 있다.

그는 태도부터 훌륭하며 힘, 경기를 풀어주는 능력, 패스, 득점력을 두루 갖추고 있다"고 말했다.

실제로도 램파드는 자기 자신을 박스-투-박스 미드필더로 여기며 쉬지 않고 뛰면서 득점을 노리는 데 자부심을 느꼈다. 그는 본격적으로 웨스트햄의 주전으로 경기에 나서기 시작한 1997-98시즌 리그컵에서 월솔을 상대로 해트트릭을 작성했다. 램파드는 이후 피터 테일러 잉글랜드 21세 이하 대표팀 감독으로부터 장차 수비형 미드필더로 성장해야 한다는 조언을 듣고 언짢아 하기도 했지만, 자기 자신을 그저 골만 넣는 선수로 보는 시선도 거부했다. 그는 훗날 "로베르 피레스, 거스 포옛처럼 골을 넣는 데 특화된 미드필더가 되고 싶지는 않았다. 나는 골도 넣는 미드필더가 되고 싶었다. 경기의 모든 상황에 관여하면서 수비는 물론 득점 기회를 만드는 패스까지 구사하고, 골도 자주 넣는 선수가 되기를 원했다"고 밝혔다.

램파드는 1999년 말 잉글랜드 성인 대표팀 데뷔전을 치렀다. 램파드는 친척 제이미 레드냅과 함께 선발 출장했지만, 이 기회는 그에게 지나치게 일찍 찾아온 감이 있었다. 그가 다음으로 출전한 대표팀 경기는 이로부터 무려 18개월이 지나 스벤 요란 에릭손 감독이 잉글랜드 지휘봉을 잡은 후였다. 더욱이 잉글랜드 대표팀에서 램파드의 두 번째 선발 출장 경기가 열리기까지는 그가 데뷔전을 치른 후 2년 반이 지나야 했고, 그가 첫 골을 넣는 데는 무려 4년이 걸렸다. 이 때문에 램파드는 유로 2000과 2002 한일 월드컵에도 출전하지 못했다. 이 와중에 그는 첼시로 이적하며 차츰 프리미어리그 정상급 미드필더로 성장했다. 한편 동시에 잉글랜드 대표팀에서는 스콜스의 미드필드 파트너로 또 다른 선수가 에릭손 감독이 활용한 4-4-2 포메이션에서 핵심으로 활약했다. 그는 바로 스티븐 제라드였다.

리버풀에서 태어나고 자란 제라드는 단 9세의 어린 나이에 고향팀 유소년 아카데미에 입단했다. 그는 11세 때부터 마이클 오언과 팀 동료로 활약했지만, 어린 시절부터 남다른 점이 있었다. 제라드의 사촌형이자 열혈 리버풀 팬 존 폴 길훌리Jon-Paul Gilhooley는 1989년 벌어진 힐스보로 참사에서 목숨을 잃은 최연소 피해자였다. 길훌리는 어린 시절 제라드가 사는 하이튼Huyton에서 사촌동생과 자주 축구를 즐겼다. 제라드는 사촌형의 죽음이 자신이 축구 선수로 성장하는 데 큰 영향을 미쳤다고 말하기도 했다. 그는 "연습생 시절 (길훌리의) 부모님을 볼 때마다 반드시 성공해야 한다는 의지가 더 강해졌다"고 말했다.

제라드는 어린 시절부터 훌륭한 패스 능력을 자랑했다. 그러나 그는 10세 때 당한 사고 탓에 일찌감치 축구 선수의 꿈을 접어야 할 수도 있었다. 집 근처에서 축구를 하던 중 볼이 풀더미 속에 박히는 일이 생겼다. 제라드는 볼을 꺼내기 위해 무성한 덤불을 발로 차다가 정원용 쇠스랑이 엄지 발가락에 꽂히는 사고를 당했다. 이후 제라드는 병원으로 이송됐고, 의료진은 그의 발가락을 절단해야 할 수도 있다며 우려를 나타냈다. 그러자 제라드의 아버지는 바로 리버풀의 유소년 아카데미 이사 스티브 하이웨이Steve Heighway에게 이를 알렸다. 하이웨이는 단숨에 병원으로 달려와 의료진에게 절대 제라드의 발가락을 절단해서는 안 된다며 설득했다. 어찌 됐든 제라드는 다행히도 발가락을 절단하지 않은 채 치료를 통해 부상에서 회복할 수 있었다.

제라드는 램파드와 마찬가지로 10대 시절 잉글랜드 축구협회가 운영한 유소년 축구학교 입학을 꿈꿨으나 거부당했다. 그러면서 그는 리버풀에서 선수 생활을 이어갔는데, 이번에는 스콜스와 마찬가지로 신체적인 이유로 의심의 눈초리를 받아야 했다. 그는 1998년 18세의 나이로 성인 무대에 데뷔했다. 당시 제라드의 포지션은 오른쪽 측면 수비수. 이어 그는 처음으로 선발 출장한 토트넘전에서도 오른쪽 윙백으로 활약하며 상대 공격수 다비드 지놀라를 전담 마크했다. 그러나 제라드는 영락없는 중앙 미드필더였고, 프로 데뷔 후 처음으로 그 포지션을 소화한 셀타 비고와의 경기에서 그는 클로드 마켈렐레와 맞대결을 펼치고도 최우수 선수로 선정됐다.

그러나 제라드는 이후 몇 년간 충분한 출전 기회를 잡지 못했고, 경기에 나서더라도 상당 시간을 오른쪽 측면에서 활약해야 했다. 그가 본격적으로 주전 자리를 차지한 시기는 2000년 초반. 제라드는 수비형 미드필더 하만 옆자리를 꿰찼다. 그는 파트리크 비에이라를 연상케 하는 활약을 펼쳤다. 제라드에게는 때로 전진해 중거리 슛을 때려 득점을 노릴 수 있는 역할이 주어졌지만, 사실상 그는 상대 공격의 맥을 끊는 수비형 미드필더처럼 뛰었다.

제라드는 프로 시절 초기에 무엇보다 적극적인 태클 능력으로 두각을 나타냈는데, 이러한 성향 탓에 우려를 낳기도 했다. 심지어 하이웨이는 어느 날 제라드의 아버지에게 전화를 걸어 그가 팀 훈련 도중 지나칠 정도로 거칠었다며 집에 무슨 일이 있는지를 묻기도 했다. 실제로 리버풀은 제라드가 16세 때 그를 스포츠 심리학자 빌 베스윅Bill Beswick에게 보내 그가 온 몸을 던지는 태클을 자제시켜 달라고 부탁하기도 했다. 제라드는 리버풀의 최대 라이벌 에버턴과의 머지사이드 더비에서 케빈 켐벨Kevin Campbell과 개리 네이스미스Gary Naysmith에게 각각 한 차례씩 끔찍한 태클을 가해 퇴장을 당한 적도 있다. 아르센 벵거 감독도 리버풀전이 끝나고 제라드가 비에이라에게 불필요하게 거친 태클을 시도했다며 분노했다. 이뿐만 아니라 제라드는 애스턴 빌라와의 경기에서 조지 보아텡George Boateng에게 시도한 태클 탓에 퇴장을 당했는데, 그마저도 자신이 경솔한 모습을 보였다고 생각했는지 직접 보아텡에게 전화를 걸어 사과를 하기도 했다. 제라드는 "프리미어리그의 거친 성향이 내게 잘 맞는다. 태클을 하고, 태클을 당해도 다시 일어나 뛰면 된다"고 말했다.

제라드는 잉글랜드 대표팀에 합류했을 때, 팀 훈련 도중 본 스콜스의 기량을 보고 큰 충격을 받았다. 그는 당시를 떠올리며 "스콜스는 정말 날카로웠고, 정말 영리했다. 그는 어떤 곳에서도 득점을 터뜨렸다. 크로스, 마무리, 발리슛, 슛 파워, 다양한 종류의 슈팅을 구사하는 실력 등 무엇 하나 모자라는 게 없었다"고 말했다. 제라드의 잉글랜드 대표팀 데뷔전은 2000년 5월 우크라이나를 2-0으로 꺾은 경기였다. 그는 3-5-2 포메이션에서 스콜스와 스티브 맥마나만의 뒤에서 활약하며 매우 인상적인 경기력을 선보였다. 그러면서 그는 바로 유로 2000에 출전할 잉글랜드 대표팀 명단에 이름을 올렸고, 팀이 1-0으로 승리한 독일전에서도 30분간 활약하며 폴 인스의 후계자로 지목됐다. 그러나 이날 경기는 제라드가 리버풀 팀 동료 하만을 향해 시도한 거친 태클로 더 유명해졌다. 이에 제라드는 이로부터 1년 후 독일과의 재대결을 앞두고 "하만이 그렇게 태클을 당할 필요까지는 없었다. 그러나 그렇다고 여자아이처럼 소리를 지를 필요도 없지 않나?"라고 되물었다.

인스는 유로 2000을 끝으로 대표팀 은퇴를 선언했다. 이후 잉글랜드는 중앙 수비수 가레스 사우스게이트Gareth Southgate, 혹은 제이미 캐러거가 종종 미드필더로 활약할 정도로 수비형 미드필더가 부족했다. 그러면서 에릭손 감독 체제에서 제라드는 붙박이 주전으로 등극했다. 그는 자신의 여섯 번째 대표팀 경기였던 독일전에서 결승골을 터뜨리며 잉글랜드가 라이벌을 상대로 거둔 유명한 5-1 대승에 크게 일조했다.

그러나 바로 이 시점부터 잉글랜드 대표팀의 중원진이 희생되기 시작했다. 제라드는 리버풀에서는 등번호 8번을 달았으나 잉글랜드 대표팀에서는 4번을 달고 뛴 이날 경기를 떠올리며 "내 역할은 상대가 시도하는 모든 걸 파괴하는 일이었다. 나는 독일 선수들이 발동이 걸리기 전에 그들을 밀어붙여야 했다. 개인적으로는 더 공격적으로 뛰고 싶었지만, 독일을 대파하는 건 당연히 즐거운 일이었다"고 말했다. 그가 이처럼 소속 팀에서는 대개 박스-투-박스 미드필더를 뜻하는 8번, 대표팀에서는 수비형 미드필더를 뜻하는 4번을 달고 뛴 건 두 팀에서 그가 다른 역할을 소화한 점을 상징적으로 보여주는 점이다. 제라드는 이 경기에서 스콜스 또한 평소보다 수비적인 역할을 맡았다는 점을 기억하고 있었다. 그러나 그 이유는 스콜스가 대표팀에서 호흡을 맞춘 미드필더 인스나 데이비드 배티보다 제라드는 규율이 잡힌 활약을 하는 데 어려움을 겪은 선수였기 때문이기도 하다.

잉글랜드는 이날 마이클 오언과 에밀 헤스키가 이끈 역습 덕분에 대승을 거뒀지만, 독일보다 위협적인 패스로 경기를 풀어가지는 못했다. 대신 잉글랜드는 중앙 미드필더 두 명을 원래 자리가 아닌 수비형 미드필더로 중용하며 평소보다 훨씬 더 수비적으로 경기를 운영했다. 그러면서 에릭손 감독의 잉글랜드가 주로 활용한 포메이션은 점점 4-4-2로 굳어갔다. 당시 에릭손 감독은 잉글랜드 대표팀 역사상 최초의 외국인 사령탑이라는 점으로 큰 관심을 받았는데, 사실 그는 전임 감독 테리 베너블스, 호들 그리고 키건보다 오히려 더 잉글랜드식 4-4-2 포메이션을 선호했다. 이는 에릭손 감독의 모국 스웨덴이 1970년대 두 잉글랜드 축구인 밥 휴턴Bob Houghton과 로이 호지슨Roy Hodgson의 영향을 받았기 때문이기도 하다.

게다가 이 시점부터 잉글랜드 대표팀에서 스콜스의 경기력도 하락세를 타기 시작했다. 스콜스의 득점력이 현저하게 떨어졌는데, 이는 그가 역할을 바꿨기 때문에 생긴 변화였다. 그는 대표팀 데뷔 후 초반 16경기에서 7골을 기록했는데, 이후 7골을 더 추가하는 데는 무려 50경기가 필요했다. 그렇다고 스콜스가 경기를 주도하는 패스 능력을 선보인 것도 아니었다. 특히 그는 잉글랜드가 그리스와 2-2로 비긴 경기에서 눈에 띌 정도로 부진했다. 잉글랜드는 다행히도 데이비드 베컴이 종료 직전 프리킥을 성공시키며 2002 한일 월드컵에 가까스로 진출할 수 있었다. 그러나 월드컵 본선에서는 오히려 스콜스의 맨유 동료 버트가 부상 중인 제라드를 대신해 출전하며 더 좋은 활약을 펼쳤다.

제라드와 스콜스는 유로 2004 예선부터 잉글랜드의 미드필드 조합을 형성했다. 그러나 스콜스의 떨어진 득점력이 논란의 대상이 됐다. 스콜스는 소속 팀 맨유에서 2002-03시즌 4-4-1-1 포메이션의 처진 공격수로 활약하며 개인 통산 프리미어리그에서 한 시즌 최다인 14골을 터뜨렸다. 그러나 유독 잉글랜드 대표팀에서는 유로 2004 본선을 앞두고 무려 3년 연속으로 무득점에 그쳤다. 스콜스도 당시 인터뷰를 통해 "나는 골을 넣으려고 이 팀에 있다. 만약 그 역할을 하지 못한다면 내가 팀에 보탬이 돼야 할 만큼 하지 못하고 있다는 뜻이다. 프랑크 램파드 같은 선수들은 소속 팀에서 맹활약을 펼쳤다. 아마 그와 같은 선수가 주전으로 출전하는 게 옳을 것이다. 만약 감독이 나 대신 그를 선발로 내세운다면 나는 그에게 행운을 빌어줄 것이다. 내가 해야 할 역할을 제대로 못 했기 때문"이라고 말했다.

램파드는 로만 아브라모비치 첼시 회장의 자본 덕분에 첼시가 우승 후보로 거듭나며 소속 팀에서 훌륭한 활약을 펼치고 있었다. 게다가 클라우디오 라니에리 첼시 감독은 램파드를 완전히 바꿔놓았다. 그는 램파드에게 4-4-2 포메이션에서 더 신중한 플레이를 요구했다. 라니에리 감독은 웨스트햄에서 영입한 램파드에 대해 "공격과 수비 비율이 70 대 30"이라고 평가했다. 그러나 라니에리 감독은 이 비율을 정확히 50 대 50으로 바꿔놓고 싶어 했다. 램파드는 "라니에리 감독은 내게 언제 전방으로 침투할지 타이밍을 고려해야 한다며 내가 더 균형 잡힌 활약을 하기를 원했다"고 말했다. 실제로 이때까지 램파드는 자신의 체력을 과시하기 위해 항상 상대보다 더 많이 뛰며 팀이 공격을 펼칠 때는 어느새 페널티 지역으로 침투해 공격수 숫자를 늘렸다. 이 때문에 라니에리 감독은 연습 경기 도중 램파드를 향해 "그 자리에 머물러 있어!"라고 외칠 때가 많았다. 그는 램파드가 공격 작업이 이루어질 때까지 기다렸다가 페널티 지역 내 외곽으로 침투해 들어가기를 바랐다. 이에 램파드는 "상황에 따라 대응하는 방법을 배웠다. 내가 언제 어디서든 득점할 가능성이 가장 큰지를 인지하는 능력을 향상시켜야 했다"고 말했다. 이처럼 램파드는 전술적인 책임을 지는 방법을 배웠다.

잉글랜드는 그렇게 시작된 유로 2004에서 스콜스를 왼쪽 측면에 배치하며 창의성 있는 중앙 미드필더를 얼마나 믿지 못하는지를 다시 한번 보여줬다는 지적을 받았지만, 사실은 이와 매우 달랐다. 에릭손 감독에게는 훌륭한 미드필더가 무려 네 명이나 있었다. 베컴, 램파드, 제라드, 스콜스는 모두 주전급으로 활약할 만한 이들이었다. 게다가 베컴은 수차례 잉글랜드를 위기에서 구해낸 주장이었으며 램파드는 당시 소속 팀에서 가장 뛰어난 활약을 펼친 선수였다. 또한 제라드는 워낙 다재다능한 능력이 우수해 어느 포지션도 소화할 수 있는 선수이다 보니 선발에서 제외할 수가 없었다. 스콜스는 훌륭한 재능을 보유했으나 잉글랜드 대표팀에서는 제 역할을 하지 못했다.

이처럼 이 네 선수는 모두 뛰어난 공격 성향을 지닌 창조적인 자원이었으며, 아마 에릭손 감독은 수비형 미드필더를 배치해 균형을 잡아줬어야 했을 것이다. 실제로 버트와 오언 하그리브스Owen Hargreaves가 당시 팀 명단에 포함되기도 했다. 그러나 그렇게 하더라도 선발에서 제외될 가능성이 가장 큰 선수는 스콜스였다. 다만 에릭손 감독은 끝까지 스콜스를 중용했고, 그러면서 잉글랜드의 진용이 균형을 잃기 시작했다. 단순히 말하자면 에릭손 감독은 스콜스의 재능을 지나치게 믿었던 셈이다.

실제로 에릭손 감독은 다이아몬드형 미드필드를 구축해 어떻게든 스콜스를 활용하려고 했다. 심지어 그는 스콜스를 두고 "잉글랜드 최고의 선수"라고 평가하기도 했다. 게다가 다이아몬드형 미드필드는 이론적으로도 잉글랜드의 상황에 적합한 포메이션이었다. 측면 수비수 개리 네빌과 애슐리 콜이 폭넓게 활약할 경우 중앙 미드필더 네 명이 동시에 활약할 수 있었기 때문이다. 주목할 만한 점은 수비 라인 바로 앞에 배치된 미드필더가 램파드였다는 사실이다. 공격 재능이 빼어난 잉글랜드의 중앙 미드필더 자원 중 그나마 가장 균형이 잡힌 플레이를 할 줄 아는 선수가 바로 그였기 때문이다. 그러나 램파드는 이 역할을 좋아하지 않았다. 한편 제라드는 다이아몬드형 미드필드의 왼쪽 측면에서 뛰는 데 거부감을 나타냈고, 자신이 스콜스 자리에 서고 싶어 했다.

잉글랜드는 대회를 앞두고 팀 훈련 중 자체 평가전에서 다이아몬드형 미드필드를 실험했지만, 결과는 참담했다. 주전 팀이 후보 팀에 0-3으로 대패를 당했기 때문이다. 이후 에릭손 감독은 미드필더들을 따로 불러 그들이 어떤 전술 시스템을 가장 선호하는지 물었다. 이에 스콜스는 다이아몬드형 미드필더를 선호한다고 말했지만, 나머지 세 명은 네 명이 일자로 서는 진용을 요구했다. 결국 에릭손 감독은 다시 4-4-2 포메이션을 활용하기로 했다. 스콜스는 그의 결정에 실망했지만, 활약이 기대 이하에 그치던 선수 한 명을 위해 나머지 선수의 요구를 무시하는 것 또한 합리적인 선택은 아니었다. 또한 스콜스에게는 매 경기 풀타임을 소화할 체력이 없었다. 이 때문에 그는 팀 훈련에서 승부차기 연습을 할 때는 아예 참여조차 하지 않았다. 스콜스는 에릭손 감독이 왜 승부차기 연습을 하지 않느냐고 묻자 연장전을 포함해 120분은커녕 60분이라도 뛸 수 있으면 다행이라고 대답했다.

일자로 배치되는 미드필드 진용에 스콜스를 투입하는 데는 위험 부담이 따랐다. 당시만 해도 수비 라인 앞에서 미드필더가 펼쳐야 하는 활약의 기준은 '태클'이었는데, 이는 스콜스의 최대 약점이기도 했다. 스콜스를 지도한 퍼거슨, 호들, 키건 그리고 에릭손 감독은 모두 그가 태클 능력을 제외하면 완벽한 선수라고 평가했다. 이처럼 스콜스는 상대로부터 볼을 빼앗는 방법을 터득하는 데 끝내 실패했다. 그의 태클은 항상 타이밍이 빗나갔고, 이 때문에 유럽 무대에서는 주심의 경고를 받는 횟수가 많았다. 실제로 그는 챔피언스리그 역사상 가장 많은 경고를 받은 선수다. 따라서 에릭손 감독은 태클에 취약한 데다 체력이 부족한 그를 2인 중앙 미드필드 조합을 이룰 선수 중 한 명으로 기용하는 위험을 감수할 수밖에 없었다.

이 와중에 제라드는 수비형 미드필더로 일취월장하고 있었다. 심지어 베컴은 제라드에 대해 "그가 팀에 있으면 훨씬 더 균형 잡힌 경기를 할 수 있다"고 칭찬했고, 첼시에서 라니에리 감독의 지도를 받은 램파드도 더 균형 잡힌 선수로 성장 중이었다. 이러한 이유로 제라드와 램파드는 잉글랜드의 중원 조합을 이룰 가장 이상적인 두 선수로 꼽혔다. 그러면서 스콜스는 왼쪽 측면으로 밀렸지만, 그는 콜이 적극적으로 공격에 가담하며 중앙으로 침투하는 빈도가 높았다. 이전까지 잉글랜드는 베컴이 버틴 오른쪽 측면과 비교할 때 왼쪽 측면 자원 부재가 큰 약점이라는 지적을 받았다. 이 때문에 에릭손 감독이 플레이메이커 스콜스를 왼쪽에 배치해 중앙으로 침투하게 한 건 꽤 영리한 선택이었다. 더욱이 이후 열린 세 차례의 월드컵에서 우승을 차지한 이탈리아, 스페인, 독일은 모두 왼쪽 측면에 중앙 미드필더를 배치했다. 이탈리아는 시모네 페로타Simone Perrotta, 스페인은 안드레스 이니에스타Andres Iniesta, 독일은 메수트 외질Mesut Ozil을 각각 왼쪽에 세웠다. 이처럼 스콜스도 이 자리에서 좋은 활약을 펼치지 못할 이유가 없었다.

잉글랜드는 웨인 루니를 중심으로 펼친 극단적으로 공격적인 전술 덕분에 유로 2004에서 꽤 좋은 경기력을 선보였다. 그러나 잉글랜드의 문제는 에릭손 감독이 활용한 시스템이 아니라 8강에서 부상을 당한 루니가 더는 출전할 수 없다는 점이었다. 스콜스는 대회가 끝난 후 대표팀 은퇴를 선언하면서 자기 자리를 찾지 못해서 잉글랜드 유니폼을 벗는 게 아니라고 강조했다. 그는 "많은 사람들은 내가 대표팀에서 은퇴한 걸 두고 스벤(에릭손 감독)을 탓한다. 다만 나는 맨유에서도 측면에 배치된 적이 있다. 나는 그 자리에서 많은 골을 넣었다"고 말했다. 그러나 스콜스는 이상할 만큼 잉글랜드 대표팀에서는 측면에 서면 제 역할을 하지 못했다. 스콜스는 대표팀 생활이 단순히 말해 즐겁지 않았다고 말하며 특히 가족과 오랜 기간 떨어져서 지내는 게 가장 어렵다고 밝혔다.

그는 훗날 잉글랜드 선수들이 지나치게 이기적이라는 이유로 그들을 비판했다. 스콜스는 "우리에게는 세계 최고의 선수들이 다수 있다. 그러나 이 중 몇몇은 개인의 성공을 위해 뛰는 것 같다"고 말했다. 스콜스가 잉글랜드 축구에 남긴 전술적 유산은 이로부터 오랜 시간이 흐른 후에 효과를 나타냈다. 그는 미드필드의 훨씬 더 깊숙한 위치에서 활약하기 시작하며 빼어난 활약을 펼쳤다. 이 자리에서 스콜스가 워낙 맹활약한 나머지 오늘날 그를 떠올리면 그가 항상 후방 미드필더로 활약했다고 생각하는 이들도 적지 않다.

유로 2004가 끝난 후 잉글랜드의 미드필드 구성은 크게 변화했다. 일단 스콜스가 선발 명단에서 빠졌다. 이어 조세 무리뉴 감독이 첼시를 이끌며 램파드를 4-3-3 포메이션의 왼쪽 중앙 미드필더로 쓴 점이 잉글랜드 대표팀에서도 효과를 나타냈다. 이 와중에 리버풀에서 라파엘 베니테즈 감독의 지도를 받은 제라드는 4-4-2 포메이션의 중앙 미드필더로 활약하다가 시간이 조금 흐른 뒤에는 4-2-3-1에서 수비형 미드필더 두 명 앞에 선 공격형 미드필더 자리에 정착했다. 당시 램파드와 제라드가 펼친 활약이 얼마나 대단했는지는 아무리 강조해도 지나치지 않다. 두 선수는 2005년 발롱도르 투표에서 호나우지뉴에 이어 각각 2, 3위에 올랐다. 이처럼 당시 잉글랜드에는 세계 최고의 미드필더 두 명이 있었다.

램파드는 매우 기본에 충실한 선수였다. 그의 장점은 크게 세 가지로 분류할 수 있다. 그는 체격적으로 훌륭했고, 페널티 지역으로 침투하는 타이밍이 절묘했으며 약 20m 거리에서 강력한 슛으로 득점하는 데 탁월한 능력을 자랑했다. 그는 어릴 적부터 아버지로부터 '단순함이 곧 천부적인 능력'이라는 조언을 듣고 성장했다. 실제로 램파드처럼 단순한 플레이 스타일로 세계 최고의 선수 순위 2위에 오른 이는 거의 없다. 램파드는 프리미어리그 역사상 중거리 슛으로 가장 많은 득점을 기록한 선수였지만, 강력한 슛으로 뽑아내는 득점은 많지 않았다. 대신 그는 문전 경합 상황에서 득점하는 데 빼어난 능력을 보여줬다.

이를 두고 램파드는 의도적으로 자기 자신의 성향에 변화를 준 덕분이라고 설명했다. 그는 "내가 볼을 때리는 기술에 변화를 주며 득점력도 올라갈 수 있었다. 예전에는 무조건 강력하게 슈팅했다. 골문 모서리로 정확한 슛을 할 수 있다면, 이렇게 해도 충분히 괜찮다. 그러나 현대 축구에서는 볼이 더 가볍다. 따라서 가볍게 툭 차면 볼이 궤적을 그릴 때 움직이며 골키퍼가 선방을 하기 매우 어려워진다. 이렇게만 제대로 차면 페트르 체흐도 정면으로 날아오는 볼을 손바닥으로 쳐낼 수밖에 없다. 그만큼 볼의 방향이 갑자기 바뀌기 때문"이라고 말했다. 램파드는 이렇게 아름다움보다는 효율을 택했다.

램파드의 말대로 축구공을 제작하는 기술이 변한 점은 축구 경기가 흘러가는 방식을 바꾸는 데 적지 않은 영향을 미쳤다. 실제로 프리미어리그는 1990년대 후반이 되어서야 공인구를 지정했다. 이전까지는 홈팀의 선호에 따라 매 경기 제각각 다른 공이 쓰였다. 대다수 팀은 당시 마이터Mitre가 제작한 공을 썼지만, 첼시는 엄브로Umbro가 제작한 공을 선호했다. 많은 골키퍼들이 엄브로가 만든 공의 궤적을 예측하기 어렵다고 밝혔고, 리버풀이 쓴 아디다스Adidas 공은 날아가는 속도가 더 빨랐다. 그러면서 매 경기 공을 지정할 수 있었던 홈팀은 상대보다 더 유리한 고지를 점할 수 있었다.

한편 제라드의 전술적인 성향은 스콜스, 램파드보다 더 복잡했다. 베니테즈 감독은 제라드를 최전방 공격수 뒤에 배치하는 4-2-3-1 포메이션을 주로 활용했지만, 2005-06시즌과 2006-07시즌에는 그를 4-4-2의 오른쪽 측면 미드필더로 썼다. 제라드가 측면에 서면 득점력이 상승한다는 게 베니테즈 감독의 설명이었다. 그러나 사실 제라드는 4-2-3-1 포메이션의 공격형 미드필더로 활약할 때 더 많은 골을 넣었다. 그러면서 그는 자신이 이 자리를 소화할 수 있게 가장 큰 도움을 준 선수로 사비 알론소를 지목했다. 제라드는 "내가 10번 역할을 할 수 있다고 생각하지 않았다. 그러나 나는 이 역할을 할 수 있었다. 사비(알론소)가 워낙 빠른 판단력으로 나를 위해 시간을 벌어준 덕분"이라고 말했다.

그러나 제라드의 운명은 이에 앞서 완전히 뒤바뀔 수도 있었다. 한때 그가 리버풀을 떠나 첼시로 이적할 가능성이 매우 컸던 시절이 있었기 때문이다. 제라드는 2004년 여름 처음으로 첼시의 영입 제안을 받았지만, 그가 리버풀과 챔피언스리그 우승을 차지한 2005년에는 사태가 더 심각해졌다. 당시 리버풀은 첼시가 제라드 영입을 위해 제안한 영국 축구 역사상 최고 이적료를 이미 거절한 상태였다. 그러나 이를 알게 된 제라드는 구단에 공식적으로 이적을 요청했다. 이후 그는 이적을 요청한 적이 없다며 모든 문제는 리버풀이 재계약 협상을 원활히 진행하지 못했기 때문에 발생했다고 설명했다. 그러나 만약 그의 첼시 이적이 그대로 성사됐다면, 축구 팬들은 잉글랜드 대표팀에서나 볼 수 있었던 제라드-램파드 미드필드 조합을 무리뉴 감독의 4-3-3 포메이션을 바탕으로 매주 볼 수도 있었다. 그렇게 됐더라면 아마 에릭손 감독도 이를 그대로 잉글랜드 대표팀 전술에 적용했을 것이다. 그러나 제라드의 첼시 이적은 끝내 성사되지 않았다. 결국 제라드는 이적 요청을 철회했고, 첼시는 그를 대신해 마이클 에시엔을 영입했다.

잉글랜드의 2006 독일 월드컵 유럽 예선 첫 경기였던 오스트리아 원정은 미래를 예고하는 승부였다. 에릭손 감독은 스콜스가 대표팀 은퇴를 선언하자 웨인 브리지를 왼쪽 측면 미드필더로 활용해 균형을 맞췄다. 베컴은 그대로 오른쪽 측면에 섰고, 램파드와 제라드가 변함없이 중앙에서 조합을 이뤘다. 램파드와 제라드는 공격 능력을 발휘하며 각각 한 골씩 기록하면서 잉글랜드에 2-0 리드를 안겼는데, 이후 이 두 선수가 수비를 원활히 하지 못한 탓에 두 골을 내리 허용하며 오스트리아와 2-2로 비겼다. 램파드가 파울을 범해 허용한 프리킥이 롤란드 콜만Roland Kollmann의 만회골로 이어졌고, 제라드는 위치 선정을 효과적으로 하지 못해 뒤늦게 몸을 던져 안드레아스 이반시츠Andreas Ivanschitz의 슈팅을 막으려 했으나 오히려 볼이 그를 맞고 굴절돼 동점골로 연결됐다. 그러면서 2000년대 초중반부터 무려 10년에 걸쳐 계속된 논쟁이 시작됐다. 이 논쟁의 주제는 항상 '제라드와 램파드는 공존할 수 있을까?'였다.

그러나 사실 더 정확한 질문은 '과연 제라드와 램파드가 4-4-2에서 공존할 수 있을까?'였다. 아마 이 둘을 가장 효과적으로 활용하려면 4-3-3 포메이션으로 변화를 하는 게 옳았을 것이다. 그러나 에릭손 감독은 제라드와 램파드 외 다른 선수들에게 더 잘 어울리는 4-4-2를 고집했다. 오른발 크로스를 주로 구사하는 베컴, 공격 파트너와 뛰어야 문전에서 마무리하는 데 집중할 수 있었던 마이클 오언 그리고 처진 공격수 루니는 모두 4-4-2에 더 적합했다. 에릭손 감독은 다이아몬드형 미드필드 전술과 4-4-2를 번갈아가며 활용했다. 그러나 잉글랜드는 다이아몬드형 미드필드를 가동하는 데 익숙하지 않은 모습이었고, 제라드와 램파드를 축으로 한 4-4-2는 전력이 한참 떨어지는 약체를 상대로는 효과를 냈으나 강팀에게는 통하지 않았다.

잉글랜드는 북아일랜드를 상대로 베컴을 수비형 미드필더로 배치하고 그 앞에 제라드와 램파드를 세우는 4-3-3 포메이션을 시도했다. 측면에서는 숀 라이트-필립스와 루니가 최전방 공격수 오언을 지원사격했다. 그러나 이러한 실험은 잉글랜드가 0-1로 패하며 대실패로 끝났다. 에릭손 감독은 베컴의 경기력을 콕 짚어 "목표 지점에서 빗나가는 롱패스를 지나치게 많이 시도했다"며 실망감을 드러냈다. 흥미로운 점은 에릭손 감독이 루니를 4-3-3 포메이션의 오른쪽 측면 자원으로 보면서도 베컴을 그 자리에는 기용하지 않은 점이다. 즉 베컴이 수비형 미드필더 역할을 제대로 하지 못하며 잉글랜드가 4-3-3으로 포메이션을 변경하기는 더 어려워졌다.

2006 독일 월드컵은 에릭손 감독이 잉글랜드 사령탑으로 나선 마지막 대회였다. 그러나 이 대회를 앞둔 시점부터 잉글랜드의 상황은 계속 꼬였다. 잉글랜드는 헝가리와의 평가전에서 제라드에게 마이클 오언의 뒤를 받치는 처진 공격수 역할을 맡겼다. 당시 에릭손 감독은 캐러거를 수비형 미드필더로 두고 베컴, 램파드, 조 콜로 2선을 구성한 4-1-3-1-1 포메이션을 시도했다. 이 경기에서 잉글랜드의 새 전술은 효과를 발휘했고, 팀도 3-1로 승리했다. 그러나 에릭손 감독은 이어진 자메이카전에서 다시 4-4-2를 쓰고도 대승을 거뒀고, 결국 월드컵 조별 리그에서도 똑같은 포메이션을 활용했다. 더 이상한 점은 중앙 미드필더 두 명 중 더 수비적인 역할을 한 선수가 램파드가 아닌 제라드였다는 사실이다. 제라드는 앞서 4-1-3-1-1 포메이션에서는 램파드보다 더 전진 배치돼 공격적인 역할을 맡았지만, 정작 4-4-2에서는 그보다 수비적으로 뛰어야 하는 혼란을 겪었다. 이런 점을 고려할 때, 제라드와 램파드가 서로 효과적인 조직력을 다지지 못한 건 그리 놀랄 만한 일이 아닌 셈이다.

게다가 오언은 조별 리그 마지막 경기에서 스웨덴을 상대로 심각한 무릎 부상을 당했다. 이 때문에 잉글랜드는 16강부터 4-1-4-1 포메이션을 가동했다. 루니가 최전방 공격수로 나서고, 수비형 미드필더가 추가로 중용되며 제라드와 램파드는 더 공격적인 역할을 부여받았다. 잉글랜드가 승리한 16강 에콰도르전에서는 마이클 캐릭 Michael Carrick 이 수비형 미드필더로 출전해 빼어난 활약을 펼쳤다. 그는 템포를 조절하며 상대를 허무는 패스로 잉글랜드의 승리를 이끌었다. 그러나 캐릭은 포르투갈과의 8강전에서 부당하게 선발 라인업에서 제외됐고, 그의 자리를 메운 건 오른쪽 측면 수비수에서 수비형 미드필더로 변신한 오언 하그리브스였다. 잉글랜드는 승부차기 끝에 포르투갈에 패했는데, 이 경기는 모두에게 수비형 미드필더의 중요성을 일깨워줬다.

하그리브스는 당시 잉글랜드 선수 중 프리미어리그에서 활약하지 않은 몇 안 되는 선수였다는 이유로 월드컵이 시작되기 전부터 합리적이지 못한 선택이라는 비난을 받아야 했다. 당시 잉글랜드에서 독일 분데스리가를 자주 보는 이는 극소수에 불과했다. 게다가 하그리브스는 이 시점에 일찌감치 소속 팀 바이에른 뮌헨에서 분데스리가 우승 4회, 챔피언스리그 우승을 경험한 수준이 있는 선수였다. 그런데도 대다수 잉글랜드 언론에서는 하그리브스의 능력에 대해 전혀 알지 못했다. 심지어 기자회견 도중 한 기자가 램파드에게 "하그리브스는 왜 팀에 있는 건가?"라고 묻기도 했다.

그러나 이로부터 한 달 뒤 하그리브스는 잉글랜드가 포르투갈에 패한 월드컵 8강 경기에서 가장 빼어난 활약을 펼친 최고의 선수로 칭찬받았다. 이어 그는 잉글랜드 팬들이 뽑은 올해의 선수로 선정되기까지 했다. 제라드와 램파드는 여전히 잉글랜드 최고의 미드필더였지만, 두 선수 모두 수비형 미드필더의 지원사격이 필요했다. 이 시기에 첼시가 2년 연속 마켈렐레를 축으로 미드필드를 구성해 프리미어리그 우승을 차지하며 수비형 미드필더의 중요성은 갈수록 더 커졌다.

잉글랜드에는 재앙 그 자체였던 유로 2008 예선에서 이 문제는 더 심각해졌다. 당시 잉글랜드를 이끈 스티브 맥클라렌 감독은 수비형 미드필더의 중요성을 인지하며 매 경기 하그리브스, 캐릭, 가레스 배리 중 한 명을 꼭 기용하려고 했다. 실제로 잉글랜드가 맥클라렌 감독 체제로 치른 12경기에서 이 세 선수 중 최소 한 명이 출전한 건 11경기나 됐다. 특히 배리와 제라드는 과거 유로 2000에서 호흡을 맞출 때도 효과적인 조합을 보여줬다. 당시 잉글랜드는 규율이 확실히 잡힌 팀의 모습을 보였고, 예선 12경기 중 9경기에서 무실점을 기록했다. 그러나 진짜 문제는 공격에 있었다. 잉글랜드는 마케도니아와 이스라엘을 상대로 0-0 무승부에 그쳤다.

여전히 회자되는 잉글랜드의 크로아티아전 패배가 바로 이 시점에 터졌다. 잉글랜드는 홈구장 웸블리에서 이미 유로 2008 진출을 확정한 크로아티아와 최소 비기기만 했어도 본선에 진출할 수 있었다. 배리, 램파드, 제라드가 4-3-3 포메이션의 중앙 미드필더로 중용됐지만, 잉글랜드는 초반부터 불안한 모습을 노출했다. 이날 공식 경기 데뷔전을 치른 골키퍼 스콧 카슨Scott Carson은 형편없는 경기력으로 팬들에게 실망을 남겼다. 잉글랜드는 전반전이 끝난 시점에 0-2로 뒤졌다. 이후 맥클라렌 감독은 배리를 빼고 4-4-2 포메이션으로 전술을 변경해 후반에 2-2로 승부의 균형을 맞추는 데 성공했다. 이대로만 끝났어도 잉글랜드는 본선에 진출할 수 있었다. 그러나 맥클라렌 감독은 이 시점에 수비형 미드필더를 투입해 경기를 통제하려고 하지 않았다. 하그리브스는 그대로 벤치에 남아 있었고, 제라드와 램파드는 중원에서 상대에 밀리기 시작했다. 물론 이 상황에서 수비형 미드필더 한 명이 있었다고 해서 모든 게 달라지지는 않았을 수도 있다. 실제로 잉글랜드는 배리가 활약한 초반에 두 골을 허용하며 0-2로 뒤진 상태였다. 그러나 단 25분을 남겨두고 실점만 하지 않아도 되는 상황에서 전술적 변화를 주지 못한 점은 분명히 아쉬움이 남는다.

잉글랜드는 굳이 더 득점을 할 필요가 없었지만, 두 골 차를 따라잡은 후 특유의 공격 축구가 더 효과적이라고 판단하며 지나치게 전진했다. 그러나 크로아티아는 호락호락 당하고 있지 않았다. 크로아티아의 결승골 상황은 플라덴 페트리치Mladen Petrić가 페널티 지역 바깥쪽에서 볼을 잡으며 시작됐는데, 이 위치는 평소대로라면 수비형 미드필더가 자리해야 하는 곳이었다. 램파드는 측면으로 밀려난 상태였고, 제라드에게는 순식간에 압박을 가할 순발력이 없었다. 결국 페트리치는 강력한 슛으로 직접 득점에 성공했다. 그대로 경기가 끝났고, 잉글랜드는 본선 진출에 실패했다. 그러자 제라드마저 잉글랜드가 전술적으로 지나치게 순진했다며 실망감을 드러냈다. 그는 0-2로 뒤진 상황에서는 위험 부담을 감수해야 한다. 우리는 후반전에 훨씬 더 좋은 경기를 했다. 다시 승부를 원점으로 돌릴 수 있었다. 그 시점에 뒷문을 잠갔어야 했다. 그 상황에서 동점을 유지한 채 무승부로 경기를 끝냈어야 했다. 그러나 잉글랜드는 계속 위험을 감수했고, 결국 역습에 당했다고 말했다.

프리미어리그는 2008년 사상 최초로 UEFA 리그 랭킹 1위에 올랐다. 그러나 이와 같은 시기에 정작 잉글랜드 대표팀은 유럽선수권대회 본선 진출에 실패했다. 잉글랜드는 유럽 최고의 리그를 보유하게 됐지만, 자국 대표팀은 무려 16팀이 참가하는 국제대회 본선 무대를 밟지 못했다. 가장 큰 문제는 전술적 능력의 결여였다. 이는 프리미어리그가 전략적으로 발전하는 데 지나치게 외국인 자원에 의존했기 때문이기도 했다.

PART 6
직선적인 공격

호날두

"전형을 유지하고, 수비에 가담하는 등 내가 배운 모든 전술적 이론이 단 2년 사이에 무용지물이 됐다. 우리 팀에는 동료들의 도움을 받아 스스로 자기만의 원칙을 만들어 활약하는 선수가 있었기 때문이다. 호날두는 축구를 재창조하는 데 크게 일조했다."

– 개리 네빌

프리미어리그는 자국 대표팀이 부진을 거듭하던 2008년, 적어도 UEFA 리그 랭킹에 따르면 유럽 최고의 리그가 됐다. 그 당시 프리미어리그의 우월성을 이해하는 건 어렵지 않다.

프리미어리그는 2006-07, 2007-08, 2008-09로 이어진 세 시즌 연속으로 챔피언스리그 4강에 세 팀씩 진출시켰다. 이는 어느 리그를 기준으로도 역사상 최초로 세워진 업적이다. 그러나 이러한 성적은 프리미어리그 팀의 우승으로는 쉽게 이어지지 않았다. 아스널이 2006년, 리버풀이

2007년, 첼시는 2008년 그리고 맨유는 2009년에 각각 챔피언스리그 결승전에서 패했다. 이 기간 중 프리미어리그 팀이 우승을 차지한 건 두 잉글랜드 팀이 결승전에서 만난 2008년이 유일했다. 당시 맨유가 승부차기 끝에 첼시를 꺾으며 유럽 챔피언으로 등극했다.

이 중에서도 맨유는 의심의 여지가 없는 프리미어리그 최강팀이었다. 알렉스 퍼거슨 감독은 프리미어리그가 챔피언스리그를 압도한 3년간 개인적으로도 최고의 팀을 지휘했다. 개리 네빌, 리오 퍼디난드, 네마냐 비디치, 파트리스 에브라Patrice Evra로 이어진 수비 라인은 막강한 조직력을 선보였고, 네 선수 모두 2006-07시즌 선수들이 선정한 올해의 팀에 이름을 올렸다. 프리미어리그 역사상 이 부분에서 올해의 팀 수비진 전체를 한 팀이 독식한 건 이때가 처음이었다. 에드윈 판 데 사르 또한 2008-09시즌 중반 14경기 연속 무실점을 기록하며 피터 슈마이켈 이후 맨체스터 유나이티드 역사상 최고의 골키퍼라는 평가를 받았다. 미드필드에는 마이클 캐릭과 오언 하그리브스가 중원을 지켰고, 폴 스콜스도 갈수록 기본적인 위치를 수비 진영 쪽으로 낮춰 잡으며 빼어난 후방 플레이메이커로 등극했다.

무엇보다 당시 맨유의 막강한 전력을 잘 보여줬던 것은 공격진의 천재성과 다재다능함이었다. 웨인 루니, 카를로스 테베스Carlos Tevez 그리고 크리스티아누 호날두가 서로 위치를 바꿔가면서 화려한 공격을 펼쳤다. 특히 호날두는 2008-09시즌 31경기에 선발 출장해 31골을 기록하며 프리미어리그 역사상 개인이 펼친 최고의 활약을 했다. 그는 자신이 꿈꾼 발롱도르 수상에도 성공했다. 그는 전과는 달라진 맨유를 대표하는 선수가 됐다. 이는 퍼거슨 감독과 카를로스 케이로스 코치가 전형적인 공격수를 쓰지 않으면서도 유럽에서 가장 완성도 높은 팀을 구성한 덕분이기도 했다.

케이로스 수석코치는 블랙번의 레이 하포드Ray Harford 이후 프리미어리그 팀이 우승을 차지하는 데 가장 큰 영향을 미친 코치였다. 그는 2002-03시즌 처음으로 퍼거슨 감독의 코칭스태프에 합류했지만, 이후 레알 마드리드 감독직을 제안받고 잠시 팀을 떠났다. 그러나 그는 레알에서 1년 만에 경질된 후 맨유 수석코치로 재부임했다.

그러나 레알은 맨유보다 더 큰 구단으로 여겨지는 전 세계의 몇 안 되는 구단 중 하나다. 심지어 레알은 예전부터 맨유의 스타 선수를 영입한 전적이 있는 구단이기도 하다. 이런 팀이 맨유 수석코치를 감독으로 선임했다는 사실 자체가 케이로스가 당시 얼마나 높은 평가를 받는 지도자였는지를 보여주는 셈이다. 실제로 그는 2004년부터 2008년까지 맨유가 혁신적인 공격 축구를 구사하는 데 크게 일조했다.

퍼거슨 감독은 케이로스 코치의 전술적인 능력에 대해 "천재적인, 정말 천재적이고 지성적인 동시에 철저한 남자"라고 극찬했다. 맨유가 처음으로 4-4-2 포메이션에서 벗어나 4-5-1 포메이션을 시도한 건 루드 판 니스텔로이를 영입한 2001년이었지만, 이 시도가 전적으로 성공적이었다고 평가하기는 어렵다. 게다가 당시 맨유의 새로운 4-5-1 포메이션은 팬들 사이에서 논란이 되기도 했다. 또 조세 무리뉴 감독이 이끈 첼시를 통해 잉글랜드에는 최전방 공격수를 한 명만 배치하는 포메이션은 무조건 수비적이라는 선입견이 퍼졌다. 그러면서 몇몇 맨유 팬들은 케이로스 코치가 구단의 전통적인 플레이 방식을 무시하고 있다며 경기 도중 "442!"라는 구호를 외쳤다. 이에 케이로스 감독은 2005-06시즌 도중 불만을 드러냈다. 그는 "사람들은 우리가 4-4-2 포메이션을 써야 한다고 울부짖고 있지만, 정작 우리는 그 시스템을 쓴 블랙번전에서 졌다. 이래서 축구에서는 상상력과 어리석음에 한계가 없는 것"이라고 받아쳤다.

그는 팀이 역동적이지 못한 중앙 공격진을 구축해서는 안 된다고 굳건하게 믿었다. 케이로스는 모국 포르투갈의 '황금세대'로 불린 선수들을 청소년과 성인 대표팀에서 이끈 1990년대 초반 팀의 코치로 일했다. 당시 그는 단단한 수비, 높은 점유율, 발재간이 훌륭한 측면 공격수, 창조적인 플레이메이커를 팀의 기반으로 다지며 최전방 공격수에게도 득점력보다 움직임을 요구했다. 당시 그가 추구한 축구가 바로 오늘날 포르투갈 축구를 대변하는 스타일로 자리매김했다.

맨유의 성공시대는 2006년 루드 판 니스텔로이가 팀을 떠나면서 시작됐다. 판 니스텔로이는 수많은 골을 넣은 골잡이였지만, 퍼거슨 감독이나 케이로스 코치가 원하는 유형의 공격수가 아니었다. 앞서 언급했듯 판 니스텔로이는 페널티 지역에서 골을 넣는 선수 그 이상 그 이하도 아니었기 때문이다. 반면 그가 떠난 후 재단장한 맨유는 움직임, 이타성, 조직력, 그리고 역습에 매우 능한 팀이 됐다. 퍼거슨 감독은 2006-07시즌 우승을 차지한 직후 불과 1년 전 판 니스텔로이와 로이 킨을 떠나보낸 중대한 결정을 스스로 했느냐는 질문을 받았다. 그러자 그는 "로이(킨)는 분명히 의도적으로 그렇게 했다. 그가 구단에서 행사하는 영향력이 워낙 컸기 때문이다. 그러나 판 니스텔로이의 이적 자체가 그리 중대한 결정인지는 잘 모르겠다"고 답했다. 이 발언이 시사하는 의미는 꽤 크다. 이때부터 맨유는 호날두와 루니의 팀이 됐다는 뜻이기 때문이다. 물론 2006 독일 월드컵이 끝난 시점에는 이 둘을 중심으로 팀을 재건하려던 퍼거슨 감독의 결정이 치명적인 실수가 될 수도 있었지만 말이다.

잉글랜드는 당시 월드컵 8강에서 승부차기 끝에 포르투갈에 패했는데, 이 경기 중반 루니는 볼을 두고 히카르두 카르발류Ricardo Carvalho와 충돌했다. 이후 두 선수 모두 바닥에 쓰러졌지만, 먼저 일어난 루니가 뒷걸음질하며 카르발류를 밟았다. 그러자 호날두는 즉시 오라시오 엘리손도Horacio Elizondo 주심에게 달려가 쓰러져 고통을 호소하는 카르발류를 가리켰다. 이를 본 루니는 화를 내며 호날두를 잡아 밀쳤다. 엘리손도 주심은 카르발류를 의도적으로 밟았다는 이유로 루니에게 퇴장을 명령했고, 잉글랜드는 수적 열세를 극복하지 못했다.

그러나 더 최악의 상황은 그다음이었다. 루니의 퇴장을 유도한 호날두가 이후 포르투갈 벤치를 향해 윙크를 보내는 장면이 그대로 TV 중계 화면에 잡혔기 때문이다. 또 이와는 별개로 경기 전 호날두가 루니를 찾아가 머리를 들이밀며 무언가 귓속말을 하는 장면도 포착됐다. 그러면서 호날두가 경기 전부터 의도적으로 루니의 퇴장을 유도할 계획을 세워두고 있었다는 소문이 떠돌기 시작했다. 그러나 이런 추측만으로 루니가 카르발류의 사타구니 부위를 힘을 실어 밟았다는 사실을 묵인할 수는 없었다. 현재 BBC의 펀딧으로 활동 중인 앨런 시어러는 경기가 끝난 후 "루니가 맨유 구단 훈련장으로 돌아가면 호날두에게 보복할 가능성이 크다고 본다"고 말했다. 이 사건은 맨유에는 재앙이나 다름없었다. 구단을 대표하는 두 스타가 충돌했기 때문이다.

그러나 이후 두 선수 사이의 불화는 없었다. 루니는 경기가 끝난 후 "크리스티아누(호날두)에게 악감정은 없다. 그러나 그가 그런 식으로 내가 퇴장당하는 데 끼어든 건 실망스럽다"고 말했다. 실제로 두 선수는 경기 후 직접 만나 더는 갈등을 겪지 않기로 약속했다. 이후 루니는 호날두에게 문자 메시지를 보내 오해가 생기지 않도록 했다. 이에 호날두는 현지 언론을 통해 "나와 내 동료 루니를 사이에 두고 나오는 말을 듣고 있으면 놀랍다. 루니는 내게 월드컵에서 행운을 빈다고 말해줬다. 그는 그 일로 인해 화나지 않았으며 잉글랜드 언론이 하는 말을 모두 무시해야 한다고 조언했다. 잉글랜드 언론은 혼란스러운 상황을 만들려고만 한다는 게 루니의 말이었다. 우리는 이미 그런 상황에 익숙하다"고 말했다. 루니 또한 이 사건에 영리하게 대처했다. 그는 "벡스(베컴의 애칭)가 1998년 월드컵, 필 네빌이 유로 2000이 끝난 후 언론으로부터 받은 비난을 나는 피할 수 있었다. 나는 그 상황에 대해 어떠한 비난도 받지 않았다. 오히려 비난을 받은 건 호날두였다. 이런 점이 나는 만족스럽다"고 말했다.

퍼거슨 감독도 호날두와 루니가 이후 구단 훈련장으로 돌아오자 이 둘과 삼자대면을 하고 나섰다. 그러나 오히려 호날두와 루니는 그에게 그럴 필요조차 없다고 말했다. 이미 두 선수가 서로 오해를 푼 상태였기 때문이다. 어쩌면 두 스타의 흥미진진한 충돌이 주먹다짐으로 이어지지 않았다는 점이 실망스러울 정도로 사태는 원만하게 봉합됐다. 아마 이 둘의 싸움은 많은 사람들에게 재미있는 볼거리를 제공했을 것이다. 루니는 호날두보다 키가 작았지만, 어린 시절부터 삼촌이 운영한 복싱 체육관에서 운동을 한 적도 있다. 그리고 호날두는 그해 여름부터 상체 근육을 키우는 데 집중하며 월드컵이 끝난 후 맨유로 돌아갔을 때는 완전히 달라진 모습의 괴물이 돼 있었다.

더 중요한 사실은 퍼거슨 감독이 월드컵이 끝난 직후 포르투갈로 날아가 당시 레알 마드리드 이적설이 제기된 호날두를 설득했다는 점이다. 그는 호날두에게 이제부터 그를 중심으로 팀을 만들 계획이라고 말했다. 이후 호날두가 경이로운 득점행진을 이어갔고, 발롱도르를 수차례씩 받는 선수가 됐다는 사실을 생각해보면 퍼거슨 감독이 그를 붙잡기 위해 들인 노력은 이제 와서 보면 당연하게 받아들여질 수도 있다. 그러나 호날두는 한때 잉글랜드 축구계의 웃음거리로 여겨진 선수였다는 점을 기억할 필요가 있다. 호날두는 2003년 볼턴 원더러스를 상대로 기억에 남을 만한 선풍적인 활약을 펼쳤지만, 그가 맨유로 이적한 후 보낸 초반 1, 2년은 분명히 순탄치 않았다. 게다가 스텝오버 stepover 드리블을 지나치게 좋아한 그는 경기의 흐름을 끊는다는 거센 비난을 받기도 했다. 경기 도중 화려한 플레이에 집착하는 호날두에게 화가 난 상대 선수가 그를 세게 걸어찬 사례는 수차례에 달한다.

심지어 호날두는 팀 훈련 도중 동료들로부터도 비슷한 일을 겪은 적이 있다. 리오 퍼디난드는 "우리 모두가 호날두의 엄청난 잠재력을 직접 봤다. 그가 처음 왔을 때, 그는 재미있는 경기를 하려고만 했다. 그러나 우리는 이기고 싶어 했다. 우리는 당시 우리에게 마무리를 해줄 선수가 있었다면 성공할 가능성이 더 크다는 걸 알았다. 그래서 우리는 호날두가 '재미'보다는 골과 도움을 올릴 수 있게 만들어야 했다"고 말했다. 그러면서 호날두도 차츰 다른 선수로 변했다. 그는 기술보다는 효율성과 직선적인 플레이를 선호하기 시작했다. 이 와중에 루니는 한발 물러서서 조력자 역할을 하는 데 집중했다.

짧게나마 있었던 호날두와 루니의 불화는 맨유에 큰 영향을 미치지 못했다. 루니는 2006-07시즌 개막전에서 팀이 4-0으로 앞선 시점에 정확한 크로스를 올려 호날두의 멋진 발리슛을 도왔다. 결국 맨유는 이날 5-1로 크게 이겼다. 루니는 경기 후 "루드(판 니스텔로이)가 떠난 후 퍼거슨 감독은 우리에게 상대를 파괴할 수 있는 공격 스타일을 구축해야 한다고 주문했다. 그는 나, 호날두, 루이 사아를 앞세워 폭발적인 속도를 보유한 공격진을 구성했다. 우리는 빠르게 역습을 시도하라는 주문을 받았다. 퍼거슨 감독은 우리가 그렇게만 하면 어느 팀도 우리를 상대하는 건 불가능하다고 생각했다"고 말했다.

이후에도 맨유는 잉글랜드 북서부 지역 라이벌 두 팀을 상대로 수준 차를 보여주며 압도적인 경기를 펼쳤다. 맨유는 훌륭한 경기력을 바탕으로 루니의 해트트릭, 사아의 이타적인 패스를 받아 추가골을 터뜨린 호날두의 활약에 힘입어 볼턴을 4-0으로 제압했다. 그들의 경기력에는 움직임, 연계 그리고 예측 불가능한 플레이 그 모든 것이 있었다. 퍼거슨 감독마저 "우리가 최근 수년간 보여준 최고의 경기였다"며 만족감을 드러냈다. 이어 맨유는 블랙번 원정에서 1-0으로 승리했는데, 점수 차와는 달리 매우 인상적인 공격력을 선보였다. 블랙번 팬들은 경기 초반 잉글랜드를 월드컵에서 탈락시킨 호날두를 향해 야유를 보냈지만, 맹활약을 펼친 그가 90분에 교체되자 기립박수를 보냈다. 더 결정적인 장면은 호날두가 블랙번 측면 공격수 세르지오 피터Sergio Peter에게 끔찍한 태클을 당한 후에 나왔다. 이전의 호날두였다면 그는 오랜 시간 바닥을 구르며 통증을 호소했을 것이다. 그러나 호날두는 피터의 태클에 걸려 넘어진 후 바로 일어나 다시 경기에 집중했다.

호날두, 루니, 긱스, 사아는 상대가 도저히 통제할 수 없는 조합을 보여줬다. 마크 휴즈Mark Hughes 블랙번 감독은 당시 맨유를 1992-93시즌 자신이 활약하며 우승에 일조한 팀과 비교하며 "최근 몇 년간 그들이 펼친 최고의 경기였다. 그들의 패스 각도, 움직임, 연계는 상대를 무너뜨릴 수밖에 없는 수준이었다. 판 니스텔로이가 없는 이 팀은 더 역동적으로 변했다"고 평가했다. 실제로 이 시즌 맨유는 총 38라운드 중 단 한 라운드를 제외하고 매 경기를 치른 후 프리미어리그 선두 자리를 지켰고, 끝내 4년 만의 우승을 차지했다.

그러나 판 니스텔로이가 떠났다고 해서 맨유가 아예 공격수 없이 경기에 나선 건 아니었다. 사아, 올레 군나르 솔샤르, 앨런 스미스가 여전히 건재했기 때문이다. 세 선수 모두 부상 탓에 시즌 내내 꾸준히 활약하지는 못했지만, 2006-07시즌 이들은 팀에 큰 보탬이 됐다. 또한 맨유는 시즌 중반 헨리크 라르손Henrik Larsson을 단기로 임대 영입한 효과를 보기도 했다. 실제로 맨유는 당시 대부분 경기에서 전형적인 최전방 공격수를 배치했다. 그러나 당시 최전방 공격수로 번갈아가며 활약한 네 선수는 각각 자신만의 장점을 보유하고 있었다. 사아에게는 빼어난 움직임이 있었고, 솔샤르는 연계 플레이에 능했으며 스미스는 전방에서 공을 지키는 능력이 훌륭했다. 라르손은 매우 영리한 전천후 공격수였다. 그런데도 당시 맨유의 공동 최다 득점자가 된 두 선수는 호날두와 루니였다. 두 선수는 나란히 컵대회를 포함해 23골을 기록했다. 즉, 맨유는 매 경기 전형적인 최전방 공격수를 기용하면서도 그들을 주요 득점자로 활용하지는 않았다.

가장 주목할 만한 경기는 맨유가 AS로마를 상대한 챔피언스리그 8강 1, 2차전이었다. 퍼거슨 감독은 당시 팀이 7-1 대승을 거둔 2차전 경기를 자신이 부임한 후 유럽 무대에서 거둔 가장 위대한 승리라고 말했다. 이날 특히 훌륭한 활약을 펼친 선수는 캐릭이었다. 그가 후방 플레이메이커 역할을 맡고, 스미스는 전방에서 상대를 파괴했다. 그러나 더 흥미로운 경기는 오히려 맨유가 1-2로 패한 1차전 로마 원정이었다. 퍼거슨 감독은 항상 지도자 생활을 하며 유럽 무대에서 가장 큰 배움을 얻었다. 당시 루치아노 스팔레티 Luciano Spalletti 감독이 이끈 로마는 흔히 4-6-0 포메이션이라 불린 특이한 전술로 맨유를 꺾었다. 로마는 최전방에 전설적인 주장 프란체스코 토티를 세웠는데, 사실 그는 전형적인 9번보다는 10번에 가까운 선수였다. 실제로도 토티는 경기 내내 미드필드 지역으로 내려와 팀 동료들이 전방으로 침투할 수 있도록 공간을 창출했다. 퍼거슨 감독이 최전방 공격수를 더는 주요 득점자로 쓰지 않는 사이, 스팔레티 감독은 아예 최전방 공격수 자체를 중용하지 않고 있었다. 그러면서 퍼거슨 감독은 또 유럽 무대에서 만난 상대로부터 매우 중요한 배움을 얻었다.

시즌이 끝난 후 솔샤르는 은퇴했고, 스미스는 뉴캐슬로 이적했다. 사아는 잇따른 부상 탓에 2007-08시즌 프리미어리그에서 단 여섯 경기에 선발 출장하는 데 그쳤다. 이 와중에 퍼거슨 감독은 카를로스 테베스를 영입했다. 그가 테베스를 영입한 건 의외였다. 테베스는 루니와 비슷한 처진 공격수였다. 그러나 퍼거슨 감독에게는 계획이 있었다. 그는 "루니와 테베스가 똑같은 선수라는 내용의 글을 언론을 통해 많이 읽었다. 나는 그들이 전혀 비슷하다고 생각하지 않는다. 두 선수가 체격 조건이 비슷하고, 양

발을 잘 쓰는 데다 빠른 발로 상대를 제치는 능력이 있는 점은 물론 비슷하다. 이런 식으로 공통점이 있는 선수 두 명이 있는 건 나쁜 게 아니라고 생각한다. 이 둘이 같이 뛰면서 서로를 이해할 수 있기를 바라고 있다"고 말했다. 당시 이 발언에는 큰 의미가 담겨 있다. 퍼거슨 감독은 루니와 테베스 중 한 선수를 앞에 두고 나머지 한 명을 뒤에 배치하겠다는 계획을 세우지 않았다. 그는 둘 중 한 명을 측면에 배치할 생각이었다. 그러면서 퍼거슨 감독은 루니와 테베스가 서로의 역할을 이해하고 자리를 바꿔가면서 플레이하는 큰 그림을 그렸다. 결국 그의 이러한 구상은 현실이 됐다.

시즌 초반 행보는 그리 희망적이지 않았다. 맨유는 개막전에서 레딩과 비겼다. 퍼거슨 감독은 최전방 공격수를 중용하지 않아 발생한 공백이 너무 크게 느껴진 나머지 후반전 수비수 존 오셰이John O'Shea를 임시 최전방 공격수로 교체 투입했다. 오셰이는 원래 다재다능함으로 명성을 떨친 선수였지만, 최전방 공격수는 그에게도 영 편치 않은 자리였다. 이어 맨유가 포츠머스와 1-1로 비기고, 맨시티에 0-1로 패하자 팀 전술을 바라보는 주변의 시선은 회의적으로 변했다. 실제로 맨유는 시즌 초반 세 경기에서 단 승점 2점을 따내는 데 그쳤다. 그러나 퍼거슨 감독은 부상 탓에 시즌 초반 호날두, 루니 그리고 테베스의 조합을 실험해볼 기회를 잡지 못했다. 이 셋이 처음으로 동반 선발 출장한 첼시전은 결국 2-0 승리로 끝났다. 게다가 이 경기는 첼시가 무리뉴 감독이 시즌 도중 떠난 후 치른 첫 번째 경기였다. 맨유의 혁신적인 시스템이 프리미어리그의 혁신을 이룬 감독을 떠나보낸 직후의 첼시를 상대로 처음 가동됐다는 점은 매우 극적이다. 동시에 이는 무언가 특별한 순간의 시작이기도 했다. 맨유는 이로부터 8개월이 지나 아브람 그랜트Avram Grant 감독이 이끈 첼시를 다시 만나 대성공을 거두게 된다.

2007-08시즌 도중 맨유가 주로 사용한 하나의 전술을 파악하는 건

불가능에 가까웠다. 팀 공격진에는 호날두, 루니, 테베스가 주로 주전으로 나섰지만, 때로는 나니, 박지성, 라이언 긱스가 출전할 때도 있었다. 가끔 맨유의 포메이션은 4-3-3 같아 보이기도 했지만, 때로는 매우 유동적인 4-4-2 같기도 했다. 당시 맨유는 유연하게 경기를 운영하며 환상적인 축구를 구사했다. 특히 그들은 약체를 상대한 홈경기에서는 공격진을 구성한 선수에게 특정 포지션을 부여하지 않았고, 서로 책임감에 의해 볼을 빼앗겼을 때는 측면으로 이동해 커버 플레이를 펼쳤다. 테베스와 루니는 매우 효과적인 조합을 이루기 시작했다. 게다가 루니가 매일 아침 자신의 차로 테베스를 팀 훈련장으로 데리고 오며 둘 사이는 빠르게 가까워졌다. 그러나 테베스는 영어 실력이 부족해 루니와 많은 대화를 하지 않았다고 한다. 게다가 이 두 선수는 호날두의 능력을 극대화하기 위해 서로 스스로 발휘할 수 있는 역량을 제한하는 희생정신까지 보여줬다. 테베스와 루니는 프리미어리그에서 가장 재능이 뛰어난 두 선수로 꼽혔지만, 오히려 당시 가장 많은 칭찬을 받은 이들의 능력은 활력과 활동량이었다.

당시 프리미어리그에서 이처럼 유동적인 공격력을 보여준 팀은 매우 드물었다. 이때까지 프리미어리그 대다수 팀은 무리뉴 감독과 라파엘 베니테즈 감독이 2004년부터 첼시와 리버풀을 이끌고 선보인 규율이 명확히 잡힌 시스템을 앞세운 축구를 구사했다. 첼시는 그랜트 감독이 부임한 후에도 '무리뉴스러운' 경기를 했다. 베니테즈 감독은 여전히 리버풀에서 측면 자원에게 중앙지향적인 활약을 요구하며 공격진의 자유로운 움직임을 제한했다. 심지어 아르센 벵거 감독의 아스널도 이 시절 가장 시스템화된 축구를 했다. 아스널은 AC 밀란과 리버풀을 만난 2007-08시즌 챔피언스리그 맞대결에서 매우 수비적인 미드필드 조합을 구성했다. 박스-투-박스 미드필더 아부 디아비와 오른쪽 측면 수비수 엠마누엘 에부에가 중원에 배치됐기 때문이다. 벵거 감독이 불과 몇 시즌 전 중앙 미드필드에 로베르

피레스와 프레디 융베리를 배치한 점을 고려할 때, 이러한 접근 방식은 가히 놀라운 수준이었다.

물론 퍼거슨 감독 역시 꾸준히 박지성을 중용했다. 한국에서 온 박지성은 수비적으로 근면한 데다 상대 측면 수비수를 봉쇄하는 능력이 탁월했다. 그러나 당시 맨유가 공격진을 구성한 수많은 선수를 두고 가동한 로테이션 시스템은 이전까지 프리미어리그에서 단 한 번도 볼 수 없는 수준의 것이었다. 맨유의 이러한 혁신은 수년간 수비적이고, 신중한 축구를 구사한 프리미어리그에 다시 팬들을 흥분시킬 만한, 자유롭게 흐르는 공격 축구를 선사했다. 또 한 가지 주목할 점은 당시 맨유의 주요 공격 자원이 전부 매우 젊었다는 사실이다. 2007-08시즌이 개막한 시점에 루니와 호날두는 22세, 테베스는 23세였다. 이처럼 당시 맨유는 모든 게 새로운 팀이었다.

자유를 부여받은 호날두는 펄펄 날았다. 그는 경기 내내 오른쪽, 왼쪽, 중앙을 수시로 오가며 상대를 공략했다. 그럴 때마다 루니, 테베스, 그리고 박지성은 필요한 자리를 채우며 균형을 잡아줬다. 호날두는 자신이 득점하기 가장 유리한 위치로 옮겨 다니며 무차별적으로 상대 수비를 폭격했다. 개리 네빌은 이로부터 몇 년이 지난 후 당시 호날두를 회상하며 "그는 피 냄새를 맡을 줄 안다. 그는 어떻게든 상대 수비 라인의 약점을 찾아냈다. 그는 경기 시작 후 15분 안에 상대 왼쪽 측면 수비수를 제대로 공략하지 못하면, 오른쪽으로 자리를 옮겼다. 이어 거기서도 잘 안 되면 그는 왼쪽 중앙 수비수를 공략했다. 그는 상대 수비수 네 명 중 일대일 대결에 가장 약한 선수를 찾아 스피드와 힘으로 맞섰다"고 설명했다.

게다가 호날두는 완벽한 지원을 받았다. 그는 퍼거슨 감독의 신임, 케이로스 코치의 전술적인 능력, 레네 뮐렌스텐Rene Meulensteen 코치와의 개인 훈련으로 나날이 성장했다. 네덜란드 출신 뮐렌스텐 코치는 매일 몇 시간 동안 호날두와 함께 훈련하며 그를 골 넣는 기계로 만들었다. 뮐렌스텐 코치의 지도를 받은 호날두는 화려함보다는 효율적인 득점 방법을 익혔다. 당시 이 둘이 진행한 훈련은 매우 과학적이었다. 뮐렌스텐 코치는 도표를 그려 다양한 득점 상황을 구현했다. 그는 공격 진영을 세부적으로 나눠 호날두가 판단력을 향상할 수 있도록 도왔다. 또한 뮐렌스텐 코치는 골문 곳곳을 다른 색깔로 표시한 후 훈련 중 호날두가 공을 잡을 때마다 그에게 특정 구역으로 슈팅을 시도하라고 주문했다. 그러면서 그는 호날두에게 문전에서 공을 잡았을 때는 앨런 시어러, 개리 리네커Gary Lineker, 솔샤르 그리고 판 니스텔로이처럼 뛰어야 한다고 말했다. 훈련 효과는 확실했다. 호날두는 시어러, 앤디 콜, 케빈 필립스Kevin Phillips에 이어 프리미어리그에서 한 시즌에 30골 고지를 넘어선 선수가 됐다. 다만 호날두는 앞서 30골 고지를 돌파한 세 선수와는 달리 전형적인 공격수가 전혀 아니었다.

그런데 어쩌면 호날두는 이때부터 차츰 전형적인 공격수로 변해가고 있었을지도 모른다. 퍼거슨 감독은 자신이 이식한 팀의 다재다능한 공격력을 활용해 챔피언스리그 등에서 열린 빅매치에서는 더 효율적인 경기를 했다. 이러한 경기에서 맨유 공격수들은 경기 내내 각자의 자리를 지켰지만, 매 경기 포지션이 달라지곤 했다. 예를 들어 맨유는 챔피언스리그 8강 1차전 원정경기에서 로마를 2-0으로 꺾었는데, 호날두가 최전방 공격수로 뛰며 측면에서는 박지성과 루니가 그를 충실하게 받쳐줬다. 그러면서 이 경기에서 맨유의 진용은 4-3-3에서 4-5-1로 수시로 변했다. 퍼거슨 감독은 호날두가 폭발적인 스피드로 뒷공간을 파고들기를 원했다. 그 결과 호날두는 퍼거슨 감독이 기대한 능력은 물론 전형적인 최전방 공격수의 역할까지 해내며 강력한 헤딩슛으로 득점에 성공했다. 그러나 호날두는 이외의 시간 동안에는 양 측면을 옮겨 다니며 활약했고, 그가 이렇게 움직일 때마다 로마 중앙 수비진은 그를 막을 선수가 없었다. 더 중요한 점은 호날두가 전방으로 침투할 때는 매우 깊숙한 위치에서 움직임을 가져가기 시작했다는 사실이다. 실제로 득점한 상황에서 호날두가 문전으로 침투하기 전 그의 앞에는 맨유 선수가 무려 다섯 명이나 있었다. 이처럼 호날두는 경기 중 상당 시간을 '가짜 9번'으로 활약했고, 오히려 최전방을 메운 건 박지성이나 루니였다. 맨유는 최전방 공격수가 없이 경기를 치르면서도 강력한 헤딩슛과 프리미어리그 득점왕을 차지할 만한 선수를 보유하고 있었던 셈이다.

퍼거슨 감독은 호날두가 결장한 2차전을 맞아 루니를 벤치에 앉히고 더 수비적인 4-5-1 포메이션을 가동했다. 최전방 공격수로 나선 테베스는 줄곧 미드필드로 내려왔고, 간헐적으로 박지성과 긱스의 지원을 받았다. 스팔레티 감독은 경기가 끝난 후 "맨유는 우리보다 더 이탈리아스러운 팀"이라며 고개를 저었다. 농담 섞인 그의 발언은 토너먼트에서는 수비를 우선시한 맨유의 전술에 대한 칭찬이었다. 그러나 아마도 그 또한 퍼거슨 감독이 로마로부터 영감을 받았다는 사실을 잘 알고 있었을 것이다.

호날두는 맨유가 바르셀로나를 1, 2차전 합계 1-0으로 꺾은 4강전에서도 최전방에 배치됐다. 그러나 퍼거슨 감독은 1, 2차전에서 나란히 테베스에게 처진 공격수 역할을 부여했고, 중앙으로 공이 공급됐을 때 이를 받을 수 있는 선수를 두 명으로 늘렸다. 양 측면에는 박지성이 1, 2차전에 연이어 선발 출장했으며 루니와 나니가 나눠서 다른 한 축을 담당했다. 1, 2차전에서 터진 유일한 골은 폴 스콜스의 발끝에서 나왔다. 당시 그는 무려 8개월 만에 득점에 성공하며 미드필드 깊숙한 위치로 내려간 자신의 위치에 갈수록 잘 적응하는 모습을 보였다. 그러나 더 중요한 부분은 볼이 없을 때 맨유가 보여준 조직력이다. 이는 상당 부분 케이로스 감독의 전술 능력 덕분이었다. 그는 경기를 앞둔 어느날 오후에 훈련장 바닥에 매트를 깔아 바르셀로나전에서 어떻게 진용을 구축해야 하는지를 지시했다. 그는 스콜스와 캐릭을 한 매트에 포함하며 나머지 선수들을 놀라게 했다. 그러나 그는 바르셀로나가 절대로 스콜스와 캐릭 사이로 패스를 투입해서는 안 된다는 점을 강조했다. 실제로 바르셀로나는 맨유를 상대로 제대로 된 득점 기회를 거의 만들지 못했다.

대망의 결승전은 모스크바에서 열렸다. 이 경기는 프리미어리그의 최강자를 가리는 승부나 다름이 없었다. 잉글랜드 최고의 두 팀이 유럽 최강 팀 자리를 놓고 격돌했기 때문이다. 두 팀은 모두 역사적인 경기를 앞두고 있었다. 맨유에 이날 경기는 뮌헨 항공기 참사 50주년, 구단 역사상 최초의 유러피언컵 우승 40주년을 기념하는 승부였다. 반면 첼시는 로만 아브라모비치 회장의 모국 러시아에서 구단 역사상 처음으로 유럽 챔피언 등극을 노렸다. 서유럽과 시차가 큰 러시아에서 열린 이날 경기에는 묘한 기운이 감돌았다. 실제로 서유럽 시각으로 이날 경기는 밤 10시 45분에 열렸다. 연장과 승부차기까지 간 경기가 끝났을 때 서유럽은 새벽 1시 30분에 접어들었다. 현장에서는 거센 비가 쏟아지며 양 팀은 끔찍한 경기장 상태에서 격렬한 승부를 펼쳐야 했다.

맨유는 이 경기에서 4-4-2에 더 가까운 포메이션을 가동했다. 루니와 테베스가 최전방 조합을 구성했다. 퍼거슨 감독은 첼시가 중앙 미드필더 마이클 에시엔을 그에게 익숙한 포지션이 아닌 오른쪽 측면 수비수로 기용한 점을 의식해 호날두를 왼쪽 측면에 배치했다. 그 결과 호날두는 전반전 웨스 브라운Wes Brown이 오른쪽 측면에서 크로스를 올리자 문전에서 에시엔과의 경합에서 이겨내며 이를 헤딩 슈팅으로 연결해 선제골을 터뜨렸다. 이날 맨유는 비록 120분 안에 첼시를 꺾지는 못했지만, 더 좋은 경기력을 선보이며 경기를 주도했다. 맨유가 우세한 경기를 한 이유는 퍼거슨 감독이 적용한 두 가지 전술적 결정 덕분이었다. 그는 호날두를 왼쪽 측면에 배치하며 선제골로 이어진 득점 상황을 만들어냈고, 미드필드로 내려오는 성향이 강한 루니와 테베스를 동시에 최전방에 배치해 점유율 싸움에서 우위를 점하며 득점 기회를 더 자주 만들었다. 그러나 첼시는 프랑크 램파드가 행운의 동점골을 터뜨리며 승부를 원점으로 돌렸고, 후반전에도 경쟁력을 발휘했다. 그러자 퍼거슨 감독은 4-4-2로 시작한 포메이션을 4-5-1로 바꾸며 루니를 오른쪽 측면으로 옮겼고, 오언 하그리브스에게 중앙으로 들어와 캐릭, 스콜스와 조합을 형성하라고 지시했다. 맨유는 다시 경기를 지배했다.

결국 양 팀의 경기는 승부차기로 이어졌다. 그러나 과거의 승부차기가 행운에 맡겨졌을지 몰라도, 이 시절부터는 연구와 분석을 통해 유리한 고지를 점할 수 있는 방법이 있었다. 승부차기에서 이기는 것은 더는 복권에 당첨되는 것과 같은 행운이 아닌, 복잡한 경기 이론을 더 이해해야 하는 과정이 필요한 작업이기도 했다. 전술적인 관점에서 볼 때도 이날 승부차기는 120분간 이어진 경기보다 더 흥미로웠다.

사이먼 쿠퍼Simon Kuper와 스테판 지만스키Stefan Szymanski가 펴낸 저서 《사커노믹스Soccernomics》가 밝혔듯이, 이날 첼시가 승부차기에서 실행에 옮긴 작전은 이그나시오 팔라시오스-우에르타Ignacio Palacios-Huerta의 연구 내용을 기반으로 하고 있었다. 바스크 출신 경제학자 팔라시오스-우에르타는 무려 13년간 페널티킥 패턴을 연구한 인물이며 당시 첼시를 이끈 그랜트 감독의 친구와 가까운 관계를 맺고 있었다. 그러면서 자연스럽게 그랜트 감독과 팔라시오스-우에르타는 서로 연락을 주고받을 수 있었다. 팔라시오스-우에르타는 기꺼이 그랜트 감독에게 맨유 선수들의 페널티킥 습관이 담긴 자료를 넘겨줬다.

승부차기에서 선축을 하는 팀이 이길 확률이 60%라는 점과 더불어 당시 맨체스터 유나이티드에는 두 가지 습성이 있었다. 일단 골키퍼 에드윈 판 데 사르는 페널티 키커가 자신이 킥을 시도하는 발의 반대쪽으로 슈팅을 날릴 가능성이 크다고 믿었다. 그래서 그는 자신이 바라보는 위치를 기준으로 오른발잡이 키커를 상대로는 오른쪽, 왼발잡이 키커를 상대로는 왼쪽으로 다이빙했다. 또한 호날두는 페널티킥을 차기 직전 의도적으로 멈칫하는 동작을 보여 상대 골키퍼가 먼저 움직이게 만든 후 슈팅을 시도하곤 했다. 또한 이러한 동작을 보인 후 그가 시도한 페널티킥 중 85%는 왼쪽으로 향했다. 이를 파악하고 승부차기에 돌입한 첼시의 작전은 '거의' 통할 뻔했다.

승부차기를 앞두고 동전 던지기에서 이긴 건 맨유였다. 이 덕분에 맨유 팬들 앞에 놓인 골대에서 승부차기가 진행됐다. 또한 주장 리오 퍼디난드는 선축과 후축 팀을 직접 정할 수 있었다. 퍼디난드는 코칭스태프가 있는 벤치를 쳐다봤고, 상대 팀 주장 존 테리는 그의 상의를 잡아채며 첼시가 선축을 하겠다고 제의했다. 그러나 퍼디난드는 그를 가볍게 무시했고, 코칭스태프의 지시를 받은 후 주심에게 선축을 하겠다고 전했다. 승부차기가 시작되기 전부터 상황은 맨유에 유리하게 흘러갔다.

게다가 첼시 골키퍼 페트르 체흐는 페널티킥 방어에 약한 게 그의 유일한 단점이었다. 그런데 예전에 그가 유일하게 막은 페널티 키커는 다름 아닌 호날두였다. 이어 승부차기에서 호날두는 예상대로 슛을 시도하기 전 멈칫하는 동작을 보였다. 그러자 체흐 또한 그의 의도를 정확히 파악한 후 움직이지 않았다. 호날두는 왼쪽으로 슈팅을 시도했고, 이를 예측한 체흐가 볼을 쳐냈다.

더 흥미로운 건 첼시의 페널티 키커들이 선정한 슈팅 위치였다. 첼시가 내세운 키커 다섯 명 중 네 명(미하엘 발락 Michael Ballack, 줄리아누 벨레티 Juliano Belletti, 프랑크 램파드, 존 테리)이 오른발잡이였다. 이에 대해 팔라시오스-우에르타는 첼시의 오른발잡이 키커들이 반대쪽이 아닌 오른쪽으로 슛해야 한다고 조언했다. 실제로 이날 승부차기에서 유일하게 주발의 반대 방향으로 슈팅을 시도한 첼시 선수는 왼발잡이 애슐리 콜뿐이었다. 판 데 사르는 콜의 페널티킥을 막을 뻔했지만, 볼은 그의 몸 밑으로 빨려들어 갔다. 즉 이날 첼시의 페널티 키커 다섯 명은 모두 같은 방향으로 슛을 날렸다.

그러나 이 중 한 명이 유효 슈팅을 하지 못한 게 결국 문제가 됐다. 호날두가 실축한 뒤 첼시는 테리가 첼시의 다섯 번째 페널티킥을 성공시켰다면 챔피언스리그 우승을 차지할 수 있었다. 그는 페널티킥을 앞두고도 자신감에 찬 표정을 보였다. 게다가 그는 의도한 대로 오른쪽으로 슈팅을 시도했다. 판 데 사르는 정반대 방향으로 몸을 날렸다. 그러나 테리는 디딤발이 미끄러지며 넘어졌고, 그의 발을 떠난 볼은 골포스트를 맞고 나왔다. 이는 전적으로 불운에 따른 결과처럼 보였다. 그러나 테리에게는 페널티킥을 찰 때 자주 미끄러지는 치명적인 습관이 있었다.

프랑크 램파드는 이 경기가 열리기 2년 전 《토털리 프랑크Totally Frank》라는 제목의 자서전을 펴냈다. 그는 유로 2004 본선에서 승부차기 끝에 패한 포르투갈전을 언급했다. 당시 램파드와 테리는 나란히 키커로 나서 페널티킥을 성공시켰다. 그러나 램파드의 주장에 따르면 테리는 이날 의도한 대로 페널티킥을 차지 못했다. 그는 "테리는 별 생각 없이 볼을 향해 뛰어가다가 미끄러졌다. 순간적으로 우리가 질 것만 같았지만, 결국 그의 슛은 골문 안으로 들어갔다. 그는 첼시에서도 가끔 디딤발이 미끄러지며 페널티킥을 차곤 했다. 그가 그렇게 찬 페널티킥은 가끔은 들어갔지만, 가끔은 들어가지 않았다"고 말했다.

당시 램파드가 테리에 대해 매우 중요한 폭로를 한 셈이다. 포르투갈을 상대로 테리가 찬 페널티킥 영상을 보면 그가 미끄러지는 장면을 볼 수 없다. 게다가 미끄러지며 페널티킥을 차는 건 매우 기이한 기술이기도 하다. 실제로 테리가 페널티킥을 차는 모습을 보면 그의 디딤발은 볼 옆에 잘 자리하고 있으며 전반적인 자세 또한 매우 교과서적이다. 램파드가 자서전을 통해 이러한 폭로를 하지 않았다면, 누구도 테리가 페널티킥을 미끄러지며 찬다는 사실을 알 수 없었을 것이다. 아마도 램파드는 테리로부터 이 이야기를 직접 듣고 자서전에 적었을 것이다. 어찌 됐든 테리가 디딤발을 미끄러뜨리며 페널티킥을 찬다는 건 매우 중요한 정보다. 만약 램파드가 모스크바에서 열린 챔피언스리그 결승전이 끝난 후 자서전을 썼다면, 테리의 '미끄러지는 페널티킥'과 관련된 내용을 포함하지 않았을 가능성이 크다. 그러나 이보다 2년 더 일찍 나온 램파드의 자서전 덕분에 모스크바에서 테리의 실축은 불운이 아닌 페널티킥을 찰 때 그에게 기술적인 결함이 있었다는 사실이 증명됐다.

테리가 페널티킥을 실축하며 승부차기는 실축하는 팀이 곧 패하는 형국으로 이어졌다. 맨유는 안데르손과 라이언 긱스가 차례로 득점에 성공했고, 첼시는 살로몬 칼루Salomon Kalou가 골을 넣었다. 오른발잡이 칼루 또한 주문 받은 대로 오른쪽으로 슛했다. 그러면서 첼시는 키커 여섯 명이 나란히 오른쪽으로 슛을 날리는 패턴을 이어갔다. 유독 왼발잡이 애슐리 콜만이 지시 사항을 무시하고 주발의 반대 방향으로 슛했지만, 그는 가까스로 득점에 성공하며 비난을 피할 수 있었다.

첼시의 그다음 키커는 니콜라 아넬카였다. 그 또한 오른발잡이 선수였다. 이때 즈음이면 맨유도 첼시의 패턴을 파악하고 있을 법도 했다. 그러나 콜이 미리 정해진 패턴대로 슛을 하지 않은 점이 아넬카가 왼쪽으로 슛할 수도 있다는 가능성을 암시하고 있었다. 그래서인지 하프라인 부근에 서 있던 퍼디난드는 판 데 사르를 향해 왼쪽으로 다이빙하라는 동작을 했다. 판 데 사르는 침착하게 아넬카의 슈팅을 기다렸다. 그러던 중 그는 페널티킥 휘슬을 기다리던 아넬카에게 매우 중요한 몸동작을 선보이기 시작했다. 이전까지 판 데 사르는 첼시 선수가 페널티킥을 차기 전 마치 YMCA 춤을 추려는 듯이 팔과 다리를 최대한 벌려 보였다. 그러나 그는 아넬카의 페널티킥을 앞두고는 그의 오른쪽 방향을 가리켰다. 그는 앞선 첼시 선수 여섯 명이 슛을 날린 쪽을 가리켜 아넬카를 순간적으로 혼란에 빠뜨린 것이다. 아넬카는 예상치 못한 판 데 사르의 행동에 당황한 듯했다. 그러면서 그는 반대 방향으로 슈팅을 시도했고, 판 데 사르는 이를 막아냈다. 그렇게 맨유는 유럽 챔피언이 됐다.

경기가 끝난 후 역적이 된 건 아넬카였지만, 사실 이날 첼시가 당한 패배의 책임은 그 혼자의 것이 아니었다. 테리의 실축은 불운보다는 기술적 문제였다. 콜은 지시를 따르지 않으며 상대가 팀의 패턴을 읽을 빌미를 제공했다. 게다가 디디에 드록바는 연장전 종료 5분여를 앞두고 비디치의 뺨을 때려 퇴장당했다. 이 때문에 첼시는 주요 페널티 키커 한 명을 제외한 채 승부차기에 나서야 했다. 만약 드록바가 퇴장당하지 않았다면 그는 테리를 대신해 첼시의 다섯 번째 키커로 나섰을 것이다. 실제로 드록바는 첼시가 이로부터 4년 후 챔피언스리그 결승전에 올라 바이에른 뮌헨을 상대로 승부차기에 나섰을 때 다섯 번째 키커로 득점을 뽑아내며 팀을 사상 처음으로 유럽 챔피언 자리에 올려놓았다. 어찌 됐든 이날 모스크바에서 열린 승부차기는 축구 전술에 대한 모든 걸 보여줬다. 준비, 전략, 지시를 어기는 선수, 기술, 운 그리고 심리적 요인까지 모든 게 이 안에 들어 있었다. 첼시는 매우 환상적이면서 논리적인 승부차기 전술을 들고 나오고도 결국 패했다.

맨유는 극적으로 우승했지만, 사실 이날 경기 내용 자체는 그들답지 못했다. 이런 방식으로 이기는 건 어려움 속에서도 오히려 어떻게든 승리할 방법을 찾은 1999년 맨유에 더 가까웠다. 그러나 2000년대 후반의 맨유는 항상 경기를 지배하는 팀이었던 만큼 퍼거슨 감독은 분명히 결승전에서 상대를 완전히 압도하며 우승을 차지하지 못한 데에 아쉬움을 느꼈을 것이다. 실제로 당시 맨유는 프리미어리그 출범 후 그 어느 팀보다 전술적으로 유연했다. 그들은 극단적으로 수비적인 축구는 물론 점유율 축구와 역습 축구를 두루 구사했다. 특히 맨유는 빅매치에서는 훌륭한 역습 축구를 통해 속공으로 상대를 무너뜨린 후 대개 호날두 또는 루니가 득점을 마무리하는 명장면을 수차례 연출했다.

맨유는 2009년 호날두와 테베스가 떠난 후에도 비슷한 방식으로 플레이했다. 나니와 박지성이 더 큰 비중을 차지했고, 루니는 '빅매치'가 열릴 때면 과거 호날두와 비슷한 9번 자리에 배치됐다. 그 자리에서 루니는 가끔 '가짜 9번' 역할을 하면서도, 때로는 '진짜 9번'으로 활약하기도 했다. 안토니오 발렌시아Antonio Valencia와 디미타르 베르바토프Dimitar Berbatov 또한 상황에 따라 중요한 역할을 맡았으나 당시 가장 흥미로운 공격을 펼친 삼인방은 나니, 박지성 그리고 루니였다. 실제로 맨유는 호날두가 떠난 후에 프리미어리그 역사상 가장 훌륭한 역습으로 득점을 만들어냈는데, 당시에도 이 삼인방은 모두 골 장면에 깊게 관여했다.

이에 앞서 맨유는 아스널을 상대한 2009년 챔피언스리그 4강 원정경기에서 실로 훌륭한 역습으로 득점에 성공했다. 이날 박지성, 루니, 호날두는 마법과 같은 패스 연계로 아스널을 침몰시켰다. 그러나 이보다 더 기억에 남을 만한 맨유의 역습은 그다음 시즌 프리미어리그에서 아스널을 3-1로 완파한 원정경기에서 나왔다.

맨유는 수비 진영 페널티 지역에 선수 아홉 명을 둔 상태에서 역습을 시작했다. 수비 진영에 무려 아홉 명이 촘촘하게 수비 진용을 구축한 일차적 이유는 아스널의 패스 연결을 방해하기 위해서였다. 수비 진영 페널티 지역 안에서 볼을 잡은 박지성은 보통의 선수들처럼 플레이했다면 아마 단순하게 이를 걷어냈을 것이다. 그러나 박지성은 속공으로 공격을 펼칠 수 있다는 점을 파악하고, 고개를 들어 전방에 발생한 공간을 보며 2선으로 내려오는 루니에게 패스를 이어줬다. 이 상황에서 루니는 맨유 선수 중 가장 앞선에서 활동 중이었지만, 그의 위치는 여전히 하프라인 밑이었다. 그러나 그가 이처럼 밑으로 내려오며 전방에는 또 공간이 생겼다. 나니가 이 틈을 타 전방으로 뛰어가기 시작했고, 박지성 역시 왼쪽 측면을 타고 폭발적인 속도로 공간을 침투했다. 볼을 받은 루니는 돌아서서 나니에게 패스를 연결했다. 나니는 이를 잡은 후 전속력으로 문전을 향해 달렸다. 여기서 더 인상적이었던 건 나니가 상대 페널티 박스와 가까워질수록 달리는 속도를 절제하며 뒤에서부터 뛰어온 루니가 침투해 들어오길 기다린 점이다. 그러자 박지성은 오히려 더 날카로운 움직임을 선보이며 수비 진영 페널티 박스에서 시작한 침투를 왼쪽 측면을 통해 공격 진영까지 이어가고 있었다. 그러면서 박지성은 아스널 수비수 토마스 베르말렌Thomas Vermaelen을 유인하며 그를 측면으로 끌어냈고, 루니는 편안하게 문전으로 침투해 득점 기회를 잡을 수 있었다. 이 모든 건 박지성의 움직임이 있었기에 가능했다. 그는 영리하면서도 근면했고, 이타적인 선수였다. 나니의 패스 또한 완벽했고, 루니는 첫 번째 터치로 득점했다. 이는 정말 빼어난 골이었으며 당시 맨유가 빅매치에서 구사한 축구를 가장 잘 보여준 장면이기도 했다. 게다가 이때는 이미 호날두가 팀을 떠나 레알 마드리드로 이적했을 때였다.

맨유는 이보다 17년 전에 노리치를 상대로 3-1로 승리를 거두면서도 비슷한 득점을 기록한 적이 있었다. 이 골이 터진 시점은 프리미어리그가 출범한 첫 시즌이었다. 가짜 9번, 침투하는 미드필더 그리고 빠른 역습. 즉 2000년대 후반의 맨유는 고전적이면서도 혁신적인 축구를 동시에 구사하고 있었다.

풀리스와 델랍,
비바람이 치는 스토크의 밤

"축구는 남자의 게임이다."

- 토니 풀리스

2007-08시즌 챔피언스리그는 잉글랜드 상위권 클럽들의 힘을 보여줬지만, 같은 시즌 프리미어리그는 전반적으로 전혀 다른 축구를 구사했다. 속수무책으로 무너진 더비 카운티는 3월이 끝나기도 전에 강등이 확정됐다. 더비 카운티는 시즌 내내 단 1승, 총 승점 11점에 그쳤다. 이는 프리미어리그 역사상 한 팀이 거둔 최악의 성적이다. 맨유, 첼시, 아스널, 리버풀로 굳어진 프리미어리그의 '빅 4'가 매년 챔피언스리그에 진출하면서 리그 내 클럽들의 격차는 갈수록 심해졌다. 즉 이 네 팀 외에는 누구도 우승은커녕 4위권 진입조차 엄두를 내지 못했다.

이어진 2008-09시즌을 앞두고는 평소라면 상위권에 진입할 엄두를 내지 못할 새로운 팀이 등장했다. 토니 풀리스Tony Pulis 감독의 스토크 시티는 기술적으로 인상적이지 못했고, 예상 밖의 프리미어리그 승격을 이루기는 했으나 최하위로 강등될 후보 영순위로 꼽혔다. 많은 이들은 스토크가 더비처럼 강등될 것으로 예상했다. 일각에서는 스토크가 마지막으로 1부리그에 있었던 1984-85시즌 총 42경기에서 3승만을 거두며 생존권과의 격차가 무려 승점 33점 차로 벌어진 채 강등된 시절을 재현할 가능성이 크다는 전망도 나왔다.

퓰리스 감독은 현역 시절과 지도자 생활을 하면서 단 한 번도 1부리그 무대를 경험해본 적이 없는 인물이었다. 실제로도 그는 현대 축구와는 전혀 어울리지 않는 감독처럼 보였다. 고전적인 지도 방식을 고집한 퓰리스 감독은 항상 운동복과 야구모자 차림으로 모습을 드러냈고, 몸싸움을 즐기는 전형적인 영국식 선수를 영입하는 지도자로 유명했다. 심지어 과거 선수 시절의 퓰리스는 현역 시절에도 훗날 감독 퓰리스가 선호할 만한 유형의 활약을 펼쳤다. 선수 퓰리스가 만난 수많은 지도자들도 그의 기술을 높게 평가하지 않았다. 존 러지 John Rudge 는 퓰리스에 대해 "기술적이라고 할 만한 선수는 절대 아니었다"고 말했고, 해리 레드냅 역시 "내가 본 선수 중 가장 거친 태클을 하는 선수"라고 평가했다. 다만 레드냅은 퓰리스의 거친 면을 칭찬하는 듯하면서도 "그는 축구를 할 줄 아는 선수가 아니었다. 그는 5m 이상 패스를 하지도 못했다"고 혹평했다. 보비 굴드 Bobby Gould 는 "퓰리스는 내가 본 선수 중 달리기가 가장 느렸지만, 태클에 능했으며 마음가짐과 축구 지능은 좋았다"고 말했다. 여기서 가장 중요한 부분은 굴드가 퓰리스에 대해 말한 마지막 설명이다. 누구보다 근면했던 퓰리스는 지도자가 된 후 '학구파 감독'으로 명성을 떨쳤다. 그는 단 21세의 나이에 유럽축구연맹 UEFA 지도자 자격증을 취득했다. 퓰리스는 당시 UEFA 코칭 자격증을 딴 가장 어린 지도자 중 한 명이었다.

퓰리스 감독은 극단적으로 수비적이고 지루하며 직선적인 팀을 구성하는 지도자로 유명해졌다. 한때 그가 4부리그에서 이끈 질링엄은 46경기에서 49골만을 넣으면서도 실점은 대다수 팀의 절반 정도인 단 20골을 기록하며 승격에 성공한 적도 있다. 퓰리스 감독은 이후에도 이런 방식의 축구를 이어갔다. 그는 스토크를 총 두 차례에 걸쳐 이끌었는데, 당시 팬들은 그가 팀을 처음으로 이끈 2002년부터 2005년 당시 마지막 2004-05시즌을 '2진법 시즌'이라고 불렀다. 당시 2부리그 소속이었던 스토크는 10월 말 레스터 원정에서 1-1로 비겼는데, 놀랍게도 무려 4개월간 그들이 치른 경기에서는 양 팀을 통틀어 한 골 이상이 단 한 번도 나오지 않았다. 실제로 스토크는 이후 1-0 승, 0-1 패, 0-1 패, 1-0 승, 0-0 무, 0-1 패, 1-0 승, 1-0 승, 1-0승, 0-0 무, 0-1 패, 0-1 패, 0-1 패, 0-1 패, 0-1 패, 1-0 승 그리고 1-0으로 18경기 연속 한 골 승부를 펼치는 진풍경을 연출했고, 또 다시 레스터를 만나 3-2로 승리하며 이 기록을 깼다. 퓰리스 감독은 시즌이 끝난 후 경질됐으나 이후 1년간 플리머스를 이끈 뒤, 코아테스 가문이 구단을 인수한 스토크로 복귀했다. 그러면서 코아테스 가문은 적극적인 투자를 하며 그를 도왔다. 퓰리스 감독이 복귀한 스토크는 8월 홈에서 그의 친정팀 플리머스를 상대했는데, 당시 원정 응원을 나선 팬들은 스토크 팬들을 향해 "우리는 이제 지루하지 않다"라는 구호를 외쳤다.

스토크 팬들도 퓰리스 감독의 복귀에 달가운 시선을 보내지 않았다. 과거 카피라이터로 일한 리차드 그리스데일Richard Grisdale이라는 한 스토크 팬은 시즌이 시작한 지 단 두 달 만에 사비로 200파운드(약 29만 원)를 들여 빨간색 플래카드 1만 장을 제작해 경기장에서 이를 관중에게 나눠 줘 퓰리스 감독의 퇴진을 요구할 계획이었다. 그리스데일이 나눠준 빨간색 플래카드 한쪽에는 "퓰리스에게 레드카드를"이라는 문구가 적혀 있었고, 반대쪽에는 "이제 갈 때가 됐어, 토니"라고 쓰여 있었다. 그러나 그리스데일은 스토크가 애스턴 빌라에서 리 헨드리Lee Hendrie를 임대 영입하자 퇴진 운동을 연기했다. 헨드리 영입은 퓰리스 감독이 스토크에 부임한 후 가장 큰 기대를 받은 소식이었다. 이어 헨드리는 기대에 걸맞게 성공적인 활약을 펼쳤고, 스토크의 경기력 또한 향상되며 퓰리스 감독 퇴진 운동을 준비한 그리스데일이 제작한 플래카드는 그의 집 옥탑방에 남아 있게 됐다. 그리스데일은 스토크가 2008년 프리미어리그 승격에 성공하자 플래카드 1만 장을 팔아 수익을 기부하겠다고 밝혔다. 그는 "집에 쌓아둔 플래카드에 걸려 넘어지는 게 이제는 지겹다. 이것을 가지고 누가 무엇을 하든 나와는 상관없다. 원한다면 불태워도 좋다"고 말했다.

그러면서 퓰리스 감독 특유의 축구는 '퓰리스볼'이라는 신조어를 탄생시켰다. '퓰리스볼'에는 크게 두 가지 요소가 있었다. 스토크는 볼을 소유하지 않았을 때 무게중심을 수비 진영 깊숙한 위치로 빼고 촘촘한 진용을 구축했다. 이는 팀 훈련을 통해 선수들이 오랜 시간 조직적으로 수비 위치를 지키는 연습을 한 덕분에 가능해진 전술이었다. 퓰리스 감독은 미드필더 전원을 2차적 수비수처럼 활용했다. 심지어 그는 4-4-2 포메이션의 백포 수비 라인과 미드필더 네 명이 구축하는 '두 줄 수비'를 '8백back eight'이라고 부르기까지 했다. 퓰리스 감독은 미드필더들을 좌우로 넓게 배치한 후 상대가 그들 사이로 패스를 하지 못하게 막으며 측면으로 볼을 돌리게 하는 훈련을 가장 좋아하기도 했다. 측면으로 볼을 빼낸 상대는 문전으로 올리는 크로스에 의존해야 했지만, 당시 퓰리스 감독에게는 신체적으로 강인한 데다 제공권을 압도할 만한 중앙 수비수들이 있었다.

이 와중에 스토크가 볼을 소유하고 있을 때는 롱볼 축구가 주를 이뤘다. 퓰리스 감독은 득점력이 폭발적이지는 않아도 롱볼을 쟁취하는 데 능한 장신 최전방 공격수를 선호했다. 비록 직접 득점을 할 수는 없어도 장신 공격수가 나머지 선수들에게 공을 떨궈주는 공격 패턴이 효과적이라는 게 퓰리스 감독의 생각이었다. 심지어 퓰리스 감독은 가끔씩 또 다른 장신 공격수 한 명을 측면에 추가로 배치해 높이를 더하기도 했다. 게다가 스토크는 항상 세트피스 공격에 훌륭한 모습을 보였다.

몸싸움과 세트피스에 승부를 거는 건 사실상 하부리그에서나 볼 만한 축구였다. 당시 스토크는 샘 앨러다이스 감독의 볼턴 원더러스 이후 가장 노골적으로 고전적인 전술을 구사한 팀이었다. 이 때문에 스토크가 프리미어리그 개막전에서 앨러다이스 감독의 후임 개리 멕슨Gary Megson 감독이 이끈 볼턴에 패한 건 아이러니 그 자체였다. 스토크는 전반이 끝날 무렵 0-3으로 끌려갔고, 결국 이날 1-3으로 패했다. 볼턴은 세 골 중 두 골을 머리로 넣었고, 나머지 한 골은 세기 조절을 제대로 하지 못한 크로스가 그대로 골문으로 들어가며 터졌다. 스토크는 자신들이 원하는 방식으로 경기가 진행됐는데도 역부족인 모습을 보였다. 개막전이 끝난 후 한 도박업체는 스토크가 1년 만에 다시 강등될 게 분명하다며 단 한 경기만 보고 돈을 걸기도 했다. 이는 노이즈 마케팅 효과를 노린 도박업체의 상술이긴 했지만, 실제로 당시 스토크의 프리미어리그 잔류를 예측한 이는 많지 않았다.

그러나 스토크는 그들에 대한 의심이 쏟아지는 가운데에서도 애스턴 빌라를 상대한 홈 개막전을 3-2 승리로 장식했다. 이날 스토크는 꽤 볼 만한 축구를 구사했다. 심지어 공격수 리카르도 풀러Ricardo Fuller 는 베르캄프를 연상시킬 만한 득점을 터뜨렸다. 그는 자신에게 굴러오는 패스를 띄워 상대 수비수 마르틴 라우르센Martin Laursen을 제친 뒤 낮게 깔아 차는 슈팅으로 마무리에 성공했다. 그러나 스토크가 추가시간에 터뜨린 결승골은 이보다 더 기본적인 방식으로 만들어졌다. 로리 델랍Rory Delap이 왼쪽 측면에서 길게 던진 스로인이 문전 앞으로 날아갔고, 이를 마마디 시디베Mamady Sidibe가 머리로 받아 넣었다. 스토크의 축구는 충분히 잘 통하고 있었다.

당시 시디베가 터뜨린 골은 스토크의 접근 방식을 대변하는 득점이나 다름없었다. 또한 델랍은 놀라운 장거리 스로인 공격을 앞세워 프리미어리그에서 가장 특이한 전술적 무기로 각광받았다. 물론 프리미어리그에는 예전부터 롱 스로인을 던지는 선수가 수없이 많았다. 심지어는 프리미어리그 출범 후 터진 첫 골 역시 셰필드 유나이티드의 브라이언 딘이 롱 스로인에 이은 단순한 패스를 받아 득점하며 터졌다. 그러나 델랍처럼 스로인 공격을 위협적으로 활용하는 선수는 없었다. 고교 시절 투창 선수였던 델랍은 선천적으로 상체 힘이 뛰어났지만, 그가 롱 스로인으로 효과를 내기 시작한 건 현역 시절 후반기부터였다. 스토크가 프리미어리그로 승격한 2008년 델랍의 나이는 벌써 32세였다. 그는 이미 더비, 사우샘프턴, 선덜랜드에서 활약하며 프리미어리그에서 200경기 이상을 소화한 데다 무려 10년 전 아일랜드 대표팀 선수로 데뷔한 베테랑이었다.

그러나 이 긴 세월 동안 델랍이 롱 스로인으로 경기의 흐름을 바꿀 능력을 보유하고 있다는 사실을 누구도 알지 못했다. 오히려 그는 재능 있는, 효율적이고 근면한 미드필더로 평가받았으며 때로는 화려한 득점을 터뜨리기도 했다. 게다가 사우샘프턴은 델랍을 영입할 당시 그의 축구 재능을 높게 평가해 구단 역사상 최고 이적료를 투자했고, 이 기록은 11년간 유지됐다. 이 시절에도 델랍은 가끔 스로인을 던지기도 했다. 그러나 그는 스토크로 이적한 후 패스보다 스로인을 더 많이 시도하는 경기가 꽤 많아졌다. 스토크에게 있어서는 델랍에게 스로인을 맡기는 게 전부였고, 축구를 하는 건 둘째 문제였다. 스토크의 접근 방식은 단순했다. 그들에게는 박스 안쪽으로 볼을 투입하는 것이 급선무였다.

델랍은 스토크가 챔피언십(2부리그)에 있던 2006년 10월 임대 형식으로 팀에 입단했다. 그는 입단 후 단 일주일 만에 선덜랜드 원정에서 다리가 부러지는 부상을 당했다. 선덜랜드는 그의 원소속 팀이었다. 델랍은 바로 시즌아웃 판정을 받았지만, 퓰리스 감독은 1월 이적시장에서 부상 중인 그를 완전 영입했다. 이때부터 퓰리스 감독은 델랍의 진가를 이미 알아본 상태였다. 이후 부상에서 돌아온 델랍은 특유의 롱 스로인으로 퓰리스 감독의 신임에 보답했다. 델랍은 "더비 시절에는 상대 수비수 뒤쪽으로 스로인을 연결해 파울로 완초페Paulo Wanchope가 달려가 이를 받게 하는 데 초점이 맞춰졌었다. 다른 팀에서는 경기 막판에 골이 필요할 때 스로인을 맡았다. 그러나 스토크에 오자 퓰리스 감독은 단도직입적으로 거의 모든 스로인을 내게 맡기겠다고 말했다. 볼을 상대의 위험 지역으로 던지는 것보다 더 중요한 건 다른 선수들이 이와 같은 스로인 공격을 활용할 줄 알아야 한다는 점이다. 그들이 침투하는 타이밍을 잘 잡아줘야 하는데, 우리는 이를 훈련하는 데 많은 시간을 투자하지 않았다. 가끔 금요일에 동료 한두 명과 연습을 한 적은 있지만, 그게 다였다"고 말했다. 대신 퓰리스 감독은 키가 최소 185cm에 가까운 선수들로 팀을 구성했고, 스로인을 얻을 때마다 수비수 두세 명을 상대 페널티 지역 근처로 전진시켜 델랍의 팔을 최대한 활용했다.

실제로 델랍이 던진 볼이 날아가는 거리는 놀라운 수준이었다. 그의 손을 떠난 볼은 36m까지 날아갔다. 즉 그는 공격 진영에서 스로인을 시도했을 때 상대 문전 골포스트 사이 구역까지 볼을 던질 수 있었다. 스토크는 델랍의 스로인을 중심으로 전술을 맞춰가기 시작했다. 의도적으로 볼을 공격 진영의 측면으로 빼낸 뒤, 상대가 바깥으로 공을 차내도록 유도했다. 실제로 델랍의 스로인은 2부리그보다 프리미어리그에서 더 잘 통했다. 프리미어리그 수비수들은 대개 크로스와 세트피스 수비에 특화된 수비수가 많은 2부리그와 달리 스피드와 기술로 승부를 보는 이들이 많았다. 그래서 델랍은 스토크 이적 후 프리미어리그에서 맞은 첫 시즌부터 스로인 방법에 큰 변화를 줬다. 과거 그는 볼을 높이 띄워 상대 문전으로 연결하는 스로인을 구사했다. 그러나 퓰리스 감독은 그에게 궤적이 더 밋밋한 대신 빠른 스로인을 시도해 상대 수비수가 볼의 움직임을 예측할 수 없게 하라고 지시했다.

스로인의 귀재로 떠오른 델랍은 스토크처럼 기술적으로는 한계가 있지만, 근면한 선수로 가득한 팀에서 '스타 선수'로 등극했다. 특이한 장점으로 관심을 받은 델랍의 존재는 광고 효과까지 낳았다. 스토크는 접시, 항아리 등의 생산지이자 잉글랜드 중부 지역을 연고로 하는 구단이다. 이 때문에 델랍의 '던지기'가 유행처럼 번지며 볼을 던져 접시나 항아리에 넣는 게임이 유행하기 시작했고, 델랍이 크리스마스 푸딩을 던져 이층 버스를 넘겨보라는 제안을 거절한 사례도 있었다. 어찌 됐든 델랍은 4부리그 선수로 시작해 프리미어리그를 경험하는 성공적인 커리어를 장식했다. 그는 "볼이 내 발밑에 있을 때도 꽤 좋은 활약을 했다고 생각한다. 그러나 사람들이 나를 롱 스로인으로 기억하고 싶다면 그것도 괜찮다. 아예 기억되지 않는 것보다는 그게 낫기 때문"이라고 말했다.

스토크는 프리미어리그로 승격한 첫 시즌 홈구장 브리타니아 스타디움에서만 매우 강한 면모를 보였다. 당시 시즌 전체를 통틀어 스토크보다 홈에서 많은 승점을 획득한 팀은 단 여섯 팀밖에 없었다. 그러나 원정경기에서 스토크보다 적은 승점을 획득한 팀도 최하위로 추락한 두 팀밖에 안 됐다. 브리타니아 스타디움은 상대에게 겁을 주는 분위기를 자랑하는 경기장이었고, 퓰리스 감독은 그곳에서 자신만의 방식대로 더 유리한 환경을 만들었다. 그는 경기장 규격을 최대한 줄여 패스 축구를 구사하는 상대 팀에게 허용할 수 있는 공간을 최대한 줄였고, 볼이 터치라인 밖으로 나가는 횟수를 늘려 델랍이 더 많은 스로인 공격을 시도할 수 있게 했다. 게다가 브리타니아 스타디움의 잔디는 대다수 경기장보다 길이가 눈에 띌 정도로 길었다. 이 모든 건 패스 축구를 구사하는 상대의 흐름을 끊고, 롱볼 축구를 구사하는 스토크를 유리한 고지에 올려놓으려 한 퓰리스 감독의 전략이었다. 또한 퓰리스 감독은 강팀과의 경기를 하루 앞두고는 구단 훈련장이 아닌 브리타니아 스타디움에서 팀 훈련을 하며 두 페널티 박스 사이 미드필드 지역에서 미니게임을 진행했다. 이 때문에 다음 날 브리타니아 스타디움의 미드필드 지역 잔디가 손상돼 점유율을 지키며 패스 축구를 구사하려는 상대는 불리함을 안고 경기에 나서야 했지만, 오히려 스토크는 잔디 상태가 멀쩡한 두 페널티 지역에서 계획한 대로 플레이할 수 있었다.

경기장 분위기도 스토크한테는 도움이 됐다. 브리타니아 스타디움은 1997년에 완공된 새 경기장이었다. 그러나 이곳에서는 아주 고전적인 분위기가 만들어졌다. 장내 광고판 중 대다수는 타 구장처럼 은행 혹은 보험회사가 아닌 지역 출신 건설 혹은 배관업체 로고로 채워졌다. 게다가 스토크가 프리미어리그로 승격한 후 몇 년간 브라타니아 스타디움은 양쪽 코너 부근을 통해 외부에서도 경기장 안을 들여다볼 수 있는 구조를 갖추고 있었다. 이 때문에 몇몇 팬들은 입장권을 내고 경기장에 들어오지 않고도 인근 언덕에 올라 공짜로 경기를 관전할 수 있었다. 어쩌면 브리타니아 스타디움에서 경기가 열리는 날이면 유독 바람이 거세게 분 이유가 이처럼 개방된 경기장 구조 때문일지도 모른다.

스토크가 토트넘을 상대한 홈경기에서 대니 히긴보탐 Danny Higginbotham 은 페널티킥을 차려고 나섰는데, 볼이 자꾸 바람에 날려 페널티 스팟을 벗어나며 주심으로부터 세 차례나 이를 제자리로 돌려놓으라는 지시를 받은 후 득점에 성공한 적도 있다. 관중의 역할도 빼놓을 수 없다. 이 시절부터 프리미어리그 대다수 경기장은 예전보다 열기가 덜해졌는데, 유독 스토크 팬들은 열광적인 응원으로 유명세를 탔다. 그들은 경기 내내 스토크가 스로인을 얻어낼 만한 상황이 되면 더 크게 열광했다. 이어 팬들은 스토크가 스로인을 얻어내면 이를 처리하려고 달려오는 델랍을 향해 큰 함성을 보내며 팀에 힘을 실어줬다. 그들은 이전 시즌 2부리그에서 스토크를 제치고 우승을 차지하며 프리미어리그에 오른 웨스트 브롬이 강등권을 헤매는 데도 높은 점유율을 중시하는 기술적인 축구를 구사한다며 칭찬을 받는 이유를 이해할 수 없다고 불평했다. 결국 웨스트 브롬은 프리미어리그 최하위로 추락하며 다시 강등됐다. 스토크 팬들은 웨스트 브롬이 강등되자 "롱볼! 너희도 롱볼 축구를 했어야 했어"라는 구호를 외치기도 했다.

홈 개막전에서 애스턴 빌라를 제압한 스토크의 다음 홈경기 상대는 에버턴이었다. 스토크는 에버턴을 상대로 후반전 델랍이 연결한 두 차례의 스로인을 통해 득점에 성공했다. 당시 델랍의 스로인은 브리타니아 경기장 안에서 분 바람을 타고 더 위협적인 속도와 거리로 에버턴을 괴롭혔다. 첫 번째 골 장면에서는 에버턴 골키퍼 팀 하워드가 왼쪽 측면에서 날아온 델랍의 롱 스로인을 주먹으로 쳐냈지만, 페널티 지역 외곽에서 이를 기다린 세이 올로핀자나Seyi Olofinjana가 이를 강슛으로 연결해 득점을 뽑아냈다. 이어 델랍이 오른쪽 측면에서 시도한 스로인은 에버턴 수비수 필 자기엘카Philip Jagielka의 머리를 맞고 굴절돼 골키퍼 하워드Haward를 스쳐 지나가며 골로 연결됐다. 비록 에버턴은 이날 스토크를 3-2로 꺾었지만, 수비에서 불안함을 노출했다. 데이비드 모이스David Moyes 에버턴 감독은 경기가 끝난 후 델랍에 대해 "그는 마치 인간 투석기 같았다. 오늘 경기는 이상했다. 우리 팀에는 새로 영입한 선수들 중 영어를 잘 못하는 이들이 있다. 그들에게 스토크를 어떻게 상대해야 하는지를 설명하는 건 쉽지 않았다"고 말했다.

스토크의 그다음 홈경기 상대는 루이스 필리페 스콜라리Luiz Felipe Scolari 감독이 이끈 첼시. 스콜라리 감독은 경기 전부터 델랍을 상대하게 돼 기대가 크다고 말했다. 그는 "델랍은 발보다는 손으로 더 위협적인 패스를 연결하는 것 같다. 이는 정말 환상적이다. 그의 스로인은 아름답지 않을 수는 있지만, 매우 효과적이다. 스토크가 옆줄 규격을 줄인 것도 매우 영리한 선택이다. 나는 (풀리스) 감독이 마음에 든다. 그는 다른 것을 추구한다"고 말했다. 월드컵 우승 경력을 자랑하는 스콜라리 감독은 스토크를 이끄는 무명 감독의 매우 기본적인 전술에 강한 인상을 받은 모습이었다. 아쉽게도 델랍은 이날 경기에 결장했는데, 그리 놀랍지 않게도 그가 뛰지 못한 이유는 어깨 부상 때문이었다.

델랍은 포츠머스 원정경기를 맞아 복귀했다. 이 경기에서 스토크는 데이브 킷슨Dave Kitson이 델랍의 스로인을 받아 패스로 이어주자 풀러가 이를 머리로 마무리하며 결승골을 터뜨려 1-0으로 승리했다. 이어진 홈경기에서도 스토크는 아스널을 2-1로 꺾었다. 두 골 모두 델랍의 스로인이 풀러와 올로핀자나의 골로 이어진 작품이었다. 11월 중순을 기준으로 스토크가 넣은 골 중 무려 절반 이상이 스로인 장면에서 시작됐다는 기록이 확인됐다. 스토크는 시즌이 끝날 때까지 계속 이 기세를 몰아갔다. 이때부터 신체적으로 호리호리한 외국인 선수가 프리미어리그에 입성할 때마다 매번 유행처럼 제기된 의문은 과연 그가 '비바람이 몰아치는 스토크의 밤'을 버틸 수 있겠느냐였다. 스카이스포츠 해설위원 앤디 그레이Andy Gray는 당시 시점에서 발롱도르를 두 차례나 수상한 리오넬 메시가 프리미어리그에 와도 비바람이 몰아치는 스토크 원정경기를 견딜 수 있을지는 장담할 수 없다고 말했는데, 많은 축구 팬들은 여전히 이를 두고 그를 조롱하고 있다.

델랍의 스로인은 그 자체만으로도 상대를 위협했지만, 스토크는 여기에 장신 선수를 활용해 떨궈주는 패스까지 구사하며 더 효과적인 공격을 펼쳤다. 게다가 스로인 공격은 오프사이드 반칙으로부터 자유롭다는 점도 스토크에는 매우 유리하게 작용했다. 예를 들어 상대의 프리킥을 막을 때는 수비 라인을 적극적으로 끌어 올리며 오프사이드를 유도하는 방식으로 대응할 수 있다. 그러나 델랍의 스로인은 이런 식으로 대응할 수가 없었다. 게다가 스토크는 코너 플래그 부근에서 델랍이 스로인을 연결할 때 최대한 많은 선수를 활용해 상대 골키퍼의 진로를 방해하며 페널티 지역 안을 난장판으로 만들었다. 또한 스토크가 수비 진영에서 스로인을 하면 델랍은 상대 수비 뒷공간으로 볼을 길게 던져서 위험 지역으로 패스를 연결했다. 이러한 스로인을 구사하는 델랍은 점유율이 아닌 특정 구역을 최대한 활용하는 축구를 구사한 풀리스 감독에게 딱 맞는 선수였다. 결국 델랍의 존재를 우려한 상대 팀은 스토크를 상대하며 볼이 측면으로만 가면 스로인을 허용하지 않기 위해 안간힘을 쓰다가 실수를 범하며 위험 지역에서 볼을 빼앗기곤 했다.

그러면서 델랍이 던지는 스로인을 막으려는 상대의 전술을 보는 것 또한 매 경기 관전 포인트가 됐다. 몇몇 팀은 수비수와 골키퍼의 동선이 겹치지 않도록 페널티 박스 중심 지역을 비워두는 전략을 택하기도 했다. 다른 팀은 아이스하키에서나 볼 법한 방법으로 수비수를 골라인 앞에 줄지어 세워놓기도 했고, 오히려 앞쪽에서 역습을 노리는 선수 숫자를 늘려 스토크가 델랍이 스로인을 시도할 때마다 마음 놓고 최대한 많은 선수를 전진시킬 수 없게 만든 팀도 있었다. 그러나 델랍의 스로인을 막는 건 훈련을 통해 할 수 있는 게 아니었다. 가레스 사우스게이트 미들즈브러 감독은 스토크 원정을 앞두고 델랍의 스로인에 대비한 훈련을 한 적이 있다. 그러나 그는 델랍의 스로인을 그대로 재현할 수 있는 선수가 없어 제대로 된 훈련을 진행할 수 없었다. 이 경기에서 원정 응원을 떠난 미들즈브러 팬들이 스토크 팬들을 향해 "스로인을 보러 왔다"고 외치던 순간, 델랍이 던진 스로인을 라이언 쇼크로스Ryan Shawcross가 골로 연결하며 결승골이 터졌다. 이어 델랍은 위건전에서는 볼을 워낙 세게 던진 나머지 스로인이 그대로 골대 상단 구석으로 빨려들어 가기도 했다. 물론 스로인이 바로 골라인을 넘으면 득점이 인정되지 않지만, 이는 그의 팔이 얼마나 위협적인 존재인지를 보여준 대표적인 사례로 남았다.

스토크의 이러한 접근 방식은 조금은 우스꽝스럽기도 했다. 그러나 이 때문에 스토크를 상대하는 팀들은 축구에 대한 생각을 다시 해볼 필요가 있기도 했다. 스토크가 함께 프리미어리그로 승격한 헐 시티를 상대했을 때는 더 특이한 상황이 연출됐다. 헐 시티는 이미 2부리그 시절 델랍의 스로인을 경험한 팀이었다. 일단 헐 시티 골키퍼 보아즈 마이힐Boaz Myhill이 자리를 비우고 왼쪽 측면 수비수의 자리까지 나와야 했던 상황이 있었는데, 그는 그대로 볼을 옆줄 밖으로 보내 스로인을 내주기보다는 이를 끝줄 밖으로 차내 코너킥을 허용했다. 이전까지는 누구도 스로인 대신 코너킥을 내준다는 건 상상조차 할 수 없었던 일이다. 그러나 델랍의 존재는 이러한 기본적인 상식마저 바꿔놓았다.

더 기이한 현상은 필 브라운 헐 시티 감독으로부터 발생했다. 그는 델랍이 공격 진영에서 스로인을 시도할 때, 당시 터치라인 부근에서 몸을 풀며 교체 출장을 준비한 딘 윈다스Dean Windass에게 그의 앞에 서서 훼방을 놓으라고 주문했다. 브라운 감독이 이러한 행위가 허용될 것으로 생각한 것 자체가 충격적이었다. 결국 윈다스는 교체 투입이 되기도 전에 경고를 받아야 했다. 그러나 아직 출전도 하지 않은 선수가 열두 번째 선수가 돼 이런 방식으로 경기에 관여한 사례조차 이때가 최초였다. 헐 시티는 이후 스토크와의 재대결에서 또 예상치 못한 작전으로 델랍의 스로인 공격을 방해했다. 헐 시티는 홈구장 광고판의 위치를 앞당겨 델랍이 스로인을 하기 전 뒤로 물러설 공간을 좁혔다. 그러나 이는 스토크의 홈구장 브리타니아 스타디움에서는 원정 팀이 활용할 수 없는 방법이었다.

이때까지 프리미어리그가 이러한 상황에 대비한 경기 규칙을 갖고 있지 않은 건 놀라운 일이었다. 델랍의 등장은 축구 규칙에 대한 생각에도 변화를 주기 시작했다. 델랍이 스로인을 던지기 전 뒤로 물러선 후 다시 터치라인 앞으로 달려와 볼을 던지는 데까지는 꽤 긴 시간이 걸렸다. 이때 소비되는 시간이 추가시간에 적용돼야 할까? 델랍이 홈경기에서 스토크의 볼보이로부터 수건을 받아 공과 손을 닦은 후 스로인을 하는 데에 대한 규제가 있어야 할까? 게다가 델랍에게 수건을 주던 볼보이는 이상하게도 상대 팀이 스로인을 얻으면 종적을 감췄다. 또한 델랍은 볼보이에게 특별대우를 받지 못하는 원정경기에서는 유니폼 밑에 공의 물기를 제거할 수 있는 재질로 만들어진 속셔츠를 입었다. 이를 두고 일각에서 이 속셔츠의 재질을 두고 의문을 제기하기도 했지만, 확인 결과 그는 일반 면으로 만들어진 옷을 더 편하게 착용할 수 있도록 이곳저곳을 가위로 잘라 입고 경기에 나선 것으로 확인됐다. 델랍은 날씨가 지나치게 더운 날에도 스로인을 위해 이 속셔츠를 입고 경기에 출전했다.

여러 상황을 고려해보면 아스널이 '비바람이 치는 스토크의 밤'에 가장 큰 희생양이 된 건 그리 놀랍지 않은 일이다. 이는 아스널이 앨러다이스 감독의 볼턴에 번번이 당한 이유와 크게 다르지 않았다. 그러면서 스토크와 아스널은 프리미어리그에서 라이벌 관계를 형성하기 시작했다. 실제로 스토크와 아스널의 대조적인 경기 방식은 역사를 거슬러 올라간다. 지난 1980-81시즌 스토크를 이끈 앨런 더반Alan Durban 감독은 풀리스 감독과 마찬가지로 간단명료함을 추구하는 웨일스인이었다. 그는 당시 잉글랜드 축구계에서는 누구도 듣도 보도 못한 4-5-1 포메이션을 앞세워 아스널 원정에서 2-0으로 승리했는데, 경기가 재미가 없다는 지적을 받자 "재미를 원한다면 광대를 보러 가면 된다"며 받아쳤다. 풀리스 감독의 축구 철학도 이와 비슷했다. 아스널은 프리미어리그와 컵대회를 통틀어 풀리스 감독의 스토크를 상대한 초반 여섯 차례의 원정경기에서 1승 2무 3패로 부진했다. 그나마 아스널이 승리한 한 경기도 당시 아론 램지Aaron Ramsey가 다리가 부러지는 부상을 당해 빛이 바랬다. 반면 아스널은 같은 기간 홈구장 에미리츠 스타디움에서는 스토크와 다섯 차례 만나 모두 승리했다. 이처럼 아스널을 겁먹게 한 건 스토크라는 팀이 아닌 그들의 홈구장 브리타니아 스타디움이었다.

벵거 감독은 스토크가 세트피스 공격 시 상대 골키퍼의 진로를 방해하는 작전을 펼치는 데 불만을 드러냈다. 그는 "더는 이것을 축구라고 부를 수도 없다. 그들은 골키퍼를 상대로 럭비를 하고 있다"고 말했다. 그러자 스토크 팬들이 가만히 있지 않았다. 그들은 아스널의 다음 브리타니아 스타디움 원정에서 벵거 감독을 향해 잉글랜드 럭비 대표팀의 응원곡을 불렀다.

그러나 이로부터 수년이 지난 후 정작 에디 존스Eddie Jones 잉글랜드 럭비 대표팀 감독은 '퓰리스볼'은 적합하지 않은 경기 방식이라고 주장했다. 그는 "안정적으로 경기를 하고 싶다면 스토크 시티처럼 하면 된다. 볼을 높이 띄우고, 이를 골로 연결하면 많은 이들의 박수를 받을 것이다. 럭비도 똑같다. 볼을 가지고 뛰는 건 이를 차는 것보다 항상 더 큰 위험 부담을 감수하는 일이다. 그러나 스토크처럼 플레이하는 건 원치 않는다"고 말했다. 이에 스토크 주장 라이언 쇼크로스는 존스가 축구에 대해 이야기하기보다는 럭비에 대해 이야기하는 것이 적합할 것 같다며 받아쳤다. 쇼크로스의 말에는 일리가 있었다.

그러나 퓰리스 감독이 프리미어리그에서 스토크를 지도한 총 다섯 시즌 동안 그의 모든 축구 철학이 스로인을 중심으로 한 건 아니었다. 상대 팀들도 델랍의 스로인에 익숙해지며 서서히 대응법을 찾아갔다. 그러나 퓰리스 감독이 롱볼 축구에 집착한 건 분명한 사실이다. 그러면서 그는 기숨적인 수준을 조금씩 더해 팀의 완성도를 높였다. 퓰리스 감독의 최전방 공격수는 항상 득점력보다는 키와 체격 조건을 앞세웠다. 게다가 퓰리스 감독은 천재성을 지닌 선수를 제대로 활용하는 데 어려움을 겪었다. 그는 재능이 넘치는 터키 공격수 툰자이 산리Tuncay Sanli를 영입했다. 이후 산리는 미들즈브러와의 경기에서 맹활약을 펼쳤지만, 이후 그는 퓰리스 감독 체제에서 드문드문 경기에 나서는 데 그쳤다. 툰자이가 헐 시티 원정에서 부진을 거듭하던 킷슨을 대신해 81분에 교체 출장한 적이 있었다. 이후 단 5분 뒤, 스토크 미드필더 암디 파예Amdy Faye가 퇴장을 당했다. 그러자 퓰리스 감독은 벤치에서 대기하던 키가 큰 선수를 투입해 파예의 공백을 메우는 데 혈안이 됐다. 결국 그는 툰자이를 빼고 수비수 앤디 윌킨슨Andy Wilkinson을 투입했다. 교체 투입된 지 5분 만에 다시 교체된 툰자이는 운동장에서 나와 바로 드레싱룸으로 향했다.

퓰리스 감독은 그만큼 키가 큰 선수를 활용하는 데 집착하는 지도자였다. 그러나 수적 우세를 안게 된 헐 시티는 이날 후반전 추가시간에 결승골을 터뜨렸다. 이전까지 퓰리스 감독은 자신의 축구 철학을 비판하는 이들을 향해 스토크에 더 재능 있는 선수들이 있었다면 자연스럽게 더 좋은 축구를 할 수 있다고 밝혀왔다. 그러나 그가 이 경기에서 신체 조건을 지나치게 중시한 나머지 툰자이를 5분 만에 교체하며 스스로 남긴 발언을 부정하는 꼴이 됐다. 이어 스토크로 이적한 공격수 아이두르 구드욘센도 툰자이와 비슷한 경험을 해야 했다.

퓰리스 감독은 항상 스토크를 '언더독'이라고 표현했다. 심지어 그는 자신이 지도한 선수들을 훈련견에 비유하며 "이들은 크루프츠(매년 2월 런던에서 열리는 훈련견 경연회)가 아닌 배터시(슬럼가로 유명한 런던 남서부 자치구) 출신 개"라고 부르기도 했다. 퓰리스 감독은 아스널 원정에서 0-1로 패한 2013년 경기가 끝난 후 프리미어리그 내 빈부 격차를 가리키며 "아스널의 재정력과 선수, 투자를 보라. 그들은 왼쪽 측면 수비수(나초 몬레알)를 영입하는 데만 1200만 파운드(약 213억 원)를 들인 팀이다. 이 부분에서 우리는 그들과 비교 대상조차 될 수 없다"고 말했다.

퓰리스 감독의 이 발언은 겉으로는 분명히 그럴싸하게 들리는 게 사실이다. 그러나 실제로 스토크는 당시 시점을 기준으로 5년간 프리미어리그에서 이적시장 순지출이 맨시티, 첼시에 이어 세 번째로 높은 구단이었다. 즉 퓰리스 감독에게는 돈이 부족했던 게 아니다. 다만 그는 매우 극단적인 롱볼 축구를 구사하는 데 지나치게 집착한 나머지 특이한 재능을 보유한 선수 혹은 타깃형 공격수를 영입하는 데 급급했으며 그나마 이렇게 영입한 선수들의 활용 가치를 극대화하지도 못했다. 퓰리스 감독의 이러한 접근 방식에는 분명한 한계가 있었고, 그는 결국 그해에 스토크에서 경질됐다. 퓰리스 감독이 스토크를 이끌고 프리미어리그에서 12위, 11위, 13위, 14위, 13위에 연달아 오른 점과 2011년 FA컵 준우승(스토크는 결승에서 맨시티에 0-1로 패했다)으로 이끈 건 물론 칭찬할 만한 업적이지만 말이다.

퓰리스 감독이 스토크에서 보여준 축구는 진보적이지 않은 매우 기본적인 방식으로 만들어졌다. 그러나 역설적으로 그처럼 상대로 하여금 축구의 기본적인 이론을 다시 한번 생각하게 만든 감독 또한 많지 않았다. 따라서 "스토크의 축구는 무언가 달라서 마음에 든다"는 스콜라리 감독의 말도 분명히 일정 부분 사실이다. 축구에서 전술을 논할 때, 무언가 다른 시도를 하는 건 매우 중요하다. 퓰리스 감독은 프리미어리그가 전술적인 다양성을 지닌 무대로 각인되는 데 한몫을 담당한 인물이다.

"비바람 치는 스토크의 밤"이라는 말은 이제 매우 상투적인 표현이 됐지만, 절대 거짓은 아니었다. 실제로 퓰리스 감독은 온두라스 대표팀에서 활약한 윌슨 팔라시오스Wilson Palacios를 영입했는데, 이후 한 경기를 앞두고 그를 선발 명단에서 제외하고는 "바람이 너무 불어서 그를 출전시키지 않기로 했다"고 말하기도 했다. 풀리스 감독이 이 말을 했을 때, 그가 농담을 한 것인지 진담인지 확신할 수 있었던 사람은 많지 않았다.

가레스 베일과
인버티드 윙어

"베일은 크로스에도 능하며 그의 왼발은 드리블 도중에도 매우 위협적이다. 그는 슛, 드리블, 헤딩까지 모든 걸 할 수 있다."

- 해리 레드냅

2010년이 되자 프리미어리그 '빅 4'의 압도적인 성적은 보는 이들의 숨을 막히게 할 정도였다. 그러나 UEFA 리그 랭킹 기준으로 유럽 1의 리그였던 프리미어리그는 동시에 유럽에서 가장 경쟁력이 떨어지는 리그가 되어가고 있었다.

실제로 프리미어리그는 2005-06시즌부터 2008-09시즌까지 매 시즌 똑같이 네 팀이 4위권에 진입했다. 맨유, 첼시, 리버풀 그리고 아스널. 이 네 팀은 타 프리미어리그 구단이 절대 넘어설 수 없는 존재로 자리매김하며 매년 챔피언스리그 진출권을 획득했다. 실제로 이 네 팀의 독보적인 존재감은 2005-06시즌 전부터 감지된 게 사실이다. 에버턴이 2004-05시즌 리버풀을 제치고 4위권에 진입했지만, 그들은 챔피언스리그 플레이오프를 통과하지 못해 본선 진출에 실패했다. UEFA는 시즌 개막을 앞두고 전 시즌 챔피언스리그 우승 팀 리버풀의 대회 출전 여부를 두고 고심을 거듭했다. 당시만 해도 UEFA는 전 대회 우승 팀의 다음 시즌 자동 본선 진출과 관련된 규정을 정해놓고 있지 않았기 때문이다. 그러나 전 시즌 프리미어리그에서 4위권 밖으로 밀린 리버풀은 끝내 UEFA의 승인을 받고 '디펜딩 챔피언' 자격으로 챔피언스리그 진출권을 받아냈다. 즉 실질적으로 프리미어리그가 매년 똑같은 네 팀을 챔피언스리그 본선에 올려놓은 건 2003-04시즌부터 2009-10시즌까지 총 7년 연속이었던 셈이다. 이 덕분에 프리미어리그 상위 네 팀은 더 큰 수익을 창출하며 적극적으로 전력을 보강할 수 있었고, 그럴수록 그들과 나머지 팀들의 빈부 격차는 커졌다. 이는 프리미어리그가 마케팅 전략으로 내세운 하위권 팀도 언제든지 상위권 팀을 꺾을 수 있다는 철칙과 전혀 다른 현상이었다.

유럽 주요 리그에서 이처럼 네 팀이 리그 전체를 오랜 기간 압도한 건 전례가 없었던 일이다. 이전까지 잉글랜드, 프랑스, 독일, 네덜란드, 이탈리아, 스페인 중 어느 리그에서도 4년 연속으로 똑같은 네 팀이 리그 4위권을 형성한 적은 없었다. 다만 축구 수준이 한 수 아래로 여겨진 포르투갈, 스코틀랜드 그리고 터키에서는 이와 같은 사례가 있었다. 이 때문에 프리미어리그에서 '빅 4'의 아성을 깰 팀이 나오리라고는 아무도 예상하지 못했다. 2008년 짧게나마 뉴캐슬 사령탑으로 복귀했던 케빈 키건은 당시 의미심장한 말을 남기기도 했다. 그는 "프리미어리그는 세계에서 가장 지루하면서도 훌륭한 리그가 될 위기에 직면했다. 올 시즌 4위권 팀은 다음 시즌에도 모두 4위권에 진입할 것이다. 나는 '내년에 이들을 따라잡으려면 어떻게 해야 할까?'라는 질문을 나 자신에게 해봤다. 사실부터 말하자면, 내가 할 수 있는 건 아무것도 없다. 내가 뉴캐슬 팬들에게 말해줄 수 있는 건 우리가 5위를 목표로 한다는 점이다. 그렇게 해서 우리는 프리미어리그와 함께 진행 중인 '또 다른 리그'를 우승할 수 있도록 노력할 것"이라고 말했다. 프리미어리그 내 빈부 격차를 실감케 하는 이 냉정한 발언을 듣는 건 마음이 편한 일이 아니었다. 키건 감독이 한때 잉글랜드 2부리그 최하위에 머물던 팀을 프리미어리그 2위에 올려놓은 지도자인 점을 고려할 때, 그가 남긴 발언을 통해 사태의 심각성을 새삼 실감할 수 있었다.

그러나 잉글랜드 축구는 2010년 5월 초부터 변혁의 시기에 돌입했다. 당시 잉글랜드는 축구 외에도 나라 전체가 변혁의 시기를 겪기 시작했다. 토트넘이 2010년 5월 5일 맨시티를 1-0으로 꺾으면서 4위권에 진입해 다음 시즌 챔피언스리그 진출을 확정했다. 그러면서 프리미어리그의 공고했던 '빅 4' 시대에 마침표를 찍었다. 토트넘이 챔피언스리그 진출을 확정한 그다음 날 열린 선거에서 영국은 제2차 세계대전 이후 처음으로 어느 정당도 과반의석을 확보하지 못하는 헝의회hung parliament가 확정됐다. 헝의회란 과반의석을 차지하는 정당이 없는 의회를 뜻하는 표현으로 국정 운영권이 누구의 손에도 잡히지 않은 채 대롱래롱 매달려 있다는 '헝hung'이라는 단어로 표현된다.

공고했던 '빅 4' 체제가 무너진 결정적인 가장 큰 이유는 리버풀의 하락세였다. 리버풀은 2008-09시즌 프리미어리그 2위를 차지하고도 2009-10시즌에는 성적이 7위로 곤두박질쳤다. 그러면서 라파엘 베니테즈 감독은 경질됐고, 마지막 챔피언스리그 진출권을 두고 토트넘과 맨시티가 경쟁했다. 두 팀은 3월 초 맞대결이 예정돼 있었으나 토트넘의 FA컵 일정 탓에 경기가 연기됐다. 이 때문에 토트넘과 맨시티는 각자 시즌 종료까지 두 경기를 남겨둔 5월 초에 맞붙었는데, 이 경기는 사실상 챔피언스리그 진출을 두고 열린 플레이오프나 다름없었다. 당시 맨시티는 셰이크 만수르Sheikh Mansour 아랍에미리트 부총리가 구단을 인수한 덕분에 거액 자본을 등에 업고 장기적으로는 프리미어리그 우승을 노릴 만한 팀 건설을 목표로 대대적인 전력 보강을 진행 중이었다. 이 때문에 4위권 밖으로 밀려난 리버풀을 대체할 가장 강력한 후보로 꼽힌 건 당연히 맨시티였다. 그러나 해리 레드냅 감독이 이끌던 토트넘은 이를 가만히 지켜보고 있지 않았다.

레드냅 감독은 2008-09시즌 초반 후안데 라모스Juande Ramos 감독의 대체자로 토트넘에 부임했다. 라모스 감독은 토트넘 사령탑으로 부임할 때만 해도 세비야를 이끌고 2년 연속 UEFA컵 우승을 차지한 촉망받는 지도자라는 평가를 받았다. 이어 그는 토트넘을 2008년 리그컵 우승으로 이끌며 지도력을 입증했다. 그러나 라모스 감독은 2008-09시즌 초반 최악의 부진을 겪었다. 토트넘은 시즌 초반 여덟 경기에서 승점 2점을 획득하는 데 그쳤는데, 이후 부임한 레드냅 감독은 기회가 될 때마다 이를 강조하며 자신이 부진을 거듭한 팀을 재건했다는 사실을 모두에게 알렸다. 레드냅 감독을 선임한 토트넘의 결정은 분명히 의외였지만, 어찌 됐든 그는 당시 포츠머스를 FA컵 정상에 올려놓으며 실력을 증명한 후 토트넘에서도 기본에 충실한 축구로 효과를 냈다. 그는 토트넘 감독 부임 후 팀을 강등권에서 상위권으로 끌어 올렸고, 두 번째 시즌에는 4위권 진입 후보로 변모시켰다.

토트넘은 2009-10시즌 내내 우여곡절을 겪었다. 시즌 초반 단 네 경기 만에 리그 선두 자리에 오른 토트넘은 10월 위건전에서 9-1로 승리하며 프리미어리그 역사상 한 경기에서 아홉 골을 넣은 두 번째 팀이 됐다. 그러나 토트넘의 2010년 초반은 순탄하지 못했다. 1월부터 부진을 겪은 토트넘은 2월 울버햄프턴에 0-1로 패하며 프리미어리그 7위로 추락했다. 이후 토트넘은 울버햄프턴전 패배 이후 치른 11경기 중 아홉 경기에서 승리했는데, 이 상승세의 정점이 바로 5월 초 맨시티전이었다. 결국 맨시티를 1-0으로 꺾은 토트넘은 구단 역사상 프리미어리그 출범 후 최고 성적인

4위로 시즌을 마쳤다. 당시 토트넘의 약진에 가장 크게 일조한 선수는 바로 왼쪽 윙어 가레스 베일Gareth Bale이었다.

웨일스 출신의 신예 베일의 맹활약은 예상치 못한 변수였다. 사실 당시 그는 팬들의 웃음거리로 전락한 선수였다. 베일은 아스널 스타 시오 월콧과 룸메이트로 함께 생활한 사우샘프턴 시절 매우 촉망받는 유망주였는데, 2007년 토트넘으로 이적하며 성장세가 주춤했다. 그는 부상과 불운이 겹치며 토트넘 이적 후 프리미어리그에서 출전한 24경기 연속으로 단 한 번도 승리하지 못했다. 이는 프리미어리그 역사상 한 선수가 가장 오랜 기간 출전한 경기에서 승리를 경험하지 못한 기록이다. 베일의 기술과 신체적 능력은 누구도 의심하지 않았다. 그러나 베일이 출전한 경기에서 토트넘이 번번이 승리에 실패하며 일각에서는 그가 불운의 아이콘이라는 말까지 나오기 시작했다. 끝내 베일이 처음으로 프리미어리그 경기에서 승리한 건 2009년 9월 26일 번리전이었다. 레드냅 감독은 토트넘이 번리를 5-0으로 제압한 경기 마지막 5분을 남겨두고 의도적으로 베일을 교체 투입하며 징크스에 종지부를 찍었다. 그러나 토트넘은 베일이 선발 출장한 경기에서 승리하는 데 4개월이 더 걸렸다.

베일은 토트넘 이적 초기에 왼쪽 측면 수비수였던 만큼 등번호 3번을 배정받았다. 오버래핑에 능한 측면 수비수였던 베일은 나이가 어린 데다 역동적으로 움직이며 크로스를 올리는 능력이 빼어났다. 그러나 당시 토트넘의 왼쪽 측면 수비수 자리에서는 베누아 아수 에코토Benoit Assou-Ekotto가 인상적인 활약을 펼치고 있었다. 또한 왼쪽 측면 미드필더 자리에서는 니코 크란차르Niko Kranjar가 창조성을 발휘하며 주전으로 활약했다. 이 때문에 베일은 2009-10시즌 초반 20경기 중 한 경기에도 선발 출장하지 못한 채 단 다섯 경기에 교체 출장했다. 더욱이 그가 교체로 나선 다섯 경기 중 세 경기에서 85분이 지난 후에 투입됐다.

그러나 레드냅 감독은 베일의 출전 시간을 늘려줄 기회를 호시탐탐 노렸다. 심지어 그는 1월에 열린 겨울 이적시장에서 베일을 임대 이적시켜 그가 더 많은 경기에 뛸 만한 환경을 만들어주려고 했다. 그러나 2009년 12월 마지막 경기에서 아수 에코토가 사타구니 부상으로 2개월 결장 진단을 받으며 상황이 급변했다. 베일은 바로 그다음 경기에 선발 출장했고, 이후 그는 2010년 토트넘이 치른 프리미어리그에서 단 1분도 빼놓지 않고 매 경기 풀타임을 소화했다. 그러면서 그는 드디어 자신의 가능성에 걸맞은 활약을 펼쳐 보였다.

베일은 아수 에코토가 부상당한 후 처음 선발 출장한 여덟 경기에서 왼쪽 측면 수비수로 활약했다. 특히 그는 토트넘이 2-0으로 승리한 풀럼전에서 빼어난 활약을 펼쳤고, 위건 원정에서는 번뜩이는 공격 가담 능력을 선보이며 저메인 데포Jermain Defoe의 결승골을 도와 팀의 3-0 완승을 이끌었다. 이어 베일은 아수 에코토가 복귀한 후에는 토트넘의 주전 왼쪽 측면 미드필더가 됐다. 그는 한 칸 올라간 새 포지션에서 활약하게 되자 더 뛰어난 활약을 펼쳤다. 그는 토트넘이 나흘 간격으로 아스널과 첼시를 나란히 2-1로 제압한 경기에서 연속으로 최우수 선수에 선정됐고, 결국 프리미어리그 이달의 선수상까지 거머쥐었다.

이 시절 정상급 리그에서 4-4-2는 사실상 더 이상 아무도 쓰지 않는 포메이션으로 여겨졌다. 기존 빅4를 구성한 네 팀도 모두 4-2-3-1, 혹은 4-3-3 포메이션을 주로 활용했다. 그러나 토트넘은 아스널과 첼시를 차례로 격파하며 4-4-2 포메이션도 제대로만 활용하면 충분히 경쟁력 있는 시스템이라는 사실을 입증했다. 토트넘은 굳이 상대와 점유율 싸움을 벌이지 않았고, 역습을 통해 공격했다. 게다가 토트넘의 수비진은 매우 유연했다. 토트넘은 아스널을 상대로 무게중심을 뒤로 뺀 채 비좁은 전형을 구축하며 상대의 스루패스를 원천 봉쇄했고, 첼시전에서는 상대 최전방 공격수 디디에 드록바를 최대한 문전에서 멀리 떨어뜨려놓기 위해 전진 수비를 펼쳤다. 원래 4-4-2 포메이션의 최대 약점으로는 중앙 미드필더 숫자가 부족한 점이 꼽혔다. 그러나 토트넘의 4-4-2에서는 최전방 공격수 저메인 데포와 로만 파블류첸코 Roman Pavlyuchenko가 수시로 2선으로 내려와 상대 수비형 미드필더를 압박하며 이를 보완했다. 그러나 토트넘은 공격 시 전형적인 4-4-2 진용을 유지하며 직선적인, 측면으로 볼을 빼낸 후 크로스를 올리는 방식으로 경기를 풀어갔다.

이러한 토트넘의 접근 방식은 아스널을 상대로 가장 극명하게 드러났다. 당시의 아스널은 유려한 패스 축구를 구사하며 때로는 '상대 골대까지 걸어 들어가려고 한다'는 비판을 받기까지 했던 팀이다. 그러나 아스널은 토트넘전에서 양 측면 미드필더 사미르 나스리 Samir Nasri와 토마스 로시츠키 Tomas Rosicky가 상대 수비수 사이를 뚫는 패스를 거의 구사하지 못했다. 토트넘은 이날 데뷔전을 치른 대니 로즈 Danny Rose가 발리슛으로 선제골을 터뜨렸고, 이후 아스널은 공격에 치중해야 했다. 그러자 베일은 더 수월하게 역습으로 공격을 펼치며 아스널을 위협했고, 결국 이날 결승골이 된 추가 득점에 성공했다.

베일은 이어진 첼시전에서는 더 인상적인 활약을 펼쳤다. 토트넘은 공격 진영으로 침투하는 그에게 계속 패스를 연결했다. 베일은 제공권이 빼어난 선수였는데, 토트넘은 이날 경기 내내 그를 향해 골킥을 연결하며 이를 적극적으로 활용했다. 선제골은 페널티킥으로 득점한 데포의 몫이었다. 이어 베일은 첼시 오른쪽 측면 수비수 파울로 페레이라 Paulo Ferreira를 앞에 두고 안쪽으로 치고 들어가는 드리블 돌파를 선보인 후 오른발 강슛으로 추가골을 터뜨렸다. 전반전에만 베일에게 철저히 당한 페레이라는 결국 후반전 시작과 더불어 브라니슬라브 이바노비치 Branislav Ivanovic가 들어오며 교체됐다. 그러나 베일은 후반에도 위협적인 활약을 펼쳤고, 그에게 거친 파울을 가한 존 테리는 퇴장을 당했다.

이후 토트넘은 불과 몇 주 뒤, 맨시티마저 꺾으며 4위권 진입을 확정했다. 토트넘과 맨시티는 나란히 4-4-2 포메이션으로 맞붙었다. 로베르토 만치니Roberto Mancini 맨시티 감독은 카를로스 테베스가 엠마누엘 아데바요르Emmanuel Adebayor를 받쳐주는 형태로 최전방 공격진을 구성했다. 반면 레드냅 감독은 전형적인 '빅 앤드 스몰' 조합을 구성하며 데포와 피터 크라우치Peter Crouch를 최전방에 배치했다. 다만 만치니 감독은 왼쪽 미드필더로 오른발잡이 크레이그 벨라미, 오른쪽 미드필더로는 왼발잡이 애덤 존슨Adam Johnson을 중용하며 비좁은 진용을 구축했다. 이와 달리 토트넘은 왼쪽에 베일, 오른쪽에 아론 레넌Aaron Lennon을 세우며 폭넓은 진용으로 맞섰다. 레드냅 감독은 이날 토트넘이 펼친 경기력에 큰 만족감을 나타내며 "우리가 보여준 모습을 볼 때 내가 감독이 돼 치른 가장 대표적인 경기 중 하나라고 할 수 있다. 우리가 원정 팀이라는 건 신경 쓸 문제가 아니었다. 이 경기는 사실상 컵대회 결승이나 마찬가지였다. 그래서 우리는 공격적으로 나섰다"고 말했다.

베일과 레넌은 이날 나란히 빼어난 활약을 펼쳤다. 이 둘은 맨시티의 측면에 선 두 미드필더보다 수비 가담을 하는 데도 더 적극적이었고, 볼을 잡았을 때도 더 위협적으로 움직였다. 아수 에코토와 베일은 왼쪽 측면을 완전히 지배했고, 이들의 조합은 전반에만 최소 두 골을 만들어낼 수도 있었다. 경기 초반 베일이 연결한 패스를 오버래핑하는 에코토가 잡아 문전으로 크로스를 올렸으나 데포와 크라우치가 이를 살리지 못해 득점으로 연결되지는 못했다. 이어 베일이 왼쪽 측면에서 문전으로 올린 날카로운 크로스를 크라우치가 머리로 방향을 틀어 득점을 노렸지만, 이는 그대로 골키퍼의 품에 안겼다.

그러나 결국 결승골을 터뜨린 건 크라우치였다. 그는 오른쪽 측면 수비수 유네스 카불Younes Kaboul이 올린 굴절된 크로스를 머리로 받아 넣으며 결승골을 뽑아냈다. 양 팀 최전방 공격수로 출전한 아데바요르와 크라우치는 모두 제공권이 강력한 선수들이다. 그러나 이날 탁월한 제공권을 자랑하는 공격수를 더 잘 활용한 건 토트넘이었다. 크라우치는 경기 후 "공격수에게 좌우에 베일과 레넌을 두고 함께 뛰는 건 꿈같은 일이다. 내게는 페널티 지역 안으로만 들어가면 최소 열 번 중 아홉 번은 좋은 크로스가 올라오리라는 확신이 있었다"고 말했다. 이는 마치 과거 레스 퍼디난드가 다비드 지놀라와 키스 길레스피를 두고 한 말과 비슷했다. 토트넘이 프리미어리그의 새로운 엔터테이너가 된 것이다.

▼▼▼

런던을 연고로 하는 프리미어리그 구단에게 2009-10시즌은 전반적으로 성공적인 시기였다. 첼시, 아스널, 토트넘은 나란히 프리미어리그 4위권에 진입했고, 로이 호지슨 감독이 이끈 풀럼은 모두의 예상을 뒤엎으며 유로파 리그 결승전에 진출했다. 풀럼은 당시 결승에서 연장전 끝에 아틀레티코 마드리드에 1-2로 패하긴 했지만, 샤흐타르 도네츠크와 유벤투스에 이어 독일 분데스리가 챔피언 볼프스부르크를 차례로 꺾고 준우승에 오른 건 인정받을 만한 업적이었다.

풀럼은 호지슨 감독이 부임한 2007년 12월 프리미어리그 강등권에서 허덕이던 약체였다. 당시 그들은 시즌 내내 단 2승에 그치고 있었다. 호지슨 감독이 풀럼의 전력을 끌어 올리는 데도 꽤 긴 시간이 걸렸다. 실제로 풀럼은 시즌 막바지에 열린 맨시티전에서 0-2로 뒤지며 강등이 확정될 위기에 직면하기도 했다. 그러나 풀럼은 맹렬한 추격전을 펼치며 3-2 역전승을 거뒀고, 리그 최종전에서 포츠머스를 1-0으로 꺾고 잔류에 성공했다.

풀럼은 2008-09시즌 구단 역사상 프리미어리그에서 거둔 최고 성적인 7위에 오르며 유로파 리그 진출권을 따냈다.

호지슨 감독도 레드냅 감독과 마찬가지로 4-4-2 포메이션을 선호했다. 그러나 이 둘은 4-4-2 포메이션을 쓴다는 점만 닮았을 뿐 이외의 부분에서는 정반대의 성향을 보였다. 레드냅은 잉글랜드 남부 지역 바깥에서는 지도자 생활을 한 적이 없었지만, 호지슨 감독은 스웨덴, 핀란드, 노르웨이, 덴마크, 이탈리아, 스위스 그리고 아랍에미리트에서 지도자 경력을 쌓았다. 레드냅 감독은 팀 훈련을 코칭스태프에게 위임하곤 했지만, 호지슨 감독은 직접 운동복을 입고 훈련을 지도했다. 게다가 레드냅 감독은 항상 전술의 중요성을 괄시한 반면 호지슨 감독은 팀 전술과 구조를 최우선으로 여겼다. 이 때문에 이로부터 불과 2년 후 잉글랜드 축구협회가 이 둘을 두고 누구에게 잉글랜드 대표팀 감독직을 맡길지를 고민한 건 매우 흥미로운 상황이었다. 결국 잉글랜드 축구협회는 호지슨 감독을 택했다.

호지슨 감독은 학구파 지도자였으며, 축구 외적으로도 영리한 사람이라는 평가를 받았다. 그는 조직력의 중요성을 항상 강조했는데, 풀럼에서 거둔 성공도 팀 훈련을 통해 완성한 수비 전술이 효과를 봤기 때문에 가능했다. 호지슨 감독은 경기에 대비하는 방법을 설명해달라는 질문에 "매일매일 팀 훈련을 통해 준비해야 한다. 준비는 경기를 15분 앞두고 윈스턴 처칠Winston Churchill처럼 한다고 갑자기 해결되는 게 아니다. (중략) 경기 전 팀 미팅은 일주일 내내 준비한 것 중 가장 중요한 몇 가지를 짚어주는 형식으로 진행돼야 한다"고 말했다. 호지슨 감독의 팀 훈련은 언제나 명확한 패턴을 따랐다. 그는 월요일은 회복 훈련, 화요일은 수비 훈련, 수요일은 휴식, 목요일은 공격 훈련, 금요일은 상대 전술에 따른 맞춤형 훈련을 하며 경기에 대비했다. 호지슨 감독의 팀 훈련은 11 대 11, 11 대 8, 11 대 6 경기를 바탕으로 진행됐고, 항상 전형과 구조가 중시됐다. 그의 지도를 받은 대다수 선수들은 당시 훈련이 이미 짜여진 지시 사항을 바탕으로 진행되며 매우 지루했다고 밝혔다. 훗날 호지슨은 리버풀에서 라파엘 베니테즈의 대체자로 인기가 없었는데, 이는 그들의 지도 방식이 상당 부분 유사했기 때문이다.

호지슨 감독의 지도를 받은 미드필더 사이먼 데이비스Simon Davies는 "매일 팀 훈련은 다가오는 경기에서 우리가 갖춰야 할 전형을 바탕으로 진행됐다. 이제는 얘기하며 웃곤 하지만, 프리미어리그 강등권에 놓여 있던 우리가 유로파 리그에 진출한 사실을 깨달으니 그의 지시를 들을 수밖에 없었다. 우리의 비밀을 전부 다 얘기해줄 수는 없지만, 그는 자신이 원하는 모든 걸 매 경기에 나설 선수 11명의 몸에 배게 만들었다. 그가 따로 도표를 그려서 보여주거나 하지는 않았다. 모든 훈련은 운동장에서 볼을 중심으로 이뤄졌다"고 말했다.

호지슨 감독은 짜여진 시스템 안에서 활약하지 못하는 선수들을 좋아하지 않았다. 이 때문에 그는 개성이 강한 지미 불라드를 이적시키고 더 기능성 있는 선수들로 그를 대체하는 데 주저하지 않았다. 당시 풀럼 수비형 미드필더 딕슨 에투후Dickson Etuhu는 "로지 호지슨 감독에게는 고마워해야 할 게 정말 많다. 그는 나를 정말 많이 도와줬다. 사실상 그는 내게 축구를 처음부터 다시 가르쳐줬다. 그 덕분에 이제 나는 축구를 더 잘 이해하고 있다"고 말하기도 했다.

그러나 풀럼에서 호지슨 감독이 만든 시스템의 가장 인상적인 부분은 바로 창조성이 탁월한 선수 네 명이 각자의 기능을 발휘할 수 있었다는 데 있다. 에투후가 수비형 미드필더로 중원을 지켰고, 전방에는 전형적인 타깃형 공격수 보비 자모라Bobby Zamora가 배치됐다. 여기에 호지슨 감독은 졸탄 게라Zoltan Gera를 처진 공격수로, 대니 머피를 후방 플레이메이커로 중용했다. 양 측면은 데이비스와 데이미언 더프가 책임졌다. 무엇보다 호지슨 감독이 레드냅 감독과 전혀 다른 성향을 보인 부분은 바로 측면 미드필더를 활용한 방법에 있다. 토트넘의 베일과 레넌은 옆줄을 타고 공격을 펼쳤지만, 호지슨 감독은 반대발 윙어inverted winger를 활용했다. 오른발잡이 데이비스는 왼쪽에 배치돼 안쪽으로 치고 들어오며 오른발 슈팅을 노렸고, 더프는 오른쪽에서 양발을 자유자재로 쓰며 전천후 윙어 역할을 했다.

더프는 "어쩌면 시기가 조금 늦었던 것 같다. 15세 때부터 이 역할을 소화했으면 어땠을까 하는 생각이 든다. 이제는 왼발보다 오른발로 공을 차는 걸 더 선호한다"고 말했다. 더프의 발언은 꽤 놀라운 게 사실이다. 대개 선수들은 반대발을 활용하다가 원래 쓰던 발의 위력을 잃을 때가 있다. 실제로 블랙번 측면 공격수 모르텐 감스트 페데르센Morten Gamst Pedersen과 아스널에 이어 맨시티에서 활약한 가엘 클리시는 어린 시절 오른발잡이였으나 각자 아버지의 조언을 듣고 왼발을 쓰기 시작하며 결국 왼발잡이가 됐다. 이에 더프는 "나는 30세가 돼서야 오른쪽 측면에서 안쪽으로 치고들 수 있었다. 그러나 나는 그대로 측면을 타고 올라가 크로스를 올릴 수도 있었다. 이는 10년 전 내가 첼시와 블랙번에서 할 수 없었던 것"이라고 말했다. 이처럼 시간이 갈수록 현대 축구는 공격수에게 다재다능함을 요구했다.

그러면서 반대발 윙어는 차츰 매우 보편화된 포지션이 됐다. 풀럼이 유로파리그 4강과 결승전에서 차례로 만난 함부르크와 아틀레티코 역시 모두 반대발 윙어를 중용했다. 전형적인 윙어를 쓰는 팀과 반대발 윙어를 쓰는 팀간 맞대결은 매우 흥미롭게 전개되지만, 대개 반대발 윙어를 쓰는 두 팀의 대결은 지루한 대결이 되곤 한다. 한 경기에서 윙어 총 네 명이 중앙 공간에 밀집된 데다 양 팀 측면 수비수의 기술이 기대에 미치지 못하면, 경기를 흥미진진하게 만들 만한 측면 지역에서 아무런 일도 벌어지지 않기 때문이다. 이 때문에 풀럼이 함부르크 원정에서 0-0으로 비긴 경기는 특히 재미가 없었다.

그러나 풀럼은 이에 굴하지 않았다. 호지슨 감독은 집요하게 윙어 두 명에게 미드필드 구역으로 들어가라고 주문했다. 이어 결승전에서 풀럼을 만난 키케 산체스 플로레스Quique Sáncez Flores 아틀레티코 감독(그는 훗날 왓포드 감독으로 부임하며 프리미어리그에 입성한다)은 오른발잡이 왼쪽 윙어 시망 사브로사Simao Sabrosa와 왼발잡이 오른쪽 윙어 호세 안토니오 레예스Jose Antonio Reyes를 가장 먼저 교체했다. 아틀레티코는 이날 연장전 종료 2분을 앞두고 결승골을 터뜨리며 2-1로 승리했는데, 당시 두 골 모두 세르히오 아구에로Sergio Agüero의 패스를 받은 디에고 포를란의 발끝에서 나왔다. 선제골을 내준 풀럼은 데이비스가 동점골을 터뜨리며 승부를 연장으로 몰고갔지만, 공격수 자모라의 체력 부재 탓에 최전방에서 '타깃맨' 역할을 해줄 선수가 없어 어려운 경기를 해야 했다.

자모라를 대신해 교체 출장한 클린트 뎀프시Clint Dempsey는 그보다 제공권에서 약한 면모를 보였다. 이 때문에 풀럼은 의도한 대로 경기를 풀어갈 수 없었다. 여기서 주목할 점은 2010년 챔피언스리그 결승전에서도 유로파 리그와 마찬가지로 반대발 윙어를 쓴 두 팀이 격돌했다는 점이다.

조세 무리뉴 감독의 인터 밀란은 오른발잡이 사무엘 에투Samuel Eto'o를 왼쪽, 왼발잡이 고란 판데프Goran Pandev를 오른쪽에 배치했다(다만 두 선수 모두 원래는 측면 공격수가 아닌 중앙 공격수였다). 이 전술을 앞세운 인터 밀란은 결승전에서 바이에른 뮌헨을 2-0으로 꺾었다. 이날 바이에른 또한 왼발잡이 아르연 로번을 오른쪽에, 오른발잡이 프랑크 리베리를 왼쪽에 세웠다. 물론 예전에도 윙어가 주로 쓰는 발의 반대편에 배치된 사례는 있었다. 그러나 과거에는 감독들이 똑같은 발을 쓰는 측면 공격수 두 명 중 어느 한 명도 제외할 수 없다고 판단하며 어쩔 수 없이 반대발 윙어를 쓸 때가 많았다. 예를 들어 잉글랜드 대표팀은 1950년대 오른발잡이 톰 피니 Tom Finney를 왼쪽에 배치했는데, 이는 스탠리 매튜스Stanley Matthews가 부동의 오른쪽 측면 자원이었기 때문이었다. 이어 시간이 흘러 프리미어리그가 출범한 후에도 무리뉴 감독이 첼시에서 왼발잡이 더프와 로번을 동시에 기용하기도 했다. 그러나 반대발 윙어를 양 측면에 동시에 배치하는 건 축구 전술이 발전하며 생긴 현상이었고, 전형적인 윙어가 설 자리를 좁힌 계기가 됐다.

반대발 윙어가 유행처럼 번진 원인은 크게 두 가지로 나눌 수 있다. 첫째는 측면 수비수의 성향이 갈수록 공격적으로 변모했기 때문이었다. 전형적인 윙어의 역할은 팀 공격에 넓이를 제공하며 크로스를 올리는 것이었지만, 시간이 흐르며 이와 같은 역할을 측면 수비수가 맡기 시작했다. 그러면서 윙어의 역할에도 변화가 필요해졌다. 게다가 공격적인 측면 수비수에게는 오버래핑을 펼칠 때 침투할 공간이 필요했다. 그 앞에 선 윙어가 중앙으로 침투해 상대 수비진을 좁게 만들면 측면 수비수가 공격에 가담할 공간이 확보됐다.

둘째 원인은 현대 축구에서 정상급 팀은 대다수 패스 연계를 통한 복잡한 공격 패턴을 구사했다는 데 있다. 전형적인 타깃형 공격수가 점진적으로 줄어드는 추세가 이어졌다. 그러면서 대다수 최전방 공격수는 침투 패스를 받아 득점을 노리는 유형의 선수로 진화했다. 이 때문에 굳이 윙어가 측면에 머무르며 크로스를 올리는 데 집중할 필요가 없어졌다. 오히려 이런 전술에서는 반대발 윙어가 팀에 더 큰 보탬이 됐다. 반대발 윙어는 안쪽으로 침투해 미드필드 구역을 메워주며 반대발로 전방을 향해 침투패스까지 찔러줄 수 있었고, 직접 슛까지 할 수도 있었다.

갈수록 최전방 공격수에게 다재다능함을 요구하는 현대 축구에서 득점이 다양한 선수에게 분포되는 건 매우 중요했다. 윙어가 골까지 넣어주면 그만큼 팀의 부담도 줄일 수 있었다. 그러면서 감독은 크로스를 올리는 윙어와 침투 패스, 득점을 책임지는 윙어를 두고 선택을 해야 했다. 당연히 현대 축구에서 더 중요한 능력은 후자였다. 당시 인터 밀란과 바이에른의 챔피언스리그 결승전은 전형적인 윙어의 시대가 끝나가고 있음을 암시했다. 그 사이 오른발잡이 크리스티아누 호날두와 왼발잡이 리오넬 메시는 세계에서 가장 추앙받는 반대발 윙어로 맹위를 떨쳤다. 물론 이는 메시가 중앙으로 포지션을 옮기기 전까지의 얘기다.

이때부터 프리미어리그 상위권 팀 대다수는 크로스 위주의 공격을 구사하지 않았다. 따라서 이들은 특정 경기에서 윙어 자체를 쓰지 않을 때도 있었다. 아스널은 '10번' 역할에 더 익숙한 나스리, 로시츠키, 안드레이 아르샤빈Andrey Arshavin 등이 측면에 배치돼 중앙지향적인 움직임을 보였다. 첼시는 측면에 플로랑 말루다Florent Malouda, 니콜라 아넬카처럼 힘 있는 골잡이들을 배치했다. 당시 유독 맨유만 전형적인 윙어 안토니오 발렌시아를 측면에 배치해 루니를 향해 크로스를 올리는 전술을 상황에 따라 활용했다. 그러나 알렉스 퍼거슨 감독마저 2010년 3월 챔피언스리그 8강 바이에른 뮌헨 원정에서 발렌시아를 제외하며 양 측면에 나니와 박지성을 세웠다. 그러면서 퍼거슨 감독은 나니와 박지성을 선발 출장시킨 이유로 이들이 다재다능한 덕분에 경기 도중 서로 위치를 바꾸는 데 더 용이하기 때문이라고 설명했다. 즉 단면적인 플레이에 집중하는 전형적인 윙어의 입지는 이 사례를 통해 더 큰 타격을 입었다.

그러나 프리미어리그 상위권 팀을 제외한 나머지 팀은 여전히 측면 플레이에 의존했다. 토트넘은 물론 풀럼, 에버턴, 애스턴 빌라는 측면 플레이로 득점 기회를 만들면서도 유로파 리그 진출을 노릴 만한 전력을 보여줬다.

예를 들어 데이비드 모이스 감독의 에버턴은 프리미어리그에서 최강이라고 평가할 만한 왼쪽 측면 조합을 구성했다. 그는 남아프리카공화국 출신 측면 미드필더 스티븐 피나르Steven Pienaar가 안쪽으로 파고들면 공격 진영 측면에 발생하는 공간을 레이튼 베인스Leighton Baines가 침투하는 식으로 경기를 풀어갔다. 아마 당시 베인스는 프리미어리그에서 가장 정확한 크로스를 올리는 선수였을 것이다. 게다가 베인스와 피나르는 서로 텔레파시가 통하는 것처럼 보일 정도로 훌륭한 호흡을 보여줬다. 이뿐만 아니라 베인스는 호주 출신 미드필더 팀 케이힐Tim Cahill과도 파괴력 있는 조합을 이뤘다. 케이힐은 기술이 제한적이었지만, 페널티 지역에서 마무리하는 능력이 탁월했다. 특히 그는 키가 178cm에 불과했으나 환상적인 제공권 능력을 자랑했다. 모이스 감독은 정확한 크로스를 올리는 팀의 장점을 극대화하기 위해 케이힐과 마루안 펠라이니로 중앙 미드필드 조합을 구성했다. 케이힐과 펠라이니는 패스 연계에 능한 조합은 아니었지만, 2선 침투를 통해 크로스를 득점으로 연결하는 능력이 돋보이는 조합이었다.

모이스 감독은 팀 훈련에서 측면 공간에 최대한 많은 선수를 밀집하게 하는 데 공을 들였다. 그는 팀이 측면 구역에서 2 대 1 혹은 3 대 2로 수적 우위를 점하는 훈련을 자주 진행했고, 중앙을 포함해 양 측면에 골대를 하나씩 배치한 미니게임을 자주 지시했다. 에버턴 선수들은 이런 식으로 진행된 미니게임을 통해 측면을 활용해 공격하거나 반대편으로 공격을 전환하는 방법을 터득했다. 실전에서도 에버턴은 반대쪽으로 공격을 전환해 측면을 돌파한 후 크로스를 올리는 방식으로 경기를 풀어갔다.

한편 애스턴 빌라는 과거 레스터와 셀틱에서 3-5-2 포메이션으로 크로스를 기반으로 한 축구로 성공을 거둔 마틴 오닐 감독 체제로 측면 공격에 의존했다. 오닐 감독은 애스턴 빌라에서 4-4-2 혹은 4-5-1 포메이션을 쓰면서 양 측면에 정확한 크로스 능력을 자랑하는 스튜어트 다우닝Stewart Downing과 애슐리 영Ashley Young을 기용했다. 그러나 이들마저도 원래는 전형적인 윙어로 활약했지만, 반대발 윙어로 포지션을 변경한 후 더 위협적인 움직임을 보이기 시작한 선수들이다. 오른발잡이 영은 왼쪽 측면으로 자리를 옮기며 정상급 선수로 성장했다. 그는 왼쪽 측면에서 오른발 밑으로 볼을 옮겨놓은 뒤, 다시 왼쪽으로 돌파한 후 오른쪽 공간으로 빠져나가는 특이한 동선을 앞세워 상대 수비를 유린했다. 다우닝은 오늘 감독의 전임 제라르 울리에 감독으로부터 주문을 받고 오른쪽 측면으로 자리를 옮긴 선수였다. 결국, 영과 다우닝은 나란히 2011년 각각 맨유와 리버풀로 이적했지만, 소위 '빅클럽'에서는 이들이 크로스 능력을 발휘할 기회가 그리 많지 않았다.

이처럼 프리미어리그 팀들이 차츰 반대발 윙어를 활용하기 시작하면서 2010-11시즌 토트넘의 베일은 매우 특이한 선수로 각인됐다. 그처럼 빠른 왼발잡이가 왼쪽 측면을 지배하는 모습은 더는 흔한 장면이 아니었기 때문이다. 레드냅 감독은 훗날 "나는 기량이 가장 좋은 선수를 그가 소화하기 가장 편한 자리에 배치해야 한다고 믿는다. 베일은 매우 빠른 왼발잡이 선수다. 그래서 나는 시즌 내내 그를 왼쪽 측면에 활용했다. 당시에는 오른발잡이 선수를 왼쪽에 배치하는 팀이 많았다. 애슐리 영도 이와 비슷한 유형의 선수였다. 그는 안쪽으로 접고 들어가 골을 넣는 능력이 있는 선수였다. 그러나 당시 가레스(베일)는 자신감을 쌓는 게 무엇보다 중요했다. 그래서 나는 그가 뛰기 가장 편한 곳에 그를 배치했다"고 말했다.

베일은 2009-10시즌 후반기부터 프리미어리그의 스타가 됐다. 이어 그는 2010-11시즌 챔피언스리그 스타로 발돋움했다. 그는 당시 챔피언스리그 지난 시즌 챔피언 인터 밀란을 상대로 왼쪽 윙어로 활약하며 두 차례에 걸쳐 빼어난 활약을 펼쳤다. 이 중 첫번째 경기에서 토트넘은 인터 밀란 원정을 떠나 0-4로 뒤진 채 전반을 마쳤다. 그러나 베일은 후반 들어 사실상 '원맨쇼'를 펼치며 혼자 힘으로 추격전을 펼쳤다. 그는 두 차례 멋진 골을 터뜨린 데 이어 세 번째 골까지 넣으며 해트트릭을 기록했다. 당시 베일의 활약은 아직 전형적인 윙어도 경쟁력을 발휘할 수 있다는 점을 증명했다. 이 경기에서 베일은 왼발로 반대쪽 포스트를 향해 슈팅을 날려 세 골을 터뜨렸다. 그는 당시 세계 최고의 오른쪽 측면 수비수로 평가받은 마이콘을 초토화시켰다. 마이콘은 베일과의 맞대결을 앞두고 하루 종일 배탈이 나서 통증에 시달렸다며 이날 베일을 상대로 졸전을 면치 못했다. 심지어 그는 경기 도중 베일에게 파울을 범할 때마다 사과하는 모습을 보였다.

마이콘의 배탈이 무려 2주간 이어진 걸까? 그는 이어진 토트넘 원정에서도 베일에게 무참히 당했다. 레드냅 감독은 경기가 끝난 후 베일과 마이콘의 일대일 대결에서 우위를 점하려고 특별히 전술적으로 신경을 쓴 게 주효했다며 기뻐했다. 그는 "인터 밀란의 양 측면 윙어는 수비 가담을 잘 하지 않는다. 인터 밀란은 공격수 세 명과 그 뒤에 베슬레이 스네이더Wesley Sneijder가 공격에 나선다. 그 뒤를 받치는 게 수비형 미드필더 두 명이다. 그래서 나는 우리의 열쇠는 양 측면을 최대한 활용해 인터 밀란 수비를 벌리는 데 있다고 판단했다. 베일이 오늘 경기에서도 마이콘을 압도해줘야만 했다"고 밝혔다.

실제로 이날 경기는 레드냅 감독이 계획한 대로 흘러갔다. 심지어 베일은 인터 밀란 원정에서 해트트릭을 기록한 날보다 더 좋은 경기력을 선보였다. 신임 인터 밀란 사령탑으로 부임한 라파엘 베니테즈 감독은 속칭 '순진한 전술'로 토트넘에 맞서며 자멸했다. 그가 세운 오른쪽 윙어 조나탄 비아비아니Jonathan Biabiany와 수비형 미드필더 하비에르 사네티Javier Zanetti 중 누구도 마이콘과 협력 수비를 펼치지 못했다. 이날 베일은 득점을 기록하지는 못했지만, 크라우치와 파블류첸코가 간단히 마무리한 두 골은 모두 폭발적인 드리블로 인터 밀란 수비진을 무너뜨린 베일의 도움이 있었기에 가능했다. 레드냅 감독은 경기가 끝난 후 "인터 밀란은 미드필더가 적절한 수비 가담을 하지 않았다. 마이콘은 혼자 베일을 상대로 버텨내지 못했다"고 말했다.

사실 베일은 인터 밀란 원정에서 맹활약을 펼친 후 정작 프리미어리그에서는 이렇다 할 활약을 펼치지 못하고 있었다. 프리미어리그에서 토트넘을 상대한 팀은 여러 명이 한꺼번에 베일을 압박하는 협력 수비를 했기 때문이다. 이런 점을 고려할 때, 베니테즈 감독이 토트넘 원정에서 선택한 전술에는 분명히 의문부호가 달릴 만했다. 실제로 당시 프리미어리그에서는 '베일을 어떻게 막느냐'를 두고 열띤 전술적 변화가 일어났다. 모이스 감독의 에버턴은 토트넘 원정에서 1-1 무승부를 거뒀는데, 그는 셰이머스 콜먼Seamus Coleman과 필 네빌을 오른쪽에 동시 기용함으로써 베일을 막았다. 베일은 이 경기가 끝난 후 "나를 어렵게 만든 건 네빌뿐만이 아니었다. 네빌에게는 그를 도와주는 선수가 두세 명씩 더 있었다. 에버턴 오른쪽 윙어도 나를 밀착 마크하며 내가 볼을 잡을 수 없게 했다"고 말했다. 이 때문에 레드냅 감독은 경기 도중 베일을 오른쪽으로 옮겼다. 베일이 오른쪽 윙어 자리를 소화한 건 이때가 처음이었다.

토트넘과 격돌한 상대 팀은 이후에도 계속 이런 패턴으로 베일을 수비했다. 베일은 토트넘이 0-2로 패한 맨유 원정에서 왼쪽 측면에서 볼을 잡을 때마다 상대 오른쪽 측면 수비수 하파엘 다 실바Rafael da Silva는 물론 그와 협력 수비를 펼친 대런 플레처의 견제를 받았다. 이어 그는 선덜랜드전에서도 상대 팀의 거친 중앙 미드필더 리 캐터몰Lee Cattermole이 측면 수비수 네둠 오누오하Nedum Onuoha와 펼친 협력 수비에 고전했고, 볼턴전에서도 상대 오른쪽 윙어 이청용이 그레타르 스타인손Gretar Steinsson과 함께 압박 수비를 펼친 탓에 눈에 띄는 활약을 하지 못했다. 스타인손은 "경기에 나서기 전 이렇게 많은 문자 메시지를 받은 적은 처음이다. 베일은 훌륭한 선수지만, 그를 상대하는 건 다른 선수를 상대하는 것과 똑같았다. 나는 이 경기 전날에도 어느 때와 마찬가지로 모닥불 앞에서 닭고기 코르마를 먹었다"며 베일과의 맞대결을 두고 주변에서 보인 지나친 관심을 이해할 수 없다는 듯한 반응을 보였다.

그러면서 토트넘은 위기에 봉착했다. 베일은 인터 밀란 원정에서 해트트릭을 기록한 후 출전한 프리미어리그 네 경기에서 부진을 겪으며 골이나 도움을 기록하지 못했다. 이 네 경기에서 토트넘 또한 승점 2점을 획득하는 데 그치며 어려움을 겪었다. 베일에게 공간이 주어지지 않으면서 토트넘의 팀 공격에도 큰 문제가 생긴 것이다. 과거 토트넘에서 활약한 스티븐 카 Stephen Carr 는 버밍엄 주장이 돼 상대한 베일을 잘 막아낸 후 "앞에서 누군가 도움을 주는 게 매우 중요하다. 나도 괜찮은 경기를 했다고 생각한다. 그러나 내 앞 자리에서 많은 동료들이 나를 도와줬다"고 말했다.

그러나 베일은 곧 열린 블랙번전에서 훌륭한 활약을 펼치며 토트넘에 4-2 승리를 안겼다. 그는 이 경기에서 두 차례에 걸쳐 머리로 득점을 기록했다. 첫 번째 골은 니어포스트에서 연결한 헤더였고, 두 번째는 문전 경합 상황에서 나온 깔끔한 마무리였다. 또한, 베일은 이날 전매특허 드리블 돌파 후 크로스로 파블류첸코가 헤더로 기록한 득점을 도왔다. 그러나 이날의 베일은 분명히 예전과는 다른 성향을 보여줬다. 그는 "최근 상대 팀이 수비수 두 명을 내게 붙이며 어려운 경기를 한 게 사실이다. 그들을 제쳐낼 방법을 찾아내야 한다. 블랙번전에서는 그렇게 할 수 있어서 정말 기쁘다"고 말했다. 실제로 베일은 이날 파블류첸코의 골을 만든 도움을 제외하면 시즌 내내 단 한 번도 도움을 기록하지 못했다.

베일은 시즌 내내 단 아홉 골만 기록하고도 선수들이 선정한 올해의 선수상을 받았다. 물론 그가 올해의 선수상을 받은 이유는 당시 그 외에는 특출한 스타 선수가 없었기 때문이기도 하다. 그러나 이와 관계없이 프리미어리그에는 '베일마니아' 열풍이 불었고, 그 중심에는 베일이 인터 밀란을 상대한 두 경기에서 펼친 맹활약이 큰 부분을 차지했다.

그러나 베일은 물론 레드냅 감독도 이 시점부터 그가 진화해야 한다는 필요성을 느꼈다. 그래서 베일은 2011-12시즌부터 왼쪽에 배치되고도 자주 중앙으로 파고드는 움직임을 선보였지만, 처음부터 꾸준한 활약을 펼치지는 못했다. 그러나 그가 이전까지는 측면에서 펼친 '윙 플레이'만 한 선수였던 데다 붙박이 주전이 된 지 18개월밖에 되지 않았다는 점을 고려할 때, 이는 이해할 만한 대목이었다. 오히려 그 외에 대다수 선수들은 이 시절 상대의 집중 견제를 받아 다른 포지션에 적응하기보다는 자기 위치를 지키며 점진적으로 발전하는 데 더 많은 노력을 기울였다.

측면에 익숙한 선수가 중앙지향적인 플레이를 하려면 전혀 다른 기술을 장착해야만 한다. 이 때문에 베일은 상대 팀에 위협을 가할 만한 위치에서 패스를 받는 데 어려움을 겪었다. 아직은 그가 중앙지향적인 플레이를 하는 데 필요한 올바른 자세로 공을 받아 흐름을 살려 움직이는 데 익숙해지지 못했기 때문이다. 그러나 베일은 이 역할을 맡으며 경기력이 좋을 때는 실로 환상적인 활약을 펼쳤다. 그는 크리스마스 다음 날 열린 노리치전에서 두 골을 터뜨리며 토트넘에 2-0 완승을 안겼다. 베일은 수비 진영에서 드리블 돌파를 시작해 직접 득점에 성공했다. 새해에 접어들며 토트넘은 프리미어리그 우승을 노릴 만한 팀으로 평가받았다. 그러나 이때부터 팀 전체는 물론 베일의 경기력이 하락세를 타기 시작했다. 그러면서 베일은 1월 이후로 시즌이 끝날 때까지 득점하지 못했다. 심지어 레드냅 감독은 에버턴 원정경기에서 모이스 감독이 또 베일을 견제하기 위해 콜먼과 네빌을 동시에 활용할 계획이라는 사실을 일찌감치 예상하고 있었다. 이 때문에 그는 베일을 오른쪽 측면에 배치하는 대응책을 마련했다. 그러나 베일의 경기력은 여전히 기대에 미치지 못했다. 심지어 그의 위치 선정에 답답함을 느낀 토트넘 원정 팬들은 레드냅 감독을 향해 "가레스 베일, 그는 왼쪽에서 뛴다"라는 구호를 외치기도 했다.

결국 토트넘은 프리미어리그 4위로 추락했다. 게다가 6위로 시즌을 마친 첼시가 챔피언스리그 결승전에서 바이에른 뮌헨을 꺾고 우승을 차지한 것이 토트넘에 큰 타격을 입혔다. 프리미어리그 4위권 밖으로 밀린 첼시가 유럽 챔피언으로 등극하며 4위 토트넘을 밀어내고 다음 시즌 챔피언스리그 진출권을 획득했기 때문이다. 그러면서 레드냅 감독은 끝내 경질됐다.

레드냅 감독의 후임으로 토트넘을 맡은 안드레 빌라스-보아스 감독은 부임 초기부터 베일을 중심으로 팀을 만들겠다고 공언했다. 그가 토트넘을 이끈 첫 시즌은 결국 베일의 마지막 시즌이 됐는데, 당시 팀 전술은 매우 흥미로웠다. 등번호 11번을 배정받은 베일은 시즌 초반부터 왼쪽 측면에서 중앙으로 파고드는 움직임을 앞세워 상대를 공략했다. 그러나 베일의 진가는 그가 4-2-3-1 포메이션에서 중앙 공격형 미드필더 역할을 맡은 시즌 후반기부터 드러나기 시작했다. 그는 루이스 홀트비Lewis Holtby, 길피 시구르드손Gylfi Sigurdsson과 2선 공격진을 구축하며 자유롭게 움직였다. 홀트비와 시구르드손은 베일의 움직임에 따라 그가 비워둔 공간을 메워주며 효과적인 호흡을 선보였다. 베일은 2011-12시즌 프리미어리그에서만 21골을 폭발시켰고, 이 중 페널티킥으로 기록한 득점은 단 한 골도 없었다. 베일은 이 시즌 전까지 무려 5년간 21골을 넣었는데, 자신에게 맞는 팀 전술을 만나자 단 한 시즌 만에 5년치 득점을 기록한 셈이다.

베일은 중앙으로 상대 선수가 밀집되면 자연스럽게 측면으로 자리를 옮겼지만, 그럴 때마다 원래 자신에게 더 익숙한 왼쪽보다는 오른쪽으로 움직이는 패턴을 선호했다. 그는 웨스트 브롬과 사우샘프턴을 상대로 오른쪽에서 볼을 잡아 다시 중앙으로 치고 들어온 뒤, 놀라운 골을 터뜨렸다. 베일은 토트넘 선수로 치른 마지막 경기에서도 선덜랜드를 상대로 후반전 45분간 오른쪽 측면에서 활약했다. 그러면서 그는 계속 중앙으로 치고 들어가는 움직임을 반복했다. 결국 그는 경기 종료 약 1분을 남겨두고 오른쪽 측면에서 볼을 잡은 후 순간적으로 멈칫하며 상대 수비의 흐름을 읽고는 교체 출장한 상대 수비수 애덤 미첼Adam Mitchell을 제치고 골문 상단에 꽂히는 중거리 슛으로 끝내 득점에 성공했다. 당시 베일의 희생양이 된 미첼은 이날 출전한 3분이 프리미어리그에서 기록한 출전 경력의 전부로 남았다.

이후 베일을 영입한 레알 마드리드는 무엇보다 그가 오른쪽 측면에서 중앙으로 치고 들어가는 움직임을 완벽하게 연마한 데 큰 매력을 느꼈다. 그러면서 레알은 4년 전 크리스티아누 호날두를 영입하며 깬 축구 역사상 최고 이적료 기록을 스스로 갈아치우며 베일을 영입했다. 베일과 호날두는 여러모로 공통점이 많은 두 선수였다. 두 선수는 나란히 전형적인 윙어로 시작하고도 중앙에서 득점력을 자랑하는 공격 자원으로 성장했다. 스타라는 평가를 받은 윙어는 이때부터 크로스보다는 슈팅 능력을 기준으로 평가받았다. 그러면서 전반적으로 윙어들은 예전보다 더 직선적인 공격 자원으로 변해가기 시작했다.

PART 7
점유율 축구

안첼로티, 만치니, 카펠로
- 이탈리안잡

"팀의 명확한 정체성을 찾아주는 것. 그것이 내가 전달받은 나의 임무였다."

- 카를로 안첼로티

알렉스 퍼거슨 감독은 은퇴를 선언한 2013년 여름 이전의 일곱 시즌 중 다섯 번이나 프리미어리그 우승을 차지했다. 그가 우승을 차지하지 못한 두 차례는 각각 첼시와 맨시티가 정상에 오른 2009-10시즌, 2011-12시즌이었다. 이 두 팀 사이에는 비슷한 점이 많았다. 첼시와 맨시티 모두 해당 시즌 마지막 날에 프리미어리그 우승을 확정했고, 두 팀 모두 홈과 원정경기에서 열린 맨유와의 맞대결을 나란히 승리로 장식했다. 또한 첼시를 이끈 카를로 안첼로티 감독과 맨시티의 로베르토 만치니 감독은 둘 다 이탈리아인이다. 이탈리아 출신 감독은 대개 경기를 통제하는 능력을 중시하고, 성격이 거친 데다 수비적인 축구를 구사하면서도 점유율을 중요하게 여긴다.

이 무렵 세리에 A는 이미 더 이상 세계 최고의 리그로 평가받지 못했다. 그런데도 여전히 이탈리아 출신 감독만큼은 계속 최고의 전술가로 능력을 인정받았다. 일반적으로 그들은 철학적이면서도 유연한 지략가로 명성을 떨쳤고, 축구를 마치 체스처럼 여겼다. 그들에게는 선수 한 명 한 명이 상대를 제어하기 위한 체스용 말이나 다름없었다. 그러나 역사적으로 프리미어리그는 이탈리아 감독의 영향을 많이 받지 못한 곳이었다. 지안루카 비알리가 첼시를 이끌고 2000년 FA컵 우승을 차지한 적이 있지만, 그를 세리에 A 출신 지도자로 볼 수는 없었다. 당시 그는 첼시에서 선수겸 감독으로 활약하며 선수단을 지도하는 업무는 그래엄 릭스Graham Rix 수석코치의 힘을 상당 부분 빌렸기 때문이다.

오히려 첼시에서 비알리를 대체한 클라우디오 라니에리 감독이 더 이탈리아 지도자다운 인물이었다. 실제로 그는 잦은 전술 변화를 시도하며 잉글랜드에서 '팅커맨Tinkerman'이라는 별명까지 얻었다. 그러나 라니에리 감독조차 나폴리와 피오렌티나 사령탑으로 명성을 떨치긴 했지만, 이제까지 우승 경력이 없다는 이유로 월드클래스 감독이라는 평가를 받지는 못했다. 물론 라니에리 감독은 훗날 누구도 예상치 못한 놀라운 지도력을 발휘하며 프리미어리그 우승을 차지했지만, 적어도 2009년에는 첼시 사령탑으로 막 부임한 카를로 안첼로티 감독이 잉글랜드 축구 역사상 최초의 전 세계로부터 인정받는 이탈리아 지도자로 꼽혔다. 안첼로티 감독은 첼시로 가기 전 AC 밀란에서 두 차례나 챔피언스리그 우승을 차지했고, 현역 시절에는 무려 세 번이나 유럽 무대의 정상을 경험했다. 만치니 감독 또한 인터 밀란을 세리에 A 3년 연속 우승으로 이끌며 맨시티 지휘봉을 잡게 돼 큰 관심을 받았다. 게다가 당시 잉글랜드 대표팀을 이끈 건 세리에 A 4회 우승 경력에 빛나는 파비오 카펠로 감독이었다. 그러면서 잉글랜드 축구는 갑자기 이탈리아의 영향을 받기 시작했다.

그러나 그들 중에서도 가장 큰 존경을 받은 인물은 안첼로티 감독이었다. 로만 아브라모비치 첼시 구단주는 두 가지 이유로 안첼로티 감독을 선임했다. 첫째로 그는 챔피언스리그 우승을 원했다. 안첼로티 감독은 챔피언스리그에서 보인 강세 덕분에 첼시를 이끌 적임자로 낙점됐다. 둘째로 아브라모비치 구단주는 첼시에 정체성을 불어넣어 줄 지도자를 원했다. 그는 펩 과르디올라 감독의 바르셀로나가 등장하기 전까지 2000년대 중후반 유럽에서 가장 품격 있는 팀으로 꼽힌 AC 밀란을 이끈 안첼로티 감독을 낙점했다. 당시 안첼로티 감독은 플레이메이커를 무려 네 명이나 선발 출장시키면서도 매우 균형 잡힌 축구를 구사했다. 안첼로티 감독은 훗날 아브라모비치 구단주의 첼시 감독직 제안을 받은 순간을 떠올리며 "(아브라모비치 회장은 내게) 팀에 정체성을 부여해줄 감독을 찾고 있다고 말했다. 그는 바르셀로나나 맨유를 보면 확고한 정체성이 보이지만, 첼시는 그렇지 않다"고 말했다.

첼시는 안첼로티 감독 부임을 앞두고 두 시즌에 무려 네 명의 감독을 거쳤다. 조세 무리뉴, 아브람 그랜트, 루이스 펠리페 스콜라리, 거스 히딩크Guus Hiddink가 나란히 첼시를 지도했다. 그러나 첼시는 누가 팀을 이끌어도 무리뉴 감독 시절의 수비적인 팀 색깔을 벗어나지 못했다. 그러면서 안첼로티 감독은 첼시는 앞으로 볼을 점유하는 축구를 구사할 계획이라고 약속했다. 그러면서 그는 당시 유럽에서 가장 예술적인 후방 플레이메이커로 꼽힌 AC 밀란 미드필더 안드레아 피를로 영입을 요청했다.

그러나 아브라모비치 구단주는 안첼로티 감독의 의중을 제대로 파악하지 못했다. 이 시절 모든 명장들을 통틀어 안첼로티 감독은 가장 선수를 중심으로 팀을 운영하는 지도자였다. 그는 자신이 맡는 팀마다 재능이 가장 탁월한 선수를 최대한 중용하고, 그들이 효과적으로 조합을 이룰 만한 포메이션과 팀 스타일을 구성했다. 감독의 철학이 무엇보다 우선시된 이 시절, 주어진 자원에 따라 유연하게 팀을 이끈 안첼로티 감독은 매우 합리적인 지도 방식을 유지했다. 그만큼 안첼로티 감독은 스스로 만든 철학을 고집하기보다는 상황에 맞는 최적의 축구를 추구했다. 무엇보다 그는 사람을 관리하는 능력이 빼어난 관리자형 감독으로 유명했다. 특히 안첼로티 감독은 스타 선수들을 다루는 데 탁월한 모습을 보였다. 심지어는 개성이 강한 즐라탄 이브라히모비치, 크리스티아누 호날두가 가장 좋아하는 지도자로 꼽는 인물이 바로 안첼로티 감독이다.

그러나 안첼로티 감독이 AC 밀란에서 활용한 플레이메이커를 다수 배치하는 포메이션은 어쩔 수 없는 상황 탓에 만들어진 결과물이었다. 당시 AC 밀란은 10번 역할을 맡을 플레이메이커들이 포화 상태였다. 안첼로티 감독도 AC 밀란 시절을 떠올리며 "그들을 전부 다 경기에 출전시키고 만족하게 하는 데 어려움을 겪었다. 그러나 그때 우리는 크리스마스트리 포메이션을 만들어냈다"고 말했다. 안첼로티 감독이 언급한 크리스마스트리 포메이션은 4-3-2-1 전형을 뜻한다. 안첼로티 감독은 AC 밀란에서 이를 살짝 변형한 4-3-1-2 포메이션으로 유럽을 호령했다.

안첼로티 감독이 지도한 첼시 선수단에는 경험이 풍부한 리더가 다수 포진하고 있었다. 페테르 체흐, 존 테리, 프랑크 램파드 그리고 디디에 드록바가 바로 그들이다. 안첼로티 감독은 너무도 그답게 첼시 사령탑으로 부임한 후 이들의 의견을 토대로 팀 훈련과 전반적인 운영 방식을 세웠다. 이전까지 그는 팀 훈련을 기술, 체력 그리고 전술로 세분화해 진행했다. 그러나 안첼로티 감독은 첼시 선수들이 모든 훈련을 한꺼번에 하기를 바란다는 의견을 받아들였다. 그 때문에 첼시의 기술 훈련은 동시에 체력적인 소모를 요구하게 됐다. 또한 안첼로티 감독은 전술 훈련을 경기가 열리기 이틀 전부터 진행하는 데 선수들이 불만을 드러내자 이를 하루 전으로 바꾸는 융통성을 발휘했다. 그는 조세 무리뉴의 방식을 일정 부분 접목시켰다.

첼시는 이렇게 시작된 2009-10시즌 초반 14경기 중 무려 12경기에서 승리하며 무서운 상승세를 탔다. 안첼로티 감독은 다이아몬드형 미드필드 꼭짓점에 램파드를 배치했고, 플로랑 말루다는 왼쪽 중앙 미드필더로 자유롭게 떠도는 역할을 맡았다. 마이클 에시엔은 존 오비 미켈이 수비형 미드필더로 출전하면 오른쪽 중앙 미드필더, 미하엘 발락이 출전하면 수비형 미드필더로 활약했다.

좌우 측면 수비수 애슐리 콜과 조세 보싱와 Jose Bosingwa 는 적극적으로 공격에 가담해 팀 진용에 넓이를 더해줬다. 그러나 가장 눈에 띄는 활약을 펼친 두 선수는 말루다와 드록바였다. 말루다는 자신에게 익숙하지 않은 포지션을 훌륭히 소화하며 첼시 이적 후 가장 빼어난 활약을 펼쳤다. 드록바는 시즌 초반 15경기에서 무려 13골을 터뜨렸다. 그러나 유독 램파드는 다이아몬드형 미드필드의 꼭짓점에 적응하는 데 어려움을 겪었다. 아넬카 또한 겉도는 느낌이 강했다. 첼시는 애스턴 빌라, 위건을 상대로 의외의 패배를 당하기도 했지만, 장기전이 치러지는 프리미어리그에서 안첼로티 감독이 활용한 전술은 효과를 발휘했다. 그러나 첼시는 11월 맨유를 상대로 승리하고도 전술적 결함을 드러냈다.

안첼로티 감독은 맨유전이 열린 시점에 보싱와가 부상으로 시즌 아웃 판정을 받아 골머리를 앓았다. 보싱와는 첼시 선수 중 이름값은 가장 떨어졌지만, 오른쪽 측면에서 팀에 넓이를 제공하는 매우 중요한 역할을 맡고 있었다. 안첼로티 감독은 그를 대신해 브라니슬라브 이바노비치를 중용했다. 이바노비치는 시간이 흘러 오른쪽 측면 수비수 역할을 잘 소화했지만, 이때까지만 해도 중앙 수비수 역할에 더 익숙한 자원이었다. 특히 그는 볼을 잡았을 때 발휘하는 공격적인 역량이 부족한 편이었다. 퍼거슨 감독은 전술을 통해 첼시의 이러한 약점을 공략했다. 오른쪽 윙어 안토니오 발렌시아는 애슐리 콜과 일대일로 맞섰지만, 반대편의 라이언 긱스는 중앙으로 침투해 사실상 네 번째 미드필더 역할을 맡았다. 그러면서 맨유는 첼시의 다이아몬드형 미드필드를 상대로 미드필드 싸움에서 수적 열세에 놓이는 상황을 방지했다.

첼시 미드필더 네 명은 볼을 잡기 위해 계속 후방까지 내려가야 했다. 그들은 볼을 잡았을 때도 전방으로 패스를 연결하는 게 여의치 않자 오른쪽 측면 수비수 이바노비치를 활용하려고 했다. 그러나 이바노비치는 이날 볼을 잡을 때마다 스탬포드 브리지를 메운 홈 관중조차 탄식을 자아낼 정도로 불안한 모습을 보였다. 반면 맨유는 양 측면 수비수를 적극적으로 전진시켜 공격 진영에서 수적 우위를 차지했다. 이 덕분에 퍼거슨 감독은 점유율을 끌어 올릴 수 있었다. 이는 안첼로티 감독이 첼시에 정체성을 찾아주겠다고 공언하며 '점유율'의 중요성을 강조한 점을 고려할 때 매우 중요한 부분이었다. 맨유는 이날 슈팅수에서 12-8, 코너킥은 7-0으로 첼시에 앞섰다. 그러나 그들은 끝내 득점에 실패했고, 프리킥 상황에서 존 테리에게 결승골을 허용하며 패했다. 이처럼 첼시는 맨유와의 라이벌전에서 안첼로티 감독의 전술 덕분에 이긴 것이 아니었다. 오히려 첼시는 이날 안첼로티 감독의 전술에도 불구하고 승리할 수 있었다.

퍼거슨 감독이 안첼로티 감독의 다이아몬드형 미드필드를 상대로 보여준 전술은 이후 첼시를 만난 상대 팀들에도 일종의 힌트가 됐다. 그러면서 첼시는 12월 내내 넓이가 부족한 팀 전술의 약점을 공략당했다. 이 때문에 첼시는 맨시티전 패배에 이어 에버턴, 웨스트햄 그리고 버밍엄과도 무승부에 그쳤다. 한 달 내내 첼시가 이긴 경기는 어렵사리 2-1 승리를 거둔 포츠머스와 풀럼전이었다. 이어 첼시는 1월에 또 다른 변수를 극복해야 했다. 코트디부아르 공격수 드록바가 아프리칸 네이션스컵 출전을 이유로 한 달간 팀에서 이탈했기 때문이다. 그러나 안첼로티 감독은 밀란 시절 플레이메이커 포화 상태에 직면했을 때, 그들을 전부 다 선발 명단에 포함해 이를 극복하며 "가장 좋은 아이디어는 문제가 있을 때 나온다"는 말을 남긴 적이 있다. 드록바가 빠진 첼시는 오히려 환상적인 축구를 하기 시작했다.

첼시는 2010년 들어 치른 첫 경기에서 선덜랜드를 상대로 드록바 없이 7-2 압승을 거뒀다. 경기 시작 단 35분 만에 네 골을 몰아친 첼시는 전반전이 끝난 후 안첼로티 감독이 테리와 애슐리 콜을 동시에 교체해줬을 정도로 여유 있게 승리했다. 안첼로티 감독은 예전부터 그랬듯이 첼시에서도 완전히 다른 시스템을 만들어 팀이 보유한 선수들의 능력을 극대화했다. 그는 아넬카를 최전방 공격수로 세웠고, 말루다와 조 콜을 양 측면에 배치해 중앙 침투를 주문하며 4-3-3과 4-3-2-1 포메이션을 동시에 활용했다. 문전 침투보다는 2선으로 내려와 패스 연계에 관여하는 아넬카의 움직임은 말루다와 콜뿐만이 아니라 발락과 램파드의 득점력까지 상승시켰다. 실제로 이날 발락과 램파드는 나란히 문전 침투 후 헤딩으로 득점을 기록했다. 시즌 전반기에 부진했던 램파드는 선덜랜드전이 열리기 전까지 필드골이 단 한 골밖에 없었다. 그러나 그는 선덜랜드를 상대로는 한 경기에서 두 골을 터뜨렸다. 첼시는 매끄러웠고, 조직적이었으며 가차 없이 상대를 무너뜨렸다.

선덜랜드전을 대승으로 이끈 안첼로티 감독은 이후에도 두 경기 연속으로 똑같은 포메이션을 활용하며 버밍엄과 번리를 차례로 꺾었다. 안첼로티 감독은 드록바가 자국 대표팀 일정을 마치고 복귀하자 그가 없는 사이에 활용한 포메이션과 예전 포메이션을 번갈아가며 사용했지만, 이는 때로 혼란을 일으키기도 했다. 드록바는 복귀 후에도 8경기 10골을 기록하며 개인 성적은 훌륭했지만, 이 기간 첼시는 공격 패턴이 뻔하다는 지적을 받으며 승점 13점을 획득하는 데 그쳤다.

이 시즌 가장 중요한 일은 첼시가 3월 말 애스턴 빌라를 상대한 홈경기

도중 발생했다. 이날 안첼로티 감독은 드록바의 사타구니 부상을 이유로 들며 그를 벤치에 앉혔다. 그러나 이로부터 6년이 지난 뒤, 안첼로티 감독은 당시 드록바를 벤치에 앉힌 이유가 그가 아침 팀 미팅에 지각했기 때문이라고 밝혔다. 그는 "드록바는 30분이나 늦게 도착했다. 그래서 그를 출장시키지 않았다. 내가 드록바에게 화가 난 건 아니었다. 그러나 그는 당시 팀 미팅에 꼭 참석해야 했다. 내가 미팅에서 팀 전술을 설명할 계획이었기 때문이다. 모든 선수에게 지시를 내려야 하는데, 드록바에게만 예외를 둘 수는 없었다"고 말했다. 그러나 정작 첼시는 드록바가 결장한 이 경기에서 또 일곱 골을 터뜨렸다. 램파드가 혼자 네 골을 넣었고, 말루다는 두 골을 추가했다. 아넬카는 최전방 공격수로 활약하며 훌륭한 경기력을 선보였다. 안첼로티 감독도 경기가 끝난 후 "아넬카가 골을 넣지는 못했으나 환상적인 경기를 했다. 그는 영리한 움직임으로 애스턴 빌라를 괴롭혔다"고 말했다. 첼시는 또 드록바가 빠지자 더 좋은 경기를 했다.

첼시는 4월 초 맨유 원정을 코앞에 두고 애스턴 빌라를 7-1로 꺾으며 팀 사기를 끌어올렸다. 그들은 당시 맨유를 승점 1점 차로 추격 중이었고, 이 경기는 사실상 이 시즌의 결승전으로 여겨졌다. 안첼로티 감독은 중대한 결정을 해야 했다. 과연 그는 프리미어리그 득점 선두 드록바를 선발 명단에서 제외하고, 팀 전체의 경기력을 올려주는 아넬카를 최전방 공격수로 기용하는 용단을 내릴 수 있었을까? 결론부터 말하자면, 그는 그렇게 했다. 드록바는 이날도 벤치에 앉았다. 안첼로티 감독은 "이번에는 그가 지각을 해서 선발 명단에서 제외된 게 아니다. 드록바가 결장한 이유는 아넬카가 애스턴 빌라와의 경기에서 워낙 훌륭한 활약을 했기 때문이었다"고 설명했다.

첼시는 맨유를 홈으로 불러들인 첫 번째 맞대결에서는 상대의 패스 연결에 압도당했다. 그러나 첼시는 오히려 맨유 원정에서 훨씬 더 훌륭한 경기력을 선보였다. 아넬카는 2선으로 내려가 패스 연계에 관여하고, 그 사이 말루다와 조 콜이 전방으로 침투하며 상대를 괴롭혔다. 결국 말루다가 옆줄을 타고 측면을 돌파해 문전으로 올린 크로스를 콜이 뒤꿈치로 방향을 틀어 선제골을 터뜨렸다. 퍼거슨 감독은 시즌 초반 첼시 원정에서 활용한 전술적 우위를 재현하려고 했지만, 첼시의 4-3-2-1 포메이션이 더 단단했다. 말루다와 콜은 상대 측면 수비수를 자리에서 끌어냈다. 또 한 가지 주목할 점은 안첼로티 감독이 이날 오른쪽 측면 수비수로 이바노비치가 아닌 파울로 페레이라를 중용했다는 사실이다. 공격적인 성향이 강한 페레이라는 이날 빼어난 활약을 펼치며 첼시가 1-0으로 앞선 상황에서 문전으로 침투해 추가골을 터뜨릴 기회까지 잡았으나 득점에는 실패했다. 퍼거슨 감독이 경기 도중 긱스를 빼고 상대의 공격적인 풀백을 무력화하는 데 특화된 선수인 박지성을 투입한 점이 시사하는 의미는 적지 않았다.

그러나 드록바가 팀에 아예 보탬이 안 됐다고 봐서는 안 된다. 안첼로티 감독은 첼시가 앞선 후반전 지친 아넬카를 대신해 드록바를 교체 투입했다. 드록바는 교체 투입된 후 천금 같은 추가골을 터뜨렸다. 사실 그는 당시 오프사이드 위치에 서 있었지만, 득점은 그대로 인정됐다. 여기서 주목해야 할 점은 첼시가 우승을 차지하는 데 분수령이 된 경기에서 프리미어리그 득점 선두 드록바가 팀의 핵심이 아닌 플랜 B에 불과했다는 사실이다. 안첼로티 감독은 드록바를 투입하지 않았을 때 더 조직력이 완성된 팀을 구축할 수 있었다.

첼시 사령탑을 역임한 다른 감독들도 오히려 드록바가 빠지면 더 수월하게 팀을 구성하곤 했다. 드록바는 무리뉴 감독이 첼시를 이끈 2004-05시즌에도 프리미어리그에서 단 19경기에 선발 출장했는데, 그 이유는 구드욘센이 패스 연계에 더 능했기 때문이었다. 스콜라리 감독 또한 드록바를 자주 후반 교체 요원으로 활용했고, 안드레 빌라스-보아스 감독은 페르난도 토레스를 중심으로 공격진을 구성했다. 드록바는 잉글랜드 축구 역사상 빅매치에서 가장 강한 면모를 보인 선수 중 한 명이다. 실제로 그는 FA컵 결승전에서 개인 통산 네 골을 기록했고, 리그컵 결승전에서도 네 골을 넣었다. 또한 드록바는 2012년 챔피언스리그 결승전에서도 동점골을 기록하며 첼시가 우승을 차지할 만한 전환점을 만든 선수였다. 그러나 적어도 프리미어리그의 드록바는 호불호가 분명했다. 그는 2006-07시즌 20골, 2009-10시즌 29골로 두 차례 득점왕을 차지했지만, 나머지 시즌에는 10골, 12골, 8골, 5골, 11골 그리고 5골로 기복이 심한 모습을 노출했다.

그러나 드록바는 시즌이 막바지로 치닫는 시점에 주전 자리를 되찾았다. 드록바의 패스 연계는 여전히 실망스러웠지만, 그는 첼시가 시즌 막판에 스토크를 7-0, 리버풀 원정에서 2-0 그리고 위건전에서 8-0으로 승리하며 프리미어리그 우승을 확정하는 데 중요한 역할을 했다. 당시 첼시가 위건을 상대로 거둔 8-0 승리는 프리미어리그 역사상 두 번째로 큰 점수 차가 난 기록이었다. 그러나 당시 첼시는 경기 초반 위건의 3-3-1-3 포메이션에 제압을 당했고, 상대 선수가 퇴장을 당해 수적 우위를 점한 후 경기를 주도할 수 있었다.

이어 첼시는 FA컵 결승전에서 프리미어리그 최하위로 처진 포츠머스를 1-0으로 꺾고 우승을 차지하며 '더블'을 달성했다. 이 경기에서는 안첼로티 감독의 자유분방한 전술이 매우 돋보였다. 그는 이날 첼시 선수들에게 자신의 전술을 응용할 자유를 부여했다. 실제로 경기를 앞둔 팀 미팅에서는 폴 클레멘트 수석코치가 선수들이 제안하는 전략을 칠판에 적어 공유하기도 했다. 이처럼 선수들이 팀 전술을 구성하는 데 직접 참여하는 건 안첼로티 감독이 추구한 선수단 운영 방식을 그대로 보여줬다.

그러나 안첼로티 감독은 2010-11시즌 프리미어리그 개막전부터 출발이 좋지 못했다. 이때 문제는 경기 결과가 아니었다. 그러나 그는 경기가 끝난 후 아브라모비치 구단주의 부름을 받았고, 팀 경기력이 기대에 미치지 못한 이유를 설명해달라는 요청을 받았다. 묘하게도 이때는 첼시가 개막전에서 로베르토 디 마테오 감독이 이끈 웨스트 브롬을 6-0으로 대파한 후였다.

아브라모비치 구단주가 완전히 비합리적으로 안첼로티 감독에게 문제를 제기한 건 아니었다. 당시 첼시의 경기력이 인상적이지 못했던 것 또한 사실이다. 실제로 BBC는 첼시의 웨스트 브롬전 경기력을 두고 "완성도 높은 경기력과는 거리가 멀었다. 첼시는 완벽함과는 거리가 먼 기계적인 모습을 보이다가 순간적으로 경기 템포를 끌어 올렸다"고 평가했다. 이처럼 첼시는 훌륭한 경기를 펼치지 않고도 대승을 거둘 때가 많았다. 이전 시즌 위건을 8-0으로 대파하며 프리미어리그 우승을 확정한 경기도 이와 같은 방식으로 진행됐다. 게다가 아브라모비치 구단주는 팀의 스타일 부재를 우려했다. 특히 첼시는 드록바가 활약할 때는 조직력보다 선수 개개인의 힘으로 상대를 밀어붙이는 성향이 강했다. 안첼로티 감독은 아브라모비치 구단주가 요구했던 첼시의 정체성을 찾아주지 못했다. 결국 그는 2010-11시즌 프리미어리그 준우승에 오르고도 이와 같은 이유로 경질됐다.

맨시티는 첼시가 안첼로티 감독을 선임한 6개월 뒤에 로베르토 만치니 감독을 선임했다. 안첼로티와 만치니는 현역 시절 이탈리아 대표팀에서 함께 활약했고, 지도자가 된 후에는 밀라노 더비에서 맞대결을 펼쳤다. 이 둘은 매우 친근한 관계를 유지했지만, 지도 성향은 매우 달랐다. 안첼로티 감독은 항상 침착하게 선수단을 운영하는 관리자였지만, 만치니 감독은 그보다 더 날카로운 성격의 소유자였다. 그가 맨시티에서 카를로스 테베스, 마리오 발로텔리Mario Balotelli와 충돌한 이유도 이 때문이었다.

만치니 감독은 진심으로 잉글랜드 축구를 사랑했다. 그는 2009년 크리스마스를 앞두고 맨시티 감독으로 선임된 직후 축구 종주국 잉글랜드를 향한 자신의 동경을 드러냈다. 그러면서 그는 과거 현역 은퇴를 선언하고도 37세의 나이에 은퇴 결정을 번복하면서까지 피터 테일러 감독의 레스터에 입단해 네 경기를 더 소화한 이유를 설명했다. 만치니 감독은 2008년 인터 밀란에서 경질된 후 1년간 영어를 공부하며 프리미어리그 경기를 관전하는 데 시간을 할애했다. 그는 한때 첼시 사령탑 후보로 거론되기도 했지만, 아브라모비치 구단주의 선택은 안첼로티 감독이었다. 결국, 그는 약 6개월이 지난 후 맨시티가 마크 휴즈 감독을 경질한 후 프리미어리그 구단의 감독이 되며 소원을 성취할 수 있었다.

만치니 감독을 선임한 맨시티는 이미 두 차례 구단이 파격적인 조건으로 인수되는 과정을 거쳤다. 처음에는 탁신 시나와트라Thaksin Shinawatra가 인수한 구단을 불과 몇 년 만에 셰이크 만수르Sheikh Mansour가 다시 인수했다. 그러나 셰이크 만수르에게는 전임 회장 시나와트라보다 더 큰 장기적인 야망이 있었다. 만치니 감독의 부임 이전까지만 해도 맨시티는 우승 후보와 중위권 사이에 위치하는 구단이었다. 만치니 감독은 맨시티 데뷔전에서 호비뉴와 카를로스 테베스를 공격진에 배치했지만, 중원은 이들보다 이름값이 떨어지는 스티븐 아일랜드Stephen Ireland와 마르틴 페트로프Martin Petrov로 구성했다. 만치니 감독에게는 시간이 필요했다. 시간뿐만이 아니라 선수 영입도 필요했다. 그래야만 그가 맨시티를 진정한 우승 후보로 만들 수 있었기 때문이다.

만치니 감독은 안첼로티 감독이 첼시에서 점유율 높은 축구를 구사하겠다고 공언한 것과 달리, 수비에 집중했다. 그는 팀 훈련에서도 수비진을 더 단단히 하려고 부단한 노력을 한 것 외에도 대다수 경기에서 수비형 미드필더 세 명을 중용해 두터운 수비 진용을 구축했다. 만치니 감독은 친정팀 인터 밀란에서 파트리크 비에이라까지 영입했다. 당시 비에이라는 세월이 흐르며 역동성을 상당 부분 잃은 상태였지만, 그는 강력한 태클을 구사하는 니젤 데 용Nigel de Jong, 언제나 믿을 만한 가레스 배리Gareth Barry와 함께 중원 조합을 이뤘다.

따라서 맨시티가 지루한 경기를 거듭하며 연이어 0-0 무승부를 거둔 건 별로 놀랍지 않은 일이다. 만치니 감독은 부임 첫 시즌부터 리버풀과의 홈경기, 아스널 원정에서 나란히 0-0으로 비겼다. 이 두 경기 외에도 그는 부임 후 1년 동안 토트넘, 맨유, 버밍엄, 아스널과 0-0으로 비겼다. 특히 맨시티는 아스널과의 경기에서 유효 슈팅을 단 한 차례도 기록하지 못했다. 게다가 만치니 감독은 0-0 무승부를 거둘 때마다 경기력에 매우 만족하는 모습까지 보였다. 그는 홈에서 버밍엄과 0-0으로 비긴 경기에서 종료 10분을 남겨두고 공격수 테베스를 빼고 수비형 미드필더 배리를 교체 투입하며 팬들을 혼란스럽게 했다. 만치니 감독은 홈에서 하위권 팀을 상대로도 0-0으로 비기는 데 전혀 거리낌이 없어 보였다. 그는 아주 전형적인 이탈리아 출신 감독 같았다.

만치니 감독은 2010-11시즌부터 발전된 모습을 보이기 시작했다. 맨시티가 영입한 다비드 실바David Silva는 상대 수비 라인과 미드필드 사이에 발생하는 공간에서 기회를 만드는 데 매우 탁월한 능력을 선보였다. 발로텔리는 최전방에서 상대 수비가 예측할 수 없는 움직임을 펼쳤고, 바르셀로나에서 온 야야 투레Yaya Toure는 팀의 핵심으로 자리매김했다. 투레는 처음 맨시티로 이적할 때만 해도 수비형 미드필더로 구분됐다. 이 때문에 만치니 감독이 그를 영입하자 또 수비적인 선수를 영입했다는 불만이 속출하기도 했다.

그러나 맨시티는 시즌이 개막하자 리그 최고의 수비력을 펼쳐보이면서도 첼시와 함께 경기를 가장 잘 주도하는 팀으로 변모했다. 실바는 측면과 중앙을 오가며 팀 공격을 이끌었고, 테베스는 드리블 돌파보다는 2선으로 내려가 패스 연계에 관여했다. 맨시티는 2010-11시즌 FA컵 4강에서 라이벌 맨유를 상대로 기념비적인 승리를 거뒀다. 이 경기에서 만치니 감독은 적극적인 몸싸움을 주문하면서도 빠른 템포로 상대를 공략했다. 발로텔리 또한 공격 진영에서 투레와 훌륭한 조합을 선보였다. 결승골의 주인공은 투레. 그는 상대 미드필더 마이클 캐릭이 폴 스콜스를 향해 찔러준 패스를 가로챈 후 상대 문전까지 드리블 돌파해 들어간 뒤, 강슛으로 득점에 성공했다. 그는 정밀함보다는 힘을 앞세워 결승골을 터뜨렸다. 투레는 스토크 시티전에서도 롱볼 전술을 구사하는 상대로부터 볼을 빼앗아 비슷한 방식으로 득점에 성공하며 팀의 1-0 승리를 이끌었다. 그러나 이날 그의 골은 같은 날 맨유가 프리미어리그 우승을 확정하며 빛이 바랬다.

2011-12시즌부터는 만치니 감독에게도 더 적극적으로 공격을 하지 않을만한 핑곗거리가 없었다. 맨시티는 이미 전 시즌 중반에 에딘 제코를 영입했다. 그는 프리미어리그 적응기를 거친 후 2011-12시즌 후반기부터는 빼어난 활약을 펼치며 맨시티의 우승에 힘을 보탰다. 이외에도 맨시티는 아스널에서 사미르 나스리를 영입해 그에게 볼을 소유하는 역할을 맡겼다. 그러나 그중에서도 가장 중요한 영입은 아틀레티코 마드리드에서 데려온 최전방 공격수 세르히오 아구에로였다. 테베스, 발로텔리가 아구에로를 백업으로 받쳐주고, 투레가 공격적인 성향을 띠기 시작한 데다 다재다능한 제임스 밀너James Milner가 측면에서 공격 지원을 담당한 맨시티는 프리미어리그에서 가장 공격력이 강한 팀이 됐다.

그런데도 만치니 감독의 시스템에는 특이한 부분이 있었다. 아구에로는 최전방 공격수 에딘 제코, 혹은 발로텔리를 지원하는 처진 공격수로 뛰면서도 상대 수비와 미드필드 라인 사이 공간이 아닌 문전으로 침투할 때가 잦았다. 그러면서 맨시티의 포메이션은 4-4-2에 더 가까워졌다. 물론 실바와 나스리가 측면에서 중앙으로 치고 들어오며 창의성을 더해주기는 했지만 말이다. 투레는 중원에서 배리와 조합을 이루면서도 잦은 2선 침투를 시도했지만, 만치니 감독은 빅매치에서는 데 용을 수비형 미드필더로 중용하고 아예 투레를 공격형 미드필더 자리로 올렸다. 맨시티는 안첼로티 감독의 첼시와 비슷한 점도 있었다. 단단한 수비, 측면 자원이 위치를 좁히며 중원 지역에서 지배력을 높인 점이 두 팀의 공통점이었다. 심지어는 공격 조합이 원활하게 이뤄지지 않았다는 점도 비슷했다. 다만 만치니 감독이 제코와 아구에로를 더 자주 주전 공격 조합으로 내세우지 않은 점은 의외였다. 이 둘의 호흡이 훌륭했기 때문이다. 실제로 제코는 2011-12시즌 초반 세 경기에서 무려 여섯 골을 터뜨렸다. 특히 그는 토트넘 원정에서 네 골을 폭발시키며 팀에 5-1 대승을 안겼는데, 같은 날 맨유는 아스널을 무려 8-2로 꺾었다. 이때부터 맨체스터의 두 팀이 프리미어리그 우승을 두고 경쟁 구도를 형성할 것이 분명해 보였다.

그러나 제코는 훌륭한 활약을 펼치면서도 주전과 비주전 자리를 오갔다. 그러는 사이 만치니 감독은 태도가 들쑥날쑥했던 발로텔리에게 꾸준히 기회를 줬다. 시간이 지나면서 테베스의 출전 시간도 늘어났다. 테베스는 시즌 초반 챔피언스리그에서 열린 바이에른 뮌헨 원정경기 도중 만치니 감독과 충돌했다. 당시 벤치에 앉아 있던 테베스는 교체 투입을 염두에 둔 만치니 감독이 몸을 풀라고 지시하자 그를 거부해 논란을 일으켰다. 화가 난 만치니 감독은 테베스에게 "아르헨티나로 돌아가라"고 말했다. 그러자 테베스는 정말 아르헨티나로 돌아가 수개월간 골프를 치며 맨체스터에 나타나지 않았다. 반면 시즌 내내 몸 상태를 유지한 제코는 단 16경기에 선발 출장하는 데 그쳤고, 플랜 B의 입지를 벗어나지 못했다.

가끔 만치니 감독이 발로텔리에게 보낸 신뢰가 보상으로 돌아온 적도 있었다. 그가 인터 밀란에서 영입한 발로텔리는 10월 팀이 6-1로 크게 이긴 맨유 원정경기를 앞두고 프로답지 못한 모습을 보였다. 그는 경기를 하루 앞두고 집 화장실에서 친구와 창문 너머로 폭죽을 터뜨리려다가 불을 내며 논란이 되기도 했지만, 팀 훈련에는 예정대로 참여했고, 결국 다음 날 맨체스터 더비에 선발 출장했다. 이날 발로텔리는 밀너의 낮은 크로스를 깔끔하게 득점으로 마무리한 후 중계 카메라 쪽을 바라보며 유니폼 상의를 들췄다. 그러자 그가 안에 입고 있던 티셔츠에 적힌 "왜 항상 나야 Why always me?"라는 문구가 적나라하게 드러났다. 이 장면은 그대로 다음 날 모든 신문에 일제히 공개되며 화제가 됐고, 이를 본 많은 이들은 웃음을 참지 못했다.

발로텔리는 빠른 발을 활용해 전반전 종료를 앞두고 상대 수비수 조니 에반스의 퇴장까지 유도했다. 이후 그는 밀너의 패스를 받아 추가골까지 터뜨렸다. 전술적인 관점에서 볼 때, 맨시티는 이날 실바와 밀너가 측면에서 중앙으로 파고들며 중원을 두텁게 한 뒤 2 대 1 패스나 중앙으로 연결하는 패스에 크게 의존했다. 이외의 선수들은 효과적인 조합을 형성하지 못했지만, 유독 밀너와 실바는 항상 효과적인 호흡을 보여줬다.

이후 아구에로의 추가골까지 터지며 점수 차는 3-0으로 벌어졌다. 심지어 맨유가 경기 종료 10분을 남겨두고 대런 플레처가 만회골을 넣은 게 더 큰 기회가 됐다. 점수 차를 좁힌 맨유는 극적인 추격을 펼치기 위해 앞으로 전진하기 시작했고, 맨시티는 이를 틈 타 효과적인 역습으로 다시 리드를 벌릴 수 있었다. 그러면서 제코가 89분, 실바가 91분에 추가골을 터뜨렸다. 이어 제코가 한 골을 더 추가하며 최종 점수는 6-1이 됐다. 퍼거슨 감독은 경기가 끝난 후 "내 커리어에서 가장 큰 패배를 당했다"며 충격을 받은 듯한 표정을 지었다. 이날 양 팀의 대결은 점수가 6-1까지 벌어질 만한 경기는 아니었지만, 맨시티가 더 강한 팀인 것은 분명했다. 그들은 전술적으로 맨유를 제압하며 역사적인 승리를 거뒀고, 승점 5점 차로 프리미어리그 1위를 달렸다.

이후 발로텔리는 영국에서 불꽃놀이를 즐기는 날인 '본파이어 나이트 Bonfire Night'를 앞두고 안전한 폭죽 사용법을 알리는 홍보대사로 위촉됐다. 그는 "폭죽은 제대로 쓰지 않으면 매우 위험할 수 있다. 제품에 적힌 사용 방법을 그대로 준수해야 한다"고 조언했다. 이외에도 발로텔리는 팀 훈련 도중 조끼를 입는 방법을 몰라 혼란스러워하는 장면이 공개됐고, 친선경기 도중에는 굳이 발뒤꿈치로 슈팅을 시도하다가 어이없이 득점 기회를 놓치는가 하면, 이탈리아에서 여성 전용 감옥을 구경하고 싶다며 무단 침입했다 체포되는 어이없는 사건을 연이어 저질렀다. 그러나 그는 이러한 문제를 일으키는 와중에도 경기장 안에서는 매우 효율적인 활약을 펼쳤다. 그의 재능은 맨시티가 맨유를 상대로 거둔 6-1 승리에서 가장 잘 드러났다.

맨시티는 시즌 중 상당 기간 선두를 달렸지만, 봄 들어 치른 다섯 경기에서 단 1승만을 거두는 데 그치며 위기를 맞았다. 그러나 우승 경쟁을 벌인 맨유도 위건 원정에서 0-1 패배, 에버턴을 상대로 4-2 리드를 잡고도 끝내 4-4로 비기며 주춤했다. 맨시티는 세 경기를 남겨둔 시점에서 맨유를 승점 3점 차로 추격했다. 게다가 당시 맨시티는 골 득실에서도 앞서 있던 상태여서 충분히 재역전 우승을 노려볼 만했다. 더욱이 다음 경기는 다름 아닌 맨체스터 더비였다. 맨시티는 홈에서 이기면 우승 가능성을 높일 수 있었다. 반면 맨유는 비기기만 해도 유리한 고지를 점할 수 있었다.

이 경기는 프리미어리그 역사상 가장 결승전에 가까운 승부였다. 실제로 양 팀의 경기력은 이처럼 긴장된 분위기를 그대로 보여줬다. 맨유는 극단적으로 수비적인 경기를 펼쳤다. 박지성이 야야 투레를 막기 위해 중앙에 배치됐지만, 그는 경기력이 좋지 못했고 경기 중 밸런스를 잡는 데 어려움을 겪었다. 반면 맨시티는 나스리와 실바가 중앙으로 들어가 캐릭과 스콜스의 뒷자리를 공략하며 중원 지역을 지배했다. 최전방에는 아구에로,

그리고 만치니 감독과의 불화를 뒤로하고 팀으로 복귀한 테베스가 섰다. 맨유는 왼쪽 측면에 라이언 긱스를 세웠는데, 그는 중앙과 더 가깝게 배치됐다. 맨시티는 오른쪽 측면 수비수 파블로 사발레타Pablo Zabaleta를 전진 배치해 좁은 진용을 구축한 상대를 공략했다. 결국 이날 결승골은 오른쪽에서 나스리가 올린 코너킥을 주장 뱅상 콤파니Vincent Kompany가 머리로 받아 넣으며 만들었다. 맨시티는 1-0으로 승리했고, 맨유는 앞서 1-6으로 참패했을 때보다 더 형편없는 경기력을 선보였다.

이어 맨시티는 시즌 종료 두 경기를 남겨둔 시점에서 열린 뉴캐슬 원정을 2-0 완승으로 장식했다. 만치니 감독은 이 경기에서 나스리 대신 수비형 미드필더 데 용을 선발로 기용하는 의외의 결정을 했다. 이 덕분에 투레는 더 자연스럽게 공격에 가담할 수 있었고, 이날 두 골을 모두 자신이 직접 넣었다. 그러면서 맨체스터의 두 팀은 시즌 최종전을 앞두고 나란히 승점 86점으로 동률을 이뤘지만, 골 득실에서는 맨시티가 크게 앞섰다. 즉 맨시티는 홈에서 열리는 시즌 최종전에서 강등 경쟁을 하던 QPR을 꺾으면 자력 우승을 차지할 수 있었다. 당시 맨시티는 프리미어리그에서 홈 경기 성적이 가장 좋았고, QPR은 원정 성적이 최악이었다. 모두가 맨시티의 손쉬운 승리를 예상했다.

같은 시간 맨유는 웨인 루니의 선제골에 힘입어 선덜랜드에 1-0으로 앞서가고 있었다. 이후 끝까지 리드를 지킨 맨유는 QPR이 맨시티의 발목을 잡아주기만을 바랐다. 실제로 맨시티는 이날 잔뜩 긴장한 듯한 모습을 노출하며 평소대로 경기를 풀어가지 못했다. 이후 맨시티는 전반전 종료를 앞두고 사발레타가 득점에 성공하며 리드를 잡았지만, 후반전 초반 상대 공격수 지브릴 시세에게 동점골을 허용했다. QPR 또한 강등권 탈출을 위해 사력을 다하는 중이었다. 다만 QPR은 동점골 이후 주장 조이 바튼이 테베스를 팔꿈치로 가격해 퇴장을 당하며 절체절명의 위기를 맞았다.

35분이나 남겨두고 우승을 노리는 맨시티를 상대로 수적 열세를 안게 됐기 때문이다. 여기서 QPR은 한 골만 더 실점해도 강등이 확정되는 상황이었다. 그러나 QPR은 놀랍게도 바튼이 퇴장당한 지 단 10분 만에 역습을 통해 숀 라이트 필립스가 올린 크로스를 제이미 맥키Jamie Mackie가 정확한 헤더로 득점하며 또다시 리드를 잡았다. 맨시티는 25분 안에 두 골을 넣고 승부를 뒤집어야만 프리미어리그 우승을 차지할 수 있었다.

QPR의 일격에 당한 맨시티는 공황 상태에 빠졌다. 만치니 감독은 배리를 제외하고 제코를 교체 투입했고, 발로텔리까지 출격시켰다. 이 경기를 얼마 앞두고 발로텔리는 아스널전에서 퇴장을 당했었는데, 실망한 만치니 감독은 경기가 끝난 후 다시는 그를 또 기용할 일은 없다고 말한 상태였다. 그러나 막판에 제코와 발로텔리를 투입한 만치니 감독의 결정은 아주 중요한 결과를 만들어냈다.

경기 시간은 90분을 지나 추가시간으로 이어졌지만, 맨시티는 여전히 1-2로 QPR을 추격 중이었다. 이 와중에 맨유는 이미 1-0으로 선덜랜드에 승리한 후 우승을 자축할 준비를 하고 있었다. 그러나 더 중요한 건 같은 시간 열린 스토크와 볼턴의 경기였다. 이 경기에서 스토크의 존 월터스John Walters는 볼턴을 상대로 동점골을 터뜨렸다. 그러면서 승리를 놓친 볼턴의 강등이 확정됐고, QPR은 맨시티와의 경기 결과에 관계없이 강등을 면할 수 있게 됐다. 그러자 QPR 코치 중 한 명은 경기 도중 선수들을 향해 "우리는 안전해! 안전해!"라고 외쳤다. 코치의 외침이 정확히 어떤 효과를 낳았는지는 알 수 없지만, 경기 결과가 무의미해진 QPR 선수들은 집중력이 저하된 모습이 역력했다.

그러나 맨시티는 여전히 추가시간에 두 골을 더 넣어야 우승을 차지할 수 있었다. 이 때문에 맨시티는 맹공을 가하기 시작했다. 실제로 맨시티가 이날 기록한 슈팅수 44회는 프리미어리그 역사상 한 경기에서 한 팀이 기록한 가장 많은 슈팅이다. 더 흥미로운 건 맨시티가 이날 43번째, 그리고 44번째 슈팅으로 연속골을 터뜨리며 재역전승을 거뒀다는 점이다. 먼저 제코가 실바의 코너킥을 머리로 받아 넣으며 동점골을 넣었다. 그리고 이어진 공격에서 문전 경합 후 흐른 공이 발로텔리에게 갔다. 발로텔리는 이를 프리미어리그에서 자신의 처음이자 마지막 도움으로 기록된 아구에로를 향한 패스로 연결했다. 그의 패스를 받은 아구에로는 첫 터치로 볼의 흐름을 살린 뒤, 강력한 슛으로 역전골을 뽑아냈다. 맨시티의 홈구장 에티하드 스타디움은 열광의 도가니가 됐다. 심지어는 이날 경기장을 찾은 QPR 원정 응원단도 팀의 프리미어리그 잔류가 확정된 만큼 아구에로가 득점하자 열광했다. 맨시티는 승점 동률을 이루고도 골 득실에서 맨유에 앞서 우승을 차지할 수 있었다. 당시 맨시티는 득실에서 맨유에 12골 차로 앞섰다. 이는 정확히 그들이 맨체스터 더비에서 6-1, 1-0으로 승리하면서 발생한 골득실 차이이기도 했다. 프리미어리그의 출범 20주년이었던 2011-12시즌은 마지막 순간까지 위대한 장면으로 장식됐다.

그러나 만치니 감독도 안첼로티 감독과 비슷하게 프리미어리그 우승을 차지한 지 한 시즌 뒤에 준우승에 머무르며 팀을 떠나야 했다. 만치니 감독 또한 안첼로티 감독처럼 팀의 정체성을 찾아주지 못했다는 이유로 경질된 걸까? 그럴지도 모른다. 맨시티는 만치니 감독 경질을 공식 발표하며 그가 설정한 목표를 이루지 못했다고 설명했다. 그러면서 맨시티는 "목표를 달성하지 못한 점과 구단이 축구와 관련된 모든 분야에서 더 광범위한 접근 방식을 개발할 필요가 있다고 판단해 새로운 감독을 찾기로 했다"는 혼란스러운 설명을 내놓았다. 이는 맨시티 또한 명확한 축구 철학을 가진 감독을 원했다는 뜻처럼 보였다.

이 시즌 성공을 거둔 이탈리아인 감독은 만치니뿐만이 아니었다. 첼시의 아브라모비치 구단주는 3월 안첼로티 감독을 대체한 안드레 빌라스-보아스 감독마저 경질했다. 빌라스-보아스 감독은 젊은 데다 정체성이 분명한 축구를 구사하려고 노력했지만, 그의 성향이 첼시 선수들에게 맞지 않았다. 결국 경질된 빌라스 보아스 감독의 후임은 감독대행 성격으로 취임한 로베르토 디 마테오 수석코치였다. 현역 시절 첼시 미드필더로 활약한 그는 감독이 된 후 웨스트 브롬을 프리미어리그 승격으로 이끌면서 능력을 인정받았지만 웨스트 브롬에서 지나치게 수비적이라는 이유로 경질당했다. 그러나 디 마테오 감독은 첼시를 막강한 수비력을 자랑하는 팀으로 변모시키며 누구도 예상치 못한 챔피언스리그 우승을 일궈냈다.

첼시는 나폴리를 상대로 두 골 차로 뒤지고도 역전에 성공했고, 벤피카를 손쉽게 제압한 후 챔피언스리그 4강에서 역대 최강팀이라는 평가를 받은 펩 과르디올라 감독의 바르셀로나를 만났다. 당시 바르셀로나는 챔피언스리그 디펜딩 챔피언이자 가장 강력한 우승 후보였다. 바르셀로나는 1차전 첼시 원정에서 훌륭한 경기력을 선보였지만, 선제골을 넣은 건 전형적인 역습 축구를 구사하며 전반전 종료 직전 득점에 성공한 첼시였다. 프랭크 램파드가 대각선으로 찔러준 긴 패스를 힘이 넘치는 미드필더 하미레스가 측면에서 잡아 문전으로 크로스를 연결했다. 그러자 디디에 드록바가 이를 골로 연결했다. 이후 첼시는 램파드, 존 오비 미켈 그리고 라울 메이렐레스Raul Meireles가 빼어난 위치 선정으로 바르셀로나를 막아내며 1차전 경기를 1-0으로 마쳤다.

첼시의 2차전 바르셀로나 원정에서는 더 믿기 어려운 일이 벌어졌다. 바르셀로나가 세르히오 부스케츠Sergio Busquets, 안드레스 이니에스타의 연속 골로 2-0 리드를 잡는 사이 첼시는 주장 존 테리가 상대 공격수 알렉시스 산체스Alexis Sánchez를 무릎으로 가격해 퇴장을 당했다. 그러나 첼시는 전반전이 종료되기 직전 결정적인 득점에 성공했다. 이번에도 공격은 램파드의 발끝을 떠난 대각선 패스를 하미레스가 받으며 시작됐다. 이어 하미레시는 크로스가 아닌 칩샷으로 자신이 직접 득점했다. 이대로라면 원정 다 득점 원칙으로 첼시는 1-2로 패하고도 결승전에 오를 수 있었다. 물론 추가 실점을 하지 않는 건 쉽지 않았다. 첼시 수비 라인은 테리가 퇴장당한 데 이어 개리 케이힐Gary Cahill이 부상으로 교체됐다. 디 마테오 감독은 오른쪽 측면 수비수인 브라니슬라브 이바노비치와 조세 보싱와로 중앙 수비 조합을 이루며 이에 대응했다. 대신 오른쪽 측면 수비수 자리는 미드필더 하미레스가 맡았고, 드록바는 왼쪽 측면에서 활동했다. 첼시는 무게중심을 극단적으로 뒤로 뺀 채 비좁은 진용을 형성하며 훌륭한 수비를 펼쳤고, 리오넬 메시가 페널티킥을 실축하는 행운까지 따랐다. 이어 첼시는 당시 경기력이 엉망이었던 페르난도 토레스가 역습 상황에서 추가 득점을 뽑아내 1, 2차전 합계 스코어상 앞서며 바르셀로나를 꺾고 결승 진출에 성공했다.

　더 큰 기적은 첼시가 바이에른 뮌헨을 상대한 결승전에서 나왔다. 시즌 전부터 결승전 개최지가 뮌헨의 홈구장인 알리안츠 아레나로 결정된 만큼 첼시는 사실상 원정경기를 치러야 했다. 이번에도 경기는 바이에른이 첼시를 상대로 줄곧 공격을 펼치는 형태로 진행됐다. 첼시는 또 수비벽을 두텁고 높게 쌓아올리며 상대를 막는 데 급급했다. 뮌헨은 끝내 토마스 뮐러가 선제골을 터뜨리며 앞서갔지만, '빅매치의 사나이' 드록바가 88분 니어포스트에서 머리로 이날 첼시의 첫 번째 유효 슈팅을 기록하며 동점골을 넣었다. 이어진 연장전에서 바이에른은 더 일방적으로 첼시를 몰아세웠다. 그러나 뮌헨은 4강전 바르셀로나의 리오넬 메시와 마찬가지로 아르연 로번이 페널티킥을 실축하며 승부를 결정짓지 못했다. 결국 경기는 승부차기로 이어졌다. 이는 지난 2008년 결승전에서 승부차기 끝에 패한 첼시에 썩 달가운 상황이 아니었다. 그러나 첼시는 페널티킥에 항상 강한 면모를 보인 독일 팀을 상대로 승부차기 승리를 달성했다. 드록바가 마지막 키커로 나서 득점에 성공하며 첼시의 믿을 수 없는 우승을 완성했다.

맨유의 1999년, 리버풀의 2005년 챔피언스리그 우승과 마찬가지로, 첼시의 2012년은 또 한 번 잉글랜드 팀이 도저히 믿기 어려운 방식으로 유럽 챔피언으로 등극한 해로 기록됐다. 첼시는 바이에른 뮌헨에 완전히 압도당하며 슈팅수에서 9대 35로 밀렸고, 불가능할 것처럼 보인 역전을 일궈내며 우승 트로피를 들어 올렸다. 맨유, 리버풀, 첼시의 챔피언스리그 우승은 잉글랜드 축구의 전형적인 모습을 가장 잘 보여줬다. 기술과 전술 수준이 떨어지더라도, 강한 의지 그리고 절대 죽지 않겠다는 투지가 승리로 이어졌기 때문이다. 첼시는 2005년의 리버풀처럼 프리미어리그 4위권 밖으로 밀려나고도 챔피언스리그 우승을 차지하며 다음 시즌 진출권을 획득했다.

그러나 디 마테오 감독 또한 안첼로티, 만치니처럼 오래 가지는 못했다. 그는 첼시가 염원했던 챔피언스리그 우승을 달성한 데다 FA컵에서도 정상에 올랐다. 디 마테오 감독은 이로부터 6개월이 지난 다음 시즌 챔피언스리그 경기에서 팀이 유벤투스에 패하며 조별 리그 탈락 위기에 놓이자 경질됐다. 첼시는 디 마테오 감독의 경질 소식을 전하며 "최근 팀의 경기력과 성적이 충분하지 않았고, 구단주와 구단 운영진은 올바른 길로 가기 위해서는 변화가 필요하다고 판단했다"고 발표했다. 당시 디 마테오 감독은 시작부터 자신이 팀을 이끈 시즌을 맞아 에당 아자르Eden Hazard, 오스카Oscar, 후안 마타Juan Mata로 이어지는 2선 공격진을 구축하며 이전 시즌보다 더 공격적인 축구를 구사하려고 했다. 당시 첼시는 아브라모비치 구단주가 구단을 인수한 후 가장 기술적으로 화려한 팀을 구성한 상태였고, 프리미어리그에서도 선두 맨시티를 단 승점 4점 차로 추격 중이었다. 디 마테오 감독은 매우 짧은 시간 동안 훌륭한 성과를 내고도 아브라모비치 회장이 내린 극단적인 결정의 희생양이 됐다.

또 다른 이탈리아인 감독도 2012년 잉글랜드를 떠났다. 파비오 카펠로 잉글랜드 대표팀 감독은 2010 남아프리카공화국 월드컵 유럽 예선에서는 매우 인상적인 성과를 냈지만, 정작 본선에서 전술적인 능력을 발휘하지 못하며 실패한 상태였다. 그러나 그가 잉글랜드를 떠난 이유는 성적과는 관계가 없는 일 때문이었다. 당시 존 테리는 소속 팀 첼시 경기 도중 QPR 수비수 안톤 퍼디난드를 향해 인종차별적 발언을 했다는 이유로 거센 비난을 받고 있었다. 이 때문에 잉글랜드 축구협회는 테리의 대표팀 주장직을 박탈했고, 카펠로 감독은 이에 반대했다. 결국 그는 자신의 뜻이 받아들여지지 않자 사임을 선언했다. 카펠로 감독은 "내 일에 축구협회가 관여하는 행위를 용납할 수 없다"고 말했다. 물론 카펠로 감독의 이러한 결정은 이해할 만한 대목이기도 했다. 그러나 그가 불과 2년 전 테리가 소속 팀 동료 웨인 브리지의 애인과 불륜 스캔들에 연루됐다는 이유로 한동안 주장직을 박탈한 적이 있다는 점을 유의할 필요는 있다. 인종차별 의혹을 이유로 테리의 주장직을 박탈한 FA의 결정이 부당했다면 소속 팀 동료의 애인과의 불륜으로 그의 주장직을 박탈한 결정 또한 정당하다고 볼 수는 없다.

그러나 테리의 주장직 박탈이 정당한 결정이었는지와는 별개로 카펠로 감독은 잉글랜드 축구에 이렇다 할 업적을 남기지 못했다. 선수들은 규율을 지나치게 중시하는 그의 지도 방식을 좋아하지 않았다. 더 심각한 문제는 선수들이 카펠로 감독의 전술이 우려스러울 정도로 단순하다고 느꼈다는 점이다. 그가 이끈 잉글랜드는 밋밋한 4-4-2 포메이션을 바탕으로 최전방에는 애스턴 빌라 타깃맨 에밀 에스키가 프리미어리그에서 한 시즌을 통틀어 단 세 골만 넣고도 월드컵에서 주전 자리를 꿰찼다. 여기서 주목할 만한 점은 잉글랜드가 선임한 외국인 감독 두 명(에릭손과 카펠로)이 나란히 전형적인 잉글랜드식 4-4-2 포메이션을 고집했다는 사실이다. 실제로 그들은 프리미어리그 출범 후 그 어느 잉글랜드인 감독보다 잉글랜드식 최전방 공격수와 4-4-2 포메이션에 집착했다.

이와 마찬가지로 안첼로티, 만치니 그리고 디 마테오가 프리미어리그에서 활동한 2010년부터 2012년까지 잉글랜드 축구에 남긴 유산이 무엇인지를 평가하는 것 또한 매우 어려운 일이다. 이 셋은 프리미어리그 우승 두 차례, FA컵 세 차례, 그리고 한 번의 챔피언스리그 우승을 합작했다. 그러나 오히려 프랑스 출신 아르센 벵거 감독과 제라르 울리에 감독이 2010년대를 맞은 이탈리아인 감독 셋보다 1990년대 후반 프리미어리그에서 더 큰 혁신을 일으킨 게 사실이다. 또한 이베리아 출신 조세 무리뉴 감독과 라파엘 베니테즈 감독 역시 2000년대 중반에 이들보다 더 큰 혁신을 일으켰다. 잉글랜드 축구는 2010년대에 접어들며 이탈리아 출신 감독들로부터 축구 전술에 대한 교훈을 얻기를 희망했다. 당시 잉글랜드 축구가 원한 건 공격적인 정체성이었지만, 이탈리아 감독들은 이를 위해 적합한 지도자들이 아니었다. 프리미어리그 상위권 구단들의 시선은 자연스럽게 스페인으로 향했다.

티키타카

"우리가 볼을 가졌을 때 상대보다 좋은 경기를 할 수 있다면, 승리할 확률은 79%에 달한다."

- 브렌던 로저스

역사적으로 프리미어리그에서 일어난 전술적 발전은 대부분 외국인으로부터 시작됐다. 외국인 혁신가들이 프리미어리그에 영향을 미친 시기는 크게 세 가지로 나눌 수 있다.

프리미어리그 출범 초기에는 에릭 칸토나, 데니스 베르캄프, 지안프랑코 졸라 등 외국인 선수들이 유입되며 혁신이 이뤄졌다. 이후 아르센 벵거, 조세 무리뉴, 라파엘 베니테즈 등 외국인 감독들이 차례로 등장하며 제각각 프리미어리그에 유산을 남겼다. 그들 덕분에 프리미어리그도 체력 관리, 다양한 포메이션, 상대 전술에 따른 맞춤형 전략 등 새로운 개념을 바탕으로 한 축구를 구사할 수 있었다. 그러나 시간이 더 지나면서 프리미어리그에 영향력을 행사한 건 다름 아닌 해외 리그의 팀들이 됐다. 잉글랜드 축구가 지평을 넓혀가자 프리미어리그는 외부적 요인을 통해서도 혁신을 일으킬 수 있게 됐다.

2010년대가 시작되며 국가별로 자국 최강의 클럽이 대표팀에 미치는 영향은 갈수록 커졌다. 바르셀로나는 리오넬 메시를 '가짜 9번'으로 활용한 점유율을 중시하는 전술을 앞세워 2009년과 2011년 챔피언스리그 우승을 달성했다. 당시 바르셀로나는 메시를 제외한 팀 나머지가 대부분 스페인 대표팀 주전으로 뛸 만한 선수로 구성됐다. 이들을 중심으로 팀을 구성한 스페인은 유로 2008, 2010 남아공 월드컵, 유로 2012를 연달아 우승하며 역사를 새로 썼다. 이 4년간 바르셀로나와 스페인이 사용한 점유율 축구는 어느 때보다 더 큰 유행이 돼 전 세계적으로 번지기 시작했다.

점유율 축구의 보편화는 중대한 사건이었다. 과르디올라는 현역 시절부터 재능이 넘치는 후방 플레이메이커로 활약하며 자기 포지션을 지키며 양 측면으로 볼을 운반하는 역할을 했다. 즉, 그는 바르셀로나 축구의 이상향 그 자체였다. 그러나 과르디올라는 32세가 된 해에 자신을 원하는 유럽 정상급 구단이 나타나지 않자 바르셀로나를 떠나 카타르, 멕시코 무대를 누벼야 했다. 그는 2004년 〈더 타임스〉와의 인터뷰에서 "나는 변하지 않았다. (중략) 내 기술은 여전히 그대로다. 변한 건 내가 아닌 축구다. 경기가 더 빠른 속도로 진행되고 있고, 더 거칠어졌다. 이제는 축구 전술도 다르다. 파트리크 비에이라나 에드가 다비즈처럼 볼을 쟁취하고, 태클을 할 줄 알아야 한다. 패스를 할 줄 안다면, 그것은 보너스에 가깝다. 중앙 미드필더에게 가장 중시되는 기술은 수비 가담이다. 나 같은 선수들은 사라졌다"고 말했다.

과르디올라가 이 발언을 한 시절의 프리미어리그만 봐도 그의 말이 옳다는 사실을 쉽게 확인할 수 있다. 더는 그처럼 후방 플레이메이커로 활약하는 선수는 거의 없었다. 비에이라, 클로드 마켈렐레, 디디 하만, 로이 킨이 프리미어리그를 주도한 이 시절 거의 유일한 예외 중 한 명은 2004년 리버풀이 영입한 사비 알론소였다. 알론소는 '파괴'보다는 '창조'를 중시하는 후방 미드필더였다.

이외에는 당시 중위권 팀이었던 맨시티가 미국 출신 후방 플레이메이커 클라우디오 레이나Claudio Reyna를 중용했고, 블랙번에는 투가이 케리몰루Tugay Kerimolu가 있었다. 실제로 레이나는 매우 저평가된 선수였으며 투가이 또한 빅클럽에서 활약할 만한 재능의 소유자였다. 당시 블랙번을 이끈 마크 휴즈 감독은 "투가이는 특출한 선수다. 그는 창조적이며 타 팀의 중앙 미드필더와는 성향이 다르다"고 말하기도 했다. 이처럼 당시 프리미어리그에는 후방 플레이메이커가 많지 않았다. 휴즈 감독은 투가이가 10년만 더 어렸으면 하는 바람이 있지 않느냐는 질문에는 "아니다. 만약 그랬다면 그는 바르셀로나에서 뛰고 있었을 것"이라고 대답했다.

바르셀로나와 스페인이 성공을 거듭한 시절 두 팀 모두 카를레스 푸욜Carles Puyol, 제라르드 피케Gerard Pique, 조르디 알바Jordi Alba, 세스크 파브레가스, 페드로 로드리게스Pedro Rodriguez, 다비드 비야David Villa를 동시에 기용했다. 그러나 두 팀의 축을 형성한 건 바로 미드필더 삼인방 세르히오 부스케츠, 사비 에르난데스Xavi Hernandez, 안드레스 이니에스타Andres Iniesta였다. 이 셋 모두 바르셀로나의 유소년 아카데미 '라 마시아La Masia'를 거치며 성장했다. 바르셀로나 선수들이 점유율 축구의 중요성을 배운 곳이 바로 '토털 축구'의 창시자 리누스 미켈스Rinus Michels 감독과 요한 크루이프Johan Cruyff가 지대한 영향을 미친 라 마시아였다. 부스케츠는 수비 라인 앞에서 팀을 보호했고, 사비는 약간 오른쪽에서 조율자 역할을 맡았으며 이니에스타는 상대 수비수를 요리조리 피하며 공격 진영을 파고들었다. 특히 스페인은 오히려 바르셀로나보다 패스 능력이 출중한 이 삼인방에게 더 의존했다. 스페인은 미드필드와 공격진을 바르셀로나와 유사하게 구성했지만, 그들에게는 메시가 없었다. 그래서 스페인은 후방 플레이메이커 사비 알론소를 중심으로 공격을 풀어갔고, 이니에스타를 아예 공격진으로 끌어올려 비야, 페드로와 삼각편대를 구성하게 했다.

놀라운 점은 바르셀로나와 스페인이 남긴 가장 위대한 유산은 이 두 팀이 차지한 수많은 우승 트로피가 아니라는 사실이다. 바르셀로나와 스페인이 남긴 유산은 점유율 축구를 해야만 한다는 철학으로 유럽 전역을 설득시킨 것이었다. 그러나 그들처럼 점유율 축구를 유려하게 구사한 팀은 없었다. 실제로 2010년 발롱도르 수상 후보 최종 3인은 모두 바르셀로나 선수(메시, 사비, 이니에스타)로 선정되기까지 했다. 그러나 사비와 이니에스타는 창조성을 중시하는 축구 철학을 고집하면서도 일정 부분 군인을 연상케 하는 태도로 자신들만의 축구 이론을 관철했다.

이니에스타는 어린 시절 받은 축구 교육을 설명해달라는 질문에 "볼을 받고 패스를 하고 움직이기, 다시 볼을 받고 패스를 하고 움직이기"라는 말을 반복했다. 그는 실제로도 이런 방식으로 축구를 했다. 사비도 비슷했다. 그는 "나는 볼을 받고 패스한다. 볼을 받고 패스, 볼을 받고 패스, 볼을 받고 패스"라는 말로 자신의 축구를 설명했다. 이는 사비와 이니에스타가 바르셀로나와 스페인에서 보여준 끝없는 패스와 움직임을 떠올리면 충분히 이해할 수 있는 설명이다.

이들이 구사한 지나칠 정도로 많은 짧은 패스를 바탕으로 한 축구는 '티키타카tiki-taka'라는 애칭을 얻었다. 이 단어를 탄생시킨 주인공은 애슬레틱 빌바오에서 1980년대 두 차례 스페인 라리가 우승을 차지한 하비에르 클레멘테Javier Clemente. 당시 애슬레틱은 스페인 팀치고는 가장 직선적인 축구를 구사하는 팀이었다. 클레멘테는 훗날 스페인 대표팀 감독직까지 역임했다. 그는 스페인의 토니 풀리스라는 별명이 어울릴 정도로 직선적이고, 거친 축구를 선호했다. 이 와중에 잉글랜드에서는 '티키타카'가 조롱의 대상이 돼가는 분위기였다. 실제로 토니 퓰리스 감독은 웨스트 브롬 사령탑으로 부임한 자리에서 과거 팀을 이끌고 바르셀로나식 축구를 모방하려고 한 전임 감독들과는 다른 길을 걷겠다며 "티피태피 축구는 이기는 축구가 아니다"라고 말했다.

그러나 티키타카 혹은 티피태피 축구는 전 세계 축구계를 압도했다. 주목할 만한 점은 스페인을 2010 남아공 월드컵 우승으로 이끈 비센테 델 보스케 감독이 티키타카를 '축구의 단순화'라고 표현했다는 사실이다. 게다가 과르디올라 감독은 티키타카라는 단어에 대해 더 큰 거부감을 나타냈다. 그는 "그 티키타카, 패스를 위한 패스만 하는 축구를 나는 정말 경멸한다. 그런 축구는 쓰레기다. 나는 티키타카를 증오한다. 티키타카의 뜻은 특정 의도도 없이 패스를 위해 패스를 한다는 뜻이다. 이런 축구는 의미가 없다. 누가 뭐라고 해도 신경 쓰지 않겠다. 그러나 바르셀로나는 티키타카를 구사하지 않는다"고 말했다. 이는 마치 뮤지션이 자신의 음악은 특정 장르가 없다고 주장하는 것과 크게 다를 게 없었다. 하지만 '티키타카'라는 이 단어는 이미 대중화됐다. 어찌 됐건 바르셀로나는 사람들이 '티키타카'라 일컫는 축구를 구사했다.

메시는 의심의 여지가 없는 바르셀로나 최고의 선수였다. 그는 상대 수비수를 제치고 득점하는 데 집중하는 전형적인 슈퍼스타였다. 반면 사비는 전혀 다른 유형의 활약을 펼쳤다. 그는 짧고, 안정적이면서도 주로 양측면으로 패스를 구사하며 특히 빅매치를 압도하는 성향을 보였다. 그가 존재하는 이유는 바르셀로나가 누구를 만나도 경기를 주도할 수 있도록 하기 위함이었다. 역사적으로 축구에서 미드필더는 대개 동료 공격수를 살려주는 단단하고, 믿을 만한 선수가 많았다. 그러나 사비는 누구보다 고급스럽게 볼을 차며 공격을 전개하고 상대 수비를 무너뜨리는 데 매우 능했다.

그러나 예상대로 사비 같은 선수는 잉글랜드에서 큰 인기를 끌지 못했다. 심지어 사비가 2008년 크리스티아누 호날두가 수상한 FIFA 올해의 선수상 최종 후보 단체 사진에 포함되자 〈데일리메일〉은 "세계 최고의 선수들과 사비"라는 문구로 헤드라인을 장식하기도 했다. 그러나 사비는 이로부터 수년간 자신이 출전한 모든 빅매치를 지배했다. 그러자 〈데일리메일〉은 시간이 지난 후 "그는 '왕'이다. 바르셀로나의 패스마스터. (중략) 우리가 틀리다는 걸 증명한 당신에게 경의를 표한다"며 사과를 건넸다. 이처럼 당시 축구계는 곧 사비의 세상이었다.

당시 뉴캐슬에서 활약한 미드필더 요한 카바예Yohan Cabaye는 사비를 당대 최고의 선수로 꼽았는데, 직접 그가 매 경기당 볼터치 100회를 기록하고 싶다는 얘기를 들려줬다고 말하기도 했다. 이로부터 영감을 받은 카바예는 이후 매 경기가 끝나면 자신의 패스 횟수를 확인해 보는 습관이 생겼다. 이처럼 사비는 유럽 축구에 큰 영향을 미친 인물이다. 그는 단순하게 자신이 볼을 잡았을 때, 화려함보다는 볼 점유를 지키는 데 초점을 맞추면서도 최정상급 선수 반열에 올라섰다. 실제로 사비가 활약한 시절 그보다 더 큰 영향력을 행사한 선수는 없었다. 그는 메시와 이니에스타처럼 체구가 매우 작았다. 과르디올라 감독은 바르셀로나를 떠난 후 축구가 더는 기술이 아닌 거친 몸싸움을 중시하고 있다고 말했다. 그러나 사비는 과르디올라가 원하는 축구를 되돌려놓았다.

훗날 스페인 감독이 된 훌렌 로페테기Julen Lopetegui는 "사비는 스페인이 연령별 대표팀을 거쳐 성장할 선수를 어떻게 키워야 하는지를 몸소 보여줬다. 그는 축구에서 체격과 몸싸움에 대한 편견을 깼다. 그 덕분에 사람들은 체구가 작아도 기술로 상대를 공격하고, 볼을 소유하며 수비를 하는 선수들이 있다는 사실을 알게 됐다"고 말했다.

잉글랜드 대표팀은 다행스럽게도 이 시절 국제대회에서 스페인을 만나지 않았지만, 바르셀로나는 챔피언스리그에서 꽤 자주 프리미어리그 팀을 상대했다. 바르셀로나는 2009년 첼시, 2010년과 2011년에는 차례로 아스널을 챔피언스리그에서 탈락시켰다. 그러나 가장 주목할 만한 바르셀로나와 프리미어리그 구단의 대결은 2009년과 2011년 챔피언스리그 결승전에서 펼쳐진 맨유와의 승부였다.

과르디올라 감독은 맨유와의 첫 번째 맞대결에서 새로운 메시 활용법을 선보이며 알렉스 퍼거슨 감독을 놀라게 했다. 이전까지 메시는 오른쪽 측면 공격수로 활약했지만, 과르디올라 감독은 2008-09시즌 후반기부터 그를 '가짜 9번'으로 활용하며 중앙에 배치했다. 바르셀로나는 경기 초반부터 선제골을 넣으며 앞서갔고, 맨유는 그들을 쫓는 데 급급하며 중심이 무너졌다. 그러면서 사실상 맨유의 포메이션은 웨인 루니, 크리스티아누 호날두, 카를로스 테베스, 디미타르 베르바토프가 전방에 배치된 4-2-4로 바뀌었다. 이 덕분에 바르셀로나는 완전히 중원 지역을 장악하며 2-0으로 완승했다. 2년 뒤, 메시는 이미 '가짜 9번'으로 자리를 굳힌 지 오랜 시간이 지난 후였다. 게다가 이 경기에서 루니가 세르히오 부스케츠를 제대로 막지 않은 게 맨유에는 화근이 됐다. 마이클 캐릭과 라이언 긱스만이 지킨 맨유의 중원은 또 바르셀로나한테 압도당했다. 둘 다 바르셀로나를 상대하기에는 역동성이 부족했다. 결국 바르셀로나는 맨유를 3-1로 꺾고 2년 만에 유럽 정상 등극에 성공했다. 이 경기에서 가장 많은 패스 연결을 기록한 두 선수는 사비와 이니에스타였다. 사비는 맨유를 상대로 이니에스타에게만 무려 33회의 패스를 연결했다. 맨유에서는 수비수 네마냐 비디치가 리오 퍼디난드에게 기록한 패스 10회가 가장 많은 횟수였다는 점이 이날 바르셀로나가 얼마나 압도적인 경기를 했는지를 실감케 하는 대목이다. 바르셀로나의 미드필더로 출전한 부스케츠, 사비 그리고 이니에스타는 이날 나란히 도움을 하나씩 기록했다. 아울러 공격진을 구성한 메시, 페드로, 비야는 사이 좋게 한 골씩 터뜨렸다. 과르디올라 감독은 아름답게 균형 잡힌 바르셀로나를 이끌고 점유율 축구의 새 지평을 열었다.

맨유는 바르셀로나에 두 번째로 패한 결승전에서 지나치게 높은 위치에서 상대와 맞서는 실책을 범했다. 비디치와 퍼디난드는 꽤 높은 위치로 수비 라인을 끌어 올렸다. 두 선수 모두 이와 같은 수비 전술에 부담을 느꼈다. 특히 퍼디난드는 공개적으로 퍼거슨 감독의 전술에 의문을 드러내기도 했다. 게다가 퍼거슨 감독 또한 2013년 자신의 마지막 챔피언스리그 경기가 된 레알 마드리드전을 앞두고 선수들에게 바르셀로나전 전술이 실수였다는 점을 인정했다. 그는 자서전을 통해서도 이러한 사실을 인정했다. 퍼거슨 감독은 무게중심을 뒤로 빼고 바르셀로나를 꺾은 2008년 챔피언스리그 4강전을 가리키며 "우리 방식대로 경기에서 이기겠다는 고집을 부리지 않았다면, 2009년과 2011년에도 2008년 그랬던 것처럼 바르셀로나를 상대했을 수도 있었다"고 말했다.

퍼거슨 감독은 머리가 가슴에 지배된 채 바르셀로나전을 준비했다. 앞서 1999년과 2008년에는 다소 운이 따라준 덕분에 유럽 정상에 올랐던 그는 챔피언스리그 결승전에서 바르셀로나를 상대로 자신이 고집해온 축구 철학을 구현하는 데 집착했다.

경기가 끝난 후 이날 교체 출장해 고작 13분간 활약한 스콜스는 이니에스타와 유니폼을 교환했다. 이후 그는 바르셀로나 유니폼을 입고 경기장을 돌며 팬들에게 인사를 건넨 뒤, 현역 은퇴를 선언했다. 그러자 바르셀로나 선수들이 앞장 서서 전성기 시절 스콜스는 점유율 축구의 결정체였다며 그를 칭송하고 나섰다. 사비는 "스콜스가 스페인 사람이었다면 그는 더 높은 평가를 받았을 것"이라고 말했다. 그러나 사실 스콜스는 스페인에서 사비 등의 선수들이 점유율 축구를 유행시킨 후에 세계적인 선수였다는 재평가를 받았다.

　스콜스는 훌륭한 재능을 소유한 선수였지만, 그의 능력을 인정하는 주변의 목소리가 은퇴를 한 시점에 더 커진 이유는 이 시절 축구가 점유율을 중심으로 하는 방향으로 변하고 있었기 때문이다. 오늘날 스콜스는 유럽 전역에서 칭송받는 미드필더로 기억되고 있지만, 그는 사실 현역 시절 내내 잉글랜드에서 저평가된 선수였다. 심지어 그는 이 책의 15장에서 소개한 대로 유로 2004에서 왼쪽 측면에 배치돼 자신의 능력을 발휘할 수 없었던 적도 있었다. 스콜스는 은퇴를 선언한 후 사비, 이니에스타, 그리고 지네딘 지단으로부터 찬사를 받았지만, 사실 그는 전성기 시절 발롱도르 최종 후보로 단 한 번도 선정된 적이 없었던 선수다. 스콜스는 2000년, 2001년, 2003년, 2004년 그리고 2007년에 발롱도르 후보 50인 예비 명단에 이름을 올렸지만, 매번 단 한 표도 받지 못했다. 아드리안 무투Adrian Mutu, 카렐 포보르스키Karel Poborsky, 파파 부바 디오프도 발롱도르 후보에서 투표를 받은 적이 있다는 점을 고려할 때 이는 분명히 스콜스가 세계적인 선수로 평가받지 못했다는 사실을 보여주고 있다.

　물론 스콜스는 성격 자체가 부끄러움이 많았고, 항상 검소했다. 그에게 개인상은 별 의미가 없었다. 실제로 스콜스는 현역 은퇴 후 발롱도르를 한 번도 받은 적이 없다는 점을 후회하느냐는 질문에 매우 그다운 답변을 내놓았다. 그는 "나는 맨유의 드레싱룸에서도 최고의 선수가 아니었다. 그러니 내가 세계 최고의 선수에게 주어져야 하는 상을 받아야 한다고 주장하는 건 억지"라고 말했다. 다만 그런데도 스콜스가 은퇴할 무렵 그가 세계 최고의 선수 중 한 명이었다는 평가를 받은 건 의미가 크다. 이는 그만큼 그에 대한 평가가 달라졌다는 뜻이기 때문이다.

　스콜스가 특출한 기량을 선보인 건 1998-99시즌, 2002-03시즌,

2006-07시즌이었다. 그러나 아마 그의 기량이 절정에 달한 건 2010년 즈음이었을 것이다. 이때 그는 이미 수비 라인 바로 앞에 서는 후방 플레이메이커로 변신한 상태였다. 그는 연이어 훌륭한 대각선 패스로 팀 공격의 활로를 뚫어주는 역할을 맡아 2010년 8월 프리미어리그 이달의 선수로 선정됐다. 그러면서 과연 스콜스가 선수들이 선정하는 올해의 선수로 선정될지에 대한 찬반양론이 일찌감치 벌어졌다. 점유율 축구가 유행의 중심에 있었고, 스콜스는 이에 딱 맞는 훌륭한 축구 지능을 보유한 선수였다. 실제로 2010-11시즌 초반의 스콜스는 사비 알론소를 제외하면 프리미어리그 역사상 어떤 후방 플레이메이커보다 빼어난 활약을 펼쳤다.

그러나 스콜스가 현역 시절 내내 후방 플레이메이커로 활약했다는 건 잘못된 평가다. 한때 그는 태클하는 능력이 부족해 미드필드 깊숙한 위치에는 어울리지 않는다는 평가를 받았다. 실제로 스콜스가 예전부터 그 자리에서 뛰었다면, 그는 강한 압박 축구를 구사하는 팀을 상대로 고전했을 수도 있다. 그러나 2010년은 그가 후방 플레이메이커로 자리매김하기 딱 좋은 시기였다. 다만 정작 그는 "사람들은 내가 롱볼로 공격을 시작해주는 역할에 어울리는 선수라고 평가한다. 그러나 이러한 성향은 내가 현역 은퇴하기 불과 몇 년 전, 더는 득점력을 발휘하지 못해 장착하게 된 능력이다"라고 말했다. 스콜스는 현역 시절 초기에만 해도 공격수에 가까운 선수였으며 에릭 칸토나의 대체자로 지목된 처진 공격수로 주로 활약했다. 심지어 맨유 팬들은 그의 응원가로 "폴 스콜스, 그는 골을 넣지"라는 가사를 노래로 만들어 부르기도 했다. 그러나 스콜스는 은퇴 시기가 가까워질수록 득점에 치중하지 않았다. 대신 그는 도움을 기록하거나 긴 대각선 패스를 구사하며 득점 기회로 연결되는 첫 번째 패스를 보내주는 선수로 변신했다.

스콜스는 바르셀로나에 패한 2011년 챔피언스리그 결승전이 끝난 후 선언한 현역 은퇴 결정을 번복했다. 그는 반 시즌 휴식을 취한 후 다시 맨유로 복귀해 18개월간 더 활약했다. 선수가 현역 은퇴 결정을 번복하는 건 스포츠에서 자주 일어나는 일이다. 그러나 스콜스의 사례는 분명히 특이한 부분은 있다. 아마 스콜스가 은퇴 결정을 번복하고 선수로 복귀한 이유에는 그가 나이가 어느덧 37세가 됐는데도, 자신의 능력이 현대 축구와 그 어느 때보다 더 어울린다는 판단을 했기 때문일 가능성이 있다. 과르디올라는 현역 시절 축구가 변했다는 이유를 들며 단 31세에 정상급 무대에서 내려왔다. 이러한 점을 고려할 때, 스콜스의 은퇴와 현역 복귀는 현대 축구가 얼마나 변했는지를 일정 부분 보여주고 있었다. 스콜스는 2012년 내내 빼어난 활약을 펼쳤고, 2012-13시즌 프리미어리그 우승을 차지하며 은퇴를 선언했다.

스콜스의 은퇴는 퍼거슨 감독의 은퇴와도 맞물렸다. 잉글랜드 축구 역사상 가장 많은 성공을 경험한 퍼거슨 감독은 은퇴를 기념하는 연설을 하며 특별히 스콜스를 언급하기도 했다.

다른 잉글랜드 선수들이 어떻게 은퇴를 선언했는지를 생각하면, 퍼거슨 감독의 축복을 받으며 무대에서 내려온 스콜스의 은퇴가 얼마나 특별했는지를 실감할 수 있다. 데이비드 베컴은 퍼거슨 감독의 외면을 받으면서 해외로 떠나야 했고, 스티븐 제라드는 은퇴한 후에도 여전히 첼시전에서 넘어진 장면을 두고 비판을 받는다. 프랑크 램파드는 친정팀 첼시를 떠난 후 논란이 된 맨시티 임대 이적을 감행하며 물의를 빚었다. 애슐리 콜은 첼시에서 벤치로 강등되며 하락세를 타기 시작했고, 마이클 오언은 스토크에서 제대로 경기도 뛰지 못했으며, 퍼디난드는 강등권으로 추락한 QPR에서 현역 시절 마지막을 보내야 했다. 개리 네빌은 웨스트 브롬 원정에서 극심한 부진을 겪은 후 더는 정상급 무대에서 활약할 수 없다는 사실을 깨달았다며 은퇴했다. 솔 캠벨은 뉴캐슬에서 몸상태를 회복하지 못하며 은퇴해야 했다. 오언 하그리브스는 수년간 부상자 명단에서 신음하다가 축구화를 벗었으며 조 콜은 3부리그 팀 코벤트리 시티에서 은퇴했다.

이들 모두 한때는 세계적인 선수로 평가받은 정상급 인재들이었다. 그러나 모두 스콜스와는 전혀 다른 방식으로 현역 은퇴를 선언해야 했다. 그러나 스콜스는 은퇴를 두 차례에 걸쳐 선언하고도 정상에서 떠날 수 있었다. 이는 시기적으로 스콜스가 현역 은퇴를 했을 때 잉글랜드 축구가 그와 같은 유형의 선수를 마침내 받아들였기 때문에 가능했다. 스콜스가 은퇴를 선언하자 그가 남긴 유산은 단순히 기억만 된 게 아니라, 한층 승화된 모습으로 대중에 비쳐졌다. 물론 스콜스는 항상 훌륭했던 선수였다. 그러나 그가 제대로 된 평가를 받은 건 티키타카, 그리고 사비와 같은 선수가 세계를 호령하면서 주변의 시선이 바뀐 덕분에 가능했던 것 역시 사실이다.

이 시절 아스널 미드필더 미켈 아르테타Mikel Arteta는 스콜스만큼 화려하지는 않았지만, 현역 시절 황혼기에 접어들며 르네상스를 연 또 다른 선수였다. 스페인 출신 중앙 미드필더 아르테타는 어린 시절 산 세바스티안에서 사비 알론소의 친구였고, 15세부터 20세까지 바르셀로나에서 성장하며 축구를 배웠다. 이 덕분에 그는 과르디올라를 동경하며 성장한 패스를 중시하는 미드필더가 됐다. 이후 그는 스코틀랜드, 프랑스에서 차례로 활약한 뒤 에버턴으로 이적하며 프리미어리그에 입성했다. 에버턴에서 아르테타는 진보적인 유형의 미드필더로 평가받으며 때로는 오른쪽 측면에서 활약하기도 했다. 이어 그는 2011년 세스크 파브레가스를 떠나보낸 아스널로 이적하며 더 많은 사랑을 받기 시작했다. 그는 세계적인 선수가 아니었고, 스페인 대표팀에서 한 경기도 소화하지 못했다. 그러나 그가 아스널에서 펼친 활약이 간과되어서는 안 된다. 그는 아스널이 맨유에 2-8 참패를 당한 2011년 8월 프리미어리그 출범 후 최악의 부진을 겪고 있던 구단에 합류했다. 당시 아스널은 챔피언스리그 진출도 어렵다는 평가를 받을 정도로 팀이 붕괴된 상태였다.

그러나 아르테타의 축구 지능, 패스 능력 그리고 사비를 연상케 하는 볼을 다루는 실력은 아스널 미드필드진을 매우 단단하게 만들었다. 이 덕분에 아스널은 토트넘을 밀어내고 프리미어리그 4위권에 진입할 수 있었다. 아스널은 아르테타의 패스 능력 덕분에 벵거 감독 출범 후 맞은 최대의 위기에서 벗어날 수 있었다. 아르테타는 스콜스와 마찬가지로 수비형 미드필더 옆에 섰을 때 가장 효과적인 활약을 펼쳤다. 그는 시간이 지나며 팀의 미드필더 중 가장 깊은 위치에 배치됐다. 머지않아 아르테타는 아스널의 주장이 됐고, 2016년 현역 은퇴를 선언한 후에는 다름 아닌 펩 과르디올라 맨시티 감독으로부터 제안받은 코치직을 수락하며 새로운 도전을 시작했다.

점유율 축구를 한다고 해서 미드필더가 볼을 독점한다는 뜻은 아니다. 팀 전원이 더 오랜 시간 볼을 소유하며 훨씬 더 많은 인내심을 갖고 공격을 하는 게 점유율 축구다. 점유율 축구가 유행처럼 번진 데는 바르셀로나의 압도적인 경기력을 추앙하며 다른 팀들도 이러한 축구를 구사해야 한다고 믿게 된 전문가들도 한몫을 담당했다. 카를로 안첼로티 감독은 "통계 기록의 수치에 지나치게 집착하지 않는 건 중요하다. 수치는 도구다. 수치 그 자체에 집착해서는 안 된다. 모든 전문가들이 한때는 전부 점유율 축구 얘기만 했다. 왜 그랬느냐고? 점유율은 정확히 수치로 확인할 수 있는 기록이기 때문이다. 그러나 알버트 아인슈타인이 말한 대로 '의미 있다고 해서 모두 셀 수 있는 것은 아니고, 셀 수 있다고 해서 모두 의미 있는 것도 아니다'. 점유율만으로 경기에서 이길 수는 없다"고 말했다.

안첼로티 감독의 말이 당연하게 들릴 수도 있겠지만, 이 시절에는 감독이 패스 기록이나 점유율을 언급하며 경기를 설명하는 게 보편적이었다. 로베르토 디 마테오 감독 또한 바르셀로나가 기록한 높은 패스 횟수를 언급하며 당시 자신이 이끌던 웨스트 브롬도 이를 따르겠다고 공언한 적이 있다. 이러한 기록은 점유율 축구가 유행하기 전까지 아무런 의미가 없는 수치에 불과했다. 이전까지 바르셀로나, 또는 어느 팀이 패스를 몇 차례 성공적으로 연결했는지에 관심이 집중된 적은 없었다. 그러나 이 시절부터는 프리미어리그 팀을 이끈 모든 감독이 패스 횟수에 관심을 보였다. 데이비드 모이스 감독이 은퇴한 퍼거슨 감독의 대체자로 맨유 사령탑으로 부임했을 때, 그 또한 선수들에게 구체적으로 패스 횟수를 높여야 한다고 지적했다. 당시 모이스 감독의 지도를 받은 리오 퍼디낸드는 "그는 '나는 오늘 경기에서 우리가 패스를 600번 기록하기를 바란다. 지난 주에는 400번밖에 기록하지 못했다'고 말하곤 했다. 패스를 몇 번 연결하는 게 무슨 소용인가? 나라면 패스를 열 번만 하더라도 다섯 골을 넣는 걸 택하겠다"며 황당하다는 반응을 보였다.

팀별 패스 기록에 집착하는 건 우려스럽기도 했으나 리그 전체의 패스 기록을 살펴 보면 당시 프리미어리그가 얼마나 점유율 축구를 지향하려고 했는지를 확인할 수 있다. 프리미어리그는 2003-04시즌 평균 패스 성공률이 70%에 불과했지만, 2013-14시즌에는 이 수치가 81%로 상승했다. 이는 한 시즌에 패스 성공률이 1%씩 상승했다는 뜻이 될 수도 있지만, 시즌별 수치를 보면 상황이 조금 다르다는 점을 알 수 있다. 프리미어리그는 2003-04시즌부터 2006-07시즌까지 평균 패스 성공률이 1%씩 올랐지만, 2009-10시즌부터 2011-12시즌 사이에는 6% 상승을 기록했다.

대개 프리미어리그의 전술적 발전을 논할 때 기준이 되는 건 상위권 팀들이다. 그러나 불과 약 2년 사이에 리그 전체의 패스 성공률이 6%나 상승한 데는 중하위권 팀들의 기여가 적지 않았다. 심지어 2009-10시즌에는 여덟 팀만이 70% 이하의 패스 성공률을 기록했다. 즉, 잉글랜드에서는 리그 전체가 스페인이 세운 모델을 따르려는 움직임을 보였다. 특히 이 중에서도 유독 새로운 두 팀이 프리미어리그의 전반적인 패스 성공률이 수직 상승한 이 시절 매우 흥미로운 축구를 구사했다.

이안 할러웨이Ian Holloway 감독이 이끈 블랙풀은 2010년 승격 플레이오프를 거쳐 구단 역사상 최초로 프리미어리그에 입성했다. 블랙풀은 프리미어리그로 승격한 첫 시즌에 2부리그 강등이 유력하다는 평가를 받았다. 할러웨이 감독은 2010-11시즌을 앞두고 "월드컵을 보면서 우리도 더 스페인처럼 돼야 한다는 사실을 깨달았다. 스페인을 보면서 그들이 볼을 잃는 모습을 보고 싶지 않다는 생각을 했다. 우리도 그들처럼 되고 싶다. 볼을 어루만지고 사랑해야 한다. 누구한테도 넘겨줘서는 안 된다"고 말했다.

강한 카리스마를 자랑한, 조금은 미치광이 같기도 했던 할러웨이 감독은 블랙풀이 점유율을 지배하기를 희망했고, 이 시절 그처럼 스페인 축구를 모방하려고 한 움직임은 리그 전체로 확대됐다. 할러웨이 감독은 9월 초 뉴캐슬 원정에서 인상적인 경기력을 선보이며 2-0으로 승리한 뒤, 또 스페인 축구를 언급하며 만족감을 드러냈다. 그는 "티키타카를 봐야 한다. 스페인을 봐야 한다. 그들이 어떻게 패스를 하고, 어떻게 볼을 지키는지를 보면 작은 선수들이 움직이고 패스하며 훌륭한 축구를 구사한다. 우리는 무엇이 잘못된 걸까? 우리는 왜 그렇게 하지 못할까? 나는 내 팀이 더 스페인처럼 됐으면 한다"고 말했다.

할러웨이 감독은 항상 중앙 미드필더 세 명을 중용하는 4-3-3 혹은 4-2-3-1 포메이션을 택했고, 양 측면을 활용해 최대한 폭넓은 축구를 구사했다. 블랙번의 양 측면 공격수 두 명은 매 경기 날카로운 긴 대각선 롱볼을 뿌리는 팀의 스타 플레이어 찰리 아담Charlie Adam의 패스를 받았다. 스코틀랜드 출신 아담은 특이한 유형의 선수였다. 그는 훌륭한 왼발과 멀리 매우 정확히 보낼 수 있는 패스 능력을 보유했지만, 운동 신경이 부족해 경기장을 누비고 다니는 데 어려움을 겪었다. 그래서 할러웨이 감독은 아담의 약점이 노출되지 않고, 그가 장점만을 발휘하는 데 특화된 시스템을 구축했다. 아담이 수비 진영에서 공을 잡으면, 블랙풀의 나머지 미드필더 두 명은 공격 진영으로 전진했다. 반대로 그가 공격 진영에서 공을 잡으면, 나머지 두 명은 수비적인 균형을 제공했다. 아담에게는 나머지 미드필더 두 명이 그를 지원해주는 환경에서 본인이 원하는 어느 곳으로든 자유롭게 움직일 권한이 주어졌다.

노골적으로 선수 한 명을 중심으로 팀을 구축하는 건 우려스러울 정도로 단순해 보이지만, 블랙풀은 이와 같은 구성으로 2010-11시즌 전반기에 훌륭한 경기력을 선보였다. 블랙풀은 프리미어리그 7위에 오른 채 2011년을 맞았는데, 이는 그들과 같은 소규모 구단에는 훌륭한 성적이었다. 당시 블랙풀은 새 선수 영입 업무를 책임지는 정규직 스카우트가 구단에 단 한 명밖에 없었다. 아담은 양 측면 공격수에게 연결하는 길면서도 정확한 대각선 패스와 훌륭한 세트피스 키커로 활약하며 짧게나마 프리미어리그에서 추앙받는 선수 중 한 명이 됐다. 심지어 블랙풀은 바람이 거세게 분 1월 홈구장 블룸필드 로드에서 결국 이 시즌 프리미어리그 우승을 차지한 맨유를 상대로 2-0으로 앞선 채 전반전을 마쳤다. 아담은 이 경기에서도 훌륭한 대각선 패스로 팀 진용의 폭을 넓혔고, 날카로운 세트피스로 블랙풀을 이끌었다. 맨유는 이날 끝내 역전에 성공하며 3-2로 승리했지만, 퍼거슨 감독은 당시 리버풀 이적설이 제기된 아담의 능력에 강한 인상을 받은 모습이었다. 그는 "전반전에는 블랙풀이 우리를 부숴버렸다. 우리는 찰리 아담을 제어할 수 없었다. 아담은 코너킥만으로도 1000만 파운드(약 152억 원)의 가치를 지녔다"고 칭찬했다. 결국 아담은 시즌이 끝난 후 리버풀로 이적했다. 그는 리버풀에서 사비 알론소를 대체할 선수로 지목됐다.

그러나 시즌 후반기가 진행될수록 블랙풀과 아담의 경기력은 동시에 추락하기 시작했다. 아담은 리버풀 이적설에 마음이 흔들려 집중력이 저하된 모습이 역력했다. 그러면서 그는 블랙풀에서 자신에게 주어진 특혜나 다름없는 역할에서 헤어나지 못했다. 더 이상한 점은 그가 하프라인에서 장거리 슛을 시도하는 빈도가 갈수록 늘어났다는 사실이다. 물론 그에게는 베컴처럼 골대와 먼 거리에서 득점을 노릴 만한 킥 능력이 있었다. 실제로 그는 4년 후 스토크에서 활약하며 첼시를 상대로 이와 비슷한 방식으로 득점을 하기도 했다. 그러나 그는 블랙풀에서 이와 같은 플레이를 최소 두 경기당 한 번씩 시도했다. 아담의 패스 능력 또한 상대 팀이 블랙풀의 전략을 파악하며 효과가 떨어졌다. 그러면서 블랙풀은 크리스마스가 지난 후 시즌 잔여 경기에서 단 3승을 추가하는 데 그쳤다. 특히 블랙풀의 고질적인 수비 불안을 언급하지 않을 수 없다. 블랙풀은 경기당 평균 두 골 이상을 실점하며 결국 시즌 최종전에서 맨유에 패해 강등됐다. 망연자실한 할러웨이 감독은 "뚱뚱한 아주머니가 노래를 마쳤고, 나는 그녀의 목소리가 마음에 들지 않았다. 축구가 이렇다. 누구나 약 2초간 유명해졌다가 없어지곤 한다"고 말했다. 이어 블랙풀은 재정난에 따른 추락을 거듭하며 2016-17시즌에는 4부리그로 떨어졌다.

2010-11시즌 프리미어리그에서 점유율 축구로 찬사를 받은 또 하나의 북서부 지역 구단은 오언 코일 감독이 이끈 볼턴 원더러스였다. 사실 당시 볼턴의 점유율 축구는 잇따른 패스 연결 끝에 미드필더 마크 데이비스 Mark Davies가 블랙풀을 상대로 터뜨린 '팀 골'로 인해 이미지가 굳었다. 코일 감독은 샘 앨러다이스 감독이 볼턴에 입힌 롱볼 축구에서 탈피했다는 칭찬을 받았고, 먼 미래에는 아스널에서 아르센 벵거 감독을 대체할 후보로 지목됐다. 그러나 통계 기록을 보면, 볼턴이 점유율 축구를 구사하며 혁신을 이뤘다는 평가는 신기루에 불과했다는 점을 알 수 있다. 볼턴은 당시 프리미어리그에서 네 번째로 낮은 점유율, 네 번째로 높은 롱볼 횟수를

기록했다. 볼턴은 여전히 몸싸움을 바탕으로 한 축구를 구사했다. 실제로 볼턴은 당시 프리미어리그에서 가장 많은 태클을 기록한 데다 가장 많은 파울을 범했고, 공중볼 획득 횟수로는 공동 1위를 달렸다.

볼턴의 실체는 여전히 '앨러다이스스러운' 축구였다. 그러나 코일 감독은 이러한 사실과 마주하자 불쾌하다는 반응을 보였다. 그는 통계 기록의 타당성에 의심을 나타내며 자신이 기준으로 삼은 기록은 전혀 다른 점을 보여주고 있다고 주장했다. 그러나 볼턴은 점유율 축구를 구사하는 팀이 아니었고, 그들의 축구가 받은 칭찬도 결국 오래가지 못했다. 이어 볼턴은 다음 시즌에 2부리그로 강등됐다.

2011-12시즌에는 훌륭한 패스 축구를 구사한 역동적이고 젊은 다른 한 감독이 프리미어리그에서 가능성을 입증했다. 전 시즌 2부리그 승격 플레이오프를 통해 강등된 블랙풀의 자리를 메운 스완지는 불과 2002-03시즌 가까스로 5부리그 강등을 면한 뒤, 하부리그에서 승격을 거듭하며 아홉 시즌 만에 프리미어리그까지 오르는 기염을 토했다. 스완지는 하부리그에서 승격을 거듭하며 기술적인, 높은 점유율을 기반으로 한 축구를 구사했다. 스완지는 2004년부터 2007년까지 케니 자켓Kenny Jackett 감독이 팀을 이끈 데 이어 로베르토 마르티네스 감독이 그를 대체했다. 현역 시절 스완지에서 세 시즌간 활약한 중앙 미드필더 출신 마르티네스 감독은 카탈루냐 출신답게 지도자로 데뷔한 후 처음 맡은 스완지에서 점유율을 기반으로 한 축구 문화를 형성하는 데 크게 일조했다. 이어 마르티네스 감독은 2009년 위건 사령탑으로 부임하며 공격적인 축구를 프리미어리그로 가져왔다. 이 사이 스완지에서 마르티네스 감독을 대체한 브렌던 로저스Brendan Rodgers 감독은 이미 이식된 점유율 축구를 한층 더 승화시켰다.

로저스 감독은 지도 방식을 볼 때 프리미어리그 역사상 가장 외국인 같은 영국인 감독이었다. 그는 고질적인 무릎 부상으로 단 20세의 나이에 현역 은퇴를 선언했지만, 여전히 영국 축구계에 큰 유산을 남기고 싶다는 의지를 굽히지 않았다. 그는 "내 신념은 '선수로는 기술적으로나 전술적으로 축구에 영향을 미칠 수 없으니 지도자로서 그렇게 할 수는 없을까?'라는 질문으로 시작됐다. 내 목표는 영국 선수들도 축구를 할 줄 안다는 걸 보여주는 것"이라고 말했다. 특히 로저스 감독은 스페인이 세계 축구를 호령하기 훨씬 전부더 그들의 축구 모델을 동경했다. 실제로 그는 어린 시절 자주 스페인을 직접 찾아 지도자 교육을 받기도 했다. 로저스 감독은 주말이 되면 토요일 밤에 바르셀로나로 날아간 뒤, 일요일에는 바르셀로 유소년팀 경기를 관전한 후 저녁에는 캄프 누에서 1군 경기를 보고 집으로 돌아가곤 했다. 이외에도 그는 발렌시아, 세비야, 베티스의 훈련장을 탐방하며 오랜 시간 점유율 축구를 모델로 삼고 조직력과 유소년 육성을 해온 구단을 연구했다. 당연히 레알 마드리드는 그의 고려대상이 아니었다. 로저스 감독은 스페인에서 지도자 생활을 하는 게 자신에게 가장 어울린다고 판단해 7년간 스페인어 과외를 받았고, 네덜란드의 아약스와 FC 트벤테 역시 유심히 관찰했다.

 그러나 로저스 감독의 본격적인 지도자 경력은 2004년 조세 무리뉴 감독이 그를 영입한 첼시 유소년팀 감독직으로부터 시작됐다. 무리뉴 감독은 로저스 감독과는 전혀 다른 방식의 축구를 추구했다. 그러나 로저스 감독은 과거 바르셀로나에서 루이 판 할 감독으로부터 가르침을 받은 무리뉴 감독 체제에서 일할 수 있는 기회를 놓치지 않았다. 그는 "바르셀로나는 내게 영감이 된 팀이다. 나는 절대 이러한 생각에서 벗어나지 않을 것이다. 나는 수년간 바르셀로나에서 루이 판 할과 요한 크루이프의 축구 모델을 배웠다"고 말했다. 즉 로저스 감독은 바르셀로나의 축구 모델이 전 세계적으로 칭송받은 이 시절 프리미어리그에서 지도자로 일할 완벽한 감독이었다. 게다가 그 또한 할러웨이 감독과 마찬가지로 자신이 추구하는 축구를 설명하며 '티키타카'라는 단어를 자주 언급했다. 로저스 감독은 당연히 스완지 사령탑으로 부임한 후에도 점유율 축구를 하는 데 매진했다.

스완지가 프리미어리그로 승격하기 전인 2010-11시즌에는 점유율 기록과 리그 순위의 상관관계가 매우 명확했다. 당시 프리미어리그의 상위 여섯 팀(맨유, 첼시, 맨시티, 아스널, 토트넘 그리고 리버풀)은 점유율 기록에서도 나란히 상위권에 올랐다. 그러나 2011-12시즌에 스완지가 등장하며 이러한 흐름이 깨졌다. 스완지는 경기당 평균 점유율 56%를 기록하며 이 부문에서 아스널, 맨시티에 이어 프리미어리그 3위에 올랐다. 게다가 스완지는 홈구장 리버티 스타디움에서 아스널에 3-2, 리버풀에 1-0으로 승리하기도 했다.

스완지는 몸싸움을 앞세우지 않았다. 그들은 프리미어리그에서 공중볼 승률이 가장 낮았고, 파울 횟수도 가장 적었다. 스완지는 처음부터 끝까지 패스 위주의 축구를 하면서 상위권 팀을 위협했다. 결국, 스완지는 1부 리그 경험이 전혀 없었던 데다 재정이 넉넉지 못한 소규모 구단치고는 뛰어난 성적인 프리미어리그 11위로 시즌을 마쳤다. 당시 스완지는 구단 훈련장조차 없어 지역 헬스클럽 '글래모건 헬스 앤드 라케츠 클럽Glamorgan Health and Racquets Club'의 시설을 활용했다.

스완지는 블랙풀과 마찬가지로 4-3-3 혹은 4-2-3-1 포메이션을 구사했다. 로저스 감독은 항상 기술적인 중앙 미드필더 세 명을 중용했고, 네이선 다이어Nathan Dyer와 스콧 싱클레어Scott Sinclair를 측면에 세워 뒷공간 침투를 주문했다. 스완지의 패스는 후방에서 시작됐다. 네덜란드 출신 골키퍼 미셸 포름Michel Vorm은 키가 대다수 프리미어리그 골키퍼들보다 작은 183cm 정도였다. 그러나 로저스 감독은 포름이 볼을 다루는 능력이 빼어나다는 이유로 그를 영입했다. 중앙 수비수 애슐리 윌리엄스는 대다수 경기에서 스완지 선수 중 가장 많은 패스 횟수를 기록했지만, 의외로 팀에서 가장 중요한 패스를 구사한 선수는 바로 오른쪽 측면 수비수 앙헬 랑헬 Angel Rangel이었다. 스페인 출신 랑헬은 오버래핑을 통해 공격에 가담하기보다는 항상 제자리를 지키며 영리한 패스로 경기를 주도했다. 그러나 수비 진영에서는 어쩔 수 없는 실수가 나왔다. 특히 11월 맨유전 0-1 패배의 원흉이 된 건 다름 아닌 랑헬이었다. 그는 위험 지역에서 부정확한 패스로 라이언 긱스에게 볼을 빼앗겼고, 이어진 맨유의 공격은 하비에르 에르난데스 Javier Hernández가 터뜨린 득점으로 연결됐다.

그러나 로저스 감독은 랑헬을 비판하지 않았다. 그는 "앙헬 랑헬은 훌륭했다. 그가 볼을 빼앗긴 점을 두고 그를 탓할 생각은 없다. 내가 선수들에게 그런 방식으로 축구를 하라고 지시했기 때문이다. 누군가를 탓해야 한다면 그것은 바로 나 자신이다. 선수들에게 전방으로 한 번에 연결하기보다는 수비 진영에서부터 짧은 패스로 경기를 풀어가라고 지시한 게 나이기 때문"이라고 말했다. 이처럼 로저스 감독은 가끔씩 일어나는 실수를 관대하게 받아들였고, 스완지가 전반적으로 경기를 주도할 수만 있다면 이러한 위험은 충분히 감수할 수 있다고 믿었다.

이전에 블랙번은 아담이 중앙에서 측면으로 뿌려주는 대각선 패스에 의존했다면, 스완지의 핵심은 리온 브리튼 Leon Britton이었다. 브리튼은 프리미어리그에서 가장 키가 작은 선수였고, 가장 안정적인 패스를 구사했다. 그가 기록한 평균 패스 성공률 93.4%는 프리미어리그에서 가장 높은 수치였다. 이외의 기록을 살펴보면 브리튼이 얼마나 패스의 흐름을 살리는 데 집중한 선수인지를 쉽게 확인할 수 있다. 그는 2011-12시즌 총 2258회의 패스를 기록했는데, 이 중 정확히 연결된 침투 패스는 단 한 차례에 불과했다. 게다가 그가 연결한 패스가 바로 팀 동료의 슈팅으로 이어진 횟수는 단 10회가 전부였다. 브리튼은 도움이나 득점을 하나도 기록하지 못한 채 시즌을 마쳤다. 실제로 36경기에 출전한 그의 슈팅 횟수는 단 4회에 그쳤다. 브리튼의 역할은 짧게 옆으로 주는 패스 딱 한 가지였다.

그런데 스완지의 스타일을 두고 오해가 생겼다. 스완지는 공격 축구를 한다는 이유로 많은 찬사를 받았다. 스완지가 기술적인 축구, 점유율 축구였다는 점은 분명했다. 그러나 그들의 축구는 공격 축구와는 거리가 멀었다. 오히려 스완지가 공격을 하지 않았다는 사실을 증명하는 기록도 충분하다. 스완지는 높은 점유율과는 달리 슈팅수는 프리미어리그에서 다섯 번째로 적었고, 가장 적은 득점을 기록했다. 게다가 스완지는 38경기 중 무려 15경기에서 득점하지 못했다. 대신 스완지는 네 번째로 많은 무실점 경기를 기록하며 점유율 축구를 수비적인 도구로 더 잘 활용했다.

로저스 감독 역시 "우리는 볼을 지키면서 수비한다"고 말했다. 스완지는 깊숙한 수비 진영에서 공을 소유했고, 수비수와 미드필더끼리 패스를 주고받으며 상대 수비를 뚫으려는 시도는 하지 않았다. 로저스 감독은 "내 모든 전술은 조직력으로부터 시작된다. 볼을 잡았을 때의 움직임과 위치 변화 그리고 팀 전체의 흐름과 위치를 파악해야 한다. 우리 팀의 수비 조직력도 빼놓을 수 없다. 그래서 우리는 경기를 원하는 대로 풀어가지 못해도, 상대가 쉽게 이길 수 없는 시스템을 골자로 한다. 게다가 우리는 경기 도중 어느 시점에라도 패스 연결을 통해 다시 경기력을 회복할 수 있다"고 말했다. 점유율을 수비적 도구로 활용하는 건 새로운 시도가 아니었다. 이미 이 시절에는 선제골을 넣은 팀이 볼을 지키면서 리드를 지키는 게 유행처럼 번졌다. 그러나 유독 스완지는 자신들만의 보수적인 점유율 축구를 앞세워 이전까지 프리미어리그에서는 전혀 볼 수 없었던, 그러나 스페인 축구와는 가장 비슷한 경기를 선보였다.

스완지가 프리미어리그에서 데뷔 시즌을 끝낸 후 얼마 지나지 않아 스페인은 이보다 더 조심스러운 점유율 축구로 유로 2012 우승을 차지했다. 예전까지 누구보다 점유율 축구에 대해 열정적이었던 아르센 벵거 감독은 "스페인은 자신들만의 철학을 배신하며 점유율 축구를 부정적인 축구로 바꿔놓았다. 과거 스페인은 점유율을 통해 공격 축구를 구사하며 경기에서 이기려고 했다. 그러나 이제는 지지 않는 게 가장 우선시되는 것 같다. 스페인은 보수적인 팀이 되고 있으며 실점을 하지 않기 위해 볼을 지키는 축구를 하고 있다"는 뼈 있는 한마디를 남겼다. 이는 로저스 감독 체제의 스완지에도 그대로 적용될 만한 설명이다. 로저스 감독은 유로 2012 현장을 직접 찾아 스페인 대표팀의 훈련을 챙겨 보며 연구를 이어갔다.

그러나 스완지의 신중한 경기 운영 방식은 자세한 기록을 살펴 보거나 그들을 꾸준히 지켜보지 않는다면 제대로 파악하기가 어려웠다. 심지어 프리미어리그 타 팀 팬들은 스완지의 축구 철학에 강한 인상을 받은 모습이었다. 스완지가 풀럼 원정에서 3-0으로 승리한 뒤, 홈 팬들이 그들을 향해 기립박수를 보내기도 했다. 이외에도 상대 팀 팬들로부터 자주 찬사를 받은 로저스 감독은 갈수록 위풍당당해졌다. 그는 선덜랜드 원정을 마친 후 "선덜랜드의 팬들이 우리를 보고 싶어 한다는 건 매우 훌륭한 일이다. 그들은 아마 모두가 이야기하는 우리가 어떤 팀인지 매우 궁금했을 것이다. 결국 오늘 그들은 우리가 어떤 팀인지를 봤다. 우리는 오늘 훌륭했다"고 말했다. 그러나 이 경기에서 스완지는 0-2로 패했다.

로저스 감독에게는 과정이 결과만큼이나 중요했다. 야망을 품은 젊은 감독이었던 그는 그 어느 때보다 점유율 축구가 경기에서 이기는 최고의 방식이라며 추앙받던 완벽한 시기에 프리미어리그에 입성했다. 스완지는 리버풀의 홈구장 안필드에서도 상대 팬들로부터 기립박수를 받았다. 이후 로저스 감독은 "감정이 북받치는 순간이었다. 안필드는 역사적인 경기장이기 때문"이라고 말했다. 이날 안필드에서 로저스 감독의 스완지가 받은 기립박수는 미래를 예고하는 사건이었다.

실바, 마타, 카솔라
- '어시스터'와 폴스 나인

"나는 나 자신을 9.5번이라고 부르는 걸 선호한다."

- 로빈 판 페르시

점유율이 중시된 시기에 패스 능력이 뛰어난 선수들이 급부상한 건 당연한 현상이었다. 그러나 이러한 현상은 프리미어리그 출범 후 점진적인 과정을 길게 거친 결과물이었다. 프리미어리그의 점유율 축구는 후방에서 시작돼 천천히 전방까지 옮겨갔다.

프리미어리그의 첫번째 전술 발전은 골키퍼에게도 패스 능력을 요구하기 시작한 새로운 백패스 룰이 도입되며 시작됐다. 이를 이유로 수비수들도 당연히 볼을 다루는 능력을 향상해야 했다. 그러면서 훗날에는 중앙 미드필더도 과거 전형적인 잉글랜드식 미드필더처럼 경기장 곳곳을 누비며 적극적으로 몸싸움을 하는 게 아닌 패스 위주의 활약을 하기 시작했다. 그러자 공격형 미드필더와 최전방 공격수도 자연스럽게 패스 능력을 기준으로 평가받게 됐다.

　스페인 축구가 세계를 지배한 이 시절 프리미어리그에서 활약한 공격형 미드필더의 성향 변화는 2010년부터 2012년 사이에 잉글랜드에 입성한 스페인 출신 미드필더 세 명으로 대변할 수 있다. 다비드 실바는 맨시티, 후안 마타는 첼시 그리고 산티 카솔라Santi Cazorla는 아스널로 각각 이적했다. 세 선수 모두 이 시절 스페인 대표팀이 이룬 업적에 일조한 선수들이었다. 실바는 유로 2008, 2010년 남아공 월드컵, 유로 2012에 연속으로 출전했다. 카솔라는 부상 탓에 2010 남아공 월드컵에는 출전하지 못했으나 유로 2008과 유로 2012에 나섰다. 마타는 2010 남아공 월드컵과 유로 2012를 나란히 소화했다. 이 셋 중 누구도 스페인에서는 최상위 선수로 평가받지 못했고, 자국 대표팀의 주전급은 실바뿐이었다. 그러나 이와 관계없이 이 세 선수는 훌륭한 재능을 보유한 플레이메이커였으며 영리하게 공간을 활용하며 상대 수비수 사이로 침투 패스를 찔러주는 능력을 자랑했다. 이들이 등장하며 프리미어리그는 두 번째로 상대 팀 수비와 미드필드 사이 공간을 활용하는 혁신을 이뤘다.

　첫 번째 혁신은 에릭 칸토나, 데니스 베르캄프, 지안프랑코 졸라가 등장한 때로 약 15년 전에 일어났다. 그러나 이 두 혁신의 사이에는 큰 차이점이 있다. 15년 전 세 선수는 해외 리그에서 방치되며 잉글랜드로 건너온 처진 공격수였고, 기술만큼이나 신체적 능력도 의외로 탁월했다. 그들을 상대해야 했던 수비수들도 칸토나의 키, 베르캄프의 신체적 강인함, 몸으로 공을 지키는 졸라의 근력에 고전했다. 그러나 실바, 마타, 카솔라는 그들과 전혀 달랐다. 일단 이 세 선수는 공격수보다는 미드필더에 훨씬 가까웠고, 몸싸움에서 줄곧 밀릴 정도로 체구가 작았다.

　세 선수의 성향이 똑같은 것도 아니었다. 실바는 침투 패스가 가장 효과적인 선수였다. 마타는 더 폭발적인 득점력을 자랑했고, 카솔라는 후방에 가까운 위치에서 경기를 주도하는 데 능숙했다. 그러나 당연히 이들 사이에는 비슷한 점도 있었다. 바르셀로나의 4-3-3이 유행하던 시절, 세 선수 모두 스페인 축구 문화에서 4-2-3-1 포메이션을 통해 수면 위로 떠오르기 시작했다. 4-2-3-1은 라파엘 베니테즈 감독 덕분에 잉글랜드에서도 보편화된 시스템이 됐지만, 사실 이는 측면 미드필더가 위아래로 줄기차게 움직이는 4-4-1-1 포메이션이 미화된 버전이나 다름없었다. 다만 스페인에서는 4-2-3-1 포메이션에 배치되는 공격형 미드필더 세 명이 더 자유롭게 서로 위치를 바꾸며 오랜 시간 볼을 소유하는 데 집중했다.

심지어 실바와 마타는 발렌시아에서 함께 활약하며 스페인식 4-2-3-1의 매력을 그대로 보여줬다. 이들과 함께 발렌시아에서 활약한 파블로 에르난데스Pablo Hernandez 역시 시간이 흘러 자신에게 어울리는 스완지로 이적했다. 당시 발렌시아에서 공격형 미드필드진 왼쪽과 중앙, 오른쪽을 담당한 게 바로 이 세 선수들이다. 최전방 공격수로는 다비드 비야가 배치됐고, 그를 지원사격한 이 세 명은 패스가 차단되면 전방에서 강한 압박을 구사했다. 카솔라 또한 말라가에서 이스코Isco와 함께 비슷한 역할을 맡았다. 그는 카니Cani와 함께 중앙으로 파고들며 말라가의 4-4-2 포메이션을 4-2-2-2로 변형시켰고, 90분 내내 중앙 미드필더와 최전방 공격진 사이에서 활동했다.

실바, 마타, 카솔라는 워낙 다재다능하기에 이들 중 누구도 명확하게 최적의 포지션을 콕 집어 꼽을 수 없었다. 본능적으로는 이처럼 재능 있는 선수들을 중앙에 배치하는 게 가장 적합해 보였다. 그러나 세 선수 모두 측면에서 활약할 때가 많았다. 다만 이들을 측면에 배치하는 건 상대 팀이 수비형 미드필더 두 명을 배치해 라인 사이 공간을 막는 데 집중하기 시작한 점이라는 것을 고려하면 충분히 이해가 가는 대목이다. 그러면서 측면에 배치된 이들은 매 순간 상대 선수의 견제를 받기보다는 측면에 머무르다가 언제라도 순간적으로 위험 지역으로 침투할 수 있었다. 마타는 측면에서 활약한 자신의 역할을 설명하며 "측면에서 중앙으로 침투하며 시야를 더 넓게 활용할 수 있다"고 말하기도 했다.

게다가 선호하는 포지션을 정해놓는 것 자체가 무의미했다. 물론 크로스가 정확한 공격형 미드필더는 주로 쓰는 발과 같은 측면 위치에 섰고, 슈팅이 강력한 공격형 미드필더는 반대쪽 측면에 배치돼 능력을 극대화했다. 그러나 실바, 마타, 카솔라는 짧은 패스, 영리한 움직임 그리고 정확한 침투 패스로 경기를 풀어가는 스타일이라 어느 포지션에서 뛰어도 결국 그들이 맡은 역할에는 변화가 없었다. 이는 축구 선수에게 요구되는 능력이 보편화된 점을 그대로 보여주는 또 다른 예시가 됐다. 포지션에 구애받지 않고 대부분 선수가 상하뿐 아니라 좌우로도 비슷한 유형으로 변해가고 있었다.

오늘날의 프리미어리그는 이러한 플레이메이커가 존재한다는 점을 당연시하지만, 그들은 불과 몇 년 전까지 절대 흔치 않은 자원이었다. 이들과 같은 공격형 미드필더는 좌우와 중앙을 가리지 않고 어느 위치에서 뛰어도 경기력에 지장이 없었다. 그러나 아스널은 예외였다. 알렉산더 흘렙Aliaksandr Hleb과 토마스 로시츠키Tomas Rosicky가 바로 이러한 유형의 플레이메이커였고, 아스널에서 그들과 함께 활약한 후 맨시티로 이적해 실바와도 호흡을 맞춰본 사미르 나스리는 오른쪽 측면에 배치되면 상대 수비 뒷공간을 침투할 수 있으나 왼쪽 측면에서는 중앙으로 들어오는 움직임이 잦아졌다. 조 콜 또한 세 가지 포지션을 두루 소화할 수 있는 공격형 미드필더였지만, 그는 정작 전형적인 10번 역할을 맡았을 때는 만족할 만한 활약을 하지 못했다. 이어 콜은 이후 조세 무리뉴 감독의 지도를 받으며 기술적인 선수보다는 활동량을 앞세운 측면 미드필더로 변신했다.

그러나 더 광범위하게 볼 때 실바, 마타, 카솔라는 새로운 유형의 선수들이었다. 잉글랜드 축구에는 이 세 선수를 명확히 설명할 만한 용어 자체가 없었다. 이 셋은 측면 공격수도, 측면 미드필더도 아니었으며 플레이메이커라는 단어는 표현 자체가 애매한 데다 그들이 배치된 위치를 제대로 설명하지 못했다. 어쩌면 매우 단순한 '어시스터$_{assister}$'라는 단어로 이러한 선수들의 포지션을 설명하는 게 가장 적합할지도 모르겠다. 이처럼 이 셋의 역할은 어시스트, 즉 도움을 제공하는 일이었다.

이미 어시스트는 잉글랜드 축구계에서 개념이 확고하게 정립된 단어였지만, 이 또한 프리미어리그가 출범하면서 보편화된 개념이었다. 축구 통계 기록을 제공하는 업체로 가장 유명한 옵타$_{Opta}$는 1996년 돈 하우$_{Don\ Howe}$ 전 아스널 감독을 영입해 도움(어시스트)의 정의를 '득점자가 골을 기록하기 전 그가 받은 마지막 패스'로 정했다. 그러면서 옵타가 세운 도움의 정의는 전 세계적으로 보편화됐고, 곧 프리미어리그 공식 웹사이트에 실린 모든 선수의 개개인 프로필에 득점과 도움 기록이 나열됐다. 그런데도 어시스트 기록은 약 2010년 정도가 돼서야 비중 있게 받아들여졌다. 실제로 티에리 앙리는 2002-03시즌 20도움을 기록했지만, 당시 이를 언급한 매체는 거의 없었다. 그러나 어시스트 기록이 본격적으로 수치화되고, 이를 대중이 받아들이는 인식이 변하면서 '어시스터'의 가치도 동시에 상승했다.

처음으로 잉글랜드 축구를 지배한 '어시스터'는 실바였다. 그는 스페인이 2010 남아공 월드컵 우승을 차지한 직후 프리미어리그에 입성했다. 그러나 당시 실바는 월드컵에서 그리 인상적인 활약을 펼치지 못했다. 비센테 델 보스케 감독이 이끈 스페인은 스위스와의 월드컵 본선 첫 경기에서 0-1로 패했다. 이 경기에서 스페인은 단면적이고, 극단적으로 비좁은 진용을 구축하는 데 집착하며 뻔한 축구를 구사했다. 스페인이 플레이메이커 두 명을 양 측면에 배치한 전술은 쉽게 말해 상대방에게 통하지 않았다. 델 보스케 감독에게는 상대 수비 뒷공간을 파고들 선수가 필요했다. 그러면서 페르난도 토레스, 헤수스 나바스Jesus Navas, 또는 페드로 로드리게스가 상황에 따라 투입되며 효과적인 활약을 펼쳤다. 반면 실바는 당시 스페인 대표팀에 짧은 패스 위주로 경기를 풀어가는 선수가 많다는 이유로 희생양이 됐다. 이 때문에 그는 스위스전에서 60분경 교체된 후 대회가 끝날 때까지 다시 모습을 드러내지 않았다.

실바는 월드컵이 끝난 후 1년이 지난 시점에 "훌륭한 선수단의 일원이었다는 건 내게 행운이었으나 감독이 나를 필요로 하지 않는다는 느낌을 받았다. 우리가 첫 경기에서 스위스에 패했을 때, 대가를 치른 건 나뿐이었다"고 말했다. 델 보스케 감독은 전술만큼이나 선수단의 조화를 중시했다. 이 때문에 그는 월드컵이 끝난 후 수년간 실바를 제대로 활용하기 위해 노력했다. 결국 실바는 유로 2012 결승전에서 이탈리아를 상대로 결정적인 역할을 하며 헤더로 결승골이 된 선제 득점을 뽑아내 스페인의 4-0 승리를 이끌었다.

이 때문에 잉글랜드 무대에 진출한 실바에게는 자기 자신을 입증하겠다는 강한 의지가 있었다. 그는 맨시티로 이적한 첫 시즌 크리스마스 기간이 오기 전까지는 블랙번을 상대로 재치 있는 드리블 돌파 후 터뜨린 감아차기로 단 한 골과 도움 세 개를 기록하는 데 그치며 꾸준한 활약을 펼치지는 못했다. 상대 뒷공간을 침투하는 자원이 부족한 맨시티의 선수 구성은 침투 패스를 찔러주는 성향이 강한 실바에게 어울리지 않았다. 게다가 실바는 거친 몸싸움을 펼치는 잉글랜드 축구의 성향에 적응하는 데도 애를 먹었다. 그러나 그는 데뷔 시즌 후반기부터 적응력을 높이며 훨씬 더 향상된 경기력을 선보였다.

맨시티가 우승을 차지한 2011-12시즌 초반부터 실바는 잉글랜드 축구계에서는 처음 보는 완전히 다른 차원의 선수가 돼 있었다. 상대 수비진은 측면에서부터 예측하기 어려운 움직임으로 중앙으로 파고드는 실바를 도저히 제어하지 못했다. 그러면서 실바는 전형적인 잉글랜드식 측면 수비수와 격돌할 때는 보기가 민망할 정도로 상대를 농락하는 모습을 자주 보여줬다. 그는 맨시티가 3-2로 승리한 볼턴전에서 상대 왼쪽 측면 수비수 폴 로빈슨의 정신을 쏙 빼놓는 활약을 펼쳤다. 로빈슨은 안쪽으로 치고들어가는 실바를 어디까지 따라가야 할지 전혀 판단하지 못했다. 그는 지나치게 긴 시간 동안 제자리만 지키다가 실바가 볼을 잡은 후에나 압박을 시작했다. 이 덕분에 실바는 매번 로빈슨이 따라붙기도 전에 뒷공간으로 침투하는 팀 동료에게 전진 패스를 연결했다.

결국 실바의 움직임을 예측하는 게 불가능하다고 판단한 상대 팀 감독들은 그에게 전담 수비수를 붙여놓기 시작했다. 이는 공격 자원에게 상대 팀 감독이 할 수 있는 가장 큰 칭찬이기도 했다. 그러나 실바를 상대로는 전담 수비도 통하지 않았다. 데이비드 모이스 에버턴 감독은 맨시티 원정에서 잭 로드웰Jack Rodwell을 실바를 전담 수비할 선수로 지목했지만, 그는 미로를 뚫는 듯한 실바의 움직임에 고전하며 경기 시작 20분 만에 경고를 받았다. 그러자 모이스 감독은 필 네빌에게 실바를 전담 수비하라고 지시했다. 그러나 네빌마저도 단 5분 만에 경고를 받았고, 모이스 감독은 다시 로드웰에게 실바를 맡겼다. 실바는 이와 관계없이 계속 경기를 지배했고, 제임스 밀너의 추가골을 도우며 맨시티에 2-0 완승을 안겼다. 실바는 9월 프리미어리그 이달의 선수로 선정됐고, 시즌 전반기에만 16경기에 선발 출장해 3골 12도움을 기록하는 경이로운 활약을 펼쳤다. 실제로 프리미어리그에서 반 시즌간 이처럼 강렬한 활약을 펼친 선수는 없었다. 실바는 후반기 들어 잦아진 부상 탓에 시즌 막바지 14경기에서 1골 2도움에 그쳤으나 맨시티는 여전히 챔피언 등극에 성공했다.

이 시점에 프리미어리그에서는 실바가 발렌시아 시절 함께 호흡을 맞춘 마타도 활약 중이었다. 실바는 잉글랜드 진출 초기 적응에 어려움을 겪었지만, 마타는 즉시 제 몫을 했다. 마타는 친누나가 잉글랜드 브라이턴에 거주 중이었던 덕분에 빨리 현지에 적응하며 영어를 배울 수 있었고, 런던 이곳저곳을 관광하며 적극적으로 SNS를 활용해 팬들을 확보했다. 마타는 "사람들이 나를 못 알아보는 곳으로 가고 싶을 때는 소호Soho나 캠든Camden으로 가면 아무런 문제가 없었다. 피카딜리Piccadilly나 옥스포드 서커스Oxford Circus로 가면 스페인 사람도 많지만, 나를 알아보는 이는 많지 않다. 나는 멋진 사진을 찍을 수 있는 하이드 파크Hyde Park와 리젠츠 파크Regent's Park도 좋아한다. 킹스 로드King's Road에 가면 맛있는 타파를 먹을 수 있다"며 잉글랜드 생활에 완벽하게 적응한 모습을 보였다.

더 중요한 건 마타가 첼시 데뷔전에서 노리치를 상대로 득점까지 터뜨렸다는 점이다. 그의 프리미어리그 데뷔는 실바가 맹활약을 펼친 시기와 맞물렸다. 마타 또한 시즌 초반 여덟 경기에서 2골 6도움을 기록하는 맹활약을 펼쳤다. 당연하게 실바와 마타는 2011-12시즌 프리미어리그에서 가장 많은 득점 기회를 창출한 선수였으며 각각 도움 순위 1, 2위를 차지했다. 마타는 당시 안드레 빌라스-보아스 감독이 이끈 새로운 첼시의 상징으로 떠올랐다. 비록 빌라스-보아스 감독은 시즌의 절반도 채 마치지 못하고 경질됐지만, 마타는 서로 전혀 다른 전술을 구사한 로베르토 디 마테오 감독과 라파엘 베니테즈 감독 체제에서도 변함없는 활약을 선보였다.

빌라스-보아스 감독은 주로 마타를 왼쪽 측면에 배치했다. 그러나 디 마테오 감독은 빅매치가 있을 때면 마타를 오른쪽에 세웠고, 베니테즈 감독은 그를 중앙에 기용했다. 마타에게 포지션은 중요하지 않았다. 그는 "세 포지션 중 어느 위치에서도 뛸 수 있다"고 자신 있게 말하기도 했다. 특히 마타는 중요한 순간에 도움을 기록하며 명성을 떨쳤다. 그는 첼시가 리버풀을 2-1로 꺾은 2011년 FA컵 경기에서 하미레스의 선제골을 도왔고, 바이에른과의 챔피언스리그 결승전에서는 디디에 드록바의 천금 같은 동점 골도 만들어냈다. 마타는 이듬해 유로파 리그 결승전에서도 페르난도 토레스와 브라니슬라브 이바노비치의 골을 차례로 도우며 첼시가 벤피카를 꺾고 우승을 차지하는 데 일등공신으로 떠올랐다. 그는 첼시에서 활약한 두 시즌 연속으로 올해의 선수로 선정됐지만, 무리뉴 감독이 부임한 후 갑작스럽게 입지가 줄어들며 맨유로 이적했다.

한편 아스널은 2012년 말라가에서 카솔라를 영입했다. 카솔라는 훗날 후방 미드필더로 명성을 떨쳤지만, 이적 초기에는 실바와 마타처럼 4-2-3-1 포메이션의 측면에서 중앙 지역을 파고들거나 중앙 공격형 미드필더로 활약하며 '어시스터' 역할을 맡았다. 카솔라는 스스로 자신의 역할은 "상대 수비와 미드필드 라인 사이 공간에서 뛰며 위협을 가할 만한 위치를 선점하는 것"이라며, "공격수보다 조금 뒤처진 위치에서 도움을 기록해야 한다"고 설명했다. 항상 발랄한 성격이 돋보인 카솔라는 다부진 체구를 자랑했지만, 그에게는 긴 거리를 빠르게 뛸 수 있는 폭발적인 스피드가 부족했다. 그러나 그는 비좁은 공간에서는 순간적으로 상대 수비를 뚫어냈다. 특히 그는 프리미어리그 진출 후 자신의 세 번째 경기였던 리버풀 원정에서 눈부신 활약을 펼쳤다. 그는 루카스 포돌스키Lukas Podolski의 선제골을 도운 데 이어 자신이 직접 추가골까지 터뜨리며 아스널에 2-0 완승을 선사했다. 이어 카솔라는 5월 위건전에서 혼자 4도움을 기록하는 흔치 않은 기록을 작성하며 아스널의 4-1 대승을 이끌었다. 이 시즌 카솔라 외에 한 경기에서 4도움을 기록한 선수는 다름 아닌 마타가 유일했다. 2012-13시즌 대부분 세트피스로 득점 기회를 창출하는 에버턴 수비수 레이튼 베인스Leighton Baines를 제외하면 실바, 마타, 카솔라는 모든 선수를 통틀어 가장 많은 득점 기회를 만든 선수들이었다.

이후에도 프리미어리그에서는 몇 년간 새로운 '어시스터'의 등장이 이어졌다. 예를 들어 2015-16시즌 프리미어리그에서 가장 많은 득점 기회를 창출한 선수는 메수트 외질, 크리스티안 에릭센Christian Eriksen, 디미트리 파예Dimitri Payet 그리고 두산 타디치Dusan Tadic였다. 이들은 모두 '어시스터'라는 단어에 잘 어울리는 선수들이다. 프리미어리그는 눈에 띌 정도로 기술적인 플레이메이커들을 지향하게 됐다. 이런 현상이 시작된 데는 실바, 마타 그리고 카솔라가 '어시스터'의 인기를 엄청나게 높인 것이 큰 몫을 차지했다.

그러나 공격형 미드필더 자리가 볼을 소유하는 유형의 선수들로 채워진 이 시기의 더 중요한 화두는 바로 최전방 공격수의 진화다. 불과 2008년까지만 해도 '가짜 9번'이라는 단어는 대다수 축구 팬들에게 매우 생소했을 것이다. 그러나 '가짜 9번'은 불과 몇 년 만에 모두가 받아들이는 전술이 됐다.

'가짜 9번'은 바르셀로나가 남긴 또 다른 유산이다. 리오넬 메시가 당대 최고 혹은 역대 최고 선수로 떠오른 원동력은 그가 바르셀로나의 공격 삼각편대에서 중앙 위치에 배치된 데 있다. 그는 전형적인 공격수를 뜻하는 9번보다는 공격형 미드필더인 10번에 더 가까운 선수였고, 이에 걸맞게 때로는 매우 깊숙한 미드필드 진영으로 내려와 볼을 잡아 바르셀로나가 중원을 장악하는 데 크게 일조했다. 이와 동시에 메시는 온갖 득점 기록을 갈아치우기 시작했다.

그러나 잉글랜드 축구계에서는 '가짜 9번'이라는 단어가 잘못 사용되곤 했다. '가짜 9번'은 전형적인 최전방 공격수가 아닌 공격수를 뜻하는 단어인 게 사실이지만, 여기서 중요한 건 선수가 맡는 역할에 있다. 리버풀이 웨스트햄 원정에서 중앙 미드필더 존조 셸비Jonjo Shelvey를 최전방 공격수로 중용한 경기를 예로 들어보자. 이 역할을 맡은 셸비는 깊숙한 위치로 내려오거나 미드필드에서 패스 연계를 하지 않았다. 그는 단순히 최전방 공격수의 역할을 했다. 따라서 셸비가 맡은 역할은 '가짜 9번'이 아니었다. 이 와중에 스페인은 유로 2012를 앞두고 최전방 공격수 부재라는 약점에 시달렸다. 그러자 델 보스케 감독은 대회 첫 경기였던 이탈리아전에서 세스크 파브레가스를 최전방에 배치하는 의외의 결정을 했다. 파브레가스는 최전방에서 자연스럽게 자신의 원래 자리인 중앙 미드필더 위치로 내려와 움직였다. 스페인은 이 경기에서 확실한 '가짜 9번' 전술을 활용한 셈이다.

그러나 파브레가스는 두 번째 경기에서는 벤치 자원으로 밀려났다가 스페인이 이탈리아와의 재대결에서 4-0으로 승리한 결승전에서도 공격수로 출전했다. 다만 파브레가스는 이탈리아와의 두 번째 맞대결에서는 첫 번째 경기와 마찬가지로 최전방 공격수 자리에 배치됐는데, 앞선 경기와는 달리 2선으로 내려오기보다는 상대 최종 수비수와 맞서며 뒷공간을 침투하는 데 집중했다. 즉 그는 두 경기에서 똑같은 포지션을 소화하고도 첫 번째 경기에서는 '가짜 9번'으로, 두 번째 경기에서는 '전형적인 최전방 공격수'로 변신해 활약했던 것이다.

'가짜 9번'을 활용하는 전술이 잉글랜드 축구계에 전반적으로 유행을 일으키지는 않았다. 그러나 갈수록 모든 최전방 공격수에게는 어느 정도 '가짜 9번' 역할을 소화할 수 있는 능력이 요구됐다. 그동안 프리미어리그에서 전형적인 최전방 공격수는 키가 크고, 힘이 센 '9번'이 페널티 지역에서 크로스를 받는 역할을 하는 선수로 대변됐다. '가짜 9번'은 이와 전혀 다른 역할을 했다.

프리미어리그에서 최전방 공격수의 성향이 변한 건 2011년부터 2016년까지 득점왕을 차지한 선수들의 면면을 보면 쉽게 확인할 수 있다. 카를로스 테베스, 로빈 판 페르시 Robin van Persie, 루이스 수아레스 Luis Suárez 그리고 세르히오 아구에로는 모두 각자 소속 팀에서 최전방 공격수로 활약하며 득점왕을 수상했는데, 이들은 잉글랜드로 오기 전까지는 나란히 처진 공격수로 활약한 자원이다. 이들이 모두 '10번'이 아닌 '9번'에 더 가까운 위치에 배치돼 맹활약을 펼친 점만 봐도 최전방 공격수 역할이 얼마나 변했는지를 실감할 수 있는 셈이다. 물론 예전에도 전형적인 최전방 공격수를 쓰지 않은 프리미어리그 팀은 있었다. 아스널은 티에리 앙리에게, 맨유는 크리스티아누 호날두에게 비슷한 역할을 맡겼다. 그러나 앙리와 호날두의 주된 역할은 최전방에 침투할 공간을 찾아들어가는 것이었다. 그러나 이 시점부터는 최전방 공격수에게 패스 연계가 요구됐다.

다만 웨인 루니는 '가짜 9번'보다는 '모호한 9번'에 더 가까웠다. 맨유 구단 역사상 최다 득점자 기록을 세운 그는 어느 시점에도 자신에게 가장 잘 어울리는 최적의 포지션을 찾지 못했다. 그는 호날두가 팀에서 활약한 시절에는 주로 측면에서 활약했다. 그러나 루니는 호날두가 떠나자 '9번'과 '10번' 자리를 오갔고, 이후에는 미드필더로 기용됐다.

그러나 2009-10시즌의 루니는 그가 처음으로 순수하게 득점력을 폭발시킨 시기였다. 루니는 4-3-3 포메이션의 최전방 공격수로 활약하며 머리로도 수많은 골을 기록하면서도, 때로는 '가짜 9번'에 더 가까운 역할을 맡으며 깊숙한 위치에서 움직였다. 이 중에서도 그가 2010년 맨유가 아스널을 3-1로 완파한 경기에서 역습을 통해 뽑아낸 골은 '가짜 9번' 역할의 결정체였다. 최전방 공격수로 출전한 그는 뒤로 물러서서 수비 진영 중앙 부근에서 박지성의 패스를 받았다. 이어 그는 오른쪽 측면 나니에게 패스를 연결했다. 나니가 약 45m 드리블 돌파를 하는 동안 박지성 또한 반대쪽에서 전속력으로 상대 진영을 침투하며 아스널 수비진을 유인했다. 그러는 사이 루니가 폭발적인 속도로 페널티 지역을 파고들었고, 나니의 리턴패스를 득점으로 연결했다. 전술적인 관점에서 볼 때, 이는 프리미어리그 역사상 가장 완성도 높은 득점이었다. 당시 맨유 공격진의 움직임은 최전방 공격수가 어떻게 패스 연계를 하고, 득점을 노려야 하는지를 완벽하게 보여줬다.

본인의 바람과는 달리 항상 '진짜 9번'이라는 평가를 받은 니콜라 아넬카도 2010년 첼시가 맨유를 2-1로 꺾은 경기에서 매우 '가짜 9번'다운 경기력을 선보였다. 그러나 그는 전형적인 최전방 공격수 디디에 드록바의 존재 탓에 이 역할을 자주 소화하지는 못했다. 잉글랜드 축구계에서 가장 중요한 '가짜 9번'으로 활약한 선수는 테베스다. 앞서 언급한 대로 맨유가 처음 테베스를 영입했을 때, 많은 이들은 그와 루니의 공존 여부를 의심했다. 테베스와 루니는 10번에 가까운 비슷한 유형의 공격수였기 때문이다. 이어 이 둘은 맨유가 호날두를 앞세워 챔피언스리그를 우승한 시즌에 공격을 지원하는 역할을 했다. 그러나 테베스는 큰 논란이 된 맨시티 이적을 감행하며 비로소 팀을 대표하는 간판 스타가 될 수 있었.

테베스는 처음 맨시티로 이적한 후 전형적인 타깃맨 엠마누엘 아데바요르의 뒤를 받치는 처진 공격수 역할을 맡았다. 그러나 메시가 바르셀로나에 트레블을 안기며 '가짜 9번' 역할을 본격적으로 유행시킨 직후인 2010-11시즌 도중 맨시티의 최전방 공격수로, 때로는 공격 진영에 고립된 모습을 보이다가도 미드필드 진영으로 내려와 패스 연계에 관여했다. 그러면서 테베스의 성향은 메시와 비교되기 시작했고, 일각에서는 이 둘이 아르헨티나 대표팀에서 공존할 수 있을지 의문이 제기됐다. 메시와의 비교는 무리인 게 사실이지만, 테베스는 맨시티에서 시즌 내내 '가짜 9번' 역할을 훌륭히 소화했다. 그는 지능적으로 패스 연계에 관여하면서도 맨유의 디미타르 베르바토프와 함께 프리미어리그 공동 득점왕으로 등극했다.

베르바토프도 '가짜 9번'을 논할 때 빼놓을 수 없는 선수다. 그는 2009년 호날두와 테베스가 맨유를 떠나자 루니의 앞자리인 최전방 공격수로 주전 자리를 꿰찼다. 그러나 그는 시즌이 진행될수록 처진 공격수에 더 가까운 역할을 맡으며 루니를 지원하는 움직임을 선보였다. 베르바토프와 루니는 최전방과 처진 공격수 역할을 두루 소화할 수 있었지만, 이 두 선수가 자유자재로 위치를 바꿔가면서 활약한 건 현대 축구에서는 공격수가 '9번'과 '10번'의 역할이 혼합된 능력을 발휘해야 한다는 점을 여실히 보여준 현상이기도 하다. 게다가 베르바토프가 2010-11시즌에 남긴 가장 큰 유산은 그가 프리미어리그 득점왕이 됐다는 게 아니다. 그는 프리미어리그 득점왕을 차지하고도 정작 챔피언스리그 결승전에서는 선발 라인업은커녕 대기 명단에도 이름을 올리지 못했다. 알렉스 퍼거슨 감독은 베르바토프를 18인 명단에서 제외하고 마이클 오언에게 벤치 대기를 지시했고, 선발로는 최전방 공격수 하비에르 에르난데스, 처진 공격수 루니가 출전했다. 이는 현대 축구에서 골만 넣는 건 충분하지 않다는 점을 다시 한번 보여준 사례다.

테베스와 베르바토프가 득점왕을 나눠 가진 2010-11시즌 이후에는 두 시즌 연속으로 네덜란드 출신 로빈 판 페르시가 득점왕을 수상했다. 그는 2011-12시즌 고전을 거듭하던 아스널의 4위권 진입을 이끄는 빼어난 활약을 펼쳤고, 시즌이 끝난 후 라이벌 맨유로 이적해 프리미어리그 우승을 차지했다. 판 페르시는 테베스와 마찬가지로 잉글랜드 무대에 처음 입성했을 때까지만 해도 전형적인 10번 선수라는 평가를 받았고, 그 또한 아스널에서 아데바요르를 지원하는 처진 공격수로 활약했다. 그러나 아르센 벵거 아스널 감독은 2009년 아데바요르를 맨시티로 이적시킨 후 대체 자원을 영입하지 않고 판 페르시에게 최전방 공격수 역할을 맡겼다. 그러자 그는 2009-10시즌 초반부터 놀라운 활약을 펼쳤다. 그는 창조성과 마무리 능력이 결합된 경기력을 선보이며 시즌 초반 12경기에서 7골 7도움을 기록했지만, 이후 발목 인대가 파열되는 부상으로 5개월 결장 판정을 받아 시즌을 마무리했다.

벵거 감독은 판 페르시가 부상으로 빠진 공백을 안드레이 아르샤빈으로 메웠다. 아르샤빈은 혼란스러운 성향을 지닌 선수였다. 그는 원래 재능이 넘치는 플레이메이커로 평가받았지만, 아스널에서는 줄곧 왼쪽 측면 공격수로 활약했다. 아르샤빈은 때로는 훌륭한 활약을 펼쳤지만, 경기력에 심각한 기복을 보이며 자신감을 잃어갔다. 그는 창조적이고 기술이 빼어났지만, 활동량이나 신체적 능력이 부족했으며 꾸준한 득점력을 보여주지 못했다. 아마 그는 이 시절 '가장 가짜였던 가짜 9번'이었을 것이다. 이 역할을 맡은 아르샤빈의 경기력은 실망스러웠다. 아스널은 부상으로 빠진 판 페르시를 그리워할 수밖에 없었다.

판 페르시는 장기간 부상에서 복귀한 후 재능은 있으나 잦은 부상에 시달리는 처진 공격수에서 가차 없이 꾸준한 득점력을 선보이는 골잡이로 변신했다. 대개 4-3-3 포메이션의 최전방 공격수로 활약한 그는 영리하고, 고급스러운 축구 선수로 거듭나며 무엇보다 자신이 맡게 된 새로운 역할을 매우 만족스럽게 여겼다. 그는 "나는 전형적인 공격수가 아니다. 네덜란드에서는 모든 포지션이 숫자로 설명된다. 9번은 최전방 공격수, 10번은 처진 공격수다. 나는 나 자신을 9.5번이라고 부르는 걸 선호한다. 나는 뒤로 물러서서 경기에 더 관여하는 역할을 좋아한다. 상황이 허락한다면, 나는 여전히 최전방 공격수 뒤에서 뛸 수도 있다. (중략) 벵거 감독도 내게 '골을 넣는 데 집중하지 마라. 어차피 골은 넣게 돼 있다. 원래 하던 대로 경기력에 집중하면 된다. 굳이 성향에 변화를 줘서 전형적인 공격수가 될 필요는 없다. 너는 그 이상을 할 수 있다'고 말해줬다"고 밝혔다. 이는 판 페르시를 설명하는 매우 정확한 말이기도 했다. 판 페르시가 최전방에서 뛴다고 해서 그가 원래 가지고 있던 창조성을 포기할 필요는 없었다. 오히려 그는 이 역할을 맡으며 시오 월콧의 득점을 만들어낸 도움을 수차례 기록했다. 판 페르시가 공을 잡으면 월콧은 뒷공간을 침투하며 아스널 공격진의 균형을 잡아줬다.

판 페르시는 맨유에서도 루니와 폭발적인 조합을 이뤘다. 루니는 4-4-1-1 포메이션에서 처진 공격수 역할을 맡았고, 판 페르시는 더 전형적인 9번으로 활약했다. 그러나 이 둘의 조합은 '두 명의 9.5번'이 서로를 지원하는 방식으로 구성됐다. 루니와 판 페르시는 훌륭한 호흡을 자랑했고, 퍼거슨 감독의 마지막 프리미어리그 우승을 확정한 애스턴 빌라전에서 판 페르시는 루니가 띄워준 패스를 전매특허 발리슛으로 연결해 득점을 뽑아내며 해트트릭을 작성해 맨유에 3-0 완승을 안겼다.

판 페르시가 2년 연속 득점왕을 차지한 뒤, 2013-14시즌 득점왕의 영광은 리버풀 공격수 루이스 수아레스에게 돌아갔다. 이 시절 리버풀의 시즌은 다음 장에서 더 깊이 있게 다루고 있지만, 당시 우루과이 출신 수아레스가 보여준 공격력은 실로 특별한 수준이었다. 그는 33경기 31골로 경기당 0.94골을 기록했는데, 이는 프리미어리그 역사상 최고 기록이다. 그 또한 활동 성향은 다른 '가짜 9번' 선수들과 비슷했다. 수아레스는 리버풀로 이적한 2011년 1월 정통파 공격수가 아니라는 평가를 받았다. 실제로 그는 전 소속 팀 아약스에서 오른쪽 측면 공격수로 활약했다. 리버풀은 페르난도 토레스를 무려 5000만 파운드(약 734억 원)에 첼시로 이적시킨 날 수아레스 영입을 발표했다. 그러나 이날 리버풀은 수아레스를 영입하고 두 시간이 지난 후 토레스를 이적시켜 챙긴 이적료 중 70%를 뉴캐슬의 검증되지 않은 '타깃맨' 앤디 캐롤Andy Carroll을 영입하는 데 투자했다. 그만큼 리버풀은 당시 절박하게 '전형적인 9번' 역할을 해줄 공격수를 찾고 있었다. 이 때문에 리버풀이 수아레스를 영입하며 토레스를 대체할 완벽한 선수를 찾았다는 사실은 그대로 묻혀버렸다.

다만 수아레스는 이적 초기에 폭발적인 득점력을 보여주지 못했다. 그는 스피드, 움직임, 상대 수비수를 단숨에 제치는 돌파력으로 경기를 지배했지만, 득점이 꾸준하지 않았다. 수아레스는 리버풀에서 활약한 첫 시즌 아홉 골을 넣는 데 그쳤는데, 이는 시즌 내내 그의 포지션이 지나치게 바뀌었기 때문이기도 하다. 앤디 캐롤을 최전방 공격수로 활용하는 데 혈안이 된 리버풀은 수아레스에게 명확한 역할을 제시하지 못하고 있었다. 그러나 수아레스는 제대로 된 최전방 공격수 역할이 주어지자 프리미어리그에서 가장 폭발력 있는 공격수가 됐다. 동시에 그는 도움까지 기록하는 전천후 공격수로 거듭났다.

수아레스에 이어 차례로 프리미어리그 득점왕을 차지한 건 세르히오 아구에로와 해리 케인Harry Kane이다. 두 선수는 전형적인 최전방 공격수로 평가받았지만, 이는 이들이 프리미어리그에 처음 등장한 시점에 보여준 성향과는 조금 다른 모습이었다. 아구에로는 맨시티 이적 후 약 세 시즌간 상당 시간을 전형적인 공격수의 뒷자리에서 처진 공격수 역할을 소화했다. 그는 "나는 그동안 대부분 최전방 공격수 뒤에서 활약했지만, 미드필더보다는 최전방 공격수와 조합을 이루는 공격 자원에 더 가까웠다. 그 자리가 내가 최고의 활약을 펼칠 수 있는 곳"이라고 설명했다. 그러나 아구에로 또한 결국에는 최전방 공격수 자리로 올라선 뒤, 두 시즌 연속으로 최고의 득점력을 선보였다.

케인은 자신의 실력을 인정받기까지 시간이 걸렸다. 처음에 그는 다소 옛날 스타일의 공격수들과 같은 모습을 보여줬고, 적절한 위치를 포착하는 능력에 강점을 보였다. 그러나 그의 플레이는 단순히 골을 기록하는 것이 전부가 아니었다. 종종 그가 골 가뭄에 시달릴 때도 그의 연계 플레이 능력은 여전히 두드러졌다. 그가 등번호 9번 대신 아구에로처럼 10번을 선택한 것도 그의 이런 면모를 잘 보여준다. 케인은 종종 잉글랜드의 전설적인 스트라이커 두 명인 앨런 시어러와 테디 셰링엄에 비유되기도 했는데, 흥미롭게도 이 둘은 전혀 다른 유형의 공격수였다. 그렇기에 그들은 환상적인 투톱 조합을 이룰 수 있었다. 케인은 시어러의 득점력을 갖춘 동시에 셰링엄의 연계 능력도 지닌 선수였다. 판 페르시의 표현을 빌리자면, 그는 전형적인 '9.5번' 공격수였다. 그 부분에 대해 케인은 "어릴 때 여러 포지션을 경험하면서 축구의 다양한 측면을 배울 수 있었다. 최전방에서 뛰려면 단순히 득점하는 것 이상으로 많은 능력이 필요하다. 경기 중에는 상대를 등진 상태에서 볼을 받는 상황이 많고, 그때 팀이 나를 활용해 공격을 전개할 수 있어야 한다"고 말했다. 그러나 케인은 골 결정력 그 자체도 뛰어난 공격수였기에 2023년에는 잉글랜드 대표팀 역대 최다 득점자로 등극했다. 5년간 유지됐던 루니의 53골 기록을 넘어선 것이다. 같은 해, 그는 토트넘 역대 최다 득점자 기록에서도 1위에 올랐다. 50년 넘게 유지됐던 지미 그리브스 Jimmy Greaves의 268골 기록을 경신한 것이다. 그는 같은 해 토트넘을 떠나 바이에른 뮌헨으로 이적하기로 결정했다. 이때 그의 프리미어리그 통산 득점은 213골로, 앨런 시어러의 260골 기록에 47골이 모자란 상태였다. 그가 리그를 떠날 당시, 프리미어리그에서 100골 이상 넣은 34명의 선수 중 케인보다 경기당 평균 득점(0.67골)이 높은 선수는 단 한 명이었고 매우 근소한 차에 불과했다(티에리 앙리 0.68골).

이 득점 기록에 더해, 케인은 앙리처럼 창의적인 플레이메이커이기도 했다. 2020-21시즌 그는 프리미어리그에서 득점왕과 도움왕을 동시에 차지하며 그 능력을 입증했다. 특히 그는 한 경기에서 같은 동료에게 4도움을 기록한 최초의 선수가 되었다. 그의 어시스트를 받아 4골을 기록한 선수는 손흥민이었고, 토트넘은 이 경기에서 사우샘프턴에 5-2 승리를 거뒀다. 또한 프리미어리그 역사상 한 명의 팀 동료에게 가장 많은 도움을 기록한 선수 중 한 명도 바로 케인이었다. 그는 손흥민의 골 중 24골을 어시스트했다. 이 기록은 첼시 시절, 프랭크 램파드가 디디에 드록바에게 제공한 어시스트 기록(24어시스트)과 동일한 기록이다. 즉 이런 기록에서도 볼 수 있듯 케인은 그야말로 모든 것을 갖춘 공격수였다. 그는 정통파 9번 역할도

'가짜 9번' 역할도 할 수 있는 선수였고, 등번호 10번을 달고 뛰면서도 전형적인 팀의 플레이메이커처럼 어시스트를 만들어내기도 했다.

그렇다면 왜 이 선수들은 정상의 스트라이커로 자리 잡기까지 시간이 걸렸을까? 선수들 스스로 여러 경로를 통해 언급했듯이, 그들은 단순히 골을 넣는 것 이상의 능력을 갖추고 있다고 믿었기 때문이다. 특히 판 페르시와 케인은 연계 플레이의 중요성을 아주 강조한 편이다. 그러나 더 근본적인 이유는 축구가 점점 더 유기적인 역할을 요구하는 방식으로 변해 갔기 때문이다. 현대 축구에서 모든 선수는 자신의 기본 역할을 넘어서는 다양한 능력을 요구받는다. 특히 점유율 축구 시대에는 스트라이커에게 단순히 마무리 능력뿐만 아니라 공격 전개 과정에서 연계하는 능력 역시 중요한 요소가 되었다.

PART 8
포스트 점유율 시대

로저스의
역주행

"현대 축구의 기준으로 볼 때, 나는 볼을 지배하는 것을 중시한다. 그러나 우리는 에버턴을 상대로 볼 없이도 경기를 지배했다."

- 브렌던 로저스

프리미어리그 역사상 준우승 팀이 우승 팀보다 더 흥미로운 축구를 구사한 시즌이 두 차례 있었다.

첫 번째는 1995-96시즌 프리미어리그 우승을 놓친 뉴캐슬이었다. 당시 뉴캐슬은 전술적으로 지나치게 순진했기에 오히려 흥미로웠는데, 여러 모로 2013-14시즌의 리버풀과 닮은점이 많았다. 두 팀 모두 잉글랜드 북부 지역을 대표하는 구단이었으며 수십 년 만에 1부리그 우승을 노렸다는 점부터 흡사했다. 게다가 당시 뉴캐슬과 리버풀은 거침없이 공격적이었고, 개개인의 성향을 앞세우며 수비의 중요성을 간과했다. 2013-04시즌 리버풀은 감독이 젊었고, 남미에서 온 변덕스러운 공격수가 있었으며, 시즌 막판에 안필드에서 스릴러를 연상케 하는 전설적인 경기를 펼친 이 시대의 새로운 엔터테이너였다.

로저스 감독은 로이 호지슨 감독과 케니 달글리시 감독에 이어 리버풀 사령탑으로 부임했다. 리버풀을 인수한 지 얼마 되지 않았던 팬웨이 스포츠 그룹FSG: Fenway Sports Group은 여전히 스완지를 이끌고 안필드 원정에서 홈팬들로부터 기립박수를 받은 로저스 감독의 모습을 기억하고 있었다. FSG는 야구 통계자료를 바탕으로 팀을 구성하는 소위 '머니볼' 방식으로 보스턴 레드삭스를 탈바꿈한 모기업이다.

신선하고 야망 있는 운영진으로 구성된 FSG는 진보적 성향이 강한 감독이 리버풀을 이끌어주기를 희망했다. 점유율 축구를 사랑하는 로저스 감독은 통계분석을 중시하는 FSG는 물론 역사적으로 매력적인 축구를 구사해온 리버풀에도 딱 맞는 감독으로 여겨졌다. 로저스 감독은 스완지에서 구사한 패스 축구에 대해 강한 자부심을 내비치며 리버풀에서도 이를 재현하겠다는 공약을 내걸었다. 그는 리버풀 감독으로 부임한 후 약 몇 주가 지난 뒤, "우리가 약 65~70% 점유율을 기록한다면 이는 상대 팀의 죽음을 뜻한다. 아직 우리는 그 수준에 도달하지 못했지만, 곧 그렇게 될 것이다"라고 말했다. 이처럼 로저스 감독은 점유율 축구의 지배력을 완성하는 데 초점을 맞췄다.

리버풀은 로저스 감독이 부임한 여름 이적시장에서 특별히 눈에 띄는 선수 영입을 하지 않았다. 그러나 로저스 감독의 의도는 분명했다. 그는 크로스를 요구하는 정통파 타깃형 공격수 앤디 캐롤, 전방으로 롱볼 패스를 자주 구사하는 미드필더 찰리 아담을 내보냈다. 이후 로저스 감독은 스완지에서 지도한 '웨일스의 사비' 조 앨런Joe Allen, 첼시 유소년팀에서 자신이 직접 육성한 데다 루이스 엔리케Luis Enrique 감독이 로마로 영입했던 공격수 파비오 보리니Fabio Borini를 불러들였다. 앨런과 보리니는 로저스 감독의 점유율 축구를 이미 이해하고 있었다.

리버풀은 로저스 감독의 부임 후 프리시즌 기간에 다큐멘터리 형식의 TV 프로그램 〈비잉 리버풀Being Liverpool〉을 수시로 방영했다. 그러나 정작 이 다큐멘터리의 내용은 큰 의미가 없었다. 촬영 기간이 프리시즌 중심이었던 탓에 중요한 경기는커녕 관심을 끌 만한 스토리라인조차 찾아볼 수 없었다. 결국 다큐멘터리는 로저스 감독의 독백을 중심으로 구성될 수밖에 없었다. 이 때문에 리버풀에 대한 다큐멘터리가 돼야 할 이 프로그램의 내용은 오히려 미국 드라마 〈더 오피스The Office〉에 더 가까웠다. 전혀 특별한 게 없는 비하인드신을 바탕으로 로저스 감독은 〈더 오피스〉의 캐릭터 '브렌트'를 연상케 했다. 그의 명대사로는 "며칠간 물 없이는 살 수 있어도 희망이 없이는 1초도 살 수 없다"는 말이 있었다. 이 때문에 로저스 감독은 유행어를 탄생시키려는 과도한 노력을 한다는 이유로 대중의 조롱거리가 되곤 했다. 또한 그는 선수들 앞에서 시즌 내내 온 힘을 다하지 않을 것 같은 선수 세 명의 이름이 들어 있는 편지봉투를 들어 보이는 극적인 장면을 연출해 비판을 받기도 했다. 그러나 이는 알렉스 퍼거슨 감독이 끝내 프리미어리그 우승을 차지한 1993-94시즌을 앞두고 맨유 선수들에게 적용한 선수 길들이기 방식과 똑같았다.

게다가 로저스 감독의 리버풀 데뷔 시즌은 기대에 미치지 못했다. 리버풀은 시즌 초반 다섯 경기에서 단 한 번도 승리하지 못했고, 이후 서서히 경기력을 회복하면서 시즌 중반 1월 겨울 이적시장에서 다니엘 스터리지와 필리페 쿠티뉴Philippe Coutinho를 영입하며 더 큰 탄력을 받았다. 그러나 리버풀은 결국 프리미어리그 7위로 시즌을 마감했다. 이는 전 시즌 리그컵 우승과 FA컵 준우승을 차지한 케니 달글리시 감독이 이끈 팀의 프리미어리그 최종 성적이었던 8위보다 단 한 단계 앞선 결과였다. 게다가 로저스 감독의 리버풀은 컵대회에서 아무런 성과도 거두지 못했다. 단, 로저스 감독의 첫 시즌 막바지에는 루이스 수아레스가 맹활약을 펼치며 강한 인상을 남겼다.

로저스 감독은 스완지 사령탑 시절 상대 선수로 만난 우루과이 출신 공격수 수아레스에게 "너는 정말 환상적인 선수야"라며 인사를 건넸을 정도로 예전부터 그의 기량에 강한 인상을 받았다. 실제로도 수아레스는 리버풀에서 많은 사랑을 받았지만, 그에게는 자기 스스로를 곤경에 빠지게 하는 불운한 습관이 있었다. 가장 대표적인 건 수아레스가 맨유 왼쪽 측면 수비수 파트리스 에브라에게 경기 도중 인종차별적 폭언을 했다는 이유로 잉글랜드 축구협회로부터 8경기 출장정지 징계를 받은 사건이다. 그런데도 달글리시 감독은 끝까지 수아레스를 옹호했다. 심지어 리버풀 선수단은 수아레스가 FA의 징계를 받자 경기 전 워밍업 시간에 그를 지지한다는 문구가 적힌 티셔츠를 입어 대대적으로 조롱을 받기도 했다. 일각에서는 시즌이 끝난 후 달글리시 감독이 경질된 이유도 이와 무관하지 않다는 얘기가 나왔다. 공교롭게도 수아레스가 징계를 마치고 복귀전을 치른 곳은 맨유의 홈구장 올드 트래포드였다. 그는 이 경기 전 에브라와의 악수를 거절하며 또 논란을 일으켰지만, 어찌 됐든 득점을 기록했다. 수아레스는 이런 선수였다. 수치스러움이란 것을 몰랐던 그는 일단 경기가 시작되면 훌륭한 활약을 펼쳤다.

수아레스는 로저스 감독의 첫 시즌 말미에 에브라 사건으로 받은 징계보다 더 긴 출장정지 처분을 받았다. 그는 첼시전 경합 도중 상대 수비수 브라니슬라브 이바노비치의 팔을 깨물어 10경기 출장정지를 당했다. 프리미어리그는 외국인 공격수가 새로운 무언가를 선보이는 데 익숙한 곳이었지만, 전혀 예상치 못한 수아레스의 폭력적인 행동은 차원이 다른 수준이었다. 더 황당한 사실은 수아레스가 상대 선수를 깨물은 게 이때가 처음도, 마지막도 아니었다는 점이다. 그는 전 소속 팀 아약스와 우루과이 대표팀에서도 상대 선수를 이빨로 물어 논란을 일으켰다. 오죽하면 당시 데이비드 캐머런David Cameron 영국 총리까지 공개적으로 수아레스가 "끔찍한 본보기를 세우고 있다"며 우려를 드러냈을까.

결국 수아레스는 징계 기간이었던 2013년 여름 잉글랜드를 떠나기로 했다. 이전부터 유벤투스 이적설이 제기됐던 그는 어차피 리버풀 구단과 챔피언스리그에 진출하지 못하면 팀을 떠날 수 있다는 신사협정을 맺은 상태였다. 그러나 곧 두 가지 문제가 발생했다. 리버풀은 수아레스와 맺은 약속을 번복하며 그를 이적시킬 수 없다는 강경한 자세를 보였다. 또한 수아레스의 바이아웃 금액이 4000만 파운드(약 606억 원)라는 사실을 파악한 아스널이 리버풀에 이적료 4001파운드(약 607만 원)를 제시하는 촌극이 이어졌다.

그러면서 상황은 더 이상하게 흘러갔다. 리버풀은 수아레스의 바이아웃 조항과 관련해 거짓말을 둘러댔다. 그러면서 리버풀은 수아레스에게 아스널이 관심을 보였다는 사실만 알려주면 될 뿐 이적을 무조건 허용해야 할 의무는 없다고 주장했다. 이에 훗날 헨리Henry 리버풀 회장조차 구단이 없는 말을 지어낸 게 사실이라고 밝혔을 정도다. 헨리 회장은 MIT 슬론 스포츠 분석 컨퍼런스에 참석해 "잉글랜드는 물론 전 세계적으로 축구계에서는 계약서가 큰 의미가 없다는 사실을 알았다. 선수의 계약 기간이 얼마나 되는지는 의미가 없다. 선수는 본인이 떠나고 싶은 시기를 아무 때나 정할 수 있다. 그래서 우리는 떠나보내고 싶지 않았던 공격수 페르난도 토레스를 이적료 5000만 파운드(약 750억 원)에 보낼 수밖에 없었다. 우리는 강제로 그를 이적시켰다. 이때 계약 조건이 유효하지 않다는 사실을 깨달은 우리는 반대로 (수아레스와 합의한 조건을 지키지 않고) 선수를 팔지 않았을 뿐"이라고 말했다.

즉 수아레스가 리버풀에 앙금을 품을 만한 사건이 두 차례나 발생한 셈이다. 이 중 첫째는 그가 구단과 맺은 신사협정이 일방적으로 깨졌다는 데 있었다. 수아레스는 〈가디언〉과의 인터뷰에서 "나는 작년에 유럽을 대표하는 빅클럽으로 이적할 수 있었지만, 잔류하고도 챔피언스리그에 진출하지 못하면 이적할 수 있다는 사실을 알고 팀에 남았다. 그래서 나는 지난 시즌 모든 걸 다 바쳐서 뛰었지만, 우리는 프리미어리그 4위권에 진입하지 못했다. 내가 원하는 건 리버풀이 나와 맺은 약속을 지켜주는 것일 뿐"이라고 말했다. 수아레스가 화가 난 또 한 가지 이유는 아스널의 이적 제안이었다. 그는 "구단이 직접 작성한 계약서를 가지고 있다. 이 문서를 프리미어리그로 가져가 보여줄 수도 있다. 그러나 나는 그렇게까지 하고 싶지 않다"고 말했다. 이후 수아레스는 리버풀 1군 훈련에서 제외되는 징계를 받았고, 공식 사과를 할 때까지 복귀할 수 없다는 통보를 받았다.

그런데도 수아레스가 끝내 리버풀에 잔류한 건 놀라운 일이다. 그는 팀에 남았을 뿐만이 아니라 프리미어리그 역사상 한 시즌에 걸쳐 가장 훌륭한 활약을 펼친 선수 중 한 명으로 남았다. 수아레스가 2013-14시즌에도 리버풀에 잔류한 결정적인 계기는 스티븐 제라드 덕분이었다. 리버풀의 오랜 주장이기도 했던 그는 사실 자신보다 더 강력한 리더십을 발휘한 제이미 캐러거가 은퇴한 후 경기장 밖에서도 더 중요한 역할을 맡고 있었다. 제라드는 2013년 여름 리버풀의 이적시장 활동에 큰 영향을 미쳤다. 그는 당시 우크라이나 구단 샤흐타르 도네츠크에서 활약한 윌리안Willian에게 문자 메시지를 보내 리버풀 이적을 권유하기도 했고(그러나 결국 윌리안은 리버풀과 토트넘의 제안을 거절하고 챔피언스리그에 출전할 수 있는 첼시로 이적했다), 수아레스에게 리버풀을 떠나 아스널로 가는 건 그의 커리어에 큰 가치를 부여할 수 없다며 설득에 나섰다. 제라드는 수아레스에게 한 시즌 더 리버풀에 남아 훌륭한 활약을 펼친다면 레알 마드리드나 바르셀로나로 갈 수 있을 것이라며 잔류를 권유했다.

수아레스는 결국 제라드의 설득에 마음을 바꿨다. 원래 리버풀과 장기 계약을 맺기보다는 프리미어리그를 떠나기를 희망했던 그는 결국 잔류를 택했다. 제라드는 직접 나서 아침 일찍 멜우드(리버풀의 훈련장)에서 수아레스를 만나 대화를 나눴고, 그와 로저스 감독의 만남을 주선했다. 이에 수아레스는 제라드가 함께 오지 않는 한 로저스 감독을 만나지 않겠다고 고집을 부렸다. 그러나 제라드는 이마저도 수용하며 수아레스와 로저스 감독이 갈등을 해소할 수 있도록 도왔다. 결론적으로 수아레스는 아스널 이적을 포기하고 리버풀에 남았다. 비록 수아레스는 징계 탓에 시즌 초반 다섯 경기에 결장했지만, 그의 잔류는 스타 플레이어를 붙잡은 리버풀에는 큰 이득이었다. 이처럼 리버풀이 수아레스의 맹활약을 등에 업고 2013-14시즌 마지막까지 우승 경쟁을 펼칠 수 있었던 건 제라드 덕이 컸다. 이 시즌 리버풀은 수아레스와 제라드의 활약에 힘입어 프리미어리그 우승을 다툴 수 있었다.

제라드는 리버풀의 비공식 이적 협상 담당자 역할을 하는 한편, 8월에는 헌정 경기를 치렀다. 당시에도 그는 이미 리버풀에서 프로 데뷔전을 치른 지 10년이 훌쩍 지난 베테랑 선수였다. 리버풀에서 2013년이 돼서야 이런 경기를 개최한 건 곧 그의 은퇴가 다가오고 있다는 뜻이기도 했다. 다만 눈에 띄는 점은 그가 시간이 이토록 지났는데도 여전히 프리미어리그 우승을 차지하지 못했다는 사실이었다. 심지어 제라드는 프리미어리그 우승에 대한 희망을 이미 버린 것처럼 보였다(이는 로저스 감독이 위에 남긴 명언과는 대조적인 태도다). 제라드는 이보다 1년 전 펴낸 자서전을 통해 "내가 리버풀에서 리그 우승에 대한 꿈을 이룬다면 이는 기적적인 일이 될 것이다. 내가 이렇게 생각하는 이유는 내 나이는 물론 지난 몇 년간 우리 팀 성적과 경쟁 팀들의 상황을 고려하고 있기 때문"이라고 말했다.

실제로 리버풀은 2013-14시즌을 앞두고 우승 배당률이 단 33 대 1에 그쳤다. 이는 당시 프리미어리그 팀 중 다섯 번째로 리버풀이 우승은커녕 챔피언스리그 진출조차 어렵다는 예상이었다. 그러나 당시 맨유, 맨시티, 첼시는 전부 감독을 교체하며 위험 요소를 안고 있었다. 이들이 데이비드 모이스, 마누엘 펠레그리니 그리고 돌아온 조세 무리뉴 감독을 각각 선임하며 시즌 결과를 예측하기가 어려워졌다. 게다가 아스널은 시즌이 개막한 후 영입한 메수트 외질 외에는 대형 선수를 데려오지 않았다. 그러면서 리버풀이 리그를 놀라게 할 기회를 잡게 됐다. 리버풀은 시즌 초반부터 인상적인 모습을 보였다. 징계를 당한 수아레스가 빠진 자리를 다니엘 스터리지가 잘 메웠다. 스터리지를 최전방 공격수로 내세운 리버풀은 4-2-3-1 포메이션을 바탕으로 초반 세 경기에서 스토크, 애스턴 빌라, 맨유를 상대로 나란히 1-0 승리를 거뒀다. 이 세 경기에서 결승골 득점자는 매번 스터리지였다. 그러나 리버풀은 이 세 경기 이후 전원 공격 축구를 구사하며 시즌이 끝날 때까지 단 한 번도 1-0으로 승리하지 않았다.

리버풀은 시즌 초반 3연승 후 스완지와 2-2로 비겼고, 사우샘프턴 원정에서는 0-1로 패했다. 이어 리버풀이 나선 선덜랜드 원정은 평소 같았으면 이렇다 할 관심을 받지 못했겠지만, 10경기 출장정지 처분을 받았던 수아레스의 복귀전으로 이목을 끌었다. 놀랍게도 로저스 감독은 수아레스의 복귀를 맞아 그동안 활용해온 시스템을 완전히 포기한 채 3-4-1-2 포메이션을 가동했다. 이는 수아레스와 스터리지를 동시에 기용하려는 로저스 감독의 포석이 깔린 변화였다. 또한 4-4-2 포메이션으로는 로저스 감독이 원하는 3인 중앙 미드필드를 구성할 수 없기 때문이기도 했다.

그러나 수아레스와 스터리지를 제외한 나머지 선수들에게 새로운 시스템은 잘 맞지 않는 옷과 같았다. 빅터 모지스Victor Moses는 전형적인 10번 유형의 선수가 아니었고, 조던 헨더슨Jordan Henderson 또한 오른쪽 윙백과는 거리가 먼 선수였다. 그럼에도 리버풀은 수아레스의 복귀와 함께 단 네 경기에서 12골을 폭발시켰다. 이 12골을 모두 합작한 선수는 수아레스 (6골), 스터리지(매 경기 한 골씩 득점해 4골) 그리고 페널티킥으로 2골을 넣은 제라드였다. 리버풀은 바로 전 시즌 우승을 차지한 맨유와 마찬가지로 최전방 공격수에게 크게 의존했다. 또한, 당시 리버풀의 공격진을 형성한 수아레스와 스터리지는 1994-95시즌 블랙번의 시어러, 서튼Sutton에 이어 새로운 SAS 듀오로 불렸다.

그러나 원조 SAS와 비슷한 이유로 스터리지와 수아레스도 경기장 밖에서는 좋은 관계를 맺지 못했다. 두 선수 모두 각자 팀의 중심이 되고 싶어 했기 때문이다. 스터리지는 리버풀 훈련장에서 수아레스를 처음 만난 날, 그에게 다가가 "우리 둘이 함께한다면 무언가 특별한 일을 할 수 있을 것"이라고 말했다. 겉으로 보기에 이는 전혀 문제가 될 만한 말이 아니다. 그러나 스터리지로부터 이 말을 들은 수아레스는 "팀에 새롭게 온 선수인 다니엘(스터리지)이 그렇게 당돌한 건 흔치 않은 일이다. 그의 말을 듣고 나는 잠시 '왜 저 친구가 나한테 이런 말을 하는 거지?'라는 생각이 들기도 했다"고 말했다. 다만 수아레스는 꾸준히 스터리지와의 관계는 아무런 문제없이 완벽하다고 주장했다.

이 둘의 관계를 지켜본 제라드는 더 흥미로운 설명을 내놓았다. 그는 "SAS는 과거 존 토샥과 케빈 키건처럼 협력 관계를 맺은 게 아니었다. 브랜던(로저스) 또한 스터리지와 수아레스가 서로 조화를 이루는 듀오가 아닌 그저 함께 호흡을 맞추기만 하는 솔로 두 명이라고 표현했다. 이 둘은 훈련 도중에도 별다른 대화를 나누지 않았다. (중략) 두 선수의 사이가 아주 나쁜 정도는 아니었지만, 둘 모두 날이 선 모습으로 서로를 대했다. 몇몇 경기에서는 루이스(수아레스)가 다니엘(스터리지)을 과하게 대한 적도 있었다"고 설명했다. 그러나 스터리지와 수아레스는 이러한 불편한 관계를 맺고도 빼어난 득점력을 선보였다. 수아레스는 2013-14시즌 31골을 넣었고, 스터리지도 21골을 기록했다. 같은 팀에서 활약하는 선수 두 명이 프리미어리그 득점 1, 2위에 오른 건 역사상 이때가 처음이었다. 그러나 이 둘은 여전히 서로 조력자 역할을 하지는 못했다.

이 둘을 앞세운 리버풀은 중앙 수비수 두 명을 내세운 팀을 상대로 점유율만 지배하면 수월하게 최전방에서 2 대 2 상황을 연출할 수 있었다. 리버풀은 이러한 장점을 활용하기 위해 11월 0-2로 패한 아스널전에서 놀라울 정도로 많은 롱볼을 시도해 상대 수비진이 비워둔 측면 수비수 공간을 활용하려고 했다. 그러나 아스널 중앙 수비수 로랑 코시엘니는 빼어난 활약을 펼치며 스터리지와 수아레스로부터 볼을 빼앗을 수 있었다. 수아레스는 어쩌다 한 번씩 코시엘니에게서 벗어나 공을 잡을 때마다 패스보다는 자신이 직접 슈팅을 시도했다. 스터리지는 자신이 완전히 열려 있는데도 수아레스가 패스를 하지 않자 두 팔을 휘두르며 불만을 드러내기도 했다. 결국 로저스 감독은 전반전이 끝난 후 3백을 포기한 채 4-2-3-1 포메이션을 재가동했다.

이후 스터리지가 부상을 당하자 수아레스는 12월 내내 리버풀의 중심으로 활약할 수 있었다. 그러면서 그는 연이어 눈부신 활약을 펼쳤다. 수아레스는 단 네 경기 사이에 10골 3도움을 기록하기도 했다. 심지어 수아레스의 활약을 보고 있으면, 마치 그는 모든 리버풀 선수가 자신을 돕기 위해 존재하는 것처럼 뛰었다. 수아레스는 과감한 드리블 돌파는 물론 동료를 활용한 2 대 1 패스에 의존한 공격으로 리버풀을 거의 혼자 힘으로 이끌었다.

때로는 상대가 수아레스를 막는 게 불가능해 보일 정도였다. 그는 노리치를 상대로 혼자 4골을 기록한 경기에서 모든 득점을 실로 훌륭한 슈팅 기술로 뽑아냈다.

시즌이 진행될수록 수아레스가 1997-98시즌의 데니스 베르캄프,

2003-04시즌의 티에리 앙리, 2007-08시즌의 크리스티아누 호날두에 필적하는 활약을 펼치고 있다는 사실이 분명해졌다. 단, 부정적인 요인은 두 가지가 있었다. 그는 시즌 초반 다섯 경기에 출전하지 못했고, 이 기간 리버풀은 승점 5점을 잃었다. 이뿐만 아니라 수아레스는 복귀 후 상위 네 팀을 상대로 여섯 경기에 출전해 득점이 없었고, 리버풀은 이 여섯 경기에서 다섯 차례나 패했다. 물론 전력이 더 강한 상위권 팀을 상대로 골을 넣는 건 당연히 어렵다. 게다가 리버풀은 2008-09시즌 상위권 팀을 상대로 강한 면모를 보이면서도 하위권 팀을 잡지 못해 우승 경쟁에서 밀렸지만, 수아레스가 합류한 후 이러한 문제가 해결됐다. 다만 수아레스가 프리미어리그 5~20위 팀을 상대로는 경기당 평균 1.1골을 넣은 점을 고려할 때, 4위권 팀을 만나면 득점률이 0.0으로 줄어든 건 분명히 대조적인 기록이다.

당시 로저스 감독이 준 가장 눈여겨볼 만한 전술적 변화는 그가 제라드를 두고 내린 결정이었다. 제라드는 공격형 미드필더처럼 뛰는 자신의 역할에 갈수록 불만을 나타냈다. 심지어 제라드는 그답지 않게 로저스 감독을 직접 찾아가 자신의 최근 활약상이 담긴 영상 자료를 다시 검토해달라고 부탁하며 리버풀 경기 분석팀에는 자신의 경기력을 통계자료로 만들어달라고 요청했다. 프리미어리그에서 이미 입지를 굳힌 데다 경기력이 딱히 나쁘지 않았던 선수가 이 정도로 자기 자신을 분석하려고 노력을 하는 건 흔치 않은 일이었다. 로저스 감독도 제라드가 자신을 찾아온 그날 늦은 시간까지 영상 자료를 돌려 봤고, 이 둘은 다음 날 다시 만났.

리버풀 분석팀이 제공해준 통계자료는 제라드의 당시 경기력이 만족할 만한 수준이라는 점을 보여줬지만, 영상 자료를 분석한 로저스 감독은 그가 볼을 받는 동작에 문제가 있다고 판단했다. 이에 제라드는 시간이 지난 후 "내 머리가 제대로 움직이지 않는 모습을 꽤 쉽게 포착할 수 있었다. 머리를 움직이는 건 매우 중요하다. 프리미어리그에서 뛰는 미드필더라면 머리 뒤에 눈이 달린 것처럼 활약할 수 있어야 한다. 이러한 능력은 내가 처음 축구를 시작했을 때보다 현대 축구에서 더 중요해졌다. 미드필드 지역에 워낙 공간이 부족하다 보니 볼을 다룰 시간도 그만큼 부족하기 때문"이라고 설명했다. 로저스 감독은 제라드를 다시 만난 자리에서 그에게 더 많은 공간이 주어지는 후방 미드필더 역할을 권유했다. 그는 유로 2012에서 잉글랜드를 상대로 경기를 완전히 지배한 이탈리아 미드필더 안드레아 피를로의 역할을 제라드가 리버풀에서 해주기를 기대했다.

그러나 제라드는 이후 햄스트링 부상을 당하며 약 한 달간 경기에 나서지 못했다. 이때 그의 주장 완장을 물려받은 이는 놀랍게도 수아레스였다. 그는 불과 4개월 전 구단의 징계를 받고 팀 훈련에서 제외된 선수였다. 리버풀은 제라드가 빠진 후 토트넘 원정을 5-0 대승으로 장식했다. 이를 두고 로저스 감독은 리버풀이 성공으로 가는 분수령을 넘었다며 만족감을 드러냈다. 그러나 리버풀은 크리스마스와 새해 첫날 경기에서 첼시와 맨시티에 차례로 1-2로 패했다. 당시 리버풀이 시즌 일정이 가장 바쁜 시기에 상위권 경쟁을 펼친 두 팀을 상대로 연이어 원정경기에 나선 건 불운이기도 했다.

로저스 감독은 이어진 스토크 원정에서 중대한 전술적 혁신에 도전했다. 그는 제라드에게 피를로의 역할을 맡겼다. 사실 이는 놀라운 결정이었다. 제라드의 가장 큰 약점은 그가 위치 선정에 취약하다는 점이었다. 이 때문에 그는 수년간 리버풀에서도 혼자 수비형 미드필더 역할을 소화한 적이 없었다. 그러나 로저스 감독은 루카스 레이바와 조던 헨더슨에게 공수 진영을 오가는 박스-투-박스 미드필더 역할을 맡기며 후방에 배치된 제라드가 충분한 공간을 확보한 상황에서 전방으로 특유의 긴 대각선 패스를 뿌려줄 수 있는 틀을 마련했다. 리버풀은 이날 5-3으로 승리했는데, 이는 시즌이 끝날 때까지 그들이 추구한 축구를 매우 잘 보여준 예고편이나 다름없었다. 제라드를 후방 미드필더로 세운 리버풀은 눈부신 공격력을 선보였지만, 반대로 수비 조직력에는 위험 요소가 있었다.

　리버풀은 2월 아스널전에서 5-1 압승을 거뒀다. 당시 아스널이 프리미어리그 선두를 달리고 있었던 만큼 이날 승리의 중요성은 매우 컸다. 무서운 공격력을 발휘한 리버풀은 마틴 스크르텔Martin Skrtel이 세트피스로 두 골을 먼저 터뜨린 뒤, 완벽한 역습 축구를 구사하며 이러한 유형의 축구를 하는 팀에 오랜 기간 취약함을 노출한 아스널을 무너뜨렸다. 발이 빠른 어린 측면 공격수 라힘 스털링Raheem Sterling은 이러한 전술에 딱 맞는 선수였다. 결국 그와 스터리지가 추가골을 터뜨린 리버풀은 경기 시작 20분 만에 4-0으로 앞서갔다. 리버풀의 대승은 스털링이 후반전에 한 골을 보태며 완성됐고, 수아레스는 경기 내내 다재다능한 기량을 선보이며 득점을 하지는 못했으나 한 차례 30m 거리에서 시도한 중거리 슛이 골대를 맞고 나오기도 했다. 아스널은 제라드가 페널티 지역에서 알렉스 옥슬레이드 체임벌린Alex Oxlade Chamberlain의 발을 걸어 얻어낸 페널티킥을 미켈 아르테타가 득점하며 만회골을 터뜨려 영패를 면하는 데 만족해야 했다. 그러나 이러한 제라드의 수비적 약점은 꾸준히 드러났다. 리버풀이 아스널전을 앞두고 나선 에버턴전에서도 제라드는 후방에서 수비진 앞자리에 고립됐고, 이 덕분에 에버턴의 10번 역할을 맡은 로스 바클리Ross Barkley는 충분한 공간을 확보한 채 활약을 펼칠 수 있었다. 그러나 리버풀은 이러한 약점을 무색하게 할 정도로 제라드의 후방 지원 덕분에 폭발적인 득점력을 선보였고, 이날 에버턴을 상대로도 4-0으로 이겼다. 다만 이 시점까지 리버풀은 프리미어리그 4위로 우승권과는 거리가 있었다.

　더 눈에 띄는 점은 리버풀이 로저스 감독이 부임했을 때 구사하려고 의도한 축구와는 전혀 다른 유형의 팀이 됐다는 사실이다. 그가 공언한 오랜 시간 공을 소유하며 점유율을 높이는 축구는 구현되지 않았고, 리버풀은 직선적인 역습 축구가 가장 돋보이는 팀이 됐다. 그러면서 리버풀은 수아레스, 스터리지, 스털링으로 이어지는 공격진(SASAS 정도가 적합한 애칭일까?)의 개인 기량에 크게 의존할 수밖에 없었다. 이러한 리버풀의 축구는 아스널을 상대로 가장 극명하게 드러났다. 리버풀은 미드필드에서 적극적으로 아스널을 압박했고, 상대 미드필더 메수트 외질이 빠르게 진행되는 경기에 적응하지 못해 자리를 잡지 못하자 이를 집요하게 파고들며 역습으로 득점에 성공했다. 이런 식으로 경기를 풀어가는 건 박스-투-박스 미드필더 헨더슨에게도 매우 잘 어울렸다. 그는 수비적으로는 힘 있는 압박, 공격적으로는 태풍처럼 몰아치는 2선 침투로 리버풀의 중심이 됐다.

여전히 리버풀의 경기당 평균 점유율은 프리미어리그에서 다섯 번째로 높았다. 실제로 그들은 약팀을 상대로는 점유율을 지배했다. 그러나 리버풀은 프리미어리그 5위권 팀(맨시티, 첼시, 아스널, 에버턴)을 상대한 여덟 경기에서는 단 한 차례만 상대보다 점유율이 높았다. 더 큰 문제는 리버풀이 이 여덟 경기 중 네 경기에서 패한 점이다.

로저스 감독은 아스널을 상대로 대다수 프리미어리그 팀들이 이 시절 그랬듯 4-3-3 포메이션을 가동했다. 이는 곧 스터리지나 수아레스 중 한 명이 측면에 배치돼야 한다는 뜻이었다. 팀의 균형을 잡아야 하는 로저스 감독은 기로에 놓였다. 한편으로는 상대 팀 중앙 수비수의 발이 느리면 그를 상대할 최전방 공격수로 스터리지를 배치하는 게 적절했다. 그러나 로저스 감독에게는 스터리지는 물론 수아레스를 만족시켜야 할 필요도 있었다. 이에 수아레스 또한 "두세 경기 정도는 브렌던(로저스)을 위해 측면에서 뛸 수도 있겠지만, 네 경기 연속이 되면 화가 날 것이다. 그래서 브랜던은 나와 다니엘(스터리지)을 모두 편하게 해줄 만한 시스템을 만들어줬다. 때로는 선수들을 만족시키는 게 특정 전술을 만드는 것만큼이나 중요할 수 있다"고 말했다. 이런 면에서 볼 때, 당시 리버풀은 카를로 안첼로티 감독의 첼시와 흡사한 부분이 있었다. 이 시절의 리버풀 또한 과거 첼시와 마찬가지로 완성도 높은 선발 명단을 구성하는 것만큼이나 고참급 선수들의 요구를 충족시켜 주는 데 비중을 뒀기 때문이다. 수아레스나 스터리지가 측면에 배치됐을 때, 둘 중 누구도 상대 측면 수비수의 공격 가담을 막아야 한다는 수비적인 지시를 받지 않았다. 대신 이들은 측면에 머무르며 직선적인 패스를 받아 속공을 이끄는 역할을 맡았다.

이 시기 바르셀로나는 스페인 프리메라리가와 챔피언스리그에서 역습 축구를 앞세운 아틀레티코 마드리드와의 경쟁에서 밀렸다. 펩 과르디올라 감독이 이끈 바이에른 뮌헨은 점유율 축구를 구사하다가 레알 마드리드에 1, 2차전 합계 0-5 참패를 당했다. 그러면서 티키타카의 인기도 점점 식어갔다. 그러나 티키타카의 종말을 가장 잘 대변한 건 자신이 직접 점유율 축구를 포기하고 더 직선적인 역습 축구를 구사한 리버풀의 로저스 감독이었다. 이 때문에 점유율 기록도 더는 큰 중요성을 지니지 못했다. 실제로 리버풀은 2013-14시즌 프리미어리그 20팀 중 두 부문에서 선두를 차지했다. 리버풀은 가장 많은 태클 성공 횟수와 가장 많은 역습을 통한 득점을 기록했다. 이는 로저스 감독이 처음 리버풀 사령탑으로 부임했을 때 의도한 축구와는 정반대의 모습이었다. '포스트 점유율 축구'의 시대가 도래한 것이다.

로저스 감독은 갈수록 경기를 직접 지배하기보다는 상대에 대응하는 전술을 구사하는 데 능숙해졌다. 리버풀은 2013-14시즌 유럽클럽대항전에 출전하지 않은 데다 자국 컵대회에서도 단 다섯 경기만 치른 덕분에 경쟁 팀들보다 일정이 훨씬 더 수월했다. 이를 일찌감치 파악한 로저스 감독은 주중 훈련을 다음 경기에서 만날 팀의 전술을 염두에 두고 진행했다. 대체적으로 선수들은 상대 팀의 전술에 일찍 대비하는 훈련 방식을 좋아하지 않는다. 그러나 로저스 감독은 주말 경기를 앞두고 화요일부터 상대 팀에 대적할 맞춤형 전술 훈련을 시작했다. 그는 특정 훈련을 왜 하는지 선수들에게 설명하지 않았지만, 하루이틀 정도는 침투 패스 훈련과 미드필더들에게 공격수보다 더 적극적인 전방 침투를 주문하는 훈련도 함께 진행했다. 이후 로저스 감독은 목요일 혹은 금요일이 돼서야 선수들에게 구체적인 지시사항을 짚어줬다. 그의 지시사항은 상대 팀이 침투에 약한 데다 수비 라인 위치를 높게 잡으니 이를 파고들어야 한다는 식이었다.

만약 리버풀이 잦은 주중 경기를 요구하는 유럽클럽대항전에 출전했다면, 이러한 훈련 방식을 시즌 내내 유지하는 건 어려웠을 것이다. 로저스 감독은 상황에 맞게 영리한 지도 방식으로 팀을 운영했다. 또한 리버풀은 팀 훈련을 통해 세트피스 완성도를 높이는 데도 많은 노력을 기울였다. 실제로 세트피스는 리버풀의 주요 득점 루트였다. 제라드의 정확한 프리킥도 한몫을 했다. 이 시즌 리버풀은 세트피스를 통해 무려 26골을 넣었다. 이는 프리미어리그 1위는 물론 리그 평균보다 두 배 이상이 높은 수치였다.

리버풀은 아스널을 5-1로 꺾은 경기를 시작으로 11연승 행진을 달렸다. 이 덕분에 연승행진 전까지 4위에 머문 리버풀은 결국 1위로 올라섰다. 이처럼 리버풀은 로저스 감독의 전술적인 능력, 후방 플레이메이커 제라드의 경기 운영 능력, 미드필드 진영에서의 적극적인 압박, 역동적인 공격력과 프리미어리그 최고의 공격수 두 명이 어우러지며 상대가 도저히 막을 수 없는 존재가 됐다. 심지어 리버풀은 1995-96시즌 케빈 키건 감독의 뉴캐슬보다 더 공격적인 팀이 됐다. 당시 뉴캐슬의 실질적인 골득실 기록은 의외로 낮은 편이었다. 그러나 리버풀은 11연승 행진을 하는 동안 빼어난 득점력을 앞세워 4-3, 6-3은 물론 두 차례나 3-2로 승리했다. 당시 리버풀은 파도처럼 몰아치는 공격으로 상대 수비진을 파괴했다.

리버풀이 10연승째를 기록한 4월 맨시티전 3-2 승리는 사실상 프리미어리그 우승 팀을 결정하는 승부로 여겨졌다. 당시 이 경기는 1995-96시즌 뉴캐슬이 리버풀에 3-4로 패한 경기와 더불어 프리미어리그 역사상 가장 훌륭한 승부이기도 했다. 이날 경기는 90분 내내 놀라울 정도로 강도 높은 분위기를 유지하며 단 한순간도 내용이 느슨해지지 않았다. 이 경기를 전후로 있었던 드라마틱한 요인들이 이 승부를 더 극적으로 만들었다.

리버풀은 이날 경기를 앞두고 홈구장 안필드에서 힐스보로 참사의 피해자를 기리는 기념 행사를 열었다. 이는 매년 행사에 참가하는 모든 이들을 숙연하게 만들곤 했지만, 2014년에는 참가자들의 감정이 더 고조된 모습이었다. 힐스보로 참사 25주년을 맞아 진행된 이 행사는 오랜 시간 유가족들이 요청해온 끝에 진행된 사고에 대한 재수사를 통해 당시 사망자 96명이 무고하게 목숨을 잃었다는 사실이 밝혀진 후 2주 만에 열렸다. 이날 열린 모든 경기는 3시 6분에 시작했는데, 이는 힐스보로 참사가 발생한 날 경기가 중단된 시각이었다. 이런 분위기 속에서 경기 자체에 중요성을 부여하는 게 어려울 수도 있겠지만, 당시 리버풀은 프리미어리그 우승을 노리고 있었다. 리버풀 팬들은 힐스보로 피해자 추모 행사가 끝날 무렵 언제나 그랬듯이 응원가 〈당신은 결코 혼자 걷지 않으리You Will Never Walk Alone〉를 불렀다. 이후 그들은 "이제 당신들은 우리를 믿을 것이다. 우리는 리그 우승을 할 것이다"라는 구호로 응원가를 마무리했다. 마침내 리버풀 팬들은 팀이 프리미어리그 우승을 차지할 것으로 확신하기 시작했다. 그러면서 리버풀 선수단이 탄 팀 버스가 경기장 앞에 도착하자 광적인 퍼레이드 같은 분위기가 연출됐다.

이어진 경기 또한 행사 못지않게 훌륭했다. 로저스 감독은 다이아몬드형 미드필드 진형을 구축하며 꼭짓점에 스털링을 배치했다. 그는 스털링에게 수아레스와 스터리지가 측면으로 움직이면 발생하는 공간으로 침투하라고 주문했다. 스터리지는 경기 시작 6분 만에 공간 침투에 이은 선제골로 리버풀에 리드를 안겼다. 이어 리버풀은 스크르텔이 세트피스로 득점에 성공하며 2-0으로 앞섰고, 맨시티는 핵심 미드필더 야야 투레가 부상으로 교체됐다. 다만 이날 수아레스와 스터리지는 맨시티 측면 수비수 두 명이 공격 가담을 최대한 자제하며 자리를 지킨 탓에 놀라울 정도로 활약이 미미했다. 두 선수는 발이 느린 맨시티의 중앙 수비수 두 명 중 왼쪽에 선 마르틴 데미첼리스를 집중적으로 공략했지만, 큰 효과를 내지 못했다. 사실 이날 맨시티 수비의 허점은 부상으로 신음하던 뱅상 콤파니였다. 그는 선제골을 실점할 때 침투하는 스털링을 따라가지 못한 데 이어 두 번째 실점 장면에서도 세트피스 상황에서 스크르텔을 놓쳤다.

그러나 마누엘 펠레그리니 맨시티 감독이 후반전 시작과 함께 제임스 밀너를 투입하며 흐름이 변했다. 밀너는 오른쪽 측면에서 공격력을 발휘했고, 다비드 실바는 혼자 힘으로 경기를 지배하기 시작했다. 실바와 일대일 상황을 맞은 제라드는 전혀 그를 제어하지 못했고, 리버풀의 나머지 미드필더도 도움을 주는 데 실패했다. 이는 별로 놀랍지 않은 상황이었다. 제라드는 후방 미드필더 자리에 익숙한 선수가 아니었으며 헨더슨은 박스-투-박스 미드필더였다. 게다가 쿠티뉴는 10번, 스털링은 원래 측면 공격수를 소화한 선수였다. 이러한 미드필드 조합이 자유자재로 움직이며 전방으로 침투하거나 공간으로 패스를 찔러주는 실바를 상대로 고전한 건 당연한 결과다. 오랜 시간 문제로 지적된 제라드의 수비력은 이날 경기에서 더 극명하게 드러났다.

주도권을 잡은 실바는 내리 두 골을 연속으로 만들어냈다. 그는 밀너의 컷백을 골문으로 찔러 넣으며 만회골을 넣었고, 이어 자신이 직접 시도한 컷백이 글렌 존슨에 맞고 굴절되며 승부를 원점으로 돌렸다. 이후 실바는 역전골까지 넣을 뻔했지만, 세르히오 아구에로가 문전으로 연결한 낮은 크로스에 미처 발을 가져다 대지 못하며 승부를 뒤집는 데는 실패했다. 그러던 찰나에 리버풀이 결승골을 터뜨렸다. 이날 고전을 면치 못한 콤파니는 단순하게 걷어내면 되는 볼을 그대로 쿠티뉴에게 내줬다. 볼을 빼앗은 쿠티뉴는 그림 같은 감아차기로 결승골을 터뜨리며 리버풀에 3-2 승리를 안겼다. 리버풀은 훌륭한 경기 끝에 훌륭한 승리를 거두며 프리미어리그 우승을 향해 순항했다.

경기가 끝나자 제라드는 눈물을 터뜨렸다. 리버풀 선수들은 그를 감싸 안고 함께 승리의 기쁨을 만끽했다. 감정이 북받친 제라드는 동료들을 얼싸안고 "잘 들어. 이 경기는 이미 끝났어. 이제 노리치로 가서 오늘처럼 똑같이 해야 돼!"라고 소리쳤다. 그러면서 그는 한 손으로 주먹을 불끈 쥐며, "다시 가자!"라고 외쳤다.

이어진 노리치전도 비슷하게 흘러갔다. 리버풀은 경기 시작 10분 만에 스털링과 수아레스가 득점하며 2-0으로 앞서갔다. 이후 리버풀은 노리치의 반격에 일격을 당했으나 끝내 3-2로 승리했다. 로저스 감독은 이날 부상을 당한 스터리지, 경고 누적으로 결장한 조던 헨더슨의 결장 탓에 익숙하지 않은 포메이션을 구성해야 했다. 다이아몬드형 미드필드를 유지하기를 희망한 로저스 감독은 닐 아담스 노리치 감독이 똑같은 시스템으로 리버풀에 맞설 것으로 예상했다. 그는 첼시 유소년팀 감독 시절 남미에서 온 상대 팀 감독이 구사한 전술에 착안해 제라드, 루카스, 앨런 그리고 스털링으로 이어지는 다이아몬드형 미드필드를 앞세운 4-1-3-1-1 포메이션을 가동했다. 그러면서 그는 중원에서 리버풀이 5 대 4로 수적 우세를 점할 수 있게 했다.

그러나 리버풀은 결국 첼시전에서 발목이 잡혔다. 당시 리버풀은 세 경기를 남겨두고 첼시에 승점 5점 차로 앞서 있었다. 첼시는 사실상 프리미어리그 우승을 포기한 상태였고, 3일 후 열리는 아틀레티코 마드리드와의 챔피언스리그 4강에 초점을 맞추고 있었다. 또한 리버풀은 이 시점에 한 경기를 덜 치른 데다 골득실에서 우위를 지킨 맨시티에 승점 6점 차로 앞서 있었다. 리버풀은 첼시전에서 비기기만 했어도 자력으로 프리미어리그 우승을 차지할 수 있었다. 게다가 리버풀의 마지막 두 경기 상대는 크리스탈 팰리스와 뉴캐슬이었다.

심지어 무리뉴 첼시 감독은 이날 선발 명단에서 주전급 선수를 대거 제외했다. 존 테리, 개리 케이힐, 다비드 루이스, 하미레스, 윌리안, 에당 아자르 그리고 페르난도 토레스는 주중 열릴 아틀레티코전에 대비해 휴식을 취했다. 실제로 리버풀과 아틀레티코를 상대로 연이어 선발 출장한 선수는 마크 슈워처Mark Schwarzer, 세자르 아스필리쿠에타César Azpilicueta, 브라니슬라브 이바노비치 그리고 애슐리 콜이 전부였다. 리버풀을 상대로 선발 출장한 첼시의 체코 출신 중앙 수비수 토마스 칼라스Tomas Kalas는 이날 전까지 단 1분도 출전하지 않은 자원이었다. 그는 이로부터 약 2주 전 체코 언론과의 인터뷰에서 "나는 훈련만 하는 선수다. 콘이 필요하면 내가 대신 그 자리에 선다"고 농담을 했을 정도다. 그러나 칼라스는 갑작스럽게 프리미어리그 우승의 향방을 결정할 수도 있는 경기에 선발 출장했다.

이날 첼시는 노골적으로 수비 축구를 구사했다. 로저스 감독이 경기가 끝난 후 첼시를 가리키며 골대 앞에 "버스 두 대를 주차했다"고 불평했을 정도다. 무리뉴 감독이 또 스스로 만든 유행어의 희생양이 되는 순간이었다. 그러나 실제로 리버풀이 이날 첼시의 두터운 수비진 뒷공간을 뚫는 건 불가능해 보였다. 그러나 사실 이조차도 문제가 될 수는 없었다. 리버풀은 0-0으로 비기기만 했어도 여전히 자력 우승을 할 수 있었기 때문이다. 그러나 리버풀은 무승부를 할 줄 모르는 팀이었다. 그들은 항상 극단적인 공격 축구를 하며 끊임없이 상대 문전을 저격했다. 당시 리버풀의 축구는 마치 항상 160km로 달리는 자동차 같았고, 제라드는 첼시전을 앞두고 이를 우려했다. 그는 훗날 자서전을 통해 "첼시를 상대로 준비한 우리의 계획은 걱정스러웠다. 공개적으로 내가 이런 말을 할 수는 없었지만, 나는 우리가 첼시에 대승을 거둘 수 있다고 생각한 점이 특히 걱정스러웠다. 팀 미팅에서 브렌던(로저스)의 말투에는 지나친 자신감이 엿보였다. 그는 우리가 맨시티, 노리치를 상대로 그랬던 것처럼 첼시를 상대로도 공격만 해서 이길 수 있다고 생각했다. 결국 우리는 무리뉴 감독의 손안에서 놀아났다. 나는 경기 전부터 이런 점이 두려웠고, 지금은 내가 옳았다는 걸 알고 있다"고 말했다.

당시 헨더슨은 여전히 출장정지 징계를 받은 상태였고, 스터리지는 부상 탓에 대기 명단에 이름을 올리는 데 그쳤다. 이 때문에 로저스 감독은 4-3-3, 혹은 4-3-2-1을 연상시키는 포메이션을 가동했다. 이는 스털링과 쿠티뉴가 측면에서 중앙으로 좁혀 들어오는 형태의 진용이었다. 게다가 측면 수비수 존슨과 존 플라나건Jon Flanagan이 평소보다 수비적으로 활약하며 리버풀은 폭이 좁은 진용을 구축했다. 그러나 리버풀은 이러한 진용으로 촘촘한 첼시의 수비진을 열어젖히는 데 어려움을 겪었다.

지루한 공방전으로 종료된 전반전이 끝난 뒤, 후반전 초반 중요한 변화가 발생했다. 이날 제라드는 경기를 앞두고 일주일 내내 허리 부상으로 고통을 호소했다. 그런데도 그는 진통제를 알약과 주사로 수시로 복용하며 경기 출전을 감행했다. 리버풀은 전술적인 이유로 중앙 수비수 두 명이 좌우로 위치를 넓혔는데, 제라드의 역할은 이 둘의 사이에서 경기를 지휘하는 것이었다. 그러나 그는 이 상황에서 왼쪽 중앙 수비수 마마두 사코Mamadou Sakko로부터 단순한 패스를 받던 와중에 미끄러지고 말았다.

문제는 이게 전부가 아니었다는 점이다. 이 상황의 전말은 사실 조금 더 복잡했다. 제라드가 미끄러진 건 이 상황에서 발생한 그의 두 번째 실수였다. 일차적 실수는 그가 패스를 받으려고 움직이며 순간적으로 다른 곳을 응시하며 발밑으로 볼을 흘려보낸 데에 있다. 제라드는 볼이 자신에게 오기 전부터 두 차례나 고개를 들어 첼시 공격수 뎀바 바(Demba Ba)의 위치를 확인했다. 그러나 그가 이를 세 번째로 확인하려고 한 게 화를 불렀다. 이에 대해 그는 경기가 끝난 후 "볼보다 바의 위치에 더 집중하고 있었다"고 말하기도 했다. 결국 제라드는 볼을 제대로 받지 못하며 흐트러진 자세에서 회복하려는 도중 미끄러지고 말았다. 흐른 볼을 빼앗은 바는 문전으로 드리블한 후 가볍게 득점에 성공했다.

제라드의 이 실수가 상징적인 장면으로 남은 이유는 크게 두 가지로 나뉜다. 첫째는 앞선 맨시티전을 승리로 이끈 그가 경기 후 동료들에게 '미끄러지다(slip)'라는 단어를 언급한 후에 우승의 향방이 결정된 경기에서 자기 자신이 실제로 미끄러지는 실수를 범했다는 점이다. 더 중요한 건 두 번째 이유다. 제라드가 후방 미드필더로 보직을 변경한 이유는 로저스 감독이 제라드의 머리를 움직이는 동작(플레이어의 시야에 영향을 주는)이 감소해 더 이상 공격 진영에서 활동하기에는 적합하지 않다고 판단했기 때문이었다. 그러나 프리미어리그 우승이 걸린 순간, 그는 바로 그 문제로 인해 눈앞에서 우승 기회를 놓쳤다. 이 때문에 제라드가 범한 실수는 여전히 프리미어리그 역사상 가장 상징적인 순간 중 하나로 남아 있다.

로저스 감독은 제라드의 실수로 선제골을 헌납한 후 하프타임을 맞아 드레싱룸으로 들어온 선수들에게 동기를 부여하기 위해 노력했다. 그는 제라드가 과거 리버풀을 수차례 위기에 구해냈듯이 이번에는 나머지 선수들이 그에게 진 빚을 갚아줄 때라고 힘주어 말했다. 그러나 이 시점의 리버풀은 공간을 침투해 득점을 노리는 축구에 지나치게 익숙해진 나머지 무게중심을 뒤로 뺀 첼시 앞에서는 혼란을 겪었다. 결국 이 경기의 후반전은 제라드가 자신의 실수를 만회하려고 몸부림치는 모습으로만 남게 됐다. 그는 경기가 끝난 후 "나는 지나치게 자주 앞으로 전진해 불가능한 각도에서 계속 슈팅을 시도했다"고 실토했다. 실제로 제라드는 이날 후반전에만 슈팅 8회를 기록했고, 이 중 대다수는 중거리 슛이었다. 그러나 리버풀이 이외에 확실한 공격 루트를 보여준 것도 아니었다. 스터리지와 수아레스는 위험 지역에서 볼을 잡지 못했다. 특히 수아레스는 경기 도중 첼시 수비수들에게 왜 그렇게 수비적으로 경기를 하느냐고 묻기까지 하며 리버풀의 전술적 순진함을 그대로 노출했다. 스털링은 특유의 드리블 돌파를 보여줄 공간을 찾지 못했고, 리버풀의 패스 연결은 단순히 말해 통하지 않았으며 크로스는 첼시 수비에 막혔다. 이런 밀집 수비를 펼치는 팀을 상대로 리버풀이 할 수 있었던 최적의 공격은 중거리 슛이었던 것이다. 그러나 제라드의 이날 활약은 "팀을 이끈다"는 칭찬보다는 "혼자 다 하려고 한다"는 비난을 받았다.

첼시는 후반전 추가시간에 두 번째 골을 터뜨렸다. 리버풀의 교체 요원 이아고 아스파스Iago Aspas가 연결한 형편없는 코너킥이 첼시의 역습 기회로 이어졌다. 과거 리버풀에서 활약한 첼시 공격수 토레스는 문전까지 드리블 돌파해 골문 앞으로 땅볼 패스를 연결했고, 윌리안이 이를 마무리했다. 윌리안은 이로부터 불과 1년 전, 제라드가 리버풀 이적을 권한 선수였다. 그러나 아이러니하게도 이런 윌리안이 리버풀에는 가장 뼈아픈 패배를 안겼다. 로저스 감독은 경기가 끝난 후 "첼시의 승리를 축하한다. 그들은 아마 오늘 무승부가 목표였을 것이다. 이기려고 한 팀은 우리였다"고 말했다. 그러나 로저스 감독은 논점을 놓치고 있었다. 만약 첼시가 무승부를 하려고 했다면, 리버풀은 그대로 비겼더라도 자력 우승을 할 수 있었기 때문이다.

같은 날 맨시티는 크리스탈 팰리스 원정에서 2-0으로 승리했다. 이어 맨시티는 에버턴에도 3-2로 이겼다. 그러면서 맨시티와 리버풀은 승점 80점으로 동률을 이룬 채 각자 두 경기씩 남겨두고 있었다. 다만 맨시티는 골득실에서 리버풀에 9골 차로 앞서 있었다.

첼시전에서 일격을 당한 리버풀은 크리스탈 팰리스 원정에 나섰다. 제라드는 첼시전 이후 심한 우울증 증세를 보였다. 이 때문에 그는 첼시전이 끝난 후 며칠간 모나코에서 휴식을 취했다. 그가 모나코를 택한 이유는 과거 이곳에 방문했을 때, 사람이 많지 않았기 때문이었다고 한다. 그러나 크리스탈 팰리스전에 나선 제라드는 경기 초반부터 맹활약을 펼쳤다. 그는 코너킥으로 앨런의 선제골을 도운 뒤, 긴 대각선 패스로 스터리지의 추가골까지 만들어냈다. 이어 55분에는 수아레스가 스털링과 전형적인 2 대 1 패스를 주고받으며 득점에 성공했다. 점수는 3-0. 이에 제라드가 "우리는 (크리스탈 팰리스를) 죽여놓고 있었다. 솔직히 말해 나는 우리가 6-0으로 이길 줄 알았다"고 말했을 정도다. 수아레스 또한 리버풀의 세 번째 골을 넣은 후 바로 골대에서 공을 꺼내 중앙선에 가져다 놓으며 대량 득점의 중요성을 실감케 했다. 이처럼 리버풀은 9골로 벌어진 맨시티와의 골득실 차를 만회할 수 있다고 믿었다. 수아레스는 훗날 "무슨 이유에서인지 맨시티와의 골득실 차를 뒤집는 게 가능하다고 생각했다. 우리 머릿속에는 그 생각밖에 없었다. 골, 골, 골. 우리는 이를 해낼 수 있다고 믿었다"고 말했다.

이는 그다지 과한 생각도 아니었다. 리버풀은 앞선 12경기 중 11경기에서 승리했다. 게다가 리버풀은 이 기간에 카디프를 상대로 6골, 아스널전에서 5골, 토트넘과 스완지전에서는 각각 4골씩을 뽑아냈다. 게다가 리버풀의 시즌 최종전은 홈에서 열리는 뉴캐슬과의 경기였다. 앨런 파듀Alan Pardew 감독이 이끈 뉴캐슬은 시즌 후반기부터 전력이 완전히 붕괴되며 당시 시점을 기준으로 14경기에서 11패를 당했고, 이 중 10경기에서는 무득점에 그쳤다. 게다가 뉴캐슬은 이 기간에 토트넘, 사우샘프턴, 맨유에 0-4, 선덜랜드와 첼시, 에버턴, 아스널에는 0-3으로 패했다. 그들은 희망이 없는 팀이었다. 물론 두 자릿수 점수 차 승리는 프리미어리그 역사상 단 한 번도 일어난 적이 없었지만, 이때까지는 굳이 두 자릿수 득점을 반드시 해야 하는 팀이 없었던 것 또한 사실이다. 웬만해서는 보통 경기에서 한 팀이 4-0 혹은 5-0으로 앞서면 체력을 안배하기 위해서라도 템포를 낮추곤 한다. 그러나 당시 리버풀은 90분간 뉴캐슬을 상대로 최대한 많은 골을 넣어야 했다. 게다가 프리미어리그 득점 1, 2위 공격수를 보유한 그들에게 이는 해볼 만한 도전이었을 수도 있다. 리버풀은 불과 몇 달 전 리그 1위를 달린 아스널을 상대로도 4골을 터뜨린 적이 있었다. 그렇다면 그들이 이미 무너진 뉴캐슬을 상대로는 90분간 몇 골을 넣을 것이란 말인가? 당연히 리버풀은 대승을 낙관했다. 이대로 리버풀이 뉴캐슬을 상대했다면 분명히 매우 흥미로운 경기를 지켜볼 수 있었을 것이다.

그러나 이 모든 게 무의미해졌다. 수아레스와 리버풀은 3-0으로 앞선 크리스탈 팰리스전에서 절박해 보일 정도로 추가 득점을 노린 나머지 수비진에 차츰 균열이 생겼다. 그러면서 리버풀은 경기 종료 10분을 남겨두고 세 골을 실점하며 재앙이나 다름없는 3-3 무승부에 그쳤다. 수아레스는 제라드의 위로를 받으면서도 감정을 주체하지 못하고 유니폼으로 머리를 감싸며 눈물을 흘렸다. 그는 경기장에서 드레싱룸으로 향하는 터널까지 걸어가는 긴 시간 동안 중계 카메라로부터 얼굴을 가렸다. 리버풀의 우승 도전은 이렇게 끝났다. 맨시티는 나머지 두 경기에서 승리하며 2년 연속 프리미어리그 우승을 달성했다.

리버풀이 뉴캐슬과의 최종전에서 총력전을 펼쳤다면 분명히 훌륭한 경기를 볼 수 있었을 것이다. 그러나 리버풀은 일단 크리스탈 팰리스전에서 승리하는 게 우선이라는 점을 알았어야 했다. 만약 그랬다면 맨시티는 큰 압박감에 시달렸을 것이다. 물론 맨시티의 남은 두 경기는 애스턴 빌라, 웨스트햄과의 홈경기로 어렵지 않은 수준이었지만, 그들은 압박감에 시달릴 때 무너진 전적이 있는 팀이었다. 실제로 맨시티는 2년 전 QPR과의 시즌 최종전에서 우승을 놓칠 뻔한 적이 있었고, 불과 1년 전 FA컵 결승전에서는 강등당한 위건에 패하며 준우승에 그쳤다. 그러나 리버풀은 맨시티를 압박할 기회조차 살리지 못했다.

리버풀의 순진함은 전술적인 이유보다는 더 큰 원인에서 비롯됐다. 리버풀은 굳이 첼시에 승리하려고 할 필요가 없었지만, 절박해 보일 정도로 그들을 꺾으려고 달려들었다. 리버풀은 크리스탈 팰리스를 상대로 굳이 더 많은 골을 넣을 필요가 없었지만, 절박해 보일 정도로 대량 득점을 노렸다. 당시 리버풀은 지나치게 가차 없는 전원 공격을 펼치는 데 익숙해진 나머지, 로저스 감독이 부임할 때 공언했던 축구를 아예 잊은 모습이었다. 로저스 감독은 리버풀 부임 당시 '득점'보다는 '통제'에 비중을 둔 점유율 축구를 하겠다고 약속했었다. 그러나 이를 해내지 못한 게 리버풀이 우승을 놓친 가장 큰 원인이 됐다.

포체티노와 토트넘
- 압박의 문제

"우리의 스타일은 최대한 빨리 볼을 빼앗는 것이다. 우리는 라인을 최대한 끌어올려 공격 진영에서 플레이한다. 우리가 더 많이 뛰는 것처럼 보이겠지만, 우리는 그저 더 조직적인 방식으로 뛸 뿐이다."

- 마우리시오 포체티노

점유율 축구가 한창 유행한 몇 년간 거의 모든 팀이 볼을 오랜 시간 소유하는 데 집중했다. 반대로 이렇게 상대에 점유율을 헌납한 팀들은 무게중심을 뒤로 빼고 볼을 빼앗을 기회를 엿보며 볼을 소유할 수 있을 때까지 기다렸다. 그러나 결국 점유율 축구에 대적할 만한 방법이 제시됐다. 압박 축구의 대두가 그것이다. 무게중심을 뒤로 뺀 채 상대의 아기자기한 패스를 지켜보기보다는 앞으로 전진해 패스 루트를 차단하는 전방 압박의 시대가 도래했다.

물론 압박 축구 자체는 새로운 전술이 아니었다. 압박 축구는 아약스와 네덜란드 대표팀이 1970년대부터 토털 축구를 앞세워 구사했고, 1980년 후반 아리고 사키 감독의 AC 밀란을 통해 유행처럼 번졌다. 잉글랜드 축구에서도 압박 축구는 흔히 볼 수 있었던 전술이다. 그래엄 테일러 감독은 잉글랜드 대표팀 시절 롱볼 축구로 유명했지만, 왓포드에서는 매우 효과적인 압박 축구로 성공을 거뒀다. 테일러 감독은 "우리의 스타일은 볼이 있는 위치면 어디든 압박을 가하는 것이었다. 상대 오른쪽 측면 수비수가 자기 진영에서 볼을 소유하고 있어도 우리는 그대로 그를 압박했다. 우리는 극단적으로 빠른 템포의 축구를 구사했다. 이는 우리 선수들의 체력이 매우 우수했다는 뜻이기도 하다"고 말했다.

테일러 감독의 이러한 지도 방식은 당시에는 부당한 조롱을 받곤 했다. 그는 2017년 1월에 작고했는데, 이때 프리미어리그는 그 어느 시절보다 강력한 압박 축구를 구사하는 리그가 돼 있었다. 조지 그래엄 아스널 감독이 1980년대 후반과 1990년대 초반 수비 라인을 전진 배치하며 구사한 압박 축구는 더 강도가 높고 더 조직적이었다. 그래엄 감독은 "많은 팀들이 압박을 현대 축구의 전유물로 생각한다. 그러나 우리는 수년 전에도 압박 축구를 했다. 다만 그때는 요즘처럼 조직적인 압박 축구를 하지 않았다"고 설명했다.

실제로도 압박 축구는 자연스럽게 프리미어리그에 스며들었다. 근면함, 힘 그리고 강한 태클로 대변되는 잉글랜드 축구 문화는 상대 선수에게 바짝 달라붙어 수비를 펼치는 데 아무런 거리낌이 없었다. 이는 프리미어리그는 고사하고 선데이 리그(영국식 조기 축구)에서도 자주 볼 수 있는 장면이었다. 게다가 기온이 낮은 잉글랜드는 오랜 시간 뛰면서 압박을 구사하는 데 지리적인 관점에서도 더 적합했다.

그런데도 압박 축구는 프리미어리그가 출범한 후 약 20년간 심도 있게 논의되지 않은 주제였다. 단순히 특정 팀이 열심히 뛰었다거나, 공격수가 상대 팀 수비수를 잘 쫓아다녔다는 평가가 나온 적은 있지만, 1992년부터 2012년 사이에 조직적인 압박 축구를 구사한다는 칭찬을 받은 팀을 기억하기는 어렵다. 그러나 이후 5년간 압박 축구는 축구계에서 가장 자주 논의되는 전술 콘셉트가 됐다.

압박 축구가 다시 유행하게 된 것 역시 펩 과르디올라 감독의 바르셀로나와 관련이 있다. 바르셀로나는 챔피언스리그 우승을 차지한 2010-11시즌 결승전에서 2년 만에 다시 맨유를 만났다. 그러나 바르셀로나는 이때 2009년 결승전과는 놀라울 정도로 전혀 다른 경기력을 선보였다. 바르셀로나 공격진은 2009년 결승전 당시 중앙선 부근까지 내려왔지만, 2011년에는 가차 없이 전방으로 돌격해 맨유가 공격 진영으로 패스를 연결하지 못하게 했다. 과르디올라 감독은 "우리는 상대 진영에서 최대한 오랜 시간 플레이한다. 우리는 볼이 없을 땐 형편없는 팀이다. 그래서 나는 우리가 최대한 빨리 볼을 빼앗기를 바란다"고 말했다.

잉글랜드 축구가 압박이라는 콘셉트에 눈을 뜨게 된 계기는 2010년 4월 아스널이 홈구장 에미리츠 스타디움에서 바르셀로나를 상대한 챔피언스리그 8강 1차전 경기 전반전이다. 양 팀의 경기를 앞두고 관심을 끈 주제는 점유율 축구를 구사하는 두 팀의 맞대결이었다. 그러나 바르셀로나는 단순히 볼을 소유하는 데 집중하는 아스널과 달리 스스로 볼을 소유하는 것만큼이나 상대가 소유하지 못하게 하는 데 집중하는 팀이었다. 실제로 바르셀로나는 이날 전반전 엄청난 경기력을 선보이며 45분간 아스널에 재앙과도 같았던 압박 축구를 구사했다. 아스널은 바르셀로나의 강도 높은 경기력에 당황한 모습이 역력했다. 바르셀로나 오른쪽 측면 수비수 다니엘 알베스가 아스널 진영 코너 플래그 근처에서 상대 왼쪽 측면 수비수 가엘 클리시를 가두고 압박하는 장면이 카메라에 포착됐을 정도다. 아스널은 이에 대응할 방법을 찾지 못했다. 아스널은 거센 압박 속에서 패스를 연결하는 데 어려움을 겪었고, 어쩔 수 없이 긴 패스를 시도해 압박을 벗어나려고 했다. 그러면서 바르셀로나는 계속 아스널로부터 볼을 빼앗으며 공격을 이어갔고, 득점 기회를 모두 살렸다면 전반전이 끝난 시점에 5-0으로 앞설 수도 있었다. 그러나 아스널의 입장에서는 다행스럽게도 골키퍼 마누엘 알무니아가 완벽에 가까운 활약을 펼친 덕분에 전반전은 0-0으로 끝났다.

벵거 감독은 하프타임 팀 미팅을 통해 선수들에게 바르셀로나의 압박 축구를 아스널도 구사해야 한다고 지시했다. 그러나 이마저도 잘 통하지 않았다. 압박 축구는 체력보다는 조직력을 더 중시하는 전술이다. 아스널은 선수 한 명 혹은 두 명이 바르셀로나 수비진을 압박했고, 이를 조직적으로 하지 못했다. 바르셀로나는 아스널의 어설픈 압박 축구를 무리 없이 피해 공격을 전개했고, 상대가 수비 라인을 끌어올리자 뒷공간으로 긴 패스를 연결했다. 결국 즐라탄 이브라히모비치는 똑같은 방식으로 두 골을 터뜨렸다.

그러나 아스널은 반격에 성공했다. 경기 초반부터 강도 높은 압박을 구사한 바르셀로나는 체력적인 한계를 드러냈다. 또한 발이 빠른 시오 월콧을 교체 투입한 아르센 벵거 감독의 선택 덕분에 아스널은 바르셀로나 수비진 뒷공간을 효과적으로 공략했다. 월콧이 만회골을 터뜨린 데 이어 아스널 주장 세스크 파브레가스가 자신이 유소년팀 시절 몸담은 고향 팀을 상대로 얻어낸 페널티킥을 직접 동점골로 연결했다. 그러나 파브레가스는 이날 페널티킥을 유도하는 과정에서 바르셀로나 수비수 카를레스 푸욜에게 차인 정강이가 골절되며 시즌 아웃 판정을 받았다. 그는 그 상황에서도 페널티킥을 성공시켰다. 경기는 그대로 2-2로 종료됐지만, 바르셀로나는 이날 유효 슈팅에서 아스널에 14 대 2로 앞섰을 정도로 압도적인 경기력을 선보였다. 과르디올라 감독도 경기가 끝난 후 "지난 시즌 우리는 많은 우승 트로피를 차지했지만, 챔피언스리그 원정경기에서 오늘처럼 이런 경기력을 선보인 적은 없었다. 우리는 볼을 소유하며 아스널이 그들의 축구를 하도록 내버려두지 않았다. 전반전 45분은 내가 감독이 된 이후 본 최고의 경기력이었다. 우리는 축구를 어떻게 해야 하는지 좋은 예를 제시했다"고 말했다. 여기서 과르디올라 감독이 "아스널이 그들의 축구를 하도록 내버려두지 않았다"는 표현은 많은 의미를 담고 있다.

과르디올라식 압박 축구로부터 큰 영감을 받은 감독 중 한 명은 안드레 빌라스-보아스였다. 포르투갈인 빌라스-보아스 감독이 축구계에 입문한 방식 또한 매우 로맨틱했다. 16세 시절 포르투를 응원한 빌라스-보아스가 가장 좋아하는 선수는 도밍고스 팔렌시아Domingos Paciencia였다. 그러나 그는 보비 롭슨 감독이 팔렌시아를 중용하지 않는 데에 불만을 품고 있었다. 마침 당시 롭슨 감독은 16세 소년 빌라스-보아스와 같은 아파트에 살고 있었다. 빌라스-보아스는 롭슨 감독의 편지함에 자신이 포르투의 전술에 품은 불만을 적은 편지를 넣었다. 이를 읽은 롭슨 감독은 빌라스-보아스를 불러 차를 한잔 마시자고 제안했다. 이 자리에서 롭슨 감독은 빌라스-보아스에게 포르투의 전술에 대해 쓴 편지 내용을 더 자세히 설명해달라고 말했다. 이에 빌라스-보아스는 흔쾌히 응하며 포르투의 전술을 분석했다. 롭슨 감독은 어린 빌라스-보아스의 축구 지능에 깊은 감명을 받았고, 과거 조세 무리뉴에게 해준 것처럼 그에게도 연습생 코치로 활동할 기회를 부여했다.

이후 빌라스-보아스는 무리뉴 감독이 포르투를 이끈 2002년까지 팀에 남아 상대 팀 전술을 분석하는 업무를 담당했다. 이어 빌라스-보아스는 무리뉴 감독을 따라 첼시에서도 똑같은 역할을 했다. 무리뉴 감독이 첼시를 맡아 거둔 성공의 뒤에는 빌라스-보아스가 제공한 상대 팀 분석 리포트가 있었다. 결국 빌라스-보아스는 2009년 포르투갈 구단 아카데미카 사령탑으로 부임하며 직접 감독직을 맡았다. 이어 그는 2010년 포르투 감독으로 부임했다. 빌라스-보아스 감독은 첫 시즌부터 포르투를 자국 리그 무패우승으로 이끌었고, 유로파 리그 결승전에서도 브라가를 1-0으로 꺾고 정상에 등극했다. 우연찮게 당시 브라가를 이끈 건 빌라스-보아스 감독이 어린 시절 동경한 도밍고스 팔렌시아였다. 빌라스-보아스는 자신이 감독의 꿈을 이룬 계기가 되어준 팔렌시아를 꺾고 유로파 리그 우승을 차지한 셈이다.

빌라스-보아스 감독은 유로파 리그 우승을 차지한 직후 롭슨 감독과 무리뉴 감독에게 영광을 바쳤다. 이후 그는 놀랍게도 단 한 번도 만나본 적이 없는 과르디올라 감독에게도 공을 돌렸다. 빌라스-보아스 감독은 "과르디올라는 항상 내게 영감을 준다. 그의 팀은 환상적인 축구를 구현하기 때문이다. 과르디올라의 수준과 철학은 내게 매일 새로운 틀을 제공해준다"고 말했다. 어쩌면 로만 아브라모비치 첼시 회장이 빌라스-보아스 감독의 매력에 빠진 이유도 이 때문일지 모르겠다. 당시 카를로 안첼로티 감독을 경질한 아브라모비치 회장은 여전히 첼시가 공격적인 축구를 하기를 희망했다. 그러면서 그는 34세 지도자 빌라스-보아스 감독을 선임했다. 당시 이는 용감한 결정이었다. 실제로도 빌라스-보아스 감독은 잉글랜드 축구계에서 음지의 인물로 평가됐다. 심지어 잉글랜드 언론은 그를 선수를 관리하는 감독이 아닌 노트북을 두드리는 지도자라고 평가하기도 했다.

첼시 사령탑이 된 빌라스-보아스 감독은 포르투에서 선보인 지도 방식을 그대로 팀에 이식하려고 했다. 그러나 결과는 실망스러웠다. 그는 4-3-3 포메이션과 전진 배치된 수비 라인을 선호했다. 첼시는 4-3-3 포메이션에는 익숙한 팀이었지만, 수비 라인을 끌어올리는 작업에는 큰 어려움을 겪었다. 그러면서 잉글랜드에서 빌라스-보아스 감독을 평가할 때 가장 큰 논란적인 주제는 첼시 수비진이 됐다. 그가 추구한 수비 방식은 무리뉴 감독이 2004년 팀을 이끌면서 추구한 스타일과 근본적으로 달랐기 때문이다. 빌라스-보아스 감독은 언론으로부터 '새로운 무리뉴'라는 평가를 받았지만, 실질적으로 첼시 사령탑으로 부임해 그처럼 무리뉴와 다른 지도 방식을 추구한 감독은 없었다.

빌라스-보아스 감독이 구축한 첼시의 수비 전술은 '하이 블록high block'이라고 불렸다. 이전까지 잉글랜드 축구에서는 거의 쓰이지 않은 용어다. 하이 블록이란 수비진이 전진해 더 위쪽에서 상대 공격의 흐름을 차단하는 수비 방식을 의미한다. 이처럼 빌라스-보아스 감독은 조지 그래엄 감독 이후 프리미어리그 역사상 최초로 팀이 볼을 소유하고 있을 때보다는 소유하지 않은 상황에서 보여준 경기력으로 평가를 받은 지도자가 됐다. 무리뉴 감독이 수비적인 축구로 명성을 떨쳤다면, 빌라스-보아스 감독은 역습 축구를 하는 지도자로 알려지기 시작했다. 즉 그는 볼이 없을 때 수비 대형을 쌓는 데 집중하면서도 여전히 공격적인 접근 방식을 선호했다. 이에 빌라스-보아스 감독은 첼시가 재빨리 볼을 전진시키는 수직적인 패스로 경기를 풀어가는 팀이라고 설명했지만, 전문가들은 첼시가 볼이 없을 때 어떻게 경기에 접근하는지에 더 큰 관심을 보였다.

첼시는 상당 시간 상대를 좁은 공간에 가두는 축구를 구사했지만, 그들의 높은 수비 라인에는 자주 균열이 생겼다. 첼시 수비진이 발이 빠른 공격수를 상대로 어려움을 겪은 건 이해가 되는 대목이다. 그러나 첼시는 체격이 다부진 노리치의 정통파 공격수 그랜트 홀트Grant Holt도 버거워했다. 당시 홀트는 잉글랜드 하부리그에서 활약하다가 처음으로 프리미어리그에서 활약하게 된 선수였다. 게다가 몇몇 경기에서 첼시 수비진은 조직력마저 부족한 모습을 보였다. 예를 들어 첼시가 맨유 원정에서 1-3으로 패한 경기에서는 수비 라인이 지나치게 전진하며 미드필더들이 원활히 압박을 하지 않는 현상이 발생했다. 그러면서 첼시는 맨유의 중앙에서 전방으로 찔러주는 침투 패스와 그를 노려서 공간으로 빠져 들어가는 공격을 막지 못했다.

이러한 첼시의 약점이 가장 극명하게 드러난 경기는 3-5로 패한 아스널전이었다. 이날 아스널 공격수 로빈 판 페르시는 해트트릭을 작성하며 영웅으로 떠올랐고, 측면 공격수 시오 월콧과 제르비뉴는 빠른 발을 이용해 수시로 첼시 수비 뒷공간을 침투했다. 특히 첼시 미드필더 존 오비 미켈은 이날 존 테리에게 주려던 패스를 정확히 연결하지 못해 판 페르시가 터뜨린 두 번째 골의 빌미를 제공했다. 테리는 미켈의 부정확한 패스 탓에 뒤로 돌아서서 전속력으로 달려야 했다. 이 과정에서 판 페르시는 테리보다 빨리 질주하며 볼을 쟁취했다. 이를 따라가지 못한 테리는 속절없이 쓰러지며 바닥에 나뒹굴었고, 판 페르시는 페트르 체흐를 제치고 득점에 성공했다. 이 상황은 여전히 빌라스-보아스 감독의 '하이 블록' 수비를 대변하는 장면으로 기억되고 있다.

시즌이 진행될수록 빌라스-보아스 감독은 자신의 지도 방식이 첼시에 어울리지 않는다는 사실을 깨달았다. 결국 그는 12월부터 수비 라인 위치를 낮게 잡은 '로우 블록low block'을 형성해 챔피언스리그 경기에서 발렌시아를 상대했다. 이 경기에서 패할 시 경질 가능성을 우려한 그는 발렌시아가 중원을 장악하도록 내버려뒀다. 이 때문에 첼시는 점유율 31%만을 기록했지만, 결과는 3-0 완승이었다. 이날 첼시는 전통적인 첼시의 모습을 선보였다. 그러면서 빌라스-보아스 감독의 하이 블록 전술을 향한 우려 섞인 시선은 더 강해졌다. 심지어 그는 맨시티를 2-1로 꺾은 경기에서도 수비 라인이 어느 위치에서 활동해야 했는지를 묻는 질문에 답해야 했다. 그는 "경기 초반에는 어느 위치에 수비 라인을 배치해야 할지 고민해야 했다. 결국 오늘 우리는 '중앙 블록'을 배치했다. 상대가 짧은 패스로 빌드업을 시도해 초반 10분 정도는 고통을 감내해야 했다. 그러나 우리는 곧 이에 적응하며 블록의 위치를 조금 내렸고, 이후 편안함을 느낄 수 있었다. 그러면서 우리는 자신감을 얻었다"고 말했다.

이를 두고 첼시 선수들이 빌라스-보아스 감독이 지시한 전술을 무시하고, 수비 라인을 뒤로 내린 게 아니냐는 의혹도 제기됐다. 그러나 빌라스-보아스 감독은 이후 다시 '하이 블록'으로 경기에 나섰다. 아브라모비치 회장으로부터 공격 축구를 해달라는 당부를 받은 그는 무리해서 이를 따르려다가 대가를 치러야 했다. 예를 들어 첼시가 나폴리에 1-3으로 완패한 챔피언스리그 16강 1차전 경기에서 상대 측면 공격수 에세키엘 라베치 Ezequiel Lavezzi는 오른쪽 측면 수비수 브라니슬라브 이바노비치의 뒷공간을 수시로 공략했다. 결국 빌라스-보아스 감독은 첼시 사령탑 부임 8개월 만에 경질됐다. 이후 그의 수석코치 로베르토 디 마테오가 감독으로 승격해 무리뉴 감독 시절을 연상시키는 로우 블록을 형성하며 챔피언스리그 우승을 일궈냈다.

빌라스-보아스 감독은 첼시에서 경질된 지 5개월이 채 되지 않아 토트넘 사령탑으로 부임하며 프리미어리그 무대에 복귀했다. 당시 토트넘의 전임 사령탑 해리 레드냅 감독은 팀을 프리미어리그 4강으로 이끌었다. 그러나 디 마테오 감독의 첼시가 같은 시즌 프리미어리그에서는 4위권 밖으로 밀리고도 챔피언스리그 우승을 차지했다. 이 때문에 토트넘은 다음 시즌 챔피언스리그 진출권을 획득하지 못했다. 그러나 이와 관계없이 빌라스-보아스 감독은 토트넘에서도 압박에 큰 중점을 두는 지도자라는 사실을 바로 입증해 보였다. 그는 2012-13시즌 개막전에서 뉴캐슬에 1-2로 패했는데, 토트넘 선수들에게 상대 중앙 수비수 두 명을 제외한 전원을 강하게 압박하라고 주문했다. 이 덕분에 뉴캐슬 중앙 수비수 스티븐 테일러Steven Taylor와 제임스 퍼치James Perch는 이날 각각 패스 성공률 100%, 98%를 기록했다. 그러나 나머지 뉴캐슬 선수들의 평균 패스 성공률은 77%에 그쳤다. 이처럼 빌라스-보아스 감독은 하이 블록을 아예 포기하기보다는 상대의 성향에 따른 맞춤형 수비 전술을 구성하기 시작했다.

게다가 토트넘은 대다수 경기에서 대체적으로 전진하는 수비를 했다. 가장 눈에 띈 건 골키퍼 위고 요리스Hugo Lloris가 매우 높은 위치에서 수비를 펼친 점이다. 그는 말 그대로 '스위퍼-키퍼' 역할을 맡으며 자주 페널티 박스 밖으로 나와 길게 넘어들어오는 상대 공격을 헤더로 차단했다. 빌라스-보아스 감독의 토트넘은 가레스 베일을 앞세워 때로는 훌륭한 경기력을 선보였다. 심지어 토트넘은 2012년 9월 프리미어리그 출범 후 최초로 맨유 원정에서 승리를 기록했다. 이날 토트넘은 역동적인 무사 뎀벨레Mousa Dembele와 클린트 뎀프시가 상대 미드필더 폴 스콜스와 마이클 캐릭을 강하게 압박하며 3-2 승리를 이끌었다. 그러면서 토트넘은 수비 진영에서 단단한 블록을 형성하며 점유율 26%만을 기록하고도 승리했다.

토트넘은 지나치게 자주 상대에 과한 압박을 가하면서도 경기를 주도하지는 못했다. 빌라스-보아스 감독 또한 무리뉴 감독이 복귀한 첼시에 2-4로 패한 후 "경기의 속도는 어수선했다. 양 팀 모두 볼을 지나치게 자주 빼앗겼다. 경기의 강도가 문제였고, 우리는 침착하게 경기를 운영하고 싶었다"며 상대를 통제하는 데 어려움을 겪은 점을 인정했다. 그러나 이후 토트넘은 아스널을 2-1로 꺾은 경기에서는 효과적인 압박 축구를 구사했다. 당시 양 팀은 서로를 강력하게 압박하며 중앙선 부근 약 18m 공간에서 주로 움직였지만, 토트넘이 더 효과적인 침투 패스로 뒷공간을 침투하는 베일Bale과 아론 레넌Aaron Lennon을 활용했다. 이 덕분에 토트넘은 베일과 레넌의 득점에 힘입어 아스널을 꺾었다.

그러나 시즌이 끝난 후 베일이 떠나며 토트넘의 전력에는 큰 공백이 생겼다. 2차적인 문제는 토트넘의 높은 수비 라인, 즉 하이 블록이었다. 다음 시즌 토트넘이 아스널에 0-1로 패한 경기에서 시오 월콧은 수시로 뒷공간을 침투했다. 더욱이 월콧보다 발이 훨씬 더 느린 올리비에 지루Olivier Giroud까지 토트넘의 수비 뒷공간을 공략했다. 이어 토트넘은 첼시와 1-1 무승부를 거둔 경기에서도 경기력이 현저히 저하된 상대 공격수 페르난도 토레스가 수개월 만에 최고의 활약을 펼치는 모습을 지켜봐야 했다. 비록 당시 토레스는 경기 막판에 상대 수비수 얀 베르통언Jan Vertonghen과 벌인 경합 탓에 퇴장을 당했지만, 이전까지 뒷공간으로 침투할 공간이 발생하자 움직임이 살아났다.

더욱이 빌라스-보아스 감독의 전술은 잘 통하지 않는 경기에서는 팀이 처참히 무너지는 결과를 초래했다. 토트넘이 맨시티 원정에서 당한 참패는 말 그대로 처참했다. 상대 측면 공격수 헤수스 나바스는 토트넘의 높은 수비 라인 탓에 발생한 뒷공간을 공략하며 경기 시작 단 15초 만에 선제골을 터뜨렸다. 이어 토트넘 중앙 수비 조합을 구성한 마이클 도슨Michael Dawson과 유네스 카불은 역동성 부족을 드러내며 세르히오 아구에로의 스피드에 무참히 당했다. 토트넘은 전반전에만 세 골을 허용하며 0-3으로 끌려갔고, 빌라스-보아스 감독은 후반전 시작과 함께 4-2-3-1을 포기하고 4-4-2 포메이션을 가동했다가 미드필드에서 수적 열세를 노출하는 역효과를 낳았다. 경기는 토트넘의 0-6 패배로 끝났다.

토트넘은 이로부터 한 달이 채 지나지 않아 비슷한 방식으로 대패를 당했다. 빌라스-보아스 감독은 리버풀을 상대한 홈경기에서 중앙 수비수 도슨의 파트너로 평소 미드필더로 활약해온 에티엔 카푸에Etienne Capoue를 기용했다. 그러면서 그는 수비 라인을 최대한 끌어올려 상대가 점유율을 높이지 못하게 하겠다는 의도를 보였다. 그러나 리버풀 공격수 루이스 수아레스는 토트넘 수비 뒷공간을 수시로 공략했고, 그 결과 리버풀은 5-0으로 승리했다. 빌라스-보아스 감독은 사실상 비이성적인 선택을 거듭하고 있었다. 그는 똑같은 방식을 고집하면서 매번 결과가 달라지기를 기대하고 있었다. 결국 빌라스-보아스 감독은 리버풀전 패배 후 하루 만에 경질됐다. 그가 첼시와 토트넘에서 연달아 당한 경질은 스스로 높은 수비 라인을 앞세운 압박 축구에 집착한 결과였다.

그러나 이 시점이 되자 빌라스-보아스 감독은 더 이상 프리미어리그에서 압박 축구를 대표하는 지도자가 아니었다. 그로부터 바통을 이어받은 인물은 바로 마우리시오 포체티노Mauricio Pochettino 감독. 2013년 1월 사우샘프턴 감독으로 부임한 그는 논란의 중심에 섰다. 사우샘프턴이 포체티노 감독을 선임한 당시 그는 잉글랜드에서 거의 알려지지 않은 지도자였기 때문이다. 사우샘프턴은 8년 만에 프리미어리그 무대로 복귀한 후 나이젤 앳킨스Nigel Adkins 감독 체제에서 몇 차례 인상적인 결과를 만드는 데 성공했다. 그런 시점에 구단이 시즌 도중 팀이 이어온 흐름을 깨는 감독 교체를 감행한 건 위험 부담이 큰 결정이었다. 포체티노 감독은 당시 에스파뇰에서 바르셀로나를 효과적으로 압박하며 대등한 경기를 펼치는 등 몇 차례 흥미진진한 경기를 연출한 경력이 있었지만, 이외에는 지도자 경력이 없었다. 심지어 그는 에스파뇰에서도 팀이 스페인 라리가 최하위로 추락하며 경질된 상태였다.

그러나 이와 관계없이 포체티노 감독은 촉망받는 젊은 지도자였다. 그는 압박 축구를 자신의 첫 번째 철학으로 설정했다. 포체티노 감독은 과르디올라의 우상이었던 마르셀로 비엘사Marcelo Bielsa 감독으로부터 영감을 받은 지도자였다. 실제로 그는 현역 시절 아르헨티나 구단 뉴웰스 올드 보이스 유소년팀에서 비엘사 감독의 지도를 받았다. 이후 비엘사 감독은 1군 사령탑으로 승진한 후 자신이 직접 유소년팀 소속인 포체티노를 호출해 그에게 프로 데뷔 기회를 부여했다. 그러면서 포체티노는 단 19세의 어린 나이에 아르헨티나 리그 우승 트로피를 들어 올릴 수 있었다. 당시에도 비엘사 감독의 팀은 빠른 템포와 강도 높은 압박으로 경기에 나섰고, 이는 포체티노에게 큰 영향을 미쳤다. 이후 포체티노는 아르헨티나 대표팀에서, 또 짧게나마 에스파뇰에서도 비엘사 감독의 지도를 받았다.

포체티노가 감독이 돼 잉글랜드 무대에 입성한 시기에 비엘사 감독은 애슬레틱 빌바오를 이끌고 있었다. 그는 유로파 리그에서 맨유를 1, 2차전 합계 5-3으로 제압하며 승승장구했다. 당시 애슬레틱 빌바오는 강도 높은 압박과 빠른 2 대 1 패스를 기반으로 알렉스 퍼거슨 감독의 맨유를 유린했다. 비엘사 감독은 이 경기를 앞두고 "우리의 철학은 최대한 빨리 상대로부터 볼을 빼앗자는 단순한 개념이다. 수비수부터 공격수까지 11명이 모두 볼을 쟁취하는 데 일조해야 한다. 볼을 빼앗으면 최대한 빨리 전진해야 한다. 말하자면 수직적인 방향으로 말이다"라며 자신의 축구 철학을 설명했다. 비엘사 감독은 흥미로운 축구를 보여줬고, 포체티노 또한 감독이 돼 사우샘프턴에서 이를 재현하려고 했다. 우연의 일치겠지만, 애슬레틱 빌바오는 19세기 사우샘프턴 항구를 떠난 어선에 탄 영국인들이 만든 구단이었다. 이 때문에 두 구단은 여전히 빨간색과 흰색 줄무늬가 그려진 홈 유니폼을 입고 있다.

포체티노 감독은 사우샘프턴 부임 초기부터 명확한 비전을 제시했다. 그는 에버턴을 상대한 데뷔전부터 공격수들에게 압박을 주문했고, 미드필더들은 상대 진영으로 전진했으며 수비 라인 위치는 매우 높았다. 사우샘프턴은 전반전에 볼을 재빨리 빼앗으며 결정적인 득점 기회를 창출했지만, 이를 득점으로 연결하지는 못했다. 결국 사우샘프턴은 전반전부터 시도한 강도 높은 압박 탓에 후반전 들어 지친 기색이 역력했다. 경기 결과는 0-0 무승부. 그러나 포체티노 감독은 경기 내용에 크게 만족했다. 그는 "우리는 칭찬받을 만한 노력을 하면서 오늘 매우 좋은 본보기를 세웠다고 생각한다. 우리는 전방 압박에 초점을 맞추며 앞으로 구사할 축구를 위한 기본 틀을 마련했다"고 말했다.

이러한 포체티노 감독의 축구 철학은 강팀을 상대로 더 큰 효과를 발휘했다. 사우샘프턴의 압박 축구는 후방에서 빌드업을 추구하는 팀을 제어하는 데 매우 용이했기 때문이다. 실제로 그가 프리미어리그에서 거둔 초반 3승은 맨시티, 리버풀, 첼시를 상대한 경기에서 나왔다. 그러나 같은 기간 사우샘프턴은 위건, 노리치 그리고 QPR을 상대로 승리하지 못했다.

포체티노 감독이 처음이자 마지막으로 시즌 초반부터 끝까지 사우샘프턴을 지도한 2013-14시즌에는 두 가지 통계 기록이 그가 추구하고자 하는 축구를 그대로 대변했다. 첫째로 사우샘프턴은 프리미어리그에서 가장 높은 점유율 수치를 기록했다. 둘째는 동시에 사우샘프턴의 패스 성공률은 단 9위에 그쳤다. 이는 놀라울 정도로 불균형적인 기록이다. 대개 점유율은 팀이 얼마나 볼을 잘 소유하느냐에 달려 있기 때문이다. 그렇다면 사우샘프턴은 볼을 지키는 수준이 이토록 평범했으면서도 어떻게 점유율을 지배할 수 있었을까? 그 이유는 꽤 단순했다. 점유율 수치는 한 팀이 볼을 소유하는 시간은 물론 상대로부터 소유권을 빨리 빼앗아 올수록 상승하기 때문이다. 사우샘프턴은 전방에서부터 가차 없이 상대를 압박했고, 중원에서는 모르강 슈네이덜린Morgan Schneiderlin과 빅토르 완야마Victor Wanyama가 지배력을 발휘했다. 그들은 볼을 빼앗으면 도전적이고, 수직적인 패스를 시도했다. 이러한 패스의 정확도는 떨어졌지만, 사우샘프턴은 볼을 빼앗길 때마다 재압박을 통해 이러한 과정을 반복했다. 당시 사우샘프턴은 프리미어리그 역사상 가장 순수한 압박 축구를 구사하는 팀이었다.

슈네이덜린은 당시 포체티노 감독의 스타일을 매우 잘 설명했다. 그는 "내가 압박을 시작하면 나는 항상 상대 선수가 최악의 패스밖에 할 수 없도록 만드는 데 집중했다. 포체티노 감독은 우리에게 볼을 가진 상대 선수가 패스를 할 곳을 최대한 제한할 수 있도록 압박을 가하라고 지시했다. 즉 우리는 매우 조직적으로 압박을 해야 했다. 포체티노 감독의 생각에 따라 6~7개월 훈련을 하자 상대를 괴롭히며 그들을 완전히 무너뜨릴 수 있게 됐다. 이러한 축구를 바로 하는 건 불가능하다. 이는 훈련을 통해 상당한 노력을 해야 가능한 일이기 때문이다. 포체티노 감독은 우리가 최대한 높은 위치에서 볼을 빼앗기를 원했다. 그래서 대개 가장 높은 위치에 선 공격수가 압박 작업을 시작했고, 우리는 그의 뒤를 따랐다"고 설명했다.

압박 축구를 추구한 포체티노 감독의 접근 방식은 사우샘프턴에서 매우 효과적으로 적용됐다. 사우샘프턴은 유소년 아카데미를 통해 영리한 축구 선수를 배출하는 전통을 보유한 구단이었고, 이 덕분에 포체티노 감독은 젊고, 힘이 넘치는 선수단을 구성해 새로운 방식의 축구를 지도할 수 있었다. 그러면서 자연스럽게 잉글랜드 대표팀도 도움을 받았다. 포체티노 감독이 사우샘프턴에서 지도한 아담 랄라나Adam Lallana, 릭키 램버트Rickie Lambert, 제이 로드리게스Jay Rodriguez, 너새니얼 클라인Nathaniel Clyne, 루크 쇼Luke Shaw는 나란히 잉글랜드 대표팀에 승선했다. 심지어 사우샘프턴 팬들은 2013년 11월 헐 시티를 상대로 팀이 4-1 대승을 거두자 "컴 온 잉글랜드! 이건 마치 잉글랜드 대표팀을 보는 것 같아!"라는 구호를 외치며 구단이 자국 대표팀의 전력에 일조하게 된 데에 대한 자부심을 드러냈다.

포체티노 감독은 팬들의 마음을 사로잡는 축구를 앞세워 사우샘프턴을 명실공히 프리미어리그 중상위권 팀으로 성장시키면서도, 이를 발판으로 더 큰 구단으로 가고 싶다는 야망을 숨기지 않았다. 사우샘프턴에서 그가 이토록 극단적인 압박 축구를 추구한 이유도 이 때문일 가능성이 있다. 포체티노 감독에게 사우샘프턴은 그가 더 큰 구단을 대상으로 자기 자신의 존재감을 알릴 수 있는 발판이었기 때문이다. 사우샘프턴은 2013-14시즌 프리미어리그 8위에 올랐다. 이는 칭찬받을 만한 성적이기도 했지만, 시즌이 끝난 후 토트넘이 포체티노 감독을 선임한 이유는 성적보다는 그가 선보인 축구 스타일의 덕이 컸다.

토트넘이 포체티노 감독을 선임한 건 빌라스-보아스 감독이 남긴 축구 철학의 연장선상에 있는 결정이기도 했다. 두 감독 모두 수비 라인을 높이 배치하는 데 집착했다. 토트넘은 빌라스-보아스 감독을 떠나보낸 후 포체티노 감독이 부임하기 전 블랙번 로버스의 1994-95시즌 프리미어리그 우승을 이끈 주장 팀 셔우드 감독이 잠시 팀을 이끌었다.

그러나 셔우드 감독은 프리미어리그 출범 후 발생한 전술적 발전을 간과한 전통적 지도자였다. 그는 기본적인 4-4-2 포메이션을 가동하며 "자기 자신을 10번으로 구분하는 선수는 골을 못 넣기 때문에 핑계를 대는 것일 뿐"이라고 주장했고, 수비형 미드필더의 필요성을 이해할 수 없다고 말했다. 더 혼란스러웠던 건 셔우드 감독이 프리미어리그 출범 후 토트넘을 이끈 지도자 중 가장 높은 승률을 기록했다는 사실이다. 그 또한 수시로 이를 언론을 통해 상기시켰다. 그러나 셔우드 감독은 단기적으로는 효과를 발휘했지만, 토트넘의 새 시대를 열어갈 비전을 제시하지는 못했다.

포체티노 감독의 토트넘은 그가 이끈 사우샘프턴만큼 적극적인 압박을 하지는 않았지만, 앞으로 전진해 재빨리 상대를 제압하는 데 큰 비중을 뒀다. 또한 토트넘은 양 측면 미드필더가 중앙으로 들어와 사우샘프턴보다 더 영리하게 앞뒤뿐만이 아니라 좌우로 상대를 압박하는 데 능한 모습을 보였다. 이 덕분에 토트넘은 상대가 측면에서도 공격을 풀어갈 수 없게 만들었다. 포체티노 감독이 처음으로 토트넘을 이끈 2014-15시즌에 올린 성과는 간헐적이었다. 때때로 토트넘은 훌륭하게 상대를 압박해 볼을 빼앗아 재빠른 공격을 펼쳤다. 9월 북런던 더비에서 토트넘이 넣은 선제골이 이를 단적으로 보여주는 예였다고 할 수 있다. 아스널 미드필더 마티유 플라미니Mathieu Flamini가 자기 진영에서 볼을 잡고도 머뭇거리는 모습을 보이자, 크리스티안 에릭센Christian Eriksen이 그를 압박해 공을 빼앉은 후 에릭 라멜라Erik Lamela에게 침투 패스를 연결했다. 이를 받은 라멜라가 내준 패스를 나세르 샤들리Nacer Chadli가 영리한 마무리로 득점에 성공했다. 이것이 바로 포체티노 감독이 추구하는 축구였다. 높은 위치에서의 적극적인 압박과, 빠르고 직선적인 공격. 그러나 때때로 토트넘은 지나치게 적극적인 전방 압박으로 스스로 수비진의 불안감을 유발했다. 어린 중앙 미드필더 조합을 구성한 라이언 메이슨Ryan Mason과 나빌 벤탈렙Nabil Bentaleb이 규율 있는 위치 선정을 하는 데 어려움을 겪었기 때문이다.

그러나 토트넘은 2015-16시즌을 거치며 상당 부분 발전된 모습을 보였다. 실제로 토트넘은 이 시즌 진정한 우승 후보로 거듭났다. 사우샘프턴 시절 슈네이덜린의 말대로 포체티노 감독의 압박 축구가 제대로 구현되려면 오랜 훈련은 필수적이었다. 게다가 토트넘은 포체티노 감독의 철학을 경기력으로 구현하는 데 더 적합한 팀이었다. 선수 개개인의 기량이 사우샘프턴 선수들보다 높다는 점도 크게 작용했다. 운동신경이 빼어난 데다 기술까지 보유한 중앙 미드필더 뎀벨레Dembele는 포체티노 감독 체제에서 주전 자리를 되찾았고, 몸싸움 능력이 탁월한 수비수 에릭 다이어Eric Dier도 중앙 미드필더로 배치돼 맹활약했다. 끊임없이 에너지를 발휘하는 델리 알리Dele Alli의 합류 또한 주효했으며 포체티노 감독을 따라 사우샘프턴에서 토트넘으로 이적해 온 중앙 수비수 토비 알더베이럴트Toby Alderweireld도 성공시대를 열어갔다. 알더베이럴트는 사우샘프턴에서 포체티노 감독이 떠난 후에도 로날드 쿠만Ronald Koeman 감독 체제에서 비슷한 압박 축구를 구사했다. 그는 토트넘으로 이적한 후 자신과 같은 벨기에 출신 수비수 얀 베르통언과 조합을 이뤘다. 두 선수 모두 아약스 유소년 아카데미를 통해 성장하며 이미 압박 축구에 익숙함을 기른 자원이었다. 알더베이럴트는 "우리 팀 훈련은 매우 전술적이다. 우리는 압박 축구를 구사한다. 공격수부터 골키퍼까지 서로가 서로를 위해 뛰는 축구를 한다는 뜻이다. 우리는 슈퍼스타가 없는 배가 고픈 팀이다. 나는 포체티노 감독을 만나기 전까지 이처럼 열심히 뛰어본 적이 없다"고 말했다.

토트넘은 포체티노 감독의 두 번째 시즌부터 체력적으로도 눈에 띌 정도로 발전된 모습을 보였다. 이 모든 건 포체티노 감독이 진행한 강도 높은 훈련 덕분이었다. 공격수 해리 케인Harry Kane이 한숨을 내쉬며 "솔직히 말해 프리시즌 기간에 즐거운 순간은 없었다. 하루에 두 번씩 훈련했고, 때로는 계속 나 자신의 한계에 도전해야 했다"고 말했을 정도다. 특히 눈에 띈 건 양 측면 수비수 대니 로즈Danny Rose와 카일 워커Kyle Walker의 발전이었다. 이 두 선수의 끊임없는 움직임은 토트넘이 더 전술적으로 완성도 높은 팀이 되는 데 결정적인 역할을 했다. 토트넘은 대다수 경기에서 어느 팀보다 더 많은 활동량을 선보였고, 때로는 훌륭한 경기력으로 상대를 지배했다. 실제로 토트넘은 맨시티를 4-1, 맨유를 3-0으로 격파하기도 했다. 일각에서는 토트넘이 지나치게 압박에 의존한다는 지적도 나왔다. 그러나 토트넘의 압박 축구는 팀이 공수에서 포괄적으로 발전하는 데 큰 부분을 차지했다. 토트넘은 포체티노 감독의 두 번째 시즌에 프리미어리그에서 가장 많은 경기당 평균 유효 슈팅(6.6회)을 기록했는데, 2위는 5.6회를 기록한 아스널이었다. 또한 토트넘은 동시에 프리미어리그에서 가장 적은 실점을 허용했다.

토트넘의 압박 축구가 가장 눈에 띄게 드러난 경기는 10월 중순에 열린 리버풀전이었다. 사실 이날 경기 자체는 화려하지 않았다. 그러나 리버풀이 위르겐 클롭 감독을 선임한 후 처음으로 상대한 팀이 토트넘이었다는 점이 관심을 끌었다.

클롭 감독은 보루시아 도르트문트에서 발휘한 지도력으로 명장 반열에 올라선 인물이었다. 그는 도르트문트에서 2011년과 2012년 연속으로 독일 분데스리가 우승을 차지했고, 그다음 시즌에는 챔피언스리그 결승전에 진출했으나 웸블리 스타디움에서 라이벌 바이에른 뮌헨에 패해 준우승에 만족해야 했다. 잉글랜드 대표팀이 홈구장으로 사용하는 웸블리 스타디움에서 열린 챔피언스리그 결승전이 두 독일 팀의 맞대결로 진행됐다는 점에는 큰 의미가 있었다. 클롭 감독이 이끈 도르트문트는 잉글랜드에서도 큰 인기를 구가했다. 한때 도르트문트는 홈경기당 평균 잉글랜드 팬 1000명을 기록하기도 했다. 실제로 도르트문트 홈구장 베스트팔렌슈타디온은 열광적인 분위기를 연출하는 데다 저렴한 입장료, 스탠딩룸, 테라스에서는 음주가 허용되는 등 프리미어리그에서는 체험할 수 없는 문화를 자랑하는 곳이다. 게다가 도르트문트는 숨이 멎을 듯한 템포 높은 축구와 빠른 공수 전환, 직선적인 침투 능력까지 선보이며 큰 인기를 얻었다. 그러나 무엇보다 클롭 감독의 축구를 가장 잘 대변한 전술은 바로 '압박'이었다.

더 자세히 설명하자면, 클롭 감독의 시스템은 '게겐프레싱gegenpressing'에 기반을 두고 있었다. 게겐프레싱은 '역압박'을 뜻하는 독일에서 유래한 단어다. 이는 빌라스-보아스 감독과 포체티노 감독이 구사한 압박과는 다른 유형의 개념이었다. 빌라스-보아스 감독과 포체티노 감독의 압박은 전방에서 계속 상대를 괴롭히는 수비 전술을 뜻했다. 물론 클롭 감독도 가끔은 그런 압박을 구사했지만, 그의 게겐프레싱은 위치보다는 타이밍에 더 큰 비중을 두고 있었다. 게겐프레싱이란 곧 볼을 잃었을 때, 바로 다시 압박을 가하는 개념으로 성립된 전술이다.

역압박이라는 개념은 총 네 개 과정으로 나뉘어 축구 지도자 교육서에 서술된 '플레이 단계phases of play'가 재정립돼야 한다는 필요성을 제기했다. 전통적으로 경기에 나선 팀은 볼을 소유하고 있거나, 소유하고 있지 않은 상황에 놓인다. 이 둘 사이에는 '공수 전환'이라는 개념이 있다. 이는 무리뉴 감독이 처음 첼시 사령탑으로 부임한 후 유행처럼 번진 개념이기도 하다. 이대로라면 경기의 흐름은 단순하다. 볼 점유, 수비로의 전환, 비점유,

공격으로의 전환. 그리고 이 네 과정의 반복. 축구 팀들은 경기 중 언제나 이 넷 중 하나의 시기에 놓여 있는 셈이었다. 그러나 클롭 감독의 게겐프레싱은 이 과정에 변화를 줬다. 성공적인 역압박을 가할 경우 그것이 곧 수비로의 전환 과정을 뛰어넘어 비점유 상태에서 곧바로 점유 상황으로 넘어갈 수 있기 때문이다.

게겐프레싱은 특히 분데스리가에서 큰 효과를 낳았다. 그만큼 분데스리가는 공수 전환에 큰 비중을 둔 축구를 구사하는 팀이 즐비했기 때문이다. 클롭 감독의 도르트문트는 상대가 공격 전환을 시도하며 양 측면 수비수 두 명이 전진하는 찰나에 역압박을 통해 볼을 빼앗았다. 이후 도르트문트는 측면 수비수가 공격 진영으로 넘어간 상대의 수비를 손쉽게 공략해 득점 기회를 창출했다. 이에 클롭 감독은 "팀의 10번이 위험 지역에서 볼을 잡고 천재성 있는 패스를 뿌려줄 수 있도록 하는 작업을 하는 데 얼마나 많은 패스를 연결해야 할지를 생각해봐라. 역압박이란 즉시 상대 문전 근처에서 볼을 빼앗아 패스 한 방으로 매우 좋은 기회를 만들 수 있게 해주는 전술이다. 전 세계 어느 플레이메이커도 역압박보다 더 좋은 기회를 만들 수 없다"고 설명했다.

바르셀로나의 과르디올라 감독처럼 도르트문트의 클롭 감독이 추구한 지도 방식도 그가 프리미어리그에 입성하기 전부터 잉글랜드에서 유행처럼 번졌다. 이어 클롭 감독의 부임은 리버풀이 프리미어리그 우승에 도전한 2013-14시즌 이후 약 18개월간 실망스러운 모습을 보이던 시점에 다시 희망을 볼 수 있게 해줬다. 클롭 감독은 부임식 기자회견을 통해 "나는 감정적인 경기 방식과 매우 빠르고 매우 강한 축구 철학을 믿는다. 내 팀은 전속력으로 뛰어야 하며 매 경기 한계점에 도달해야 한다. 물론 전술적이어야 할 필요도 있다. 그러나 우리는 넓은 가슴을 안고 전술적인 경기를 해야 한다"고 말했다.

리버풀은 클롭 감독의 데뷔전이었던 토트넘전을 시작으로 이후 단 며칠간 훈련을 통해서도 명확한 비전을 제시했다. 리버풀은 4-3-2-1 포메이션을 앞세워 중앙 지역을 중시하는 축구를 구사하고 볼을 빼앗기면 바로 역압박을 가했다. 그러면서 이러한 축구는 또 다른 유형의 적극적인 압박 축구를 구사하는 토트넘과 비교됐다. 이 때문에 양 팀의 경기는 극단적으로 빠르면서도 상대의 패스 흐름을 재빨리 차단하는 투박한 축구로 이어졌다. 이 때문에 경기가 0-0으로 마무리된 건 그리 놀랍지 않은 결과였다. 두 팀 모두 서로 원하는 경기를 하지 못하게 하는 데 집중했기 때문이다. 이 와중에 클롭 감독은 리버풀의 활동량에 큰 만족감을 표시했다. 실제로 당시 리버풀은 포체티노 감독의 토트넘보다 더 많은 거리를 뛴 최초의 팀이 됐다. 그러나 클롭 감독은 "문제는 우리가 볼을 소유했을 때였다. 우리는 이 상황에서 충분한 능력을 발휘하지 못했다. 우리의 기술을 활용하지 못했고, 지나치게 정신없는 모습을 보였으며, 올바른 선택을 하지 못했다"고 설명했다. 클롭 감독의 지적은 과거 빌라스-보아스 감독의 불평과 여러 모로 비슷한 내용이었다. 곧 점유 상황에서 리버풀의 능력은 상당 부분 개선됐지만, 압박 축구를 구사하는 두 팀의 맞대결은 대개 맥이 끊긴 채 진행될 때가 많았다. 그러면서 훗날 클롭 감독은 리버풀이 좋은 경기력을 선보였다고 판단하면 팀이 "볼을 소유하지 않았을 때는 정신이 없었지만 소유했을 때는 침착했다"며 만족감을 드러냈다.

 이 시점 루이 판 할 감독이 이끈 맨유도 비슷한 과정을 거치고 있었다. 당시 맨유는 리버풀이나 토트넘처럼 강도 높은 압박을 구사하지 않았고, 미드필더가 각각 자신과 똑같은 포지션을 소화하는 상대 선수를 대인방어하는 단순한 압박을 했다. 그러나 그들의 중앙 블록은 진용이 촘촘했고, 조직적이었다. 판 할 감독은 이 시절 맨유의 완성도 높은 조직력을 구축하고도 이에 대해 충분한 인정을 받지는 못했다. 그러나 맨유는 당시 판 할 감독이 팀을 이끈 2년간 프리미어리그에서 최소 실점을 기록한 팀이었다. 다만 그들은 볼을 소유했을 때 지나칠 정도로 침착하게 경기를 풀려고 한 탓에 이보다 더 목적이 뚜렷한 축구를 원한 팬들의 불만을 샀다.

실질적으로 잉글랜드 축구에서 압박 축구로 혁신을 일으킨 두 감독은 포체티노와 클롭이었다. 포체티노 감독은 자신의 압박 축구가 클롭 감독의 그것과는 다르다는 점을 설명하며 "우리는 다른 유형의 압박을 추구한다. 도르트문트의 압박 축구는 내가 사우샘프턴에서 선보인 것과는 다르다. 우리가 사우샘프턴에서 구사한 압박 축구는 상대 골키퍼까지 견제하는 전방 압박으로 이뤄졌다. 그러나 도르트문트는 중앙 블록을 형성했다. 즉 나와 클롭 감독의 축구를 비교하는 건 이상한 현상"이라고 말했다. 그러나 이후 클롭 감독의 리버풀은 역압박과 전방 압박을 혼합하기 시작했다. 클롭 감독은 부임 한 달 만에 호베르투 피르미누Roberto Firmino, 쿠티뉴, 아담 랄라나Adam Lallana가 실로 압도적인 축구를 구사하면서 맨시티 원정 경기를 4-1 대승으로 이끌었고 역압박과 전방 압박을 혼합한 자신의 고강도 압박 축구가 잉글랜드에서도 성공할 수 있는 가능성을 입증했다. 이외에도 리버풀은 클롭 감독이 부임한 시즌에 리그컵과 유로파 리그 결승전에도 진출했으나 두 대회에서 모두 준우승에 그쳤다.

클롭 감독은 전형적인 최전방 공격수보다는 공격형 미드필더 출신 피르미누를 맨 위에 배치했다. 그는 이를 통해 현대 축구가 요구하는 최전방 공격수의 연계 플레이를 충족시켰고, 피르미누는 매 경기 리버풀의 압박 작업을 시작하는 선수로 활약했다. 클롭 감독 체제에서 피르미누의 역할은 경기장을 반으로 나누는 일이었다. 즉 그는 볼을 가진 상대 중앙 수비수를 압박해 그가 좌측 또는 우측 측면 수비수 중 한 명에게 패스를 연결하게 만들었다. 이후 그는 패스를 받은 상대 측면 수비수와 그와 가장 가까이 선 중앙 수비수 사이의 패스 루트를 차단했고, 나머지 리버풀 선수들도 함께 공격 진영으로 전진해 주변 위치에서 압박을 가하며 상대의 패스 선택지를 최대한 줄이는 데 집중했다. 포체티노 감독의 사우샘프턴과 마찬가지로, 리버풀은 후방에서 빌드업을 시도하는 객관적인 전력이 강한 팀을 상대로 더 인상적인 경기력을 선보였다. 그러나 반대로 리버풀은 라파엘 베니테즈 감독 시절을 재현하기 시작했다. 그들은 강팀을 상대하는 빅매치에서는 꾸준히 승리하면서도 오히려 전력이 더 약한 팀을 상대로는 어려움을 겪었다.

압박 축구를 중시하는 감독들의 프리미어리그 입성은 큰 영향력을 행사했다. 점유율 축구 시절에는 프리미어리그 또한 침착한, 여러모로 생각하는 시간이 긴 축구가 구사됐다면, 이 시절 프리미어리그는 치열하면서도 정신없는 축구에 집착하며 경기장의 최대한 많은 구역을 누비면서 상대 공격을 차단하는 데 집착했다. 그 결과 프리미어리그의 어느 팀도 최정상급 점유율 축구와 압박 축구를 동시에 구사하지는 못했고 펩 과르디올라 감독의 바르셀로나가 도달한 수준에는 미치지 못했다. 그러면서 압박이라는 개념 자체는 당연시되면서도, 상대가 골킥을 하는 시점부터 전방에서 압박을 가하는 축구는 새로운 방식으로 여겨졌다. 물론 불과 10년 전만 해도 골키퍼가 상대 진영으로 골킥을 뻥 차는 축구가 팽배했던 것이 사실이다. 즉 압박 축구의 발달은 점유율 축구 시대에 대한 해답이기도 했다.

스완지 미드필더 리온 브리튼Leon Britton은 점유율 축구 시대에는 가치를 높게 평가받은 선수였지만, 압박 축구 시대가 도래하자 차츰 입지를 잃어가기 시작한 선수 중 한 명이었다. 그는 "강도가 높고, 매우 빠른 압박이 이뤄지고 있다. 새롭게 등장하는 요즘 시대 감독들은 이러한 유형의 경기를 하는 데 맞춰 팀 훈련을 진행한다. 그들은 더 빠르게 압박하고, 체력적으로 더 빨리 회복하는 선수를 선호한다. 이제 축구는 11명이 함께 하는 경기가 됐다"고 설명했다.

브리튼의 설명은 프리미어리그에서 조직적인 수비가 어떤 식으로 확대되고 있는지를 잘 정리하고 있다. 에릭 칸토나, 크리스티아누 호날두 등 역사적으로 프리미어리그를 대표한 공격수는 수비적인 역할로부터 자유로웠을 때 가장 빼어난 활약을 펼쳤다. 그러나 압박 축구 시대가 도래하며 이들처럼 선수가 '프리 롤'을 부여받는 건 옛날이야기가 됐다.

라니에리와 레스터의 기적

"나는 돈이 모든 걸 의미하는 시절에 모두에게 희망을 줬다."

- 클라우디오 라니에리

레스터 시티가 2015-16시즌 프리미어리그 우승을 차지한 것은 비슷한 과거 사례가 아예 없을 정도로 전무후무한 일이었다. 스포츠 역사상 그 어떤 업적도 이처럼 불가능해 보이지 않았다. 실제로 시즌을 앞두고 우승 배당률이 5000 대 1에 불과했던 레스터가 우승을 차지한 업적에 견줄 만한 과거 사례는 한마디로 말해 '없다.' 시즌이 진행되며 레스터가 우승을 차지할 가능성이 커질수록 많은 이가 그들을 연상케 할 만한 과거 사례를 찾으려 했으나 그렇게 하지 못했다. 레스터에 앞서 스물세 시즌간 프리미어리그 우승을 차지한 모든 팀은 해당 시즌에 리그 전체에서 선수단 연봉이 상위 다섯 팀 안에 들었다. 반면 레스터는 2015-16시즌 선수단 연봉이 프리미어리그에서 하위 다섯 팀에 속했다.

심지어 시즌 초반 강등 후보로 꼽힌 레스터는 시작부터 희망적인 모습을 보였다. 게다가 레스터는 시즌이 진행되면서 모두의 예상을 뒤엎고 계속 상위권 성적을 유지했다. 이어 전통적인 우승 후보들이 흔치 않은 부진을 겪으며 하나둘 추락하는 와중에도 레스터는 쭉 상승세를 이어갔다. 레스터의 성공은 말 그대로 빈부 격차가 극심한 프리미어리그에서는 절대 일어날 수 없을 것 같았던 언더독의 반란 그 자체였다. 실제로 레스터 선수단 연봉은 전 시즌 우승 팀 첼시의 25%에 불과했다. 이 때문에 심지어 레스터와 경쟁한 팀들의 감독까지 공개적으로 라니에리 감독과 그의 팀을 지지했고, 그들이 우승을 차지했으면 한다고 행운을 빌어줬다. 당시 레스터의 우승은 앞으로도 프리미어리그에서 재현될 가능성이 매우 작은 특이한 사건이었다.

그러나 라니에리 감독과 레스터 시티는 당시 확고한 기준을 구축한 상태였다. 잉글랜드 축구는 갈수록 유럽 무대에서 성공을 거둔 팀들로부터 큰 영향을 받았다. 펩 과르디올라 감독의 바르셀로나, 위르겐 클롭 감독의 도르트문트가 대표적인 예다. 여기에 추가될 만한 또 하나의 언더독은 2013-14시즌 스페인 라리가 우승을 차지한 아틀레티코 마드리드. 당시만 해도 아틀레티코의 우승은 현대 축구에서 일어난 가장 큰 이변으로 여겨졌다. 디에고 시메오네 감독의 아틀레티코는 바르셀로나와 레알 마드리드가 10년간 이어온 양강 구도를 깼고, 시즌 최종전으로 열린 바르셀로나 원정에서 우승을 확정하며 상대 팀 팬들로부터 기립박수를 받았다. 그러나 이마저도 레스터의 동화 같은 우승 스토리와 비교될 수는 없다. 당시 아틀레티코의 시즌 전 우승 배당률은 100 대 1로 레스터의 5000 대 1과는 차원이 다른 수준이었다. 아틀레티코의 우승이 갖는 다른 의미가 있다면, 라리가는 오히려 프리미어리그보다 정해진 엘리트 팀들이 항상 우승을 다투는 형국이 더 확고한 무대였다는 점이다. 아틀레티코는 그 유리 천장을 박살내며 다른 언더독 팀들이 전통적인 강팀을 잡을 수 있다는 희망을 제시했다.

시메오네 감독의 아틀레티코는 완벽에 가까운 조직력, 상대를 두려움에 떨게 만드는 강도 높은 경기 운영 그리고 번개처럼 빠른 공수 전환으로 기대 이상의 성적을 냈다. 표면적으로 아틀레티코의 전술은 전형적인 4-4-2 포메이션을 기반으로 두고 있었지만, 실제로 그들의 시스템은 훨씬 더 고급스러웠다. 최전방 공격진을 구성한 디에고 코스타Diego Costa, 다비드 비야는 매우 깊은 위치까지 내려와 활동하며 사실상 미드필더처럼 뛰었다. 두 선수의 이러한 움직임은 아틀레티코 허리진을 구성한 선수들이 뒤로 물러서서 수비 라인을 보호할 수 있게 해줬다. 그러면서 아틀레티코는 매우 촘촘하고, 균열을 내기 어려운 단단한 팀이 됐다. 아틀레티코는 상대 팀이 측면에서 겉돌게 만든 뒤, 강도 높은 압박을 가하며 볼을 빼앗아 가차 없는 역습으로 득점을 노렸다. 무엇보다 아틀레티코의 축구는 점유율을 높이는 데는 전혀 관심이 없는 듯한 경기 운영 능력으로 대변됐다. 실제로 당시 아틀레티코는 우승을 차지한 2013-14시즌 경기당 평균 점유율이 50%도 채 되지 않았다. 특히 티키타카로 세계 축구를 호령한 스페인에서 이러한 팀이 챔피언이 됐다는 건 충격적인 결과였다. 그러나 아틀레티코는 당시 태클 횟수로는 라리가에서 선두를 달렸다. 스페인 미드필더 사비 알론소는 한때 태클에 대해 "마지막 수단이자 부러워할 만한 이상적인 능력은 아니다"라고 설명하기까지 했었다. 그러나 점유율 축구를 구사하는 데 큰 비중을 둔 라리가는 오히려 역습 축구를 구사하는 아틀레티코를 버거워했다.

레스터가 프리미어리그의 강력한 우승 후보로 떠오른 2016년 봄이 되자 그들을 아틀레티코와 비교하는 목소리가 점점 커졌다. 두 팀 모두 촘촘한 4-4-2, 내려앉은 수비 라인, 중원에서의 거친 태클, 훌륭한 역습, 그리고 세트피스 기회를 극대화하는 축구를 구사했다. 레스터의 점유율 수치 또한 프리미어리그에서 가장 전형적인 롱볼 축구를 구사하기로 유명했던 토니 풀리스 감독의 웨스트 브롬, 샘 앨러다이스 감독의 선덜랜드에 이어 세 번째로 낮았다. 그러나 레스터는 2013-14시즌의 아틀레티코처럼 리그에서 가장 많은 태클과 가로채기를 기록했다. 레스터의 동화 같은 우승 스토리는 그들이 이러한 유형의 축구를 구사하는 팀으로 진화했기에 가능했던 것이다.

레스터는 불과 우승을 차지하기 한 시즌 전인 2014-15시즌에 무려 10년이 넘는 시간 동안 하부리그를 전전하다가 프리미어리그로 복귀했다. 그나마 모처럼 프리미어리그로 돌아온 레스터는 곧 2부리그로 다시 강등될 것처럼 보였다. 실제로 레스터는 2014-15시즌의 절반 이상을 프리미어리그 최하위에 머물러 있었으며 한 시점에는 17경기 연속으로 꼴찌를 벗어나지 못한 적도 있었다. 그러나 레스터는 시즌 막판 뒷심을 발휘했는데, 그 원동력의 일부는 나이젤 피어슨Nigel Pearson 감독이 수비 라인을 3백으로 변경한 데서 비롯됐다. 그러면서 초반 29경기에서 단 4승에 그친 레스터는 후반 9경기 중 7경기에서 승리했다. 단 두 경기를 남겨두고 7연승 행진을 달린 레스터는 당시 우승을 차지한 첼시에 패한 뒤, 비기기만 해도 강등을 면할 수 있었던 최종전에서 선덜랜드와 목표대로 무승부를 거두며 프리미어리그에 살아남았다.

피어슨 감독은 '위대한 탈출'이라고 불릴 정도로 많은 이의 예상을 뒤엎으며 레스터의 프리미어리그 잔류를 이끌었다. 그러나 그는 시즌이 끝난 후 놀랍게도 경질되고 말았다. 이후 지역 신문이 진행한 설문조사를 통해 레스터 팬 70%가 피어슨 감독을 경질한 결정에 동의할 수 없다는 의견을 내비쳤다. 그러나 피어슨 감독이 그동안 공식 기자회견에서 보인 태도나 팬들과의 소통 방식이 때로는 매우 프로답지 못한 건 사실이었다. 게다가 레스터 2군 팀에서 활약하던 그의 아들은 레스터가 프리시즌 투어를 진행한 태국에서 인종차별적 발언을 하는 모습이 영상으로 공개되며 구단에서 방출됐다. 이는 레스터가 태국 출신 억만장자 비차이 스리바다나프라바Vichai Srivaddhanaprabha가 운영하는 구단이라는 점을 고려할 때 망신스러운 사건이었다. 이후 레스터는 라니에리 감독을 선임해 전 세계를 놀라게 했다. 라니에리 감독은 당시 그리스 대표팀을 이끌다가 페로제도에 패하는 굴욕을 당해 경질된 상태였다. 그는 레스터 사령탑으로 부임한 후에도 20개월 만에 팀이 프리미어리그 강등권 언저리에서 허덕이자 경질됐다. 그러나 라니에리 감독은 그 20개월이라는 시간 동안 잉글랜드 축구 역사상 가장 기적적인 성공 신화를 만들었다.

라니에리 감독은 레스터 사령탑 부임 기자회견에서 2014-15시즌 강등을 가까스로 면한 팀에 대해 "선수들이 아주 강했다. 그러나 그들에게는 전술이 조금 더 필요해 보였다"고 말했다. 라니에리 감독은 과거 첼시 사령탑 시절 잦은 로테이션과 포메이션 변화 그리고 예상치 못한 선수 교체로 '팅커맨'이라는 별명이 붙었다. 그러나 그는 레스터 감독으로 부임한 후에는 이러한 큰 변화를 주는 데 더 신중한 모습이었다. 라니에리 감독은 첼시를 이끌던 시절 자신이 직접 구성한 코칭스태프에 포함된 몇몇 이들이 선수들과 원만한 관계를 유지하지 못했다는 점을 의식해 레스터에서는 피어슨 감독 체제에서 코칭스태프를 구성한 스티브 월시Steve Walsh(이후 에버턴 단장으로 부임하는), 크레이그 셰익스피어 코치Craig Shakespeare(이후 레스터 감독이 되는)를 그대로 잔류시켰다.

라니에리 감독은 프리시즌 투어를 진행한 오스트리아에서 선수들을 적극적으로 지도하지 않고, 훈련을 지켜보는 데 집중했다. 그는 "내가 많은 변화를 하지 않을 것으로 확신한다. 나는 모두가 나를 이해할 수 있도록 매우 천천히 변화를 줄 것"이라고 선언했다. 라니에리 감독은 프리시즌 기간 내내 피어슨 감독이 가동한 포메이션을 그대로 활용했지만, 경기 도중 3백 수비 라인을 4백으로 변경하는 모습을 자주 보였다. 그는 "3백으로 경기를 시작해 하프타임에 4백으로 변경했다. 이는 정말 단순한 작업이다. 우리는 4백을 가동했을 때 더 좋은 경기를 했다"고 말했다. 레스터는 이어진 프리미어리그 개막전에서 선덜랜드를 상대로 4백 수비 라인을 가동했지만, 선발 출장한 선수 중 새로 영입한 자원은 일본인 공격수 오카자키 신지Shinji Okazaki가 전부였다. 이외에 레스터가 영입한 파괴력 있는 수비형 미드필더 은골로 캉테N'Golo Kante, 왼쪽 측면 수비수 크리스티안 푹스Christian Fuchs는 시간을 두고 차차 주전으로 자리매김해야 했다. 라니에리 감독은 시간이 지나 매 경기에서 똑같은 선발 라인업을 구성했지만, 주전으로 입지를 구축하게 된 선수 중 시즌 초반부터 선발 명단에 이름을 올린 선수는 7명밖에 되지 않았다.

심지어 레스터는 시즌 후반에 우승 경쟁이 과열되며 단단한 수비적인 축구로 꾸역꾸역 승리를 한 것과는 달리 초반에는 전혀 다른 축구를 구사했다. 실제로 레스터의 2015-16시즌은 2014-15시즌과 정반대의 모습으로 흘러갔다. 레스터는 2014-15시즌에는 초반부터 1-0 승부를 거듭하다가 후반기 들어 대량 득점이 폭발하는 경기를 수차례 연출했다. 그러나 2015-16시즌의 레스터는 초반부터 스릴러 영화 같은 경기를 거듭했지만, 시간이 지나면서 경기를 통제하는 방법을 배웠다. 그러면서 레스터는 역습 축구를 구사하는 팀으로 거듭났다. 사실 시즌 초반부터 이런 식으로 경기에 접근하는 건 사실상 불가능하다. 시즌 개막 후에는 상대의 성향을 미리 예측하는 게 어렵기 때문이다. 그러나 레스터는 선제골을 내준 후 추격전을 펼치는 경기를 거듭했다. 레스터는 시즌 개막 후 초반 여섯 경기 중 네 경기에서 0-1로 리드를 내줬다. 레스터를 상대한 팀은 리드를 잡으면 수비 라인을 최대한 내려 뒷공간을 최소화했다. 그러나 레스터는 선제골을 내준 후 추격전을 벌이는 데 훌륭한 모습을 선보이며 시즌 초반부터 리그에서 가장 긴 무패행진을 거듭했다. 이 덕분에 레스터는 시즌 개막 후 다섯 경기 만에 프리미어리그 2위로 올라섰다.

그러나 라니에리 감독은 이에 만족하지 못했다. 그는 레스터가 프리미어리그에 잔류하려면 수비력이 크게 발전해야 한다는 사실을 이미 알고 있었다. 그는 여섯 번째 경기였던 스토크 원정을 앞두고 무실점 경기의 중요성을 강조하기 위해 레스터 선수들에게 특이한 방법을 동원했다. 그는 "우리가 무실점을 기록하면 모두에게 피자를 대접하겠다! 나는 꼭 피자를 사고 싶다. 그런데 선수들은 피자를 원치 않는다. 어쩌면 그들이 피자를 별로 좋아하지 않는 것일지도 모르겠다"고 말했다.

그러나 더 큰 문제는 선수들의 성향이 아닌 레스터의 전술에 있었다. 레스터는 수비를 열어놓은 스타일의 경기를 펼쳤고, 이 때문에 중앙 수비수와 측면 수비수 사이로 들어오는 침투 패스에 매우 취약했다. 결국 레스터는 스토크 원정에서도 무실점을 기록하지 못했다. 이번에는 중앙 수비수이자 주장인 웨스 모건Wes Morgan이 패스 실수를 저지르며 존 월터스에게 실점했다. 당시 모건은 레스터가 2015-16시즌에 범한 최악의 실수를 저질렀다. 이후 스토크는 2-0으로 앞선 채 전반을 마쳤다. 그러나 라니에리 감독은 하프타임을 통해 레스터를 재정비했다. 그가 레스터를 프리미어리그 우승으로 이끌어줄 4인 미드필더 조합을 찾은 것도 이때였다. 프랑스에서 온 캉테가 중앙 미드필더로 축을 맡았고, 결국 그는 레스터의 기적적인 성공을 대변한 열쇠를 쥔 세 선수 중 한 명으로 성장했다.

캉테는 시즌을 앞두고 캉에서 레스터로 이적했다. 사실 그는 레스터의 선수 영입 담당자들이 우선 영입 대상으로 여긴 선수가 아니었다. 레스터는 조르당 베르투Jordan Veretout 영입을 최우선으로 여겼지만, 그가 애스턴 빌라로 이적하는 바람에 계획이 틀어졌다. 흥미로운 점은 그를 영입한 애스턴 빌라는 정작 2015-16시즌 프리미어리그 최하위로 추락하며 강등당했다는 사실이다. 캉테는 베르투와 다른 유형의 선수였다. 그는 볼을 쟁취하는 능력과 관련된 통계 기록으로 레스터에서 선수 분석을 담당하는 관계자들의 눈길을 사로잡았다. 무엇보다 그는 프랑스 리그1에서 누구보다 많은 태클을 기록한 선수였다. 레스터는 캉테와 비슷한 시기에 괴칸 인러 Gökhan Inler도 영입했다. 챔피언스리그 출전 경력을 보유한 인러는 스위스 대표팀 주장으로 활약하며 캉테보다 더 흥미로운 축구를 구사하는 선수로 평가받았다.

그러나 시즌 초반에는 캉테는 물론 인러도 선발 명단에서 제외됐다. 그러면서 라니에리 감독은 이전 시즌 중원 조합을 구성한 대니 드링크워터 Danny Drinkwater와 앤디 킹 Andy King을 중용했다. 게다가 인러는 출전 기회를 부여받았을 때 활약이 매우 실망스러웠다. 그는 프리미어리그의 빠른 템포에 어려움을 겪었다. 그러나 반대로 캉테는 누구보다 더 빠른 템포로 활약했다. 그는 경기장 안에서 번뜩이는 움직임으로 상대로부터 볼을 빼앗았다. 라니에리 감독이 시즌 초반 캉테를 수비형 미드필더로 중용하는 데 우려를 드러낸 이유는 그가 워낙 에너지가 넘쳐 더 규율 있는 위치 선정이 필요하다고 판단했기 때문이었다. 그 결과 캉테는 시즌 초반 왼쪽 측면이나 오카자키가 소화한 최전방 공격수 제이미 바디 Jamie Vardy와 미드필드 사이 공간에서 활약했다. 실제로 레스터에서 오카자키와 견줄 만한 활동량을 보유한 선수는 캉테가 유일했다.

그러나 캉테는 공격적인 위치에 배치되고도 통계 기록을 통해 자신이 볼을 빼앗는 능력이 탁월하다는 사실을 다시 한번 증명했다. 그는 전진 배치된 본머스전에서도 태클을 무려 10회나 성공시켰다. 이날 캉테 다음으로 한 선수가 기록한 가장 많은 태클은 4회였다. 이어 캉테는 왼쪽 측면에 배치된 스토크전에서도 가장 많은 볼 쟁취 횟수를 기록했다. 이처럼 캉테는 훌륭한 볼 쟁취 능력을 보여줬고, 라니에리 감독도 점진적으로 그를 중앙 미드필더로 배치해야겠다는 생각을 하게 됐다. 그러면서 라니에리 감독은 스토크전에서 하프타임에 부진한 인러를 제외하고 시즌 초반 다섯 경기에서 3도움을 기록한 마크 올브라이턴Marc Albrighton을 투입했다. 이 덕분에 캉테는 자신이 선호하는 중앙 미드필더 자리로 옮겨 갈 수 있었다.

이후 레스터의 경기력은 극적으로 발전했다. 중원에 볼을 쟁취하는 능력이 탁월한 선수가 배치됐고, 측면에서는 올브라이턴이 크로스로 상대를 위협했다. 결국 레스터는 후반전에 추격전을 펼치며 2-2 무승부를 거뒀다. 이후 캉테는 단 한 번도 중앙 미드필더가 아닌 다른 위치에 배치되지 않았다. 그는 과거 첼시에서 활약한 수비형 미드필더 클로드 마켈렐레를 연상케 하는 경기력을 선보이며 2015-16시즌 프리미어리그에서 누구보다 많은 태클과 가로채기 횟수를 기록했다.

이후 에버턴 단장이 되는 스티브 월시는 캉테의 왕성한 활동량에 대해 "우리는 중앙 미드필더 세 명을 세운다. 대니 드링크워터를 중앙에 세우고, 양 측면에 캉테가 배치된다"고 농담을 하기도 했다. 물론 월시의 농담에도 일리가 있었지만, 당시 레스터에서 실질적인 세 번째 미드필더 역할을 맡은 건 오카자키였다. 공격수 오카자키는 극단적으로 낮은 위치까지 내려와 상대 팀 수비형 미드필더를 차단했다. 그의 포지션은 공격수로 분류됐지만, 정작 득점은 다섯 골에 그쳤으며 도움은 하나도 없었다. 이처럼 그는 페널티 지역에서 상대에 큰 위협을 가하는 선수는 아니었다. 대신 오카자키는 팀의 압박을 시작하는 수비적인 역할을 하는 데 매우 탁월한 자원이었다.

캉테가 중원으로 자리를 옮기면서 레스터의 진화도 시작됐다. 그러나 이러한 변화가 즉시 효과를 나타낸 건 아니었다. 레스터의 우승을 이끈 4인 미드필더 리야드 마레즈Riyad Mahrez, 드링크워터, 캉테 그리고 올브라이턴은 7라운드 경기부터 함께 선발 출장했지만, 이 경기에서 그들은 아스널에 2-5 대패를 당했다. 아스널은 발이 빠른 공격수인 알렉시스 산체스와 시오 월콧을 통해 레스터 수비진을 유린했다. 실제로 이날 산체스는 해트트릭을 기록했다. 이때까지만 해도 레스터는 매우 흥미로운 '전원 공격'을 추구하는 팀이었다. 이 시점에 레스터는 프리미어리그에서 웨스트햄과 함께 가장 많은 득점을 기록 중이었고, 동시에 선덜랜드 다음으로 많은 실점을 허용했다. 게다가 레스터는 아스널에 패하며 프리미어리그 8위로 추락했다. 레스터는 슬슬 원래 자리로 돌아가는 듯했고 라니에리 감독은 여전히 약속했던 피자를 사지 못하고 있었다. 레스터 중앙 수비수 모건과 로베르트 후트Robert Huth는 빠른 선수들이 아니었음에도 나머지 선수들이 워낙 공격적으로 활약하는 바람에 넓은 범위의 공간을 커버해야 했다. 이 때문에 레스터가 이전 시즌의 3백 전술을 되살려야 한다는 지적도 이어졌지만, 라니에리 감독은 4백 수비 라인을 유지하며 상대에 내주는 공간을 최소화할 만한 방법을 모색했다. 결국 그는 노리치와의 다음 경기를 앞두고 매우 중요한 결정을 내렸다.

시즌 초반 레스터의 주전 왼쪽 측면 수비수는 제프리 슐럽Jeffrey Schlupp이었다. 슐럽은 피어슨 감독 체제에서 강력한 오버래핑 능력을 바탕으로 레스터 선수들이 선정한 올해의 선수로 등극한 공격적인 윙백이었다. 그러나 4백의 측면 수비수로는 슐럽의 공격력이 제대로 통하지 않았다. 라니에리 감독은 슐럽의 전진하는 성향이 중앙 수비수들에게 주어지는 부담을 더 크게 만든다는 사실을 파악했다. 결국 그는 슐럽을 빼고 그의 자리에 푹스를 세웠다. 푹스는 슐럽처럼 공격적으로 역동적이지는 않았지만, 약 185cm의 키를 앞세워 모건과 후트를 보호해줄 만한 단단한 수비를 펼쳤다. 반대쪽 측면에서는 리치 드 라에Ritchie De Laet가 수비적으로 지나치게 많은 실수를 범하고 있었다. 라니에리 감독은 드 라에도 대니 심슨Danny

Simpson으로 대체했고, 더 수비적인 축구를 구사하기 시작했다. 푹스와 심슨에게는 구체적인 지시가 내려졌다. 레스터가 지고 있지 않는 한 오버래핑은 금지할 것이 그 지시였다.

변화는 극적인 효과로 나타났다. 레스터는 수비 라인을 더 낮게 내렸고, 좌우로 촘촘한 진용을 꾸리며 네 명이 구성한 수비 라인 사이가 아닌 바깥쪽으로 공간을 허용했다. 모건과 후트는 위로 전진했다가 뒷공간을 침투하는 상대 공격수를 추격하는 움직임이 아닌 페널티 지역 부근에 머물면서 공중볼을 처리하는 데 집중하며 안전한 플레이를 했다. 레스터 골키퍼 카스퍼 슈마이켈Kasper Schmeichel은 "제프(슐럽)와 리치(드 라에)는 번개처럼 공격 가담을 펼칠 수 있는 선수들이다. 그러나 그들의 공격 가담은 수비 뒷공간을 허용했다. 우리에게는 변화가 필요했다. 이제 우리에게는 수비수 네 명이 있다"고 말했다.

이탈리아 출신 감독이 수비적인 축구를 선호한다는 건 축구계의 가장 흔한 클리셰cliche다. 그런데도 라니에리 감독은 계속 이탈리아식 전술을 강조하며 무실점 경기를 하는 게 중요하다고 밝혔다. 그러면서 그는 시즌 초반 7경기 5골 3도움을 기록한 마레즈마저 선발 라인업에서 제외했다. 이후 다시 주전 자리를 되찾은 오른쪽 측면 미드필더 마레즈는 2015-16시즌 선수들이 선정한 올해의 선수로 선정됐을 정도로 절정의 기량을 선보인 선수였다. 그러나 라니에리 감독은 레스터가 수비 구조를 탄탄하게 해야 한다며 마레즈를 선발 명단에서 제외했다. 그는 부상이나 휴식 혹은 로테이션 때문이 아니라 전술적인 이유로 선발 명단에서 제외된 것이다. 그를 대신해 슐럽이 왼쪽 측면 미드필더로, 올브라이턴은 오른쪽 측면 미드필더로 출전했다. 그런데도 레스터는 무실점을 기록하지 못했다. 다만 레스터는 노리치와 사우샘프턴을 상대로 훨씬 더 안정적인 수비력을 선보였다.

레스터는 시즌 10번째 경기에서 크리스탈 팰리스를 상대로 마침내 무실점을 기록했다. 라니에리 감독은 마레즈를 재신임했지만, 그에게 수비적인 책임이 요구되는 포지션을 소화하라고 요구하지 않았다. 대신 그는 마레즈를 바디의 뒤를 받치는 처진 공격수로 중용했고, 이 둘은 이날 경기의 유일한 골을 합작해냈다. 라니에리 감독은 경기가 끝난 후 쓴웃음을 지으며 "잉글랜드보다는 이탈리아식 경기였다"고 말했다. 이어 그는 당연히 선수들에게 피자를 대접하며 '이탈리아식 경기'를 한 데에 대한 보상을 해줬다. 라니에리 감독은 선수단 전원을 레스터 시내에 있는 피터 피제리아 Peter Pizzeria로 데려갔다. 선수들은 이곳에서 자신들의 입맛에 맞는 피자를 직접 만들어 먹었다. 이는 당시 레스터 선수단의 결속력을 다지는 행사이자 거대한 홍보 효과를 낳은 계기가 됐다.

그러나 레스터의 이 피자 파티는 재미를 넘어 매우 중요한 시점을 가리키는 상징적인 사건이 됐다. 레스터는 이 시점을 시작으로 치른 경기 중 절반을 무실점으로 장식했다. 그러면서 레스터는 2016년에 접어들며 누구도 예상하지 못한 가장 강력한 우승 후보가 됐다. 레스터는 수비적으로 오픈 플레이 상황에서는 매우 조직적이었고, 세트피스 수비 시 몸싸움에도 꽤 능했다. 후트는 이후에 자신이 자주 규칙에 어긋나는 수비를 했다고 고백하기도 했다. 실제로 레스터는 다음 시즌 프리미어리그 경기에서 상대 선수의 유니폼을 잡는 행위가 더 엄격하게 규제되자 어려움을 겪었다. 오른쪽 측면 수비수 심슨이 직접 공개적으로 이러한 규칙의 변화가 레스터에 불리하게 작용했다고 인정했을 정도였다.

더 낮은 위치로 수비 라인을 내린 전술적 변화는 공격수 바디에게도 더 유리하게 작용했다. 당시 프리미어리그 역사상 최초로 11경기 연속골을 기록하기도 한 그는 이전 시즌 전체를 통틀어 단 5골을 넣은 공격수였다. 그는 시즌 초반 레스터의 상승세가 진정한 우승 도전이 아닌 일시적인 현상으로 비춰질 때부터 이미 집중적인 관심을 받았다. 그러나 모두 바디의 득점행진에 집중할 때, 레스터는 11월 뉴캐슬에 3-0으로 승리하며 프리미어리그 1위로 등극했다. 레스터는 이후 열린 매치데이 23일 중 20일간 프리미어리그 선두 자리를 지켜냈다.

바디의 급부상은 실로 놀라운 수준이었다. 그는 10대 시절 셰필드 웬즈데이에서 방출된 뒤, 7개월간 축구를 아예 그만둔 적도 있었다. 이후 바디는 8부리그 팀 스톡스브리지 파크 스틸스에서 주급 30파운드(약 4만 5000원)를 받아가며 다시 축구를 시작했다. 또한 그는 폭행죄로 무려 6개월간 전자 발찌를 차고 생활해야 했던 적도 있었고, 매일 오후 6시까지 귀가해야 한다는 규제를 받았다. 이 때문에 그는 당시 저녁 경기가 열리면 후반전 중반에 교체돼 바로 집으로 돌아갔다. 이후 바디는 이적료 1만 5000파운드(약 2200만 원)에 7부리그 핼리팩스 타운Halifax Town으로 이적해 활약하면서 동시에 탄소섬유를 만드는 공장에서 상근직으로 일하며 생활비를 충당했다. 그는 핼리팩스 타운에서 41경기 29골을 기록한 후 5부리그 팀 플리트우드 타운Fleetwood Town으로 이적했다. 그는 플리트우드 타운에서 42경기 34골로 단 한 시즌 만에 잉글랜드 아마추어 선수로는 역대 최고 이적료인 100만 파운드(약 15억 원)에 프로 구단 레스터에 합류했다.

사실 바디는 프리미어리그에서 활약하기에는 다듬어지지 않았다는 지적을 받았다. 그러나 그는 퍼스트터치와 마무리 능력을 크게 발전시키며 그저 활동량이 많은 공격수에서 리그의 가장 위협적인 골잡이가 됐다. 이때까지 현역 시절 상당 시간 측면 공격수로 활약한 그는 상대 중앙 수비수의 뒷공간을 침투하며 패스를 받아 영리하게 마무리 짓는 능력으로 명성을 떨쳤다. 바디가 득점력으로 인정을 받기 시작하면서 역할에도 변화가 생겼다. 시즌 초반에만 해도 그는 오카자키와 함께 2선으로 내려와 좁은 진용을 구축하라는 주문을 받았다. 이후에도 라니에리 감독은 똑같은 시스템을 가동했지만, 유독 바디는 전방에 머무르며 상대의 최종 수비수와 같은 선상에 서서 공간을 노리는 데 집중할 수 있었다. 이 덕분에 레스터 또한 역습 시 골문을 향해 달리는 그를 포착해 침투 패스를 연결할 수 있었다. 즉 레스터는 4-4-2보다는 4-4-1-1에 더 가까운 포메이션을 가동했다. 바디가 홈에서 리버풀을 2-0으로 꺾은 경기에서 뚝 떨어지는 숏으로 골을 뽑아낸 건 레스터가 그를 어떻게 활용했는지를 가장 잘 보여주는 장면이다. 마레즈가 깊숙한 위치에서 볼을 잡아 공간으로 침투하는 바디를 향해 패스를 연결했다. 바디는 퍼스트터치를 숏으로 연결해 바로 득점에 성공했다. 패스 하나로 골이 터진 이보다 더 직접적인 공격은 없었다. 그러면서 레스터 팬들이 가장 많이 외치는 구호는 "제이미 바디가 파티를 하고 있다!"가 됐다.

바디는 특히 드링크워터와 매우 좋은 호흡을 보였다. 드링크워터의 광범위한 대각선 패스는 전속력으로 문전을 침투하는 데 능한 바디와 매우 잘 어울렸다. 드링크워터는 "바디는 연결 가능성이 50%에 불과한 패스도 빠른 속도와 의지로 받아냈다. 그는 나쁜 패스를 훌륭하게 보이게 만든다"고 말했다. 골키퍼 슈마이켈도 비슷한 평가를 내놓았다. 그는 "바디 같은 선수와 함께 뛰는 건 꿈 같은 일이다. 그저 볼을 뻥 차거나 걷어내도 바디는 이를 활용한다. 그는 이러한 패스를 좋은 패스로 만든다. 바디는 그 정도로 모든 패스를 쫓으며 절대 포기하지 않는다"고 말했다. 실제로 슈마이켈이 던져주는 볼은 레스터의 역습 전술에서 큰 부분을 차지했다. 그는 아버지 피터 슈마이켈이 맨유에서 프리미어리그 출범 초기에 그랬던 것처럼 던지기로 팀의 역습을 시작하는 역할을 맡았다. 레스터가 점유율 수치에 별 관심이 없었듯이 슈마이켈의 패스 성공률도 프리미어리그에서 활약한 어느 선수보다 낮았다. 그런데도 그가 공급하는 패스는 레스터의 전술에 매우 중요했다. 실제로 그는 프리미어리그에서 가장 많은 득점 기회를 창출한 골키퍼였다.

레스터는 언더독 이미지가 강했던 팀이라는 점도 그들의 축구에 큰 영향을 미쳤다. 빅클럽은 역습 축구에 지나치게 의존하기가 어렵다. 특히 빅클럽의 경우 홈경기에서 깊은 위치에서 수비를 펼치면서 역습 축구로 효과를 보는 게 쉽지 않다. 상대 팀이 그런 축구를 하기 때문이다. 그러나 레스터는 상대 팀에 이런 느낌을 주는 팀이 아니었다. 이 덕분에 레스터는 줄곧 역습 축구를 추구할 수 있었다. 레스터가 스완지를 3-0으로 꺾은 경기를 단적인 예로 꼽을 수 있다. 스완지는 레스터를 상대로 계속 양 측면 수비수를 전진시켰다. 그러면서 바디와 마레즈는 더 수월하게 뒷공간을 침투할 수 있었다. 결국 이날 경기에서 마레즈는 오른발, 왼발, 머리로 한 골씩을 터뜨리는 '퍼펙트 해트트릭'을 기록했다.

캉테, 바디에 이어 레스터의 세 번째 키플레이어였던 마레즈는 이 시점에 특히 더 중요한 역할을 맡았다. 그 또한 역습에 매우 능했지만, 바디처럼 공간 침투를 주된 무기로 삼는 선수는 아니었다. 대신 마레즈는 상대 수비수와의 맞대결에서 재간 있는 드리블 돌파를 선보였고, 이는 뒤로 물러서서 수비를 펼치는 상대에게 매우 효과적인 결과를 낳았다. 마레즈는 드리블러, 플레이메이커 그리고 골잡이의 성향을 두루 보유하고 있었다. 그는 레스터에서 가장 다재다능한 능력을 보유한 선수였으며 자신의 반대쪽 측면에 배치된 올브라이턴보다 더 높은 위치에서 활동했다. 마레즈는 크리스티아누 호날두와 루이스 수아레스가 그랬던 것처럼 역습 시에도 팀 공격을 이끄는 역할을 맡으며 상대 측면 수비수를 견제해야 하는 수비 가담으로부터 자유로울 수 있었다. 그는 프리미어리그에서 활약 중인 선수들이 선정하는 올해의 선수가 될 자격이 충분한 선수였다.

레스터는 상대 팀이 그들의 역습을 막는 방법을 터득한 후에도 여전히 승리를 거듭했다. 크리스마스를 앞두고 열린 지난 시즌 챔피언 첼시를 상대로도 바디와 마레즈가 한 골씩 터뜨리며 2-1로 승리했다. 당시 첼시는 전 시즌 우승을 차지하고도 이어진 시즌 하위권에서 허덕이고 있었다. 레스터전에 패한 조세 무리뉴 첼시 감독은 분노를 드러내며 "내 노력이 배신당했다"고 불평했다. 그는 바디와 마레즈를 견제해야 한다고 경기 전부터 선수들에게 알려줬지만, 이러한 지시가 경기력에서 드러나지 않았다며 화가 난 모습을 보였다. 그러나 이날 두 선수가 터뜨린 골은 역습을 통한 득점이 아니었다. 첫 번째 골은 마레즈가 바디에게 크로스를 연결하며 나왔고, 두 번째는 마레즈의 발재간이 프리미어리그 최고의 측면 수비수라고 불러도 손색이 없는 세자르 아스필리쿠에타를 농락하며 터졌다.

특히 이 경기는 무리뉴 감독이 첼시 사령탑으로 재부임한 후 경질되기 전 치른 마지막 승부였다. 무리뉴 감독이 2004년 첼시에서 경질된 라니에리 감독을 대체한 인물이라는 점을 고려할 때, 이는 두 감독 사이의 기이한 인연을 보여주는 사건이었다. 과거 무리뉴 감독은 라니에리 감독에 대해 "이길 필요가 없다고 생각하는 사람이다. 그는 거의 70세의 나이로 슈퍼컵과 다른 작은 트로피를 차지한 적밖에 없으며 생각을 고치기에는 너무 늦었다"고 악평을 하기도 했다. 그러나 무리뉴 감독이 지적한 이러한 점은 시간이 지나 라니에리 감독에게 매우 유용한 핑곗거리가 됐다. 라니에리 감독은 레스터를 이끌고 프리미어리그 우승에 도전하면서도 시즌 내내 강등을 피하는 게 현실적인 목표라며 우승 가능성을 부인했다. 이후에도 라니에리 감독은 우승보다는 유로파 리그 진출이 목표라고 밝혔고, 시간이 더 지나도 챔피언스리그 진출을 노리겠다며 끝까지 프리미어리그 정상 등극 가능성에 대해 신중한 모습을 보였다. 그러나 시간이 가면 갈수록 레스터가 진정한 우승 후보라는 점은 자명해졌다.

레스터는 두 시즌 전의 리버풀과 마찬가지로 유럽클럽대항전에 출전하지 않아 일정이 더 유리했다. 이 덕분에 레스터는 우승 경쟁을 펼치는 팀들보다 주말 경기에 더 수월하게 대비할 수 있었다. 그러면서 레스터는 전술적으로는 물론 체력적으로도 경쟁 팀들보다 우위를 점했다. 라니에리 감독은 "잉글랜드 축구는 항상 강도가 높아 선수들의 체력에 지장을 준다. 잉글랜드에서 활약 중인 선수들은 체력을 회복할 시간이 필요하다. 그래서 우리는 토요일에 경기를 하면 일요일에는 쉬고, 월요일에 가벼운 훈련을 한다. 이탈리아도 이런 식으로 훈련을 한다. 화요일은 강도 높은 훈련이 이어지고, 수요일은 완전한 휴식이다. 목요일은 다시 강도 높은 훈련을 하며 금요일은 경기에 대비한 훈련을 진행한다. 그리고 토요일에 경기에 나선다"고 말했다. 만약 레스터가 유럽 무대에 진출한 팀이었다면, 주중에 두 차례 강도 높은 훈련을 하는 건 불가능했을 것이다. 즉 레스터는 우승 경쟁을 펼치던 팀들보다 더 강도 높게, 더 빠른 속도로 뛸 수 있었다.

레스터는 크리스마스 기간에 치른 세 경기 연속으로 무득점에 그쳤다. 그러면서 드디어 레스터의 일시적인 상승세가 한풀 꺾였다는 평가가 나오기 시작했다. 그러나 레스터가 이 시즌 세 경기 연속 무실점에 그친 건 이때뿐이었다. 상대 팀은 레스터의 장점에 대처법을 제시하기 시작했고, 바디는 리버풀, 선덜랜드 그리고 웨스트햄을 상대로 역습을 통해 득점에 성공했으나 전반적으로 뒷공간을 침투할 기회가 현저히 줄어들었다. 어느 한 시점에 그는 16경기에서 단 4골을 넣는 데 그친 적도 있다. 게다가 이 중 한 골은 페널티킥이었다. 이 때문에 레스터는 더 다양한 선수가 득점을 해야만 했다. 이 시점에서 레스터에 도움이 된 건 페널티킥이었다. 레스터는 2015-16시즌 페널티킥을 13회나 얻으며 프리미어리그에서 2001-02시즌 이후 가장 많은 페널티킥을 부여받은 팀이 됐다. 발이 빠른 바디, 또는 마레즈와 맞선 상대 수비수들은 자주 파울을 범할 수밖에 없었다.

레스터는 바디의 득점력이 떨어지자 무실점을 기록하는 걸 더 중요하게 여겼다. 무실점만 기록한다면 두 골이나 세 골이 아닌 한 골만 넣어도 승리할 수 있었기 때문이다. 그러면서 레스터는 우승 경쟁이 과열된 시점에 무려 여섯 차례나 무실점을 기록했다. 어느 시점에서 레스터는 여섯 경기 중 다섯 경기에서 무실점을 기록하기도 했다. 알렉스 퍼거슨 전 맨유 감독은 "이렇게 자주 1-0으로 이긴다는 건 매우 중요한 점을 시사한다. 그만큼 레스터가 단단한 팀이며 지지 않을 만한 팀이라는 뜻이기 때문"이라고 말했다. 더 인상적인 점은 이 시점 1-0 승리의 결승골을 넣은 주인공은 바디가 아니었다는 사실이다. 심지어 이 기간에는 레스터가 역습을 통해 넣은 골도 없었다. 전술적으로는 이 시점이 레스터가 가장 인상적인 모습을 보여줬을 때다. 레스터는 역습 축구를 완벽하게 구사했지만, 이에만 의존하는 데에 대한 부담이 얼마나 큰지 잘 알고 있었다. 그러면서 레스터는 팀 완성도를 높일 방안을 찾았고, 세 가지 방법으로 이를 달성했다.

첫째는 레스터의 공격력이 진화를 거듭하며 세트피스 공격력도 함께 상승했다는 데 있다. 2년 전 우승에 도전한 리버풀이 증명했듯이, 역습을 구사하는 팀이 간파당했을 때 가장 효과적으로 장점을 살릴 수 있는 방법은 이른 시간에 세트피스로 득점하는 것이다. 그래야 수비 라인을 내리고 경기에 나선 상대가 선제골을 실점한 후 전술에 변화를 줄 수밖에 없기 때문이다. 즉 이를 통해 레스터는 상대 뒷공간을 노리는 장점을 극대화할 수 있었다. 레스터의 중앙 수비 조합 후트와 모건은 시즌 전반기에는 단 한 골도 넣지 못했지만, 크리스마스 이후에는 총 다섯 골을 넣었다. 후트는 1월부터 레스터와 우승 경쟁을 펼치기 시작한 토트넘과의 맞대결에서 결승골을 터뜨렸고, 2월 맨시티 원정을 포함해 두 경기에서 더 득점했다. 한편 모건은 사우샘프턴을 상대로 결승골을 기록했고, 레스터가 긴장한 모습이 역력했던 4월 맨유 원정에서는 동점골을 넣어 경기를 1-1 무승부로 이끌었다.

둘째는 라니에리 감독의 '팅커맨' 성향이 큰 득이 됐다는 점이다. 라니에리 감독은 크리스마스 이후 확고한 선발 라인업을 정했지만, 벤치 또한 매우 효과적으로 활용했다. 그는 수비 라인을 더 깊숙하게 배치하는 팀을 상대로는 백업 공격수 레오나르도 우조아Leonardo Ulloa를 완벽한 플랜 B로 중용했다. 우조아는 바디나 오카자키와는 달리 레스터 공격에 높이를 더해 크로스 위주의 공격을 펼칠 때 날카로운 활약을 선보였다. 라니에리 감독은 2월 노리치를 상대한 홈경기에서 종료 10분을 남겨두고 0-0 점수가 유지되자 오른쪽 측면 수비수로 출전했던 다니엘 아마티Daniel Amartey를 빼고 우조아를 투입했다. 아마티는 경고 누적으로 결장한 심슨의 대체자였다. 우조아는 89분 결승골을 터뜨리며 라니에리 감독의 신뢰에 보답했다. 이후 바디가 두 경기 출장정지 징계를 받았을 때도 우조아가 웨스트햄을 상대로 후반전 추가시간에 득점하며 경기는 2-2 무승부로 끝났다. 이어 우조아는 스완지를 상대로 두 골을 넣었다. 출전 시간만 놓고 보면 우조아의 공헌이 떨어졌다고 볼 수도 있지만, 그는 실질적으로 레스터가 승점을 쌓는 데 큰 역할을 했다. 무엇보다 우조아는 레스터가 스완지를 4-0으로 꺾은 경기에서 기록한 네 번째 골을 넣었는데, 당시 그는 교체 출장한 킹, 올브라이턴 그리고 데마라이 그레이의 패스 연결에 방점을 찍는 마무리로 득점했다. 그 시점에 레스터의 승리는 이미 확정적이었지만, 이러한 순간을 통해 라니에리 감독은 확고한 선발 라인업을 정해놓고도 선수단에 포함된 모든 이가 팀 승리에 일조할 수 있는 기틀을 마련했다.

셋째는 아마 레스터의 진화에서 가장 중요한 부분을 차지하는 요인일 것이다. 그러나 이는 동시에 주목받지 못한 부분이기도 하다. 레스터는 역습에 의존하는 빈도를 줄이며 더 공격적인 축구를 구사했다. 특히 레스터는 경기 초반에 공격적으로 상대를 몰아붙였다. 레스터는 점유율을 높이기보다는 높은 위치에서 상대를 적극적으로 압박하며 볼을 빼앗는 데 집중했다. 이러한 점은 1월 레스터가 3-0으로 승리한 스토크전, 2월 3-1로 승리한 맨시티 원정에서 가장 잘 드러났다. 특히 맨시티 원정 승리는 레스터가 우승을 향해 가는 데 매우 중요한 역할을 했다.

드링크워터는 맨시티 원정에서 경기가 시작되자마자 긴 대각선 패스를 상대 오른쪽 측면 수비수가 선 자리로 연결했다. 그의 발을 떠난 공은 옆줄 밖으로 나갔고, 맨시티의 스로인으로 이어졌다. 레스터는 여기서 강한 전방 압박을 시도했다. 어쩌면 드링크워터가 단순한 실수로 패스를 잘못 시도한 것일 수도 있다. 그러나 레스터는 점유율을 높이려는 노력을 기울이지 않았던 팀인 만큼 의도적으로 볼을 빼앗기려는 것처럼 보인 것도 사실이다. 이처럼 레스터가 볼 소유권을 상대에 넘겨주면 그들에게는 전방 압박을 가할 기회가 생겼다. 맨시티 원정에서 벌어진 이 상황에서는 상대의 스로인 이후 캉테가 야야 투레와의 경합에서 볼을 쟁취했다. 이처럼 레스터는 경기가 시작된 지 단 1분도 되지 않아 볼을 빼앗는 능력을 자랑하고 있었다.

레스터는 볼을 되찾은 후 오른쪽 측면의 마레즈에게 패스를 연결했다. 마누엘 펠레그리니 맨시티 감독은 경기 전부터 마레즈가 오른쪽 측면에서 안쪽으로 접고 들어가 왼발을 활용하는 습성이 강하다는 점을 파악하며 페이비언 델프Fabian Delph를 중앙과 가까운 왼쪽 측면에 배치했다. 그러면서 델프와 왼쪽 측면 수비수 알렉산다르 콜라로프Aleksandar Kolarov를 안쪽으로 치고 들어오는 마레즈의 동선 측면으로 유도하려고 했다. 그러나 마레즈는 이 상황에서 안쪽으로 접지 않고 그대로 측면 돌파를 시도했다. 그는 옆줄을 타고 측면을 뚫어내며 콜라로프의 파울을 유도했다. 결국 레스터는 마레즈가 띄워준 프리킥을 후트가 마무리하며 득점에 성공했다.

레스터의 진화는 맨시티전 초반 2분 만에 명확히 드러났다. 레스터는 상대가 자신들의 역습 전술을 간파했다는 사실을 파악하며 전술을 바꿔 강력한 전방 압박을 펼쳤다. 마레즈 또한 안쪽으로 들어오면 공간이 비좁다는 점을 미리 예측하고 측면을 뚫는 데 집중했다. 이런 레스터의 모습은 챔피언의 면모이기도 했다. 이길 줄 아는 팀은 대개 상대가 대응책을 들고 나왔을 때 더 다양한 방법으로 승리를 챙긴다. 진정한 우승 후보는 자신들의 장점만 잘 살리는 게 아니라 차선책도 보유하고 있어야 한다. 게다가 레스터가 이런 식으로 선제골을 터뜨리자 맨시티는 더 적극적으로 공격에 나서야 했다. 그러면서 레스터는 원래 장점으로 꼽힌 역습을 더 효과적으로 펼쳐 보일 수 있었다. 이 덕분에 왼발잡이 마레즈는 상대 수비수 마르틴 데 미첼리스Martin Demichelis와의 일대일 상황에서 한 차례 접은 뒤, 오른발 강슛으로 추가골을 터뜨렸다.

이어 레스터는 후트가 한 골을 더 추가하며 3-0으로 앞서갔다. 맨시티는 세르히오 아구에로가 만회골을 터뜨리며 무득점을 면했지만, 레스터는 그대로 3-1로 승리했다. 경기가 끝난 후 맨시티 팬들은 레스터를 향해 박수를 보냈다. 이는 역사적인 순간이었다. 레스터는 승점 5점 차로 프리미어리그 선두를 질주했고, 배당률을 기준으로도 가장 강력한 우승 후보가 됐다. 라니에리 감독 역시 이날 승리를 기점으로 프리미어리그 우승에 도전하겠다고 선언했다. 맨시티 골키퍼 조 하트Joe Hart도 경기가 끝난 후 레스터 골키퍼 슈마이켈에게 "프리미어리그 우승을 하고 싶다면 지금이 기회다. 꼭 이번에 우승해야 한다"며 행운을 빌어줬다. 이후 레스터는 아스널에 1-2로 패했다. 그러나 몇몇 레스터 선수는 이날 경기가 끝난 후 아스널 선수들이 마치 우승이라도 한 것처럼 드레싱룸에서 자축하는 모습이 담긴 사진을 보고 동기 부여를 얻었다고 밝혔다. 공교롭게도 이 시점부터 레스터는 도저히 막을 수 없는 팀이 됐다.

이후에도 레스터는 1-0 승리를 거듭했다. 이 중에는 레스터에 운이 따라준 경기도 있었다. 레스터는 3월 크리스탈 팰리스 원정에서 놀라울 정도로 낮은 위치에서 수비 작업을 했다. 마레즈가 선제골을 터뜨린 뒤, 레스터의 경기력은 형편없었다. 레스터는 지나치게 쉽게 크리스탈 팰리스의 공격을 허용했고, 상대 중앙 수비수 데이미언 딜레이니Damien Delaney는 후반전 추가시간에 골대를 맞히기도 했다. 그러나 레스터 팬들이 팀의 우승을 굳게 믿은 순간이 바로 이때였다. 크리스탈 팰리스 원정에 응원을 온 레스터 팬들은 경기가 끝난 후 20분이 지났는데도 관중석에 그대로 남아 "이제 너희는 우리를 믿을 거야. 우리는 우승을 할 거야!"라는 가사가 담긴 응원가를 불렀다. 이는 실로 장관이었다. 몇몇 크리스탈 팰리스 팬들은 경기장 밖으로 나가는 길에 레스터 팬들을 향해 박수를 보냈고, 또 다른 몇몇 관중은 자리에 남아 그들의 경기 후 응원전을 지켜봤다. 레스터 팬들은 똑같은 응원가를 반복해 부르며 꿈에서나 가능할 것만 같았던 프리미어리그 우승을 이제 실감하고 있다는 점을 보여줬다. 정말 레스터의 우승이 눈앞으로 다가온 것이다.

예전에도 프리미어리그에서는 중립 팬들이 응원하는 팀이 간혹 있었지만, 레스터는 차원이 달랐다. 개리 리네커Gary Lineker는 레스터 역사상 가장 유명한 선수 출신이자 그들을 응원하는 가장 유명한 팬이다. 영국 BBC의 〈매치 오브 더 데이〉 진행자로도 유명한 그는 방송 도중 아무런 거리낌 없이 레스터를 응원했지만, 누구도 이를 문제삼지 않았다. 심지어 상대 팀 감독까지 나서 레스터를 지지한다는 뜻을 밝혔다. 토니 퓰리스 웨스트 브롬 감독은 "축구와 관련된 모든 이에게 레스터의 우승은 환상적인 일이 될 것이다. 나는 지금부터 시즌이 끝날 때까지 레스터를 응원할 것"이라고 말했다. 로날드 쿠만 사우샘프턴 감독도 이에 동참했다. 그는 "레스터는 우승할 자격이 있다. 그들이 우승하기를 바란다"고 말했다. 프란체스코 귀돌린Francesco Guidolin 스완지 감독도 이와 비슷한 발언을 했다. 더 신기한 건 레스터의 우승 경쟁자는 시즌을 앞두고 강력한 우승 후보로 꼽힌 강팀들이 아니었다는 점이었다. 직전 시즌 챔피언 첼시는 시즌 대부분을 하위권에 처진 채 보내야 했고, 맨시티는 2월 마누엘 펠레그리니 감독이 시즌이 끝난 후 팀을 떠나겠다고 선언하며 전력이 붕괴됐다. 한편 맨유는 실망스러운 모습을 거듭한 나머지 FA컵을 우승하고도 루이 판 할 감독을 경질했다. 이 때문에 레스터는 열두 시즌간 우승을 차지한 적이 없는 아스널, 그리고 반 세기 동안 리그 우승에 실패한 토트넘을 상대로 프리미어리그 정상 자리를 놓고 다퉜다. 그런데도 레스터는 모든 중립 팬들이 응원하는 팀이 됐다.

상대 팀 선수들 사이에서도 비슷한 현상이 일어났다. 레스터는 시즌 막바지 두 경기를 남겨두고 에버턴이나 첼시를 상대로 1승만 해도 우승을 확정할 수 있었다. 그러나 만약 이를 앞두고 토트넘이 첼시 원정에서 승리하지 못하면, 레스터는 잔여 경기 결과와 관계없이 프리미어리그 챔피언이 될 수 있었다. 이 경기에서 토트넘은 경기 초반부터 두 골을 터뜨리며 앞서갔다. 그러나 시간이 지나며 홈팀 첼시는 경기력을 끌어올리기 시작했다. 첼시 선수들은 이날 경기 전부터 한목소리로 레스터를 지지한다고 밝히기도 했다. 첼시 미드필더 세스크 파브레가스는 "토트넘이 우승하지 못했으면 한다. 올 시즌 레스터를 본 후 그들이 프리미어리그 우승을 했으면 한다는 마음이 생겼다"고 말했다. 첼시가 우승을 차지한 전 시즌 선수들이 선정한 올해의 선수로 선정된 에당 아자르Eden Hazard도 파브레가스에 동의했다. 그는 "우리, 즉 첼시 팬들과 구단과 선수들은 토트넘이 프리미어리그를 우승하는 걸 원치 않는다. 우리는 레스터를 응원한다. 그들은 챔피언이 될 자격이 있기 때문"이라고 말했다.

첼시는 후반전 시작 후 만회골을 터뜨리며 토트넘을 한 골 차로 추격했다. 이후 아자르는 토트넘 문전으로 돌파하며 2 대 1 패스를 주고받은 뒤, 마법 같은 감아차기로 볼을 골문 사각지대에 꽂았다. 2-2. 레스터는 그렇게 챔피언이 됐다. 첼시 선수들은 승리를 자축했고, 레스터 선수들도 마찬가지였다. 제이미 바디는 파티를 열었고, 영국 대부분의 지역에서도 파티가 막을 올렸다. 믿을 수 없게도 레스터는 시즌 두 경기를 남겨두고 프리미어리그 우승을 확정지었다. 결국 레스터는 최종 순위표에서 2위 아스널과의 격차를 승점 10점 차로 벌렸다.

자축 행사도 기억에 남을 만했다. 레스터는 이어진 에버턴전에서 3-1로 승리하며 트로피 시상식을 열었다. 에버턴의 시즌 티켓을 소지한 팬들은 이날 레스터 팬들을 위해 이날 티켓을 양보하기도 했고, 이탈리아 축구 팬 약 1000명이 티켓을 구입하지 못하고도 라니에리 감독을 축하해주는 차원에서 레스터로 건너갔다. 트로피 시상식이 열리기 전, 레스터 유니폼을 입은 안드레아 보첼리_{Andrea Bocelli}가 무대에 올라 라니에리 감독 옆에 서서 유명한 오페라 아리아 〈네순도르마_{Nessun dorma}〉를 열창했다.

이 모든 건 믿기 어려운 광경이었지만, 매우 어울리는 모습이기도 했다. 잉글랜드에서 축구의 인기가 크게 올라가는 데는 1992년 프리미어리그의 출범이 큰 역할을 했다. 물론 잉글랜드 대표팀이 1990 이탈리아 월드컵에서 4강에 진출한 것도 이에 도움이 됐다. 당시 잉글랜드 공격수로 활약한 리네커는 "이 나라 축구에 매우 중요한 순간이었다. 다른 유형의 사람들이 어우러져 축구에 관심을 보였다. 다른 계층의 다양한 사람들이 관심을 보이며 축구가 성장하는 데 매우 중요한 영향을 미쳤다"고 말했다. 당시 BBC는 1990 이탈리아 월드컵 중계 시 주제가를 루치아노 파바로티_{Luciano Pavarotti}가 부른 〈네순도르마〉로 선정했다. 이 때문에 이 곡은 잉글랜드 축구 팬들에게 항상 특별했다.

이러한 〈네순도르마〉를 다른 축구 스토리의 배경음악으로 사용하는 건 잉글랜드 축구 팬들에게 상상조차 할 수 없는 일이었다. 그러나 그것은 레스터의 프리미어리그 우승 역시 마찬가지였다.

PART 9
유럽 지배

안토니오 콘테와 첼시의 3백

"이 리그는 세계에서 가장 어렵다. 여섯, 일곱 팀이 우승할 수 있기 때문이다."

– 안토니오 콘테

출범 25주년을 맞은 2016-17시즌 프리미어리그는 의심의 여지 없이 유럽 축구에서 가장 훌륭한 재능을 모아둔 무대였다.

그러나 여기서 말하는 재능은 선수를 두고 하는 말이 아니다. 2016년 발롱도르 후보로 선정된 선수 중 개표 후 10위권에 든 프리미어리그에서 활약 중인 선수는 레스터의 제이미 바디와 리야드 마레즈 단 둘뿐이었다. 두 선수 모두 전 시즌 프리미어리그 우승을 차지한 레스터가 다시 강등권 경쟁을 펼치면서 활약이 실망스러웠다. 10위권에 들지 못한 선수 중에는 세 명이 프리미어리그에서 활약하고 있었다. 맨유가 새로 영입한 즐라탄 이브라히모비치와 폴 포그바Paul Pogba는 다른 리그에서 펼친 활약 덕분에 후보로 선정된 이들이었다. 이외에는 웨스트햄의 디미트리 파예트Dimitri

Payet가 한 표를 득표했으나 그마저도 프랑스 무대 복귀를 눈앞에 두고 있었다. 개표 결과 6위권을 형성한 선수들은 모두 스페인에서 활약 중이었다. 이 중 세 명은 한때 프리미어리그에서 활약했던 크리스티아누 호날두, 루이스 수아레스, 가레스 베일이었다. 그러나 이 셋 모두 프리미어리그에 남기에는 너무 커버린 선수들이었다.

그러나 프리미어리그는 유럽 최고의 감독들을 잉글랜드로 불러 모았다. 아르센 벵거 감독과 마우리시오 포체티노 감독은 여전히 각각 아스널과 토트넘을 이끌었고, 위르겐 클롭 감독은 리버풀에서 처음으로 프리시즌을 겪으며 정규 시즌을 준비 중이었다. 조세 무리뉴 감독은 첼시에서의 부침을 뒤로하고 맨유 사령탑으로 돌아왔고, 로날드 쿠만은 사우샘프턴에서 에버턴으로 팀을 옮겼다. 가장 기대를 모은 건 맨시티가 선임한 펩 과르디올라. 이전까지 그는 타 리그에서만 지도자 경력을 쌓고도 프리미어리그의 전술적 발전에 지대한 영향을 끼친 인물이었다. 또한 첼시는 유벤투스를 변모시킨 데 이어 이탈리아 대표팀 사령탑으로도 인상적인 지도력을 선보인 안토니오 콘테 감독을 선임했다.

이처럼 프리미어리그의 우승 후보로 꼽힌 일곱 팀은 나란히 다른 국적의 감독들이 이끌고 있었다. 프랑스, 스페인, 포르투갈, 네덜란드, 독일, 이탈리아, 아르헨티나에서 온 명장들이 프리미어리그 우승을 두고 경합한 셈이다. 이들이 차지한 우승 트로피를 합치면 리그 우승만 포함해도 무려 26개나 됐고 이 중 리그 우승을 차지하지 못한 이는 아직 젊은 지도자인 포체티노 감독이 유일했다. 더욱이 이 명단은 바로 전 시즌 프리미어리그 우승을 차지한 클라우디오 라니에리 감독을 포함하고 있지도 않았다.

그러면서 프리미어리그는 각 팀을 이끄는 감독의 면면만으로도 흥미로움을 유발했다. 감독들의 재능과 배경이 이처럼 다양했던 적이 없었기 때문이다. 이전 시대까지 프리미어리그 팀들은 조직력, 전략, 전술이 부족하다는 지적을 받았고, 챔피언스리그 성적을 보면 이는 분명히 일리가 있는 비판이었다. 그러나 잉글랜드는 갑작스럽게 최정상급 감독들의 집합소가 됐다. 심지어 2부리그 팀들까지 챔피언스리그 우승을 경험한 감독의 지도를 받고 있었다. 뉴캐슬은 라파엘 베니테즈 감독, 애스턴 빌라는 로베르토 디 마테오 감독이 각각 팀을 이끌었다. 즉 유럽에서 가장 큰 대회 우승을 차지한 경력조차 프리미어리그 정상급 팀을 맡는 데는 충분하지 않은 상황이었던 것이다.

시즌 초반 언론의 집중 관심을 받은 건 맨시티의 혁신가 과르디올라. 그는 부임 직후 잉글랜드 대표팀 주전 골키퍼 조 하트를 내보내고 스위퍼형 키퍼인 클라우디오 브라보Claudio Bravo를 영입했고, 공격적인 왼쪽 측면 수비수 알렉산다르 콜라로프를 중앙 수비수로 기용했다. 이어 그는 양 측면 수비수 두 명에게 중앙으로 들어와서 중앙 미드필더처럼 활약하라고 주문했다. 그러나 맨시티는 시즌 개막 후 좋은 출발을 하고도 시간이 지나며 극심한 부진을 겪었다. 이에 과르디올라 감독은 잉글랜드 축구에 적응하는 데 어려움을 겪은 게 사실이라고 인정했다. 그는 "여기서는 볼이 땅에 있는 시간보다 위로 날아다니는 시간이 더 길어 경기를 예측하기가 더 어렵다. 딱 한 경기만 봐도 잉글랜드 축구가 어떤지를 볼 수 있다. 스완지가 크리스탈 팰리스를 5-4로 꺾은 경기가 단적인 예다. 이 경기에서 들어간 9골 중 무려 8골이 세트피스로 득점으로 연결됐다. 이게 바로 잉글랜드 축구이며 나는 여기에 적응해야 한다"고 말했다. 맨시티는 시즌을 앞두고 가장 강력한 우승 후보로 꼽혔지만, 결국 시즌이 끝나자 선두 첼시와의 격차가 무려 승점 15점 차로 벌어져 있었다.

과르디올라 감독이 고전을 면치 못한 가운데, 2016-17시즌 프리미어리그에서 가장 돋보이는 지도력을 선보인 건 콘테 감독이었다. 이탈리아 출신인 그는 과거 유벤투스에서 3년 연속 세리에 A 우승을 차지한 데 이어

유로 2016에서 자국 대표팀을 이끌고 16강에서 스페인을 2-0으로 꺾는 등 인상적인 경기력을 선보였다. 첼시가 콘테 감독을 선임할 당시 대다수의 관심은 과거 바르셀로나와 레알 마드리드에서 치열한 라이벌 관계를 맺은 과르디올라 감독과 무리뉴 감독이 각자 맨체스터의 두 팀을 맡으며 경쟁구도를 부활시킨 데 집중됐다. 그러나 콘테 감독은 이러한 잡음에서 벗어나 자신이 해야 할 일에 집중했고, 결과적으로 첼시의 다섯 번째 프리미어리그 우승을 이끌었다.

콘테 감독이 첼시를 우승으로 이끈 결정적 계기는 가을에 준 전술 변화였지만, 그는 부임 초기 체력 훈련으로 선수단 관리에 나섰다. 그는 프리시즌을 맞아 길고, 강도 높은 달리기를 골자로 하는 체력 훈련으로 첼시 선수들을 놀라게 했다. 이러한 훈련은 현대 축구에서 기술적인 훈련과 대체된 지 꽤 오랜 시간이 지났기 때문이다. 그러나 포스트 점유율 시대에 들어 압박이 중시되며 강도 높은 체력 훈련은 다시 매우 중요해졌다. 첼시 주장 존 테리는 구단에서 활약하게 된 마지막 시즌을 앞두고 "내가 현역 생활을 한 세월 동안 조세 무리뉴, 카를로 안첼로티, 로베르토 디 마테오 감독조차 이런 달리기 훈련을 시키지 않았다. 과거 무리뉴 감독은 프리시즌 첫날부터 볼을 꺼냈다. 그러나 콘테 감독은 프리시즌 초반부터 달리기를 주문하고 있다. 우리 팀은 지난 7, 8, 9년간 이런 훈련을 해본 적이 없다. 처음에는 꽤 충격적이었다. 그러나 2~3주가 지나자 우리는 '체력적으로 훨씬 좋아지고 있다'고 서로에게 이야기하기 시작했다"고 말했다. 콘테 감독은 첼시 선수들에게 매우 엄격한 식단 관리를 주문했다. 전임 무리뉴 감독은 이에 대해 놀라울 정도로 느슨한 규칙을 두고 있었기 때문이다.

콘테 감독은 부임 초기 4-3-3, 혹은 4-1-4-1 포메이션을 가동했다. 이는 무리뉴 감독이 처음 첼시를 이끈 2000년대 중반 가동한 시스템이기도 하다. 콘테 감독은 과거 마켈렐레가 활약한 자리에 캉테를 배치해 수비 라인을 보호했다. 콘테 감독은 프리시즌 기간부터 중원을 어떻게 구축할 것인지를 명확히 설명하며 세스크 파브레가스가 설 자리는 없다는 점을 분명히 했다. 파브레가스는 프리미어리그에서 도움을 가장 많이 기록하는 선수였지만, 콘테 감독이 중시하는 전술적 영리함과 체력적인 능력이 부족한 미드필더였다. 실제로 콘테 감독은 파브레가스를 선발 명단에서 제외한 후 캉테를 후방 미드필더로 배치해 그의 왼쪽에 네마냐 마티치Nemanja Matic, 오른쪽에는 오스카Oscar를 세웠다. 콘테는 파브레가스의 약점을 지적하며 "오스카는 두 가지를 다 할 수 있다. 그는 공격적·수비적 역할을 두루 소화한다"고 말했다.

콘테 감독이 파브레가스를 선발 자원으로 여기지 않은 점 또한 차츰 현대 축구가 점유율 시대에서 벗어나 강도 높은 압박 축구를 지향하고 있다는 점을 보여줬다. 이에 파브레가스는 "이제는 재능 있는 선수들이 성공하기 더 어려운 시대다. 나 또한 내 체력적인 능력이 최고라고 생각하지는 않는다. 나는 가장 빠르지도 않고, 강인하거나 날카롭지도 않다. 이 시대에 축구 선수가 되려면 힘이 세고 많이 뛰어야 더 수월하다. 그래서 나는 발전할 수 있게 노력하고 있다. 최근 축구는 내가 상상도 하지 못했던 방식으로 진화하고 있다. 매일매일 재능 있는 선수가 줄어들면서 더 힘이 센 선수들이 뛰어다니는 모습이 보인다"고 말했다. 이 모든 것이 바르셀로나가 불과 5년 전 점유율 축구로 전 세계를 지배하며 기술적이고, 창의성 있는 미드필더의 중요성을 유럽 축구에 알린 후에 발생한 변화다.

프리미어리그 첫 라운드 웨스트햄전에서 첼시의 두 측면 수비수 브라니슬라브 이바노비치와 세자르 아스필리쿠에타는 팀이 볼을 소유하고 있을 때는 적극적으로 전진해 공격에 가담했다. 이는 첼시의 기준으로 볼 때는 매우 익숙하지 않은 전술이었다. 첼시는 약 15년간 측면 수비수의 공격 가담을 제한해온 팀이었기 때문이다. 실제로 이바노비치는 중앙 수비수에서 오른쪽 측면 수비수로 보직을 변경한 선수였는데, 이는 온전히 팀이 측면에서 더 강한 수비력을 구축하려 했기 때문이었다. 아스필리쿠에타는 오른쪽에서 왼쪽으로 보직을 변경한 케이스다. 이 또한 오른발잡이인 그가 중앙 공간을 더 원활히 막게 하기 위해 내려진 지시사항이었다. 따라서 이바노비치와 아스필리쿠에타가 동시에 공격 가담을 주문받은 건 콘테 감독 부임 후가 처음이었다. 아울러 콘테 감독은 중원에서 마티치와 오스카에게 예전보다 높은 위치에서, 조금 더 측면에 치우친 활동을 주문했다. 그래야 마티치와 오스카가 측면 수비수가 메워야 할 공간까지 커버할 수 있다는 게 콘테 감독의 생각이었다. 이 뒤를 받친 캉테는 때로는 중앙 수비수 두 명 사이 공간에 서서 세 번째 수비수 역할을 했다. 그러면서 첼시의 시스템은 공격진 중앙의 세 명을 측면 수비수 두 명이 좌우에서 지원해주는 형식으로 구성됐고, 나머지 선수들은 중앙에서 단단한 수비벽을 세웠다.

그러나 첼시는 2016-17시즌 출발이 좋지 않았다. 첼시는 그다지 인상적이지 못한 경기력으로 웨스트햄과 왓포드를 꺾은 후 전력이 약한 번리를 상대로는 더 나은 모습을 보이며 승리했지만, 스완지와 비긴 후 리버풀과 아스널을 상대로 철저히 압도당하며 패했다. 첼시는 리버풀을 상대로 무게중심을 뒤로 빼고 볼 없이 수비를 하는 데 집중했다. 이어 첼시는 아스널 원정에서는 더 전진하는 축구를 구사했으나 알렉시스 산체스, 메수트 외질이 이끄는 아스널의 역습에 캉테와 두 중앙 수비수가 완전히 파괴되며 전반에만 세 골을 헌납했다.

콘테 감독은 아스널전 10분을 남겨두고 승부는 이미 결정된 상황에서 실험을 하기로 했다. 그는 이날 리그컵에서 펼친 맹활약 덕분에 프리미어리그에서 시즌 첫 선발 출장을 한 파브레가스를 빼고, 마르코스 알론소에게 첼시 데뷔전 기회를 부여했다. 사실 알론소는 과거 볼턴과 선덜랜드에서도 측면 수비수로 활약했으나 두드러진 활약을 펼치지 못해 첼시 이적을 두고 의문이 제기된 선수였다. 그러나 콘테 감독은 그가 피오렌티나에서 윙백으로 활약하는 모습을 본 후 첼시가 4-3-3 혹은 3-4-3 포메이션을 가동할 때 필요한 선수라고 판단했다. 이날 첼시는 그대로 0-3 패배를 당했지만, 이때 변경된 첼시의 전술은 프리미어리그 역사에 남을 만한 변화로 남게 됐다. 콘테 감독 또한 시간이 지난 후 "그때 그 결정이 우리의 시즌을 바꿨다"고 말했다.

이때부터 첼시는 줄곧 3-4-3 포메이션을 가동하며 프리미어리그에서 가장 명확한 선발 11명이 정해진 팀이 됐다. 그러면서 첼시는 훌륭한 경기력을 앞세워 연승행진을 달렸다. 즉 아스널에 세 골 차로 대패한 경기가 첼시가 시즌 우승을 차지하는 데 원동력이 된 셈이다. 지난 2015년 9월 26일 레스터가 아스널에 2-5로 대패하며 시스템을 바꾼 후 프리미어리그 우승을 차지했듯이, 콘테 감독의 첼시도 2016년 9월 24일 아스널전 0-3 패배 후 비슷한 길을 걷게 됐다.

물론 콘테 감독이 3백 수비진을 구축한 것 자체는 놀라운 일이 아니다. 그는 과거 유벤투스와 이탈리아 대표팀에서도 똑같은 수비 진용을 구축했었다. 콘테 감독은 유벤투스에서 처음에는 공격적인 측면 미드필더를 활용한 4-4-2 포메이션을 앞세워 사실상 4-2-4를 구사했다. 그러나 당시 콘테 감독은 최정상급 중앙 수비수인 지오르지오 키엘리니Giorgio Chiellini, 레오나르도 보누치Leonardo Bonucci, 안드레아 바르잘리Andrea Barzagli 세 명이 팀에 버티고 있던 덕분에 자연스럽게 포메이션을 3-5-2로 바꿀 수 있었다. 이후 그는 이탈리아 대표팀 감독이 된 후에도 그대로 키엘리니, 보누치, 바르잘리로 3백을 구성해 유벤투스 시절 가동한 전술 시스템을 그대로 활용할 수 있었다.

또 한 가지 기억해야 할 점은 콘테 감독이 유벤투스에서 3백을 쓰기 시작한 이유는 당시 그가 우디네세, 나폴리가 매우 인상적인 3백 수비 전술을 앞세워 챔피언스리그에 진출한 데서 큰 영감을 얻었기 때문이라는 것이다. 당시 우디네세를 이끈 프란체스코 귀돌린Francesco Guidolin 감독, 나폴리를 이끈 왈테르 마짜리Walter Mazzarri 감독도 2016년 나란히 프리미어리그에 입성했다. 귀돌린 감독은 스완지, 마짜리 감독은 왓포드를 맡았다. 이후 귀돌린 감독은 스완지에서 거의 3백을 쓰지 않았지만, 마짜리 감독은 대부분 경기에서 이를 그대로 활용했다.

콘테 감독은 "시즌 초반에는 다른 포메이션을 썼으나 상황에 따라 우리가 균형을 잡는 게 어렵다고 판단했다. 그래서 나는 이를 3-4-3 포메이션으로 바꿨다. 공격수들도 이 포메이션에 익숙해지면서 수비적으로나 공격적으로 우리에게 더 어울리는 포메이션을 찾게 됐다. 나는 예전부터 우리 팀이 3-4-3 포메이션을 소화할 수 있다는 사실을 알고 있었다. 이미 내 마음속에는 3-4-3을 쓸 가능성이 항상 있었다는 뜻이다. 이미 선수들의 성향을 파악하고 있었던 나는 구단과 상의한 후 올 시즌 이 포메이션을 우리의 대안으로 사용하겠다고 전달했다"고 말했다. 첼시는 아스널전 이후 3-4-3 포메이션으로 나선 경기에서 13연승 행진을 달렸다. 이 중 처음 여섯 경기에서는 실점조차 없었다. 그러면서 첼시는 2002년 아스널이 프리미어리그 경기에서 세운 14연승 행진에 근접했으나 이에 도달하지는 못했다.

첼시는 오랜 시간의 팀 훈련을 통해 새로운 시스템을 연습한 까닭에 포메이션을 변경하고도 즉시 훌륭한 경기력을 선보였다. 콘테 감독은 단순하게 자신이 선정한 주전 11명을 포메이션에 맞춰 훈련장에 세워두고 상대 선수도 없이 패스 루트를 구성하는 팀 훈련을 가장 좋아했다. 이 과정을 통해 첼시 선수들은 공격수 한 명 또는 양 측면 윙백 중 한 명을 수시로 위험 지역으로 침투시키는 방법을 연습했다. 첼시의 주전급 선수 중 가장 자유로운 역할을 부여받은 아자르는 첼시의 움직임과 패스 연계에 대해 "반복된 훈련 덕분에 자동적인 과정처럼 됐다"고 설명하기도 했다. 콘테 감독은 2013-14시즌 브렌던 로저스 감독의 리버풀, 2015-16시즌 클라우디오 라니에리 감독의 레스터처럼 유럽클럽대항전 일정을 소화하지 않아도 된 만큼 시즌을 치르는 데 더 유리했다. 실제로 콘테 감독은 유벤투스를 처음 맡은 2011-12시즌에도 유럽클럽대항전 없이 리그에만 집중할 수 있었다. 그래서 그는 더 많은 시간을 팀 전술을 구축하는 훈련에 투자할 수 있었다. 첼시 오른쪽 윙백 빅터 모지스는 "우리는 조직적으로 수비 훈련을 한다. 콘테 감독은 매일 팀 훈련에서 우리 수비진이 단단한 진용을 구축하는 데 집중한다"고 말했다. 실제로 콘테 감독은 영상 분석을 통해 팀의 진용을 항상 철저하게 분석했다. 이후 그는 무리뉴 감독과 비슷하게 선수들을 불러 함께 토론하며 팀 전력을 향상할 수 있는 방법을 고민했다. 콘테 감독은 과거 이탈리아 대표팀 훈련 시설이자 감독 학교인 코베르치아노Coverciano에서 축구 영상 분석의 진화를 주제로 논문을 쓴 적도 있다.

실제로 3-4-3 포메이션은 콘테 감독에게도 훨씬 더 잘 어울렸다. 그러면서 선수 구성에도 큰 변화가 생겼다. 파리 생제르맹에서 재영입된 다비드 루이스가 3백 수비 중앙에 배치되며 과거 웃음거리로 전락했던 자신의 이미지를 프리미어리그 최정상급 수비수, 첼시 수비진의 리더라는 평가로 바꿔놓았다. 콘테 감독은 "중앙 수비수는 더 전술적이어야 하고, 생각이 깊어야 하며, 적절한 위치 선정을 할 줄 알아야 한다. 또한 그는 수비 라인을 올리거나 내리는 작전을 지시할 수 있어야 한다"고 말했다. 루이스는 이러한 콘테 감독의 요구사항을 훌륭하게 소화했고, 3백의 중앙 수비수 자리에 완벽하게 어울리는 모습을 보였다.

앞선 3년간 임대 신분으로 타 팀을 돌아다녀야 했던 모지스는 오른쪽 윙백으로 첼시의 붙박이 주전이 됐다. 그는 오른쪽 윙백 자리에서 인상적인 활약을 펼쳤다. 아스필리쿠에타는 한층 더 수비적인 역할을 부여받으며 3백에서 측면에 배치된 중앙 수비수로 중용됐다. 아스필리쿠에타, 루이스와 함께 첼시의 3백을 구성한 개리 케이힐은 "더 많이 뛰게 된 것 같다. 나는 중앙, 측면을 수시로 오가며 공간을 커버해야 한다. 그래서 더 많은 양을 뛰어야 한다"며 첼시의 새로운 포메이션이 더 많은 활동량을 요구한다고 설명했다.

그러면서 첼시의 희생양이 된 건 브라니슬라브 이바노비치와 존 테리였다. 두 선수 모두 오랜 기간 첼시에서 활약하며 과거 구단이 거둔 성공을 이끈 일등공신이었다. 그러나 첼시가 콘테 감독 체제에서 우승 경쟁을 펼친 시점에는 선발 출장조차 하지 못했다. 결국 이바노비치는 1월 겨울 이적시장을 통해 팀을 떠났다. 한편 테리는 시즌이 끝날 때까지 팀에 남은 뒤, 팀이 프리미어리그 우승을 확정짓자 이적을 선언했다. 그러면서 그는 첼시의 시즌 최종전에 선발 출장했다. 이는 테리가 마지막으로 첼시 유니폼을 입은 경기였다. 그는 콘테 감독에게 특별히 요청해 자신의 등번호와 같은 숫자인 26분에 교체되며 마지막을 장식했다. 그러나 테리가 선수들은 물론 관중들로부터 워낙 열광적인 박수를 받으며 경기장에서 나오느라 공식적으로 그가 교체된 시점은 28분으로 기록됐다. 이날 콘테 감독 또한 사실 테리에게 많은 출전 시간을 부여할 계획은 없었다. 그는 최대한 많은 시간을 원래 자신이 기용해온 선발급 선수들로 구성해 치르며 일주일 앞으로 다가온 FA컵 결승전에 대비하기를 희망했다.

그러나 첼시는 3-4-3 포메이션을 가동할 때도 볼을 소유했을 때는 시즌 초반에 쓴 4-3-3, 혹은 4-1-4-1과 크게 다르지 않은 모습을 보여줬다. 공격 시 첼시는 여전히 전방에 다섯 명을 뒀다. 알론소와 모지스가 앞으로 전진해 에당 아자르, 디에고 코스타, 페드로 로드리게스를 지원했다. 그 뒤를 받친 건 단단한 두 중앙 미드필더와 두 중앙 수비수 그리고 미드필드와 수비 라인을 연결한 다비드 루이스였다. 그러나 첼시는 기본 포메이션을 3-4-3으로 변경한 후 이러한 전환 작업을 더 수월하게 할 수 있었다. 그러면서 첼시는 상대의 역습에 더 효과적으로 대처할 수 있었고, 수비 시 더 역동적으로 움직였다. 더욱이 첼시 공격의 열쇠를 쥔 아자르는 수비적인 역할에서 자유로워졌다. 그는 알론소가 왼쪽 측면에서 적극적인 공격 가담을 펼쳐준 덕분에 자신이 선호하는 중앙으로 들어와 움직일 수도 있었다. 결국 아자르는 부진을 겪은 2014-15시즌을 뒤로하고 2015-16시즌 경기력을 회복하며 프리미어리그에서 가장 위협적인 공격력을 펼쳐 보였다. 그는 리버풀과 아스널을 상대한 시즌 후반기 빅매치에서 혼자 힘으로 득점에 성공했고, 본머스와 웨스트햄을 상대로는 훌륭한 역습으로 골망을 흔들었다. 한편 페드로는 더 높은 위치에서 활약하며 바르셀로나 시절 그랬듯이 상대 뒷공간으로 침투했다.

역할이 바뀌지 않은 유일한 선수는 코스타였다. 콘테 감독 또한 갈수록 최전방 공격수에게 다양한 움직임을 요구한 현대 축구의 흐름과는 정반대로 코스타에게 최전방에 머무르며 득점을 노리라고 주문했다. 콘테 감독은 "디에고(코스타)는 내 축구 철학을 알고 있다. 최전방 공격수는 항상 팀의 기준점이 돼야 한다. 나는 공격수가 경기장 이곳저곳으로 돌아다니는 걸 좋아하지 않는다. 나는 공격수가 최전방에 머무르는 걸 좋아한다. 그들은 골을 넣는 데 집중해야 하는 공격수인 만큼 적절한 위치에 머물러 있어야 한다. 공격수는 공격수이지 미드필더나 수비수가 아니다"라고 말했다. 코스타는 시즌 내내 초반에는 팀 규율을 지키지 않아 논란을 일으켰고, 1월에는 중국 진출을 두고 콘테 감독과 충돌했다. 그는 시즌이 끝난 후에는 콘테 감독으로부터 다음 시즌 계획에서 제외됐다는 문자 메시지를 받았다. 그런데도 그는 2016-17시즌 프리미어리그에서만 20골을 터뜨렸다.

콘테 감독은 그동안 잉글랜드 축구계에서 4백을 3백으로 전환하려고

한 팀들이 어려움을 겪었던 문제를 잘 해결했다. 그 경우 애매한 역할을 맡게 되는 선수들의 중심을 잡아주는 일 말이다. 이를테면 3백 가동 시 양측면 윙백은 측면 수비수처럼 뛰어야 할까, 아니면 윙어가 돼야 할까? 콘테 감독은 각각의 특성을 지닌 알론소와 모지스를 보유했다. 3백에 배치된 세 명 중 양 측면에 선 두 명은 측면 수비수일까, 아니면 중앙 수비수일까? 여기서도 콘테 감독은 각각의 특성을 지닌 케이힐과 아스필리쿠에타를 보유하고 있었다. 아스필리쿠에타는 당시 첼시에서 유일하게 한 시즌 내내 3420분을 모두 소화한 선수가 됐고, 콘테 감독의 축구 철학을 가장 잘 대변해준 자원으로 평가받았다. 오른쪽 측면 수비수로 선수 생활을 시작한 그는 이후 왼쪽 측면 수비수로 활약했고, 콘테 감독을 만난 후에는 3백의 오른쪽 중앙 수비수가 됐다. 그러나 아스필리쿠에타는 이후 왼쪽 중앙 수비수, 오른쪽 윙백으로도 활약하며 꾸준한 경기력을 선보였다.

선수들의 다재다능함은 과거 알렉스 퍼거슨 감독이 의지했던 것이기도 하다. 퍼거슨 감독은 대륙의 강호로부터 유틸리티 플레이어들의 전술적 역량과 다재다능함을 학습하곤 했는데, 당시 퍼거슨 감독이 가장 큰 영감을 받은 팀은 마르첼로 리피 Marcello Lippi 감독이 이끈 유벤투스였고 이때 유벤투스에서 가장 다재다능한 역할을 하던 선수 중 한 명이 바로 콘테였다.

이 때문에 상대 팀들은 첼시를 만날 때마다 그들과 똑같은 포메이션을 활용했다. 그래야만 공격 진영에 다섯 명을 두는 첼시를 상대할 때, 수비 진영에서 수적 열세에 빠지지 않을 수 있었기 때문이다. 로날드 쿠만 에버턴 감독이 11월 초 경기에서 이를 시도한 첫 번째 감독이었다. 그러나 첼시는 에버턴의 두 윙백 뒷공간을 파고드는 역습으로 우위를 점했다. 쿠만 감독은 전반전이 끝난 후 다시 4백 포메이션을 가동했지만, 결국 첼시는 이 날 5-0으로 승리했다.

그러나 첼시가 치른 가장 기억에 남을 만한 경기는 12월 초 3-1로 승리한 맨시티 원정이었다. 이 경기를 앞두고 과르디올라 감독은 콘테 감독을 가리키며 "아마 그는 지금 세계 최고의 감독일 것"이라고 칭찬했다. 이에 콘테 감독은 자신보다 훨씬 더 많은 우승을 차지한 건 과르디올라 감독이라며 칭찬에 대해 화답했다. 이날 양 팀의 경기는 프리미어리그 역사상 전술적으로 가장 복잡한 승부로 이어졌다. 과르디올라 감독은 특이한 3-2-4-1 포메이션으로 미드필드 장악에 집중하며 첼시의 두 윙백을 압박했지만, 후방에 선 수비수 세 명이 첼시 공격수 세 명을 제대로 견제하지 못했다.

사실 첼시는 이날 경기에서 충분히 패할 수도 있었다. 오른쪽 측면에서 헤수스 나바스가 연결한 크로스 상황에서 개리 케이힐이 자책골을 허용했고, 이날 훌륭한 활약을 펼친 케빈 더 브라위너Kevin De Bruyne는 친정팀을 상대로 맨시티의 두 번째 골을 넣을 뻔했으나 완벽한 득점 기회에서 골대를 맞혔다. 이후 첼시는 맨시티 수비진이 수적 우위를 지니지 못한 점을 공략하며 내리 세 골을 터뜨려 승부를 뒤집었다. 코스타는 롱볼을 받아 상대 수비수 니콜라스 오타멘디Nicolas Otamendi를 몸싸움으로 제압한 뒤, 문전에서 득점에 성공했다. 이후 그는 또 오타멘디를 제친 후 문전으로 침투하는 윌리안에게 패스를 연결해 추가골을 만들었다. 이어 후반전 추가시간에는 아자르가 알렉산다르 콜라로프를 제치고 침착하게 득점했다. 즉 첼시는 이날 터뜨린 세 골 모두 선수 단 한 명이 득점 상황을 만들었다. 다시 말해 개인 기량이 출중한 첼시의 공격수 세 명을 상대로 수비수 세 명을 세우는 건 매우 위험한 선택이었다. 첼시의 두 윙백이 수시로 공격에 가담하며 상대 수비진이 이에 대처하는 것 또한 쉽지 않았기 때문이다. 첼시를 상대하는 팀들은 안쪽으로 치고 들어오는 아자르와 페드로를 제어하기가 매우 어려웠고, 첼시의 윙백들을 풀백이 따라가야 할지 미드필더가 따라가야 할지 결정하기도 어려웠다. 결국, 더 많은 상대 팀 감독들이 첼시를 상대로 똑같은 3-4-3 포메이션을 가동하며 윙백을 윙백으로 막기 위해 노력했다.

콘테 감독은 2016년을 13연승 행진과 함께 마감했다. 프리미어리그 역사상 최다 연승행진 기록까지는 단 1승만이 남아 있었다. 그러면서 콘테 감독은 3개월 연속으로 프리미어리그 이달의 감독으로 선정됐다. 그러나 첼시는 2017년 첫 경기에서 미끄러졌다. 마우리시오 포체티노 토트넘 감독은 첼시를 맞아 3-4-3 포메이션을 가동했고, 효과적인 압박 축구를 구사했다. 그러면서 토트넘은 첼시 3백 수비의 약점을 공략하며 똑같은 방식으로 두 골을 뽑아냈다. 두 차례 모두 크리스티안 에릭센이 측면에서 반대쪽 포스트를 향해 올린 크로스를 델리 알리가 아스필리쿠에타보다 더 큰 키를 앞세워 머리로 득점에 성공했다. 그러면서 첼시의 우승 도전에 가장 큰 걸림돌이 될 팀은 토트넘으로 지목됐다. 그러나 콘테 감독의 첼시는 끝내 선두 자리를 지켜내며 계속 상대 팀을 효과적으로 공략했다. 특히 첼시는 4백 수비를 가동한 팀을 상대로는 더 위협적인 경기력을 선보였다.

단적인 예는 첼시가 2월 아스널을 3-1로 꺾은 경기에서 마르코스 알론소가 터뜨린 선제골이다. 이 상황에서 알론소는 아스널 오른쪽 측면 수비수 엑토르 벨레린Hector Bellerin과 충돌했다. 이 때문에 벨레린이 뇌진탕 증상을 보이며 교체돼 논란이 됐다. 그러나 그 논란을 뒤로 하면, 3-4-3 포메이션이 4백 수비를 가동하는 팀을 상대로 왜 더 위협적인지를 알 수 있다. 이 장면에서 아스널의 수비는 완벽에 가까운 진용을 구축하며 첼시에 맞서고 있었다. 그러나 왼쪽 측면 수비수 나초 몬레알은 첼시 오른쪽 윙백 모지스가 안쪽으로 침투해 들어가자 그를 따라갈 수밖에 없었다. 그러면서 아스널 중앙 수비수 로랑 코시엘니와 슈코드란 무스타피Shkodran Mustafi는 페드로와 아자르의 움직임을 견제해야 했다. 이 때문에 벨레린은 혼자 디에고 코스타와 먼 발치에서 문전 침투를 노리는 알론소를 상대로 반대쪽 포스트 부근에서 고립됐다. 궁극적으로 벨레린은 제대로 된 수비를 펼칠 수 없었다. 첼시는 5 대 4 상황을 연출하며 수적 우위를 안았을 때, 이를 최대한 공략할 수 있는 방법을 이미 훈련을 통해 연마한 팀이었다. 그러면서 당시 득점 상황은 3-4-3 포메이션이 공격 시 선보이는 진정한 가치를 그대로 보여줬다. 이처럼 첼시의 양 윙백은 꽤 자주 볼의 위치와는 반대쪽 포스트 부근으로 침투해 상대 수비수가 없는 곳으로 득점을 노릴 수 있었다. 상대 팀 선수들이 3-4-3 포메이션에 맞서다 보면 한쪽으로 치우칠 때가 많았기 때문이다. 모지스가 11월 토트넘을 상대로 기록한 결승골도 이를 잘 보여줬다. 알론소 또한 레스터, 미들즈브러를 상대로 첼시가 3-0으로 승리한 경기에서 득점에 성공했다.

위에 언급된 경기에서 첼시는 3백 수비의 유연성도 보여줬다. 첼시가 승리한 레스터 원정에서 다비드 루이스는 빼어난 활약을 펼쳤는데, 이는 그가 꾸준히 전진해 후방 플레이메이커 역할을 했기 때문이었다. 이미 강등이 확정된 미들즈브러전에서는 오른쪽 중앙 수비수 아스필리쿠에타가 전진해 공격 시 3-2-5 포메이션을 가동한 첼시의 포메이션을 순간적으로 2-3-5로 바꿔버렸다. 그는 이날 첼시가 공격할 때 가장 위협적인 선수였다. 경기가 끝난 후 나온 모든 선수의 평균 포지션을 보여준 자료에 따르면 이날 아스필리쿠에타는 마티치와 파브레가스(콘테 감독은 시간이 갈수록 파브레가스의 패스 능력에 매료돼 그에게 선발 출장 기회를 부여했다)보다 더 앞선 위치에 서 있었다. 특히 첼시는 공격수를 최전방에 한 명만 세운 팀을 상대로는 중앙 수비수 세 명 중 한 명이 적극적으로 전진하며 공격에 가담했다.

첼시는 우승으로 순탄하게 질주했다. 심지어 첼시는 2017년 첫 경기에서 토트넘에 패한 후 승점을 단 10점만 잃는 데 그쳤다. 그러면서 첼시는 프리미어리그 역사상 최초로 30경기를 승리한 팀이 됐고, 총 승점 93점을 획득했다. 이 승점 기록은 프리미어리그 역사상 첼시가 2004-05시즌 획득한 승점(95점) 다음으로 높은 수치였다. 2004-05시즌의 첼시와 2015-16시즌의 첼시 사이에는 전술적으로 비슷한 점이 있었다. 조세 무리뉴 감독이 첼시를 이끌고 4-3-3 포메이션으로 2004-05시즌 프리미어리그를 지배했다면, 콘테 감독은 3-4-3 포메이션으로 2015-16시즌 프리미어리그 우승을 일궈냈다. 그러면서 첼시의 성공적인 전술을 모방하는 팀들이 하나둘 모습을 드러냈다.

실제로도 첼시의 3-4-3에 대적할 가장 적합한 포메이션은 3-4-3이었다. 특히 첼시를 전방에서부터 압박하려면 더욱 그랬다. 이 때문에 3-4-3 포메이션을 가동하는 팀들이 많아질수록 그들을 상대하는 팀들도 3-4-3을 쓰는 빈도가 늘어났다. 한편으로는 프리미어리그가 전술적으로 더 다양한 경험을 하는 것처럼 보였지만, 또 다른 한편으로는 프리미어리그가 혁신적인 전술을 구사하는 데 외국인 감독에게 지나치게 의존한다는 지적도 나왔다. 그러나 변화는 분명했다. 2015-16시즌에 프리미어리그 팀이 경기 시작부터 3백 수비를 가동한 건 전 시즌을 통틀어 단 31경기에 불과했다. 그러나 2016-17시즌 들어 이 수치는 무려 130경기로 늘어났다. 시즌이 끝날 때 즈음이 되자 프리미어리그 20팀 중 17팀이 최소 한 경기는 3백을 들고 나와 경기를 시작했다는 사실이 확인됐다.

그러나 3백을 시도한 17팀 중 가장 놀라운 건 아스널이었다. 아르센 벵거 아스널 감독은 20년, 즉 1000경기도 넘게 4백을 가동해왔지만, 첼시와 토트넘이 3-4-3으로 선보인 경기력에서 인상을 받아 자신도 전술에 변화를 줬다. 아스널은 프리미어리그 8경기에서 단 승점 7점을 획득한 부진을 거듭하던 봄 이후로 3-4-3 포메이션을 가동했다. 이후 아스널은 미들즈브러 원정에서 가까스로 2-1 승리를 거두는 등 시행착오를 겪기는 했지만, 이후 훌륭한 성과를 내기 시작했다. 아스널은 2016-17시즌 막바지에 치른 10경기에서 모두 3-4-3 포메이션을 가동해 9승을 거뒀다. 아스널이 유일하게 승리하지 못한 경기는 토트넘전 0-2 패배였다. 아스널은 이날 패하며 벵거 감독 부임 후 최초로 프리미어리그에서 토트넘보다 낮은 순위로 시즌을 마치는 게 확정됐다.

그러나 아스널은 이러한 근본적인 포메이션 변화로 효과를 내고도 프리미어리그 4위권 진입에는 실패했다. 이 또한 벵거 감독 부임 후 최초로 일어난 사건이다. 그러나 아스널은 3-4-3 포메이션을 앞세워 FA컵 우승을 차지했다. 이 과정에서 아스널은 FA컵 4강에서 맨시티를 2-1로 꺾었고, 결승전에서는 콘테 감독의 첼시를 제압했다. 게다가 최종 스코어는 아스널이 얼마나 경기를 지배했는지를 잘 대변하지 못했다. 실제로 아스널은 FA컵 결승전에서 주전 수비수 코시엘니, 무스타피 그리고 가브리엘 없이 프리미어리그 우승 팀 첼시를 상대해야 했다. 이 때문에 벵거 감독은 왼쪽 측면 수비수 몬레알, 어린 롭 홀딩을 3백의 좌우에 배치했으며 긴 부상에 시달린 페어 메르테자커Per Mertesacker가 시즌 출전 시간이 단 37분에 그쳤는데도 중앙 수비수로 선발 출장했다. 그러나 메르테자커는 이날 경기에서 맹활약을 펼쳤고, 알렉시스 산체스와 아론 램지가 한 골씩을 터뜨리며 벵거 감독에게 FA컵을 안겼다. 이와 동시에 벵거 감독은 FA컵 역사상 일곱 번째 우승을 차지하며 최다 우승을 기록한 감독이 됐다.

프리미어리그를 압도한 콘테 감독에게 시즌 마지막 경기였던 FA컵 결승전에서의 패배는 잔인한 결과였다. 게다가 첼시가 시즌 두중 기본 포메이션을 3-4-3으로 바꾼 게 아스널 때문이었다는 점을 고려할 때, 이날 경기는 매우 아이러니했다. 벵거 감독은 자신이 이끈 아스널 탓에 첼시가 선택한 3-4-3 포메이션으로부터 큰 영감을 받았고, 나중에는 이를 자신이 모방했기 때문이다. 그러면서 벵거 감독은 바로 그 3-4-3 포메이션을 앞세워 첼시의 더블 달성을 저지했다. 프리미어리그의 전술적 역사가 보여주듯이, 콘테 감독은 자기 자신이 만든 성공의 희생양이 된 또 한 명의 감독이 된 셈이다. 과거에는 이러한 현상이 수년에 걸쳐 일어났지만, 이제는 한 시즌에 이러한 다양한 사건이 연이어 발생한다.

어찌 됐든 콘테 감독의 첼시는 1962-63 시즌 해리 캐터릭Harry Catterick 감독이 이끈 에버턴 이후 처음으로 잉글랜드 1부리그를 3백을 앞세워 우승한 팀이 됐다. 그러면서 이탈리아 출신 콘테 감독은 약 50년간 4백이 지배한 잉글랜드 축구의 흐름을 바꿨다. 그는 "내 생각에 지금 잉글랜드에서는 무언가 변하고 있다. 여러 나라에서 온 여러 감독이 새롭고 다른 생각, 새로운 지도 방식, 새로운 축구 철학을 이곳에 이식하고 있다"고 말했다.

그러나 큰 틀에서 이러한 변화는 25년째 이어지고 있었다. 칸토나부터 첼시까지. 프리미어리그의 진화는 오로지 해외로부터 받은 영향에만 의존하고 있다.

펩 토크

"빠르든 늦든, 언젠가 축구 감독은 결국 자신의 능력을 프리미어리그에서 입증해야 한다."

- 펩 과르디올라

프리미어리그 역사상 펩 과르디올라만큼 큰 기대를 받으며 리그에 입성한 감독은 없었다. 잉글랜드 축구계는 스스로 프리미어리그를 유럽 최고 감독들의 종착지로 여기고 있었고, 실제로 과르디올라 감독이 2013년에 프리미어리그 클럽이 아닌 바이에른 뮌헨을 선택했을 때 많은 사람들이 그 결정에 실망하기도 했다. 그러나 그로부터 3년 후 그는 결국 맨시티의 감독이 됐다. 이 결정에는 바르셀로나 시절 함께 일했던 여러 사람의 설득이 있었는데, 특히 맨시티의 단장으로 일하고 있던 치키 베히리스타인Txiki Begiristain의 영향이 컸다. 과르디올라는 맨시티 감독이 된 후 이렇게 말하기도 했다. "치키는 내 인생에서 정말 중요한 사람이다. 그는 내가 아무것도 모르는 아무것도 아닌 존재였을 때부터 위대한 선수들이 뛰고 있는 환상적인 클럽인 바르셀로나의 감독이 될 수 있도록 도와줬다. 그래서 언젠가 내가 잉글랜드로 가게 된다면 그때는 그가 일하고 있는 잉글랜드의 클럽으로 가겠다고 말한 적이 있었다. 내게는 치키가 맨시티에 있는 것이 중요한 요소였다."

프리미어리그는 이미 외국인 감독들이 불러온 혁신에 충격을 받은 경험이 있었다. 대표적으로 1996년 아스널의 아르센 벵거 감독과 2004년 첼시의 조세 무리뉴 감독의 경우가 그랬다. 과르디올라 감독이 프리미어리그에서 이전까지 누구도 본 적 없는 스타일의 축구를 시도해보고 싶어 한다는 사실은 이미 꽤 널리 알려진 사실이었다.

하지만 그의 프리미어리그 입성은 쉬운 도전은 아니었다. 그가 축구계에 끼친 영향력이 이미 잉글랜드에도 널리 퍼져 있었기 때문이다. 그가 2008년부터 2012년까지 바르셀로나에서 거뒀던 성공과 같은 시기 스페인이 3차례의 메이저 대회에서 우승하며 거둔 성공으로 인해 당시 바르셀로나와 스페인 축구의 영향력은 잉글랜드 축구계에도 널리 전파됐다. 그럼에도 당시 프리미어리그 클럽 중 과르디올라 감독의 바르셀로나에 필적할 만한 수준에 도달한 클럽은 없었다. 점유율을 중시하는 아스널이나 맨시티의 플레이도 과르디올라 감독의 바이에른 뮌헨과는 비교하기 어려웠다. 게다가 잉글랜드 축구계는 전통적으로 기술보다는 피지컬 요소를 중요하게 여겼기 때문에 과르디올라 감독의 축구 철학에 대한 저항도 어느 정도 있었다. 과르디올라 감독의 뛰어난 실력을 의심하는 사람은 거의 없었고, 그가 바르셀로나와 바이에른 뮌헨에서 거둔 성공도 상당히 존중받았다. 다만 그가 우중충한 날씨와 겨울에 몰려 있는 혹독한 경기 일정 그리고 상대적으로 관대한 주심들의 성향과 전통적으로 롱볼 축구를 구사하는 팀들이 여전히 존재하는 프리미어리그에서도 바르셀로나와 바이에른 뮌헨에서 거뒀던 성공을 재현할 수 있을지에 대한 의구심은 분명히 남아 있었다.

과르디올라 감독은 맨시티에 부임한 두 번째 시즌에 프리미어리그 우승을 차지했고, 심지어 그것이 가능할지조차 의문이었던 승점 100점 기록까지 달성했다. 이 성공은 과르디올라 감독의 축구 스타일과 그의 방식 자체의 성공이기도 했지만, 그 안에는 과르디올라 감독 본인이 예상했던 것 이상으로 타협하고 새롭게 접목시켜야 했던 부분들도 있었다.

2016년 과르디올라 감독이 맨시티에 도착했을 때, 맨시티는 로베르토 만치니 감독이 이끌었던 2012년과 마누엘 펠레그리니 감독이 이끌었던 2014년에 프리미어리그 우승을 차지한 경험이 있었지만 여전히 부족한 부분이 있는 팀이었다. 유럽 대회 기록은 여전히 좋지 못했고 전술적으로 순진한 모습을 보인 경기도 많았으며, 전술적인 면모가 강하다기보다는 세르히오 아구에로나 야야 투레 같은 선수 개인에게 의존하는 부분이 많았다. 펠레그리니 감독은 지능적인 점유율 중심의 축구를 구사하는 감독이었기 때문에 과르디올라 감독이 완전히 새로운 팀을 창조해야 할 필요는 없었지만 그의 기술 축구에 대한 믿음과 철학은 펠레그리니 감독보다 훨씬 더 심오한 것이었다. 그런 과르디올라 감독이 맨시티 부임 초기에 내린 몇몇 결정들은 너무 급진적이거나, 극단적이었다.

과르디올라 감독은 초기에 특정 포메이션을 선호했다. 바르셀로나, 바이에른 뮌헨에서 그랬던 것처럼 그는 한 명의 홀딩 미드필더를 기용하는 것을 두 명의 피벗Pivot 활용보다 선호했고, 그 결과 과거 박스-투-박스 미드필더였다가 투레와 함께 나란히 활약했던 페르난지뉴Fernandinho가 전보다 더 깊은 자리로 내려가 홀딩 미드필더 역할을 맡았다. 과르디올라 감독의 바르셀로나 시절 초반에 꾸준히 출전했지만 세르히오 부스케츠의 등장과 더불어 서서히 입지를 잃었던 야야 투레는 또 한 번 비슷한 상황을 겪게 됐다. 그는 과르디올라 감독 부임 후 첫 11경기 동안 출전 명단에 포함되지 못했다.

페르난지뉴와 함께 미드필드를 구성한 선수는 케빈 더 브라위너와 다비드 실바였다. 그들은 이전에는 좀 더 공격적인 역할을 맡는 플레이메이커였다. 10번 역할을 수행하거나 측면까지 넓게 플레이하기도 했다. 둘 중 한 명이 좀 더 아래로 내려가 8번 역할을 한다든지 좀 더 과감한 미드필더 3인 구성을 감안해 활동량이 높은 박스-투-박스 미드필더를 기용하는 것도 고려해볼만 했지만, 과르디올라 감독은 페르난지뉴, 더 브라위너, 실바 3명을 모두 이전보다 깊이 내려앉는 역할로 활용했다. 그리고 거의 즉각적으로 더 브라위너와 실바는 환상적인 호흡을 선보이기 시작했다. 챔피언스리그 플레이오프에서 만난 슈테우아전에서 맨시티가 5-0 승리를 거둔 경기(아구에로가 해트트릭을 기록하고 페널티킥을 두 번 실축한 경기)에서 더 브라위너와 실바는 미드필드진에서 함께 패스를 뿌리며 환상적인 활약을 보여줬다. 이는 분명히 새로운 형태의 미드필드진이었고 더 브라위너 본인 스스로도 그걸 느끼고 인정하며 새로운 용어를 만들어내기도 했다. "조금 다른 역할이었지만 괜찮았다. 과르디올라 감독님께는 감독님만의 전술이 있다. 나는 오늘 10번으로 뛴 것이 아니라 모든 곳에서 뛰는 '프리 8번'(Free 8)으로 뛰었다."

그 '프리 8번'이 바로 맨시티의 핵심 플레이어들이었다. 팀의 다른 모든 선수들은 두 명의 '프리 8번들'이 가능한 자유롭게 활동하도록 움직였다. 즉 그 전에 맨시티가 거둔 우승들이 측면에서 중앙으로 침투하는 선수들(실바와 나스리)에 의해 만들어졌다면 과르디올라 감독은 양 측면에 자신의 주발에 맞는 선수들을 배치했고(오른발잡이인 스털링을 오른쪽, 왼발잡이인 리로이 사네Leroy Sané를 왼쪽), 이 선수들은 팀의 넓이를 유지하는 임무를 부여받아 상대 포백의 간격을 최대한 벌리는 데 집중했다. 그럴 경우 더 브라위너와 실바가 침투할 공간이 발생했다. 다른 관점에서 보자면 과르디올라 감독은 당시에 5명의 공격진을 활용했다고도 볼 수 있다. 스털링, 더브라위너, 아구에로, 실바, 사네가 그 5명이다.

이 상황에서 발생하는 가장 큰 한 가지 문제점은 그들을 후방에서 지켜야 하는 페르난지뉴가 지나치게 많이 뛰는 상황이다. 그래서 과르디올라 감독은 풀백 중 한 명(라이트백인 사발레타 혹은 바카리 사냐Bacary Sagna, 또는 레프트백인 클리시)에게 그가 바르셀로나나 뮌헨에서 풀백들에게 요구했던 것처럼 중앙으로 올라 페르난지뉴를 지원해주도록 했다. 또 그는 에버턴에서 존 스톤스를 영입했다. 스톤스는 수비적 능력은 부족하다고 비판받았지만 볼을 다루는 능력이 뛰어난 선수였다. 또 과르디올라 감독은 비록 실패했지만, 공격 능력이 뛰어난 레프트백 콜라로프(그는 등번호 11번을 사용했다)를 센터백으로 기용하기도 했다. 하지만 그 모든 것 가운데 가장 중요했던 결정은 골키퍼 선택이었다. 그는 잉글랜드 대표팀 골키퍼였던 조 하트를 대체할 선수를 찾았다. 가장 큰 이유는 하트의 볼 배급 능력이 부족했기 때문이었다. 물론 이 시기에 하트는 이미 골키핑 능력에서도 하락세를 보이긴 했지만 말이다. 하트는 과르디올라 감독에 대해 이렇게 말했다. "과르디올라 감독과 처음 대화를 나눴을 때 그는 이미 나에 대해 생각한 바가 있다고 말했다. 나는 그와 악수를 나누고 프로로서 솔직한 대화를 나눴지만, 그의 말은 내가 듣고 싶은 말은 아니었다."

하트는 그 후 프리미어리그의 다른 팀으로 가지 못하고 세리에A에서 12위를 차지했던 토리노로 임대를 떠났다. 그것은 당시 잉글랜드 대표팀 선발진에서 제외하기 어려웠던 선수에게 일어난 놀라운 변화였으며, 다른 한편으로는 과르디올라 감독이 잉글랜드 축구계를 혁신하게 될 것이라는 초기 신호 중 하나이기도 했다.

과르디올라 감독은 하트의 자리에 클라우디오 브라보 골키퍼를 기용했다. 그는 바르셀로나와 칠레 대표팀에서 적극적인 수비 가담 능력으로 인정받았던 골키퍼였다. 그런 면에서 그는 과르디올라 감독의 맨시티에는 이상적이었지만, 당시 프리미어리그에서 가장 키가 작은(184cm) 골키퍼 중 한 명이기도 했다. 과르디올라 감독이 신체적 측면보다 기술적인 면을 중요시한다는 걸 보여주는 또 하나의 증거였다.

브라보의 데뷔전은 마치 불꽃이 튀는 것 같았다. 올드 트래포드에서 열린 맨체스터 더비에서 그는 자신의 공격적인 골키핑 스타일을 제대로 보여줬다. 그는 마치 팀의 세 번째 센터백처럼 보일 정도로 페널티박스보다 훨씬 더 앞으로 나가기도 했다. 또 자신이 볼을 소유했을 때는 침착한 모습을 보여줬고, 실제로 더 브라워너의 첫 번째 골로 연결된 장면이 브라보의 패스에서 시작되기도 했다. 하지만 그는 동시에 큰 실책도 범했다. 그것은 바로 그의 신체적 한계와 부족한 볼 핸들링 능력을 보여주는 장면이기도 했다. 웨인 루니가 프리킥 상황에서 찬 볼이 높게 떠서 문전으로 날아올 때 그는 손을 대기는 했지만 확실히 처리해 내지 못했다. 그 볼은 그대로 즐라탄 이브라히모비치 앞으로 이어지면서 실점이 되고 말았다.

그 후 브라보는 상대 팀 공격수 제시 린가드 Jesse Lingard를 향해 달려 나갔지만, 린가드가 가볍게 방향을 바꿔 즐라탄에게 패스를 보냈고 브라보가 밸런스를 잃은 상태에서 즐라탄이 텅 빈 골문에 시도한 슈팅을 스톤스가 걷어내는 장면이 나오기도 했다. 또 스톤스로부터 백패스를 받은 브라보가 맨유 미드필더 안데르 에레라 Ander Herrera를 제치는 동작 이후 볼을 확보하려다 볼을 뺏기 위해 달려오던 루니에게 위험한 태클 동작을 시도하는 장면도 나왔다. 이 장면은 페널티킥으로 이어질 수 있는 장면이었고, 그 후 브라보가 콜라로프에게 패스하는 장면에서 루니의 보복성 플레이가 나오기도 했다. 종합적으로 이날 브라보의 플레이는 '스위퍼 골키퍼'의 패러디 같은 장면들의 연속이었고, 그럼에도 맨시티는 2-1로 승리했다.

놀랍게도, 과르디올라 감독은 골키퍼에 만족한 것 같았다. "오늘 브라보의 퍼포먼스는 내가 본 최고의 퍼포먼스 중 하나였다. 나는 골키퍼들이 계속해서 플레이에 관여하는 것을 좋아하고 오늘 그의 그런 모습은 나에게 큰 의미가 있었다."

골키퍼 백패스 규정이 바뀐 지 24년이 지나면서 골키퍼들이 볼을 소유한 상태에서 얼마나 편히 볼을 다룰 수 있는지의 중요성은 계속해서 증가하고 있었다. 다만 브라보는 발로 볼을 다루는 것에는 자신 있었지만 골키퍼로서의 본연적인 역량에서는 종종 부족한 부분을 보여주기도 했다. 그는 프리미어리그 첫 시즌 중반에 6번의 유효 슈팅에서 연속 실점을 하기도 했다.

아마도 과르디올라 감독이 프리미어리그에서 경험한 가장 큰 스타일의 대비는 그가 토니 퓰리스 감독이 이끌던 웨스트 브롬 원정에서 한 경험이었을 것이다. 웨스트 브롬에는 당시 뛰어난 중앙 수비수가 네 명이 있었다. 크레이그 도슨Craig Dawson, 가레스 맥컬리Gareth McAuley, 요나스 올손Jonas Olsson, 조니 에반스가 그 네 명이었다. 웨스트 브롬은 이미 2014년 월드컵에서 좋은 활약을 했던 코스타리카 윙백 크리스티안 감보아Cristian Gamboa를 판 상태였는데, 키가 작은 그는 퓰리스 감독의 계획에는 어울리지 않았기 때문이었다. 퓰리스 감독은 그에 대해 "이 팀에서 뛰는 선수들을 위해서는 하이힐이 좀 필요할 것 같다. 와이프에게 훈련에서 좀 빌려 써도 되냐고 물어봤다"고 농담하기도 했다.

그는 자신이 감독으로서 맞는 1000번째 경기에 앞서 "우리 팀에는 패스를 할 줄 모르는 센터백들도 많다. 물론 그들이 다 패스를 잘하길 바라지만 선수들의 장점을 잘 활용하는 방법도 알아야 한다"고 말하기도 했다. 과르디올라 감독의 센터백들은 패스를 잘했지만, 그는 자신과 축구 철학적 혹은 이념적 스펙트럼의 대척점에 있는 퓰리스 감독과의 만남을 통해 정반대 스타일에 대한 인사이트를 얻을 수 있었다. "웨스트 브롬은 풀리스 감독의 스타일을 매우 잘 활용했다. 롱볼을 잘 활용했고, 깊게 내려앉아 수비를 잘해냈다. 우리는 그에 적응해야 했다."

잉글랜드로 온 이후 과르디올라 감독에게 적응은 중요한 주제가 됐고, 그는 놀랍게도 풀리스 감독의 열렬한 지지자가 됐다. 그는 나중에 풀리스 감독에 대해 이렇게 말하기도 했다. "나는 풀리스 감독에게 아주 큰 존경심을 갖고 있다. 그의 웨스트 브롬을 상대하는 것은 언제나 매우 까다롭다. 여러 번 말했지만 그들의 방식을 매우 존중한다. 그들은 자신들의 스타일을 매우 잘 구현하기 때문이다. 프리미어리그 원정 경기에서 만나는 전형적인 잉글랜드 팀들은 롱볼, 롱스로인, 세트피스, 역습을 매우 잘 구사한다."

그 시즌 맨시티의 마지막 홈경기가 끝난 후 기자회견에 늦어서 미안하다며 아주 간단명료한 말을 다시 한번 남기기도 했다. "풀리스 감독은 풀리스고, 레드와인은 레드와인이다."

과르디올라 감독은 프리미어리그에서 6연승을 거두며 시작했다. 그러나 맨시티는 겨울 무렵부터 고전하기 시작했고, 잉글랜드의 전통적인 축구에 익숙한 전문가와 해설가들은 계속해서 잉글랜드에서는 그런 전통적인 강함이 필요하다고 강조했다. 맨시티는 12월 초부터 1월 중순까지 8경기에서 4번 패했다. 첼시전 1-3 패, 레스터전 2-4 패, 리버풀전 0-1 패, 그리고 가장 심한 패배는 애버튼전 0-4 패배였다. 그러나 봄부터 상황이 바뀌기 시작했다. 그 뒤로 맨시티는 첼시에 1패를 했지만 이 변화는 단지 맨시티가 과르디올라 감독에 적응했기 때문이 아니라 과르디올라 감독 역시 자신의 최초 플랜을 고수하지 않고 변화를 가져간 덕분이기도 했다.

브라보의 계속된 실책은 맨시티로서 그대로 두고 볼 수 없는 일이었고, 그래서 백업 골키퍼였던 윌리 카바예로Willy Caballero가 1번 골키퍼가 됐다.

그는 발기술이 뛰어난 골키퍼는 아니었지만, 선방 능력은 더 나았다. 맨시티의 풀백들도 더 이상 안으로 들어오지 않았고 전통적인 포지션을 유지하는 대신 공격적인 센터백들인 콤파니와 오타멘디가 스톤스, 콜라로프 대신 다시 기회를 얻었다.

미드필드에서는 야야 투레를 11경기 동안 기용하지 않았던 과르디올라 감독이 미들스브러와의 실망스러운 1-1 무승부 경기를 기점으로 크리스탈 팰리스 원정 경기부터 다시 그를 페르난지뉴와 함께 기용하기 시작했고, 투레는 2-1 승리에서 두 골을 모두 기록한 후 다시 주전 선수가 됐다. 과르디올라 감독은 그날 경기 승리 후 다음과 같이 말했다. "나는 아직 프리미어리그에 적응 중이다. 이곳의 경기들은 강도가 높고 퀄리티도 높다. 크리스탈 팰리스 역시 자신의 장기를 잘 살렸다. 오늘 우리는 우리가 원하는 플레이를 잘하지는 못했지만, 우리가 해야 할 필요가 있는 플레이에 잘 적응하는 모습을 보여줬다."

첫 시즌 말기에 과르디올라 감독의 스타팅 라인업은 말 그대로 그가 새 리그와 타협한 것처럼 보였다. 그 팀에는 카바예로, 콤파니, 오타멘디, 투레가 뛰고 있었고 과르디올라 감독은 마지막 4경기에서 승리하며 3위로 시즌을 마무리했다. 이는 펠레그리니 감독의 마지막 시즌보다 1위 더 오른 순위였다. 그들은 전 시즌보다 승점 12점을 더 얻었고(2016-17시즌 첼시도 2015-16시즌 챔피언보다 12점을 더 얻었지만), 리그 우승과는 거리가 멀었다. 그렇다면 스타일과 성공이라는 기준에서 봤을 때 과르디올라 감독은 맨시티를 개선시켰던 것일까?

아직은 아니었다. 그때까지 과르디올라 감독은 아직 프리미어리그의 중요한 교훈을 다 배우지 못한 상태였다. 특히 중요했던 세 가지가 있었다. 첫 번째는 '세컨드볼'의 콘셉트였다. 경합 상황에서 볼이 흘러나오는 상황에 대한 대비를 말한다. 과르디올라 감독은 훗날 이렇게 말했다. "볼이 잔디 위에 있는 시간보다 공중에 떠 있는 시간이 더 많다는 것에 적응해야 했다. 바이에른 뮌헨에서 사비 알론소와 대화를 나눴을 때 그도 나에게 그런 이야기를 하며 '세컨드볼'이 중요하다고 강조하곤 했다. 실제로 프리미어리그에서는 세컨드볼, 서드볼, 포스볼까지 적응할 필요가 있었다. 이전까지 나는 한 번도 그런 부분에 신경을 써본 적이 없다. 바르셀로나나 스페인 대표팀에서는 선수들이 그곳의 문화에 맞게 플레이하고 그것이 그들이 월드컵, 유로, 챔피언스리그, 유로파리그에서 우승을 차지한 이유였다. 독일 축구도 피지컬 요소가 중요했지만 프리미어리그와는 달랐다. 이곳 선수들은 키도 더 크고 강하기에 그에 맞춰서 적응해야 했다."

12월에 아스널전에서 2-1 승리를 거뒀을 때, 과르디올라 감독은 특정한 콘셉트에 대비해 준비했다고 말했다. 그 경기는 아르센 벵거 감독이 이끄는 아스널과의 경기였고, 벵거의 아스널은 아마도 과르디올라 감독이 잉글랜드에 오기 전까지 프리미어리그에서 가장 기술적인 팀이었을 것이다.

"나는 지난 3일 중 2일 반나절을 세컨드볼 상황에 대한 훈련에 썼다. 다행히 그 효과가 있었다. 잉글랜드에서는 그것이 게임의 일부다. 세컨드볼 상황을 대비하기 위해서는 촘촘하게 플레이할 필요가 있고 지난 몇 경기에서 우리는 그 부분에서 개선을 이뤘다."

과르디올라 감독이 적응해야 했던 두 번째 사항은 세트피스의 중요성이었다. "프리미어리그의 한 경기를 보자마자 그 중요성을 이해했다. 스완지 대 크리스탈 팰리스의 경기였는데, 총 9골 중 8골이 세트피스 상황에서 나왔다. 코너킥, 프리킥, 스로인까지 말이다. 그게 잉글랜드 축구였고 그건 내가 지금까지 배우고 겪었던 축구와는 전혀 달랐기에 그에 적응해야 했다. 물론 아직 내가 잉글랜드에 온 지 6개월밖에 되지 않았기 때문에 나와 나의 팀은 아직도 더 배우고 개선해야 한다."

과르디올라 감독이 배워야 했던 세 번째는 '직선적인 축구'였다. 그런 축구를 구사하는 팀이 잉글랜드에는 여전히 많았다. 더 브라위너는 "과르디올라 감독은 잉글랜드에는 아직도 롱볼 축구를 하는 팀이 많다는 점에 가장 놀랐다. 때때로 그는 다른 팀들이 우리 이외의 팀들과 하는 것처럼 플레이할 거라고 생각했지만, 그들은 우리를 상대로는 플레이 방식을 바꿨다. 내 생각에 과르디올라는 상대의 그러한 태도에 이따금씩 화가 났을 것이다. 그는 많은 시간을 투자해서 다음 경기의 공간 등을 분석했지만 결국에는 상대 팀이 우리를 상대로 롱볼 전술을 사용할 것이라고 말하곤 했다"고 말했다.

그것이 바로 프리미어리그에서 누구도 피해 갈 수 없는 도전이며 과르디올라 감독에게도 마찬가지였다. 이는 기술적인 센터백과 키가 작아서 공중볼에 고전하는 골키퍼와 함께 시즌을 시작한 그에겐 더욱 크게 다가오는 부분이었다.

맨시티는 두 번째 시즌을 앞두고 많은 선수를 영입했다. 브라질 출신 골키퍼 에데르송Ederson은 브라보가 가진 볼을 소유한 상황에서의 자신감에 더해 전통적인 골키퍼로서의 피지컬 강점도 겸비한 선수였다. 풀백들도 사냐, 사발레타, 클리시, 콜라로프가 모두 떠난 자리에 라이트백 카일 워커, 레프트백 벵자맹 멘디Benjamin Mendy, 양쪽을 다 뛸 수 있는 다닐루Danilo가 합류했다. 미드필드에도 헤수스 나바스, 놀리토Nolito 대신 베르나르두 실바Bernardo Silva를 보강하며 기술적인 퀄리티를 전보다 더 강화했다. 과르디올라 감독은 그렇게 그가 선호하는 중앙 미드필드뿐만 아니라, 오른쪽 측면에서도 더 많은 기회를 만들 수 있는 환경을 만들었다.

과르디올라 감독은 2017-18시즌 초에 3-5-2 시스템을 시도했다. 이는 아구에로와 브라질 출신 젊은 공격수였던 가브리엘 제주스Gabriel Jesus를 동시에 활용하기 위함이었지만, 그 두 선수의 활용은 기대만큼 잘 통하지 않았다. 오히려 과르디올라 감독이 최초의 시스템인 4-3-3으로 돌아왔을 때 그들은 압도적인 승리를 거두기도 했다. 리버풀을 상대로 5-0 승리를 거뒀고, 특히 그중 에데르송이 사디오 마네Sadio Mané와 충돌하는 장면은 아주 인상적이었다. 에데르송이 페널티박스 밖까지 뛰어나와 볼을 처리하려다가 마찬가지로 볼을 향해 달려오던 마네와 충돌했고, 이 과정에서 마네의 발이 지나치게 높아 결국 레드카드를 받으며 퇴장당한 장면이었다. 10월이 되기 전 맨시티는 왓포드 원정에서도 6-0 승리를 거뒀고, 크리스탈 팰리스에 5-0 승, 스토크 시티에 7-2 승리를 거뒀다. 하지만 맨시티의 확실한 지배력을 보여준 경기는 1-0으로 승리했던 첼시전이었다.

그 전 시즌, 안토니오 콘테 감독이 이끌던 첼시는 맨시티에 3-1 승리를 거두며 그 시즌 그들이 프리미어리그 최고의 팀이라는 걸 증명했다. 과르디올라 감독은 그 경기에 앞서 첼시의 3백에 대비하기 위해 맨시티의 전술을 변경했다. 하지만 이번 시즌 과르디올라 감독은 자신의 플랜 A에 자신이 있었고, 그대로 복수에 나섰다. 콘테 감독은 첼시에서의 두 번째 시즌에 시스템을 조금 바꿨는데, 이전의 3-4-3 대신 3-5-2를 더 많이 활용했다. 이런 변화를 통해 첼시에는 공격 자원과 중앙 미드필더 자원이 한 명씩 더 늘었지만, 측면의 선수는 부족했다. 과르디올라 감독은 바로 이 점을 영리하게 공략했다. 맨시티의 윙어인 사네와 스털링이 넓고 높게 움직이며 첼시의 윙백들을 붙들자 그로 인해 첼시의 윙백이었던 아스필리쿠에타와 알론소가 다른 맨시티 선수들을 차단하기 위해 이동하기 어려운 상황이 됐다. 보통의 경우라면, 이로 인해 맨시티 풀백들이 자유로운 상황이 됐겠지만 과르디올라 감독은 여기에 변화를 줘서 두 명의 풀백들을 중앙으로 들어오게 했다. 워커는 세 번째 센터백처럼, 델프는 페르난지뉴와 나란히 뛰게끔 만들었다. 이렇게 하면서 맨시티는 5명의 선수들로 구성된 강한 수비 블록을 형성했다.

그렇게 하자, 더 브라위너와 다비드 실바가 수비 부담 없이 자유롭게 공격에 나설 수 있는 상황이 됐다. 게다가 맨시티의 양쪽 윙에서는 스털링과 사네가 첼시의 윙백들을 붙들고 있는 상황이었기 때문에 더 브라위너와 실바는 더더욱 자유롭게 마법을 부릴 수 있었다. 과르디올라 감독은 이 독특한 4-3-3 전술의 활용으로 두 명의 풀백 대신, 그의 팀의 가장 창의적인 두 선수가 상대 선수들로부터 가장 자유로운 공간을 마음껏 공략할 수 있게끔 만든 것이다.

특히 더 브라위너는 경기 내내 경기장 오른쪽을 질주하거나 역습 상황에서 직접 침투하거나 동료와 원투패스를 주고받으면서 강력한 크로스를 올리는 등 그의 트레이드마크가 된 '프리 8번'으로서의 역할과 기량을 맘껏 보여줬다. 결국 그가 이 경기를 결정지었다. 경기 중 대부분 측면에서 뛰다가 중앙으로 침투해 들어오던 더 브라위너는 제주스에게 패스를 이어줬고, 그 후 약발인 왼발로 페널티박스 바깥에서 날린 슈팅으로 골을 터트린 것이다.

이 경기에서의 승리는 과르디올라 감독의 독특한 전술이 바로 한 시즌 전, 또 다른 관점에서 혁신적이라고 평가받았던 콘테 감독을 상대로 전술적인 면에서 승리를 거뒀다는 데 의미가 있었다. 또 하나 흥미로운 점은, 양 팀의 경기 시작 시 포지션이나 선수들의 위치가 완전히 달라졌지만, 콘테의 3-4-3과 과르디올라의 4-3-3에는 유사한 점도 있었다는 것이다. 두 팀은 각자 공격 시에 거의 2-3-5 혹은 3-2-5 포메이션처럼 보이기까지 했다. 첼시가 윙백을 활용한 대신 맨시티는 윙어를 활용했다는 점과, 첼시가 인사이드 포워드들을 기용한 대신 맨시티는 '프리 8번'을 활용한 것이 차이점이었다. 또 첼시가 미드필더들을 활용했다면, 맨시티는 풀백들을 중앙으로 들어오게 해 미드필더처럼 활용했다. 한편 양 팀은 모두 효율적으로 공격 시에 상대 수비 자원 4명에 수적 우위를 가져갔고 수비 시에는 포지션 변경으로 다섯 명의 선수들을 활용해 상대 역습에 대비했다는 점도 유사했다.

이 시즌 맨시티의 우승을 결정짓는 데 크게 기여한 다른 경기는 찾기 힘들지만(이 시즌에 맨시티는 크리스마스 때까지 20경기 중 19경기에서 승리하며 사실상 우승을 확정지었다), 맨시티의 이 시즌에는 실제로 눈부신 장면들이 있었다. 반면에 그들은 경기력이 압도적이지 않은 경기에서도 승리할 수 있는 모습을 보여주기도 했다. 맨체스터 유나이티드 원정에서 열린 경기에서 후반전에 나온 두 골로 2-1 승리를 거둔 경기가 그 예다. 이 승리로 인해 맨시티는 그 시즌 우승 경쟁자였던 무리뉴 감독의 맨유에 승점 11점 차로 앞서게 됐고, 그 경기 종료 후 무리뉴 감독은 우승 경쟁이 이미 끝났다고 인정했다. 맨시티의 리그 우승은 이미 확정적이었지만, 언론에서는 새로운 목표를 제시하기 시작했다. "맨시티가 무패우승을 할 수 있을까?" "4개 대회 우승을 할 수 있을까?" "최다 승점 우승을 할 수 있을까?" 등등이 그 목표였다.

그 새로운 목표들 중 두 가지는 같은 팀에 무너졌다. 클롭 감독의 리버풀이었다. 리버풀은 1월에 안필드에서 열린 프리미어리그 경기에서 맨시티에 4-3 승리를 거뒀고 4월에는 챔피언스리그에서도 합산 스코어 5-1로 맨시티를 꺾었다. 맨시티는 경기 초반부터 높은 템포로 경기를 이끄는 리버풀의 방식에 계속해서 고전했다. 과르디올라 감독의 맨시티는 기본적으로 경기를 해나가면서 천천히 경기의 점유율과 지배력을 높여가며 상대를 지치게 만드는 스타일을 구사했다.

이 시즌 맨시티의 성공은 '숏패스'에 국한된 것이 아니었다. 실제로 2017-18시즌에 만들어진 의외의 기록 중 하나는 골키퍼인 에데르송이 얼마나 자주 롱킥으로 사네, 아구에로, 스털링에게 한 번에 볼을 연결해줬는지에 관한 기록이었다. 이는 맨시티가 의도적으로 활용한 방식이었는데, 특히 골킥 상황에서는 오프사이드에 걸리지 않는다는 점을 활용해 상대 팀의 간격을 최대한 벌리기 위한 것이었다. 상대 수비는 더 깊이 내려앉게 됐고 공격수들은 맨시티의 센터백들을 견제하고 있었다. 그러므로 자연스럽게 중앙에는 더 넓은 공간이 생겼고, 롱볼 활용이 맨시티의 점유율 중심 플레이에도 도움이 됐던 것이다.

이는 실제로 효과를 봤던, 유의미한 시도였다. 맨시티가 리그컵 결승에서 아스널과 만나 3-0으로 이긴 경기에서의 첫 골이 이 대회에서 주전 골키퍼로 뛴 브라보의 롱킥으로부터 시작됐다. 아구에로가 아스널의 오프사이드 라인을 잘 공략했고, 브라보가 그를 발견한 후 빠른 골킥으로 패스를 이어주었다. 아구에로는 온사이드를 유지하기 위해 별다른 노력 없이 상대 수비수 무스타피의 뒷공간으로 빠르게 치고 들어간 다음 체흐 골키퍼의 키를 넘기는 골을 성공시켰다. 이것이 바로 과르디올라 감독의 팀이 전형적인 잉글랜드 스타일 롱킥으로 골을 성공시킨 첫 장면이었다. 과르디올라 감독이 잉글랜드 축구에 적응했다는 걸 보여주는 장면이기도 했다.

물론 과르디올라 감독의 이런 접근방식은 어디까지나 대안의 하나였을 뿐이고, 맨시티의 기본적인 전술은 점유율 중심의 축구였다는 것을 혼동해서는 안 된다. 그들은 이 시즌 잉글랜드에서 가장 높은 경기 중 볼 점유율과 패스 성공률을 기록했고, 이는 그동안 잉글랜드 축구계에서 보지 못했던 수준이었다. 그들은 이렇게 5명의 공격 자원이 상대 뒷공간을 공략하는 것에 매우 능했고, 득점이 가능한 포지션으로 마지막 패스를 찔러주는 플레이에도 탁월했다. 상대 골키퍼를 지나치는 패스, 그래서 공격수가 발만 갖다 대면 골이 되는 장면도 잘 만들어냈다. 이런 장면은 특히 더 브라위너나 실바의 스루볼 상황에서 자주 나왔다. 사네나 스털링도 그런 기회를 맞이하는 장면이 많았으며, 그 상황에서 반대편에 있던 아구에로에게 패스를 연결해 아구에로가 파포스트에서 골을 성공시키는 장면도 많았다. 한동안 가브리엘 제주스에게 밀리는 것처럼 보였던 아구에로는 과르디올라 감독의 지휘 아래 만능형 공격수로 발전해 나갔고 그러면서 자연스럽게 팀내 득점자 랭킹에서도 높은 위치를 차지했다.

맨시티 공격수들 사이의 이런 효율적인 연계 플레이는 기록으로도 증명된다. 2017-18시즌 프리미어리그의 어시스트 순위 1위부터 4위까지가 모두 맨시티 선수들이었다. 더 브라위너가 16어시스트, 사네가 15어시스트, 실바와 스털링이 11어시스트. 이 가운데 실바는 그의 아들 마테오가 예정보다 빨리 태어나는 문제로 스페인을 자주 방문해야 했기에 많은 경기를 결장하는 이슈가 없었다면 더 많은 어시스트를 기록할 수 있었을 것이다. 그럼에도 그는 맨시티에서 가장 꾸준한 활약을 이어가며 점점 더 프리미어리그 역사상 가장 영향력 있는 미드필더 중 한 명으로 자리 잡았다.

더 브라위너 역시 눈부신 활약을 보였다. 다만, 그 시즌 PFA 올해의 선수에서는 자신의 프리미어리그 데뷔 시즌에 득점왕을 차지한 모하메드 살라Mohamed Salah에게 밀렸다. 그러나 그의 패스 퀄리티는 눈부신 수준이었다. 그의 패스 스타일은 베컴과 파브레가스의 패스 스타일 중간 어디쯤에 있는 것 같았다. 그가 오른쪽 측면과 중앙 사이 공간에서 보내주는 스루패스는 특히 탁월했고, 환상적인 대각선 패스를 보여준 장면들도 있었다. 그중 대표적인 예가 3-0으로 승리한 번리전에서 그가 사네의 골 장면에서 보여준 패스였다. 상대 수비수 매튜 로튼Matthew Lowton은 더 브라위너의 플레이를 미리 예상하고 사네를 막기 위해 전력질주했지만, 그럼에도 더 브라위너의 패스와 맨시티 공격의 속도를 따라가지 못했다. 상대 선수들이 더 브라위너를 막기 위해 할 수 있는 유일한 방법은 파울뿐이었고 그로 인해 끔찍한 결과가 나오기도 했다. 2018년 맨시티의 첫 경기에서 그는 크리스탈 팰리스의 스콧 댄Scott Dann과 제이슨 펀천Jason Puncheon의 과도한 태클에 걸려 쓰러졌다. 두 선수 모두 경고를 받았지만, 더 중요한 점은 두 선수 모두 십자인대 부상으로 시즌 후반기를 날린 반면 더 브라위너는 이 경기에서는 부상으로 교체아웃됐으나 2일 뒤 다시 경기에 나섰다는 점이었다.

이미 관심사는 맨시티가 우승을 할 것이냐 아니냐가 아니라, 그들이 언제 우승을 확정지을 것이냐였다. 그리고 그들은 4월 초 자신의 홈구장에서 역사적인 우승 장면을 만들 기회를 잡았다. 무리뉴 감독이 이끄는, 지리적으로나 그 당시 순위로나 여러모로 가장 큰 라이벌이었던 맨유를 상대로 우승을 확정지을 수 있는 상황을 맞았던 것이다. 맨시티는 하프타임이 되기 전 콤파니와 일카이 귄도안Ilkay Gündoğan의 골로 이미 2-0으로 앞서고 있었다. 그리고 후반전에 갑자기 무너지기 전에 추가골을 기록할 기회도 있었다. 후반전, 맨유의 폴 포그바가 맹활약을 펼치면서 두 골을 기록했고, 프리킥 상황에서 콤파니가 발리 슈팅을 한 스몰링을 놓치면서 역전골을 허용했다.

무리뉴 감독이 맨시티의 '파티'를 망쳐놓은 후, 맨시티의 환상적인 시즌은 잠시 큰 혼란에 빠진 것처럼 보였다. 결국 그들은 상대적으로 덜 화려하게 우승을 확정지었다. 맨유가 다음 홈경기에서 웨스트 브롬에 패하면서 자동적으로 우승이 확정되었기 때문이다. 과르디올라 감독은 그 시간에 그 경기를 보지 않고 골프를 치고 있었다. 알렉스 퍼거슨 경이 25년 전 자신의 첫 프리미어리그 우승 당시 애스턴 빌라가 승점을 잃으며 우승을 확정했던 것과 마찬가지로 말이다.

하지만 과르디올라 감독은 거기서 멈추지 않았다. 이미 우승이 확정된 후에도 그는 여전히 더 많은 것을 원했고, 맨시티의 선수들에게 그들이 남은 시즌 동안 경신할 수 있는 프리미어리그 기록에 대해 설명해주기도 했다. 최다 승점, 최다 승리, 최다 골, 최다 골 득실차 그리고 2위 팀과의 최다 승점 차까지. 그는 그 모든 기록을 스크린에 띄워 선수들에게 보여주면서 맨시티의 현재 기록과 가능한 최다 수치도 동시에 보여줬다. 그는 선수들에게 "역사가 되기 위해 뛰어라. 너희들의 손에 달려 있다"라고 말했다. 그는 맨시티 훈련장 곳곳에 위와 같은 메시지를 설치해서 선수들이 훈련장에서 계속 목표를 상기시킬 수 있도록 했다.

그중에서도 가장 큰 목표는 승점이었다. 그리고 그 타깃은 2004-05시즌 무리뉴 감독의 첼시가 세운 승점 95점이었다. 맨시티는 시즌 종료 직전 브라이튼전에서 3-1로 승리하며 승점 97점을 달성했지만, 마지막 경기였던 사우샘프턴전에서 후반전 추가시간까지 0-0의 균형을 깨지 못하고 있었다. 그러나 맨시티가 2011-12시즌 최종전에서 94분에 리그 우승을 결정지었던 것처럼, 2017-18시즌의 마지막 경기였던 이 경기에서도 94분에 맨시티의 승점 100점을 확정짓는 골이 나왔다. 더 브라위너가 후방에서 제주스를 향해 롱볼 패스를 올려줬고, 그가 전력질주를 한 후 영리하게 로빙 슈팅으로 골을 성공시킨 것이다. 맨시티 선수단과 코치진은 마치 그 순간 우승을 확정지은 것처럼 기뻐했다. 그들은 이때, 맨유전에 패하면서 하지 못했던 파티를 대신한 셈이다.

"승점 100점! 아직도 믿지 못하겠다. 프리미어리그에서 100점이라니!" 과르디올라 감독이 경기 후에 말했다. 콤파니도 "100점!"이라며 과르디올라 감독에 화답하며 드레싱룸에 들어왔다. 맨시티 선수들은 홈팬들이 사용한 응원가를 빌려 '100점, 100점, 맨시티, 과르디올라 웨이Guardiola Way의 맨시티'라며 노래를 불렀다. 첫 번째 시즌에는 프리미어리그에 적응하는 과정이었고, 두 번째 시즌은 그야말로 '과르디올라 웨이'였다.

그다음 시즌도 비슷하게 시작됐다. 시스템이나 선수 면에서는 레스터 시티에서 우승을 경험했던 리야드 마레즈의 영입 외에는 눈에 띄는 영입이나 방출은 없었다. 마레즈가 우승 경쟁팀이었던 리버풀전에서 페널티킥을 놓친 것이 마치 그 시즌을 상징하는 장면처럼 보였다.

그러나 이 시즌 맨시티는 계속 다른 접근법을 시도하려는 과르디올라 감독의 스타일, 더 현실적으로는 그 시즌 그들이 겪었던 미드필더진의 심각한 부상 문제로 인해 다르게 느껴졌다. 페르난지뉴, 더 브라위너, 실바가 모두 함께 뛴 경기는 단 한 경기, 0-1로 패한 뉴캐슬과의 경기뿐이었다.

더 브라위너는 전 시즌 맨시티에서 가장 돋보이는 선수였지만, 크리스마스 이전까지 제대로 출전하지 못했고 그로부터 2주가 지난 후에도 2골 2어시스트를 기록 중이었다. 그의 자리에서는 전 시즌 주전으로 활약하지 못하며 주로 오른쪽 측면에서 뛰었던 베르나르두 실바가 더 브라위너의 '프리 8번' 역할을 훌륭하게 소화했다. 특히 그가 맨유전에서 2골을 어시스트하며 3-1 승리를 이끈 경기는 그의 활약이 돋보였다.

이날 그가 그 시즌 좀 더 주도적인 역할을 했던 다른 미드필더인 귄도안에게 보내준 두 번째 어시스트 장면에서 맨시티는 골키퍼를 제외한 10명의 모든 선수가 패스를 주고받으며 거의 2분에 걸친 플레이 끝에 골을 기록했다. 귄도안은 그날 아구에로를 대신해 교체 투입된 후 거의 중앙공격수처럼 뛰면서 맨시티가 점유율을 유지할 수 있도록 플레이했다. 그는 또한 깊은 위치에서도 좋은 모습을 보이며 페르난지뉴를 훌륭하게 대체했다. 콤파니는 그에 대해 "우리는 페르난지뉴 없이 14승을 거뒀는데 그건 우리 중 누구도 예상하지 못한 일이었다. 귄도안은 페르난지뉴와는 다른 스타일의 선수였지만 그의 스타일로 그 포지션을 정말 잘 소화했다. 아주 훌륭한 역할을 해줬다고 생각한다"라고 말했다.

맨시티의 그 시즌은 1월 초에 열린 3경기를 통해 압축적으로 돌아볼 수 있다. 우선 그들은 에티하드에서 열린 리버풀과의 환상적인 경기에서 2-1 승리를 거뒀다. 그 후 그들은 리그컵과 FA컵에서 하부리그 팀들을 상대하게 되어 이미 승리가 확정적이었으나 과르디올라 감독은 로테이션을 가동하기보다 거의 1군 팀을 내보냈다. FA컵에서는 로더럼에 7-0 승리를 거뒀고, EFL컵에서는 버튼 알비온에 9-0 승리를 거뒀다. 맨시티는 그야말로 모든 대회에서의 우승을 노리는 팀다웠다.

어쩌면 그 선택이 리그에서 맨시티의 에너지에 문제를 일으켰는지도 모른다. 그 시즌에 그들이 리그 마지막 14경기에서 전승을 거두고도 리버풀에 승점 1점 차로 우승했다는 것을 감안하면 단 한 번만 미끄러져도 우승을 놓칠 뻔했던 셈이다. 그 과정에서 1-0 승리가 다섯 번이었는데, 이는 과르디올라의 맨시티보다는 2008-09시즌의 맨유 혹은 2015-16시즌의 레스터 시티에 더 어울리는 모습이었다. 그 시즌 그들과 리버풀의 우승 경쟁은 승점의 관점에서 보면 프리미어리그 역사상 가장 치열한 경쟁이었다.

그 시즌 우승은 최종전 바로 앞 경기에서 결정났다. 월요일 밤에 열린 레스터전에서 브렌던 로저스 감독이 이끄는 레스터는 맨시티에 0-0으로 버티고 있었고 만약 그 경기에서 제임스 매디슨James Maddison이 직접 슈팅하는 대신 마크 올브라이턴에게 패스했다면, 이 경기는 레스터의 승리로 끝나고 그 시즌 우승팀은 리버풀이 될 수도 있었다.

그러나 그 경기에서 그 시즌 최고의 골이 예상치 못한 상황에서 나왔다. 맨시티의 센터백 에므리크 라포르트Aymeric Laporte가 콤파니에게 패스하고, 콤파니가 직접 그 볼을 몰고 전진할 때까지만 해도 그 장면을 위험하다고 느낀 사람은 별로 없었다. 오히려 동료 미드필더 귄도안은 콤파니에게 슈팅하지 말라고 하는 것처럼 보이기까지 했다. 실제로, 훗날 콤파니는 그날 경기에서 귄도안이 자신에게 "슛하지 마!"라고 말했다고 했다. "그게 나를 화가 나게 했다. 나는 누구에게 지시를 받는 것을 좋아하지 않는다. 패스해달라고 말하는 건 좋지만, 슈팅을 하지 말라니!" 그 경기에서 그는 결국 완벽한 슈팅으로 상대 골문의 톱 코너에 꽂히는 중거리 슈팅을 날리며 맨시티의 1-0 승리를 이끌었다.

맨시티는 토트넘과의 UEFA 챔피언스리그 8강에서 간발의 차이로 탈락했지만, 그 대신 그 시즌 자국 대회 3개에서 모두 우승하며, 챔피언스리그 탈락의 패배를 스스로 위로했다. 첼시와의 EFL컵 결승전에서 승부차기 끝에 우승했고, FA컵 결승전에서는 왓포드에 6-0으로 대승을 거뒀다. 이는 FA컵 역사 중 지난 100년이 넘는 기간 동안 나오지 않았던 최다 점수 차 승리였다. 과르디올라는 프리미어리그, 리그컵, FA컵 등 자국 대회에서 거둔 '트레블'에 대해 "나는 챔피언스리그를 사랑하지만, 이것은 챔피언스리그 우승보다도 어려운 일이다"라고 말했다.

어쩌면 그의 말은 맞는 말이었을 것이다. 잉글랜드 축구계에서 자국 대회 트레블을 달성한 것은 당시 맨시티가 처음이었다.

그 시즌의 가장 결정적인 순간은, 앞서 언급한 콤파니의 골 장면이었다. 그 주는 잉글랜드 축구계에 놀라운 장면이 펼쳐진 주였다. 맨시티는 월요일에 콤파니의 골로 사실상 우승을 확정지었고, 리버풀은 화요일에 바르셀로나와의 맞대결에서 1차전 0-3 패배를 2차전 4-0으로 뒤집었으며, 토트넘도 챔피언스리그에서 아약스에 합산 스코어 0-3으로 끌려가다가 루카스 모우라Lucas Moura의 해트트릭으로 승부를 뒤집으며 결승전에 진출했다. 첼시는 목요일에 프랑크푸르트를 꺾었고, 아스널도 발렌시아를 꺾으며 유로파리그 결승전에 진출했다. 맨시티는 일요일에 브라이튼에 승리하며 우승을 확정지었다. 챔피언스리그와 유로파리그 결승전이 모두 잉글랜드 클럽끼리의 대결이 됐고, 동시에 두 결승전 모두 디펜딩 챔피언이 없는 결승전이었다. 잉글랜드 축구의 유럽 지배가 완성되는 순간이었다.

역습과 비역습

"역습이라고? 아마 아닐 텐데…."

- 안토니오 콘테

    1992년 백패스 룰의 도입은 축구를 혁신했다. 그해는 우연히도 잉글랜드 프리미어리그가 출범됐던 해이기도 하다. 그리고 그로부터 27년이 지난 후에 새롭게 나온 룰 변화는 축구의 수비와 수비로부터 경기를 풀어나가는 방식의 혁신에 영향을 미쳤다.

    2019년까지는 골킥을 할 때 골킥에 의한 패스는 반드시 페널티박스 바깥으로 이어져야 했다. 이는 과거에 백패스 룰이 바뀌기 전의 문제, 즉 필드 플레이어가 골킥을 시도하려는 골키퍼로부터 볼을 빼앗아 밀어넣으며 골을 넣는 문제를 방지하기 위해 반드시 골키퍼의 첫 패스는 페널티박스 바깥으로 하도록 한 것이었다. 그리고 나서 원한다면 골키퍼에게 다시 주면 된다. 다만 이 룰 변경에는 아직 애매모호하고 무의미한 점이 있었다.

골키퍼가 골킥을 전방이 아니라 수비수에게 하려고 하는 경우, 그 수비수가 페널티박스 밖이 아니라 안에 있다면 그걸 막을 이유가 무엇이란 말인가?

사실 이 주제는 몇십 년 동안 축구계에서 별로 문제가 된 적이 없었다. 우선 대부분의 골킥은 경기장 전방을 향한 롱킥이었기 때문이다. 나중에 많은 팀들이 골킥을 길게 차는 대신 수비수들에게 짧게 패스하기 시작했을 때만 해도, 상대 팀들은 그 첫 패스는 대부분 내버려두는 것이 일반적이었다.

그러나 수비진에서부터 공격을 빌드업해 나가는 것과 높은 위치에서 압박하는 축구가 유행하면서 문제가 발생하기 시작했다. 수비수들은 페널티박스 바로 바깥에서 패스를 기다려야 했고, 그로 인해 골키퍼로부터 첫 패스를 받자마자 상대 선수들의 압박을 받는 경우가 생겼다. 또 그럴 때 상당수의 경우 페널티박스 안으로 다시 들어오게 되거나 볼이 다시 골키퍼에게 돌아가는 경우도 다반사였다. 다르게 말하자면, 이는 시간의 낭비였다.

2019년부터 룰이 변화하면서 수비수들은 페널티박스 안에서 골키퍼의 골킥(첫 패스)을 받을 수 있게 됐다. 다만 상대 선수들은 볼이 플레이될 때까지는 페널티박스 안으로 들어올 수 없게 됐다. 이 변화로 인해 많은 팀이 수비진으로부터 공격을 풀어나가는 것과 상대의 압박을 벗어나는 것이 전보다 자유로워졌다. 그러나 프리미어리그에서 이 콘셉트에 가장 집착했고 또 중요하게 여겼던 감독은 이미 프리미어리그를 떠난 후였다.

마우리치오 사리Maurizio Sarri 감독은 2018년 여름에 같은 이탈리아 출신 안토니오 콘테 감독을 대신해 첼시 감독에 임명됐고, 곧바로 첼시의 스타일을 바꾸기 시작했다. 콘테는 그의 첼시 두 번째 시즌에 FA컵 우승을 차지하긴 했지만, 역습 위주의 단조로운 패턴이 점점 예측 가능해지고 있었다. 반면 세리에A 우승을 아깝게 놓쳤지만 펩 과르디올라 감독으로부터 "내가 만난 최고의 팀 중 하나였다"는 극찬을 받았던 나폴리의 사리 감독은 첼시를 점유율 위주의 축구를 하는 팀으로 만들고자 했다. 사리 감독은 자신의 스타일이 효율성을 강조했던 전임 감독 콘테의 축구에 비해 팬 입장에서는 덜 흥미로울 거라고 예상했는지 선수 시절 첼시 축구를 개혁했던 레전드 지안프랑코 졸라를 자신의 수석코치로 임명했다.

사리는 매우 흥미로운 인물이었다. 프로축구 선수로 뛴 적이 없는 그는 1990년 이탈리아 8부리그에서 커리어를 시작했다. 그는 축구 코치가 되기 전에는 은행에서 일한 경력이 있었고, 2000년대 들어 5부리그에 올라온 후에야 전업 코치 일을 하기 시작했다. 그는 이후로도 꾸준히 한 단계씩 성장하며 결국 2014년에 1부리그인 세리에A 감독이 됐다. 1부리그에서 좋은 지도력을 인정받은 그는 자신의 고향 팀 나폴리를 맡게 됐고, 나폴리에서 보낸 3년 내내 환상적인 축구를 선보였다.

사리 감독은 아웃사이더, 비선수 출신 감독이라는 외부 시선에 맞는 모습을 보여주기도 했다. 미신을 믿었던 그는 절대로 피치에 발을 대거나 볼을 만지지 않았다. 훈련 중에도 그가 있는 쪽으로 나간 볼을 절대 건드리거나 돌려주지 않아서 선수들에게 불만을 사기도 했다. 이탈리아에서는 '사리스모', 잉글랜드에서는 '사리볼'이라고 불린 그의 축구는 당시 잉글랜드에서 일어나고 있던 혁신에 아주 잘 어울렸다. 그의 점유율 중심 플레이는 과르디올라 감독의 스타일과도 유사한 부분이 있었고, 그와 함께 잉글랜드 축구를 바꾸는 데 기여했다. 위르겐 클롭 감독이 추구했던 강한 압박 스타일도 잉글랜드 축구에서 성공을 거두고 있었던 상황에서 그다음 단계는 과연 무엇이었을까?

사리 감독은 수비진에서 짧은 패스를 주고받으며 상대 팀 공격수를 수비진으로 끌어들인 후 볼을 소유한 채로 신속하게 공격하는 것을 그다음 단계로 생각했다. 그의 스타일은 그보다 앞서 잉글랜드에서 유행한 두 스타일, 즉 과르디올라 감독과 클롭 감독의 스타일을 조합한 것처럼 보였다. 사리 감독은 그의 팀이 과르디올라 감독의 팀만큼 볼을 소유하길 원했고, 동시에 클롭 감독의 팀처럼 공격적으로 달리는 축구를 하길 원했다.

나폴리에서 사리 감독이 만들고자 했던 팀의 핵심 선수는 딥라잉 미드필더인 조르지뉴Jorginho였다. 브라질 출신으로 10대 시절 이탈리아로 이주한 조르지뉴는 이후 자신이 태어난 나라보다 성장한 나라의 국가대표팀을 선택했다. 사리 감독은 조르지뉴를 중심으로 미드필드를 구성했다. 조르지뉴는 사실 정의하기가 쉽지 않은 선수다. 그는 가투소처럼 전투적인 '볼위닝 미드필더'라 보기도 어렵고 피를로처럼 창의적인 선수라 보기도 어렵다.

신체적인 조건도 마르고 특출날 것 없는 조르지뉴는 단순하고 짧은 패스에 강점이 있었다. 특히 그의 핵심 능력은 압박을 받는 상황에서도 패스에 강점이 있었다는 점이다. 첼시 감독에 선임되었을 때 그는 조르지뉴도 첼시로 영입했다. '사리볼'과 조르지뉴는 거의 불가분의 관계였다. 그 전까지는 그 어떤 프리미어리그 선수도 감독의 스타일을 조르지뉴처럼 선수 한 명이 뚜렷하게 보여주는 경우가 없었다.

나폴리 시절 사리 감독의 축구를 본 사람들에게는 놀랍지 않은 일이지만, 사리 감독은 첼시에서 4-3-3 포메이션에 조르지뉴를 깊게 내려앉는 미드필더로 기용했다. 이는 레스터 시티의 2016년 프리미어리그 우승 멤버였고, 2017년 첼시의 프리미어리그, 2018년 월드컵 우승 멤버였던 은골로 캉테에게 새로운 역할이 필요했다는 뜻이었다. 캉테는 우승을 차지하는 동안 대부분 수비수 바로 앞에서 상대의 공격을 차단하는 역할을 했다. 그러나 이제 그는 박스-투-박스 미드필더 역할을 수행하게 됐고, 전보다 더 공격에 가담해야 했다. 사리 감독은 상대의 압박을 받는 상황에서도 침착하게 패스를 잘하는 능력이 중요한 수비수 바로 앞 자리에 패스 능력이 뛰어난 선수를 원했고, 그게 바로 조르지뉴였다. 그는 이에 대해 "나는 기술적인 선수를 중앙 미드필더로 쓰고 싶다. 그래서 나는 조르지뉴 혹은 파브레가스를 그 포지션에 쓰고 싶고, 캉테는 그 자리에 쓰고 싶지 않다"고 직접 설명했다.

하지만 실제로 파브레가스는 사리 감독에게 거의 기회를 받지 못했다. 조르지뉴가 37경기에 선발 출전할 동안 파브레가스는 겨우 1경기에 선발로 나섰다. 그 1경기는 울버햄튼에게 1-2로 패한 경기였다. 파브레가스는 시즌 중에 팀을 떠나며, "새 감독이 마치 자신의 아들과도 같은 선수를 데리고 왔다"며 불만을 표하기도 했다.

사리 감독과 조르지뉴의 출발은 아주 좋았다. 첼시는 2018-19시즌 5경기 만에 전승으로 프리미어리그 1위에 올랐고, 조르지뉴는 경기를 지배하고 있었다. 첼시의 6번째 경기에서 조르지뉴는 180개의 패스로써 프리미어리그 역사상 한 경기 최다 패스 기록을 경신했다. 그러나 그 기록에 대한 화려한 축하는 따로 없었다. 첼시가 시즌 처음으로 승리하지 못했기 때문이다. 첼시는 이 경기에서 웨스트햄과 0-0 무승부를 기록했고, 조르지뉴의 패스 신기록은 칭송받기보다는 야심이 부족한 것처럼 비춰지기도 했다. 이 시즌이 종료됐을 때 조르지뉴는 2018-19시즌 전체를 통틀어 한 경기당 최다 패스 기록 1위부터 5위까지 중 4자리를 혼자서 기록했다.

물론 사리 감독의 축구에서 조르지뉴가 전부는 아니었다. 사리 감독은 이 시즌 이전 첼시의 골키퍼였던 체흐, 쿠르투아와는 아주 다른 스타일의 골키퍼인 케파 아리사발라(Kepa Arrizabalaga)를 영입했다. 체흐, 쿠르투아가 모두 슈팅 선방에 강점이 있는 피지컬적으로 강한 골키퍼들이었다면, 케파는 볼 소유에 강점이 있는 선수였지만 전통적인 골키퍼 역할에서는 여러 차례 실책을 보이기도 했다.

경기장의 반대편, 공격수 자리에는 올리비에 지루가 있었고 알바로 모라타Álvaro Morata가 떠난 대신 곤살로 이과인Gonzalo Higuaín이 들어왔다. 그러나 직접 골을 결정짓는 유형의 공격수보다 연계에 뛰어난 공격수를 선호한 사리 감독은 결국 에당 아자르를 9번 공격수처럼 활용하게 됐다. 사리는 그의 전술하에서 아자르의 활약에 대해 자신이 요구하는 역할을 정확히 이해하지 못하는 것 같다며 '리더라기보다는 한 명의 개인 같다'고 좌절감을 드러내기도 했지만, 아자르가 최전방으로 올라가면서 그의 수비적인 약점은 큰 문제가 되지 않았다.

하지만 사리 감독의 축구는 역시 조르지뉴의 활용을 통해 분석하는 것이 가장 적절하다. 조르지뉴는 웨스트햄전에서 아주 많은 패스를 성공시켰는데, 이는 웨스트햄 선수들이 조르지뉴를 압박하는 데 관심이 없었기 때문이다. 그런데 역으로 이런 웨스트햄의 방식이 첼시의 계획을 망쳐놨다. 사리 감독의 빌드업과 게임 계획은 기본적으로 상대가 압박한다는 가정하에 세워진 것이었기 때문이다.

다른 감독들은 사리 감독의 첼시를 상대로 다른 접근법을 사용했다. 맨유의 무리뉴 감독은 스탬포드 브릿지로 돌아온 경기에서 후안 마타에게 조르지뉴를 맨마킹하게 했고, 이는 효과가 있었다. 첼시는 후반전 추가시간에야 동점골을 기록하며 패배를 면했다. 사리 감독의 프리미어리그 첫 패배는 토트넘 원정에서 나왔다. 토트넘의 포체티노 감독은 무리뉴 감독의 맨유와 비슷한 방식을 활용해서 델리 알리Dele Alli에게 후안 마타가 했던 것과 비슷한 역할을 맡겼다. 그 경기에서 토트넘 최고의 선수는 알리였고, 토트넘은 첼시를 3-1로 꺾었다. 알리는 조르지뉴에게 많은 문제점을 안겼고 실제로 경기 중에 조르지뉴가 그보다 덩치가 큰 알리와 충돌하는 장면도 나왔다. 경기 후 알리는 "첼시는 새 감독과 함께 잘하고 있다. 조르지뉴는 수비 지역에서부터 빌드업을 시작하고 점유율을 유지하는 데 중요한 역할을 하는 선수다. 우리는 그가 아주 좋은 선수이고 볼을 소유하는 걸 좋아한다는 사실을 잘 알고 있었다. 우리는 그의 플레이를 막을 수 있을 거라고 생각했다. 그래서 가능할 때마다 그에게 가깝게 붙어서 볼을 빼앗아 기회를 만들 수 있도록 노력했다. 다른 경기였다면 우리가 더 많은 골을 넣을 수도 있었을 것이다"라고 말했다.

물론 조르지뉴는 이탈리아에서도 맨마킹을 당한 적이 있었다. 하지만 조르지뉴는 피지컬이 더 강한 선수가 많은 동시에 주심의 판정이 덜 엄격한 프리미어리그에서, 자신에게 익숙하지 않은 경기 스타일을 가진 상대팀을 상대하면서 고전하기 시작했다.

그러나 사리 감독의 전술이 완벽하게 적중한 경기들도 있었다. 첼시는 스탬포드 브릿지에서 열린 디펜딩 챔피언 맨시티와의 경기에서 전형적인 '사리볼'로 골을 만들어냈다. 처음에 첼시가 자기 진영에서 볼을 잡았을 때 맨시티는 하프라인 부근에 머물며 가까이 접근하지 않았지만, 첼시가 인내심을 갖고 수비진에서 볼을 돌리는 사이 맨시티는 결국 볼을 점유하기 위해 첼시 진영으로 다가오기 시작했다.

그렇게 맨시티의 압박이 시작되면서 첼시의 센터백 다비드 루이스가 오른쪽 측면에 있는 페드로에게 훌륭한 대각선 패스를 보냈다. 그러나 그만큼 중요한 것은 그 전의 패스였다. 맨시티의 공격진을 수비진으로 끌어당김으로써 공간을 만들기 위해서였다. 그 후 첼시는 페널티박스 안으로 침투했던 아자르가 페널티박스로 침투해 들어오던 캉테에게 패스를 내주었고, 캉테는 강한 슈팅으로 골을 만들었다. 이 골은 첼시의 첫 번째 슈팅이었지만 이 장면은 첼시의 인내심 있는 공격 작업을 보여주는 것이었다. 이 과정에서 맨시티를 흔들어놨던 다비드 루이스는 이후 코너킥에서 두 번째 골을 기록했다.

과르디올라 감독은 경기 후에 "첼시는 한 번의 역습과 한 번의 세트피스로 우리를 이겼다"고 말했다. 하지만 그 말은 사실과는 다소 달랐다. 첼시의 첫 골은 역습에서 나온 것이 아니었다. 맨시티의 공격진이 전진하는 것을 본 후에 그 공간을 공략한 것이었기 때문이다. 정확히 말하면 이 골 장면에서의 공간은 첼시의 빌드업으로부터 만들어졌다. 사리 감독의 접근 방식은 볼 점유와 위와 같은 플레이를 통해 만들어진 공간 그 둘 모두를 활용하는 것이었다.

종합적으로 돌아보면 사리 감독의 첼시 시절은 행복한 시간은 아니었다. 그는 처음에는 언어 문제로 고생했지만, 점차 자신이 은행에서 일하던 시절 배웠으나 이탈리아 하부리그에선 거의 쓸 일이 없었던 영어에 조금씩 익숙해지기 시작했다. 그러나 그는 여전히 경기 후 기자회견에서 다양한 나라에서 온 외국 언론과 인터뷰하는 것을 좋아하지 않았고, 첼시 선수들에게 동기를 부여하는 것이 쉽지 않다고 몇 차례 말하곤 했다.

사리 감독 시절 첼시는 몇 차례 황당한 패배를 당하기도 했고, 사리 감독의 축구가 지나치게 힘들다는 평가를 받기도 했다. 특히 본머스에 당한 0-4 패배가 그랬다. 에디 하우Eddie Howe 감독은 이 경기 전에 선수들에게 "우리가 볼을 소유하지 못하고 있어도 걱정하지 마라"고 말했다고 한다. 다르게 말하자면, 첼시의 점유율은 높았지만 그것이 상대를 향한 치명적인 공격으로 이어지지는 않았다는 것이다. 맨시티에 당한 0-6 패배도 당연히 팀에 도움이 되지 않았다.

또 하나 눈여겨볼 만한 승리는 유로파리그에서 말뫼에게 거둔 3-0 승리였다. 이 경기에서는 조르지뉴가 선발로 출전하지 않았고, 교체로 투입됐을 때는 첼시 팬들로부터 야유를 받기까지 했다. 하지만 사리 감독에게는 이 경기가 조르지뉴의 중요성을 보여준 경기였다. 그는 경기 후에 "경기 초반 30분 동안 우리는 자신감이 없었고 불안해 보였다. 볼을 빠르게 전달하지 못했고, 상대의 압박에도 제대로 대응하지 못했다. 왜 조르지뉴가 우리에게 중요한 선수인지를 이해하게 된 경기였다. 조르지뉴가 있을 때는 플레이가 더 쉬워진다. 우리 팬들이 이러한 부분을 이해할 수 있으면 좋겠다. 조르지뉴는 우리에게 매우 중요한 선수다"라고 말했다.

봄이 됐을 때 첼시는 이미 지쳐 보였다. 조르지뉴는 뉴캐슬을 상대로 또 한 번 좋지 못한 경기를 했고 계속해서 소유권을 잃었다. 사리 감독은 그 경기가 끝난 후 만약 파브레가스가 아직 팀에 있었다면 조르지뉴를 교체했을 거라고 인정했다. 하지만 파브레가스가 떠난 후 첼시는 그의 역할을 대신할 선수를 영입하지 않았고, 캉테는 그 역할을 수행해본 적이 없었다.

그 시즌 사리 감독의 첼시를 정의하는 가장 명징한 순간은 맨시티와의 리그컵 결승전이었다. 승부차기에 돌입하기 직전 사리 감독은 첼시의 주전 골키퍼 케파와 페널티슛 선방에 뛰어난 백업 골키퍼 카바예로를 교체하려고 했다. 그러나 그 경기에서 몸 상태가 불편해 보였던 케파는 감독의 선수교체 의지를 거부했다. 사리 감독은 그 모습에 분노해 드레싱룸으로 들어가는 터널을 빠져나갔고 결국 첼시가 승부차기에서 패한 후(케파는 맨시티의 페널티킥 5번 중 1번을 막아내긴 했다) 주변 사람들이 사리 감독이 케파에게 분노를 표하지 못하도록 말려야 했을 정도였다. 케파는 조르지뉴와 함께 사리 감독의 축구에 대한 접근법을 상징하는 두 선수 중 한 명이었다.

그 시즌 첼시의 다른 결승전은 조금 나았다. 첼시는 유로파리그 결승전에서 아스널에 4-1 승리를 거뒀고, 그 경기에서 아자르는 환상적인 경기력으로 그의 첼시 커리어를 마감했다. 사리 감독의 '사리볼'에서 중요하게 여겨지지 않았던 선수 '개인의 능력'이 결국에는 사리 감독이 남긴 중요한 업적에 크게 기여한 순간이었다.

사리 감독의 수석코치로 활약한 졸라는 몇 년이 지난 후 과거를 회상하며 "아자르는 사리 감독을 미치게 만드는 선수였다. 사리 감독의 훈련이 시작되면 아자르는 '알겠습니다 감독님' 하고 대답은 했지만 감독의 요구 대로 하지는 않았다. 그는 반복적인 훈련을 싫어하는 선수였기 때문이다. 그는 다른 걸 시도하고 싶어 했다. 그것이 그가 너무 뛰어나서 혼자의 힘으로도 경기를 이길 수 있는 선수였기 때문이다. 카디프전에서는 우리가 지고 있었을 때 그가 벤치에 있었다. 휴식을 주기 위해서였다. 팬들이 '사리 아웃' 응원가를 부르고 있었을 때 아자르가 투입됐고, 그는 혼자서 경기를 바꾸며 첼시에 승리를 안겼다"고 말했다.

첼시 팬들은 그 시즌이 끝난 후 레알 마드리드로 떠난 아자르를 올해의 선수로 선정했다. '사리볼'과 가장 어울리지 않았던 선수가 팬들에게 최고의 선수로 인정받았던 것이다. 사실 그의 왜소한 체구나 아무도 예상하지 못한 장면을 만들어내는 능력은 다른 누구도 아닌 선수 시절의 졸라와 매우 닮아 있었다. 말하자면 '모던 졸라'와도 같은 모습이었다.

시즌이 끝나갈 즈음 모두가 사리 감독이 팀을 떠날 거라는 걸 알고 있었다. 다만 그는 최소한 그의 커리어 중 처음으로 메이저대회 우승이라는 업적을 달성하고 떠나게 됐다. (이전까지 그가 거둔 최고의 성과는 이탈리아 하부리그의 컵대회 우승이었다. 그는 첼시를 떠난 후 유벤투스로 옮겼고 그곳에서 팀의 9년 연속 우승의 마지막 해를 장식했지만, 유벤투스의 축구 스타일을 바꿔놓지 못했다는 이유로 얼마 가지 않아 감독직을 내려놨다.)

한편, 조르지뉴는 이 시즌에 3,313개의 패스를 했지만 어시스트는 없었다. 그의 주된 임무가 직접 골을 만드는 것이 아니긴 했지만, 리그에서 누구보다 많은 패스를 기록한 선수라면 팬 입장에서는 그 패스들 중 한두 개 정도는 골로 이어지길 기대하게 되는 것도 자연스럽다. 하지만 조르지뉴는 자신의 스타일에 당당했다. 훗날 조르지뉴는 "그 부분에 대한 비판은 잉글랜드의 축구 문화 때문이라고 생각한다. 이곳 팬들은 수비수 앞에서 나와 같이 플레이하는 선수에게 익숙하지 않다. 나는 피지컬적인 플레이보다는 경기를 읽는 플레이에 능숙하다. 팬 입장에서는 그런 부분이 익숙하지 않을 것이고, 그래서 결과가 좋지 않을 때는 나를 비판하기도 한다. 하지만 나는 결국 그들이 나에 대해 잘못 생각하고 있다는 것을 증명했다. 프리미어리그는 그 어떤 리그보다 강도가 높고 모든 팀들이 공격을 주저하지 않는다. 그것이 내가 이탈리아에서보다 더 수비에 많이 가담해야 했던 이유다. 모든 경기가 훨씬 더 열린 상태로 진행된다"고 말했다.

조르지뉴의 이 말이, 그의 프리미어리그 시즌에 기반한 것인지 혹은 2021년 웸블리에서 결승전이 열렸던 유로 우승을 염두에 두고 했던 것인지는 다소 불명확하다. 이곳은 그가 3년 전 토트넘의 델리 알리에게 강한 압박을 당하고 무너졌던 바로 그 경기장이었다. 그해 말, 그는 발롱도르에서 리오넬 메시, 로베르트 레반도프스키에 이어 3위를 차지했고, 이는 첼시 초기 비판이 쏟아지던 상황에 처한 그에겐 중요한 업적이었다.

조르지뉴는 이후 아스널로 이적했고, 그의 스타일은 미켈 아르테타 감독의 아스널과 매우 잘 어울렸다. 하지만 그가 프리미어리그에서 5년 동안 다섯 명의 감독을 거치는 사이 그의 스타일은 더 이상 프리미어리그에서 특별하지 않은 것이 됐다. 부분적으로는 다른 감독들도 사리 감독이나 조르지뉴의 스타일을 차용하는 일이 늘어났기 때문이었다. 상대의 압박을 유도하고 그에 기반해서 경기를 풀어나가는 스타일 말이다. 처음에 페널티박스 바로 바깥에서 상대에게 소유권을 내주는 것을 범죄처럼 여겼던 축구 팬들도 점차 그런 장면에 익숙해졌다.

이런 스타일을 활용했던 또 다른 두 감독 모두 이탈리아 출신 감독이었는데, 그중 한 명은 대단히 의외였다. 콘테 감독이 바로 그 주인공이다. 첼시에게 있어 콘테 감독 체제로부터 사리 감독으로의 변화는 아주 컸다. 두 감독의 스타일이 매우 대조적이었기 때문이다. 그러나 2021년 11월 토트넘 감독에 부임한 콘테 감독(10경기에서 5승 5패를 거두며 이달의 감독상까지 받았지만 경질되고 만 특이한 케이스였던 누누 감독에 이어 부임했다) 은 2016-17시즌 첼시에서 리그 우승을 차지했을 때와는 다른 감독처럼 보였다.

콘테 감독은 인터 밀란에서 2년을 보내면서 인터 밀란이 10년 넘게 차지하지 못했던 리그 우승을 차지했고, 이 과정에서 전에 비해 역습 비중은 줄어들었고, 빌드업에 좀 더 중점을 둔 축구를 구사했다. 그리고 그가 토트넘에서 시작한 두 번째 프리미어리그 경험은 짧은 골킥과 상대 압박을 벗겨내면서 이뤄가는 빌드업이 중요했다. 토트넘이 9위였을 때 부임한 콘테 감독은 그 시즌 막판 아스널을 제치고 팀을 리그 4위로 끌어올리며 챔피언스리그 진출권을 획득했다.

콘테 감독의 토트넘에서 가장 상징적인 승리는 디펜딩 챔피언 맨시티의 홈에서 열린 경기에서 3-2 승리를 거뒀던 경기였다. 이 경기에서 토트넘의 공격은 아주 치명적이었고, 실제로도 단 6번의 슈팅으로 3골을 기록했다. 그중에서도 중요한 두 가지 요소는 뒷공간으로 패스를 뿌리기 전까지 볼을 지켜내는 해리 케인의 능력과 짧은 골킥으로 시작해 상대를 끌어들인 후 상대 압박을 벗겨내며 공격을 풀어가고자 하는 토트넘의 의지였다.

이 경기에서 토트넘의 첫 골 장면은 볼이 요리스, 크리스티안 로메로Cristian Romero, 벤 데이비스Ben Davies를 거친 후 롱볼을 통해 케인에게 이어졌다. 그 순간 손흥민과 데얀 쿨루셉스키Dejan Kulusevski가 케인의 뒤로 돌아들어갔고 케인의 스루패스를 받은 손흥민이 전방으로 침투하던 쿨루셉스키에게 어시스트를 기록하면서 쿨루셉스키가 골을 터뜨렸다. 두 번째 골도 비슷했다. 다시 한번 요리스가 로메로에게 짧은 패스를 보냈고, 이후 로드리고 벤탄쿠르Rodrigo Bentancur, 라이트 윙백 에메르송 로얄Emerson Royal을 거쳐 손흥민이 올려준 크로스를 케인이 정확한 슈팅으로 골로 연결했다.

이 경기의 결승골은 토트넘이 하프라인 근처에서 볼을 뺏은 후 열두 번의 패스에 이어서 완성됐다. 한 장면에서는 모든 맨시티 선수들이 토트넘이 볼을 소유한 지점보다 뒤로 처져 있는 순간도 있었지만, 토트넘은 왼쪽 측면에서 오른쪽 측면으로 볼을 옮긴 후 쿨루셉스키의 크로스를 케인이 헤더골로 연결시켰다.

경기가 끝난 후 과르디올라 감독은 토트넘의 경기력에 극찬을 쏟아냈다. "케인이 있는 한 토트넘은 볼을 잃지 않았고, 손흥민과 쿨루셉스키의 질주를 통한 공격에도 능했다. 그들은 내가 예상한 대로 플레이했다. 빌드업도 훌륭했고 역습에 유리한 공간도 많이 만들어냈다."

여기에서 바로 과르디올라 감독이 사리 감독의 첼시 시절 사용했던 것과 똑같은 '역습'이라는 표현이 등장한다. 토트넘은 이번에도 역습을 한 것이 아니라 수비진으로부터 공격을 풀어 나왔음에도 과르디올라 감독은 그것을 역습이라고 인식했던 것이다.

그 말을 들은 콘테 감독은 자신의 소셜미디어를 통해 토트넘의 세 번의 골 장면과 그의 세리머니 그리고 실점에 낙담한 과르디올라 감독이 담긴 영상을 올리며 짧은 코멘트를 남겼다. "역습? 아마 아닐텐데…" 웃는 표정을 담은 세 개의 이모티콘과 함께 말이다. 그의 메시지는 명백했다. 그리고 이 대목에서 중요한 또 한 가지는 그 골 장면의 시작 부분, 즉 골킥으로 페널티박스 안에 있는 동료에게 패스했던 장면은 3년 전에는 허용되지 않았던 플레이였다는 점이다. 즉 그 규칙의 변화가 팀들로 하여금 수비에서부터 경기를 풀어나가는 '숨통'을 트이게 했고, 그 플레이를 좀 더 잘해낼 수 있게끔 해줬다는 뜻이다.

콘테 감독은 두 번째 시즌에도 비슷한 방식을 사용했지만, 시즌을 다 마치지 못했다. 그의 팀이 골킥을 처리하는 방식은 매우 흥미로웠고, 3월에 콘테 감독이 팀을 떠나던 무렵에는 프리미어리그에서 가장 짧게 골킥을 처리하는 팀이었으며 그것도 2등 팀과 큰 격차를 보일 정도였다. 또한 그의 팀은 통계적으로 골킥을 처리한 후 60초 이내에 상대 진영에서 볼을 터치하는 횟수가 3번째로 많은 팀이었다. 즉 그들은 긴 골킥을 처리하기보다 위와 같은 방식으로 공격을 전개했고, 그 관점에서 보자면 그들의 계획은 완벽하게 작동됐다.

하지만 콘테 감독의 방식은 서서히 상대팀에게 읽히기 시작했다. 상대팀들은 더 이상 높은 위치에서 토트넘을 압박하지 않기 시작했다. 상대 수비수들도 무의미하게 패스를 주고받도록 내버려두기 시작했다. 당시 토트넘은 특이하게도 전반전에는 경기력이 좋지 않다가 후반전이 되어서야 경기력이 올라오는 모습을 보이기 시작했다. 토트넘 팬들의 가장 큰 불만은 경기가 재미 없어진 것보다 결과가 나빠지기 시작한 것이었다. 곧 콘테의 축구가 지루하다는 평가도 많아지기 시작했다.

그것은 흥미로운 현상이었다. 그 시즌 토트넘의 경기에서는 총 133골이 나왔고, 이는 프리미어리그 역사 전체를 통틀어 공동 5위에 해당하는 높은 기록이었기 때문이다. 결국 콘테 감독은 두 번째 시즌 10경기를 남기고 팀을 떠나게 됐다. 그 후 그의 수석코치였던 크리스티안 스텔리니Cristian Stellini와 라이언 메이슨Ryan Mason이 감독 대행을 이어 맡았다. 하지만 콘테 감독의 2022-23시즌 28경기 중에는 6-2, 4-3, 4-1, 4-0 승리 그리고 2-4 패, 두 번의 2-2 무승부, 끝으로 사우샘프턴전에서의 3-3 무승부가 있었다. 이 경기가 끝난 후 콘테 감독은 일부 선수들이 이기적이었다는 취지의 말을 포함해 분노에 가까운 기자회견을 가진 후에 경질됐다. 외부자 관점에서 보기에는 그들의 경기가 꽤 흥미로웠지만, 사리의 첼시와 마찬가지로 정작 그들의 서포터들은 매주 의미 없는 점유율 위주의 축구를 보는 것과 선수 개개인의 자유를 제한하는 플레이에 싫증을 느끼게 되었던 것이다.

콘테 감독이 토트넘을 떠날 때쯤, 또 다른 이탈리아인 감독이 프리미어 리그에서 압박을 이겨내는 접근법과 자신의 축구 철학을 바탕으로 성공을 거두기 시작했다. 브라이튼 호브 알비온의 그레이엄 포터Graham Potter 감독이 첼시로 떠난 후, 브라이튼은 로베르토 데 제르비Roberto De Zerbi 감독을 새로운 감독으로 선임했다.

데 제르비 감독은 사리 감독이나 콘테 감독에 비해 상대적으로 덜 알려진 감독이었다. 그러나 그는 사수올로 시절 이탈리아에서 대단히 좋은 평가를 받았다. 그는 사수올로를 세리에A 8위로 이끌었는데, 이는 클럽 역사상 최고의 성적이었다. 더 주목할 점은 사수올로에서 보낸 두 번째 시즌에 이탈리아 리그 전체에서 가장 높은 점유율을 기록했다는 점이었다. 그는 이후 샤흐타르 도네츠크에서 비슷한 축구를 시도했지만, 러시아와 우크라이나의 갈등이 촉발되면서 팀을 떠나게 됐다.

브라이튼의 빌드업은 처음에는 고의적으로 느렸다. 데 제르비 감독은 특히 골키퍼와 센터백에게 몇몇 상황에서 아예 발을 이용해 볼을 멈추라는 요구를 하기도 했다. 그러나 이는 우연이 아니라 데 제르비 감독이 진심으로, 볼을 그렇게 기술적으로 다루길 원했기 때문에 나온 장면들이었다. 그는 볼을 트래핑하는 것이 볼을 발 안쪽으로 다루는 것보다 더 안전하다고 믿었다. 더 중요한 점은 상대 선수들이 볼을 잡고 있는 브라이튼 선수에게 다가서려는 순간, 브라이튼이 갑자기 템포를 올리며 날카로운 패스를 하는 장면이 많았다는 것이다. 브라이튼의 윙어, 특히 미토마 카오루나 솔리 마치Solly March는 높은 위치에서 넓게 벌린 채 자리 잡고 있었다. 상대 수비수들을 넓게 벌려서 중앙에 공간을 만들기 위해서였다.

브라이튼 선수단에는 재능 넘치는 젊은 선수들이 많았는데, 그들 중 상당수는 잉글랜드에서 먼 나라로부터 영입됐다. 그러나 데 제르비 감독의 가장 인상적인 점 중 하나는 베테랑 잉글랜드 선수들, 특히 센터백 루이스

덩크Lewis Dunk와 골키퍼 제이슨 스틸Jason Steele을 그가 어떻게 탈바꿈시켰는가라는 점이다.

그 팀의 주장이었던 덩크는 "페널티박스 근처에서 볼을 돌리는 것이 팬들 눈에는 무섭게 보일지 모르지만, 우리는 왜 그렇게 하는지 정확히 알고 하는 것이다. 감독님의 말처럼, 좋게 보이려고 하는 것이 아니라 그 과정을 통해 경기장 반대편에서 골을 기록하려는 목표로 하는 것이며, 미토마, 마치가 1-1 상황을 만들도록 하려는 것이다. 이런 플레이는 우리 모두가 미리 연습한 것이므로 팬들이 걱정하지 않아도 된다. 매일 그런 연습을 한다. 우리의 경기는 상대가 높게 압박할 때나 낮은 위치에서 압박할 때, 또 그들의 패스 타이밍이나 움직이는 타이밍을 예상하며 그에 맞춰 해나가는 것이다"라고 말했다.

덩크는 데 제르비 감독이 부임했을 때 이미 30세였고, 스틸은 32세였다. 스틸은 미들즈브러, 블랙번 로버스, 선덜랜드 등 챔피언십(2부리그)에서 10년을 보낸 뒤, 브라이턴에서 백업 골키퍼로 자리 잡은 듯 보였다. 실제로 그는 클럽에서 뛴 첫 4년 동안 리그에서 단 한 경기에만 출전했다. 그러나 주전 골키퍼 로베르트 산체스Robert Sánchez가 실수를 연발하자, 갑자기 프리미어리그에서 가장 혁신적이었던 팀 중 하나에서 중요한 역할을 맡게 되었다. 그는 공을 밟고 멈춘 채 상대가 압박하도록 유도하는 등의 대담한 플레이를 펼쳤다.

스틸은 데 제르비의 접근 방식에 대해 "현재의 축구는 직접 할 때도 TV로 볼 때도 3, 4년 전과 완전히 다르다. 데 제르비 감독으로부터 배운 이후로 축구를 전혀 다른 스포츠처럼 생각하게 됐다"고 말했다.

브라이튼은 2022년 9월말 데 제르비 감독이 포터 감독의 후임으로 선임됐을 때 4위였고, 두 감독 모두 점유율을 바탕으로 한 축구를 선호했다. 그러나 데 제르비 감독의 독특한 전술 스타일에 선수들이 적응하는 데는 시간이 필요했다. 브라이튼은 데 제르비 감독 부임 후 첫 5경기에서 1승도 거두지 못했다. 덩크는 훗날 데 제르비 감독 부임 직후에는 매우 힘들었었다고 회상했다. 데 제르비 감독의 첫 승리는 포터 감독이 이끄는 첼시를 상대로 나왔는데, 4-1 승리였다. 이후 그들은 리버풀, 아스널, 맨유 그리고 첼시에 다시 한번 승리를 거뒀다. 중요한 점은 브라이튼이 강팀들보다는 깊게 내려앉는 수비를 하는 팀을 상대로 고전했다는 점이다. 예를 들어 강등 경쟁을 하고 있던 션 다이치 Sean Dyche 감독이 이끄는 에버턴에게 당한 홈에서의 1-5 패배가 그랬다. 그러나 브라이튼은 결국 그 시즌을 리그 6위로 마감했다. 이는 구단 역사상 프리미어리그 최고의 성적이었으며, FA컵 결승전에도 진출했지만 승부차기 끝에 맨유에 패했다.

또한 이 시즌 BBC가 선정한 이 시즌 최고의 골도 브라이튼의 골이었다. 훌리오 엔시소 Julio Enciso가 맨시티전에서 기록한 골로 대단히 흥미로운 골이었다. 물론 마무리 슈팅은 환상적인 중거리 슈팅이었지만, 그 슈팅이 나오기 전까지 브라이튼의 플레이는 완벽한 데 제르비 감독이 원했던 인내심 있는 빌드업에 의해 완성되었다.

이 골 장면에서 브라이튼의 움직임은 골키퍼인 스틸로부터 시작됐다. 그는 이때 센터백들과 거의 비슷한 위치에서 맨시티 선수들을 그의 방향으로 유도했다. 그는 깔끔한 전진 패스를 보내줬고 브라이튼은 공격에 나섰으며 한순간 총 5명의 선수가 파이널서드 지역에 들어가 있었다. 공격진에서 미드필드로, 그리고 수비로 그리고 다시 스틸에게 볼을 넘기는 장면도 있었다. 스틸은 다시 볼을 잡고 맨시티가 압박해 오기를 기다렸다. 맨시티가 그렇게 움직이기 시작했을 때 스틸은 센터백 이고르 줄리우 Igor Julio에게 패스를 보냈고, 그는 약 40미터 정도의 공간을 드리블해 나갔다. 그 후 엔시소에게 패스를 보냈는데, 그 전에는 근접 마크를 당하고 있던 엔시소가 이번에는 거의 텅 빈 공간을 확보하고 있었다. 그의 슈팅은 완벽했지만,

그 골이 나오기 전까지의 과정이 더 중요했다. 데 제르비 감독의 축구는 이렇게 개개인의 마술 같은 플레이와 팀의 빌드업 플레이가 적절하게 조화된 축구였다.

그 골은 FIFA 2023 푸스카스상 최종 후보 3골 중 하나가 됐다. 다른 두 골은 이 상의 성격과 전형적으로 비슷한 골이었다. 페널티박스 근처에서의 라보나에 의한 골 그리고 페널티박스 바깥에서의 바이시클킥에 의한 골. FIFA가 최종 후보 세 골을 소셜미디어에 공개했을 때 데 제르비 감독의 천천히 만들어가는 빌드업 플레이에 의한 이 골 장면은 축구 팬들이 인내심을 갖고 기다리면서 봐야 할 정도로 그 과정이 길었다.

과르디올라 감독은 데 제르비 감독에 대해 "나는 아마도 그가 지난 20년간의 축구 감독들 중 가장 영향력이 있는 감독이라고 생각한다. 그들처럼 플레이하는 팀은 없다. 매우 독특하다. 나는 그가 축구계에 영향을 미치고 또 잘될 거라고 생각했지만, 이토록 빨리 그렇게 될 줄은 몰랐다"고 말했다.

축구에서 독특하다는 것과 영향력이 있는 것이 둘 다 공존하기는 쉽지 않다. 영향력이 있는 것은 금방 복제되기 쉽기 때문에 더 이상 독특하지 않다. 특히 현대 축구에서는 더더욱 그렇다. 하지만 과르디올라 감독은 데 제르비의 축구가 점유 기반 축구의 바로 다음 단계임을 인지하고 있었다. 해답은 압박을 두려워하지 말고 오히려 끌어들이라는 것이다.

풀백 혁신

"혁신하기 위해서는 용기가 필요하고 적응하기 위해서는 열린 마음이 필요하다."

- 펩 레인더스

　프리미어리그가 펩 과르디올라와 위르겐 클롭 감독의 두 팀이 지배하는 구조로 한동안 흘러갔던 것은 두 감독이 이끌었던 라리가의 바르셀로나, 분데스리가의 도르트문트의 성공을 지켜본 사람들에겐 별로 놀라운 일이 아니었다. 다만 한 가지 주목할 만한 사실은 두 감독 간의 양강 구도는 알렉스 퍼거슨(맨유) 감독 대 아르센 벵거(아스널) 감독의 시대 이후로 프리미어리그에서 볼 수 없었던 구도였다는 점이었다.

　그러나 펩과 클롭 두 감독이 거뒀던 과거의 성공은 오히려 두 사람의 새로운 과제를 더 어렵게 만들었다. 과르디올라와 클롭이 프리미어리그에 왔을 때는 이미 거의 모든 팀이 과르디올라가 바르셀로나에서 유행시킨 점유율 기반 전술을 활용하고 있었으며, 클롭의 도르트문트 덕분에 게겐프레싱의 중요성도 널리 인식되고 있었다. 안토니오 콘테 감독은 유벤투스에서 그대로 가져온 3-4-3 시스템으로 프리미어리그에 혁신을 가져올 수 있었지만, 과르디올라와 클롭 감독은 정상의 자리를 유지하기 위해 새로운 전술적 혁신을 해야만 했다.

두 감독의 가장 중요한 전술적 혁신은 풀백 포지션에서 나왔다. 그 이전, 프리미어리그 출범 후 25년 동안 이 포지션의 발전은 상대적으로 평범했다. 물론 2000년대 초반을 기점으로 풀백은 상대 윙어를 막는 수비적인 역할에서 더 기술적으로 발전한 공격적인 역할로 변화했다. 그 가장 대표적인 예가 아스널 유소년팀에서 공격수로 뛰었으며, 그 시대를 정의하는 풀백으로 성장한 애슐리 콜이다. 하지만 이후에 과르디올라와 클롭 두 감독이 그들 팀의 풀백에게 요구한 역할에 비하면 콜의 스타일조차 보수적으로 보일 정도였다. 다만 두 감독은 각기 서로 다른 방식으로 풀백 포지션의 혁신을 이끌어갔다.

과르디올라 감독은 바이에른 뮌헨 감독으로 활약한 기간 동안 세계 최고의 풀백 조합인 필리프 람Philipp Lahm과 다비드 알라바David Alaba를 보유하고 있었고, 두 선수 모두 바이에른 유소년팀에서 미드필더로 뛰었던 경험이 있었다. 이에 따라 과르디올라 감독은 풀백을 위한 완전히 새로운 전략을 고안했으며, 팀이 볼을 점유한 상황에서 그들에게 중앙 미드필더와 같은 역할을 맡기도록 했다.

이 전술은 여러 이점을 가져왔다. 첫째, 측면 공간이 열리면서 바이에른의 윙어들이 더 쉽게 볼을 받을 수 있었다. 둘째, 중앙 미드필더들이 공격적으로 전진할 수 있는 자유를 얻었다. 가장 중요한 셋째, 바이에른이 볼을 잃었을 때 풀백들이 본래의 수비 위치와 더 가까운 위치에서 역습에 대비할 수 있었다는 점이다. 이에 따라 포백은 중앙에서 단단한 형태를 유지할 수 있었고, 풀백이 지나치게 높이 올라가거나 벌어져서 상대에게 침투할 공간을 내주는 일이 줄어들었다.

과르디올라는 맨체스터 시티 감독으로 부임한 이후 바이에른에서 사용했던 같은 전술을 맨시티에서 활용하기 시작했다. 이를 위해 그는 30세가 넘은 풀백이었던 바카리 사냐(33), 파블로 사발레타(31), 가엘 클리시(31)에게 새로운 역할을 수행하도록 요구했다. 프리시즌 경기 후 사냐는 "보통 중앙에서 뛰는 일이 거의 없지만, 새로운 경험이었고 즐거웠다. 배우려는 의지만 있다면 충분히 해낼 수 있다. 하지만 전술적인 부분에 대해 너무 많이 말하고 싶지는 않다. 다른 팀들이 쉽게 대비할 수도 있기 때문이다. 우리는 이 전술을 완성하기 위해 정말 열심히 훈련하고 있다"라고 말했다.

클리시도 이후 이 전술에 대해 "축구를 바라보는 방식 자체가 완전히 달라졌다. 엄청난 충격이었다"라고 말하기도 했다.

두 풀백은 과르디올라의 프리미어리그 데뷔전에서 이러한 역할을 수행했다. 이 경기에서 맨시티는 선덜랜드를 상대로 다소 불안한 2-1 승리를 거뒀다. 프리미어리그에서 풀백을 이런 방식으로 활용한 팀은 과르디올라 감독의 맨시티가 처음이었다. 경기 후 과르디올라 감독은 "축구를 창시한 나라에 와서 무언가를 바꿔야 한다고 생각하는 것은 다소 건방진 태도일 수도 있다"라고 말하기도 했다. 과르디올라는 이 전술을 계속 유지했고, 커리어 초기에 수비형 미드필더로 뛰었던 경험이 있는 사발레타가 사냐보다 더 자연스럽게 적응하는 모습을 보였다.

과르디올라 감독의 프리미어리그 세 번째 경기였던 웨스트햄전에서 3-1로 승리한 후, 사발레타는 "보통 풀백은 측면을 오가며 오버래핑하고, 높은 위치까지 올라가서 크로스를 올린 뒤에 다시 수비로 복귀하는 역할을 한다. 하지만 이번 시즌 우리는 더 중앙에서 플레이하며 빌드업에 관여하고, 볼을 잃었을 때 빠르게 원래 자리로 복귀하는 역할을 맡고 있다"라고 말했다. 이어 그는 "바르셀로나와 바이에른 뮌헨에서 큰 성공을 거둔 감독에게 새로운 플레이 방식을 배우는 것은 환상적인 경험이다. 그가 여기서도 같은 성공을 거두기를 바란다"라고 덧붙였다.

과르디올라 감독은 결국 성공을 거두었지만, 그가 성공을 거둔 이유가 꼭 풀백들의 이런 활용 덕분은 아니었다. 시즌 중반이 되자 그의 전술은 이미 다른 팀들에게 익숙해지기 시작했다. 과르디올라 감독은 1월 에버턴 원정 경기에서는 매우 독특한 전술을 시도했는데, 사냐와 클리시는 전통적인 풀백 역할을 맡았고, 사발레타가 다이아몬드 형태의 미드필더 중 오른쪽에 배치되었다. 그러나 맨체스터 시티는 경기 내내 밀렸고, 구디슨 파크에서 0-4로 패배했다. 이는 당시까지 과르디올라의 감독 경력에서 가장 큰 리그 경기 패배였다.

맨시티는 챔피언스리그 16강에서도 탈락했다. 1차전에서 모나코를 상대로 5-3 승리를 거두며 유리한 위치에 있었지만, 원정 2차전에서 1-3으로 패배하며 원정골 우선 원칙에 따라 탈락했다. 이 경기에서 사냐와 클리시는 한 세대 아래의 젊고 활력 넘치는 풀백 듀오, 벵자맹 멘디와 지브릴 시디베Djibril Sidibé에 완전히 압도당했다. 그 차이는 너무나도 명확했고, 맨시티는 시즌이 끝난 후 모나코의 두 풀백에 대한 영입 가능성을 타진했다. 결국 그들은 멘디를 영입했으며, 여기에 더해 토트넘의 카일 워커와 레알 마드리드의 다닐루까지 영입하며 대대적인 풀백 교체를 단행했다. 이 과정에서 사냐, 클리시, 사발레타 그리고 콜라로프까지 네 명의 풀백이 팀을 떠나게 되었다.

한편, 클롭 감독 역시 그의 전술에 어울리지 않는 풀백 자원들로 인해 고전하고 있었다. 그는 리버풀 부임 직후인 2015-16시즌 초반에 너새니얼 클라인과 알베르토 모레노Alberto Moreno를 주전 풀백으로 기용했다. 클라인은 안정적인 선수였지만, 모레노는 뛰어난 스피드를 갖춘 반면 수비에서 심각한 문제를 드러냈다. 특히 모레노의 친정팀 세비야에 1-3으로 패했던 유로파리그 결승전에서 모레노는 경기 내내 상대에게 뚫렸고, 실점 중 두 골에 직접적인 책임이 있었다. 다음 시즌 개막전이었던 아스널과의 경기(4-3 승)에서도 모레노는 실망스러운 모습을 보였다. 그는 시오 월콧을 거칠게 태클해 페널티킥을 내줬으나, 월콧이 이를 실축하며 위기를 모면했다. 하지만 불과 2분 뒤, 모레노가 자기 자리에서 멀리 이탈한 사이 월콧이 선제골을 기록했다. 이후 모레노는 백업 자원으로 밀려났으며, 더욱 뼈아픈 점은 본래 미드필더이자 오른발잡이였던 제임스 밀너보다도 왼쪽 풀백 순위에서 뒤처졌다는 사실이었다.

밀너는 풀백 역할을 원하지 않았다. 그가 클롭 감독 체제에서 처음 풀백으로 출전한 것은 유로파리그 맨유전이었는데, 당시 모레노가 부상으로 빠지면서 대체자로 기용되었다. 클롭은 밀너를 오른쪽 풀백으로 배치하고 클라인을 왼쪽으로 옮길지, 아니면 그냥 밀너를 왼쪽에서 기용할지 고민했다. 결국 클롭은 밀너에게 직접 어느 쪽에서 뛰고 싶은지 선택할 기회를 줬다. 그러나 미드필더로서의 정체성이 강했던 밀너는 이에 대해 어느 쪽도 선택하기 어려운 질문을 받은 것 같았다고 훗날 말했다. 결국 그는 왼쪽 풀백을 선택했고, 기대 이상으로 안정적인 모습을 보이며 다음 시즌에도 같은 역할을 맡게 되었다.

밀너는 이후 당시 상황에 대해 "풀백을 맡게 된 것이 딱히 기쁜 일은 아니었다. 감독님에게 나는 내가 왼쪽 풀백이 아니라는 생각을 분명히 전했다. 하지만 그는 계속해서 그것이 좋은 도전이라고 말했다. 결국 나는 감독님께 그 역할이 성공하려면 나를 제대로 훈련시켜야 한다고 말했다. 하루 아침에 그 역할에 적응할 수는 없으니까 말이다. 나는 코치들과 함께 포지션을 배우기 위해 많은 훈련을 소화했다. 수비적인 부분에서 고려해야 할 요소들도 있었지만, 우리 팀의 볼 점유 시 어떻게 플레이해야 하는지도 중요했다. 미드필드에서는 주변이 훨씬 복잡하기 때문에 볼을 받는 방식이 왼쪽 풀백 위치에서 받는 것과는 완전히 다르다"라고 말했다.

그 시즌 모레노는 프리미어리그에서 단 한 경기에만 선발 출전했는데, 그것도 밀너가 몸 상태가 좋지 않았던 크리스탈 팰리스전(4-2 승)이었다. 그 경기에서 모레노는 다소 전형적인 풀백의 모습을 보였다. 그는 첫 골을 넣고 이후 한 차례 골대를 맞췄지만, 경기 초반 경고를 받았고 후반에는 윌프리드 자하Wilfried Zaha를 제대로 마크하지 못해 크로스를 허용하며 팰리스의 두 번째 실점 장면에 관여됐다. 결국 밀너는 훨씬 더 안정적인 선택지에 자리 잡았다. 중앙 미드필더였던 그가 풀백 포지션에 성공적으로 적응한 것은 중요한 의미를 지닌다. 대조적으로 과르디올라 감독이 풀백들을 중앙 미드필더로 기용하려 했던 실험은 실패로 돌아갔다.

2017-18시즌이 시작되자, 맨시티와 리버풀 모두 전혀 다른 모습을 보였다. 맨시티는 카일 워커와 벵자맹 멘디라는 두 명의 공격적인 풀백을 영입한 후 잠시 3-5-2 포메이션을 실험하며 윙백 시스템을 활용했다. 하지만 멘디는 단 4경기만 선발 출전한 후 심각한 무릎 부상을 당해 사실상 시즌 아웃되었다. 멘디의 부상으로 인해, 오른발잡이인 다닐루가 왼쪽에서 그의 대체자로 나설 것으로 보였다. 하지만 그는 시즌 내내 왼쪽 풀백으로 단 5경기에만 선발 출전했으며, 오히려 오른쪽에서 워커의 백업 역할을 수행한 경기가 더 많았다. 결국 과르디올라는 여름 이적시장에서 풀백 영입에 대대적으로 투자했음에도 불구하고, 다소 예상치 못한 인물을 왼쪽 풀백 자리에 기용하게 되었다. 페이비언 델프였다.

델프는 맨시티에서 일종의 '밀너 롤'을 맡게 되었다. 그는 활력 넘치는 중앙 미드필더로, 리즈 유나이티드 유스 출신이며, 애스턴 빌라에서 잉글랜드 국가대표로 성장한 선수였다. 원래 그는 맨시티에서 백업 역할에 머무를 것으로 보였다. 그러나 왼쪽 풀백 자리가 갑자기 공석이 되자, 성실하고 신뢰할 수 있는 왼발잡이였던 델프에게 기회가 찾아왔다. 그는 시즌 초반 디펜딩 챔피언 첼시 원정 경기(1-0 승)에서 특히 인상적인 활약을 펼쳤고, 결국 왼쪽 풀백 자리를 자신의 것으로 만들었다. 델프는 새로운 역할에 적응하는 과정에서 과르디올라의 지도에 많은 도움을 받았다며 그에게 큰 공을 돌렸다. 델프는 자신의 변화에 대해 "펩 감독은 내게 축구에 대한 새로운 시각을 열어줬다. 난 그가 보는 방식으로 축구를 바라본 적이 없었다. 그는 내게 축구의 그림을 그려줬다. 나는 아주 전통적인 영국 스타일의 선수로, 노력과 헌신 그리고 모든 것을 쏟아붓는 정신을 중요하게 생각해왔다. 경기장 위에서 싸우고, 세컨드볼을 따내며, 전통적인 잉글랜드 스타일의 선수로 뛰는 데 익숙했지만, 그는 나를 완전히 새롭게 변화시켰다"고 말했다.

델프는 기존의 전통적인 풀백 역할뿐만 아니라 새로운 현대적인 스타일에도 적응했다. 왼발잡이로서 측면을 넓히며 플레이할 수 있었고, 미드필더 출신답게 중앙으로 이동해 맨시티의 홀딩 미드필더와 함께 플레이하는 것에도 능숙했다. 그는 비록 뜻밖의 상황에서 선택된 대안이었음에도 그 변화를 완벽하게 소화해냈다.

과르디올라 감독도 첫 우승 시즌에 그 부분에 대해 인정하며 농담처럼 말했다. "지난 시즌에는 델프를 풀백으로 기용할 생각조차 못 했어요. 그런데 이제는 사람들이 '펩은 천재야, 정말 대단한 감독이야! 왜 지난 시즌에는 그렇게 하지 않았지?'라고 물어보죠. 나도 스스로에게 같은 질문을 하고 있습니다."

맨시티의 레프트백으로 기용된 또 다른 선수는 우크라이나 출신의 젊은 선수인 올렉산드르 진첸코Oleksandr Zinchenko였다. 그는 2016년 여름에 영입됐지만, 워크 퍼밋 발급 문제로 인해 공식 경기에 뛰지 못했다. 그 상황이 심각해서 당국이 맨체스터 시티 훈련장을 직접 방문해 그가 훈련에 참가하고 있지 않은지 확인할 정도였다. 진첸코 역시 델프처럼 본래 중앙 미드필더로 맨시티에 합류했지만, 왼발잡이라는 점과 과르디올라가 종종 왼쪽 풀백이 중앙으로 이동해 플레이하길 원했다는 이유로 왼쪽 수비수 옵션으로 활용되기 시작했다.

과르디올라는 뉴캐슬을 상대로 3-0 승리를 거둔 경기 후, 진첸코의 활약에 대해 "전반전에 그는 정말 뛰어났다. 우리는 그가 원래 공격형 미드필더(10번 유형의 선수)라는 사실을 잊어선 안 된다. 하지만 풀백들은 일대일 경합에서 이기는 것이 중시된다"고 말하기도 했다.

그러한 그의 특징은 이후 진첸코의 맨시티와 아스널 경력에도 중요한 요소가 되었다. 그는 중앙 미드필더에서 풀백으로 전환되었지만, 경기 중에는 여전히 중앙 미드필더로서 뛰어난 모습을 보이면서도 전통적인 왼쪽 풀백 역할에는 수비적으로 취약한 모습을 보이곤 했다. 이 점에서 그는 델프와 달랐다. 델프는 이미 전통적인 중앙 미드필더로 자리 잡은 상태에서 풀백으로 기용된 반면, 진첸코는 프리미어리그에서 처음으로 '하프백half-back'이라는 전통적인 개념과 유사한 역할을 수행한 선수로 평가받게 되었다.

리버풀에서도 풀백 포지션에 변화가 일어나고 있었다. 왼쪽에서는 헐시티에서 강등된 후 합류한 앤디 로버트슨Andy Robertson의 영입으로 인해 밀너가 클럽과 면담을 요청했다. 그는 본래 포지션인 미드필더로 복귀하고 싶다고 요청했고, 클럽은 이에 동의했다. 그러나 시즌 초반에는 로버트슨이 주전으로 자리 잡지 못했다. 리그 첫 14경기 중 단 두 경기만 선발 출전했고, 주로 알베르토 모레노가 출전했다. 하지만 모레노가 부상을 당하면서 로버트슨이 기본 옵션이 되었고, 로버트슨 본인의 말을 인용하자면 데뷔 시즌 후반기에 '리버풀 선수로 충분히 뛰어날 수 있음'을 증명해 보였다.

오른쪽에서는 더욱 흥미로운 변화가 일어나고 있었다. 클라인 역시 부상을 당하면서, 클럽은 시즌 초반 그의 자리에 센터백 조 고메스Joe Gomez

를 기용했다. 고메스는 매우 빠르고 볼 소유 능력도 준수했지만, 공격 가담에 있어서는 상대 팀에 위협을 가할 정도의 플레이를 보여주지 못했다. 그리고 아무도 예상하지 못한 사이에 리버풀은 갑자기 혁신적인 라이트백을 갖게 되었다. 더욱 주목할 점은, 이 선수 역시 미드필더 출신이었다는 점이다.

트렌트 알렉산더-아놀드Trent Alexander-Arnold는 리버풀 유소년팀에서 중앙 미드필더로 활약했다. 당시 그의 코치는 훗날 클럽의 수석 코치가 되는 펩 레인더스Pep Lijnders였다. 레인더스는 나중에 "내가 처음 한 일은 그를 주장으로 임명하고 미드필드의 6번 자리에 배치한 것이었다. 그는 거의 모든 위치에서 킬패스를 넣을 수 있는 선수였고, 그 포지션에서는 그런 플레이를 펼칠 기회가 많았다"고 회상했다.

그의 오른쪽 풀백 전환은 철저히 계획된 일이었다. 리버풀 아카데미 디렉터 알렉스 잉글소프Alex Inglethorpe와 U-18 팀 감독 닐 크리칠리Neil Critchley는 클럽 감독과 당시 리버풀의 스포츠 디렉터였던 마이클 에드워즈Michael Edwards와 함께 알렉산더-아놀드의 1군 승격을 논의했다. 리버풀은 이미 중앙 미드필더 포지션에 충분한 선수층을 갖추고 있었고, 해당 포지션을 보강하기 위한 특정 선수 영입 계획도 있었다. 반면 오른쪽 풀백의 미래는 불확실했다. 결국 선수의 개별적인 능력보다 팀 내 스쿼드 상황을 고려해, 알렉산더-아놀드를 풀백으로 전환하기로 결정했다.

이 변화는 순탄치 않았다. 알렉산더-아놀드는 성공하려는 강한 의지가 있었고 그래서 적응력이 뛰어난 선수로 평가받았지만, 기본적으로 뛰어난 수비 재능을 지닌 선수는 아니었다. 그래서 그는 엄격한 3개월간의 훈련 과정을 거쳤다. 리버풀의 가장 위협적인 공격수들인 사디오 마네와 모하메드 살라 같은 선수들이 그를 상대로 드리블을 반복적으로 시도했다. 만약 그가 쉽게 뚫린다면, 코치들은 소리를 지르며 그를 질책했다. 그는 이 훈련을 통해 완벽한 수비형 풀백으로 변신한 것은 아니었지만, 적당한 수비력을 지닌 풀백이 되었다. 클롭은 그의 변화에 대해 이렇게 설명했다. "처음에 그는 윙어에 더 어울리는 선수였고, 때때로 수비를 하는 선수였다. 이제 그는 수비적인 역할에 더 어울리고, 때때로 윙어처럼 플레이한다."

이런 변화의 초창기만 해도 알렉산더-아놀드가 다른 젊은 오른쪽 풀백들과 현격히 다르다는 느낌을 주지는 않았다. 리버풀의 전 주장 조던 헨더슨은 "초기 훈련 세션 중에 그가 비전이나 패싱 능력 면에서 곧바로 두각을 나타낸 것은 아니었다. 하지만 그의 근면한 태도는 단 한 번도 의심할 여지가 없었다. 그는 성격적인 면에서도 뭔가 특별한 느낌이 있었다"고 말했다.

알렉산더-아놀드는 2017-18시즌 마지막에 펼쳐진 챔피언스리그 결승전에서 크리스티아누 호날두를 상대로 인상적인 활약을 펼쳤다. 당시 리버풀은 골키퍼 로리스 카리우스 Loris Karius의 치명적인 실수로 인해 패했지만, 알렉산더-아놀드의 퍼포먼스는 주목받았다. 그 결과, 그는 단 20번의 프리미어리그 선발 출전만으로 잉글랜드 월드컵 대표팀에 발탁되었다.

2018-19시즌, 로버트슨과 알렉산더-아놀드는 클롭 감독의 확고한 주전 풀백으로 자리 잡았다. 그리고 이제 리버풀이 프리미어리그에서 이전까지 볼 수 없었던 전술을 구현하고 있다는 점이 분명해졌다. 그들은 끊임없이 오버래핑을 시도했는데, 이것 자체가 혁신적인 것은 아니었지만 그들의 공격적인 기여도나 그 수치는 전례 없는 수준이었다. 그 시즌이 시작되기 전까지, 프리미어리그 역사상 단일 시즌 최다 어시스트 기록을 세운 풀백은 스탠리 파크 반대편 소속팀(에버턴) 선수들이었다. 1994-95시즌의 앤디 힌치클리프 Andy Hinchcliffe와 2010-11시즌의 레이턴 베인스 Leighton Baines가 각각 11개의 어시스트로 공동 1위를 기록했다. 그러나 2018-19시

즌, 로버트슨이 이 기록과 타이를 이뤘고, 알렉산더-아놀드는 이를 뛰어넘었다.

또 다른 중요한 부분이자 이 전술이 진정으로 차별화되는 이유는 알렉산더-아놀드와 로버트슨이 단순히 다른 팀들의 풀백들보다 더 많은 어시스트를 기록한 것이 아니라, 리버풀 팀 내에서도 가장 많은 어시스트를 기록했다는 점이었다. 예를 들어, 과거 아스널의 풀백 조합이었던 로렌Lauren과 애슐리 콜이 아스널 팀 내에서 가장 창의적인 선수들이라고 평가받은 적은 없었다. 그들은 티에리 앙리, 데니스 베르캄프, 로베르 피레스 같은 뛰어난 공격수들과 함께 뛰었기 때문이다.

게다가 최근 프리미어리그 우승 팀들은 대체로 공격적인 풀백을 활용하지 않았다. 2014-15시즌의 첼시는 브라니슬라브 이바노비치(센터백 출신)를 오른쪽 풀백으로, 세자르 아스필리쿠에타(원래 오른쪽 풀백)를 왼쪽에서 수비적으로 활용했다. 레스터 시티가 우승을 차지한 과정에서도 공격적인 풀백 대신 수비적인 풀백을 기용했다. 안토니오 콘테의 첼시는 3백을 사용했으며, 과르디올라의 풀백들은 측면이 아닌 중앙으로 이동하는 역할을 맡았다. 그러나 알렉산더-아놀드와 로버트슨은 기존의 어떤 풀백과도 전혀 다른 유형이었다. 결국 이 두 선수는 프리미어리그 역사상 가장 많은 어시스트를 기록한 수비수로 자리매김하게 되었다.

이 두 풀백이 측면에서 넓은 공간을 제공하는 역할을 하면서, 모하메드 살라와 사디오 마네는 안쪽으로 침투할 수 있는 더 많은 자유를 얻었다. 그 결과 2018-19시즌 프리미어리그 득점왕은 살라, 마네 그리고 아스널의 피에르-에메릭 오바메양Pierre-Emerick Aubameyang 세 선수가 각각 22골을 기록하며 공동으로 수상했다. 이 시점에서 10년 전에 이미 반혁신적인 전술로 여겨졌던 '인버티드 윙어' 개념은 이제 측면 공격수를 활용하는 기본적인 방식으로 자리 잡고 있었다. 다만 살라와 마네는 전통적인 윙어라기보다는 '와이드 포워드'로 기능했다. 결국 클롭의 리버풀은 팀의 중심축에 있는 선수들보다는 측면에서 플레이하는 선수들로 인해 정의할 수 있는 팀이었다.

풀백 듀오를 '파트너십'이라고 부르는 것은 다소 부적절하게 느껴질 수 있다. 같은 역할을 수행하지만 일반적으로 서로 직접적인 연계를 맺으며 플레이하는 경우는 많지 않기 때문이다. 하지만 트렌트 알렉산더-아놀드와 앤디 로버트슨은 예외적으로 마치 한 세트로 함께 플레이하는 선수들처럼 보였다. 그 이유는 세 가지였다.

첫째, 리버풀의 핵심 빌드업 패턴 중 하나는 풀백 간에 긴 대각선 패스를 활용해 상대의 압박을 피하며 측면에서 공격 기회를 만드는 것이었다. 둘째, 두 선수는 종종 공격적인 프리킥 상황에서 나란히 서서 킥을 준비했는데, 이로 인해 상대 수비는 크로스가 오른발로 올라올지, 왼발로 올라올지 예측하기 어려웠다. 셋째, 리버풀의 코너킥 수비 방식과 세트피스 상황에서 한 선수가 상대편 측면까지 이동해 킥을 처리하는 전술적 요소로 인해, 두 풀백은 종종 서로의 위치를 대신 맡아야 했으며, 플레이가 중단될 때까지 몇 분 동안 원래 자리로 돌아가지 않는 경우가 많았다. 로버트슨은 울버햄튼 원더러스와의 경기에서 알렉산더-아놀드가 왼쪽에서 뛰는 것을 꺼려 하며, 최대한 빨리 자신의 오른쪽 풀백 자리로 돌아가려 했다는 점을 눈치챘다. 그 이유는 왼쪽 풀백에 머물게 되면 엄청난 스피드를 가진 아다마 트라오레Adama Traore를 직접 상대해야 했기 때문이었다.

로버트슨과 알렉산더-아놀드는 타고난 재능을 가지고 있었지만, 특히 클롭 감독 밑에서 훈련하며 실력이 비약적으로 향상되었다고 로버트슨은 회상했다. "리버풀에 왔을 때 나는 공격적인 풀백이라는 평판을 가지고 있었지만, 내 플레이를 더 정교하게 다듬을 필요가 있었다. 특히 크로스의 질을 개선해야 했다. 당시에는 좋은 크로스처럼 보였지만, 사실은 정확도가 부족한 경우가 많았다. 볼이 좋은 지역으로 향하긴 했지만 정작 동료에 게 연결되지 않는 경우가 많았다. 크로스가 골문을 가로지르며 관중들의 환호를 이끌어내기도 했지만 실제로 마무리하는 선수는 없었다. 지금 돌이켜보면 당시 내 크로스는 본질에 충실한 것이라기보다 겉치장에 가까웠다. 리버풀에서의 두 번째 시즌이 내게 정말 중요한 시기였다. 크로스의 정확도를 향상시키면서 좋은 위치에 있는 동료를 실제로 찾아낼 수 있게 되었기 때문이다. 이전에는 단순히 누군가가 크로스에 발을 대주길 바랐다면, 이제는 확실히 동료에게 공을 연결할 수 있다는 확신이 생겼다. 이 차이가 크지 않아 보일 수도 있지만 그것이 내 플레이를 완전히 바꿔 놓았다."

알렉산더-아놀드는 뛰어난 크로스 능력을 보여준 동시에 중앙 지역에서도 플레이메이커로서의 역할을 제대로 수행했다. 그가 이러한 역할을 더욱 효과적으로 수행할 수 있었던 이유 중 하나는 조던 헨더슨이 다시 리버풀 '3 미드필드'의 오른쪽으로 복귀했기 때문이다. 헨더슨은 몇 시즌 동안 수비형 미드필더로 기용되었지만, 다시 오른쪽에서 뛰면서 그로 인해 살라와 알렉산더-아놀드와 함께 자연스럽게 삼각형 형태를 형성하고 서로 로테이션하는 것이 가능해졌다. 이 과정에서 헨더슨이 가장 넓은 위치를 차지하는 경우가 많았고, 이는 알렉산더-아놀드가 중앙으로 이동해 창의적인 패스를 공급할 기회를 만들어줬다.

알렉산더-아놀드는 수비 라인을 꿰뚫는 침투 패스와 수비를 넘어가는 로빙 패스 그리고 본래 약점으로 평가받던 왼발을 이용한 패스에도 능했다. 그가 중앙에서 너무나도 효과적인 모습을 보였기 때문에 아예 그를 미드필더로 전환해야 한다는 논의가 끊이지 않았다. 특히 그가 빠르고 기술적인 윙어들을 상대로 수비적 어려움을 겪을 때마다 이러한 주장은 더욱 힘을 얻었다. 잉글랜드 대표팀의 가레스 사우스게이트 감독은 실제로 알렉산더-아놀드를 미드필더로 기용하기도 했지만, 클롭 감독은 이에 대해 의문을 가졌다. "왜 세계 최고의 라이트백을 미드필더로 바꾸려 하는지 이해할 수 없다. 마치 라이트백이라는 포지션이 다른 포지션보다 덜 중요한 것처럼 말이다. 나는 그런 사고방식을 도저히 이해할 수 없다."

리버풀은 풀백 포지션에서 또 다른 혁신적인 접근 방식을 도입했는데, 바로 전담 스로인 코치를 고용한 것이다. 2018년, 클럽은 토마스 그뢴마크Thomas Gronnemark 코치를 영입했다. 그는 과거 단거리 육상 선수이자 덴마크 봅슬레이 대표팀의 일원이었으며, 이후 51.33m의 세계 최장 스로인 기록을 세우며 세계 최초의 스로인 전문 코치로 활동하기 시작했다. 그뢴마크 코치는 리버풀 선수단 전반을 지도했지만 그로부터 가장 큰 혜택을 본 것은 풀백들이었다. 알렉산더-아놀드는 때때로 한 손으로 던지는 듯한 기술을 구사하며 볼을 던져 플레이를 전환하는 경우가 많았다. 한편 로버트슨은 그뢴마크가 합류하기 전까지 스로인에 어려움을 겪었지만 그의 지도 아래 스로인 거리를 19m에서 27m로 향상시켰다.

이처럼 작은 차이가 리버풀의 시즌 결과를 결정짓기도 했다. 2018-19시즌, 리버풀은 단 한 번의 패배만 기록하며 승점 98점을 획득했음에도 맨시티에 밀려 리그 우승을 놓쳤다. 결정적인 순간은 1월 맨시티와의 맞대결에서 나왔다. 경기 초반 리버풀은 선제골을 넣을 뻔했지만, 스톤스가 극적으로 골라인 바로 앞에서 걷어내면서 득점이 무산됐다. 기술 판독 결과에 따르면 공이 골라인을 넘지 못한 거리 차이는 단 11mm에 불과했다. 만약 이 골이 인정되었다면 경기 결과, 더 나아가 시즌 전체의 향방이 달라졌을지도 모른다.

리버풀이 기록한 실제 골은 그들의 풀백 플레이를 완벽하게 보여주는 장면이었다. 알렉산더-아놀드는 오른쪽에서 공을 받은 후 안쪽으로 접어들며 왼발로 정교한 대각선 패스를 박스 깊숙이 띄웠다. 이 공은 상대 오른쪽 풀백인 카일 워커의 머리를 살짝 넘어갔고, 로버트슨이 정확한 타이밍에 파포스트 위치에 도착해 논스톱으로 볼을 다시 문전으로 내줬다. 피르미누가 이를 헤딩으로 마무리하며 득점을 기록했다. 기록상으로는 로버트슨이 어시스트를 올렸지만, 결정적인 장면을 만들어낸 것은 알렉산더-아놀드의 왼발 패스였다.

리버풀의 전형적인 경기력을 보여준 또 다른 사례는 안필드에서 열린 왓포드전이었다. 이 경기에서 리버풀은 5-0 대승을 거뒀는데, 다섯 골 모두 알렉산더-아놀드와 로버트슨이 어시스트를 기록하며 풀백들이 공격을 주도하는 모습을 다시 한번 입증했다.

리버풀은 첫 번째 프리미어리그 우승을 아쉽게 놓친 실망을 달래듯 마드리드에서 토트넘 홋스퍼를 2-0으로 꺾고 챔피언스리그 우승을 차지했다. 그러나 이 대회에서의 진정한 드라마는 준결승전에서 펼쳐졌다. 바르셀로나와의 1차전에서 3-0으로 패배한 리버풀은 2차전에서 4-0 승리를 거두며 합계 4-3으로 기적적인 역전승을 만들어냈다. 이 중, 로버트슨은 캄프 누에서 열린 원정 경기에서 중요한 역할을 수행했다. 그는 조르디 알바, 리오넬 메시, 루이스 수아레스의 삼중 압박 속에서도 침착하게 대응하며 팀이 3골 이상의 실점을 하지 않도록 막아냈고, 수아레스를 상대로 완벽한 태클을 성공시키며 수비에서 큰 기여를 했다. 그리고 2차전 3-0으로 앞선 상황에서 알렉산더-아놀드는 매우 이례적인 방식으로 어시스트를 기록했다. 원래는 제르단 샤치리Xherdan Shaqiri가 코너킥을 담당할 예정이었으나, 순간적으로 상대 수비가 방심한 틈을 포착하고 알렉산더-아놀드가 빠르게 다시 공 쪽으로 움직여 몸을 틀어 빠르게 코너킥을 문전으로 보냈고, 이를 디보크 오리기Divock Origi가 정확히 마무리하며 득점으로 연결했다. 그는 당시를 이렇게 회상했다. "주심을 본 후에 부심을 봤다. 믿기지 않았다. 챔피언스리그에서 이렇게 간단하게 골이 나올 수 있다는 것이 말도

안 된다고 생각했다."

이 장면은 트렌트 알렉산더-아놀드의 가장 유명한 어시스트로 남았다. 조던 헨더슨도 그 순간을 이렇게 회상했다. "트렌트가 그런 방식으로 코너킥을 차는 걸 한 번도 본 적이 없다. 그건 단순한 본능이었고, 반사적인 움직임이었다. 우리가 훈련 중에 연습했던 것도 아니었고, 그저 믿을 수 없는 한 선수의 천재적인 플레이였다."

챔피언스리그 결승전 이후 리버풀 시내에서 열린 우승 퍼레이드에서 대부분의 선수들은 자신들이 이 도시를 잘 알지 못한다는 사실을 깨달았다. 그들은 리버풀 시내를 도는 퍼레이드 루트를 이해하기 어려워했지만, 팀의 유일한 리버풀 출신이었던 트렌트 알렉산더-아놀드는 즉석에서 투어 가이드 역할을 맡아 도심의 주요 랜드마크들을 선수들에게 설명해 주었다. 이미 리버풀의 상징적인 존재 중 하나가 되었던 그는 당시 불과 20세였다. 챔피언스리그 우승을 기념하기 위해 헨더슨과 함께 같은 문신을 새길 계획도 세웠다. 하지만 결국 알렉산더-아놀드는 문신을 하지 않기로 했는데, 그의 어머니가 이를 허락하지 않았기 때문이었다.

다음 시즌, 리버풀은 오랜 기다림 끝에 첫 프리미어리그 우승을 차지했다. 이 기다림은 두 가지 의미에서 길었다. 리버풀은 30년 동안 1부 리그에서 우승하지 못했으며, 또 그 시즌은 코로나 사태(Covid-19)로 인해 리그가 세 달간 중단되면서 7월이 되어서야 우승 트로피를 들어 올릴 수 있었다. 그러나 리버풀은 이미 오래전부터 잉글랜드 최고의 팀으로 자리 잡고 있었다. 시즌 초반 27경기에서 무려 26승 1무라는 놀라운 성적을 기록하며 압도적인 경기력을 보여주었던 것이다.

특히 그중에서도 네 경기가 주목할만했다. 8월, 안필드에서 열린 아스널과의 경기에서 리버풀은 3-1 승리를 거두었다. 당시 아스널의 감독이었던 우나이 에메리 Unai Emery 는 의외로 다이아몬드 미드필드 전술을 사용하며 리버풀의 풀백들에게 넉넉한 공간을 허용했다. 그것은 치명적인 실수였다. 알렉산더-아놀드는 오른쪽 측면에서 맹활약하며 세 골 모두의 과정에서 중요한 패스를 연결했다. 이 경기 이후, 어느 팀도 리버풀을 상대로 중앙을 좁히는 전술을 시도하지 않게 되었다.

11월, 리버풀은 강등권에 있던 애스턴 빌라를 상대로 87분까지 0-1로 끌려가고 있었다. 그때, 로버트슨이 늦은 타이밍에 박스로 침투하며 마네의 크로스를 헤딩으로 마무리해 동점을 만들었다. 로버트슨은 득점 후 주먹을 불끈 쥐며 모두에게 빨리 돌아와 킥오프를 준비하라고 손짓했다. 몇 분 후 리버풀은 박스 근처에서 프리킥을 얻었다. 알렉산더-아놀드와 로버트슨이 공을 두고 섰고, 결국 알렉산더-아놀드가 찼지만 슛은 수비벽을 맞고 코너킥으로 연결됐다. 알렉산더-아놀드는 서둘러 코너킥을 차러 갔고, 추가시간에 리버풀이 경기 전 전술 브리핑에서 강조했던 내용을 떠올렸다. 빌라는 코너킥 수비 시 니어포스트에 빈 공간을 남기는 경향이 있었다. 그는 정확히 그 공간을 노려 공을 보냈고, 마네가 이를 헤딩으로 마무리해 극적인 역전골을 기록했다.

그다음 주에는 큰 경기가 기다리고 있었다. 홈에서 맨시티와 맞붙는 경기로, 승리하면 승점 8점 차로 앞설 수 있는 중요한 기회였다. 결과는 리버풀의 3-1 승리였고, 그중 두 번째 골이 가장 인상적이었다. 이 장면은 알렉산더-아놀드가 오른쪽에서 볼을 받으며 시작됐다. 그는 여러 명의 맨시티 선수들에게 터치라인 쪽에서 압박을 받았다. 순간적으로 고개를 들어 상황을 확인한 그는 맨시티의 오른쪽 윙어였던 베르나르두 실바가 로버트슨을 따라가지 않고 안쪽으로 압박에 가담하는 것을 알아차렸다. 알렉산더-아놀드는 이를 떠올리며 "경기 초반에는 항상 버질 반 다이크Virgil van Dijk에게 공을 보냈다. 그런데 곧 베르나르두가 약간 속임수를 쓰고 있다는 걸 알았다. 그는 항상 반 다이크에게 달려들 준비를 하고 있었고 그래서 그를 건너뛰어야겠다고 생각했다. 상대가 높은 위치에서 압박하고, 중앙을 좁히며 수비할 때는 빠르게 공을 반대편으로 전환하는 게 중요하기 때문이다"라고 말했다.

패스를 알아채는 것과 실제로 실행하는 것은 완전히 다른 문제였다. 특히 알렉산더-아놀드는 자세를 틀어서 그 후에 왼발로 패스를 보내야 하는 상황이었다. 그러나 그는 완벽한 패스를 보내 실바가 남긴 공간을 공략하며 로버트슨이 앞으로 나아갈 수 있도록 도왔다. 로버트슨의 그 상황에 대해 "세상에서 그런 패스를 할 수 있는 선수는 많지 않지만, 트렌트는 거의 매번 해낸다. 그런데 이번에는 왼발로 해냈다는 게 차이점이었다. 솔직히 그 순간 멈춰서 그에게 박수를 치고 싶다"고 말했다.

로버트슨은 한 번의 터치로 공을 잡은 후 고개를 들어 반대 측면에서 침투하는 살라를 보았다. 또 한 번의 방향 전환이 가능했다. 로버트슨의 아름다운 크로스는 페널티 스팟에 정확히 떨어졌고, 완벽한 타이밍으로 튀어 올라 살라가 이를 헤딩으로 마무리했다. 이 골은 클롭의 리버풀을 완벽하게 상징하는 장면이었다. 한편으로는 매우 직선적이었고, 전혀 위협적이지 않은 위치에서 단 네 번의 터치만으로 골을 만들어냈다. 그러나 또 한편으로는 단순한 전진 패스가 아닌 풀백들 간의 스위칭 플레이가 핵심이었다. 그 경기 후 클럽 감독은 "이런 골은 한 번도 본 적이 없다. 경기 후 감탄했다. 오른쪽 풀백이 60미터짜리 패스를 왼쪽 풀백에게 보냈고, 두 번의 터치 후 40미터 크로스 그리고 헤딩 마무리. 정말 특별한 장면이었다"고 말했다.

하지만 이것은 우연히 만들어진 장면이 아니었다. 사실 이 골은 전 시즌 맨시티전에서 터진 골과 매우 유사했다. 당시에도 알렉산더-아놀드는 자신의 약한 발로 공을 반대편에 있는 로버트슨에게 스위칭 패스를 보냈고, 로버트슨이 크로스를 올려 먼 쪽 포스트에서 헤딩으로 마무리했다. "알리송 베케르Alisson Becker가 트렌트에게 공을 굴려주면, 나는 자동적으로 측면을 따라 전진할 준비를 했다." 로버트슨은 트렌트의 트레이드마크인 오른쪽에서 왼쪽으로의 스위칭 패스를 강조하며 이렇게 말했다.

그 맨시티전 3-1 승리는 연말이 되기 전, 리버풀이 2위 팀을 상대로 거둔 두 차례 승리 중 첫 번째였다. 또 다른 승리는 박싱 데이에 치러진 원정 경기에서 당시 상승세를 타고 있던 레스터 시티를 상대로 기록했다. 이 경기는 두 가지 이유로 까다로운 일정이었다. 첫째로 리버풀은 카타르에서 열린 클럽 월드컵 우승 직후 막 돌아온 상태라서 선수들의 피로가 큰 문제였다. 둘째로 로버트슨과 알렉산더-아놀드는 크리스마스 푸딩을 즐겼다고 헨더슨에게 털어놓았고, 보다 철저한 식단 관리를 했던 주장으로부터 질책을 받았다. 헨더슨은 두 선수에게 "그럼 잘 뛰어야겠네"라며 경고했다.

결국, 이 경기에서 알렉산더-아놀드는 시즌 최고의 활약을 보였다. 맨시티전에서 리버풀이 상대 오른쪽 윙어 베르나르두 실바가 로버트슨을 따라가지 않고 센터백을 압박하는 틈을 노렸다면, 이번 경기에서는 레스터의 왼쪽 윙어 제임스 매디슨이 같은 방식으로 센터백을 압박하면서 알렉산더-아놀드를 방치했다. 리버풀은 지속적으로 그를 활용해 스위칭 패스를 연결했고, 그는 호베르투 피르미누의 득점으로 이어진 두 개의 어시스트를 기록했다. 이어 경기 막판에는 측면을 따라 질주한 뒤 강력한 슈팅으로 직접 골을 넣으며 1970년 카를로스 알베르투Carlos Alberto를 연상케하는 장면을 만들어냈고, 원정 팬들 앞에서 환호하며 세리머니를 펼쳤다.

4-0 승리는 8년 전 맨시티가 올드 트래포드에서 거둔 전설적인 6-1 승리 이후, 선두권 팀 간 맞대결에서 나온 가장 큰 점수 차 승리였다. 그리고 그 경기에서 단연 돋보였던 선수는 알렉산더-아놀드였다. 로버트슨이 그 경기에 대해 "그날 밤 트렌트는 완전히 최고였다. 내가 본 그의 경기 중 가장 완벽한 개인 퍼포먼스였다. 수비부터 크로스까지 모든 것이 완벽했고,

환상적인 골까지 넣었다"고 말했다.

이로써 리버풀은 시즌 중반에 13점 차로 선두를 질주했다. 그들을 막을 수 있는 팀은 없었고, 유일한 질문은 그들이 맨체스터 시티의 100점 기록과 동률을 이루거나 그를 뛰어넘을 수 있을지였다. 결국 리버풀은 승점 99점으로 시즌을 마쳤다. 하지만 3개월간의 시즌 중단, 무관중 경기로 치러진 시즌 막바지 그리고 너무 일찍 확정된 우승을 고려하면, 마지막 몇 주 동안 경기의 강도가 다소 떨어진 것도 이해할 만했다.

로버트슨도 또 다른 의미에서 '한 가지 부족'한 시즌을 마쳤다. 그는 알렉산더-아놀드와 함께 어시스트 경쟁을 펼치고 있었는데, 두 선수의 기록은 인상적일 뿐만 아니라 거의 대등했다. 우승이 확정된 시즌 최종전, 뉴캐슬 원정 경기에서 알렉산더-아놀드는 13개의 어시스트를 기록한 채 벤치에 있었다. 반면 로버트슨은 11개를 기록한 상태에서 선발 출전했다. 경기 도중 반 다이크의 긴 대각선 패스를 받은 로버트슨은 이를 오리기에 내줬고, 오리기가 박스 바깥에서 감아차기로 득점했다. 완벽한 어시스트는 아니었지만, 기록에는 포함됐다. 로버트슨은 골이 들어가자마자 터치라인에서 몸을 풀고 있던 알렉산더-아놀드를 바라보며 손가락 하나를 들어 보였다. "하나 남았다." 그러나 그는 추가 어시스트를 기록하지 못했고, 최종적으로 알렉산더-아놀드가 13-12로 승리를 거뒀다. 이는 풀백에게는 경이로운 수치였다. 이전 시즌, 로버트슨은 수비수로서 역대 최다 도움 기록과 동률을 이뤘지만, 알렉산더-아놀드가 그보다 한 개 더 많은 도움을 기록하며 신기록을 세웠다. 2019-20시즌 로버트슨이 한 단계 더 발전하며 기록을 경신했으나, 알렉산더-아놀드 역시 같은 폭으로 기록을 늘렸다. 이전까지 누구도 풀백이 이토록 창의적인 플레이를 펼칠 수 있으리라고 예상하지 못했다.

맨시티의 다음 시즌, 또 다른 풀백이 전례 없는 대활약을 펼쳤다. 주앙 칸셀루João Cancelo는 2019년 유벤투스에서 비싼 이적료에 맨시티로 합류했으며, 다닐루가 유벤투스로 이적했다. 그가 대체하려던 풀백처럼 칸셀루 역시 양쪽에서 뛸 수 있었지만, 첫 시즌 대부분을 오른쪽에서 카일 워커의 백업으로 보냈다. 그는 리그 13경기에 선발 출전했으며, 득점이나 어시스트를 기록하지 못했다. 그때까지만 하더라도 그는 유용하긴 하지만 비싼, 1선발 주전은 아닌 선수처럼 보였다.

그러나 두 번째 시즌에 칸셀루는 완전히 다른 차원의 선수로 성장했다. 그는 기존 맨시티의 풀백들처럼 점점 중앙 미드필드 역할로 이동하는 빈도가 증가했다. 과르디올라는 그에 대해 "다른 수비수들은 이 포지션에서 뛸 수 없고, 오직 측면에서만 플레이할 수 있지만, 그는 그곳에서 뛸 수 있는 능력을 갖추고 있다. 다닐루도 가능했고, 델프는 탁월했으며, 진첸코도 그랬다. 그러나 칸셀루는 더 공격적인 마인드를 가진 선수다"라고 설명했다. 과르디올라 감독이 언급한 이전의 세 선수가 중앙 미드필드로 이동해 안정적인 패스를 공급했다면, 칸셀루는 팀의 '창조자'로 변모했다. 티에리 앙리가 보유하고 있던 프리미어리그 단일 시즌 최다 어시스트(20개) 기록과 동률을 이뤘던 케빈 더 브라위너가 2020-21시즌 전반기에 10개의 어시스트를 기록한 후 부상으로 후반기를 거의 결장했지만, 그를 대신해 전형적인 감아차기 패스로 뒷공간을 공략한 선수는 또 다른 공격형 미드필더가 아닌 풀백이었다.

칸셀루는 주로 오른쪽 풀백으로 출전했지만, 왼쪽에서의 활약이 더 흥미로웠다. 오른쪽에서는 그의 패스가 더 브라위너나 알렉산더-아놀드의 플레이와 비슷했지만, 왼쪽에서는 안쪽으로 접어든 뒤 먼 포스트 방향으로 공을 띄우는 경향이 있었다. 이는 상당히 어려운 기술이었다. 볼의 자연스러운 회전 때문에 자칫하면 그대로 골킥으로 흘러 나갈 위험이 있었지만, 칸셀루는 항상 공에 적절한 힘을 실어 보냈다. 덕분에 베르나르두 실바나 리야드 마레즈 같은 선수들이 파포스트로 침투해 득점 기회를 만들 수 있었다.

칸셀루의 진정한 특기는 바로 오른발 바깥쪽을 활용하는 능력이었다. 그는 왼발 사용에도 능숙했지만, 포르투갈 동료였던 히카르두 콰레스마 Ricardo Quaresma 이후 어떤 선수보다도 과감하게 바깥 발을 잘 활용했다. 콰레스마는 첼시에서 잠시 뛰었지만, 주로 포르투갈과 터키에서의 활약으로 더 유명한 선수였다. 칸셀루의 이 기술이 절정에 달했던 순간은 2021년 11월 에버턴과의 경기에서 나왔다. 당시 그는 절묘한 패스를 연결해 라힘 스털링의 하프 발리 골을 도왔다. 하지만 경기 후 과르디올라는 그에 대한 칭찬을 다소 아꼈다. "주앙은 이제 성숙해지고 있고, 많은 경우에 더 간결한 플레이를 하고 있다"라고 말한 것이다. 그럼에도 칸셀루의 공격적 폭발력은 무시할 수 없었다. 12월에는 9경기에서 9개의 공격 포인트(골 또는 도움)를 기록하며, 맨시티에서의 첫 43경기 동안 기록한 8개를 단숨에 뛰어넘었다.

칸셀루는 2020-21시즌과 2021-22시즌 동안 프리미어리그에서 꾸준히 출전하며, 두 시즌 연속 PFA 올해의 팀에 선정되었다. 맨시티는 두 시즌 모두 정통 스트라이커 없이 운영되었지만, 칸셀루의 역할이 이를 보완하는 데 크게 기여했다. 특히 크게 두 가지 점에서 그랬다. 첫째, 칸셀루는 2020-21시즌 미드필더처럼 중앙으로 이동하며 일카이 귄도안이 공격적으로 전진할 수 있도록 만들었다. 결과적으로 귄도안은 리그에서 13골을 넣으며 팀 내 최다 득점자가 되었고, 이는 그가 이전 세 시즌 동안 기록한 골보다 많았다. 특히 웨스트 브로미치 알비온을 5-0으로 꺾은 경기에서는 칸셀루의 오른발 패스를 받아 귄도안이 침투해 골을 넣었고, 곧이어 칸셀루 본인이 왼발 슛으로 추가 득점을 기록했다. 다음 시즌인 2021-22시즌에는 과르디올라의 전방 로테이션 덕분에 칸셀루가 직접 슈팅을 시도하는 경우가 많아졌다. 그는 팀 내에서 가장 많은 81개의 슈팅을 기록했다. 물론 그중 골로 연결된 것은 단 하나뿐이었지만, 풀백의 역할 변화라는 점에서 의미가 컸다. 리버풀에서는 풀백들이 가장 창의적인 기회를 만들어냈다면, 맨시티에서는 풀백이 가장 많은 슈팅을 시도하는 팀원이 된 것이다.

칸셀루는 전통적인 풀백 역할에서는 다소 불안한 모습을 보였다. 그는 태클을 과하게 시도하다가 실패하는 경우가 많았고, 윙어들에게 쉽게 뚫리는 장면이 자주 나왔다. 또한 프리미어리그에서 두 차례나 레드카드를 받아 즉시 퇴장당하기도 했다. 또한 2021년 챔피언스리그 결승전에서 첼시를 상대로 패했을 때, 시즌 내내 창의적인 플레이로 극찬을 받았음에도 벤치에 머물렀다. 이후 2022-23시즌 중반에 과르디올라와 불화를 겪으며 갑작스럽게 팀을 떠났다. 한편, 진첸코 역시 맨시티를 떠나 아스널로 이적했다. 아스널에서는 과르디올라의 전 수석 코치였던 미켈 아르테타가 그를 주로 하프백 역할로 기용했다. 심지어 아스널이 왼쪽 중앙 미드필더 자리에 공백이 있었던 시기에도, 우크라이나 대표팀에서 해당 포지션에서 활약했던 진첸코를 그 자리에 배치하지 않고 하프백 역할을 맡긴 것이 인상적이었다.

과르디올라는 칸셀루와 진첸코를 떠나보낸 데 큰 미련이 없었다. 그 이유 중 하나는 바로 그 자리를 위해 특별히 육성된 유망주가 있었기 때문이다. 맨시티의 2022년 마지막 경기였던 리즈 유나이티드전에서, 18세의 리코 루이스Rico Lewis가 프리미어리그 첫 선발 출전을 했다. 그리고 그는 단숨에 기존의 유망주들과는 전혀 다른 유형의 선수라는 인상을 남겼다. 루이스는 미드필더 출신 풀백도, 풀백 출신 미드필더도 아니었다. 그는 두 가지 역할을 동시에 수행하도록 길러진 선수였다. 과르디올라가 맨시티에 부임했을 당시, 루이스는 U12 팀에서 뛰고 있었다. 즉 그가 맡게 된 하프백 역할은 새로운 개념이 아니라, 어릴 때부터 익숙하게 접해온 포지션이었다. 그는 칸셀루보다 혼잡한 미드필드 위치에서 패스를 받는 데 능숙했고, 진첸코보다 수비적으로 신뢰할 만한 모습을 보였다. 과르디올라는 루이스가 영 보이스와의 경기에서 최우수선수로 선정된 후 "그 포지션에서 그는 이미 마스터다. 그는 정말 똑똑한 선수다. 홀딩 미드필더로서, 그리고 안쪽으로 들어오는 풀백으로서 그는 좁은 공간에서 움직이는 법을 완벽하게 이해하고 있다. 내가 지도한 선수들 중에서 최고 수준이다"라고 말했다.

5년 동안 클롭과 과르디올라는 풀백을 활용하는 완전히 상반된 접근 방식을 취했다. 클롭의 방식은 로버트슨과 알렉산더-아놀드가 측면을 오버래핑하며 공격에 가담하는 것이었고, 반면 과르디올라는 풀백들이 중앙으로 이동하도록 했다. 그러나 시간이 지나면서 리버풀의 핵심 플레이메이커였던 알렉산더-아놀드도 결국 과르디올라가 개척한 하프백 역할을 맡게 되었다.

알렉산더-아놀드는 어느 정도까지는 측면에서 중앙으로 이동해 창의적인 플레이를 펼쳤고, 2021-22시즌에는 점점 더 미드필더 역할을 수행하기 시작했다. 하지만 2022-23시즌 후반부에는 볼 점유 시 그를 두 번째 홀딩 미드필더로 활용하려는 더욱 체계적인 노력이 있었다. 그 전환의 분기점은 아스널과의 2-2 무승부 경기였다. 클롭 감독은 진첸코가 중앙으로 이동하는 경향을 분석한 뒤, 리버풀도 같은 전략을 사용할 필요가 있다고 판단했다. 이에 대해 알렉산더-아놀드는 "아스널전 바로 전날 갑자기 전술이 변경됐다. 우리가 공을 가졌을 때는 두 명의 6번과 세 명의 수비수로 빌드업하고, 아스널의 포메이션을 그대로 따라갔다"고 설명했다.

리버풀의 새로운 전술 시스템이 완벽했던 것은 아니었다. 오른쪽 센터백이 보다 넓은 공간을 커버해야 했고, 알렉산더-아놀드는 종종 우측이 아닌 중앙 수비 위치로 내려와야 했다. 하지만 점유 시에는 기대했던 대로 효과적으로 작동했다. 다음 시즌 초반, 알렉산더-아놀드는 이 변화에 대해 "이전까지 나는 오직 오른쪽 측면에서만 전진 패스를 시도할 수 있었고 왼쪽에서는 그럴 수 없었다. 좋은 패스를 하려면 크게 방향을 전환해야 했고, 그런 패스가 항상 효과적인 것은 아니었다. 하지만 이 새로운 포지션 덕분에 경기장을 더 넓게 활용할 수 있게 됐다. 경기의 흐름을 조율할 수 있게 된 것이다"라고 말했다. 적어도 그는 볼 소유 상황에서는 유소년 시절 맡았던 역할로 돌아온 셈이었다.

2023년 11월, 잉글랜드는 북마케도니아 원정에서 열린 유로 예선 경기에서 득점 없이 비겼다. 이 경기는 이미 조별 예선 순위에 큰 영향을 주지 않는 경기였고, 오래 기억될 만한 경기는 아니었다. 하지만 더 넓은 의미에서 중요한 순간이 있었다. 과거 알렉산더-아놀드를 미드필더로 기용한 것에 대해 클럽 감독에게 비판받았던 사우스게이트 감독은 다시 한번 그를 중원에 배치했다. 이제는 알렉산더-아놀드가 리버풀에서도 비슷한 역할을 수행하고 있었기에, 그 선택이 더 자연스러워 보였다. 또한 사우스게이트는 루이스에게도 국가대표 데뷔전을 치를 기회를 주며, 그를 왼쪽에서 하프백 역할로 기용했다. 이들은 경기 중 여러 순간에 사실상 '수비형 미드필더 듀오'로 기능했다. 놀랍게도 이들의 본래 포지션은 풀백이었다.

1년 전만 해도 알렉산더-아놀드는 클럽에서 미드필더로 뛰지 않았고, 루이스는 프리미어리그 선발 출전 경험이 없었다. 하지만 이는 단기간에 전술적 흐름이 얼마나 빠르게 변할 수 있는지를 보여주는 사례였다. 또한 축구의 발전을 위해 끊임없이 전술을 진화시키려는 과르디올라와 클럽의 결단이 잉글랜드 축구 전반에 걸쳐 큰 영향을 미치고 있음을 증명하는 순간이기도 했다.

아웃사이더

"새로운 아이디어를 주장하는 사람은 미친 사람 취급을 받게 된다. 그가 성공을 거두기 전까지는 말이다."

– 마르셀로 비엘사

프리미어리그 출범이 25년을 넘어가면서 1부리그와 2부리그 간의 격차는 전보다 훨씬 더 커졌다. 1992년 이후 승격팀들의 최고 성적을 정리한 목록을 보면, 최근 몇 년간 눈에 띄는 사례가 거의 없다. 이 기록 중 승격팀들이 거둔 가장 좋은 순위는 모두 프리미어리그 초창기 3년 동안 기록된 것이었다. 1992-93시즌 블랙번 로버스가 4위를 차지했고, 1993-94시즌 뉴캐슬 유나이티드는 3위에 올랐다. 노팅엄 포리스트도 같은 순위를 다음 시즌에 달성했다.

21세기에는 승격팀들의 성공 사례가 적었다. 승격 직후 시즌에서 승점 55점 이상을 기록한 팀은 네 팀뿐이었다. 1999-2000시즌, 선덜랜드는

7위에 올랐는데 이는 케빈 필립스가 30골을 넣으며 득점왕을 차지한 덕분이었다. 다음 시즌에는 입스위치 타운이 5위를 차지하며 UEFA컵 진출권을 얻었고, 인터 밀란을 상대로 역사적인 승리를 거두었다. 2005-06시즌에는 웨스트햄 유나이티드가 9위를 기록하며 FA컵 결승에 진출했고, 2006-07시즌에는 레딩이 8위에 올랐다. 그러나 그 이후로 10년 넘도록 승격팀들의 성공 사례는 거의 없었다. 그러나 2018-19시즌부터 3시즌 연속 승격팀이 프리미어리그 10위 안에 들고, 승격팀 기준으로 프리미어리그 역사상 가장 많은 승점을 기록한 상위 10위 팀 안에 포함되는 뜻밖의 일이 벌어졌다. 특히 주목할 점은 이들 모두가 독창적인 전술적 접근 방식을 통해 이러한 성과를 거두었다는 것이다.

울버햄튼 원더러스가 2018-19시즌 7위에 오른 것은 완전히 뜻밖의 일은 아니었다. 당시 팀을 이끌던 누누 에스피리투 산투Nuno Espírito Santo 감독은 선수 시절부터 조르제 멘데스Jorge Mendes의 첫 번째 고객 중 한 명이었고, 멘데스는 유럽에서 가장 영향력 있는 에이전트로 자리 잡고 있었다. 이 관계 덕분에 누누의 울버햄튼은 뛰어난 선수들을 다수 보유할 수 있었으며, 그중 상당수가 포르투갈 출신이었다. 포르투갈의 역사적인 유로 2016 우승을 경험한 대표팀 골키퍼 후이 파트리시우Rui Patrício가 골문을 지켰으며, 미드필드에서는 주앙 무티뉴João Moutinho와 후벵 네베스Rúben Neves가 뛰어난 호흡을 보였다. 최전방에서는 라울 히메네스Raúl Jiménez가 득점을 책임졌고, 디오구 조타Diogo Jota는 왼쪽에서 침투하며 골 기회를 만들어냈다. 한편, 오른쪽 윙백으로 출전한 맷 도허티Matt Doherty는 공격적인 기여를 하며 팀의 상승세에 큰 역할을 했다.

당시 울버햄튼의 가장 흥미로운 요소 중 하나는 선발 라인업에 보기 드문 잉글랜드 선수였던 코너 코디Conor Coady였다. 코디는 리버풀 유소년 시스템에서 미드필더로 성장하며 뛰어난 리더십과 패싱 능력을 인정받았지만, 1군 팀에 정착하기에는 기동력이 부족했다. 결국 그는 챔피언십의 허더스필드 타운으로 이적한 후, 2015년 울버햄튼에 합류했다. 이적 후 초반에는 임시로 오른쪽 풀백을 맡았지만, 그에게 익숙하지 않은 포지션이었다. 그러다 우연한 기회에 센터백으로 뛰게 되었는데 이는 전혀 계획된 변화가 아니었다. 누누 감독은 이후 이를 두고 "운이었다. 훈련 중 한 선수가 빠지면서 코디에게 그 자리에서 뛰어보라고 했을 뿐이다. 축구에서는 종종 이런 일이 벌어진다"라고 회상했다. 하지만 코디는 이 자리를 완전히 자신의 것으로 만들었고, 결과적으로 현대 축구에서 한동안 사라졌던 '스위퍼' 역할을 되살려냈다.

스위퍼 역할은 전통적으로 두 명의 맨마킹 역할을 하는 센터백 뒤에서 뛰는 수비수를 의미했지만, 오프사이드 트랩을 활용한 일자형 수비의 효율성이 부각되면서 점차 사라졌다. 그러나 안토니오 콘테 감독의 첼시에서 3-4-3 포메이션이 성공을 거두면서, 이와 유사한 역할이 다시 등장했다. 당시 콘테의 첼시에서 다비드 루이스가 맡았던 역할이 대표적이었다. 하지만 코디는 브라질 출신 수비수인 루이스보다도 수비적인 면모가 적었다. 당시 울버햄튼의 시스템에 대해 그는 "우리는 일반적인 센터백들과 완전히 다른 방식으로 플레이한다. 내 양옆에 센터백들이 있고, 내 역할은 최대한 조직을 정비하는 것"이라고 설명했다. 그의 말대로 그는 수비수라기보다는 조직을 정비하는 역할을 맡았으며, 마치 경기장 위의 코치처럼 팀을 조율하는 존재였다.

코디의 역할이 얼마나 독특했는지는 그의 센터백 파트너들인 윌리 볼리Willy Boly와 라이언 베넷Ryan Bennett의 통계와 비교했을 때 더욱 분명해진다. 2018-19시즌 옵타Opta의 통계 자료에 따르면, 베넷은 212번의 공중볼 경합을 했고, 볼리는 198번을 기록했다. 하지만 코디는 단 45번만 공중볼 경합을 했다. 태클 숫자에서도 차이가 뚜렷했다. 베넷이 85회, 볼리가 58회를 기록한 반면, 코디는 단 31회에 불과했다. 인터셉트도 베넷이 72회, 볼리가 43회였지만, 코디는 30회에 그쳤다. 공격 기여도는 더욱 흥미로웠다. 베넷은 15차례 슈팅을 시도했고, 볼리는 24차례 시도했다. 하지만 코디는 단 한 번도 슈팅을 시도하지 않았으며, 상대 박스 안에서 공을 터치한 적이 아예 없었다. 놀라운 점은 이러한 수치를 기록한 선수가 시즌 내내 단 1분도 빠지지 않고 모든 경기를 풀타임으로 소화했다는 사실이다.

프리미어리그의 20개 팀 전체를 통틀어봐도 코디는 2018-19시즌 프리미어리그에서 5경기 이상 출전한 73명의 센터백 중 경기당 기준으로 가장 적은 공중볼 경합을 기록했고, 두 번째로 적은 태클을 시도했으며, 여섯 번째로 적은 인터셉트를 기록했다. 그는 단순히 수비를 정리하는 역할에 충실했지만, 그 방식은 효과적이었다. 그 시즌 울버햄튼보다 적은 실점을 기록한 팀은 리그 상위 4개 팀뿐이었으며, 이는 승격팀으로서는 엄청난 성과였다. 물론 코디도 완벽하지는 않았다. 그가 워낙 깊숙이 위치한 탓에 자책골을 여러 차례 기록한 것이다. 첼시, 맨체스터 시티, 번리를 상대로 총 3골의 자책골을 기록했고, 레스터와의 4-3 승리 경기에서도 상대 슈팅을 굴절시켜 실점의 빌미를 제공했다. 또한 왓포드전에서는 에티엔 카푸에의 슛이 그의 다리 사이를 통과하며 실점으로 이어졌다. 하지만 비록 자책골 위험이 있었음에도 전체적으로 보면 코디의 역할은 울버햄튼 수비에 큰 도움이 되었고, 그의 독특한 포지셔닝 덕분에 팀은 강력한 수비 조직력을 유지할 수 있었다.

프리미어리그 최상위 팀들이 스위퍼 키퍼의 중요성을 강조하던 시기에, 울버햄튼은 옛날 축구 스타일의 스위퍼와 골키퍼를 보유하고 있었다. 골문을 지키던 파트리시우는 극도로 보수적인 스타일을 고수하며, 항상 골라인 근처에 머물렀다. 당시 백업 골키퍼였던 존 러디 John Ruddy 는 "그는 내가 함께 일했던 골키퍼들과 완전히 달랐다. 그는 골라인 근처에서 플레이하는데, 그 정도로 라인을 벗어나지 않는 선수는 본 적이 없다. 하지만 그것은 확실히 그에게 잘 맞는 스타일이었다"라고 말했다. 통계적으로도 파트리시우는 프리미어리그에서 가장 보수적인 골키퍼 중 한 명이었다. 그가 박스 밖에서 공을 터치한 횟수는 리그에서 두 번째로 적은 골키퍼 기록의 절반에 불과했다. 흥미로운 점은 울버햄튼을 이끌었던 누누 감독이 프리미어리그 감독 중 몇 명 안 되는 골키퍼 출신 감독이었다는 사실이다. 그에게 감독으로서의 커리어에 영향을 준 인물은 무리뉴 감독이었고, 그는 2004년 무리뉴 감독의 포르투가 유럽 챔피언스리그 우승을 차지했을 당시 백업 골키퍼로 활약했다. 따라서 누누 감독의 이러한 전통적인 스타일의 골키퍼 철학이 그리 놀라운 일은 아닐지도 모른다.

코너 코디는 스피드가 부족하고 공중볼 경합에도 거의 참여하지 않는 센터백이었지만, 볼 소유 측면에서 중요한 역할을 수행했다. 그는 수비 라인 깊숙한 위치에서 마치 플레이메이커처럼 롱패스를 뿌리며 울버햄튼의 윙백들에게 패스를 연결해 주었다. 그의 앞에는 네베스와 무티뉴가 자리하고 있었고, 이로 인해 울버햄튼은 프리미어리그 어떤 팀보다도 후방에서의 패싱 능력이 뛰어난 팀이 되었다. 그들의 경기 운영 방식은 주로 깊이 내려앉아 상대를 괴롭히는 것이었으며, 긴 수비 시간 속에서 중간중간 효과적인 역습을 펼쳤다. 네베스는 "우리의 스타일은 상대하기 쉽지 않다. 실제로 어떤 팀이든 우리와 경기하는 데 어려움을 겪었다"고 말했다.

코너 코디의 울버햄튼에서의 활약이 이어지면서, 그는 점점 잉글랜드 대표팀 발탁 후보로 거론되기 시작했다. 그러나 가레스 사우스게이트 감독은 회의적이었다. "그는 스리백 시스템에서 스위퍼 역할을 하고 있는데, 이는 프리미어리그에서 그 누구도 하지 않는 독특한 역할이다. 그는 볼을 다루는 데 굉장히 능숙하지만, 이를 포백 시스템에 적용하기는 쉽지 않다.

우리가 그를 기용한다면, 아마도 그가 생애 처음으로 포백에서 뛰게 되는 상황일 것이다. 현재로서는 그에게 운이 없는 셈이다. 그를 활용하는 전술은 우리가 현재 고려하는 전술이 아니지만, 과거에 사용한 적이 있었고 그러므로 향후 그 전술을 다시 활용할 가능성이 있다면 그는 분명히 후보군에 들 수 있을 것이다."

코너 코디만큼 특정 전술에 철저히 맞춰진 선수는 현대 축구에서 찾아보기 어렵다. 결국 그는 2020년 10월에 잉글랜드 대표팀에 처음 발탁되었지만, 사우스게이트가 포백을 사용했던 아이슬란드전에서는 출전하지 못했다. 대신 덴마크전에서 사우스게이트가 스리백으로 전환했을 때 데뷔 기회를 얻었다. 상황은 클럽에서도 마찬가지였다. 코디는 울버햄튼이 프리미어리그로 승격한 후 처음 84경기 동안 단 한 번도 빠지지 않고 뛰었지만, 항상 스리백의 중심에서 뛰었다. 그러다 2020년 11월, 코디가 코로나19 확진으로 사우샘프턴과의 경기(1-1 무승부)에 결장하자, 누누 감독은 처음으로 포백을 가동했다. 코디와 스리백은 이렇게 뗄 수 없는 관계였다.

이 시점에서 울버햄튼은 꾸준한 프리미어리그 팀으로 자리 잡았다. 많은 승격팀들이 '2년 차 징크스'로 인해 급격한 성적 하락을 겪지만 울버햄튼은 예외였다. 두 번째 시즌에도 다시 7위를 기록하며 안정적인 모습을 보였고, 동시에 유로파리그에서는 8강까지 진출했다. 이제 코너 코디의 영향력은 널리 인정받고 있었다. 셰필드 유나이티드의 크리스 와일더Chris Wilder 감독은 이에 대해 "울버햄튼은 훌륭한 주장 아래 잘 조직된 팀이다. 나는 코디를 정말 존경하며, 그를 브라몰 레인(셰필드 유나이티드 홈구장)으로 데려오려고 시도한 적도 있다. 누누 감독이 부임했을 때, 우리는 그가 포르투갈 출신의 센터백을 영입하길 기대하며 코디를 노렸었다"라고 말했다. 이는 흥미로운 칭찬이었다. 와일더는 센터백의 특이한 활용 방식으로 유명한 감독이었기 때문이다.

프리미어리그가 세계 최고의 감독들로 가득 찬 시대에, 크리스 와일더 감독은 뜻밖의 혁신가였다. 어린 시절부터 셰필드 유나이티드를 응원했던 그는 프리미어리그 출범 직전 두 시즌 동안 셰필드에서 선수로 뛰었으며, 이후 몇 년간 하부리그에서 커리어를 이어갔다. 2001년에는 9부리그에 있던 알프레튼 타운을 승격시키며 지도자 생활을 시작했고, 2010년 옥스퍼드 유나이티드를 5부리그에서, 2016년 노스햄튼 타운을 4부리그에서 승격시키는 등 꾸준한 성과를 냈다. 그런 업적 덕분에 그는 2016년 셰필드 유나이티드 감독직을 맡게 되었다. 당시 팀은 리그 원(3부리그)에서 11위에 머물러 있었으며, 이는 33년 만에 가장 낮은 순위였다. 와일더는 단호한 태도로 팀을 개혁하기 시작했다. 취임 첫날, 그는 직접 자신의 손에 드라이버를 들고 브라몰 레인의 터널에 걸려 있던 전임 감독 나이절 애드킨스Nigel Adkins의 동기 부여 관련 포스터들을 직접 제거했다. 그는 첫 시즌 만에 셰필드 유나이티드를 챔피언십(2부리그)으로 승격시켰으며, 1년간의 적응기를 거친 뒤 2019년 팀을 12년 만에 프리미어리그로 복귀시켰다. 더 놀라운 점은, 리그 원에서 프리미어리그까지 연속 승격을 같은 전술 시스템으로 이뤄냈다는 점이었다. 이는 완전히 전례 없는 일이었다.

와일더는 그의 수석 코치 앨런 닐Alan Knill과 흥미로운 콤비를 형성했다. 닐은 훈련장 위에서 뛰어난 지도자로 유명했지만, 다른 한편으로는 로더럼, 베리, 스컨소프 유나이티드 그리고 토르키 감독으로 350경기를 지휘하는 동안 자신이 주목받는 것을 꺼려 했다. 흥미롭게도 두 사람의 인연은 처음에 정반대의 역할로 시작되었다. 와일더가 헬리팩스 타운이 재정난으로 해체된 뒤 실업자가 되었을 때, 닐이 베리에서 와일더를 자신의 수석코치로 임명했던 것이다. 그러나 시간이 지나면서 두 사람은 역할을 바꿨고, 그 변화가 더 잘 맞는다고 뜻을 모았다. 가장 중요한 점은 두 사람이 서로 완전히 다른 역할을 맡았다는 것이다. 닐이 전술적인 훈련과 코칭을 책임졌다면, 와일더는 선수단을 관리하고 동기를 부여하는 역할을 수행했다. 이 분업 덕분에 셰필드 유나이티드는 효율적인 지도 체계를 갖출 수 있었다.

와일더는 셰필드 유나이티드 감독을 맡아 어려운 출발을 했다. 첫 네 경기에서 승점 1점만을 획득하며 고전한 것이다. 그러나 그의 전환점은 전술 변경에서 시작됐다. 그는 기존의 4-4-2 전술에서 3-5-2 전술로 전환하며 중앙 미드필더를 한 명 더 배치하는 결정을 내렸다. 그 결과, 개막 후 네 경기에서 세 번 패배했던 셰필드 유나이티드는 이후 남은 42경기에서 단 세 번만 패하며 놀라운 반전을 이뤄냈다. 결국 그들은 승점 100점을 기록하며 리그 우승을 차지했다.

셰필드 유나이티드의 전술이 점점 뚜렷해지자, 상대 팀들은 그에 수비적으로 대응하기 시작했다. 상대 팀들이 깊게 내려앉아 좁은 간격을 유지하며 버티는 전술을 택한 탓에 셰필드 유나이티드가 활용할 수 있는 공간은 측면뿐이었다. 그러나 그들은 단순한 윙백만을 배치하고 있었기에, 새로운 해결책이 필요했다. 그래서 나온 것이 바로 '오버래핑 센터백'이라는 혁신적인 역할의 탄생이었다. 수석코치였던 앨런 닐은 당시에 대해 "훈련장에 나가서 이렇게 말했다. 오늘은 오른쪽 센터백이 오른쪽 윙백 바깥으로 지나쳐 나아가는 것(오버래핑)을 시도해 보자. 선수들이 당황한 표정을 지었지만, 나는 우리가 수적 우위를 가질 수 있는 유일한 방법은 센터백을 활용하는 것이라고 설명했다. 훈련장에서 직접 실험해봤고, 크리스 배섬Chris Basham은 곧바로 적응했다. 하지만 잭 오코넬Jack O'Connell에게는 자연스럽지 않았다. 나는 그에게 이 전술이 네 실력을 키워줄 것이고, 센터백에 대한 인식을 바꿀 것이라고 말했다. 결국 두 선수 모두 훌륭하게 받아들였다"고 회상했다. 이 실험은 셰필드 유나이티드의 전술을 완전히 변화시켰고, 오버래핑 센터백이라는 개념을 축구 전술의 역사에 남겼다.

그러나 실제로 이 접근법은 상당히 위험했다. 오른쪽의 크리스 배섬(미드필더 출신)과 왼쪽의 잭 오코넬(전통적인 센터백)이 동시에 측면을 따라 오버래핑하면, 사실상 최후방에는 단 한 명의 수비수만 남게 된다. 그 부작용이 그대로 드러난 경기 중 하나가 바로 월솔Walsall과의 맞대결이었다. 그들은 결국 1-4로 대패했는데, 실점한 네 골 모두가 상대의 역습에서 나왔다. 이를 계기로 '이 전술이 수비적으로 너무 위험한 것 아니냐'는 의문이 제기됐다. 그러나 크리스 와일더 감독은 흔들리지 않았다. 그는 배섬에게 "공을 최대한 몰고 나가라. 그리고 만약 어시스트 기회가 온다면, 크로스를 올려라" 하고 주문했다. 배섬도 이를 실행하며 효과를 실감했다. "상대팀 입장에서 나를 마크하는 것이 정말 어렵다고 하더군요." 그렇게 셰필드 유나이티드는 기존의 전술적 개념을 깨뜨리며, '오버래핑 센터백'이라는 새로운 스타일을 정립해 나갔다.

셰필드 유나이티드가 챔피언십에서 두 시즌을 보내는 동안 와일더와 닐의 전술은 더욱 발전됐다. 처음에는 오버래핑 센터백들이 긴 점유율을 유지한 후 전진하며 숫자적 우위를 만들어냈다면, 이제는 역습 상황에서도 적극적으로 올라갔다. 더욱이 셰필드 유나이티드는 수비 전환 과정에서도 한층 더 안정적인 모습을 보였다. 그 효과는 수치로도 입증되었다. 승격을 달성한 시즌, 셰필드 유나이티드는 챔피언십에서 가장 적은 실점을 기록했다. 그들은 전형적인 스타일을 구사하던 토니 풀리스 감독의 미들즈브러와 함께 공동 최소 실점팀이었으며, 리그 우승팀인 노리치 시티보다도 16골이나 실점이 적었다. 그 성과를 인정받아 시즌 종료 후 와일더는 LMA(리그 감독 협회) 올해의 감독상을 수상했다. 이 상은 해당 시즌 잉글랜드 최고의 감독에게 주어지는 상이었는데, 와일더는 당시 맨시티를 이끌며 잉글랜드 최초의 국내 대회 트레블(프리미어리그, FA컵, 리그컵 동시 우승)을 달성한 펩 과르디올라를 제치고 수상의 영예를 안았다.

셰필드 유나이티드는 프리미어리그에서 강등 후보로 꼽혔지만, 와일더의 전술적 혁신은 이미 많은 찬사를 받고 있었다. 그를 향한 존경심은 첫 프리미어리그 경기부터 그대로 드러났다. 본머스의 감독 에디 하우는 평소 사용하던 포백이 아닌 3-4-3 시스템을 들고 나왔으며, 오버래핑 센터백들의 오버래핑을 봉쇄하기 위해 측면 공격수들을 배치했다. 이는 상대팀이 셰필드 유나이티드의 스타일을 충분히 연구하고 대비했다는 의미였다. 실제로 오코넬과 배샴은 평소보다 더 신중한 플레이를 펼쳤고, 경기는 1-1 무승부로 끝났다. 프리미어리그에서의 도전은 확실히 더 어렵다는 것이 첫 경기부터 분명히 드러났다.

셰필드 유나이티드는 단순히 기존 전술을 유지하는 데 그치지 않고, 더욱 발전시켜 나갔다. 여전히 오버래핑 센터백이 가장 두드러지는 특징이었지만, 측면에서의 숫자적 우위를 만들어내는 선수들이 더 다양해졌다. 예를 들어, 공격수 데이비드 맥골드릭David McGoldrick은 시즌 동안 단 2골 2도움만을 기록했지만, 경기장에서의 영향력은 그 이상이었다. 그는 자주 측면으로 움직이며 짧은 패스 플레이를 통해 연계를 만들어냈다. 또한 중앙 미드필더 올리버 노우드Oliver Norwood는 종종 오른쪽 측면으로 이동해 오버래핑을 시도하며, 박스로 날카로운 크로스를 올렸다. 이론적으로 셰필드 유나이티드의 폭을 넓히는 선수들은 윙백 조지 발독George Baldock과 엔다 스티븐스Enda Stevens뿐이었다. 하지만 현실적으로는 여러 선수들이 측면 공간을 활용하면서, 오히려 윙백들이 안쪽으로 들어와 패스를 주고받으며 센터백들의 오버래핑을 유도했다. 스티븐스는 "누군가가 내 옆을 오버래핑하는 것 자체가 내 커리어에서 처음 있는 일이었다"라고 말하며, 팀 전술의 독창성을 강조했다. "이건 단순히 즉흥적인 플레이가 아니다. 엄청난 연습이 투입된 결과다. 잭(오코넬)과 배샴만큼 뛰는 센터백은 없을 것이다. 이런 플레이는 정말 들어본 적이 없다."

셰필드 유나이티드의 첫 번째 홈 경기였던 크리스탈 팰리스전 승리 (1-0)에서 나온 결승골은 그들의 전술적 접근이 얼마나 효과적인지를 잘 보여줬다. 공격수 데이비드 맥골드릭이 깊이 내려와 공을 잡았고, 왼쪽 센터백 잭 오코넬에게 패스했다. 오코넬은 측면으로 질주하며 윙백 엔다 스티븐스에게 패스를 연결했다. 동시에 오코넬은 다시 패스를 받기 위해 전진을 이어갔다. 그런데 스티븐스가 내준 패스는 오코넬이 아닌 또 다른 셰필드 유나이티드 선수에게 향했다. 중앙 미드필더 루크 프리먼Luke Freeman이 측면으로 뛰어들어 패스를 가로챈 것이다. 그는 박스로 돌진해 슈팅을 시도했고, 팰리스 골키퍼가 이를 쳐냈지만, 존 룬스트럼John Lundstram이 흘러나온 공을 밀어 넣으며 득점을 기록했다. 이 장면에서 주목할 점은, 본래 중앙에 위치해야 할 두 명의 선수(오코넬과 프리먼)가 함께 측면에서 움직이면서 크리스탈 팰리스의 수비 조직을 무너뜨렸다는 것이다. 이는 셰필드 유나이티드가 얼마나 유기적인 움직임과 독창적인 전술을 활용했는지를 보여주는 완벽한 예시였다.

그런데 다음 주말, 레스터 시티와의 홈경기에서 셰필드 유나이티드는 첫 패배를 당했다. 오른쪽 센터백 크리스 배섬이 공을 몰고 전진하다가 상대에게 공을 빼앗겼고, 제임스 매디슨이 곧바로 스루패스를 보내면서 제이미 바디가 뒷공간을 파고들었다. 이 장면은 셰필드 유나이티드 팬들에게 최악의 상황이었다. 바디는 프리미어리그에서 뒷공간을 활용하는 능력이 가장 뛰어난 공격수였을 뿐만 아니라, 더욱 치명적인 점은 그가 어린 시절부터 셰필드 웬즈데이(셰필드 유나이티드의 라이벌)의 팬이었다는 것이다. 바디는 강력한 슈팅으로 골을 성공시켰고, 셰필드 유나이티드 팬들 앞에서 도발적인 세리머니를 펼치며 골을 자축했다.

사실 와일더 감독의 전술이 이런 식으로 허점을 드러내는 경우는 드물었다. 이는 수비의 중심을 지킨 단 한 명의 센터백, 존 이건John Egan의 역할

덕분이었다. 그는 자신의 임무에 대해 "내 포지션은 정말 외로운 자리다. 동료 한 명은 저쪽 코너에 가 있고, 또 한 명은 반대쪽 코너에 가 있으니 말이다. 그럼 나는 종종 '만약 지금 상대가 역습하면 큰일 나겠는데?'라고 생각하곤 했다"라며 농담처럼 말했다. 그러나 셰필드 유나이티드는 시즌이 진행될수록 오히려 더 과감한 플레이를 펼쳤다. 강팀을 상대로도 자신들의 전술이 충분히 효과적이라는 사실을 깨달은 듯했다.

2020년 3월, 셰필드 유나이티드는 원정 경기에서 노리치를 상대로 1-0 승리를 거뒀다. 팀의 베테랑 공격수이자 와일더 감독이 초반부터 주장으로 임명했던 빌리 샤프Billy Sharp가 헤딩골을 터뜨렸다. 이 골은 존 룬스트럼이 박스 안으로 크로스를 올리면서 만들어졌는데, 그가 공간을 확보할 수 있었던 이유는 배셤이 특유의 오버래핑을 시도하며 상대 수비를 끌어냈기 때문이었다. 이 경기는 코로나19 사태로 인해 프리미어리그가 중단되기 전에 치러진 마지막 라운드였다. 당시 셰필드 유나이티드는 리그 7위를 기록하고 있었으며, 한 경기 덜 치른 상태에서 4위와의 승점 차는 단 5점에 불과했다.

그러나 셰필드 유나이티드는 예상치 못한 3개월간의 리그 중단과 무관중 경기의 영향을 받는 듯했다. 그들은 리그 내의 '언더독' 팀으로서 홈 팬들의 열광적인 응원에 크게 의존했던 만큼, 관중이 없는 분위기의 변화가 더욱 뼈아팠을 수 있다. 결국 재개 후 남은 10경기에서 승점 11점을 추가하는 데 그쳤고, 최종적으로 리그 9위로 시즌을 마감했다. 이는 시즌 전 강등 1순위 후보로 평가받았던 점을 고려하면 여전히 훌륭한 성과였다. 시즌 후반기에는 경기 운영 방식에도 변화가 있었다. 잭 오코넬은 "이전에는 나와 배셤이 넓게 벌려 받다 보니 선택지가 제한적이었다. 이제는 맨시티처럼 더 좁게 움직이면서 패스 옵션을 늘리는 방식을 시도하고 있다"라고 말했다.

프리미어리그의 전술 혁신은 대개 펩 과르디올라 같은 성공적인 외국인 감독이 도입한 방식을 잉글랜드 출신 감독들이 따라가는 방식으로 이루어졌다. 그러나 셰필드 유나이티드는 완전히 새로운 전술을 직접 창조했고, 이는 축구계의 전술가들에게 깊은 인상을 남겼다. 과르디올라 감독이 존경하는 전술가 중 한 명인 리즈 유나이티드의 감독 마르셀로 비엘사 감독도 와일더의 접근법을 극찬했다. "셰필드 유나이티드의 감독은 완전히 새로운 아이디어를 가진 사람이다. 나는 이런 전술을 구사하는 감독을 거의 본 적이 없다. 우리는 다른 감독들에게서 배움을 얻고자 하는데, 이미 널리 쓰이는 방식이 아니라 새로운 것들을 배우고 싶어 한다. 셰필드 유나이티드의 경기에서 나는 내가 시도해보고 싶었지만 구현하지 못했던 요소들을 발견했다." 이는 곧, 수비수들에게 기존과 완전히 다른 역할을 맡기길 주저하지 않는 비엘사조차도 와일더의 전술에 감탄했다는 의미였다.

마르셀로 비엘사 감독은 2020-21시즌 프리미어리그에 데뷔하기 훨씬 전부터 이미 독특한 스타일로 인기를 누린 감독이었다. 그는 30년 넘게 지도자 생활을 하며 아르헨티나와 칠레 대표팀을 월드컵으로 이끌었고, 이후 아틀레틱 빌바오와 마르세유에서도 인상적인 성과를 거뒀다. 그의 팀은 속도감 넘치는 공격 축구를 구사했고, 유럽 축구가 깊게 내려앉는 수비에 집중하던 시기에도 강한 압박 전술을 고수했다. 그가 2018년 리즈 유나이티드의 감독직을 수락한 것은 충격적인 결정이었다. 하지만 비엘사는 항상 예측 불가능한 인물이었다. 그의 괴짜 같은 습관들은 전설처럼 회자된다. 예를 들면 코칭 스태프 전체의 급여를 자신이 한 번에 지급받은 후 직접 스태프들에게 분배하거나 상대 팀의 훈련을 몰래 염탐해 방대한 분석 자료를 수집하기도 했다. 영국 웨더비의 '코스타 커피' 매장에서 태블릿으로 경기 영상을 분석하며 시간을 보내거나, 테크니컬 에어리어에서 끊임없이 이리저리 걷거나, 뒤집어 놓은 양동이나 아이스박스 위에 앉아 경기를 지켜보기도 했다. 특히 그가 양동이 위에 앉는 방식은 팬들뿐만 아니라 하부리그 코치진에게도 영향을 미쳤다. 특히 코로나19 사태로 인해 무관중 경기가 열리는 동안 더그아웃 착석 인원에 제한이 있었기 때문에 그 방법을 따라 하는 지도자들이 많았다.

리즈 유나이티드는 비엘사가 부임하기 직전 시즌에 챔피언십 13위로 마감했다. 그러나 비엘사 감독 부임 후 첫 시즌 만에 3위로 도약했고 플레이오프에서는 아쉽게 패배했지만, 다음 시즌에는 리그 우승을 차지하며 16년 만에 프리미어리그 복귀를 달성했다. 이 과정에서 리즈는 비엘사만의 독창적인 스타일을 확립했고, 그는 "프리미어리그에서도 우리는 처음부터 동일한 방식으로 플레이할 것이다"라고 말하며 이를 유지할 뜻을 분명히 했다. 비엘사의 축구는 챔피언십에서도 독특했지만, 그가 과연 프리미어리그에서도 타협 없이 같은 방식을 고수할지가 시즌 시작 전부터 큰 관심사였다.

비엘사 감독은 공격적인 축구를 고수하며, 빠른 전진 패스와 끊임없는 오프더볼 움직임 그리고 측면에서의 잦은 로테이션을 강조했다. 하지만 그의 전술에서 가장 독창적인 부분은 수비 시의 접근 방식이었다. 대부분의 팀이 지역 방어를 통해 조직적인 수비 라인을 유지했지만, 비엘사는 이를 완전히 배제했다. 리즈 유나이티드는 그 대신 철저한 맨 마킹(대인 마크)을 선호한 탓에 고정된 포메이션이 없는 것처럼 보일 때도 있었다. 그 결과 선수들은 상대를 따라 경기장 곳곳을 누비게 되었고, 중앙 미드필더가 왼쪽 풀백 자리까지 내려오거나, 풀백이 센터백 자리까지 이동하는 장면도 흔했다. 심지어 센터백이 동료 수비수보다 30미터 앞에서 수비하는 상황도 발생했다. 처음 보면 혼란스러워 보이는 방식이었지만, 전체적으로는 꽤 효과적으로 작동했다는 점이 놀라운 부분이었다.

비엘사 감독의 전술에서 핵심적인 부분은 항상 수비수를 최소 한 명 더 많게 유지하는 것이었다. 즉 상대가 원톱을 쓰면 센터백 2명을 배치하고, 상대가 투톱을 쓰면 센터백 3명을 배치하는 식이었다. 그렇게 하면 격렬한 맨 마킹 속에서도 최소한의 커버가 가능했다. 또한 비엘사 감독은 미드필드에서는 상대와 숫자를 맞췄지만, 공격수 패트릭 뱀포드Patrick Bamford에게는 두 명의 센터백을 동시에 압박하는 임무를 맡겼다. 그는 자신의 수비 방식에 대해 "내 축구에서 수비는 아주 간단하다. 우리는 계속 뛴다. 뛰는 것은 의지의 문제지만, 창조적인 플레이는 타고난 재능이 필요하다"고 말했다. 이는 당시 뉴캐슬 감독이었던 스티브 브루스Steve Bruce의 "비엘사는 평범한 챔피언십 선수들을 훌륭한 프리미어리그 선수로 바꿨다"는 평가와도 일맥상통했다.

비엘사의 리즈 유나이티드는 프리미어리그 데뷔전부터 엄청난 화제를 불러일으켰다. 첫 경기 상대는 디펜딩 챔피언 리버풀이었고, 장소는 안필드였다. 리즈는 전방 압박과 맨 마킹을 거침없이 펼쳤다. 하지만 센터백 로빈 코흐Robin Koch와 파스칼 스트라위크Pascal Struijk는 피르미누의 영리한 움직임에 휘둘리며 경기 내내 혼란스러워 했다. 그럼에도 리즈는 역습에서 엄청난 위협을 가하며 4-3이라는 대등한 스코어를 기록했다. (참고로 리버풀은 그 전 시즌 안필드에서 승점을 단 2점만 잃었던 최고의 팀이었다.) 경기 후 위르겐 클롭 감독은 리즈의 플레이가 믿을 수 없다는 듯한 모습이었다. "정말 대단한 팀이고, 대단한 경기였다. 양 팀 모두 엄청난 퍼포먼스였다. 정말 흥미로운 경기였다." 다음 경기에서도 또 다시 4-3 스코어가 나왔다. 이번엔 리즈가 풀럼을 상대로 4-3 승리를 거뒀다. 이것이 바로 '비엘사 웨이Bielsa Way'였다.

리즈의 첫 시즌, 비엘사의 리즈는 시즌이 끝날 때까지 극과 극을 달렸다. 그들은 유럽 챔피언이 된 첼시보다 더 많은 골을 넣었고, 반대로 강등된 풀럼보다 더 많은 골을 허용했다. 리즈의 축구는 두려움 없이 전력을 다하는 축구였고, 그러면서 상대 팀들에게 프리미어리그에서 경험하지 못한 도전 과제를 던졌다. 그 핵심은 '맨 마킹(대인 마크)'이었다. 이 전술의 핵심적인 선수는 리즈 유나이티드의 아카데미 출신인 켈빈 필립스Kalvin Phillips였다. 그는 원래는 박스-투-박스 미드필더였지만, 비엘사의 지도 아래 수비형 미드필더, 심지어 수비수로도 뛰었다. 하지만 비엘사의 리즈에서는 포지션보다 역할이 더 중요했다. 왜냐하면, '네가 맡은 상대를 끝까지 따라가라'라는 원칙이 중요한 팀에서는 포지션이 그리 중요하지 않았기 때문이다.

필립스는 비엘사의 전술에 대해, 특히 상대를 따라붙는 것에 대해 "내가 제일 먼저 하는 생각은 '내 마크맨이 어디 있지?'라는 것이었다. 가능한 한 빠르게, 최대한 밀착하는 것이 중요했다. 이미 마크맨이 가까이 있다면, 그럼 나의 포지션이나 팀의 형태도 괜찮다는 뜻이었다. 만약 나와 마크맨의 거리가 멀다면, 그에게 가는 패스 라인을 차단해야 한다. 내 마크맨이 공을 받았는데 내가 근처에 없다면? 그러면 문제가 생긴 것이고, 내가 완전히 반대편에 있다면? 그건 그냥 포지션이 완전히 잘못됐다는 의미였다"고 설명했다. 그는 자신이 경기를 할 때 항상 "우린 맨투맨을 하므로 항상 마크맨을 살피면서 플레이하는 것이 좋다"라고 생각했다고 덧붙였다. 이 방식은 그럴듯하게 들리지만, 당시 다른 대부분의 감독들의 훈련법과는 완전히 달랐다. 그래서 비엘사는 젊은 선수들을 선호했다. 이미 나이가 든 선수에게 새로운 방법을 가르치는 것은 쉽지 않기 때문이다.

비엘사는 유망한 젊은 선수들을 중용하는 동시에 몇몇 야심 찬 영입도 단행했다. 하피냐Raphinha는 렌에서 오른쪽 윙어로서 좋은 평가를 받으며 합류했는데, 기대 이상의 활약을 펼치며 두 시즌 동안 17골을 기록했다. 그는 브라질 대표팀에 선발됐고, 결국 바르셀로나로 이적했다. 로드리고 모레노Rodrigo Moreno는 스페인 대표팀과 발렌시아에서 챔피언스리그에 출전한 경험이 있는 스트라이커였다. 하지만 패트릭 뱀포드의 인상적인 활약으로 인해 스트라이커가 아닌 공격형 미드필더, 결국 중앙 미드필더로 변신해야 했다. 공격에서의 기여도는 줄었지만, 그는 수비적으로는 비엘사 감독의 전술을 잘 이해하고 적응했다. 로드리고는 이에 대해 "이전까지 경험한 것과 완전히 다른 축구다"라고 말하며, "비엘사 감독은 자기 스타일에 대한 확신이 강하다. 그는 늘 '선수 개개인들의 경합'에 기반한 플레이를 원한다"고 설명했다.

로드리고는 비엘사의 지시를 철저히 따랐다. 그와 경기에서 상대로 만났던 뉴캐슬의 미드필더 존조 셸비Jonjo Shelvey는 혼란스러워하며 "그는 중앙 미드필더로 뛰어야 했지만, 사실은 그냥 경기장 전체를 돌아다니고 있었다. 그래서 내가 '야, 제발 1분만 가만히 있을 수 없겠어? 너 완전히 미친 듯이 뛰어다니고 있어'라고 말했다. 그랬더니 그가 저에게 그래야만 한다고, 감독님이 그렇게 하라고 시켰다고 대답했다"고 말했다.

그 시즌, 리즈는 프리미어리그에서 가장 많은 태클을 시도했으며, 이는 필연적으로 위험을 동반했다. 애스턴 빌라와의 경기에서는 결국 3-0 승리를 거두었는데, 이는 후반전 패트릭 뱀포드의 해트트릭 덕분이었다. 이 경기에서 스트라위크는 경기 시작 20분 만에 교체되었다. 그는 잭 그릴리쉬Jack Grealish를 밀착 마크하던 중 이미 한 차례 경고를 받았고, 이후 두 번의 위태로운 순간을 겪었다. 그 대신 투입된 리즈 유스 출신 제이미 섀클턴Jamie Shackleton은 그릴리쉬를 더 효과적으로 봉쇄하며 팀에 기여했다.

리즈 선수들 중 몇몇은 정말 특이한 상황을 맞이하기도 했다. 울버햄튼과의 경기에서 0-1로 패배했을 때, 중앙 미드필더 마테우시 클리흐Mateusz Klich는 울브스의 주앙 무티뉴를 전담 마크하라는 지시를 받았다. 포르투갈 출신 플레이메이커 무티뉴가 하프라인에서 프리킥을 준비하자, 클리흐는 10야드(9.15미터) 이상 떨어져 있어야 한다는 규정을 두려워하면서도 무티뉴 바로 옆에 서 있었다. 그는 여전히 볼에서 10야드 이내에 있었지만, 무티뉴가 공을 찰 방향에 간섭하지 않았기 때문에 심판은 별다른 조치를 취하지 않았다. 결국 무티뉴는 짧게 프리킥을 처리한 후 즉시 앞으로 달려갔고, 빠른 발을 이용해 클리흐보다 유리한 위치를 차지하려 했다. 이에 클리흐도 즉시 반응하며 전력 질주해 무티뉴의 리턴 패스를 저지하려고 나섰다.

이런 사소한 사건들은 오직 비엘사의 팀이 출전한 경기에서만 발생할 수 있었다. 상대 팀 감독들은 리즈의 플레이 스타일을 사랑하면서도 동시에 증오했다. 아스널 감독 미켈 아르테타는 "그들은 어떤 팀에게도 악몽 같은, 정말 힘든 상대다. 그들은 경기를 어렵게 만든다. 경기장 전체에서 일대일 대인 마크가 펼쳐지고, 이에 대비하지 않으면 완전히 노출된다"고 말했다. 리버풀의 오른쪽 풀백 트렌트 알렉산더-아놀드는 "상대가 끊임없이 나를 마크하면, 우리 팀이 공을 잃었을 때 본능적으로 그를 쫓아가고 싶어진다. 하지만 그렇게 하면 안 된다"라고 하며, 리즈의 전술을 따라 하지 않는 것이 핵심이라고 설명했다. 어떤 감독도 비엘사처럼 극단적인 대인 방어를 선호하지 않았고, 이를 성공적으로 수행하려면 훈련장에서 끊임없는 연습이 필요했다.

비엘사의 전술은 특히 강팀을 상대로 효과적이었다. 그는 맨시티를 이끌던 오랜 친구 과르디올라를 상대로 두 경기에서 승점 4점을 따내며, 그 시즌 챔피언에게 패하지 않은 두 팀 중 하나(다른 팀은 맨체스터 유나이티드)가 되었다. 엘런드 로드에서 열린 첫 번째 맞대결은 혼란스러운 경기 끝에 1-1로 끝났다. 두 감독은 교묘한 선수 교체를 통해 대인 마크 전술 싸움을 조정하며 공격력을 점점 강화했다. 이어진 원정 경기에서는 믿기 어려운 2-1 승리를 거두었는데, 대부분의 시간을 10명으로 싸우면서도 승리를 쟁취했다. 수비수 리암 쿠퍼Liam Cooper가 가브리엘 제주스에게 거친 태클을 가해 퇴장당하자, 비엘사는 뱀포드를 희생시키고 수비수를 투입했다. 리즈는 최전방 공격수 없이 경기하며 상대 센터백들이 공을 운반하도록 내버려두었다. 그 결과, 과르디올라의 맨시티는 29개의 슈팅을 시도해 단 한 골을 기록한 반면, 리즈는 단 두 번의 슈팅으로 두 골을 넣었다. 두 골을 터뜨린 스튜어트 댈러스Stuart Dallas는 비엘사의 시스템에 완벽히 부합하는 선수였다. 그는 에너지가 넘치고 다재다능했다. 레스터 시티와의 경기에서도 리즈의 핵심 공격 옵션이었고, 전반전에 침투하는 움직임으로 선제골을 넣었다. 후반전에는 추가적인 센터백으로서의 역할을 맡으며 팀의 전술적 변화를 소화했다.

비엘사의 전술에는 단점도 있었다. 대인 마크를 고수하는 방식은 상대를 유인하는 움직임과 돌파를 잘 활용하는 영리한 상대를 만나면 쉽게 무너질 위험이 있었다. 맨체스터 유나이티드 원정에서 2-6 대패를 당한 경기가 대표적이었다. 올레 군나르 솔샤르 감독이 이끄는 맨유의 이날 핵심 선수는 해리 매과이어Harry Maguire와 스콧 맥토미니Scott McTominay였는데, 둘 다 종종 창의력이 부족하다는 비판을 받았지만, 공간을 활용하며 전진하는 능력만큼은 뛰어났다. 맥토미니는 경기 시작 3분 만에 두 골을 넣으며 프리미어리그 역사상 최단 시간 멀티골 기록을 세웠다. 두 골 모두 리즈의 수비를 손쉽게 무너뜨린 비슷한 장면이었다. 경기 후 솔샤르 감독은 "우리는 상대를 공략할 계획을 세웠고, 공을 잡으면 곧바로 전진하려 했다. 12-4 같은 스코어가 나올 수도 있었을 경기였다. 정말 재미있게 정신없이 몰아쳤다. 리즈는 점수 차와 상관없이 일관된 태도와 스타일을 유지한다. 5-0으로 앞서든 5-0으로 뒤지든 마찬가지다"라고 말했다. 이 경기는 맨체스터 유나이티드가 올드 트래포드에서 9년 만에 한 경기에서 6골을 넣은 경기였다.

비엘사는 공중 장악력이 뛰어난 선수보다 활력이 넘치는 센터백을 선호했기 때문에, 스웨덴 출신의 강력한 수비수 폰투스 얀손Pontus Jansson을 브렌트포드로 이적시켰으며, 미드필더 출신 선수들을 수비수로 전환하여 기용했다. 이러한 선택은 오픈 플레이 상황에서는 합리적이었다. 하지만 리즈는 프리미어리그에서 가장 많은 15골을 세트피스 상황에서 실점했다. 또한 비엘사의 팀들은 종종 체력 문제로 인해 어려움을 겪는다는 평가를 받았지만, 2020-21시즌에는 큰 문제가 아니었다. 그들은 시즌 막판 10경기에서 7승을 거두며 좋은 성적을 냈다. 이는 부분적으로 비엘사가 프리미어리그 감독들 중 가장 이른 시점에 교체 카드를 활용했기 때문이지만, 선발 선수들의 체력 수준 역시 매우 인상적이었다. 특히 상대 수비수 두 명을 압박하는 임무를 맡았던 뱀포드는 시즌 마지막 경기까지 선발 명단에서 제외되지 않았다.

비엘사는 시즌 내내 상대 팀 감독들로부터 찬사를 받았고, 2020년 말에는 FIFA 올해의 감독상 후보에까지 올랐다. 그는 프리미어리그 우승을 차지한 위르겐 클롭, 라리가 챔피언 지네딘 지단, 챔피언스리그 우승을 거둔 한지 플릭Hansi Flick 그리고 유로파리그 우승을 차지한 훌렌 로페테기와 함께 후보 명단에 포함되었다. 단순히 잉글랜드 2부리그(챔피언십)에서 우승한 것만으로는 이들과 어깨를 나란히 하기 어려웠지만, 사실 그의 후보 지명은 일종의 '공로상'과 같은 의미였다.

지금까지 비엘사는 현대 축구에서 가장 영향력 있는 감독 중 한 명으로 자주 언급되었다. 하지만 정말 그랬을까? 사실 그의 대인 마크 전술을 그대로 사용하는 감독은 없었다. 마찬가지로 누누의 울버햄튼에서 코너 코디가 맡았던 순수한 스위퍼 역할도, 와일더의 셰필드 유나이티드에서 배섬과 오코넬이 선보인 오버래핑 센터백 전술도 다른 팀에서 찾아보기 어려웠다. 이처럼 프리미어리그 밖에서 등장한 '아웃사이더'들은 기존의 방식과는 전혀 다른 전술을 개발했고, 상대 팀들이 이 스타일에 익숙하지 않다는 점을 활용해 곧바로 상위권으로 도약할 수 있었다.

기본으로의 회귀

"가장 큰 보강은 좋은 수비수를 보강하는 것이다. 과거에 우리는 그걸 하지 못했다."

- 펩 과르디올라

2021년에 이르러 잉글랜드 클럽들 간의 유럽 대회 결승전은 낯설지 않은 일이 되었다. 2008년 맨체스터 유나이티드가 모스크바에서 열린 결승전에서 첼시를 승부차기 끝에 꺾었을 때만 해도 이러한 대진은 매우 신선하게 느껴졌다. 그러나 2019년 리버풀이 마드리드에서 열린 결승전에서 토트넘을 2-0으로 제압하며 우승을 차지했을 때 그것은 잉글랜드 클럽들이 유럽 무대를 지배하는 시대가 도래했음을 보여주는 듯했고, 2021년에는 그런 잉글랜드 클럽들의 지배력이 확고하게 자리 잡았다는 평가를 받았다.

2021년 포르투에서 열린 챔피언스리그 결승전에서는 펩 과르디올라 감독이 이끄는 맨체스터 시티와 토마스 투헬Thomas Tuchel 감독 부임 이후 재정비된 첼시가 맞붙었다. 과르디올라 감독에게는 10년 만에 오른 유럽 대회 결승전이었으며, 투헬 감독은 전 시즌에도 결승 무대를 밟은 경험이 있었다. 그는 2020년 파리 생제르망PSG을 이끌고 바이에른 뮌헨을 상대로 결승에 올랐으나, 아쉽게도 0-1로 패배했다. 이후 2020-21시즌 초반 PSG의 부진한 출발로 인해 경질되었고, 첼시는 재빠르게 그를 선임했다. 투헬 감독은 곧바로 프랑크 램파드보다 뛰어난 지도력을 증명해 보였고, 특히 수비 조직력을 단단히 다지는 데 성공했다. 그가 채택한 3-4-2-1 전술은 본질적으로 안토니오 콘테가 과거 첼시에서 성공적으로 활용했던 전술을 다시 도입한 것이었다.

결승전은 다소 밋밋한 경기로 진행되었지만, 역대 세 차례의 잉글랜드 클럽 간 챔피언스리그 결승전 가운데 처음으로 예상 밖의 승자가 나왔다. 첼시는 카이 하베르츠Kai Havertz의 결승골에 힘입어 1-0 승리를 거두었다. 그 골 이후 별다른 변화 없이 경기가 마무리된 점이 첼시의 뛰어난 수비력을 입증하는 요소로 평가되었다. 경기 후 분석에서는 펩 과르디올라 감독의 의외의 전술 선택이 집중 조명되었다. 그는 수비형 미드필더인 로드리Rodri를 선발에서 제외하고, 대신 일카이 귄도안을 그 자리에 기용하는 파격적인 결정을 내렸다.

그러나 귄도안을 이 자리에 기용한 것은 포르투에서 열린 경기의 전술적 싸움을 넘어선 의미를 지니고 있었다. 이는 해당 시즌 팀 내 최다 득점자가 최후방 미드필더였던 두 팀이 유럽 대회 결승에서 맞붙었다는 사실을 의미했기 때문이다. 이는 매우 이례적인 일이었다. 비유하자면 마치 2008년 챔피언스리그 결승전을 앞둔 맨체스터 유나이티드와 첼시의 최다 득점자가 각각 마이클 캐릭과 클로드 마켈렐레였다고 상상해보는 것과 같았다. 물론 몇 가지 전제가 있었다. 귄도안은 시즌 대부분을 더 공격적인 역할로 소화했으며, 조르지뉴의 득점 상당수는 페널티킥에서 나왔다는 점이다. 특히 VAR 도입 이후 페널티킥 판정이 이전보다 훨씬 더 빈번해진 것이 그의 득점 수치를 끌어올리는 데 영향을 미쳤다.

그러나 이 두 미드필더가 각 팀에서 가장 꾸준히 득점을 올린 선수였다는 점은 동료 공격수들에게 의미심장한 메시지를 던졌다. 포르투에서 열린 결승전에서 첼시는 하베르츠, 메이슨 마운트Mason Mount 그리고 티모 베르너Timo Werner로 공격 삼각편대를 구성했다. 이 조합은 두 명의 플레이메이커와 빠르지만 결정력이 부족한 공격수로 이루어져 있었다. 맨체스터 시티 역시 비슷한 유형의 조합을 내세웠다. 필 포든Phil Foden, 리야드 마레즈, 라힘 스털링이 선발 출전했다. 즉 양 팀 모두 전통적인 '넘버 9' 공격수가 없는 라인업을 선택한 것이다. 경기 후반, 과르디올라 감독은 동점골을 노리며 가브리엘 제주스와 세르히오 아구에로를 교체 투입했지만, 첼시의 올리비에 지루는 끝내 벤치를 지켰다. 이는 단순한 우연이 아니라, 당시 전통적인 스트라이커의 입지가 줄어들고 있었음을 보여주는 증거였다.

그러나 정통 '넘버 9' 공격수의 부재에도 불구하고 맨시티의 프리미어리그 우승, 첼시의 챔피언스리그 우승에는 문제가 없었다. 오히려 이는 지난 30년간 축구 전술이 보여온 흐름과 정확히 맞아떨어지는 변화였다. 축구계에서 '순수한 골잡이'의 역할이 점점 희미해지고 있었다는 점을 상징적으로 보여주는 대목들이었던 것이다. 1992년에는 대부분의 팀이 두 명의 스트라이커를 배치했다. 이후 공격형 미드필더나 처진 스트라이커의 중요성이 부각되었고, 다음 단계에서는 중앙 공격수를 한 명만 기용하는 시스템이 정착되었다. 이어서 클래식한 콘셉트의 스트라이커보다는 다재다능한 공격수들이 더 성공적인 경향을 보였고, 마침내 전통적인 최전방 공격수보다 본래 '넘버 10'이었던 선수들이 센터 포워드로 중용되는 흐름이 나타났다. 이제 공격진은 플레이메이커와 측면 공격수들로만 구성되는 듯한 모습이었다.

맨시티 부임 직전, 과르디올라 감독은 자신이 꿈꾸는 이상적인 축구팀에 대해 설명한 바 있다. 그는 "나는 모든 선수가 미드필더였으면 좋겠다. 미드필더들은 축구를 지능적으로 이해하며, 후방과 전방을 모두 파악할 수 있다"고 말했다. 실제로 그의 지도자 경력은 마치 이 철학을 현실로 만들기 위한 하나의 여정처럼 보였다. 현역 시절 우아한 딥라잉 플레이메이커였던 과르디올라는 감독이 된 후 전통적인 스트라이커 대신 '가짜 9번' 공격수를 선호했으며, 센터백마저도 수비형 미드필더 출신 선수들로 대체하는 실험을 지속적으로 단행했다.

그래서 과르디올라가 지휘하는 팀의 선발 라인업은 마치 미드필더들로만 구성된 듯한 형태를 띠는 경우가 많았다. 특히 귄도안이 팀 내 최다 득점자로 시즌을 마무리한 2020-21시즌 후반기에는 그 경향이 더욱 두드러졌다. 그는 최전방에 정통 스트라이커 대신 마레즈, 포든, 베르나르두 실바, 케빈 더 브라위너, 페란 토레스Ferran Torres 같은 선수들을 기용했다. 상대 팀들은 정확히 어떤 유형의 공격에 대비해야 할지 파악하기 어려웠고, 이에 효과적으로 대응하는 데 어려움을 겪었다.

그의 이런 전술적 접근법이 가장 돋보였던 경기는 2021년 2월에 무관중으로 치러진 안필드 원정 경기에서였다. 당시 리버풀은 심각한 수비진 부상 악재에 시달리고 있었고, 클롭 감독은 어쩔 수 없이 파비뉴Fabinho와 조던 헨더슨을 센터백으로 기용해야 했다. 대부분의 감독이라면 속도가 부족한 센터백 조합을 상대로 정통 스트라이커를 앞세운 직선적인 공략을 시도했을 것이다.

그러나 과르디올라 감독은 공격수인 가브리엘 제주스를 벤치에 두고, 필 포든을 최전방에 배치하는 선택을 했다. 작은 체구의 포든은 단순히 공을 받으러 내려와 연계를 시도하는 데 그치지 않고, 의외의 방식으로도 활약을 펼쳤다. 경기 도중 그는 공중볼 경합 상황에서 거구의 파비뉴를 힘으로 밀어내며 정통적인 '넘버 9'처럼 싸울 수 있음을 보여주었다. 포든은 왼쪽으로 이동해 박스로 날카로운 크로스를 공급하다가 후반에는 오른쪽으로 이동해 중앙에 침투했다. 결국 그는 앤디 로버트슨을 제친 후 강력한 슈팅으로 득점을 기록하며, 맨체스터 시티의 4-1 완승을 완성했다. 과르디올라는 상대 수비진이 임시적인 조합으로 구성된 상황에서 오히려 정통 스트라이커 없이 경기에 나섰고, 이 전략은 완벽하게 들어맞았다.

아이러니컬하게도 클롭 감독이 이날 부상으로 인해 어쩔 수 없이 내렸던 전술적 선택은 결과적으로 과르디올라가 꿈꾸던 '미드필더들로만 구성된 팀'에 한 걸음 다가서는 계기가 되었다. 리버풀의 수비진은 원래 미드필더였던 파비뉴와 헨더슨이 맡았고, 최전방에는 원래 공격형 미드필더였던 피르미누가 배치되었다. 사실, 피르미누는 커리어 초반에는 수비형 미드필더로 뛰었던 선수이기도 했다.

피르미누는 '넘버 10'에서 '넘버 9'으로 전환하며 월드클래스 선수로 거듭났다. 이는 로빈 판 페르시, 세르히오 아구에로, 루이스 수아레스와 같은 선수들이 거친 비슷한 전환이었다. 그러나 피르미누는 이들 세 명과 달리 더 비전통적인 유형의 공격수였고, 프리미어리그 득점왕을 차지한 세 선수와는 다른 성향을 보였다. 피르미누는 한 시즌에 15골 이상을 기록한 적이 없었고, 주로 모하메드 살라와 사디오 마네를 위한 지원자 같은 역할을 했다. 이는 부분적으로 피르미누가 14세에서 16세 사이에 브라질 축구에서 말하는 '넘버 5'로 활용되었기 때문이기도 하다. 피르미누는 훗날 이 당시에 대해 "지금 돌아보면, 수비형 미드필더로 2년간 뛴 경험이 훗날 유럽에서 뛸 때의 내 모습을 만드는 데 결정적인 역할을 했다고 확신한다. 예전 축구에서는 공격수는 공격하고, 수비수는 수비하는 구분이 분명했지만, 지금의 축구에서는 그런 구분이 존재하지 않는다. 모든 공격수들도 수비를 할 줄 알아야 하고 공간과 패스 경로를 차단해야 하며, 볼 경합에 참여하고, 볼 소유권을 되찾아야 한다. 나는 가짜 9번이었다. 또 가짜 10번이기도 했고, 또 가짜 5번이었다. 내게는 청소년 시절 2년간 뛰었던 경험을 실전에 옮기는 것이 자연스러웠다"고 말했다.

피르미누는 결국 중앙 공격수로 자리 잡았지만, 결코 전통적인 스트라이커는 아니었다. 그는 리버풀이 2019-20시즌에 우승을 차지하는 동안 최전방에서 뛰었지만, 안필드에서 골을 넣은 것은 시즌 마지막 홈경기 때였다. 리버풀에서 골을 넣는 역할은 다른 선수들이 맡았다. 피르미누는 자신의 역할에 대해 "내가 골에 집착하지 않는 것이 중요했다"고 덧붙이기도 했다.

그러나 프리미어리그의 많은 중앙 수비수들은 상대하기 가장 힘든 상대로 피르미누를 꼽았다. 첼시의 티아구 실바Thiago Silva는 "그는 놀라운 기술적인 능력을 가지고 있다. 그의 움직임은 매우 지능적이어서 수비수들을 혼란스럽게 만든다"고 말했다.

맨체스터 유나이티드의 리산드로 마르티네스Lisandro Martínez도 "그는 위치를 자주 벗어나기 때문에 마킹하기 매우 어려운 공격수다. 그로 인해 혼란이 발생하고, 수비의 기준을 잃게 된다. 그를 따라가다 보면, 자신의 수비 위치에서 벗어나게 된다"고 말했다.

리버풀은 정통파 스트라이커 없이 경기를 했지만, 피르미누는 적어도 최전방에서 일정한 역할을 했다. 반면 2021년 여름 아구에로가 떠난 후 맨체스터 시티는 수시로 바뀌는 최전방 공격수들로 우승 타이틀을 지켰다. 과르디올라는 무려 열 명의 다른 선수를 공격수로 기용했다. 스털링, 포든, 마레즈, 실바, 토레스, 더 브라위너, 귄도안, 새로 영입한 잭 그릴리쉬와 유망주 콜 파머Cole Palmer 그리고 한 명의 정통 스트라이커인 가브리엘 제주스까지 그 명단에 포함되었다. 그럼에도 제주스는 더 자주 측면에 기용되었고 시즌 초반 노리치 시티를 상대로 한 5-0 대승에서도 오른쪽 측면에서 플레이했으며, 측면 공격수인 토레스가 최전방에 배치됐다. 과르디올라는 "가브리엘(제주스)과 얘기를 해봤는데, 그는 때때로 중앙보다는 더 넓은 위치에서 뛰는 걸 좋아한다"고 설명했다. 이어 "페란(토레스)은 골에 대한 감각이 뛰어난 선수다. 중앙에서 뛰면 가브리엘보다 골 감각이 조금 더 뛰어난 것 같다"고 덧붙였다.

하지만 맨시티가 정통파 스트라이커를 완전히 자발적으로 포기한 것은 아니었다. 그해 여름, 맨시티는 해리 케인과 크리스티아누 호날두를 영입하려 했지만, 토트넘은 케인을 팔지 않았고 맨체스터 유나이티드가 호날두를 데려갔다. 맨시티에겐 그 이외의 세 번째 선택이 없었다. 그 이유는 과르디올라 감독의 새로운 공격수 활용 방식을 고려할 때, 오직 아주 뛰어난 공격수만이 자신의 기존 공격 방식을 바꾸어 새로운 시도를 할 만한 가치가 있다고 판단할 것이기 때문이었다. 그 외에는 일종의 소수 의견 및 옵션도 있었다. 맨시티 유스팀에 있던 183cm 정도의 키를 가진 스트라이커, 리암 델랍Liam Delap이었다. 그는 스토크 시티의 롱스로우 전문 선수였던 로리 델랍Rory Delap의 아들로, 과거 프리미어리그 시대의 전통적인 스트라이커를 떠올리게 하는 선수였다. 과르디올라 감독은 어쩌면 토니 풀리스의 축구 철학을 채택하려고 했던 것일까?

그와 같은 변화는 맨체스터 시티뿐만 아니라, 맨시티의 라이벌인 맨체스터 유나이티드에서도 이어졌다. 호날두의 복귀는 성공적이지 않았다. 그의 올드 트래포드에서의 두 번째 시작은 처음에는 좋았다. 하지만 (이제는 명백히 순수한 박스 안 스트라이커로 뛰고 있었던) 호날두는 맨체스터 유나이티드를 전반적인 관점에서 더 좋지 않게 만들었다. 물론 그는 많은 골을 넣었지만, 36세의 호날두는 소유권을 갖지 않은 상태에서 상대 팀을 압박하는 데 있어 부족함을 드러냈고, 특히 랄프 랑닉Ralf Rangnick 감독이 2021-

22시즌 중반 솔샤르 감독을 대신해 맨유를 맡으면서 그 문제는 더 부각되었다. 또 그에게는 현대적인 센터 포워드가 갖추어야 할 연계 능력도 부족했다.

하지만 호날두의 엄청난 인기와 그로부터 나오는 영향력은 솔샤르, 랑닉 감독이 결국 그를 매 경기 출전시키지 않을 수 없도록 만들었다. 전술적으로는 정통 스트라이커 없이 플레이하는 것이 더 합리적인 상황에서도 말이다. 그런 면에서 맨유는 에딘손 카바니Edinson Cavani가 유일한 타깃맨 역할을 맡았을 때 더 나은 모습을 보였다. 카바니는 종종 벤치에서 나와 큰 효과를 발휘했다. 이제 상위 클럽들에서는 페널티박스 안에서만 활약하는 스트라이커를 더 이상 필수적으로 보유할 필요가 없었지만, 맨유는 36세의 호날두를 중심으로 팀을 구성하고 있었다. 호날두는 분명 골을 넣으며 계약을 이행했지만, 그 외에는 별다른 역할을 하지 않았다. 때때로 그는 자신만의 힘으로 경기를 이끌기도 했다. 예를 들어, 토트넘과의 3-2 홈 승리에서 뛰어난 해트트릭을 기록했을 때처럼 말이다. 그러나 그 시즌 맨유가 불필요했던 스트라이커인 호날두를 영입하는 결정을 했던 중요한 한 가지 이유는 맨유 레전드인 호날두가 지역 라이벌팀인 맨시티에 입단하는 것을 두고 볼 수 없어서였다. 결국 그 결정은 맨유에게는 전진이 아니라 뒤로 후퇴하는 한 걸음이었다.

솔샤르 감독 자신도 맨유에서 선수 시절 페널티박스 안의 포처 유형 공격수였지만, 2002-03시즌이 끝날 무렵에는 다소 뜻밖의 방식으로 오른쪽 미드필더로서 효과적으로 활약했다. 당시 알렉스 퍼거슨 감독과 데이비드 베컴 사이에 불화가 있었기 때문이다. 그러나 다음 시즌, 맨유가 새로운 오른쪽 윙어로 호날두를 영입하면서 솔샤르가 그 역할을 하지 않아도 됐다. 결국 솔샤르는 맨유가 호날두를 영입한 두 번의 상황 모두에서 어려움을 겪었다. 첫 번째는 선수로서, 두 번째는 감독으로서였다.

또 하나의 아이러니는 호날두가 올드 트래포드에서 보낸 두 번의 시기 가운데 첫 번째 시기에 폭발적인 성과를 거둔 것은 루드 판 니스텔로이의 이적 덕분이었다는 점이다. 판 니스텔로이는 수많은 골을 기록했지만, 맨유를 너무나 예측 가능하게 만들기도 했다. 그런데 호날두가 맨유에서 보낸 두 번째 시기에 그는 판 니스텔로이가 했던 같은 역할을 맡게 됐다. 사실 솔샤르가 감독으로서 내린 가장 좋은 결정은 당시 가장 '정통 스트라이커'에 가까웠던 공격수인 로멜루 루카쿠Romelu Lukaku를 팔고 그를 대체할 선수를 영입하지 않은 것이었다. 이는 논란이 될 수 있는 결정이었지만, 그 결과 마커스 래시포드Marcus Rashford, 앙토니 마르시알Anthony Martial, 메이슨 그린우드Mason Greenwood와 같은 다재다능한 선수들이 더 나은 활약을 하게 만들었다. 루카쿠는 많은 골을 넣었지만, 전반적인 경기력은 기대에 못 미쳤다.

그리고 그 점은 루카쿠가 인터 밀란에서 성공적인 두 시즌을 보낸 후 첼시로 돌아왔을 때 입증되었다. 첼시는 이미 유럽 챔피언이었고, 정통 스트라이커만 추가된다면 완벽한 팀이 될 것처럼 보였다. 루카쿠는 첼시에서의 두 번째 데뷔전에서 뛰어난 활약을 펼쳤다. 아스널을 상대로 2-0 승리를 거두며, 디디에 드록바와 디에고 코스타의 기억을 떠올리게 했다.

하지만 루카쿠는 빌드업 플레이에 자주 관여하지 않았고, 그 후 전개된 그의 이야기는 축구 팬들에게 이미 익숙한 것이었다. 다양한 다재다능한 공격수들이 있었던 팀의 공격이 이제는 비싸게 영입한 스트라이커 한 명을 중심으로 구성되었고, 그 스트라이커였던 루카쿠는 종종 경기에 아무런 기여를 하지 못했다. 그 후, 루카쿠가 부상으로 빠지면서 첼시는 그 없이 더 나은 경기를 펼쳤다. 그렇게 된 이후 루카쿠는 이탈리아 방송과의 인터뷰에서 첼시의 시스템이 자신의 부진을 초래했다고 말했는데, 이는 투헬 감독을 당황하게 만들었다. 루카쿠가 감독에게는 직접적으로 불평을 전혀 하지 않았기 때문이다. 그 후 루카쿠는 근소한 승리를 기록한 크리스탈 팰리스와의 경기에서 기록에 남을 만한 활약이 전혀 없었던 경기를 펼쳤다. 그는 90분 동안 공을 단 7번 터치했고, 그중 한 번은 킥오프 때였다. 이는 옵타가 축구 통계 기록을 수집하기 시작한 지 거의 20년 넘는 시간 동안 프리미어리그 경기에서 90분을 소화한 선수 중 가장 적은 터치 수였다.

그리고 그와 유사한 상황이 런던의 템스강 북쪽, 북런던에서도 계속되었다. 미켈 아르테타 감독은 아스널 감독직을 맡은 지 2년이 되었지만, 피에르-에메릭 오바메양의 장점을 여전히 제대로 이해하지 못하고 있었다. 비록 오바메양이 2020년 FA컵 결승에서 첼시를 2-1로 꺾을 때 두 골을 넣으며 아르테타가 감독직을 맡은 지 6개월 만에 첫 번째 우승을 차지하는 데 기여했음에도 말이다.

아르테타 감독의 일반적인 접근 방식에 따라 오바메양은 왼쪽 전방 위치에서 뛰었고, 알렉산드르 라카제트Alexandre Lacazette가 센터포워드 자리에 배치되었다. 그러나 이 결정은 아스널 팬들 사이에서 지지를 받지 못했다. 많은 팬들은 팀의 가장 꾸준한 득점자인 오바메양이 중앙에서 뛰기를 원했기 때문이다. 하지만 아르테타 감독은 과르디올라, 클롭 감독처럼 팀의 최전방 공격수는 연계 플레이를 효과적으로 할 수 있어야 한다고 믿었다. 오바메양은 그런 역할에 능숙하지 못했으며 나중에 종종 중앙 공격수로 기용되었을 때도 경기에서의 영향력은 미미했다. 오바메양의 속도는 깊이 내려앉은 수비진을 상대로는 효과적이지 않았고, 그는 크로스 공격 상황에서도 위협적인 타깃 맨이 아니었다. 또 그는 간단한 기회마저 놓치기 시작했다. 2021-22시즌 아스널은 여러 재능 있는 젊은 공격형 미드필더들을 보유하고 있었고, 시즌이 진행되면서 점점 그 선수들이 경기에 더 많이 참여할 수 있도록 도와줄 수 있는 9번 공격수가 필요하다는 사실이 분명해졌다. 그래서 아스널은 득점력이 부족한 라카제트를 중앙 공격수로 두고, 오바메양을 측면에 배치하거나 출전 명단에서 제외했다. 결국에 오바메양은 클럽을 떠나게 됐다.

오바메양이 2022년 1월 바르셀로나로 이적한 것은 놀라운 일이 아니었고, 아르테타 감독과의 개인적인 갈등 때문이라고 대부분 해석되었다. 그러나 그 갈등은 부분적으로는 오바메양이 아르테타의 시스템에 맞지 않아서 발생한 일이었다. 이는 감독의 전술적 선호를 극명하게 보여주는 사례였다. 아스널은 2018-19시즌 프리미어리그 득점왕을 공동 수상했으며, 2019-20시즌 FA컵을 거의 혼자서 우승시킨 뛰어난 스트라이커를 보유하고 있었음에도 2021-22시즌 중반에 그를 방출했다. 그때 팀에 꾸준한 득점자가 전혀 없었음에도 말이다.

라카제트는 2021-22시즌 20번의 선발 출전에서 단 3골을 넣었고, 그 중 2골은 페널티킥이었다. 그러나 그는 아르테타가 원했던 전형적인 9번이었다. 아르테타는 "라카제트는 정말 중요한 특성을 가지고 있다. 그는 주변 사람들을 더 나은 선수로 만든다. 그는 경기를 정말 잘 이해하고 정말 똑똑한 선수이며, 그의 작업량은 엄청나다"고 설명했다. 이 모든 칭찬은 사실이었지만, 그 각각은 오바메양에게 던지는 간접적인 비판처럼 들렸다. 오바메양은 6개월 뒤 첼시로 이적했지만, 루카쿠보다도 실력을 발휘하지 못했다. 이 선수들간의 순환은 라카제트가 2022년에 예전 클럽인 리옹으로 돌아가고, 아스널이 가브리엘 제주스를 영입하면서까지 계속됐다. 제주스는 맨시티에서는 넓은 자리에서 뛰는 것을 더 선호한다고 말했었지만, 아스널에서는 9번 역할을 맡았다. 그는 아스널 초기에 매우 좋은 인상을 남겼지만, 골이 점차 줄어들었고 두 번째 시즌에는 종종 벤치에 앉아 있게 됐다. 그를 대신해 첼시에서 영입된 공격형 미드필더 하베르츠는 다소 부자연스러운 9번 역할을 맡았다. 다시 한번 전형적인 스트라이커들의 자리가 점점 사라지는 듯 보였다. 하지만 그 후, 맨체스터 시티에서 제주스를 대신할 선수가 등장하면서 상황이 바뀌었다.

이 외에도 프리미어리그에서 나타난 몇 가지 추세는 리그에서 득점왕을 수상한 외국인 선수들을 보면 분명히 드러난다. 첫째, 이들은 종종 신체적으로 힘든 적응 시기를 겪은 뒤, 그 부분을 보완하며 결국 리그를 지배하게 된다. 티에리 앙리와 크리스티아누 호날두가 좋은 사례다. 그들은 잉글랜드 축구에 적응하며 성숙하게 변해가는 과정에서 큰 찬사를 받았다. 디디에 드록바 역시 첫 몇 시즌 동안은 너무 쉽게 넘어지는 모습을 보였으나, 결국 강력한 전사 같은 선수로 발돋움했다. 둘째, 이 선수들은 전형적인 9번 스트라이커가 아님에도 득점왕에 올랐다. 앙리와 호날두는 윙어로 시작했으며, 판 페르시, 수아레스, 아구에로, 카를로스 테베스는 세컨드 스트라이커 역할로 시작했지만 모두 득점왕에 올랐다. 살라, 마네, 손흥민 역시 측면 공격수였지만 득점왕을 수상했다. 반면 골든 부트를 수상한 잉글랜드 출신 선수들(해리 케인, 제이미 바디, 케빈 필립스, 마이클 오웬 등)은 대부분 그들의 팀에서 가장 중요한 스트라이커 역할을 맡았다.

그런 관점에서 볼 때 맨시티에 입단한 공격수인 엘링 홀란드 Erling Haaland 는 이례적인 존재였다. 이 노르웨이 선수는 마치 프리미어리그를 위한 스트라이커로 태어난 듯한 인상을 주었다. 그는 리즈에서 태어났는데, 그의 아버지 알프-잉게 홀란드 Alf-Inge Haaland 는 프리미어리그의 첫 번째 10년 동안 노팅엄 포리스트, 리즈, 맨체스터 시티에서 유명한 미드필더로 활약했다. 어머니는 성공적인 육상 7종 경기 선수였다. 홀란드는 키가 195cm로, 보루시아 도르트문트에서 2년 반을 보내는 동안 이미 신체적인 발전을 이룬 선수였다. 그의 식단은 심장과 간을 대량으로 포함하는 독특한 식사법을 따랐으며, 그 덕분에 그의 체중은 86kg에서 94kg로 증가했다. 그는 신체적으로 큰 문제가 발생할 가능성이 거의 없는 선수였다.

포지션 면에서 홀란드는 순수한 스트라이커인 동시에 득점에 매우 능숙한 선수였다. 홀란드는 노르웨이 클럽 몰데에서 그의 감독이었던 솔샤르(선수 시절 프리미어리그에서 가장 뛰어난 마무리 능력을 가진 선수 중 하나였다)와 함께 꾸준히 마무리 훈련을 진행했으며, 특히 헤딩 능력을 향상시키는 데 집중했다. 홀란드는 솔샤르에 대해 "언젠가 그만큼 좋은 마무리 능력을 가진 선수가 되고 싶다"고 말하기도 했다. 노르웨이를 떠난 후, 홀란드는 레드불 잘츠부르크에서 27경기 29골을 기록한 뒤, 도르트문트에서 89경기 86골을 기록했다. 2019년 U20 월드컵에서 노르웨이가 온두라스를 12-0으로 대파할 때, 홀란드는 9골을 기록했다. 그리고 챔피언스리그 첫 세 경기에서 6골을 기록한 뒤, 그는 "좋은 기록이지만, 골을 넣는 건 당연하다. 그게 바로 내가 스트라이커인 이유다"라고 말했다. 홀란드가 9번 포지션을 맡는 방식에는 별다른 특이점이 없었다.

물론 과르디올라는 순수한 스트라이커를 고수하는 스타일은 아니었다. 그가 가장 선호한 옵션은 케인을 영입하는 것이었는데, 케인은 홀란드와 비슷한 방식으로 페널티박스에서 치명적인 마무리 능력을 가졌지만 연계 플레이 면에서는 홀란드보다 더 뛰어난 능력을 가진 선수였다. 홀란드의 패스는 종종 좋지 않았고, 적어도 과르디올라가 공격수에게 원하는 기대치에 비해서는 부족한 부분이 있었다. 홀란드는 오스트리아와 독일에서 뛰는 동안 빠른 전환을 기반으로 한 리그에서 잘 적응했고, 뒤쪽에 공간을 남기는 수비를 상대로 활약했다. 그의 신체적 우월함으로 인해 그의 팀은 그의 강점을 잘 살릴 수 있었다. 예를 들어 홀란드가 도르트문트에 입단했을 때 도르트문트는 볼 점유 시 느리다는 비판을 받기도 했지만, 홀란드가 그들의 플레이 속도를 빠르게 만들었다. 도르트문트에서의 첫 경기는 아우크스부르크와의 원정 경기였는데, 당시 도르트문트는 1-3으로 뒤지고 있었다. 홀란드는 20분 만에 해트트릭을 기록하며 도르트문트를

5-3 승리로 이끌었다. 그의 새 감독 뤼시앵 파브르Lucien Favre는 "그의 강점을 바로 볼 수 있었다. 수비수들 사이를 가로지르는 그의 주력은 팀에 도움이 된다. 우리는 왼쪽, 오른쪽에서 다양하게 플레이하지만, 이제는 전방을 노리는 플레이도 할 수 있게 됐다"고 말했다. 이처럼 실제로 팀을 빠르게 앞으로 나아갈 수 있도록 이끄는 것이 홀란드의 가장 큰 특징이었다. 도르트문트 시절, 맨시티와의 경기에서 그의 능력은 더욱 빛났다. 홀란드는 긴 패스를 받는 능력이 뛰어났고 도르트문트가 맨시티의 압박을 뚫는 데 도움을 주었다.

홀란드는 신체 능력이나 마무리 능력에 있어 의심받지 않았지만, 맨시티와 잘 맞을지에 대해서는 확신할 수 없었다. 그는 첼시에서의 루카쿠나 맨유에서의 호날두처럼 될 수도 있었다. 물론 홀란드는 프리미어리그 데뷔 시즌에 많은 골 관련 기록을 경신했지만, 경기에 대한 그의 전반적인 영향력에 대한 의견은 계속해서 바뀌었다.

홀란드는 리버풀과의 1-3 커뮤니티 실드 패배에서 부진했다. 그는 아드리안 산미겔Adrián San Miguel 골키퍼가 움직이지 않은 상태에서 골문 바로 앞에서의 골 기회를 놓쳤다. 과연 그가 오스트리아와 독일에서 보여준 득점 능력을 프리미어리그에서도 재현할 수 있을까라는 물음이 따라왔다.

그런 의심을 바로잡는 데는 그리 오랜 시간이 걸리지 않았다. 홀란드는 프리미어리그 데뷔전에서 웨스트햄의 골키퍼 우카시 파비안스키Łukasz Fabiański에게 부상을 입히며 충돌을 일으켰고, 그 후 교체 골키퍼 알퐁스 아레올라Alphonse Areola에게 반칙을 당해 페널티킥을 얻었다. 홀란드는 페널티킥을 성공시키고, 그 후 귄도안의 패스를 받아 두 번째 골을 넣었다. 이는 더 브라위너가 연결한 패스였다. 더 브라위너는 그 전 시즌 맨시티의 최다 득점자였지만 이제는 도우미로 돌아왔다. 이 경기는 새로운 맨시티의 모습이었다. 2-0 승리, 홀란드가 두 골을 넣었다. 홀란드는 데뷔 해트릭을 놓쳤다고 불만을 표했지만 교체된 것에 대해 걱정할 필요는 없었다. 그는 다음 여덟 경기에서 세 번의 해트트릭을 기록했고, 시즌이 끝날 무렵에는 총 다섯 번의 해트트릭을 달성했다. 이는 판 니스텔로이가 다섯 시즌 동안 남긴 기록과 같았다.

하지만 홀란드는 두 번째 프리미어리그 경기인 본머스와의 4-0 승리에서 단 8회의 터치만을 기록했다. 이는 6개월 전 루카쿠가 기록한 최저 터치 수보다 단 1회 더 많았다. 그 8번 중 두 번만 패스였고, 그중 하나는 킥오프였다. 홀란드의 개인 능력에는 의심의 여지가 없었지만, 맨시티의 공격 방식은 이전과 매우 달라졌다. 다른 선수들은 더 적은 골을 넣었고, 맨시티의 특징이었던 측면 윙어들의 파포스트 마무리 골은 이제 홀란드가 대부분 넣고 있었다. 이 중 대부분은 더 브라위너의 크로스에서 비롯된 것이다. 선수 대부분이 골을 노려야 할 때 홀란드를 찾았다. 이로 인해 과르디올라 감독의 전술은 더 예측 가능해졌고, 동시에 역습에 더 취약해졌다. 뉴캐슬과의 짜릿한 3-3 무승부 후 과르디올라는 "유일한 문제는 우리가 라인을 깨고 달릴 때다. 만약 마무리를 지으면 문제가 되지 않지만, 마무리를 짓지 못하면 알랑 생막시맹Allan Saint-Maximin과 미겔 알미론Miguel Almirón을 제어할 수 없다. 우리는 최전방에서 더 많은 시간을 보내고 더 많은 패스를 해야 하지만, 어려운 점은 엘링(홀란드)이 뛰고 있다는 것이다"라고 말했다. 즉 홀란드가 뒷공간으로 침투하며 팀을 보다 직접적인 플레이로 이끌고 있다는 의미였다. 맨시티의 경기는 난타전 양상으로 변해 갔고, 이는 과르디올라가 요구하는 경기 지배와는 정반대였다.

2022년은 시즌 중반에 월드컵으로 인해 시즌이 중단된 특이한 해였고, 맨체스터 시티는 겨울 동안 고전했다. 과르디올라 감독은 "내 팀을 알아볼 수가 없다"고 불만을 토로하기도 했다. 토트넘과의 경기에서 0-1로 패배할 당시 홀란드는 슈팅을 시도하지 못했고, 상대 페널티 지역에서 단 한

번의 터치도 기록하지 못했다. 반면 과르디올라 감독이 가장 원했던 공격수인 케인은 경기의 유일한 골을 기록하며 토트넘 역사상 최다 득점자가 되었다. 잉글랜드 축구에서 가장 영향력 있는 전문가 중 한 명인 제이미 캐러거는 "홀란드를 최전방에 둔 맨시티가 오히려 더 약해졌다"라며, 전통적인 9번 스트라이커를 영입한 다른 팀들의 사례와 비슷한 문제를 겪고 있다고 용기 있게 지적했다.

하지만 그 후 맨시티는 봄이 되면서 언제나 그랬듯이 좋은 경기력을 되찾았다. 토트넘전 패배 이후, 그들은 15경기 중 14경기에서 승리했으며, 그 과정에서 우승 경쟁을 벌이던 아스널을 홈과 원정에서 모두 제압했다. 그 결과는 아스널에게 큰 타격이 됐고 사실상 맨시티의 세 번째 연속 리그 우승을 확정 짓는 결정적인 순간이 되었다. 홀란드는 두 경기에서 모두 골을 기록하며 아스널의 센터백들과 치열하게 싸웠고, 맨시티가 평소보다 긴 패스를 사용해 아스널의 강한 압박을 무력화할 수 있도록 도왔다. 그와 같은 나라 출신이자 아스널의 주장인 마르틴 외데고르Martin Ødegaard는 "이제 맨시티는 다양한 플레이를 할 수 있다. 전방에 홀란드가 있기 때문이다. 그들은 빌드업을 통해 전진할 수도 있고, 직접 롱볼을 활용할 수도 있어서 수비하기가 정말 어렵다"고 말했다.

홀란드는 결국 그 시즌을 36골로 마무리하며, 프리미어리그 단일 시즌 최다 득점 기록을 경신했다. 단순한 수치만 놓고 보면 이는 의심할 여지 없는 대성공이었다. 그러나 맨시티는 이전 시즌보다 5골을 덜 넣었고, 7골을 더 실점했으며, 승점 또한 4점이 줄어들었다. 그들은 FA컵과 챔피언스리그까지 석권하며 트레블을 달성했고, 이로 인해 전술에 대한 비판은 터무니없는 것처럼 보였다. 하지만 시즌 마지막 8경기에서 홀란드는 단 1골만 기록했다. 그는 아마도 프리미어리그 역사상 최고의 시즌을 보냈지만, 맨시티가 가짜 9번을 활용할 때보다 정통 스트라이커를 두는 것이 실제로 더 나은 선택이었는지는 여전히 의문으로 남아 있었다.

이는 과르디올라 감독의 전술에 있어서도 극적이고도 매우 놀라운 변화의 일부였다. 그는 공격뿐만 아니라 수비에서도 기존 방식을 버리고 변화를 시도했다. 특히 그동안 즐겨 사용하던 미드필더를 센터백으로 배치하는 전술에서 벗어나 보다 전통적인 수비 운영 방식으로 전환했다.

바르셀로나 시절, 과르디올라 감독은 하비에르 마스체라노를 수비형 미드필더에서 센터백으로 바꿨다. 종종 야야 투레와 세르히오 부스케츠를 센터백으로 기용하기도 했으며, 정통 수비수 대신 이 선수들을 센터백 자리에 배치하는 실험을 감행했다. 바이에른 뮌헨에서도 하비 마르티네스Javi Martínez를 비슷한 방식으로 활용했다. 그는 맨시티에서도 이러한 기조를 이어갔으며, 그 대표적인 사례가 2019년 10월 크리스탈 팰리스 원정 경기에서의 2-0 승리였다. 과르디올라는 순수한 역습 중심의 팀을 상대할 때, 맨시티의 수비수들 중 대부분이 하프라인 근처에서 플레이하게 될 것이라고 판단했다. 그렇다면 차라리 그 자리에 미드필더 두 명을 배치하는 것이 더 효과적이지 않을까? 결국 궁극적인 그의 꿈은 '미드필더들로만 구성된 팀'이었기 때문이다. 그 결과, 그는 정통 센터백인 존 스톤스와 에릭 가르시아Eric Garcia를 벤치에 두고, 수비형 미드필더인 페르난지뉴와 로드리를 센터백 조합으로 기용했다. 맨시티는 큰 문제 없이 경기를 주도했고, 과르디올라는 상대가 정통 스트라이커인 크리스티안 벤테케Christian Benteke를 투입한 이후에야 뒤늦게 스톤스를 교체 투입했다. 이 경기는 '과르디올라의 전술적 정점'이라 불릴 만한 순간이었다.

그러나 무언가가 변하기 시작했다. 그 시즌이 끝난 후, 맨시티는 후벵 디아스Rúben Dias와 네이선 아케Nathan Aké를 영입했다. 디아스는 과르디올라가 선호하던 전형적인 센터백과는 다른 유형의 선수였다. 그는 패스 플레이보다는 상대 공격을 차단하는 데 집중하는 강하고 거친 수비수였으며,

태클이나 블로킹을 성공시킨 후 마치 스트라이커가 골을 넣은 것처럼 세리머니를 펼치곤 했다. 과르디올라 감독은 그에 대해 "몸짓, 제스처 같은 것들이 축구에서 정말 중요하다"며 극찬을 아끼지 않았다. 디아스의 첫 시즌은 대성공이었고, 그는 프리미어리그 시대 최초로 잉글랜드 축구기자협회FWA 올해의 선수상을 수상한 수비수가 되었다. 그의 존재는 맨시티를 강력한 세트피스 팀으로 변화시켰다. 이전까지 과르디올라의 팀은 세트피스 상황에서 약점을 보였지만, 2021-22시즌 맨시티는 프리미어리그에서 세트피스로 21골을 기록하며 단 1골만을 내줬다. 세트피스 득실차 +20은 프리미어리그 역사상 그 어떤 팀보다도 뛰어난 기록이었다.

아케는 디아스보다 자신의 가치를 입증하는 데 시간이 더 걸렸다. 첫 시즌에는 부상에 시달리며 어려움을 겪었기 때문이다. 그는 디아스보다 뛰어난 패스 능력을 지녔으며, 왼쪽 풀백으로 전진하면서 공격적으로 위험한 패스를 공급할 수 있는 선수였다. 그러나 2022-23시즌 트레블을 달성하는 과정에서 그는 팀의 핵심 선수로 자리 잡았고, 과르디올라 감독은 그의 수비적인 성실함을 칭찬했다. 그는 "아케는 뛰어난 수비수이며, 세트피스에서 믿을 수 없는 활약을 펼친다. 좁은 공간에서도 집중력이 탁월하다"고 평가했다. 이어 과르디올라는 "이번 시즌을 통해 배운 것이 있다. 부카요 사카Bukayo Saka, 비니시우스 주니오르Vinicius Junior, 가브리엘 마르티넬리Gabriel Martinelli, 모하메드 살라, 사디오 마네 같은 선수들을 상대할 때는 정말 제대로 된 수비수가 필요하다. 이 선수들은 단 한 번의 움직임만으로도 수비를 무너뜨릴 수 있다. 과거에는 없었던 그런 요소를 아케가 우리에게 가져다주었다"고 강조했다.

이는 과거의 과르디올라 감독과는 완전히 달라진 모습이었다. 프리미어리그 첫 시즌 당시, 과르디올라는 팀의 피지컬적인 약점에 대한 질문을 받았을 때 "나는 태클을 훈련시키지 않는다. 태클이 뭔가?"라고 답했었다.

하지만 이제 그는 그의 말을 그대로 인용하자면 '진짜 정말로 적합한 수비수'라는 표현을 사용할 정도로 수비의 중요성을 강조하고 있었다. 이는 마치 샘 앨러다이스 같은 전통적인 잉글랜드 출신 감독이나 할 법한 말처럼 들렸으며, 무엇보다도 과르디올라가 스스로 무언가를 '배웠다'고 인정하며 자신의 철학을 바꾼 것이 인상적이었다. 2022년, 그는 또 다른 센터백 마누엘 아칸지Manuel Akanji를 영입했다. 이후 과르디올라는 "아칸지는 풀백, 센터백, 수비형 미드필더로 뛸 수 있으며, 마지막 공격 지역에 도달했을 때 결정적인 패스를 할 수 있는 능력도 있다"며 그의 다재다능함을 칭찬했다. 아칸지는 주로 맨시티의 수비 우측에서 활약했으며, 과르디올라 감독은 에므리크 라포르트를 아케의 대체자로서 좌측 풀백으로 기용하기도 했다. 결과적으로, 그는 때때로 네 명의 센터백으로 구성된 수비 라인을 운영하며 완전히 새로운 접근 방식을 보여주었다.

그들을 보호하는 역할을 맡은 선수는 강한 피지컬을 자랑하는 수비형 미드필더 로드리였다. 사실 그는 과거 과르디올라가 지휘했던 팀들에서는 센터백으로 기용됐을 가능성이 높을 정도로 수비적인 성향이 강했다. 실제로 과르디올라 감독의 수비 라인은 2022 월드컵에서 센터백으로 활약했던 선수들로 이루어진 경우가 많았다. 트레블을 달성한 시즌 동안 그는 종종 여섯 명 중 다섯 명을 기용했다. 마누엘 아칸지(스위스), 후벵 디아스(포르투갈), 네이선 아케(네덜란드), 존 스톤스(잉글랜드), 에므리크 라포르트와 로드리(이상 스페인) 모두 각국 대표팀에서 센터백으로 활약한 경험이 있었다. 심지어 카일 워커마저도 잉글랜드가 스리백 전술을 사용할 때는 오른쪽 센터백으로 배치되었다. 그리고 시즌이 끝난 후 라포르트가 팀을 떠나자, 과르디올라는 그의 대체자로 또 다른 센터백 출신인 요슈코 그바르디올Joško Gvardiol을 영입했다. 그는 크로아티아 대표팀에서 월드컵 기간 동안 센터백으로 뛰었던 선수였다. 결과적으로 과르디올라 감독은 과거의 기술적인 풀백 올렉산드르 진첸코와 창의적인 주앙 칸셀루를 내보내고, 하프백들을 기용하던 스타일에서 팀의 수비진 중 절반 정도를 센터백으로 운영하는 방식으로 변화했다. 아스널 주장 마르틴 외데고르는 이에 대해 "맨체스터 시티는 지난 몇 년 동안 수비적으로 엄청난 발전을 이뤘다. 그들은 정말 단단해 보인다"며, "예전보다 피지컬적인 면에서도 강해졌다"고 평가했다. 그리고 이러한 변화는 아스널에도 적용될 수 있는 이야기였다.

맨체스터 시티의 프리미어리그 우승 경쟁 상대였던 2022-23, 2023-24시즌의 아스널은 과르디올라의 옛 수석 코치였던 미켈 아르테타가 지휘하고 있었다. 그는 수비에서 과르디올라와 비슷한 접근 방식을 취했다. 윌리엄 살리바William Saliba가 임대 생활을 마치고 센터백 가브리엘 마갈량이스Gabriel Magalhães와 파트너를 이루게 되면서, 아르테타 감독은 벤 화이트Ben White를 센터백에서 오른쪽 풀백으로 전환하는 해결책을 선택했다. 왼쪽에서는 초반에 과르디올라가 창안한 하프백 역할을 진첸코에게 맡겼지만, 시즌 막바지에 접어들면서 과르디올라는 물론 아르테타 역시 그의 수비적인 불안함을 느꼈다. 결국 아르테타는 오른발잡이 수비수 토미야스 다케히로나 왼발잡이 센터백 야쿠브 키비오르Jakub Kiwior를 대안으로 선택했다. 흥미롭게도 토미야스(일본)와 키비오르(폴란드) 역시 2022 월드컵에서 자국 대표팀에서 센터백으로 뛰었다. 즉 이러한 조합을 사용할 때 아르테타 또한 사실상 네 명의 센터백을 수비 라인에 배치하는 전략을 펼친 셈이었다. 그리고 아스널 역시 맨시티처럼 세트피스에서 강한 면모를 보이며 위협적인 팀으로 자리 잡았다. 2023-24시즌, 벤 화이트와 가브리엘은 각각 4골을 기록하며 부상에 시달렸던 주전 스트라이커 가브리엘 제주스와 같은 득점 수를 올렸다. 이에 대해 아스널 주장 마르틴 외데고르는 "미켈(아르테타)은 세트피스를 통해 얼마나 많은 경기를 이길 수 있는지를 분석하고, 모든 세부 요소와 통계를 잘 파악하고 있다"며, "우리는 그것을 위해 정말 열심히 훈련한다"고 말했다.

아르테타는 웨스트햄의 데클란 라이스Declan Rice를 영입하며 팀에 피지컬적인 요소를 추가했다. 라이스는 이제는 미드필더로 완전히 자리 잡았지만, 과거에는 센터백으로 여겨졌던 선수였다. 그 자신조차 프리미어리그 데뷔 두 달 전인 18세 때 "나는 나 자신을 양 발을 모두 사용할 수 있는 '볼플레잉 센터백'이라고 생각한다. 수비하는 것을 좋아하며, 경기장 안팎에서 리더가 되는 것을 즐긴다"라고 말한 적이 있다. 하지만 그것은 2017년의 이야기였다. 6년이라는 시간 동안 많은 것이 변할 수 있다. 그리고 2023년이 되자, 라이스를 맨시티로 데려오길 원했던 과르디올라는 물론, 아르테타 또한 그를 중앙 미드필더로 평가하고 있었다. 그는 아스널에서 맨시티의 로드리와 비슷한 역할을 수행했고, 필요할 때는 수비 라인까지 내려가며 역할을 소화할 수 있었다. 선수 시절, 아르테타는 과르디올라와 마찬가지로 기술적이고 세련된 딥라잉 미드필더였지만, 감독이 된 후에는 이 포지션에서 피지컬적인 요소를 더욱 중시하는 듯했다. 물론 라이스도 기술적으로 뛰어났지만, 날카로운 패스를 공급하기보다는 공을 운반하며 전진하는 능력이 더 돋보였다. 그는 아스널 첫 시즌을 홀딩 미드필더로 시작했지만, 그가 가장 인상적인 퍼포먼스를 보여준 역할은 활력 넘치는 8번 미드필더로서였다.

과르디올라 감독은 맨시티의 수비를 강화하면서도 여전히 뛰어난 패스 능력을 유지했다. 2022-23시즌과 2023-24시즌, 프리미어리그에서의 평균 점유율은 65%로, 2021-22시즌의 정점이었던 68%에 비해 3% 낮아졌지만, 여전히 리그 최고 수치를 기록하고 있었다. 맨시티의 센터백들은 정도의 차이는 있지만 모두 빌드업에 능숙했다. 디아스는 가장 전통적인 스타일의 수비수였으며, 정교한 패스로 상대의 라인을 깨뜨리는 능력은 가장 낮은 선수였다. 반면 스톤스는 오랫동안 발기술이나 패스에 능한 수비수로 평가받았고, 트레블을 달성한 시즌에는 새로운 역할을 맡았다. 과거 과르디올라 감독은 풀백을 중앙으로 이동시켜 로드리와 함께 홀딩 미드필더 역할을 맡기는 방식을 선호했다. 하지만 이제는 주로 스톤스가 센터백에서 전진해 그 역할을 수행했다. 그가 앞으로 올라오면 아케와 아칸지가 안쪽으로 좁혀 들어가 디아스를 중심으로 강력한 스리백을 형성했다. 그렇다면, 과르디올라가 맞춤형 하프백으로 활용했던 리코 루이스는 어땠을까? 과르디올라는 "그가 조금만 더 컸다면, 우리는 그를 프리미어리그 최고의 선수 중 한 명으로 평가했을 것이다. 문제는 그가 너무 작다는 것이다. 정말 작다. 하지만 그는 특별한 선수다"라고 말했다. 하지만 루이스의 키는 필리프 람보다 겨우 1cm 작고, 다니 알베스Dani Alves보다도 3cm 작을 뿐이었다. 과거 바이에른 뮌헨과 바르셀로나에서는 신체적 조건에 대해 거의 언급하지 않던 그가, 이제는 피지컬을 중요하게 고려하는 모습을 보이게 된 것이다. 맨시티에서 반드시 챔피언스리그 우승을 차지하려는 절박함 속에서 과르디올라는 변화했다. 라리가와 분데스리가에서 보낸 시간만큼이나 오랫동안 프리미어리그를 경험한 그는 어느새 예상보다 더 '잉글랜드 스타일'의 감독이 되어 있었다.

과르디올라 감독은 인터 밀란을 상대로 1-0 승리를 거두며 트레블을 완성한 챔피언스리그 결승전에서 워커를 제외하고 스톤스, 아칸지, 디아스, 아케로 구성된 포백을 가동했다. 스톤스는 우측 풀백 위치에서 출발했지만, 전진할 때는 로드리와 나란히 또는 그보다 앞선 공간에서 역할을 수행했다. 또한 그는 측면으로 오버래핑하기도 했으며, 경기 중 무려 여섯 명의 상대를 드리블로 제치는 장면을 연출했다. 이는 챔피언스리그 결승전에서 2015년 리오넬 메시 이후 최다 기록이었다. 하지만 인터 밀란 역시 이에 맞서 독특한 전술적 대결을 펼쳤다. 그들은 스리백을 사용했지만, 마크

해야 할 상대 스트라이커는 홀란드 한 명뿐이었다. 이에 따라 스톤스는 종종 인터 밀란의 좌측 센터백인 알레산드로 바스토니Alessandro Bastoni에게 차단당하는 모습을 보였다. 이는 최근 축구에서 새롭게 떠오른 전술적 흐름을 상징하는, 센터백 두 명이 미드필드에서 정면으로 맞붙는 장면이었다. 결승전의 유일한 골은 이러한 전술 싸움 속에서 나왔다. 경기 내내 오른쪽 센터백으로 배치되었던 아칸지가 처음으로 공을 몰고 전진하자, 바스토니가 압박을 위해 앞으로 나섰다. 그 순간 생긴 공간을 베르나르두 실바가 파고들었고, 그의 크로스가 굴절되면서 로드리의 발 앞에 떨어졌다. 그리고 2년 전 결승전에서 뜻밖의 제외를 당했던 로드리가 결승골을 터뜨렸다. 맨시티는 최고의 경기력을 선보였다 할 수는 없었고, 홀란드는 경기에 거의 관여하지 못했다. 그러나 과르디올라 감독이 다수의 센터백을 배치한 전략은 리드를 지키기에 완벽한 선택이었다.

과르디올라 감독은 챔피언스리그 결승을 앞두고 바르셀로나 시절 지도했던 티에리 앙리와의 TV 인터뷰에서 "90분 내내 상대 진영에서만 플레이하면서 공을 잃을 때마다 공수 전환 상황에서 실점하는 건 어리석은 일이다"라고 말했다. 그는 이어서 현재의 수비진에 대해 "아칸지는 훌륭한 수비수고, 스톤스는 놀라울 정도로 집중력이 뛰어나다. 워커는 비니시우스 같은 가장 위험한 윙어들을 막을 능력이 있다. 아케는 일대일 대결에서 강하며, 부카요 사카 같은 오른쪽 윙어들을 충분히 제어할 수 있다. 그리고 후벵(디아스)은 엄청난 재능을 지녔다. 사람들은 '좋은 패스, 득점' 같은 이야기를 하지만, 내 생각에 훌륭한 수비수가 되는 것이야말로 축구에서 가장 큰 재능이다. 그리고 이제 우리는 수비를 즐기는 선수들을 보유하고 있다. 올 시즌, 우리는 이전보다 더 강한 수비력을 갖췄다. 그건 확실하다"고 말했다. 이러한 변화는 공격진에서 일어난 변화와도 연결되어 있었다. 과르디올라 감독은 홀란드의 영입으로 인해 패스 템포가 더 빨라졌으며, 그 결과 상대 역습에 더 취약해졌다고 설명했다. 따라서 그는 직접적인 일대일 대결에서 위험한 공격수들을 제압할 수 있는 수비수들이 필요했다.

마침내 맨시티를 유럽 정상에 올려놓기 위해, 오랜 세월 '과도한 전술적 고민'이 약점이라는 비판을 받았던 과르디올라는 결국은 축구의 '기본'으로 돌아갔다. 즉 팀에 확실한 골잡이 스트라이커를 기용하고, 네 명의 정통 수비수를 배치한 것이다. 이러한 접근법은 토니 퓰리스가 웨스트 브로미치에서 네 명의 센터백을 배치했던 전술을 떠오리게 했다. 2023년, 퓰리스는 자신의 방식에 대한 질문을 받았을 때 "과르디올라도 이제 그렇게 하고 있잖아"라고 말했다. 그는 자신이 요한 크루이프나 루이 판 할 같은 전술가들과 함께, 반쯤 농담처럼 과르디올라에게 영향을 준 인물로 언급되고 있다는 사실을 인지하고 있었다. "아, 그리고 클롭 감독도 (나처럼) 야구 모자에 하얀 운동화를 신고 다니잖아." 그의 말에는 시대가 변하면서 축구 감독들의 스타일과 접근 방식도 예상치 못한 방향으로 변화하고 있음을 보여주는 유머가 담겨 있었다.

맨시티의 2023-24시즌은 전반적으로 이전 시즌과 같은 접근법을 유지했다. 다만 홀란드를 둘러싼 논쟁은 여전히 존재했다. 시즌 중반 그는 발 부상으로 결장했는데, 공교롭게도 그 당시 맨시티는 4경기 연속 승리를 거두지 못하고 있었다. 하지만 홀란드가 빠진 후 맨시티는 오히려 더 나아진 듯 보였고, 상대적으로 약한 팀들을 상대로였지만 6경기 중 5경기에서 승리를 거뒀다. 그러나 홀란드가 복귀한 뒤에도 맨시티는 계속해서 승리를 이어갔고, 그는 다시 한번 프리미어리그 득점왕을 차지하며 자신의 가치를 입증했다.

그바르디올은 센터백으로 맨시티에 입단했지만, 왼쪽 풀백으로 배치되었던 초반에는 다소 어색해 보였다. 그러나 시즌이 진행될수록 볼 처리 능력이 향상되었고, 시즌 막판에는 결정적인 활약을 펼쳤다. 특히 마지막 7경기에서 5골을 기록하며 중요한 4-0 승리를 이끄는 등 공격적인 기여도도 높아졌다. 가장 인상적인 순간 중 하나는 풀럼과의 경기였다. 경기 막판, 그는 해트트릭을 완성할 수 있는 페널티킥 기회를 얻었지만 이를 거절했다. 이로 인해 프리미어리그 역사상 최초로 수비수가 해트트릭을 기록할 기회를 놓쳤다. 그러나 이 장면은 그의 팀플레이 정신과 겸손함을 보여주는 예로 남았다.

더 앞선 공격진에서는 과르디올라가 아케를 "진짜 정말로 적합한 수비수"라고 묘사했던 것처럼, 새로운 "진짜 정말로 적합한 윙어"라고 표현한 제레미 도쿠Jérémy Doku가 있었다. 도쿠는 결정력 기복이 있었지만, 프리미어리그에서 경기당 가장 많은 드리블을 시도하고 성공한 선수였다. 그런 점에서 그는 전형적인 과르디올라 스타일의 공격수는 아니었지만, 이제 과르디올라는 일대일 경합의 중요성을 인식하고 있었다. 그는 점점 더 만능형 선수보다는 순수한 골잡이, 순수한 드리블러 같은 특화된 역할의 선수들을 선호하는 방향으로 변화하고 있었다.

2023-24시즌, 과르디올라의 맨시티와 아르테타의 아스널이 맞붙은 두 경기 모두 수비적인 접근과 치열한 몸싸움이 중심이 되었다. 최전방에서의 연계 플레이는 거의 없었고, 두 경기에서 나온 유일한 골은 첫 번째 맞대결에서 마르티넬리가 기록한 행운의 굴절 슛이었다. 3월 말 열린 경기에서는 과르디올라와 아르테타 모두 센터백 4명을 기용하며 강한 수비 조직력을 강조했다. 경기는 득점 없이 0-0으로 끝났고, 당시에는 아스널에게 나쁘지 않은 결과처럼 보였다. 그러나 맨시티는 이후 리그 마지막 9경기를 모두 승리하며 또 한 번의 우승을 차지했고, 역사적인 기록을 세웠다.

1920년대의 허더스필드 타운, 1930년대의 아스널, 1980년대의 리버풀 그리고 두 차례에 걸쳐 알렉스 퍼거슨 감독의 맨체스터 유나이티드가 3시즌 연속 타이틀을 차지했지만, 맨시티는 잉글랜드 축구 역사상 최초로 4연속 우승을 차지한 팀이 되었다. 이 성과는 과르디올라에게 큰 의미가 있었다. 그는 시즌 시작 전 훈련장에 4연속 우승을 달성한 적이 없다는 포스터를 붙여 선수들에게 그 목표를 상기시켰다. 이는 그가 2017-18시즌에 선수들에게 승점 100점 달성에 처음으로 도전하라고 동기를 부여했던 방식과 비슷했다. 과르디올라는 단순히 타이틀을 원했던 것이 아니라, 역사적으로 의미 있는 타이틀을 쟁취하고 싶어 했다.

과르디올라는 단순히 그의 시대에서 가장 성공적인 감독이었을 뿐만 아니라, 가장 영향력 있는 감독이기도 했다. 그 영향력은 두 시즌 연속 그의 가장 가까운 프리미어리그 경쟁자였던 감독이, 과거 그의 동료이자 그를 도우며 일하는 코치였던 아르테타였다는 사실에서 드러난다. 한편, 그 두 시즌 동안 과르디올라 밑에서 뛰었던 두 스페인 미드필더, 차비 에르난데스와 사비 알론소는 각각 바르셀로나와 바이어 레버쿠젠을 이끌고 스페인과 독일에서 챔피언 타이틀을 차지했다. 이처럼 과르디올라의 영향력은 축구의 흐름을 완전히 바꿔 놓았다.

과르디올라 감독은 구체적인 포메이션과 역할의 변화 그리고 점유율 축구의 트렌드를 유행시킨 것을 넘어 다른 감독들로 하여금 더 전략적으로 사고하게끔 유도했다. 그의 감독 커리어 초창기 시절, 과르디올라는 종종 '바르셀로나 방식'에 지나치게 얽매여 있고, '플랜 B'가 없다는 이유로 조롱받았다. 하지만 아르센 벵거 전 아스널 감독과 같은 순수한 축구 낭만주의자와는 달리, 과르디올라는 상대 팀을 깊이 분석하고, 팀이 예측 가능해지는 것을 방지하기 위해 자주 전술을 변경했다는 점에서 차이를 보였다. 그로 인해 그는 종종 '지나치게 생각이 많다'는 비판을 받기도 했다. 이를 위해 과르디올라는 다재다능하고 지능적인 선수들이 필요했다. 따라서 한 가지 포지션에 전문화된 선수들이나 두뇌보다는 육체적인 능력이 중요한 선수들은 유행에서 사라지게 되었다. 이는 과르디올라의 팀들뿐만 아니라 최고 수준의 축구계 전반에 해당하는 변화였다. 그리고 과르디올라는 아마도 축구 감독 역사에서 유일하게 자신의 영향력을 활용할 수 있는 위치에 있었다. 그의 성공 덕분에 최고 수준의 축구는 기술적이고 전술적인 부분에 집중하게 되었고, 육체적 능력과 경합의 중요성은 한때 잊혀지는 듯 보였다.

축구 전략에서 흔히 나오는 주제는 상대를 유인하기 위해 어떤 전술을 구사한 뒤 그들이 예상하지 못한 변수로 상대를 공략하는 것이다. 과르디올라는 한때 이에 대해 "모든 팀 스포츠에서 비밀은 한 방향으로 상대를 끌어들이고, 그렇게 하면서 다른 쪽이 약해지게 만드는 것이다. 그리고 그 후, 그 약해진 쪽을 공격해 득점을 하는 것이다"라고 설명했다. 사실 축구계에서 과르디올라는 이를 좀 더 높은 이념적 차원에서 실행해왔다. 그 자신이 유행시킨 전술로 인해 한때 축구계에서 정통파 공격수, 센터백의 개념을 흔들어 놓았던 그가 언젠가부터 다시 정통 센터백과 스트라이커를 적극적으로 활용하는 전술로 축구계를 놀라게 한 것이다. 최고 수준의 전술과 전략 대부분이 그렇듯이, 그의 그런 변화는 누구도 예상하지 못한 것이었다.

에필로그

프리미어리그의 25번째 시즌은 영국 정치계에서 수십 년 만에 가장 큰 사건이 일어난 시점과 맞물려 시작됐다.

영국 유권자들은 2016년 6월 투표 결과에 따라 유럽연합 탈퇴(브렉시트 Brexit)를 결정했다. 이 사건은 단순히 지나쳐가는 과정 정도로 끝날 문제가 아니었다. 게다가 브렉시트는 잉글랜드 축구계에도 심각한 영향을 미칠 만한 사건이기도 하다. 잉글랜드 축구에는 1990년대 후반부터 보스만 룰에 따라 폭발적으로 많은 외국인 선수가 유입됐다. 그러면서 잉글랜드 구단들은 EU의 현행법에 따라 제한 없이 많은 외국인 선수를 영입할 수 있었다. 그러나 영국이 EU에서 탈퇴하며 외국인 선수를 제한하는 제도가 재도입될 가능성이 생겼다.

실제로 영국 노동당 예비내각 내무 담당 앤디 버넘 의원은 브렉시트가 확정된 뒤 단 3개월 후 의미심장한 발언을 남겼다. 그는 "브렉시트가 확정되며 잉글랜드 축구가 그동안 유럽 나머지 국가와 자유롭게 선수 이적 거래를 하던 풍토와 거리를 두게 될까? 잉글랜드가 직접 육성한 선수를 중용하는 제도를 도입해 프리미어리그가 세계 최고의 재능을 지닌 선수의 놀이터가 아닌, 우리 리그에서 우리 선수가 뛸 수 있게 해주는 무대로 만들게 될까? 이는 우리가 의논해볼 가치가 충분한 문제라고 생각한다. 더 중요한 질문은 '세계 최고의 리그와 가장 성공적인 대표팀을 둘 다 보유할 수는 없을까?'라고 본다"고 말했다.

버넘 의원의 말은 프리미어리그가 수많은 외국인 선수 덕분에 발전할 수 있었다는 그의 생각도 담고 있다. 그의 '세계 최고의 재능을 지닌 선수의 놀이터'라는 표현은 스카이스포츠가 시즌 개막을 앞두고 새 학기를 앞둔 어린 팬들을 대상으로 제작한 홍보물에 담을 만한 내용이기도 하다.

이 책이 서술한 프리미어리그의 전술적 진화론을 훑어보면, 혁신을 일으킨 수많은 선수와 감독 중 영국인은 리오 퍼디낸드와 브렌던 로저스 감독 단 둘뿐이다. 퍼디낸드는 중앙 수비수의 활동 성향을 바꿔놓았고, 로저스 감독은 스완지에서 점유율 축구의 대명사로 거듭났다. 그런데도 퍼디낸드는 케빈 키건 감독으로부터 "프랑스인, 브라질인 또는 네덜란드인이었어야 대표팀에 뽑힐 수 있었을 것"이라는 말을 들어야 했고, 로저스 감독은 스스로 스페인과 네덜란드 축구에 대한 애정을 공공연히 드러냈다. 이처럼 프리미어리그의 진화는 전적으로 해외로부터 받은 영향으로 이뤄졌다.

지난 2016년 여름 축구계에서 일어난 또 하나의 중대한 사건은 유로 2016이었다. 프랑스에서 열린 이 대회는 흥미로운 경기가 많지 않았던 데다 기억할 만한 장면이 거의 없었을 정도로 기대 이하라는 평가를 받았다. 대회 기간 내내 전술 다양성의 부재가 심각해 보였고, 더 눈에 띈 건 당시 가장 기대 이상의 성적을 거둔 두 팀이 모두 흔치 않은 전술을 썼다는 사실이다. 우승 팀 포르투갈은 다이아몬드형 미드필드를 가동하면서도 순수 중앙 공격수가 없는 포메이션을 활용했고, 4강 진출팀 웨일스는 3-4-2-1을 썼다. 이외 모든 팀들은 실망스러울 정도로 똑같은 전술 시스템을 고집했다. 대회가 끝난 후 축구 전문 잡지 〈웬 새터데이 컴즈When Saturday Comes〉가 진행한 설문조사에 따르면 독자 중 3분의 2는 유로 2016에서 본 "대다수 경기가 똑같았다"고 응답했다. 이는 유로 대회가 원래는 다문화적인 성향을 띈 각양각색의 축구를 볼 수 있는 대축제가 돼야 한다는 목적에서 크게 벗어났다는 점을 보여주는 우려스러운 증거였다. 원래대로라면 유럽선수권은 스페인의 테크닉, 이탈리아의 규율적인 축구, 독일의 효율성, 잉글랜드의 전술 부재 등이 한자리에서 격돌하는 대회였다. 그 대신 유로 2016에서는 모든 팀이 똑같은 방식으로 축구를 하고 있었다.

그러나 2016-17시즌 프리미어리그는 어느 때보다 더 전술적으로 다양한 면모를 보였다. 심지어 2월 초 프리미어리그 1위부터 9위까지 총 아홉 팀은 각자 다른 국적을 보유한 감독(이탈리아, 아르헨티나, 스페인, 프랑스, 독일, 포르투갈, 네덜란드, 웨일스 그리고 크로아티아)의 지휘를 받고 있었다. 이들은 각자의 방식대로 각 출신 국가가 추구하는 축구를 구사했다. 즉 어떤 면에서는 프리미어리그가 유럽선수권보다 더 전술적으로 다양한 축구 대회가 된 셈이다. 물론 다양한 나라에서 온 감독 아홉 명 중 잉글랜드인이 빠졌다는 점이 눈에 띄는 것 또한 사실이다.

그러나 프리미어리그는 여전히 강력한 잉글랜드의 정체성을 띠고 있다. 펩 과르디올라 감독은 프리미어리그가 세컨드 볼을 중시하는 성향에 큰 충격을 받았다. 세컨드 볼에 대한 집착은 매우 잉글랜드적인 현상이기 때문이다. 프리미어리그는 잉글랜드 선수와 감독이 갈수록 줄어드는데도 왜 이러한 문화가 여전히 남아 있는 걸까? 해외에서 온 선수들이 자연스럽게 그런 축구를 하지도 않았고, 감독들도 이러한 축구를 특별히 주문한 게 아닌데도 말이다.

이 모든 건 축구를 하는 개개인의 성향보다는 환경적인 요인이 크기 때문이다. 프리미어리그는 출범 후 1만 경기를 치를 시점에 가까워지고 있다. 이 모든 경기는 잉글랜드와 웨일스에서 열렸다. 영국에는 영국만의 특이한 성향이 있는데, 이런 요인이 이곳의 축구에도 영향을 미치고 있다. 가장 당연한 건 바로 영국의 날씨. 영국은 최상위급 축구 국가로 정평이 난 다른 유럽 국가보다 훨씬 더 추운 나라다. 이 때문에 자연스럽게 경기가 더 빨라진다. 지난 10~20년간 사정이 많이 좋아지기는 했지만, 추운 날씨 탓에 잉글랜드와 웨일스의 축구장 잔디는 늘 젖어 있고, 파여 있는 것이 사실이다. 그러면서 잉글랜드 축구는 공중으로 볼을 띄우는 습성이 자연스럽게 생겼다.

게다가 잉글랜드 주심은 유럽 어느 지역보다 판정이 더 관대하다. 심지어 이탈리아에서는 강력한 태클을 한 선수에게 경고조차 주지 않는 주심을 가리켜 매우 잉글랜드적인 주심이라고 부를 정도다. 그러면서 잉글랜드에서는 천재성이 빼어난 선수가 특유의 마법과 같은 장면을 만드는 데 더 어려움을 겪었다. 반대로 기술은 투박한데도 거친 몸싸움 능력을 앞세운 수비수가 기술이 좋은 공격수를 제압할 수 있는 여건이 마련됐다.

무엇보다 잉글랜드 축구 팬들은 유럽 타 지역 팬들과는 다른 방식으로 경기를 관전한다. 실제로 잉글랜드 축구 팬은 특이한 이유로 경기 도중 환호를 보낼 때가 있다. 예를 들어 잉글랜드 축구 팬처럼 응원하는 팀이 코너킥을 얻었을 때 환호를 보내는 팬은 없다. 그러나 잉글랜드 팬들은 공을 페널티 지역 안으로 뻥 차 넣을 수 있다는 이유만으로 코너킥 유도에 환호를 보낸다. 또한 경기 도중 팀이 한 측면에서 반대편으로 롱볼을 연결해 공격 방향을 전환해도 우렁찬 응원 소리를 들을 수 있다. 이보다는 앞으로 일자로 뻗어가는 상대 수비를 꿰뚫는 패스가 현대 축구에서 더 큰 가치를 지니고 있지만, 잉글랜드에서는 이러한 패스가 나왔을 때 큰 환호성을 듣기 어렵다. 물론 외국인 선수들은 전통적인 잉글랜드 축구장의 분위기가 열기가 높은 것이 때로는 위협적이라 말하곤 한다.

그러나 이러한 요인도 시간이 지나면서 모두 희석될 수 있다. 앞으로 25년 안으로 프리미어리그는 분명히 해외 경기를 개최할 것이다. 프리미어리그는 1992년 출범 후 영국 내 타 스포츠 종목과 인기 대결을 벌이다가 이제는 전 세계 축구 팬을 대상으로 해외 축구 리그와 경쟁하는 단계에 도달했다. 급기야 프리미어리그는 전 세계 스포츠 팬을 대상으로 다른 종목과도 경쟁을 펼치고 있다. 오늘날 세계에서 가장 인기가 많은 스포츠 리그는 프리미어리그와 미식축구리그 NFL이다. 이 두 리그는 현재 대서양을 사이에 두고 치열한 경쟁을 펼치고 있다.

그러나 런던(특히 웸블리 스타디움)에서 경기를 개최한 미국 NFL과 달리, 프리미어리그는 아직 해외에서 경기를 열지 않았다. 그러나 뉴욕을 비롯한 미국 주요 도시의 스포츠 바에서는 흔히 프리미어리그를 'EPL'이라고 부르며 경기를 보는 팬들을 쉽게 찾을 수 있다. 미국은 물론 전 세계적으로 프리미어리그가 공략할 만한 거대한 시장이 존재하고 있다. 다만 매 시즌 팀마다 '39번째 경기'를 치르는 건 리그 일정을 구성하는 작업의 근간을 흔들 수 있는 문제다. 현재 프리미어리그는 팀별로 서로 두 차례씩 홈과 원정경기로 맞붙고 있다. 그러나 팀별로 한 시즌에 치르는 19회의 홈경기 중 한 경기를 해외에서 개최하는 방식은 대안이 될 수도 있다. 해외 경기 개최는 프리미어리그의 '잉글랜드스러움'을 상당 부분 희석시킬 수 있다. 해외 경기는 날씨도 다를 것이고, 경기장 환경과 분위기도 다를 수밖에 없다. 팬들은 경기장과 더 멀리 떨어져 앉아 있을 것이다. 관중수는 매우 많겠지만, 응원 열기는 잉글랜드 팬들이 조성하는 분위기처럼 조직적이거나 열광적이지도 않을 가능성이 크다.

프리미어리그의 해외 진출은 결국 언젠가는 거치게 될 자연스러운 과정이 될 것이다. 프리미어리그는 이미 세계화되고 있다. 게다가 프리미어리그의 해외 진출이 남길 영국이라는 국가의 홍보 효과도 간과할 수는 없다. 지난 2015년 스포츠 시설 전문 건설업체 파퓰러스가 진행한 설문조사 결과 나이지리아, 카타르, 인도, 중국, 태국, 인도네시아, 미국 그리고 홍콩에서는 영국의 가장 인기 있는 브랜드로 프리미어리그를 꼽았다. 설문조사에 참여한 응답자들은 BBC, 영국의 수많은 명문대학교, 영국 왕실, 영국 음악보다 프리미어리그를 더 익숙한 브랜드로 꼽은 셈이다. 이 설문조사는 "조사 대상으로 선정된 시장의 응답자 84%는 프리미어리그가 영국에 대한 이미지를 더 긍정적으로 만든다고 밝혔다. 아울러 영국을 좋아하지 않고도 프리미어리그를 좋아할 수도 있다. 프리미어리그가 이처럼 높은 점수를 받은 건 영국에 대한 사람들의 일반적인 시선과 무관하다. 조사 결과 영국은 해외 시장을 대상으로 자국 이미지가 현대적이고, 성공적이고, 흥미진진하고, 개방적이고, 포괄적이라는 메시지를 전달하고 있지만, 프리미어리그는 이 중 가장 강력한 홍보 도구"라고 설명했다.

이는 프리미어리그가 외국인 선수를 제한하는 쿼터제를 고려해야 한다고 밝힌 버넘 의원의 발언을 고려할 때, 매우 중요한 조사 결과라고 할 수 있다. 버넘 의원은 사실 영국의 EU 잔류를 희망한 인물이다. 영국이 국제 사회에서 더 고립된 국가가 되고, 프리미어리그가 이 나라의 가장 효과적인 홍보 도구가 된 상황을 가정해보자. 그런 분위기 속에서 프리미어리그가 외국인 선수를 제한하는 건 축구 자체는 물론 축구 외적으로도 큰 대가를 치르게 될 결정이 될 것이다.

잉글랜드가 만든 프리미어리그는 사실 지금 이 상태로도 전혀 잉글랜드적이지 않은 상품이다. 그저 프리미어리그의 경기가 잉글랜드에서 열릴 뿐이다. 이는 잉글랜드의 각 도시 시내를 거닐 때 레스토랑에 가면 전 세계 음식을 맛볼 수 있는 것과 비슷하다. 이제 전통적인 잉글랜드 축구는 하부리그에서나 보게 됐다.

잉글랜드의 1부리그인 프리미어리그는 외국에서 유입된 이국적인 요인으로부터 강한 영향을 받았다. 그러면서 프리미어리그는 세계에서 가장 다양하고, 흥미진진하고, 예측이 어려운 축구 리그가 됐다. 그래서 프리미어리그는, 그 모든 것을 한곳에 모아놓고 섞어놓은 '믹서The mixer'다.

감사의 글

먼저 지난 2012년 나에게 이 책을 써보라고 제안했던 나의 에이전트 크리스 웰베러브Chris Wellbelove에게 큰 감사를 전한다. 그의 제안을 받은 지 4년이 지난 뒤, 나는 지금 이 책을 쓸 적기라고 판단했다. 작업을 하는 동안에도 그에게 귀한 도움을 받았다. 이 책이 처음 계획보다 50%나 늘어난 분량으로 나오는 데 큰 도움을 준 편집자 잭 포그Jack Fogg에게도 고마운 마음이다. 우리가 가장 중요한 미팅을 금요일밤 펍에서 만나서 가졌다는 것만으로도 이 책의 작업과정이 얼마나 즐거웠는지 상상할 수 있을 것이라고 생각한다.

작업과정 초반부터 열정적으로 도와준 올랜도 모브레이Orlando Mowbray와 지칠 줄 모르고 홍보업무를 진행해준 이사벨 프로저Isabel Prodger에게도 고마움을 전한다. 마크 볼란드Mark Bolland는 원고 편집과정에서 매우 중요한 역할을 해줬고, 사이먼 그리너웨이Simeon Greenaway는 환상적인 표지를 디자인해줬다. 이외에 묵묵히 중요한 역할을 해준 '하퍼콜린스HarperCollins' 출판사의 모든 관계자에게 고맙다고 말하고 싶다.

따로 시간을 내서 첼시 시절 자신의 전술시스템을 직접 설명해준 카를로 안첼로티 감독에게도 정말 고맙다. 수시로 과거 기록을 찾아주는 작업을 반복해준 '옵타Opta'의 던컨 알렉산더Duncan Alexander에게도 빚을 졌다. 번역업무를 맡아준 잭 랑Jack Lang에게도 고맙다. 닉 에임스Nick Ames, 닐 베이커Neil Baker, 루퍼트 케인Rupert Cane, 제이미 커터리지Jamie Cutteridge, 앤디 엑슬리Andy Exley, 던컨 해밀턴Duncan Hamilton, 마크 홈스Mark Holmes, 타이무어 레이Taimour Lay, 벤 리틀턴Ben Lyttleton, 제임스 모우James Maw, 알렉스 모치Alex Mocchi, 맷 필립스Matt Phillips 그리고 오언Owen에게도 도움을 받았다. 이 책

내용의 구조는 'BBC' 음악 다큐멘터리 시리즈 '세븐에이지스오브락Seven Ages of Rock'으로부터 영감을 받아 구성됐으며, 이외 부분은 모두 클레어 부셰Claire Boucher가 영감이 됐다.

'보스만 룰'에 대한 조사와 조언을 해준 에이미 로즈-맥멀렌Amy Rose-McMullen에게도 감사의 말을 전하고 싶다. 수십 년간 법률공부를 한 그녀의 노력이 드디어 결실을 맺었으니 말이다. 게다가 에이미는 이 책이 완성돼도 절대 읽지 않겠다고 약속했었지만, 머지않아 그 약속을 어기기로 했다. 책에 대한 피드백을 준 톰 로스Tom Ross에게도 고맙다. 우리가 3주간 콜롬비아 여행을 하는 도중에도 톰에게 피드백을 받았는데, 그는 아마 축구에 관한 내 의견을 듣는 게 매우 지겨웠을 것이다. 내가 이 책에서 발췌한 모든 글의 원문 작성자와 90년대 축구영상을 VHS로 녹화해 인터넷에 업로드해준 이들에게도 고맙다. 내 모든 친구들에게도 인사를 전하지만, 이름을 모두 일일이 열거해 그들을 창피하게 만들고 싶지는 않다.

지난 2010년 술 한잔 하자며 나를 초대해준 필립 어클레어와 조나단 윌슨Jonathan Wilson에게도 축배를 건넨다. 기자 경험이 전혀 없던 내게 처음 기회를 준 션 잉글Sean Ingle, 제임스 마틴James Martin, 개리 파킨슨Gary Parkinson, 올리 프르지빌스키Oli Przybylski에게도 고맙다고 말하고 싶다. 그들을 처음 만난 후 7년이 지난 지금도 나는 ESPN, 포포투, 벳페어에 글을 기고하고 있다. 나는 그들의 동료와 후임들에게도 고마움을 전하고 싶다.

이 모든 것은 많은 사람들이 나의 웹사이트 '조널마킹'Zonal Marking을 방문해줬기에 가능했다. 지난 7년간 조널마킹을 방문해준 모든 분들, 특히 초창기 시절 사이트를 찾아준 이들에게 감사인사를 전한다. 이런 방식으로 축구를 해석하는 데 참 많은 사람들이 관심을 보여줬고 그뿐만이 아니라 전폭적인 지지를 해줬다. 나는 그 사실에 큰 고마움, 또 놀라움을 느낀다. 내가 처음 조널마킹이라는 웹사이트를 만들려고 할 때, 유일하게 좋은 아이디어라며 나를 지지해준 스테파니Stephanie에게도 정말 고맙다. 심지어 스테파니는 내가 선발 라인업과 양팀 포메이션을 똑바로 적어서 보여줄 때만 함께 축구를 보겠다는 조건을 걸고 나와 함께 축구경기를 직접 보기까지 했다. 서점에 앉아 책을 읽는 게 그의 직업이라는 걸 나는 잊지 않고 있다. 이 책도 그렇게 읽어주기를 바란다.

축구에는 전혀, 조금도 관심이 없는 어머니와 아버지께는 평생 고맙다는 말을 전하고 싶다. 그들은 나를 위해 그토록 추운 주말 아침에도 남서부 런던축구장의 터치라인에서 응원해주고, 집 정원을 골대 앞 진흙탕처럼 만들어놓고, 가족여행 일정을 세리에 A 경기일정과 맞춰주신 분들이다. 최근에는 어머니께서 예전 내 방을 '축구 보는 방'이라고 부르기 시작했는데, 이는 내 인생의 목표가 완성됐다는 뜻이기도 하다.

끝으로 이 책을 즐긴 독자라면 8부작으로 제작된 '더 믹서' 팟캐스트도 들어볼 만할 것이다. '더 믹서' 팟캐스트는 아이튠즈, 사운드클라우드 등으로 청취할 수 있다.

참고문헌

Adams, Tony. *Addicted,* London, CollinsWillow, 1998
Alciato, Alessandro. *Carlo Ancelotti,* New York, Rizzoli, 2010
Alexander, Duncan. *OptaJoe's Football Yearbook,* London, Century, 2016
Allardyce, Sam. *Big Sam,* London, Headline, 2015
Allen, Richard. *Roy Hodgson,* Farnham, Richard Allen, 2014
Ancelotti, Carlo. *Quiet Leadership,* London, Portfolio Penguin, 2016
Anderson, Chris and Sally, David. The *Numbers Game,* London, Penguin, 2014
Astaire, Simon. *Sol Campbell,* London, SpellBinding Media, 2015
Atkinson, Ron. *Big Ron,* London, André Deutsch, 1998
Auclair, Philippe. *Cantona,* London, Macmillan, 2009
Auclair, Philippe. *Thierry Henry,* London, Macmillan, 2012
Balague, Guillem. *A Season on the Brink,* London, Orion, 2005
Balague, Guillem. *Cristiano Ronaldo,* London, Orion, 2015
Ball, Alan. *Playing Extra Time,* London, Sidgwick & Jackson, 2004
Barclay, Patrick. *Mourinho,* London, Orion, 2005
Batty, David. *The Autobiography,* London, Headline, 2001
Beasley, Rob. *José Mourinho,* London, Michael O'Mara Books, 2016
Beckham, David. *My Side,* London, CollinsWillow, 2003
Bellamy, Craig. *GoodFella,* London, Trinity Mirror Sport Media, 2014
Benítez, Rafael. *Champions League Dreams,* London, Headline, 2012
Bergkamp, David. *Stillness and Speed,* London, Simon & Schuster, 2013
Bevan, David. *The Unbelievables,* Liverpool, deCoubertin, 2016
Bose, Mihir. *Game Changer,* Singapore, Marshall Cavendish, 2012
Brassell, Andy. *All or Nothing,* Oxford, Trafford Publishing, 2006
Brennan, Stuart. *Roberto Mancini,* London, Carlton, 2012
Caioli, Luca. *Roberto Mancini,* London, Corinthian, 2012
Caioli, Luca. *Ronaldo,* London, Corinthian, 2012
Calvin, Mike. *Living on the Volcano,* London, Century, 2015
Cantona, Eric. *My Story,* London, Headline, 1994
Carragher, Jamie. *Carra,* London, Transworld, 2008
Carson, Mike. *The Manager,* London, Bloomsbury, 2013
Clark, Frank. *Kicking with Both Feet,* London, Headline, 1999
Cole, Andy. *The Autobiography,* London, André Deutsch, 1999
Cole, Ashley. *My Defence,* London, Headline, 2006
Coomber, Richard. *Lucas,* Ilkley, Great Northern Books, 2010
Curbishley, Alan. *Game Changers,* London, HarperSport, 2016
Dalglish, Kenny. *My Autobiography,* London, Hodder & Stoughton, 1996
Derbyshire, Oliver. *John Terry,* London, John Blake, 2016
Drogba, Didier. *Commitment,* London, Hachette, 2015
Dudek, Jerzy. *A Big Pole in Your Goal,* London, Trinity Mirror Sport Media, 2016
Eriksson, Sven-Göran. *Sven,* London, Headline, 2013
Evans, Tony. *I Don't Know What It Is But I Love It,* London, Penguin, 2014

Ferdinand, Les. *Sir Les*, London, Headline, 1997
Ferdinand, Rio. *Rio,* London, Headline, 2007
Ferdinand, Rio. *#2Sides*, Dorking, Blink, 2014
Ferguson, Alex. *6 Years at United*, Edinburgh, Mainstream, 1992
Ferguson, Alex. *A Year in the Life*, London, Virgin Publishing, 1995
Ferguson, Alex. *A Will to Win*, London, André Deutsch Ltd, 1997
Ferguson, Alex. *My Autobiography*, London, Hodder & Stoughton, 1999
Ferguson, Alex. *The Unique Treble*, London, Hodder & Stoughton, 2000
Ferguson, Alex. *My Autobiography*, London, Hodder & Stoughton, 2013
Ferguson, Alex. *Leading*, London, Hodder & Stoughton, 2015
Firmino, Roberto. *Sí Señor*, London, Quercus, 2023.
Flanagan, Chris. *Who Put the Ball in the Munich Net?*, Skipton, Vertical Editions, 2014
Flynn, Alex. *Arsenal*, Kingston upon Thames, Vision, 2008
Foster, Stephen. *And She Laughed No More*, London, Short Books, 2009
Fowler, Robbie. *Fowler*, London, Macmillan, 2005
Gerrard, Steven. *My Autobiography*, London, Bantam Press, 2006
Gerrard, Steven. *My Liverpool Story*, London, Headline, 2012
Gerrard, Steven. *My Story*, London, Penguin Random House, 2015
Giggs, Ryan. *My Life, My Story*, London, Headline, 2010
Giggs, Ryan. *Giggs*, London, Penguin, 2011
Ginola, David. *Le Magnifique*, London, CollinsWillow, 2000
Glanville, Brian. *England Managers*, London, Headline, 2008
Goldblatt, David. *The Game of Our Lives*, London, Penguin, 2014
Gray, Eddie. *Marching on Together*, London, Hodder & Stoughton, 2001
Gullit, Ruud. *How to Watch Football*, London, Viking, 2016
Haas, Robert. *Eat to Win*, London, Penguin, 1991
Hall, Danny. *He's One Of Our Own*, Sheffield, Vertical Editions, 2018.
Hall, Danny. *We're Not Going To Wembley*, Sheffield, Vertical Editions, 2019.
Hamann, Dietmar. *Didi Man*, London, Headline, 2012
Hardy, Martin. *Touching Distance*, London, deCoubertin, 2015
Harris, Harry. *Ruud Gullit*, London, Orion, 1997
Harris, Harry. *The Immortals*, London, G2, 2016
Harris, Harry. *King Conte*, London, G2, 2017
Harris, Nick. *The Foreign Revolution*, London, Aurum, 2006
Harrison, Eric. *The View from the Dugout*, Manchester, Parrs Wood Press, 2001
Hasselbaink, Jimmy Floyd. *Jimmy*, London, HarperSport, 2005
Hay, Phil. *And It Was Beautiful*, London, Seven Dials, 2019.
Henderson, Jordan. *The Autobiography*, London, Penguin, 2023.
Higginbotham, Danny. *Rise of the Underdog*, Croydon, Sport Media, 2015
Hoddle, Glenn. *My 1998 World Cup Story*, London, André Deutsch, 1998
Hodges, Michael. *Kevin Keegan*, London, Boxtree, 1997
Honigstein, Raphael. *Englischer Fussball,* London, Yellow Jersey, 2008

Hornby, Nick. *Fever Pitch,* London, Orion, 1996
Hughes, Simon. *Men in White Suits,* London, Transworld, 2015
Hughes, Simon. *Ring of Fire,* London, Transworld, 2016
Hyypiä, Sami. *From Voikkaa to the Premiership,* London, Mainstream, 2003
Joannou, Paul. *Shirt of Legends,* Edinburgh, Mainstream, 2004
Keane, Roy. *The Autobiography,* London, Penguin, 2002
Keane, Roy. *The Second Half,* London, Orion, 2014
Keegan, Kevin. *My Autobiography,* London, Little, Brown, 1998
King, Ledley. *King,* London, Quercus, 2013
Kompany, Vincent. *Treble Triumph,* London, Simon & Schuster, 2019.
Kuper, Simon. *Football Against the Enemy,* London, Orion, 1994
Kuper, Simon. *The Football Men,* London, Simon & Schuster, 2012
Lampard, Frank. *Totally Frank,* London, HarperSport, 2006
Lawrence, Amy. *Invincible,* London, Viking, 2014
Le Saux, Graeme. *Left Field,* London, HarperSport, 2007
Lee, David. *Triffic,* Stoke-on-Trent, Proverbial, 2014
Lijnders, Pep. *Intensity,* Liverpool, Reach Sport, 2023.
Lloret, Paco. *Rafa Benítez,* Valencia, Engloba Edición, 2004
Lourenço, Luis. *José Mourinho,* Stockport, Dewi Lewis Media, 2004
Lovejoy, Tim. *Goals, Glory and Greed,* Edinburgh, Mainstream, 2011
Lyttleton, Ben. *Twelve Yards,* London, Bantam Press, 2014
McClair, Brian. *Odd Man Out,* London, Manchester United Books, 1998
MacLeay, Ian. *Cole Play,* London, John Blake, 2006
MacLeay, Ian. *Carlos Tevez,* London, John Blake, 2010
Makélélé, Claude. *Tout Simplement,* Paris, Editions Prolongations, 2009
Marcotti, Gabriele. *Capello,* London, Bantam, 2010
Marcotti, Gabriele. *Hail, Claudio!,* London, Yellow Jersey Press, 2016
Marshall, Ian. *Class of 92,* London, Simon & Schuster, 2012
Matteo, Dominic. *In My Defence,* Ilkley, Great Northern Books, 2011
Merson, Paul. *How Not to Be a Professional Footballer,* London, HarperSport, 2012
Michels, Rinus. *Teambuilding,* Leeuwarden, Uitgeverij Eisma, 2001
Miller, Joel. *Damien Duff,* London, John Blake, 2008
Milner, James. *Ask A Footballer,* London, Quercus, 2020.
Mitten, Andy. *Glory Glory!,* Kingston upon Thames, Vision, 2009
Muffling, Steve. *Exile in the Promised Land,* Milton Keynes, AuthorHouse, 2009
Neveling, Elmar. *Jurgen Klopp,* London, Ebury, 2016
Neville, Gary. *Red,* London, Corgi, 2012
Northcroft, Jonathan. *Fearless,* London, Headline, 2016
O'Leary, David. *Leeds United on Trial,* London, Time Warner, 2002
Owen, Michael. *Off the Record,* London, CollinsWillow, 2004
Pallister, Gary. *Pally,* Studley, Know the Score, 2008
Parlour, Ray. *The Romford Pelé,* London, Century, 2016

Pearce, Stuart. *Psycho*, London, Headline, 2000
Perarnau, Martí. *Pep Guardiola*, London, Arena Sport, 2016
Pirès, Robert. *Footballeur*, London, Yellow Jersey Press, 2004
Platt, David. *Achieving the Goal*, London, Richard Cohen, 1995
Ranieri, Claudio. *Proud Man Walking*, London, CollinsWillow, 2004
Reddy, Melissa. *Believe Us*, Manchester, HarperNorth, 2021.
Redknapp, Harry. *Always Managing*, London, Ebury, 2013
Redknapp, Harry. *A Man Walks on to a Pitch*, London, Ebury, 2015
Reedie, Euan. *Alan Shearer*, London, John Blake, 2007
Reina, Pepe. *Pepe*, Liverpool, Trinity Mirror Sport Media, 2011
Rich, Tim. *The Quality of Madness*, London, Quercus, 2021.
Ridley, Ian. *Kevin Keegan*, London, Simon & Schuster, 2008
Ridley, Ian. *There's a Golden Sky*, London, Bloomsbury, 2011
Ridsdale, Peter. *United We Fall*, London, Macmillan, 2007
Rivoire, Xavier. *Arsène Wenger*, London, Aurum, 2007
Robertson, Andy. *Now You're Gonna Believe Us*, Liverpool, Reach Sport, 2021.
Robson, Bryan. *Robbo*, London, Hodder & Stoughton, 2006
Ronay, Barney. *The Manager*, London, Sphere, 2009
Rooney, Wayne. *My Decade in the Premier League*, London, HarperSport, 2012
Saha, Louis. *Thinking Inside the Box*, Kingston upon Thames, Vision, 2012
Schmeichel, Peter. *Schmeichel*, London, Virgin Books, 1999
Scholes, Paul. *My Story*, London, Simon & Schuster, 2012
Seaman, David. *Safe Hands*, London, Orion, 2000
Sharpe, Lee. *My Idea of Fun*, London, Orion, 2005
Shearer, Alan. *My Story So Far*, London, Hodder & Stoughton, 1998
Shindler, Colin. *Fathers, Sons and Football*, London, Headline, 2002
Sleight, Andrew. *Robbie Keane*, London, John Blake, 2008
Southall, Neville. *Everton Blues*, Edinburgh, B&W Publishing, 1997
Spurling, Jon. *Top Guns*, Cardiff, Aureus, 2001
Spurling, Jon. *Rebels for the Cause*, Edinburgh, Mainstream, 2003
Stam, Jaap. *Head to Head*, London, CollinsWillow, 2002
Stubbs, David. *1996 & The End of History*, London, Repeater, 2016
Suárez, Luis. *Crossing the Line*, London, Headline, 2014
Sumpter, David. *Soccermatics*, London, Bloomsbury, 2016
Sutton, Chris. *Paradise and Beyond*, Edinburgh, Black & White, 2012
Tanner, Rob. *5000–1*, London, Icon, 2016
Taylor, Daniel. *This Is the One*, London, Aurum, 2008
Terry, John. *My Winning Season*, London, HarperSport, 2005
Tidey, Will. *Life with Sir Alex*, London, Bloomsbury, 2011
Torres, Diego. *The Special One*, London, HarperSport, 2014
Vardy, Jamie. *From Nowhere*, London, Ebury, 2016
Venables, Terry. *Born to Manage*, London, Simon & Schuster, 2014

Vialli, Gianluca. *The Italian Job*, London, Transworld, 2006
Vieira, Patrick. *Vieira*, London, Orion, 2005
Walcott, Theo. *Growing Up Fast*, London, Transworld, 2011
White, Jim. *Premier League*, London, Head of Zeus, 2013
Wilkinson, Howard. *Managing to Succeed*, Edinburgh, Mainstream, 1992
Wilson, Jonathan. *Inverting the Pyramid*, London, Orion, 2008
Wilson, Jonathan. *The Anatomy of England*, London, Orion, 2010
Wilson, Jonathan. *Nobody Ever Says Thank You*, London, Orion, 2012
Wilson, Jonathan. *The Anatomy of Liverpool*, London, Orion, 2013
Wilson, Jonathan. *The Outsider*, London, Orion, 2013
Winter, Henry. *Fifty Years of Hurt*, London, Transworld, 2016
Worrall, Frank. *Bale*, London, John Blake, 2016
Yorke, Dwight. *Born to Score*, London, Macmillan, 2010

Newspapers & magazines
Brighton and Hove Albion matchday programme
Daily Mail
Daily Mirror
Evening Chronicle
Evening Gazette
Evening Standard
FourFourTwo
Guardian
Independent
Liverpool Echo
Observer
Sport Voetbal Magazine.
Telegraph
The Times
When Saturday Comes

Podcasts/TV
All Or Nothing: Manchester City
CBS Sports
Obi One Podcast
Premier League 100 Club
Premier League Legends
Premier League Years
Studs Up
Time of Our Lives

Websites
arseweb.com
bbc.co.uk
chelseafc.com
englandfootballonline.com
espn.co.uk
football-lineups.com
fourfourtwo.com
Liverpoolfc.com
premierleague.com
skysports.com
statto.com
theathletic.com
thesetpieces.com
tntsports.co.uk
toffeeweb.com
whoscored.com
youtube.com
zonalmarking.net

개정증보판 옮긴이의 글

손흥민이 프리미어리그 득점왕을 차지하면서 한국 전체가 축구에 열광하던 그 시절, 토트넘의 감독은 이탈리아 출신의 안토니오 콘테 감독이었다. 콘테 감독의 토트넘 첫 시즌은 손흥민의 득점왕과 토트넘의 챔피언스리그 복귀로 화려하게 마무리됐지만, 그의 두 번째 시즌은 첫 번째 시즌과 확연히 다르게 전개됐다. 그 당시의 토트넘, 또는 비슷한 시기의 다른 프리미어리그 몇몇 팀, 또는 최근의 일부 프리미어리그 팀 및 유럽 클럽들을 보면서 "왜 저 팀은 항상 저렇게 불안하게 후방에서 볼을 돌릴까?"라고 생각해 본 팬이 있다면 이 책이 그 이유를 알려줄 것이다. 이 책은 그것에서 더 나아가 축구의 한 전술을 설명하면서 '이런 이유로 그렇다'는 차원에서 끝나는 것이 아니라 축구사의 어떠한 변화를 토대로 그런 트렌드가 발생했고 자리 잡게 되었는지, 그 트렌드 이후에는 또 어떤 전술적 변화가 따라왔는지를 함께 담고 있다.

이 책의 초판이 발행됐던 2018년과 개정판이 발행되는 2025년의 축구계, 더 구체적으로 축구 팬들이 축구를 소비하는 방식을 비교한다면 가장 큰 차이는 정보의 질과 양, 그리고 축구에 대한 정보와 각종 축구 통계 자료가 유통되는 방식이라고 볼 수 있다. 2018년에도 이미 몇몇 유용한 축구 통계 사이트와 축구 서적이 존재했지만, 그 사이 SNS, 유튜브 등 다양한 채널이 발전하면서 이제는 사실상 한 경기가 끝날 때마다 그날 경기에 대한 과학적 데이터가 축구 팬들이 소비하고 또 2차, 3차 가공을 통해 공유하기 좋은 콘텐츠의 형태로 공급되는 세상이 됐다.

이렇게 양적으로 늘어난 다양한 축구 데이터가 다수의 채널과 루트를 통해 축구 팬들에게 전달되는 일은 물론 고무적이고 좋은 일이지만, 한편으로는 '데이터의 함정'도 존재하게 됐다. 실제로 축구 팬들에게 가장 익숙한 경기 후 평점 사이트들의 정보를 보더라도 실제로 경기에서 부진했거나 실질적인 영향력이 높지 않았는데 경기 후 평점이 높게 나오는 선수들의 경우가 비일비재한 실정이며, 그와 정반대 경우도 존재한다. 그래서 똑같은 경기 자료를 놓고도 정보 사이트별로 정반대로 해석하는 일도 흔히 발생하는 것이 현실이다. 물론 이 평점 자료는 축구 정보의 하나일 뿐이며, 그와 유사한 예는 다른 종류의 축구 데이터에서도 똑같이 발생할 수 있다.

축구계의 넘쳐 나는 데이터와 넘쳐 나는 지식을 올바르게 이해하고 해석하기 위해서는, 그 데이터 너머에 있는 배경과 문맥을 알고 이해하는 힘이 필요하다. 그런 힘이야말로 현재 축구계에 가장 필요한 '인사이트'라고 역자는 생각한다. 그리고 그런 인사이트와 축구 전술에 대한 이해도에 있어서 마이클 콕스는 틀림없이 유럽 최정상의 저자이다. 그는 실제로 단순히 전술을 분석하기만 하는 저자가 아니라 실제로 유럽 프리미어리그부터 하부 리그까지 다수의 경기를 직접 가서 관찰하는 기자이기도 하며, 이는 그와 축구 현장에서 수 차례 직접 만났던 역자의 경험을 통해서도 알고 있는 사실이다.

또한, 이 책을 단순히 딱딱한 축구 전술과 인사이트만을 제공하는 책이라고 평가한다면 그것 역시 이 책의 진면모를 보지 못한 것이다. 이 책은 프리미어리그의 출범부터 최근까지의 상황을 잉글랜드 축구와 유럽 축구,

세계 축구에 대한 통찰이라는 폭넓은 관점 속에서 바라보며 건조하지만 매우 훌륭한 문학적 문장으로 써 내려가고 있다. 특히 다음과 같은 문장으로 30챕터라는 방대한 책의 대장정을 마무리한 저자의 역량은 단순한 정보의 질을 넘어 한 권의 '책'으로서도 걸작이라는 평가가 아깝지 않다.

"마침내 맨시티를 유럽 정상에 올려놓기 위해, 오랜 세월 '과도한 전술적 고민'이 약점이라는 비판을 받았던 과르디올라는 결국은 축구의 '기본'으로 돌아갔다."

종합적으로, 《더 믹서》(개정증보판)는 현존하는 유럽 축구 관련 서적 중 단연 최고의 인사이트와 그를 넘어선 축구를 보는 혜안을 전해 주는 완벽에 가까운 필독서 중의 필독서라고 자신한다. 이 훌륭한 책의 초판에 이어 개정증보판을 번역할 기회를 주신 한스미디어에, 그리고 지금 이 책을 두 손에 쥐고 읽고 있는 모든 축구 팬분들께 감사를 전한다.

2025년 6월
이성모

옮긴이 이성모

영국 축구기자협회 FWA에 초빙받아 가입된 한국 최초이자 유일의 축구 기자 겸 칼럼니스트. 구독자 10만 명을 보유한 채널 유튜브 채널 〈이성모의 어시스트TV〉를 운영 중이다. 〈서울신문〉, 〈스포츠서울〉, 〈골닷컴코리아〉 등의 매체에서 기자로 활동했고, 〈네이버〉, 〈다음〉에 단독 칼럼을 기고했다. 2015년부터 2020년까지 영국, 스페인 등에서 거주하며 유럽 축구 현장을 취재했다. 저서로 《누구보다 첼시 전문가가 되고 싶다》, 《누구보다 맨유 전문가가 되고 싶다》, 《'누구보다 아스널 전문가가 되고 싶다》, 《누구보다 리버풀 전문가가 되고 싶다》가 있고, 역서로 《아르센 벵거 자서전》, 《조널 마킹》, 《더 믹서》, 《메수드 외질-마이 라이프》, 《포체티노 인사이드 스토리》, 《위르겐 클롭》, 《안드레아 피를로 자서전-나는 생각한다 고로 플레이한다》, 《디디에 드록바 자서전-헌신》, 《아르센 벵거-아스널 인사이드 스토리》, 《마이클 캐릭 자서전》, 《루카 모드리치 자서전》, 《요한 크루이프 자서전》 등이 있다.

페이스북   https://www.facebook.com/yo235
인스타그램 https://www.instagram.com/sungmolee/

옮긴이 한만성

캘리포니아주립대 롱비치Long Beach State University에서 저널리즘을 전공했다. 학업을 마친 후에 LA에서 월간잡지 〈코리앰 저널〉 인터뷰 전문기자로 일했고, 〈골닷컴〉 기자로도 활동했으며, 2015년 코리앰 저널에서 퇴사 후 줄곧 축구기자로 활동하고 있다. 올해로 3년째 〈골닷컴〉을 통해 '한만성의 축구멘터리' 칼럼을 연재 중이다. 〈골닷컴〉 한국판뿐 아니라 인터내셔널, 미국판에도 글을 기고했다. 이외에 영국 런던에 본사를 둔 축구 경기 분석 전문업체 스마트오즈 분석가, 미주중앙일보 영문판 번역가로도 활동했다.

페이스북 http://facebook.com/steve.m.han
트위터   http://twitter.com/realstevescores

더 믹서(개정증보판)
프리미어리그 역사와 전술의 모든 것

1판 1쇄 인쇄 | 2025년 6월 23일
1판 1쇄 발행 | 2025년 6월 30일

지은이 마이클 콕스
옮긴이 이성모, 한만성
감수 한준희
펴낸이 김기옥

실용본부장 박재성
실용팀 이소정
마케터 서지운
지원 고광현, 김형식

디자인 푸른나무디자인
인쇄·제본 민언프린텍

펴낸곳 한스미디어(한즈미디어(주))
주소 121-839 서울시 마포구 양화로 11길 13(서교동, 강원빌딩 5층)
전화 02-707-0337 | 팩스 02-707-0198 | 홈페이지 www.hansmedia.com
출판신고번호 제 313-2003-227호 | 신고일자 2003년 6월 25일

ISBN 979-11-94777-25-0 03690

책값은 뒤표지에 있습니다.
잘못 만들어진 책은 구입하신 서점에서 교환해드립니다.